O DIREITO NA HISTÓRIA
LIÇÕES INTRODUTÓRIAS

O GEN | Grupo Editorial Nacional – maior plataforma editorial brasileira no segmento científico, técnico e profissional – publica conteúdos nas áreas de concursos, ciências jurídicas, humanas, exatas, da saúde e sociais aplicadas, além de prover serviços direcionados à educação continuada.

As editoras que integram o GEN, das mais respeitadas no mercado editorial, construíram catálogos inigualáveis, com obras decisivas para a formação acadêmica e o aperfeiçoamento de várias gerações de profissionais e estudantes, tendo se tornado sinônimo de qualidade e seriedade.

A missão do GEN e dos núcleos de conteúdo que o compõem é prover a melhor informação científica e distribuí-la de maneira flexível e conveniente, a preços justos, gerando benefícios e servindo a autores, docentes, livreiros, funcionários, colaboradores e acionistas.

Nosso comportamento ético incondicional e nossa responsabilidade social e ambiental são reforçados pela natureza educacional de nossa atividade e dão sustentabilidade ao crescimento contínuo e à rentabilidade do grupo.

JOSÉ REINALDO DE LIMA LOPES

O DIREITO NA HISTÓRIA
LIÇÕES INTRODUTÓRIAS

7ª edição revista e atualizada

- O autor deste livro e a editora empenharam seus melhores esforços para assegurar que as informações e os procedimentos apresentados no texto estejam em acordo com os padrões aceitos à época da publicação, e todos os dados foram atualizados pelo autor até a data de fechamento do livro. Entretanto, tendo em conta a evolução das ciências, as atualizações legislativas, as mudanças regulamentares governamentais e o constante fluxo de novas informações sobre os temas que constam do livro, recomendamos enfaticamente que os leitores consultem sempre outras fontes fidedignas, de modo a se certificarem de que as informações contidas no texto estão corretas e de que não houve alterações nas recomendações ou na legislação regulamentadora.

- *Fechamento desta edição: 29.08.2022*

- O Autor e a editora se empenharam para citar adequadamente e dar o devido crédito a todos os detentores de direitos autorais de qualquer material utilizado neste livro, dispondo-se a possíveis acertos posteriores caso, inadvertida e involuntariamente, a identificação de algum deles tenha sido omitida.

- **Atendimento ao cliente:** (11) 5080-0751 | faleconosco@grupogen.com.br

- Direitos exclusivos para a língua portuguesa
  Copyright © 2023 by
  Editora Atlas Ltda.
  Uma editora integrante do GEN | Grupo Editorial Nacional
  Al. Arapoema, 659, sala 05, Tamboré
  Barueri – SP – 06460-080
  www.grupogen.com.br

- Reservados todos os direitos. É proibida a duplicação ou reprodução deste volume, no todo ou em parte, em quaisquer formas ou por quaisquer meios (eletrônico, mecânico, gravação, fotocópia, distribuição pela Internet ou outros), sem permissão, por escrito, da Editora Atlas Ltda.

- Capa: Fabricio Vale

- **CIP – BRASIL. CATALOGAÇÃO NA FONTE.
  SINDICATO NACIONAL DOS EDITORES DE LIVROS, RJ.**

L853d
7. ed.
Lopes, José Reinaldo de Lima

O direito na história: lições introdutórias / José Reinaldo de Lima Lopes. – 7. ed. – Barueri [SP]: Atlas, 2023.

Inclui bibliografia e índice
ISBN 978-65-5977-373-2

1. Direito – Brasil – História. 2. Direito e história. I. Título.

22-79478   CDU: 34(09)(81)

Meri Gleice Rodrigues de Souza – Bibliotecária – CRB-7/6439

AGRADECIMENTOS

Estas notas de aula resultam de um esforço desenvolvido ao longo dos últimos anos e que contou com a colaboração e o estímulo de muitos. Em primeiro lugar, devo agradecer a José Eduardo Faria, do Departamento de Filosofia e Teoria Geral do Direito da Universidade de São Paulo. Foi ele quem veio a sugerir meu nome para reger a disciplina de História do Direito e do Pensamento Jurídico em nome de nosso Departamento no curso de graduação noturno. De fato, seu interesse pela história do direito como disciplina crítica formou-se junto com o meu nos anos em que desenvolvi meu doutorado, sob sua orientação, sobre os processos de mudança social e seu impacto sobre o direito. A disciplina já existira em nível de pós-graduação credenciada junto ao Departamento de Filosofia e Teoria Geral do Direito e, quando foi criada no curso de graduação, este não dispunha de professores em número suficiente para criar o novo curso. Foi então que o Departamento pediu ao Prof. Antônio Junqueira de Azevedo que o coordenasse. Ele imaginou que o curso diurno poderia ser ministrado por civilistas e o noturno por docentes vindos da teoria e da filosofia do direito. A ele, pois, devo também agradecer por efetivar-me em substituição ao meu predecessor, o Prof. Claudio de Cicco.

Para inventar o curso e poder ministrá-lo de forma o quanto possível inovadora, contei com a colaboração de diversos alunos de pós-graduação àquela altura, hoje já jovens e brilhantes juristas de diversas áreas. Pela ordem cronológica de entrada nesta aventura, menciono Carlos Alberto de Salles, Ronaldo Porto Macedo Jr., Francisco José Calheiros Ferreira, Antônio Maués e Roseli Pinhata. Mais recentemente, têm vindo a experimentar algo desta saborosa e crítica disciplina Tatiana Viggiani Bicudo, Josyanne Nazaré de Souza, Roberto Freitas, Gilberto Bercovici, Airton Cerqueira Leite Seelander e Luís Fernando Barzotto.

No curso destes anos, vali-me também de diversos incentivos. Entre eles, contei com o de James Holston, antropólogo e professor da Universidade da Califórnia em San Diego, com extenso e profundo trabalho sobre a cultura brasileira, inclusive sobre a prática jurídica. A troca de ideias com ele, que dura algum tempo, foi fundamental para estimular-me e abrir portas, inclusive as da própria Universidade da Califórnia, onde pude recolher material bibliográfico importante produzido no mundo de língua inglesa. Outros interlocutores também foram estimulantes: Istvan Jancso, da Universidade de São Paulo, Robert Gordon, da Universidade Yale, Bernardino Bravo Lira, da Universidade do Chile, James Gordley, da Universidade da Califórnia em Berkeley. A conclusão formal destas notas foi possível graças à generosa acolhida que tive no Centro de Estudos Sociais e na Faculdade de Direito da Universidade de Coimbra, conduzida com impecável maestria e gentileza pela Dra. Maria Manuel Leitão Marques e pelo Dr. Vital Moreira.

Ao estímulo intelectual soma-se aquele pessoal e afetivo. Em primeiro lugar, de Rui Sérgio Sereni Murrieta, sem cuja permanente cobrança e presença esta publicação talvez não ocorresse. Nas minhas ausências em períodos de pesquisa, o "apoio estratégico" de Teresinha Castilho Nóvoa foi indispensável, e nesta rede inclui-se Clovis Naconecy. Uma outra forma de apoio, não menos importante, veio-me sempre da família, de Maria Aparecida Tomaselli e de D. Ruberval Monteiro da Silva. Gostaria que aceitassem este livro como um presente.

José Reinaldo de Lima Lopes
Colégio dos Jerónimos, Coimbra, maio de 1999.

PREFÁCIO À 7ª EDIÇÃO

Uma história para o direito brasileiro

Este livro narra uma certa história do direito. Nela, o direito brasileiro se enxerta na tradição ocidental. Cabe então uma pergunta: o Brasil pertence mesmo ao Ocidente? Nosso direito é parte dele? A linha escolhida aqui de certo modo aceita nossa tradição como sendo Ocidental, mas vale a pena ressaltar que o Ocidente se autocompreende, na verdade, como o Atlântico Norte em suas duas margens. Qualquer um de nós que foi exposto às universidades europeias ou norte-americanas sabe que é com alguma reticência que somos considerados ocidentais. E há boas razões para essa reticência.

No contexto da requerida internacionalização, fomentada e promovida pelos órgãos de administração do sistema universitário brasileiro, encontramos muita gente que entende esse processo como o de contínua transferência e produção de teorias do Norte para o Sul: ao Norte caberia a tarefa teórica, ao Sul a tarefa empírica de fornecer exemplos ilustrativos para confirmá-las. Nesse esforço, as primeiras coisas que acontecem são esquecer as peculiaridades estruturantes de nossa experiência histórica para depois narrá-las como desvios ou como reproduções incompletas e malsucedidas. No Brasil isso se dá de forma clara na história do direito constitucional, do qual foi apagada a especificidade da experiência, cheia de contradições e conflitos, da elaboração mesma de um aparelho estatal, da presença dominante dos negócios financeiros na exportação do que hoje chamamos *commodities*, da expansão territorial pela apropriação das terras públicas e dos povos originários, da predação dos recursos institucionais comuns e, finalmente, daquela instituição determinante de nossa sociedade, a escravidão, isto é, predação do trabalho alheio. A sucessão de constituições na República também colaborou para esse esquecimento: não é incomum as pessoas acharem que nossas leis fundamentais devam ser interpretadas de acordo com as leis fundamentais de outros lugares, uma vez que nelas aparecem institutos semelhantes aos estrangeiros. Assim, embora trazendo para cá instituições que se assemelham a algumas estrangeiras, ignoram alguns que o contexto histórico, cultural, econômico e social no qual operam pode ser muito diferente, sem falar que essas instituições isoladamente importadas – ou transplantadas, como diria Alan Watson – encaixam-se em quadro institucional maior e mais complexo e terminam por produzir efeitos muito diferentes daqueles que delas se esperam.

Nós não somos, pois, exatamente a mesma coisa que o Ocidente ou o Atlântico Norte, a despeito de em geral falarmos uma variante local de uma língua de origem europeia e narrarmos para nós mesmos uma história de nossa identidade que nos liga a um longínquo passado mediterrâneo. Ou somos um "outro Ocidente". É com um grão de sal que devemos nos situar nesse quadro. Nosso passado é colonial e fomos durante muito tempo objeto de conquista dos impérios europeus. Como indicou celso Furtado, em seu *Formação econômica do Brasil*, a ocupação do país foi um episódio da expansão europeia e, poderíamos dizer, um episódio periférico de um reino europeu periférico.

Quando digo *fomos objeto de predação*, quero dizer que há um passado que nos pertence e nos limita. Tivemos nessa história um papel subordinado e formamos uma sociedade que manteve, e mantém até hoje, traços importantes dessas estruturas coloniais e desse *ethos* de predação. Nossa divisão de classes, nossas hierarquias raciais, nossa compreensão da economia política e das relações entre Estado e política com o mercado são claramente derivações contemporâneas e prolongamentos de um estatuto colonial. O autoritarismo naturalizado, a incapacidade de vivermos debaixo das leis, a indisciplina, a cultura do desrespeito aos outros e à autoridade (a que se refere Sérgio Buarque de Holanda em *Raízes do Brasil*, dizendo que negamos a autoridade incômoda e temos horror à hierarquia), o abandono fácil da garantia dos direitos em nome de uma luta contra a corrupção – que vimos tão desastrada e tragicamente nos últimos anos – , a ligeireza com que os liberais brasileiros se associam a aventureiros autoritários, o desprezo para com as parcelas de povos originários que vivem entre nós, nossos ataques vampirescos sobre seus territórios, a tortura sobre eles, as chacinas perpetradas sobre as populações de descendentes africanos, a maneira como entregamos as classes trabalhadoras, majoritariamente negras, aos perigos da pandemia de 2020-2022, são todos sinais contemporâneos de nossa distância com relação aos ideais de vida que o Ocidente professa como seus. Professa verbalmente, diga-se, pois o colonialismo do Ocidente fez-se sobre os povos conquistados com violência e desrespeito precisamente nos séculos em que se elaboravam as doutrinas dos direitos de tolerância e direitos naturais inalienáveis.

Ao mesmo tempo, as novidades de nossa cultura, nossa capacidade criativa, nossa facilidade em digerir e assimilar as diferenças, e muito mais, tornam-nos um povo novo, como dizia Darcy Ribeiro, um povo que não é apenas um transplante da Europa para cá, nem um povo de resistência e testemunho de um passado anterior à conquista colonial. Essa verdadeira mestiçagem dá-se nas instituições jurídicas a todo momento: ao processo civil de tradição canônica, associamos as ações civis públicas criadas no direito norte-americano, a um Judiciário organizado em forma de carreira, à moda francesa, atribuímos poderes de controle de constitucionalidade e ingerência nos atos da Administração, e assim poderíamos prosseguir com inúmeros exemplos.

Tudo isso deve abrir-nos para um direito cuja história, sem dúvida alguma herdeira da longa e poderosa tradição ocidental, deverá incorporar essas dimensões conflitivas e tortuosas. Onde no mundo uma herança tão pesada quanto a nossa em termos de escravidão, de domínio patriarcal, de mandonismo local, de autoritarismo, combinada com esforços e lutas por liberdade e igualdade? Onde códigos e legislação tecnicamente elaborados, onde um direito público tão garantidor de direitos, e ao mesmo tempo onde um desprezo tão grande e ligeiro por tais direitos, onde um índice de violência tão alto quanto o nosso? Os dados da violência no Brasil, fornecidos pelo Fórum Brasileiro de Segurança Pública de 2021 (*Anuário Brasileiro de Segurança Pública 2021*), revela números alarmantes: 47.503 vítimas de mortes violentas intencionais, sendo 77,9% delas pessoas negras; uma taxa de 22,3 assassinatos para 100 mil habitantes; 6.145 mortos por ação da polícia. Será que nada disso tem a ver com nossa história, com nossa história jurídica, com nossa história institucional, com nossas convicções do que é viver bem em sociedade, com nossas diferenças em relação ao Norte?

A resposta, naturalmente, é que isso importa e se relaciona com o direito e sua história, mesmo que não apareça diretamente no que é narrado nessa introdução didática. Na verdade, um curso de história do direito é também um curso de reflexão sobre a sociedade que produz e conserva certa ideologia jurídica e, consequentemente, amortece ou desperta nos juristas a consciência de seu lugar no mundo. No Brasil, e particularmente no Brasil de 2022, não se podem ignorar essas coisas, sobretudo, não se pode encobrir que a imensa maioria dos juristas, está envolvida nesse processo social advogando para um lado ou para outro, aconselhando um partido político ou outro, fornecendo meios para um movimento ou grupo social ou outro, os juristas estão sempre e permanentemente envolvidos em tudo isso.

É preciso então justificar essa história contada como se o direito brasileiro fosse realmente uma extensão do direito ocidental. Acredito que seja, claro, mas vale a pena pensar melhor sobre o assunto. Como o Estado brasileiro é, bem ou mal, formado juridicamente, e como, bem ou mal, reclama para si autoridade legítima, a forma que adotamos assemelha-se ao direito concebido na tradição ocidental. Isso não pode ser negado. Necessário, portanto, distinguir: o direito cuja história reivindicamos é esse direito ocidental com algumas de suas importantes características: sua legitimação não é religiosa, embora as pessoas possam ter convicções religiosas; é sistematicamente organizado, de modo que as leis não são simples mandamentos mas requerem um arcabouço conceitual complexo dentro do qual se entendem (há doutrina e ciência do direito); devido à existência da teoria do direito e da doutrina seu ensino faz-se nas escolas técnicas e universitárias; é profissionalizado (há cargos especializados que exigem uma habilitação profissional) e ensinado em escolas profissionais superiores; reivindica uma forma de inteligibilidade abstrata que o associa à filosofia; pretende ter vigência como base para todas as relações sociais, inclusive as de família. Haveria mais o que dizer, mas isso já ajuda a entender como somos herdeiros de uma tradição particular por meio da qual refletimos sobre nosso direito. Essa tradição faz-nos parte da herança ocidental, se quisermos, embora nossa maneira de encarná-la seja muito particular e, por isso mesmo, nossa experiência jurídica nunca pode ser explicada e interpretada apenas a partir das experiências "ocidentais", por mais paralelas que sejam.

De um certo jeito, o liberalismo – forjado junto com a expansão econômica do Atlântico Norte – foi a ideologia dos juristas brasileiros, a despeito de nunca impedir que boa parte deles apoiasse as causas mais coloniais, colonizadoras e autoritárias dos "donos do poder", como disse Raymundo Faoro, ao primeiro sinal de que os privilégios longamente usufruídos por certas classes fossem ligeiramente tocados e colocados sob suspeita. Mais do que políticas efetivas de reforma social – que nunca chegaram a ser plenamente implementadas –, as tentativas de tocar naqueles benefícios. rapidamente detectadas e neutralizadas pelos detentores do poder econômico e cultural, foram aquelas que duvidaram da legitimidade, da permanência e da reprodução dos poderes de sempre. As cidades brasileiras são monumentos em boa e sólida pedra dessa história social e jurídica: nelas se vê como se apropria a terra, como se deslocam classes sociais para certos pontos, como se segregam grupos sociais, como o espaço público é continuamente predado e financeirizado. Uma história do direito também diz respeito a isso, pois o direito é por definição saber prático, isto é, saber a respeito do que fazer e de como agir, de escolhas e direção da vida em comum.

Os capítulos finais deste livro, que tratam do direito brasileiro, apontam para essa direção, ou seja, para a retomada de nossa própria e particular história: os debates sobre a abolição, sobre o direito do trabalho, sobre a propriedade das terras (e a usurpação ou entrega das terras públicas) sempre contaram com juristas e justificações para todos os lados e com muito esforço e luta conseguiram-se avanços na direção de alguma, muito precária, igualdade. A história do direito é uma história de quem ganha e quem perde nesses confrontos, mediada pelas instituições e pela cultura jurídicas, pelas ideias de longa duração que bem ou mal conformam o mundo legal.

A história do direito brasileiro que proponho está atenta a tudo isso, e não apenas nos níveis mais óbvios do direito constitucional, aquele *locus* em que política e sistema jurídico se encontram, política entendida aqui como luta por posições de poder, política da capacidade de impor sobre todos a vontade de alguns, política como direção geral da sociedade. Existe também uma história, não independente dessa dimensão da política, mas um pouco mais profunda, mais lenta exatamente porque não obedece à rápida mudança de velocidade jornalística dos eventos do poder institucional. Trata-se da história da doutrina, inclusive do direito privado, que determina coisas importantíssimas, como o conceito de pessoa, de sujeito, de ato, de negócio, de vontade, de validade, de nulidade e anulabilidade, de responsabilidade, de representação, de competência, de formas de sociedade e associação, etc. Essa profunda, lenta e tradicional história é a história do pensamento e da ciência do direito, que merece ser contada e articulada e que não é apenas universal, mas também local e particular.

Considerando que nos últimos anos houve importante expansão de estudos históricos sobre o direito, vale a pena ressaltar que estas lições derivam de certa compreensão do papel do ensino da história do direito nas faculdades jurídicas. Creio que essa disciplina não pode servir apenas para informar os alunos de um passado que talvez pouco lhes interesse. Também não é um repositório de anedotas, de informações, de um "quem é quem", ou de cultura ornamental para ser usada ocasionalmente parar ornamentar discursos, petições, artigos. Deve ser o local em que se manifeste o caráter conflitivo das concepções forjadas ao longo do tempo. Toda sociedade, disse J. G. Pocock, vive no tempo, reproduz-se e, por isso mesmo, é *tradicional*. Em outras palavras, toda sociedade vide de relações e instituições transmitidas a cada um que nasce, a cada geração, e que, no entanto, ao se reproduzir se transforma. O direito é parte dessa cadeia. É histórico nesses termos, mas não convencional nem descartável, como não é convencional nem descartável a própria língua que falamos e pela qual entramos na vida comum com nossos semelhantes. A história do direito é a memória constante dessa dimensão temporal. Ao mesmo tempo é memória constante de que o direito permite a ação e a deliberação. Notemos: uma equação matemática impõe-se a nós de forma evidente uma vez seguidas as regras da dedução matemática, mas uma instituição jurídica ou um negócio particular não se impõem da mesma maneira: eles precisam ser escolhidos, não podem ser simplesmente deduzidos. É essa dimensão prática, isto é, relativa à ação e à deliberação, que interessa para quem ensina história do direito. Essa mesma dimensão impõe-nos uma atenção especial e inafastável para a teoria do direito, para a história do *pensamento* dos juristas, uma vez que o que as pessoas fazem depende do que elas pensam que fazem. Nesse aspecto, a história do direito desempenha papel reflexivo e crítico na formação dos jovens juristas. Ela ajuda a ver como e porque as instituições são criadas, mantidas e transformadas. Essa, a meu ver, sua principal tarefa.

Esta sétima edição conserva a estrutura do livro, como as anteriores, acrescentando trechos novos em diversos capítulos e alguma bibliografia mais recente também. A bibliografia expandida é tanto internacional quanto brasileira. Nos últimos anos, vem crescendo o número de jovens pesquisadores da história do direito e de historiadores interessados no mundo jurídico de tal modo que a bibliografia nacional vem aumentando consideravelmente em qualidade, com monografias de grande interesse. Na medida do possível, considerando a natureza introdutória desse conjunto de lições, foram feitas referências a algumas dessas obras.

Oxalá esta introdução continue a cumprir o papel formativo e informativo que as edições anteriores tentaram realizar.

José Reinaldo de Lima Lopes

NOTA À 6ª EDIÇÃO

   Passados quase 25 anos desde que comecei a ensinar história do direito na Universidade de São Paulo, vejo com satisfação que vai aumentando o número dos colegas interessados e dedicados a esta área do conhecimento jurídico, produzindo pesquisas monográficas de cada vez maior qualidade. Os estudantes que ingressam nas faculdades de direito continuam a precisar, porém, de uma visão geral e sintética de nosso saber. Esta é a razão pela qual aceitei a sugestão dos editores de renovar este livro. Estruturalmente, continua o mesmo, destinando-se ao mesmo fim. O que houve foram acréscimos de bibliografia e uma ou outra especificação de tema. Creio que com isto os alunos e os colegas de outras áreas, cujo propósito não é necessariamente a investigação histórica do campo jurídico, continuarão a ter aqui as *lições introdutórias* referidas no subtítulo.

José Reinaldo de Lima Lopes

NOTA À 5ª EDIÇÃO

Como a edição anterior, esta manteve a estrutura do livro, tendo havido apenas acréscimos de notas, quadros e atualização da bibliografia usada.

São Paulo, junho de 2014.
José Reinaldo de Lima Lopes

PREFÁCIO À 4ª EDIÇÃO

A estrutura do livro permanece a mesma, contudo foram acrescentadas diversas indicações bibliográficas, inclusive alguns trabalhos meus, frutos de pesquisa sobre o direito brasileiro do século XIX. Aparecem também algumas caixas de texto novas ou ampliadas nas quais principalmente compareçam as referências bibliográficas mais recentes. No corpo do texto foram feitas algumas alterações para torná-lo mais compreensível e claro, em alguns casos refundindo com mais detalhe a exposição.

Por que fazer uma nova edição? O propósito continua sendo o de atualizar sempre o leitor brasileiro com as mudanças havidas no estudo e na pesquisa histórica. Durante muito tempo a história do direito brasileiro viu-se constrangida por certas linhas cujos resultados não são hoje de todo satisfatórios. Uma primeira linha dirigia-se a afirmar a especificidade nacional brasileira, mas fazia isto filiando diretamente nosso direito à tradição lusitana. O direito brasileiro seria, por condição genética, um direito português. Nessa corrente, os estudos levavam sempre, mais cedo ou mais tarde, à intensificação do propósito de mostrar como no Reino de Portugal o direito romano havia sobrevivido autonomamente, graças à legislação visigótica. A experiência brasileira passava a ser lida como a continuação dessa autonomia. Uma segunda linha consistia em fazer uma história ainda sob o prisma da escola histórica, para a qual uma boa história do direito deveria ser simultânea, principal e primeiramente uma história do direito romano e de seus repetidos "revigoramentos". A terceira linha seria a de usar a história para justificar as soluções presentes, antes que para investigar historicamente o que havia sido o direito anterior. Desse ponto de vista, a conclusão dos trabalhos históricos poderia ser um julgamento (favorável ou desfavorável) à última tendência jurisprudencial, doutrinária ou legislativa. Em geral, essa linha julgava as inovações maléficas, uma vez que destoantes das soluções tradicionais. Uma quarta linha consistia em fazer do direito brasileiro, como um bloco, um julgamento desfavorável: a história, em oposição à terceira vertente mencionada, deveria ser o foro em que se condenaria o passado jurídico de uma sociedade inegavelmente desigual, injusta e violenta, que a custo e a contragosto convive com a democracia e as liberdades individuais.

Ora, essas vertentes padecem de certas falhas cada dia mais evidentes. Para além do problema mais elementar de instrumentalizar o conhecimento histórico, não estimulavam a pesquisa propriamente dita. Visto que em grandes linhas já se dispunha de uma conclusão, o trabalho histórico terminava sendo um esforço eruditíssimo de ilustrar com casos particulares a conclusão que já se anunciava pela grande narrativa sub-repticiamente contida nos pontos de partida. A historiografia jurídica mais recente enveredou por outro caminho. Primeiramente deixou-se influenciar pelo que se fazia em outras histórias intelectuais, nas histórias de outros campos disciplinares, tais como a história das ideias filosóficas, políticas e científicas. Ali encontrou as novidades da história conceitual, da história das linguagens ou dos discursos, da história das mentalidades e assim por diante. De maior importância ainda foi a história institucional, paralela inclusive ao renascimento de uma teoria jurídica que se afastou sempre mais, nas últimas décadas do século XX, da teoria das normas ou do positivismo lógico para seguir na retomada da análise da razão prática e da capacidade humana de agir, capacidade essa exponenciada (e constituída) pela existência de instituições.

Por outro lado, a nova historiografia levou a sério os momentos e os elementos de ruptura e descontinuidade: não só a civilização romana desapareceu, também a civilização medieval. E se o latim e o direito romano continuaram a unificar de certa forma a estamento dos juristas, isso foi conseguido à custa de mudanças fundamentais nos pontos de partida que serviam e servem à interpretação e aplicação do direito. No caso brasileiro, a despeito de ser inegável a descendência portuguesa de sua tradição, com um peculiar sistema processual de recursos (*e. g.* os muitos *agravos*), não menos evidente foi o esforço de incorporação do que no resto da Europa e da América se produzia. Basta ler nossos juristas a partir do século XIX para perceber o quanto eram ávidos de incorporar as novidades do regime codificado no direito privado, e do regime constitucional no direito público. Mesmo Portugal não se manteve à margem. Não se manteve, como quis o regime salazarista, "orgulhosamente só" durante as experimentações de regimes liberais ao longo dos anos de 1800. Assim, mais do que de uma continuidade e mais do que de nacionalismo, tratou-se frequentemente de experimentar elementos híbridos, de conscientemente (ou não) promover a mestiçagem. Assim como não há grupos humanos isolados geneticamente, assim como não há culturas sem componentes híbridos, assim também nossas experiências jurídicas são mestiças. Aos integrismos incumbe sempre o ônus da prova em um mundo claramente misturado. E até hoje as provas que procuraram fazer não foram suficientes.

No sentido de continuar a promover uma visão aberta e estimulante da história, volto a apresentar aos estudantes brasileiros essas lições introdutórias à aventura de pensar o direito.

São Paulo, Carnaval de 2012.
José Reinaldo de Lima Lopes

SOBRE A 3ª EDIÇÃO

Esta 3ª edição aparece ligeiramente ampliada e corrigida de alguns defeitos. A maior parte das ampliações encontra-se nas caixas de texto, embora algumas tenham sido feitas no corpo do livro. Houve também uma ampliação da bibliografia, indicando leituras novas que foram feitas na preparação deste livro e dos cursos que ministrei ao longo dos últimos anos. No mais, o livro permanece o mesmo. Alterações mais profundas, que eu mesmo desejei fazer, o transformariam em outro livro, perdendo a característica original que vem servindo ao propósito inicialmente imaginado e ainda válido hoje: fornecer uma leitura panorâmica da história do direito, focalizada no Brasil a partir do século XIX, e sugerir um modo de se fazer história e uma interpretação da experiência cultural dos juristas.

José Reinaldo de Lima Lopes

SUMÁRIO

1 SOBRE A HISTÓRIA DO DIREITO: SEUS MÉTODOS E TAREFAS 1
    1   A história e a história do direito 1
    2   Questões de método na história do direito 2
    3   As tarefas da história do direito 6
    4   Propósitos 9

2 O MUNDO ANTIGO, GRÉCIA E ROMA 11
    1   O direito nos Impérios orientais 11
    2   Grécia – a ruptura de uma *ilustração* no mundo antigo 13
        2.1   As formas de resolução de controvérsias 17
        2.2   A lei positiva – o centro do debate filosófico 19
    3   Roma 21
        3.1   Do período arcaico à idade clássica 22
        3.2   O processo formular e o período clássico 25
        Primeiro caso: proteção da posse de boa-fé 28
        Segundo caso: obrigações 28
        3.3   *Cognitio extra ordinem* 30
        3.4   Os autores do direito romano: pretores e juristas 31
        3.5   Fontes 34
        3.6   Juristas e filosofia 35
        3.7   O direito privado romano – casa e família 36

3 A ALTA IDADE MÉDIA 39
    1   As invasões 40
    2   A regressão 41
    3   O direito nos reinos bárbaros 42
        3.1   O direito costumeiro dos bárbaros 42
        3.2   O direito romano dos bárbaros (*lex romana barbarorum*) 44

4	Os Concílios e a Igreja	45
5	O direito medieval feudal	47
6	A propriedade rural	49
7	O direito inglês e sua origem feudal	51

4 O DIREITO CANÔNICO E A FORMAÇÃO DO DIREITO OCIDENTAL MODERNO 53

1	Introdução	53
2	A reforma gregoriana e a querela das investiduras	54
3	Episódios inglês e português	59
4	A formação do *Corpus Iuris Canonici*	61
5	O sentido e a importância política da burocracia nascente	64
6	As regras de competência e jurisdição	66
7	A formalização e a racionalização do processo	68
8	O processo inquisitorial	71
9	Contribuição da canonística para a teoria da pessoa jurídica	73

5 METODOLOGIA DO ENSINO JURÍDICO E SUA HISTÓRIA: IDADE MÉDIA – A ESCOLÁSTICA 75

1	A universidade medieval e a recuperação da cultura clássica		75
2	A recuperação dos textos de direito		76
3	A escolástica como método – autoridade e disputa		78
	3.1	Os textos do direito romano	78
		3.1.1 O contexto dos juristas	79
	3.2	As universidades	81
	3.3	Programas	85
		3.3.1 O ensino do direito e os textos do direito romano	86
	3.4	Como se fazia o curso	86
		3.4.1 Dos textos ao sistema	88
4	O paradigma dominante		90
	4.1	O direito natural clássico	90
	4.2	Glosadores, pós-glosadores, comentadores e humanistas	91
5	Os gêneros literários		94
6	Excurso: o direito comercial ou *ius mercatorum*		96

6 AS FILOSOFIAS MEDIEVAIS E O DIREITO 99

1	O contexto histórico de Tomás de Aquino (*Doctor angelicus*)	101

	1.1	O ambiente intelectual	101
	1.2	O ambiente político	103
	1.3	Metafísica, antropologia e ética	104

Metafísica tomista – ente e essência 104

A antropologia – a deliberação e a vontade 106

A ética 108

O direito e a justiça 110

2 O nominalismo 119

    2.1 O contexto histórico 119

    2.2 Duns Scotus – o *doctor subtilis* (1266-1308) 121

Os elementos teóricos – metafísica e epistemologia 121

Direito e moral 121

    2.3 Guilherme de Ockham – *inceptor venerabilis* (1290-1349) 122

Metafísica e epistemologia 122

A moral, o direito 125

7 AS IDEIAS JURÍDICAS DO SÉCULO XVI AO SÉCULO XVIII: O DIREITO NATURAL MODERNO E O ILUMINISMO 129

1 A modernidade 130

2 O paradigma jusnaturalista 131

3 A escola de Salamanca 133

    3.1 Francisco de Vitória (1480-1546) 134

    3.2 Francisco Suárez (1548-1617) 137

4 O jusnaturalismo da Europa do norte 137

    4.1 Hugo Grócio (1583-1645) 138

    4.2 Os ingleses 140

        4.2.1 Thomas Hobbes (1588-1679) 141

        4.2.2 John Locke (1632-1704) 142

    4.3 A escola prussiana 145

        4.3.1 Samuel Pufendorf (1632-1694) 145

        4.3.2 Johannes Althusius (1557-1638), Gottfried Wilhelm Leibniz (1646-1716), Christian Thomasius (1655-1728) e Christian Wolff (1679-1754) 149

5 Os civilistas e o *usus modernus pandectarum* 150

6 O jusnaturalismo e a revolução 152

7 Direito natural e codificação 154

8 METODOLOGIA E ENSINO DO DIREITO: A MODERNIDADE 157
   1. O declínio das universidades 157
   2. A nova filosofia 159
      - 2.1 O paradigma dominante – nasce o direito natural moderno 160
      - 2.2 O gênero literário 162
      - 2.3 O papel dos juristas 163
   3. A revolução positivista 164
      - 3.1 Gênero literário 167
      - 3.2 O papel do jurista 167
      - 3.3 O paradigma dominante – legalidade e voluntarismo 168
   4. Reforma dos estatutos e do ensino jurídico no século XVIII e a tradição coimbrã no Brasil 169

9 O REGIME COLONIAL E O ANTIGO REGIME 171
   1. Introdução 171
   2. Administração: os cargos e ofícios públicos 173
   3. Fazenda – a administração fiscal 179
   4. Administração e fazenda no Antigo Regime – Inglaterra e França 186
      - 4.1 Inglaterra: a revolução financeira 186
      - 4.2 França: a venalidade total 187
   5. Justiça 189
      - 5.1 Estrutura judicial portuguesa 191
      - 5.2 A estrutura judicial do Brasil colonial 194
   6. As fontes do direito e as Ordenações Filipinas 199

10 AS FONTES: CONSTITUIÇÃO E CODIFICAÇÃO NO BRASIL DO SÉCULO XIX 205
   1. A Constituição 208
   2. O Código Criminal 213
   3. O Código do Processo Criminal 215
   4. Código Comercial 218
   5. Regulamento nº 737, de 1850 – o Processo Civil 221
      - 5.1 O direito anterior: as Ordenações 221
      - 5.2 O novo direito 223
   6. As leis civis 226

11 AS INSTITUIÇÕES E A CULTURA JURÍDICA: BRASIL – SÉCULO XIX 233
  1   As declarações de direitos e a Constituição 235
  2   O Poder Moderador 237
  3   O Conselho de Estado 242
  4   A religião de Estado 245
  5   O Poder Judiciário 247
  6   A cultura jurídica 251
        6.1   O que se disputa em juízo 251
        6.2   Os juristas 254
        6.3   Cursos jurídicos 255
        6.4   Excurso: o direito comercial 261
  7   A escravidão 262
        7.1   O debate jurídico 265
  8   A propriedade da terra 269
        8.1   As sesmarias 270
        8.2   Posse 272
        8.3   Lei de Terras 273

12 DO SÉCULO XIX AO SÉCULO XX: INOVAÇÕES REPUBLICANAS 277
  1   Instituições e cultura na Primeira República (1889-1930) 277
  2   O ensino jurídico 281
  3   O trabalho 284
  4   A justiça e o sistema legal 285
  5   Reformas legislativas na Primeira República 288
  6   As reformas da era Vargas 290
  7   As constituições 293
        7.1   Constituição de 1934 295
        7.2   Carta de 1937 295

13 CONTRATO, PROPRIEDADE, PESSOA JURÍDICA 297
  1   Os contratos 297
  2   A propriedade 305
        2.1   A propriedade como privilégio 305
        2.2   A propriedade como direito natural e universal 308
  3   Pessoa jurídica e sociedades 312
        3.1   O longo caminho das sociedades para se tornarem pessoas 314

QUADRO CRONOLÓGICO 319

QUADRO CONSTITUCIONAL HISTÓRICO COMPARATIVO 331

BIBLIOGRAFIA 335

ÍNDICE REMISSIVO 357

ÍNDICE ONOMÁSTICO 365

1
SOBRE A HISTÓRIA DO DIREITO: SEUS MÉTODOS E TAREFAS

Contar é muito, muito dificultoso. Não pelos anos que já se passaram. Mas pela astúcia que têm certas coisas passadas – de fazer balancê, de se remexerem dos lugares. O que eu falei de exato? Foi. Mas teria sido? Agora, acho que nem não. São tantas horas de pessoas, tantas coisas em tantos tempos, tudo miúdo recruzado. [...] A vida inventa! A gente principia as coisas, no não saber por que, e desde aí perde o poder de continuação – porque a vida é mutirão de todos, por todos remexida e temperada. (Guimarães Rosa, Grande sertão: veredas*)*
A história só é história na medida em que não consente nem no discurso absoluto, nem na singularidade absoluta, na medida em que o seu sentido se mantém confuso, misturado [...] A história é essencialmente equívoca, no sentido de que é, virtualmente, événementielle e virtualmente estrutural. (Paul Ricoeur, História e verdade*)*
Ciência dos homens, dissemos. A frase é demasiado vaga ainda. Há que agregar: dos homens no tempo. O historiador pensa não só o humano. A atmosfera em que seu pensamento respira naturalmente é a categoria da duração. [...] Ora, este tempo verdadeiro é por sua própria natureza um contínuo. É também mudança perpétua. Da antítese destes dois atributos provêm todos os grandes problemas da investigação histórica. (Marc Bloch, Introdução à história ou apologia do ofício de historiador*)*
Neste rés-do-chão da vida de todos os dias, a rotina prevalece: semeia-se o trigo como sempre se semeou, planta-se o maís como sempre se plantou, alisa-se o solo do arrozal como sempre se alisou[...] É o limite que se estabelece para cada época (mesmo para a nossa) entre o possível e o impossível (Fernand Braudel, Civilização material, economia e capitalismo*).*

1 A HISTÓRIA E A HISTÓRIA DO DIREITO

A *história do direito* volta a ter um lugar nos cursos jurídicos depois de várias décadas de abandono. A razão de ser deste interesse renovado creio que vem da situação de mudanças sociais pelas quais passa a nossa sociedade neste início de século. E, "em tempos de crise, uma sociedade volta seu olhar para o seu próprio passado e ali procura por algum sinal". Este pensamento de Octavio Paz é significativo de várias possibilidades com as quais lançamos nosso olhar sobre o passado: para buscar restauração, ou para buscar o futuro mesmo.

Duas atitudes podem ser tomadas diante deste processo de mudança: ou rejeitá-lo e sonhar com uma volta ao passado tradicional e "melhor", ingressar nos movimentos tradicionalistas, apoiar o fundamentalismo, ou aceitá-lo e compreender os sentidos que podem ser dados a ele. Neste segundo caso, é preciso distinguir as diversas tendências presentes no processo.

Algumas mudanças derivam de grandes transformações no papel do Estado na sociedade: um Estado liberal cede seu lugar a um Estado intervencionista, que por seu turno parece ceder seu lugar a um Estado árbitro-regulador. Outras mudanças derivam da irrupção de massas marginalizadas em toda parte: os pobres, os estrangeiros, os refugiados. A isto soma-se o fenômeno da urbanização em megalópoles, mudanças na tradicional divisão de tarefas e papéis entre os sexos, alterações profundas nas relações de família e de vizinhança.

Também a pesquisa histórica foi revolucionada nos últimos tempos. Uma história nova, uma história material, uma história das mentalidades e uma espécie de arqueologia do cotidiano esquecido geraram novos objetos de investigação. Trata-se de uma combinação de história de eventos e de estruturas: a história da longa duração e das estruturas, associada... à história das práticas cotidianas, do imaginário social, das mentalidades etc. na tradição aberta pela escola francesa dos *Annales*. Mas... quem conta um conto, aumenta um ponto. Como controlar isto, que recursos de método utilizar para impedir que minha narrativa histórica se transforme em simples ficção?

2 QUESTÕES DE MÉTODO NA HISTÓRIA DO DIREITO

Como o direito, a história pode cumprir, nos momentos de mudança, um papel legitimador do *status quo*, um papel restaurador e reacionário, ou ainda um papel legitimador no novo regime, ou, se procurarmos uma expressão mais neutra, um papel crítico. Para desempenhar este último, tem que adquirir uma atitude de suspeita permanente para com suas próprias aquisições. Alguns *recursos de método* da nova história serão também os da nova história do direito.

A *nova história* começa por deslocar seu centro de atenções de uma certa política, especialmente a política do Estado e do Estado Nacional, voltando-se para a *vida material*. Começa, por exemplo, com a monografia de Fernand Braudel sobre o *Mediterrâneo*. Ali, o espaço do mundo mediterrâneo converte-se como que num personagem ele mesmo. E é o movimento dos homens neste espaço que lhe chama a atenção. Ao contrário da historiografia do século XIX, em que o personagem principal é o Estado (e lembremos que os Estados-nação estão adquirindo naquele tempo sua forma acabada), na nova história o centro de atenção, como dirá o mesmo Braudel, é *a vida material*. Não se pode deixar de considerar as substanciais diferenças entre os tempos e os lugares. É preciso fazer uma história *da vida material*. E, neste rumo, as coisas começam a falar diferentemente. O historiador se aproxima das coisas com a surpresa e o assombro da diferença. Quando foi mesmo que os relógios começaram a ser colocados nas torres das praças das cidades? Quando foi que se passou a contar as horas à moda como fazemos hoje, substituindo o modo romano de dividir o dia em períodos, que equivalem para nós a muitas horas? Lembremos que este ritmo foi conservado pelos monges, que rezavam ao nascer do sol (laudes), no meio da manhã (tércia), com o sol a pino (sexta), ao meio da tarde (noa) e antes de o sol se pôr (vésperas). E este ritmo era marcado pelos sinos... e pelo domínio da natureza rural da vida dos homens.

"Neste rés-do-chão da vida de todos os dias, a rotina prevalece: semeia-se o trigo como sempre se semeou, planta-se o maís como sempre se plantou, alisa-se o solo do arrozal como sempre se alisou... É o limite que se estabelece para cada época (mesmo para a nossa) entre o possível e o impossível..." (BRAUDEL, 1979). Certo, houve uma revolução na França em 1789, mas os padeiros fizeram os pães no dia seguinte da mesma maneira que no dia anterior. Diz ainda Braudel, de maneira a chamar nossa atenção: coloquemo-nos ao lado de Voltaire, aquele gênio do século XVIII. Seu discurso nos é familiar. Mas pensemos num instante em que ele se levanta para fazer sua higiene pessoal e logo percebemos que somos estranhos no seu mundo material. Como se veste, como se alimenta, os remédios de que se vale, os hábitos mais cotidianos serão para nós fontes de estranheza inesgotável. Ora, fazer história passou a ser também fazer esta história: a história de como se vive a vida cotidiana, de como se faz a vida material. Ao fazer isto, descobrimos um elemento indispensável no historiador: a estranheza, o estranhamento. Que não pode ficar confinado na esfera das curiosidades.

Quando nos achamos contemporâneos de qualquer filósofo, e creio particularmente que podemos sê-lo, trabalhamos com aquilo que se chama a "reserva de sentido do discurso", um sentido que podemos encontrar ali, mas que talvez seu autor original não pretendesse exatamente transmitir-nos.

"A história só é história na medida em que não consente nem no discurso absoluto, nem na singularidade absoluta, na medida em que o seu sentido se mantém confuso, misturado... A história é essencialmente equívoca, no sentido de que é virtualmente fatual [episódica, *événementielle*], e virtualmente estrutural" (RICOEUR, 1968). Nem a história das estruturas conta tudo, nem a história dos episódios ou dos grandes feitos. Para fazer a *história total* é preciso estar atento a ambas. E para isto, deve levantar suas suspeitas.

Em *primeiro lugar, suspeita do poder*: seu objeto é sempre um elemento do poder, o exercício da autoridade formalizada pelo direito. E nada mais próximo do conservadorismo do que a autoridade. Mas nada mais próximo da versão ideológica militante do que a luta pela derrubada de um regime ou de uma autoridade.

Em *segundo lugar, suspeita do romantismo*: a história do direito que se fez antes foi uma história romântica. Tomemos apenas o exemplo da *escola histórica e de Savigny* mesmo. Ela não foi seguramente uma história econômica e social e não foi tampouco sociológica ou jusnaturalista. Ela foi antes de mais nada nacionalista e tradicional. Se bem que Savigny fosse um homem de seu tempo, e que quisesse fazer do direito romano um sistema moderno que o auxiliasse na sua tarefa de jurista do começo do século XIX, era seu propósito claro combater as pretensões dos legisladores alemães que se inspiravam no Código Civil francês. Ele rejeitava a um só tempo o afrancesamento do direito dos povos de língua alemã e a elevação da lei ao caráter de fonte primária do direito. Em seu lugar, dizia ele, deveria contar o "espírito do povo". Mas como o povo não pode falar por si, ou quando fala é incompreensível porque se multiplicam os pontos de vista, então caberia aos professores falarem em nome do povo. E falariam em nome da tradição do povo. Savigny é exemplar de um modo de fazer história e de um modo que mostra como a disciplina está sempre envolvida em alguma situação de poder, mesmo que apenas poder cultural e das ideias. Assim, a história feita à moda de Savigny é a um tempo romântica, porque deseja aparentemente resgatar o espírito do povo (popular), nacional (porque acredita que haja um espírito alemão distinto dos outros) e magistral ou antidemocrática (porque acredita que não é o próprio povo democraticamente quem decide o seu direito, mas os professores que são capazes de desentranhá-lo das práticas costumeiras).

Em *terceiro lugar, suspeita das continuidades*: "O tempo verdadeiro é por sua própria natureza um contínuo. É também mudança perpétua", dizia Marc Bloch. Para escapar de uma história legitimadora do *status quo*, é indispensável pensar que fomos precedidos por gerações diferentes de nós e seremos sucedidos por gerações diferentes de nós. "Os homens não têm o hábito de trocar de vocabulário toda vez que trocam de costumes", dizia outra vez Bloch (1990:31). Uma história crítica mostra que as coisas foram diferentes do que são e podem ser no futuro também muito diferentes.

Os exemplos no direito seriam incontáveis. Mas fiquemos naqueles mais evidentes. Em primeiro lugar lembremos o que foi a escravidão no Brasil. A história demonstra que ela foi uma invenção muito particular. Falar em escravos na América portuguesa e no Brasil novecentista pouco tem a ver com a escravidão do mundo antigo: para começar a escravidão do mundo antigo não se envolve na produção do excedente colonial e não é etnicamente exclusiva. Depois, lembremos que, quando se começa a fazer a escravidão americana, o regime servil já havia desaparecido de fato na Europa ocidental, ou pelo menos havia desaparecido quase que de fato. Logo, a legitimação da presença de escravos faz-se aqui com elementos jurídicos muito diferentes dos tradicionais. Quando os juristas debatem entre nós, na segunda metade do século XIX, a abolição, o tema proeminente do debate é o direito de propriedade dos senhores. A constituição imperial, entre os direitos individuais inalienáveis, registrava o direito de propriedade: como abolir a escravidão sem indenizar os senhores pelo seu "direito adquirido"?

O que não falar da história da família? Nada mais natural, dizem alguns, do que a união de homem e mulher. Sim, mas em termos. Que os homens sejam atraídos pelas mulheres e vice-versa e que desta atração mútua surjam amores e filhos, pode-se dizer que é uma regularidade da natureza. Mas que o "casamento" ou o "matrimônio" sejam por isto mesmo sempre a mesma coisa em toda parte e em todo o tempo é uma afirmação que um historiador não pode fazer. O casamento em Roma, por exemplo, não criava *família*. A família romana é uma unidade produtiva, os pais de família comandam os outros membros e tornam-se *gerentes* de um fundo patrimonial. O modelo de família que conhecemos é outro, a família é uma unidade de consumo, não de produção, sobretudo na família operária, um subsistema previdenciário. Da regular união de homem e mulher e do uso continuado da palavra *família* podemos pensar muita coisa, mas temos de estar atentos para o fato de que a continuidade do uso da palavra pode esconder a descontinuidade das práticas.

E o que não dizer do fim do patriarcalismo a que assistimos atualmente? Fim do patriarcalismo que quer dizer alteração completa das relações entre os gêneros (sexos) e que estabelece novas formas de interação familiar. Depois de cinco mil anos de predomínio, a tradicional divisão social dos papéis entre homens e mulheres encontra-se ameaçada. Crise da família: ameaças de volta à tradição, ao fundamentalismo, renascimento dos movimentos conservadores em todas as religiões, ameaça de intolerância.

E o exemplo mais célebre: a propriedade. Quem de nós pede licença para entrar num supermercado, como pedimos licença para entrar na casa de alguém? Como foi que a "propriedade" se converteu nisto que aí está? Como foi que o capital se transformou em propriedade exatamente igual à propriedade privada dos bens de consumo? E como é que isto está sendo mudado?

A história pode mostrar-nos que as coisas nem sempre foram assim: e já não são como dizem muitos. Se falamos em propriedade privada dos bens de produção, mas sabemos que a propriedade não é uma coisa que existe fora das regras que a constituem, então sabemos que o direito de propriedade não pode ser alegado da mesma maneira quando estamos defendendo um cidadão que tem sua casa invadida pela polícia ou por outros cidadãos e quando estamos defendendo uma unidade produtiva transnacional e monopolista contra uma nova obrigação social que lhe é imposta.

Em *quarto lugar, suspeita da ideia de progresso e evolução*: cuidado diante das concepções *organicistas* e *evolucionistas*. O futuro é contingente e aberto. Como vai ser ele? Em geral acreditamos que será o presente de forma ampliada. Anos atrás visitei o museu aeroespacial de Washington, nos Estados Unidos. Ali está a primeira espaçonave tripulada que foi à Lua, a Apolo XI. Olhando para dentro da cabine tive uma curiosa sensação: ela é cheia de manivelas, alavancas e mostradores analógicos. É muito menos impressionante do que qualquer cabine de piloto de um avião comercial de médio ou mesmo de pequeno porte atualmente fabricado. Os autores de desenhos futuristas e de ficção científica dos anos 1960, anos em que foi projetada a Apolo, viam as espaçonaves do futuro cheias de manivelas e alavancas. Nós pensamos assim também: imaginamos que o futuro será uma simples continuação de nosso mesmo tempo. E da mesma forma imaginamos que nosso presente é um puro desenvolvimento evolutivo e natural do passado que nos precedeu.

Mas na história surgem inovações, e há a contingência pura e simples. O direito é também uma invenção humana e uma invenção cultural muito particular. Às vezes, achamos que os romanos, os medievais e os iluministas dos séculos anteriores já pensavam as coisas que nós pensamos e só não conseguiam realizá-las por falta de meios. Podemos também crer que eles eram uns primitivos e que o inexorável progresso é que nos trouxe onde estamos e que só nós somos capazes do uso adequado da razão. Uma história crítica permite suspeitar de afirmações como estas. Somos um pouco dominados pela ideia do progresso: ou somos os progressistas, ou somos o ponto culminante de uma história de progressos.

Paul Ricoeur nos diz:

> "O tema do progresso – digo eu, o tema moderno da evolução e do progresso – não se constitui senão quando se decide só conservar da história aquilo que pode ser considerado como a *acumulação de algo adquirido*. (Veremos que esse primeiro nível é o nível dos utensílios, no sentido mais largo da expressão: utensílio material, utensílio de cultura, utensílio de conhecimento, e mesmo utensílio de consciência, de espiritualidade). Mas nesse nível não há drama; e não há drama porque se colocou os homens entre parênteses, para não considerar senão a anônima germinação de um instrumental. [...] Existe, porém, um segundo nível de leitura, no qual a história aparece como um drama, com decisões, crises, crescimentos e decadências; passamos aqui

de uma história abstrata, onde só são consideradas as obras dos homens e a acumulação de suas pegadas, a uma história concreta, onde existem acontecimentos" (RICOEUR, 1968:81).

Valorização das particularidades, valorização da vida material, quantificações, percepção de rupturas, percepção de continuidades e finalmente lembro um recurso usado por Braudel: distinguir um nível do tempo longo e preguiçoso, o nível das civilizações. Em seguida, um nível mais acelerado de tempo, o tempo das sociedades ou formações sociais. Em terceiro lugar, o ritmo nervoso do tempo dos acontecimentos conjunturais e cotidianos. Movemo-nos nos três: pertencemos a grupos de vida cotidiana submetidos à conjuntura, ao ritmo das redações dos jornais cotidianos.

3 AS TAREFAS DA HISTÓRIA DO DIREITO

A todos estes recursos de método acima referidos creio que nós juristas devemos acrescentar outros mais específicos nossos. Gosto de usar a tripartição simplificada de Lawrence Friedman: o direito pode ser visto como ordenamento, isto é, como o conjunto de regras e leis (estudar direito seria então estudar leis e princípios); pode ser visto como uma cultura, um espaço no qual se produz um pensamento, um discurso e um saber; e pode ser visto como um conjunto de instituições, aquelas práticas sociais reiteradas, as organizações que produzem e aplicam o próprio direito.

A história do direito pode então cruzar todos os recursos da nova história com estes três elementos do universo jurídico. Abre-se então para nós um universo de questões que podem e devem inquietar os historiadores de profissão, mas que também são semente de inquietação de qualquer um que se dedique a estudar o direito e depois a fazer dele sua profissão.

Comecemos pela *história das fontes*. Aparentemente, tudo é muito simples, basta recorrer à Coleção das Leis do Brasil ou ao Ministério da Justiça e já saberemos o que é a lei e qual a fonte do direito no Brasil. Mas as coisas podem complicar-se. O que efetivamente vale e obriga como direito? O costume ou a lei? Se o costume, a regra é "quanto mais antigo, mais vale". Se a lei, "a mais recente, mais revoga a anterior".

Temos um Código de Processo Civil federal. Seria mais ou menos fácil recolher o debate que houve antes de sua edição e sanção. Mas será que os regimentos internos nos tribunais brasileiros, tribunais federais e estaduais não o alteraram? Qual a sua relação com os costumes forenses que já estavam consolidados? Que relação existe entre a lei e o costume? Este costume é verdadeira fonte? E o regimento interno do tribunal? Afinal, como explicaríamos para um estrangeiro o que está efetivamente em vigor?

Esta questão também inquietou o espírito de Tullio Ascarelli (1949:109-126). Dizia ele que para um jurista europeu o sistema brasileiro de recursos contra decisões de primeira instância era quase incompreensível, o que ele atribuía mais aos hábitos derivados da prática anterior do que ao Código de Processo de 1939. Isto para não falar no sistema cartorário, que juntamente com o processo tem uma história mais do que secular no Brasil.

E o mesmo vale para outros casos. Qual é a força de um alvará e o que o distingue de um alvará com força de lei? Em que casos se usavam um ou outro? Será que bastava a hierarquia de fontes definidas previamente, ou aparece um uso novo? Quando hoje se leem as disposições constitucionais a respeito das medidas provisórias, muita gente honestamente pode acreditar que elas não poderiam ser reeditadas, já que a não votação equivale à rejeição. Mas como ela se mantém? Pela reedição com a simples mudança de um parágrafo? E qual o papel do Supremo Tribunal Federal neste sistema de fontes? Onde buscar a hierarquia das fontes? Na Constituição Federal ou na Lei de Introdução às normas do Direito Brasileiro? Se nesta última, como entender que um tema de interesse geral – para o direito civil, mas também para todos os ramos do direito – seja tratado num diploma legislativo conhecido por décadas como Lei de Introdução ao Código Civil? E como explicar ainda que nossa ferramenta básica a respeito de fontes de direito e conflito de leis seja um decreto-lei antes que uma lei propriamente dita?

O que não dizer das *normas técnicas*? No direito ambiental, muita decisão depende de normas técnicas, de padrões de caráter científico. O mesmo no direito do consumidor, na uniformização da segurança de produtos e o mesmo no direito dos seguros, nas questões atinentes ao sistema financeiro, à moeda e à previdência social (cálculos de capitalização, risco etc.).

Se estes são problemas que podemos minimamente perceber hoje, o que não dizer do direito anterior? Para nós é ininteligível que o Estado colonial não conhecesse a tripartição de poderes. Pensamos que se tratava de um regime despótico e tirânico. Mas lembremos que a seu modo a Inglaterra também não conhece a tripartição e que juízes não podem rever os atos do Parlamento. Que lógica de fontes pode haver atrás do regime inglês, se ao mesmo tempo os juízes fazem as leis – como se diz um pouco impropriamente – pelo sistema dos precedentes vinculantes, mas não podem rever as leis feitas pelo Parlamento?

Quanto à *cultura* os problemas ainda são muito maiores. Tomemos exemplos de juristas ou pensadores do século XVII, como Grócio ou Pufendorf, um holandês, o outro prussiano, um calvinista e o outro luterano. Os dois são jusnaturalistas, dizemos, mas quanta diferença entre cada um deles! Será que dizem a mesma coisa? E quem foi o vencedor no final do debate? Quais as respectivas concepções de ser humano e de cidadão?

Historiar a cultura jurídica é historiar o modelo literário, os gêneros, as inovações na exposição da matéria.

Outra pergunta: será que todos têm a mesma cultura? Será que todos entendem igualmente a importância do sinal de trânsito e da faixa de pedestres? Será que os escrivães e tabeliães não têm uma cultura distinta da dos professores ou dos advogados de grandes grupos multinacionais? E será que o advogado de pequenas causas lê as mesmas coisas que o estudante de uma faculdade inovadora? O que cada um deles lê? Transportemos estas questões para o passado e vemos o quanto de campo de pesquisa há de ser ainda levantado. Pensemos que há uma cultura alta dos juristas e uma cultura média dos cidadãos leigos.

Assim, uma cultura alta e uma cultura baixa são perfeitamente imagináveis no direito antigo também. Ler um autor como Rousseau ou ler Locke o quanto nos diz do século XVIII ou XVII? Falar do direito natural no século XVII é provavelmente falar de um pensamento jurídico muito minoritário e pouco expressivo para a maioria dos juristas da época: ou será que não? A quem os escritores do direito citavam àquela altura e qual a sua coerência?

Pensemos no Brasil do século XIX: quem lia o quê? Como e por que nos tornamos uma nação sob influência direta da pandectística alemã e viemos a ter um direito civil cujo modelo é fortemente germanizado? Além disso passamos a comentar e a fazer doutrina com autores franceses e italianos que pouco ou nada têm a ver com o direito civil alemão.

Ao mesmo tempo importamos o modelo francês de Estado para o Império, com Conselho de Estado e contencioso administrativo. Os juízes eram diretamente nomeados pelo imperador, sem se constituírem em um poder propriamente dito, exatamente como foi o modo de os franceses organizarem sua justiça uma vez passada a revolução. O Conselho de Estado fazia um pouco o papel da Corte de Cassação, ou seja, expedia avisos para interpretar a lei, fixando qual era o seu sentido autêntico. Na vida pública, a partir de certa altura do Segundo Reinado todos gostariam de imitar o sistema político inglês, mas citavam escritores e teóricos da política também franceses. E os destinatários das normas, o povo miúdo e sem poder, ou mesmo os vereadores das câmaras. Não sabiam ler e dependiam do tabelião ou do escrivão. Como viviam? Como a "violência doce do saber jurídico", como diz Hespanha (1993), os disciplinava e reduzia à obediência?

Finalmente, *as instituições*. Elas são influentes e determinantes na vida jurídica. O direito romano, como o direito inglês, nasce junto com uma forma muito particular de organização do processo judicial se quisermos. Nos dois casos, há uma nítida separação entre as tarefas de organizar o litígio e determinar quais os pontos que podem ser submetidos à decisão e fase seguinte que consiste propriamente no julgamento ou decisão. No caso romano, a primeira fase é presidida pelo pretor e no sistema inglês e em vários lugares onde a Inglaterra influi – inclusive nos Estados Unidos – essa tarefa é deixada ao juiz. A função seguinte, ou seja, julgar propriamente, cabia entre os romanos ao juiz, um cidadão de boa fama e posição social chamado a decidir a questão de acordo com as instruções do pretor, e no caso inglês a questão cabe ao júri, conforme as instruções do juiz.

A nítida distinção de fases tem enormes repercussões. Por exemplo, no sistema de recursos. Das decisões do júri não se apela, mas das decisões do juiz, sim. A presença do juiz leigo ou do júri impõe ao advogado uma atitude, uma argumentação e um exercício diferente. Conserva-se de modo mais fácil a oralidade quando se dá esta divisão do que quando se tem o sistema unificado. Pode-se discutir a organização da justiça separadamente e assim por diante.

Podem-se aqui quantificar as coisas: quantos juízes havia para cada habitante no Brasil do século XIX? E na Primeira República? Quem era o coronel e qual sua relação com os delegados de polícia? Quantos processos entravam anualmente no Tribunal de Justiça de São Paulo na década de 1930 e qual a sua natureza? Como faziam as partes para apelar das sentenças na Província de São Pedro do Rio Grande quando só havia um tribunal da relação na corte (Rio de Janeiro) a mais de 1.500 km de distância? Qual o controle que se poderia ter do desenvolvimento do processo? Aqui, é possível diretamente aplicar métodos quantitativos, podemos nos voltar para uma história do direito de caráter material em que desaparecem as ilusões do país formal.

Nos anos 1930, o Brasil foi repensado por uma geração em que se destacam Gilberto Freyre e Sérgio Buarque de Holanda, com seus respectivos clássicos, *Casa grande e senzala* e *Raízes do Brasil*. Mas há um pensador, na esfera do direito, que também chama minha atenção. É Oliveira Vianna. Entre os seus muitos trabalhos fundamentais, chamo sua atenção para o *Idealismo da Constituição*. Dizia ele que havia 100 anos os idealistas sonhavam com a democracia e a liberdade. No entanto, todas as experiências constitucionais deixaram de vingar no Brasil. Não era pelo problema eleitoral, mas antes pela organização da vida civil e da opinião pública, da consciência coletiva. Para avançar, seria preciso levar em conta quem realmente éramos em termos de vida de governo local. E para garantir ao mesmo tempo o governo local e a liberdade do indivíduo frente aos poderosos do local, nada substituiria o Poder Judiciário. Era uma proposta, a sua maneira de enfrentar o problema do coronelismo e dar a ele o seu verdadeiro sentido. Décadas mais tarde, num estudo clássico do tema, Vitor Nunes Leal (*Coronelismo, enxada e voto*, 1978) volta ao problema, alertando para as relações espúrias entre magistrados e coronéis desde o Segundo Império até a Primeira República. Foi só a profissionalização da magistratura, sua autonomia e organização em carreira que vieram lentamente diminuindo estas influências sobre a liberdade do julgamento. Mas lembremos que o processo é bastante recente: é de meados dos anos 1930 que se conta esta reorganização fundamental do Judiciário e do Ministério Público.

Outra pergunta que podemos fazer sobre as instituições: quais as divisões de poderes entre os sistemas formais de controle social, particularmente o direito, e os sistemas informais: vizinhança, igreja, família? Está aí aberto um campo vastíssimo. Se o juiz não chegava em toda parte, o padre passava com maior frequência ou não? Que espécie de costume e de relação entre costume e lei se fez no Brasil pré-industrial?

E o que não dizer da nossa experiência de controle da constitucionalidade das leis? Desde 1891, desde a Primeira Constituição da República, demos aos juízes o poder de conhecer da constitucionalidade das leis. Mas foi só em 1965 que introduzimos a ação direta de inconstitucionalidade. Assim vivemos quase 70 anos exclusivamente com o controle difuso, trazendo para nós o modelo norte-americano. Mas ao trazer este modelo de direito constitucional não trouxemos junto a cultura nem a instituição anglo-americana do precedente. Lá, o que um tribunal superior decide torna-se, nos casos semelhantes, obrigatório para os juízes inferiores. É isto que impede que a Constituição se aplique diferentemente em cada Estado. Mas nós não trouxemos a cultura do precedente. A experiência brasileira é original. Temos uma carreira da magistratura à moda dos europeus, mas damos aos nossos juízes os poderes que têm os juízes ingleses e norte-americanos. Trata-se de um híbrido institucional a merecer investigação. Temos, pois, uma história a investigar e ela só nos interessa quando formos capazes de abordá-la com perguntas.

4   PROPÓSITOS

Espero que as perguntas mostrem duas coisas importantes neste tempo que se chama hoje.

Em primeiro lugar, que há um vastíssimo campo do saber a ser desbravado na disciplina jurídica, que deu origem ao espírito universitário, junto com a filosofia e a teologia, e que há mais tempos se ensina regularmente na história ocidental. Mas justamente porque nosso tempo é sempre hoje, resta muito por fazer. Estamos sempre reformando o direito e estamos sempre criando novidades e as inserindo em nossa velha disciplina. E no campo particular da história do direito ouso dizer que no Brasil resta tudo por fazer.

Em segundo lugar, quero dizer que tudo o que fazemos traz o signo da história e que esta história pode desempenhar um papel intelectual insubstituível: a história não apenas é um verniz de erudição. Embora eu seja daqueles que acreditem que ela possa ser até optativa no currículo de uma pessoa, ela não é dispensável numa faculdade de direito. Ela desempenhará o papel da desmistificação do eterno e ajudará a compreender que vivemos no tempo da ação.

Pensando nesta situação é que ousei dar a público estas lições. Elas são fruto de notas de aula de um curso de graduação. Foram crescendo até tomarem a forma de texto. Procuram dar conta de certos temas que julguei relevantes e por isso não têm a pretensão de serem completas, nem se pretendem um ensaio ou uma monografia. Por isso mesmo, são desiguais: em alguns pontos avanço mais na cultura jurídica (nas filosofias e no ensino do direito, por exemplo) e outras vezes mais nas instituições.

Embora tenha começado com o direito antigo e depois passado pelo direito medieval, creio que há muito mais interesse no direito brasileiro. Sendo um povo novo e de cultura jurídica recente, há um mau hábito de não nos darmos conta de nossa história. Ela sobrevive inconscientemente entre nós, como tradição: mas ao nível consciente parece que estamos sempre a importar o último grito da moda no Hemisfério Norte. Depois, como a tradição das práticas cotidianas e dos hábitos intelectuais resistem, não sabemos bem explicar por que as reformas legislativas não resultam naquilo que delas se esperava. Com muito maior frequência, também ficamos indiferentes à originalidade de nossas instituições, pois a rigor não percebemos que se trata de um amálgama de tradições transplantadas e adaptadas de forma particular. No que diz respeito ao direito brasileiro, concentrei-me também na cultura e em algumas instituições, relatando ainda o conteúdo de algumas fontes.

É meu propósito que estas lições inquietem alguns da nova geração para que avancem na pesquisa e na senda de uma história que supere a simples memória de antiquário. Espero também contribuir para que muitos, sem tempo ou acesso aos textos antigos, passem a compreender minimamente um pouco de sua identidade de juristas brasileiros.

2
O MUNDO ANTIGO, GRÉCIA E ROMA

Durante grande parte da história urbana, as funções de recipiente continuaram mais importantes que as do ímã; com efeito, a cidade foi, antes de tudo, um armazém, uma estufa e um acumulador. Foi por dominar essas funções que a cidade serviu à sua função última, a função transformadora. (Lewis Mumford, A cidade na história)
Se um homem livre fura o olho de um homem livre, terá seu olho furado.
Se um homem livre furou o olho de um escravo ou lhe fraturou um osso, pagará uma mina de prata. (Código de Hamurábi, par. 196 e 198)
Que em teu meio não haja nem um pobre. (Deuteronômio 15,4)
Não desviarás o direito de teu pobre em seu processo. Não oprimirás o estrangeiro: conheceis a vida de estrangeiro, porque fostes estrangeiros no Egito. (Êxodo 23, 6.9)

Esta visão geral do direito antigo, incluindo o direito romano, serve para marcar as essenciais diferenças entre o que hoje chamamos direito e o que foi o direito de civilizações já desaparecidas. De fato, de alguma forma, inseridos que estamos na órbita da civilização ocidental, é claro que a herança romana nos chegou, assim como algo da herança grega. Apesar disso é bom lembrar que o direito romano só nos chega porque foi "redescoberto" e verdadeiramente "reinventado" duas vezes na Europa ocidental: a primeira vez nos séculos XII a XV e a segunda vez no século XIX, respectivamente pelos juristas da universidade medieval, glosadores e comentadores, e pelos professores alemães que tentavam a unificação jurídica nacional. Como toda "volta" histórica, as redescobertas do direito romano foram um uso não previsto historicamente para decisões, sentenças e instituições. Nestes termos, a redescoberta do direito romano nunca veio acompanhada das mesmas instituições ou ambiente cultural originais e aqui será bom marcar estas diferenças.

1   O DIREITO NOS IMPÉRIOS ORIENTAIS

O direito oriental tem uma longuíssima história, associada aos povos do Crescente Fértil. Podem-se tomar vários exemplos diferentes do que foram os Impérios orientais. Nem tudo sobreviveu. Mas alguma coisa foi preservada: encontraram-se manuscritos e monumentos e até, como se diz hoje, "códigos" inteiros, como o Código de Hamurábi. Há também um direito egípcio e um direito hitita por volta dos anos 1500 a. C. Uma experiência bastante particular, porém, encontra-se nos livros da tradição judaica. A *Bíblia* conserva algo que provavelmente existiu em todo o oriente, ou seja, a justiça das aldeias de cunho familiar patriarcal.

Uma história do direito feita com a perspectiva da jurisdição pode já revelar-nos elementos essenciais do direito antigo. As sociedades em que se estabeleceram os impérios antigos (egípcio, assírio, babilônico, hitita) são compostas de uma enorme variedade de outras sociedades. Os impérios antigos organizam-se em torno de cidades que submetem pelo poder militar outras cidades e o campo em sua volta. Neste campo, o que se encontra são sociedades tribais, de clãs familiares que ocupam a terra e a trabalham em comum, ou pastoreiam gado em geral miúdo (ovinos, caprinos) e às vezes graúdo (bois, camelos etc.). Os impérios antigos são, pois, atravessados por divisões fundamentais, do ponto de vista material: divisão entre cidade e campo, divisão entre agricultura e pastoreio.

A cidade opõe-se ao campo. Dela vêm as novidades que alteram a vida dos camponeses, tais como o ferro e os instrumentos de ferro e aço. Estes instrumentos podem ser de guerra ou de paz. Quando quer anunciar o futuro de felicidade, o segundo Isaías promete que os povos "converterão suas lanças em podadeiras e suas espadas em foices". Da cidade vem tanto a opressão quanto a liberdade: liberdade de ameaças maiores, liberdade de um trabalho de baixa eficiência. Na literatura antiga, e sobretudo na literatura hebraica, a memória deste confronto cidade-campo é fortíssima.

Havia diferenças institucionais entre eles? Claro: a cidade é o centro do controle que detém a escrita (memória escrita), os livros, faz o censo e cobra os tributos, isto é, a forma de apropriação externa à comunidade tribal. A cidade promove, controla e organiza o uso da força natural dos rios: construindo canais de irrigação, fazendo silos e armazéns. A cidade antiga, como diz Mumford (1982), torna-se um depósito, um reservatório de riqueza. Mas converte-se também em cofre, isto é, um depósito do qual poucos detêm a chave. Estes poucos são, em torno do rei, os sacerdotes e os escribas ("burocratas"), os conselheiros e os generais.

Transformando-se em centros de federações de cidades submetidas (e, por causa disto, aliadas), os impérios necessitam de redes de administração, como são as satrapias e os governadores. Sua função reduz-se a dois aspectos centrais: arrecadar os tributos e manter a indispensável paz interna e externa. Por isso, sua interferência na vida das comunidades tribais em geral é apenas para extrair estes tributos e, em caso de conflitos que possam degenerar em rompimento do equilíbrio do império, impor militarmente a paz. Impor militarmente e não "juridicamente", pois trata-se em geral de um problema de guerra potencial. Nesta "federação" de cidades, a superioridade militar determinará os termos da relação: a guerra termina em aliança, extermínio, ou se impõe um preço determinado pela liberdade, que se paga de uma vez (um resgate), ou se impõem prestações periódicas numa espécie de vassalagem.

Afora isto, as comunidades submetidas vivem segundo suas próprias regras, se não houver uma política de assimilação cultural imposta. Ao contrário, pois, da justiça real, dependente de alguma memória escrita e de uma "sabedoria" acumulada por um corpo de funcionários (a literatura sapiencial bíblica é um exemplo, mas também se conhece uma literatura sapiencial egípcia), as comunidades do campo têm a sua própria justiça, em geral presidida por um conselho de anciãos, ou por alguém que é escolhido pelos mais respeitados. Desta justiça fala Weber quando analisa a justiça do *cadi* oriental, em oposição à justiça pessoal e burocrática. A justiça do *cadi*, ou a justiça da aldeia, tratava das regras cotidianas de relações neste universo de relações comunitárias, face a face, que no mundo antigo é a maior parte.

O mundo do oriente próximo antigo não é urbano: é um mundo de aldeias e de rebanhos. Na cidade, acumulam-se não só recursos materiais, mas também recursos simbólicos, como dizem Mumford (1982, 112) e Giddens (1989, 551-564). E os recursos simbólicos começam a ser também recursos jurídicos: os mortos e sua memória em forma de monumentos, as famílias que são capazes de integrar-se na cidade em posição de poder, e finalmente a figura de um rei que é capaz de impor a ordem, e por isso também fazer justiça. A figura do rei justo, escolhido por Deus pela sua imparcialidade, coragem, capacidade, fortalece-se como um mito importante. Por isso, o rei julga e decide os casos passados e ordena para os casos futuros. Na tradição judaica, a justiça é reconhecida como um atributo divino e segundo ela não se desvia o julgamento nem por dinheiro e nem por afeição, nem por temor ao rico e nem por favor ao pobre.

A dinâmica do direito nos impérios antigos provém da disputa fundamental entre cidades e campo, e no campo entre pastores e agricultores. A disputa pelos vales férteis é o lugar natural do conflito entre os que cultivam o campo e entre os que levam seus rebanhos para pastar. No meio destas disputas estão as cidades, fortalezas militares em torno do templo e do palácio.

A justiça da aldeia ocupa-se de regular a disputa entre os iguais. A justiça real deverá lidar com a disputa entre as comunidades e entre estas e os funcionários (sátrapas). Por isso, o rei também se reveste de justiça, pois pode controlar os abusos de seus próprios emissários fiscais, militares, administrativos.

2 GRÉCIA – A RUPTURA DE UMA *ILUSTRAÇÃO* NO MUNDO ANTIGO

Estrepsíades: Eu vos direi, senhoras. É modesta minha ambição. Desejo simplesmente que a minha língua seja a mais matreira de toda a Grécia.
Corifaios: Pretensão aceita. Nenhum legislador, de agora em diante, te alcançará na produção de leis.
Estrepsíades: Por leis não me interesso. Quero apenas dos credores livrar-me para sempre. [...]
Corifaios: Dentro em pouco, milhares de clientes à tua porta irão bater, pedindo, mendigando, implorando os teus serviços e os teus conselhos, para defendê-los em pleitos judiciais, que muitas vezes correspondem a quantias colossais. (Aristófanes, As nuvens*)*
Com efeito, a justiça existe apenas entre homens cujas relações mútuas são governadas pela lei; e a lei existe para os homens entre os quais há injustiça, pois a justiça legal é a discriminação do justo e do injusto. (Aristóteles, Ética a Nicômaco*)*
Porque não foi Zeus quem a ditou, nem foi a que vive com os deuses subterrâneos – a Justiça – quem aos homens deu tais normas, nem nas tuas ordens reconheço força que a um mortal permita violar aquelas não escritas e intangíveis leis dos deuses. Estas não são de hoje, ou de ontem, são de sempre; ninguém sabe quando foram promulgadas. A elas não há quem, por temor, me fizesse transgredir, e então prestar contas aos Numes. (Sófocles, Antígona*)*

A Grécia clássica conhece várias formas de organização e institucionalização. Basta citar a profunda diferença entre Atenas e Esparta. O nosso interesse aqui concentra-se na tradição ateniense porque ela é mais reconhecível e sobre ela voltarão os filósofos e juristas ocidentais. Esparta deixa traços históricos, mas não se converte em modelo ideal que inspire o ocidente, embora com Atenas compartilhe um elemento fundamental de nossa tradição jurídica: a laicização do direito e a ideia de que as leis podem ser revogadas pelos mesmos homens que as fizeram.

Normalmente, divide-se a história grega em três grandes períodos: o arcaico, que vai do século VIII a. C. até 480 a. C., ou seja, o período das invasões persas, que termina com a batalha de Salamina; o período clássico, de 480 a. C. até 338 a. C., ou seja, até a submissão à Macedônia (Felipe/ Alexandre da Macedônia); período helenístico, de Alexandre até cerca de 150 a. C., data da submissão a Roma. O último período ainda produz algumas escolas de filosofia (o estoicismo se destaca), mas as instituições propriamente não têm a originalidade inicial. A "helenização" do oriente próximo, por seu turno, redundou também na "orientalização" grega.

Alguns dados sobre o período clássico ajudam-nos a ter uma ideia material da vida. Segundo Cook (1971:131), Atenas, por volta de 480 a. C., contava 30.000 cidadãos (homens adultos livres), 90.000 mulheres e crianças, bem menos residentes estrangeiros (μετεκοι) e escravos, num total aproximado de 150.000 habitantes. Já em 430 a. C. a figura se altera: são 40.000 cidadãos (homens adultos livres), 120.000 mulheres e crianças, 20.000 estrangeiros residentes e 60.000 escravos, numa população total girando em torno de 250.000 habitantes. Após a submissão a Felipe e Alexandre, por volta de 321 a. C., há cerca de 21.000 cidadãos, 60.000 mulheres e crianças e 10.000 estrangeiros, para um total de habitantes entre 100.000 e 150.000. Corinto e Tebas, no auge de suas expansões, tiveram respectivamente 90.000 e 50.000 habitantes. A mortalidade em Atenas apresentava-se mais ou menos assim: de cada 100 adultos com 20 anos, 70 viviam até os 30, 25 viviam até os 60, 7 viviam até os 80. Morria-se, pois, relativamente cedo, seja pelas condições de saúde seja por causa das guerras. O casamento ocorria na média entre os 30 e 40 anos para os homens (portanto após o serviço militar ou outras tarefas), e para as mulheres aos 20. A mortalidade feminina era agravada pelo parto, que ainda representava risco de vida em muitas ocasiões.

Os escravos nunca foram usados extensivamente na agricultura. Mesmo quando eram, trabalhavam ao lado de homens livres. Eram aproveitados nos serviços domésticos, serviços públicos (braçais ou subalternos), também nos serviços públicos burocráticos (escriturários etc.). Diz-se que os domésticos e os servidores burocráticos recebiam um tratamento quase familiar. Há testemunhos de viajantes que se surpreendem que na Grécia os escravos não se distinguiam dos livres pelo traje ou pelos modos. Moses Finley (1989:103-122) afirma que exceto no trabalho de minas, em que há quase exclusividade de escravos, todos os outros poderiam ser feitos por livres ou escravos: estes eram apenas proibidos de participar na vida política e lutar pela cidade. Tornavam-se escravos os prisioneiros de guerra e de pirataria. Mercadores estrangeiros vendiam os bárbaros (frutos de guerras entre eles?) que já haviam sido reduzidos à escravidão. Do ponto de vista político é curioso que tenha havido pouquíssimas rebeliões, diz Finley, e quando houve sempre foi com a indiferença dos pobres livres. A escravidão não era natural (inelutável), mas um fato da vida, um acaso.

Nas relações de família, conhecia-se o divórcio recíproco, com iguais direitos para homens e mulheres. Conhecia-se também o abandono de crianças recém-nascidas: a prática era legal, não se sabe quanto era comum. As roupas tendiam a ser uniformes para todas as classes, percebendo-se a diferença entre mais rico e mais pobre, mas não, como já dito, entre senhor e livre. Curioso que o roubo de roupas no ginásio era crime especificamente previsto, o que mostra o papel singular deste espaço público gratuito, símbolo da helenização e da Grécia – o ginásio.

Algumas coisas distinguem Grécia de Roma no campo do direito. Por exemplo, não existe entre os gregos uma classe de juristas e não existe um treinamento jurídico, escolas de juristas, ensino do direito como técnica especial. Existem sim as escolas de retórica, dialética e filosofia. Ali se aprende a argumentação dialética que vai ter um uso forense ou semiforense (JONES, 1977).

Havia, porém, o costume de aprender de cor (recitando em forma poética) alguns textos jurídicos, assim como os poemas de Homero. As leis de Sólon eram ensinadas como poemas, de modo que todo ateniense bem-educado terminava por conhecer sua tradição político-jurídica comum. A literatura "jurídica" era fonte de instrução e prazer. Em geral, no tempo da filosofia socrática sabia-se ler. As técnicas propriamente jurídicas eram próprias do *logógrafo*, o redator de discursos forenses: pedidos, defesas etc. O direito, presumia-se, devia ser aprendido vivenciando-o. As leis deveriam fazer parte da educação do cidadão. As discussões sobre a justiça são discussões sobre a justiça na cidade, entre cidadãos e iguais. As leis *menores* não importavam para discussão pública.

Ocorre que os cargos públicos não eram especializados, não havia propriamente uma burocracia: havendo vida pública, não havia *carreira*. Os discursos eram essencialmente persuasivos, porque os julgadores eram leigos. Veja-se que até hoje argumentar diante de um júri é diferente de argumentar diante de um juiz togado. Em Atenas, no período clássico, não havendo carreira burocrática e não existindo juristas profissionais, a argumentação dita forense voltava-se para leigos, como num tribunal de júri.

Havia muitas diferenças de classe nas cidades gregas e em Atenas. Ao lado dos proprietários rurais, latifundiários, que tendiam a formar a oligarquia conservadora, estavam os hoplitas, artesãos, agricultores, homens livres, que favoreciam uma democracia moderada. Restavam também os miseráveis, abertos a uma democracia radical. Muitas das reformas feitas ao longo da história ateniense são resultado destas lutas sociais: Aristóteles considerava um traço constitutivo da democracia ateniense a proibição da servidão por dívidas.

Costuma-se dizer que da Grécia veio pouca coisa na tradição jurídica e que a rigor o Ocidente deve mais a Roma nesta área. Trata-se de meia verdade e podem ser alinhados alguns temas fundamentais que já eram conhecidos dos gregos.

Em primeiro lugar, a própria filosofia grega tem um papel relevante. A entrada dos sofistas no debate filosófico assinala que a filosofia de um certo ponto em diante vai também debruçar-se sobre o mundo das coisas humanas, o universo da liberdade. Assim, passa-se à reflexão metódica sobre a liberdade, a política, a ética. Embora tenhamos dos sofistas uma imagem vulgarmente pejorativa, é a partir deles que a filosofia vai refletir controladamente sobre a lei. Quem faz, por que faz, como faz as leis? Como se mudam as leis? Se os sofistas foram malvistos por cobrarem para ensinar aquilo que qualquer um deveria saber (conhecer as regras do bem viver em sociedade e participar das assembleias expressando seu ponto de vista) isto se deve ao fato de que afinal não se esperava que houvesse um conhecimento profissional específico sobre o que a rigor era questão de bom-senso: ser um bom cidadão. A virada sofística, seguida por Sócrates, Platão e Aristóteles, significou colocar em crise e submeter a crítica este senso comum que facilmente poderia converter-se em tradicionalismo (ou fundamentalismo) puro e simples.

Esta discussão não seria possível se os gregos não tivessem descartado de algum modo a ideia de que as leis são reveladas pelos deuses exclusivamente, ou são apenas as tradições herdadas. A positivação do direito e sua disponibilidade exigem dos gregos uma primeira reflexão clássica sobre a natureza da lei e da justiça. Também importa lembrar que, se o centro da vida se desloca da família para a cidade, já não são suficientes as decisões levadas a cabo pelos juízes de aldeia, os velhos, sábios e prudentes. A solidariedade cívica exige regras universais, que valham para todos os casos e que não sejam simples aplicação da prudência a cada caso concreto. A simples solidariedade de sangue ou tradição é incapaz de gerar um amplo "espaço público", uma "pólis" ou uma democracia, como dizemos hoje. O *familismo* tende a ser *amoral* em termos políticos, como constatou Banfield no século XX. Daí a tensão, sobre a qual os filósofos refletem, entre a regra universal e sua aplicação, superada pela equidade (na aplicação) ou pela reforma da lei. Para os gregos, a cidade não pode depender da justiça do *cadi*, da aldeia, do simples respeito pessoal que se tem para com os mais velhos ou mais experientes, embora a experiência em assuntos de justiça e de política continue a importar.

Talvez não seja por acaso que os estoicos no final do século IV a. C. e nos séculos seguintes completem mais um salto qualitativo na direção da universalidade. Se acima das solidariedades familiares é possível construir uma solidariedade cívica, então também é possível que haja uma solidariedade ainda mais universal, *cosmopolita*. Num mundo construído pelo império helenístico e depois pelo império romano, num mediterrâneo totalmente helenizado, os estoicos vão pregar uma cidadania universal, um pertencimento ao gênero humano. E os juristas romanos serão, a seu tempo e modo, influenciados pelas reflexões estóicas, para falarem de um *ius gentium*.

Ao mesmo tempo, a base material da vida grega exigirá outras reflexões importantíssimas. Civilização voltada para o mar, com grande comércio no Mediterrâneo, os estrangeiros serão percebidos ao mesmo tempo como iguais e como diferentes. Além das leis particulares de cada cidade e cada nação haveria algo? Haveria um direito comum a todos os povos, um direito das gentes ou natural? As diversas escolas da filosofia grega não ignoram a questão e vão colocá-la sob várias perspectivas.

E não se esqueça também o quanto sua reflexão sobre o direito e a justiça tem a ver com a própria constituição das cidades. O enorme esforço para superar a solidariedade familiar e transformar a cidade (ou o Estado, se quisermos) no centro da vida social e política é refletido na literatura e na filosofia, além de ter sido o objeto de leis específicas impondo o fim das vinganças familiares. Aristóteles, falando da cidade e da justiça, dirá que seu objetivo é criar a amizade entre os homens (os cidadãos): mostra que não são apenas as famílias o fundamento da vida social. É preciso criar uma amizade cívica, um espírito aberto aos outros de fora das famílias. E talvez seja este também um tema da *Antígona*, de Sófocles, em que se chocam de um lado a solidariedade de Antígona com o irmão, e de outro a lei da cidade, encarnada por Creonte.

Ora, tudo isto é explicitado de forma clara e que se tornará clássica no Ocidente. E isto é, em grande parte, fundamento de uma ordem jurídica legítima e compreensível. Embora a tradição e os laços familiares ainda sejam determinantes na sociedade grega, a existência da cidade e a consciência de que ela é um artefato humano, mesmo que naturalmente exigida pela sociabilidade, são tematizadas de tal modo que até hoje somos contemporâneos do seu debate, assim como os mesmos romanos se sentiram seus herdeiros. Toda vez que as máfias, as gangues, os grupos de assalto aos cofres públicos se organizam, a pergunta pelo fundamento e pela razão dos laços cívicos e jurídicos se apresenta e podemos dialogar com os primeiros a colocá-la em termos até hoje familares.

2.1 As formas de resolução de controvérsias

Há duas espécies de órgãos de jurisdição em Atenas. Para os casos de crimes públicos, o julgamento é feito por grandes tribunais de dezenas ou centenas de membros. A Assembleia (εκκλεσια) de todos os cidadãos, repartidos em distritos territoriais (δεμος, *demos* é um distrito) elegia o grande conselho de supervisão (Areópago). Embora todos pudessem ter participação na Assembleia, nem todos poderiam ocupar todas as magistraturas, pois os cidadãos, para este efeito, haviam sido divididos (Constituição de Sólon) em classes de renda. Ao lado do Areópago, um Conselho (*boulé*, βουλε) de 400 exercia o governo. O Areópago julgava os acusados de subverter a Constituição. Quando o julgamento se fazia para casos menos importantes por um magistrado ou juiz singular poderia haver apelo para a Assembleia judicial propriamente (*Heliastas*) que funcionava em grupos (*dicastéria*, διχαστερια). Assim, muitas vezes os discursos "forenses" eram dirigidos a grandes grupos ou quase-assembleias, o que explica o estilo. Não é por acaso que progressivamente se estabelece uma disputa entre o "discurso belo" e o "discurso verdadeiro", da qual a filosofia de Platão e Aristóteles se ocupa tantas vezes: como fazer justiça buscando a verdade e não a emoção provocada por um discurso belo?

A confusão de leis, a ausência de juristas, a facciosidade levava a usar os tribunais frequentemente com fins políticos. Nos tribunais, era preciso provar o direito (a lei, o costume) além dos fatos. A Constituição de Sólon havia sido inscrita no Pórtico dos Arcontes, e todos os eleitos para alguma magistratura deveriam jurar cumpri-la. Mas havia muitas outras resoluções, leis, deliberações que valiam como lei. Evidentemente que havia escritos, mas uma burocracia propriamente dita, um sistema de cartórios não equivalia àquilo que hoje esperaríamos. Também não havia a execução judicial: o queixoso recebia o julgamento e se encarregava de executá-lo, em princípio, ou passava a uma fase de ação penal. Nada de polícia judiciária como hoje conhecemos.

Quem fazia os discursos perante os tribunais? Considerava-se moralmente indigno receber dinheiro para a defesa. Assim, os redatores de discursos mantinham-se oficialmente ocultos, ou apresentavam-se como não tendo recebido dinheiro. Julgava-se que quem precisava pagar não tinha uma boa causa. No entanto, isto era muito mais formal do que real, porque os *logógrafos* tornaram-se comuns. A ideia fundamental era que qualquer cidadão pudesse apresentar-se perante os tribunais, juízes e árbitros para defender seus interesses ou pontos de vista. Na prática, cresceu a atividade dos redatores de peças "judiciais". O advogado (um encarregado de negócios alheios, sinégoros ou síndico, συνεγοροδ/ συνδικοδ) não existia propriamente ainda, era visto como um cúmplice. Para conhecermos o advogado semelhante ao nosso contemporâneo, será preciso esperar o direito canônico do século XIII.

Nos tribunais (como no júri), a resposta era sempre sim ou não, culpado ou inocente. Em 403 a. C., criou-se a obrigatoriedade do recurso aos árbitros em matéria "civil" e "comercial" sempre que envolvesse mais de 10 dracmas. Havia árbitros públicos e privados. Caso não fosse aceita a decisão, podia-se apelar para os heliastas. Perante os árbitros era possível o compromisso.

As provas nos tribunais populares poderiam fazer-se por escrito. Nos arbitrais, eram informais. Os juízes, visto que leigos e membros de uma Assembleia, podiam testemunhar sobre os próprios fatos, quando deles tivessem conhecimento. Sua decisão não precisava confinar-se às provas trazidas pelas partes, pois sabendo das coisas que haviam ocorrido julgavam segundo sua consciência. As testemunhas ou partes poderiam depor por escrito ou pessoalmente. Os depoimentos de escravos deveriam ser precedidos de tortura. Acreditava-se que sem a tortura os escravos naturalmente mentiriam, ou para proteger ou para vingar-se de seu senhor. Aristóteles deixou-nos uma classificação das provas que fazia sentido neste sistema: elas eram naturais ou artificiais. Naturais eram a prova da existência da lei, testemunhas, contratos, juramentos. Em outras palavras, as provas naturais eram evidências empíricas. As artificiais são fornecidas por nossa invenção e descoberta, procedem de nosso raciocínio: são indícios e presunções pelos quais passamos daquilo que sabemos ou provavelmente sabemos para aquilo que não sabemos. A *eloquência* fornece estas provas.

Distinguia-se o próprio (privado, ιδια) do público (δεμοσια), assim como a associação voluntária (contratos) que gerava uma espécie de responsabilidade, daquela "associação involuntária" (delitos) que gerava também responsabilidade. Aristóteles, diferentemente de Platão, também distingue com clareza regras de justiça corretiva (comutativa) e os deveres para com a pólis e para com todos (regras de justiça distributiva).

Aquilo que hoje é para nós crime (de ação pública) dependia de ação privada (αικιαδ δικη). Os crimes públicos eram denunciáveis por qualquer um, já que inexistia órgão público de acusação. Imaginava-se que a democracia dependia de que todos e qualquer um se sentissem atingidos por ações delituosas de qualquer cidadão e tomassem o interesse de denunciar o caso ao tribunal. O ideal era de que todo cidadão se sentisse indignado com qualquer ilícito, mesmo sem ser a vítima. Nada, portanto, de promotoria de acusação. A denúncia não era apenas a informação (notícia): era uma petição, o início de um processo ('υβρεοδ γραφε). Mas ao lado do estímulo à participação popular na acusação era preciso desestimular a denúncia frívola. Por isso, se no curso do processo o denunciante não obtivesse pelo menos 1/5 dos votos do tribunal, sujeitava-se a uma multa, e estava proibido de abandonar a acusação no meio do processo. Os denunciantes tinham parte nas multas e penas aplicadas aos culpados. O processo tornou-se uma praga em Atenas (como relata Aristófanes em suas obras), mas a liberdade de processar era inerente à democracia.

Por motivos políticos, ou pela cobiça de obter parte da condenação e dos bens do acusado, começaram a surgir os sicofantas, que denunciavam falsamente alguém (συκοφαντια) como meio de obtenção de vantagem ilícita. Caso descoberto, o crime implicava pena de infâmia ('ατιμια) e perda de direitos políticos.

O medo da impunidade era enorme. Uma pequena ofensa não punida poderia desarranjar toda a cidade, gerando vingança etc. Assim, as penas eram muitas vezes desproporcionais aos crimes, para os nossos padrões. As penas eram em geral: castigos, multas, feridas, mutilações, morte e exílio. A pena de morte, como descreve Gernet (1982), era aplicada com variadas formas, dependendo do delito. Guardava um caráter ritual e sagrado, de modo que conforme o delito era a forma da morte. Já o *ostracismo* dependia de julgamento por um tribunal popular e era aplicado ao demagogo, para que este perdesse o controle sobre a população. Era uma válvula de escape para livrar-se dos indesejados pela população. No início do ano votava-se se haveria ou não ostracismo (voto preliminar), depois votavam-se os nomes dos denunciados. Quando a ideia de exílio foi sendo menos insuportável, o ostracismo foi caindo em desuso.

2.2 A lei positiva – o centro do debate filosófico

A experiência grega tem uma novidade importante, como visto. A promulgação da lei e sua revogação nada têm de divino: são assuntos humanos. Não significa que a sociedade grega não fosse religiosa ou até supersticiosa em certos termos. Tampouco significa que a condução da política fosse feita sem qualquer vinculação com o sagrado. No entanto, o direito já não precisa ser revelado divinamente para valer e nem é preciso invocar a vontade dos deuses para deliberar sobre as leis. Nestes termos, é que se pode dizer que o direito se laiciza. Certamente a *impiedade* ainda é um crime, o desrespeito aos deuses e à religião da cidade também. Mas o que é particularmente relevante é que entre o direito "dos deuses" e o direito dos "homens" abre-se uma fenda, pela qual transitará a cultura clássica. Basta ler a *Antígona* de Sófocles para perceber o conflito entre duas concepções possíveis de direito; as comédias de Aristófanes (*As nuvens*, por exemplo) ilustram a irreverência que se permitia para com os tribunais e a eloquência "forense". Os sofistas, seguidos de Platão e Aristóteles, por seu turno, produzem aquela grande virada filosófica que põe no centro do debate a filosofia prática, a política e as leis.

Desenvolvendo uma civilização voltada para o mar, os gregos entram em contato com a diversidade das culturas de outros povos. O espírito de comparação leva-os, portanto, a indagar o que afinal é comum entre todas as "nações". Há alguma coisa que pertença por natureza ao gênero humano? Qual é? As próprias diferenças entre as cidades gregas colaboram para que se compreenda o direito com um espírito comparativo e flexível.

> Donald Kelley (1990) mostra como a experiência grega foi importante para separar autoridade familiar e autoridade pública, especialmente por força do movimento sofista, do qual, por meio do debate, nasce a filosofia primeiro platônica e, em seguida, aristotélica.

Tendo que expandir-se para manter níveis aceitáveis de controle social, as cidades criam suas colônias e se envolvem no comércio. Produtos gregos (como a cerâmica) acham-se por toda parte no Mediterrâneo e até ao norte; produtos de toda parte encontram-se na Grécia. Os gregos desenvolvem as formas consensuais de trocas e influenciam mais tarde a grande flexibilização do direito romano. É grega a doutrina de que os contratos são consensuais. Não é por acaso que palavras gregas sobrevivem na doutrina contratual (*synalagma*, συναλαγμα, comutatividade). Os contratos ou obrigações de boa-fé que os juristas romanos reconhecem são prática corrente dos gregos. Quando Aristóteles compõe seu tratado sobre a justiça começa distinguindo, entre outras coisas, "contratos" e "delitos" como fontes de conflitos retributivos. Também não é por acaso que a lenda narra a visita dos redatores romanos da *Lei das XII Tábuas* a Atenas; diz-se que, precisando colocar por escrito suas leis, os romanos vão à Grécia aprender como deveriam fazer.

A escritura das leis na Grécia, todos sabem, resulta de processos revolucionários. Transformada a composição dos grupos de poder, fazem-se as leis fundamentais, as "constituições". Assim é que as Leis e Constituições de Drácon (621 a. C.), em Atenas, põem fim à solidariedade familiar e obrigam ao recurso aos tribunais nas disputas entre clãs. O grande propósito é abolir a justiça familiar, fonte de sangrentos conflitos. À cidade compete decidir e manter a paz.

As Leis de Sólon (594-3 a. C.) suprimem a propriedade dos clãs, suprimem a servidão por dívidas. Seguem a grande revolta contra a concentração de renda, que permitia a poucas famílias de posse ampliar seu patrimônio em tempos de crise, transformando seus devedores em seus escravos. As terras hipotecadas seriam restituídas. Na estrutura familiar, as reformas limitam o poder paterno: o filho maior torna-se autônomo. Esta diferença surpreenderá os gregos que forem mais tarde a Roma, onde a autoridade do pai sobre os filhos não cessava com a idade, mas apenas com a constituição de nova família autônoma (a família romana é uma unidade de produção, lembremos). As mulheres continuam sob a tutela de seus pais e maridos, no entanto, têm uma enorme liberdade de ir e vir, totalmente distinta da vida reclusa das mulheres orientais, enclausuradas; chegarão até a frequentar escolas. A despeito das diferenças de classe (por renda), que determinava a diferença de acesso às magistraturas, os *thetes* (os mais pobres dos homens livres) assumem assento e voz na Assembleia legislativa. Para limitar o poder do Areópago, no qual predominava a oligarquia mais tradicional, a reforma de Sólon cria o tribunal dos Heliastas e respectivos dicastérios e o Conselho (βουλη) dos 500 (que também decidia em grupos menores).

Ao final do século, as reformas de Clístenes (cerca de 508-502 a. C.) ampliam o princípio representativo, fazem a divisão territorial em distritos (*demoi*, δεμοι), dividem Atenas entre a Cidade propriamente dita (onde predominam os comerciantes), a Costa (Pireu, onde predominam os estivadores) e as Planícies Áticas (proprietários rurais).

Assim é que ao lado de muitas instituições públicas e privadas que foram sendo mais tarde conhecidas, imitadas e adaptadas, ou conservadas na memória pela tradição romana, surgiu também aquele particular milagre da *filosofia* grega. Diversas observações de pensadores gregos entraram fragmentadamente na compilação de juristas conhecida como *Digesto*, realizada sob as ordens de Justiniano no século VI de nossa era. Veja-se, por exemplo, a definição de lei atribuída a Demóstenes (D. 1, 3, 2 [Marciano]), ou o conselho de Teofrasto para que as leis se façam apenas para os casos recorrentes e não para os casos excepcionais (D. 1, 3, 6 [Paulo]). (cf. Wacke 2001, 393) Para os juristas, a filosofia transferiu, mesmo por meio de Roma, a retórica e a dialética, que vamos encontrar tanto na Roma clássica quanto mais tarde na Idade Média. Antes de reencontrarem ou redescobrirem os textos do direito romano, os medievais estarão debruçados sobre lógica e a dialética. Os gregos promoveram o debate e a reflexão sobre o justo (δικαιον) e sobre a justiça (*diké*, δικη) que ultrapassaram a discussão sobre as normas (νομοι), escritas ou não. Como organizar uma cidade justa? Esta a questão colocada. Sócrates discute a justiça com sua vida: é melhor sofrer a injustiça a praticá-la?

3   ROMA

> Roma foi inexcedível nas artes conservadoras: a guerra, que foi sempre defensiva apesar das aparências de conquista; o direito, construído sobre a infraestrutura dos precedentes, que precavia contra as inovações; o sentido do Estado, que assegurava a estabilidade das instituições; a arquitetura, que por excelência era a arte da habitação e da permanência. (Jacques Le Goff, A civilização do ocidente medieval)
>
> Não é minha intenção instituir novas regras, de minha própria invenção, mas repetir as opiniões dos preclaros e sábios varres de que se guarda memória em nossa idade e na nossa República. (Cícero, A República, Livro I)
>
> Nossa República, pelo contrário, gloriosa de uma longa sucessão de cidadãos ilustres, teve para assegurar e afiançar seu poderio, não a vida de um só legislador, mas muitas gerações e séculos de sucessão constante. (Livro II)
>
> Para que servem as leis quando só mamom governa,/ quando o pequeno homem da rua perde sempre o processo?/ Logo é uma loja de bugigangas e nada mais o tribunal;/ a quem tem a presidência, paga, senão não recebes a mercadoria! (Petrônio, Satyricon)

A herança romana parece enorme a qualquer jurista formado na tradição ocidental. Mesmo assim, nosso objetivo aqui é mostrar mais a ruptura do que a continuidade. Sobre a continuidade e a sobrevivência do direito romano mais pode ser dito quando tratarmos da *redescoberta* do *Corpus Iuris Civilis* na Idade Média e da doutrina jurídica do século XIX. Agora, olhando mais de perto as instituições e a vida da Roma antiga choca-nos mais a diferença do que a semelhança em tantas coisas. Em outras palavras, o direito romano, cujo *corpus* constitui um dos pilares sobre o qual se ergueu a civilização europeia, faz parte de uma herança global, junto com a filosofia clássica grega, e a literatura do mundo antigo em geral (cf. Schiavone 2005, *passim*). Entretanto, esse direito romano, recebido e reelaborado no Ocidente desde sempre, nasce em uma sociedade cujas formas e estruturas nos são completamente estranhas. Não nos reconhecemos na vida familiar, nas crenças religiosas, nas técnicas de produção usadas. Essas bases da civilização dos romanos estão irremediavelmente perdidas. Mas seu direito, com sua literatura e sua filosofia continuaram, porém, a ter relevância geral. É importante ressaltar que a história de Roma abrange muitos séculos. Desde aproximadamente o segundo século antes de Cristo até o fim do Império percorreremos cerca de 700 anos. Se nos mantivermos entre o segundo século antes de Cristo e a morte do último jurista citado no *Digesto*, teremos um período de aproximadamente 450 anos: se levarmos esta história até Justiniano acrescentamos mais quase 300 anos. São períodos consideráveis, em que as mudanças e as particularidades são muitas. Assim, uma síntese tem caráter muito geral e a ela escapam vários detalhes: nossa tarefa é não deixar escapar os mais importantes para situar-nos na história.

A divisão tradicionalmente aceita da história do direito romano abrange o *direito arcaico* (desde a fundação presumida da cidade em 753 a. C. até cerca do segundo século antes de Cristo, ou seja, a adoção do processo formular e a atividade dos pretores). A seguir vem o período *clássico*, abrangendo a República tardia e indo até o Principado, antes da anarquia militar, ou seja, até pouco depois da dinastia dos Severos. Finalmente, o período *tardio* (*pós-clássico*), já de ocaso da jurisprudência, no qual se tentará sobretudo organizar e salvar o material já produzido (século III d. C. ao fim do Império). A esta periodização pode-se fazer paralelamente a divisão pelo perfil dominante no processo civil. Ao período arcaico corresponde o processo segundo as *ações da lei* (*legis actiones*); ao período clássico corresponderá o *processo formular* (*per formulas*), introduzido pela *Lex Aebutia* (149-126 a. C.) e confirmado pela *Lex Iulia* (17 a. C.); o período tardio é dominado pela *cognitio extra ordinem*.

Em grandes linhas, Roma conheceu também três grandes "regimes constitucionais", com longas e frequentes crises. A realeza ou monarquia vai desde a fundação (753 a. C.) até a expulsão dos Tarquínios (509 a. C.), quando a sua autonomia com relação aos etruscos fica praticamente consolidada. A monarquia romana era eletiva (na verdade o rei era *revelado* pelos deuses ao colégio de pontífices), não hereditária, muito embora a divisão ainda semifamiliar dos cargos, das honras e dos privilégios fosse a regra. A República vai de 509 a. C. até 27 a. C., início do Império, pelo principado de Augusto. O Império divide-se em duas grandes partes: o Principado, de Augusto (27 a. C.) até Diocleciano (284 d. C.), e o Dominato, de Diocleciano até o desaparecimento do Império.

Manteve-se sempre um sistema aristocrático, que os romanos geralmente descreviam como *misto*: algumas Assembleias, algumas magistraturas, e restrições de algumas funções para algumas classes. Os menos poderosos e ricos precisavam de alguém que os protegesse social e economicamente, tornavam-se clientes, dependentes dos grandes. A cidadania foi estendida lentamente: no século I a. C. é dada aos habitantes da Itália. Em 212 d. C., é dada a todos os habitantes do Império (Edito de Caracala). A cidadania era dada também a *grupos* (antes de 212) e não a pessoas individualmente.

Houve, como visto, três grandes formas distintas de resolver as controvérsias. Primeiro as ações da lei. Correspondem ao período arcaico e mais antigo do direito romano. Nelas o centro do saber jurídico está na figura dos pontífices. Em segundo lugar vem o tempo do processo formular, em que a produção do direito – como cultura e como regra – está na mão dos pretores ao lado dos juristas, ou prudentes. Finalmente, o período da cognição extraordinária, em que o imperador e seus juristas se destacam como atores da nova ordem.

3.1 Do período arcaico à idade clássica

O longo período que antecede a criação do processo formular (149 a. C.) e a instituição do pretor dos peregrinos (242 a. C.) pode ser tratado mais rapidamente, pois não é o tempo

> A ideia que muitos fazem do direito romano hoje foi definida no século XIX. Em lugares como a Alemanha ou o Brasil, onde códigos civis só entraram em vigor em 1900 e 1917 respectivamente, os textos que se usavam nas universidades desde o século XII (textos organizados fundamentalmente pelo imperador Justiniano por volta de 530 de nossa era) serviam como instrumento de ensino e, na falta de leis específicas, de suplemento ao direito vigente. A sistematização do direito romano como o conhecemos hoje foi elaborada na Alemanha desde o século XVIII, tendo em Gustav Hugo (1764-1844) sua maior liderança. Friedrich Karl von Savigny (1779-1861), grande adversário das codificações que se faziam em seu tempo, conseguiu impor a continuidade do ensino do direito romano na Universidade de Berlim e dar-lhe a característica de um substituto dos códigos.

da jurisprudência clássica. Convém apenas notar traços essenciais das instituições e das fontes.

Desaparecida a figura do rei, com a expulsão de Tarquínio, o Soberbo, em 509 a. C., as magistraturas, exceto em casos extraordinários, passam a ser anuais. O poder político será exercido de maneira *mista*, como se dizia: com elementos representativos e oligárquicos. Assim é que convivem assembleias (*comitia*) ao lado de poderes conservadores, como o Senado, o Colégio dos Pontífices, as magistraturas. As magistraturas são anuais, o Senado é vitalício. Ao longo da história é esta mudança de equilíbrio entre os órgãos do poder, sua maior ou menor abertura para os estamentos e classes sociais, assim como a criação de novas magistraturas e funções (como a do *príncipe*) que modificam a vida pública e a constituição romana.

O Senado, como em toda a história de Roma, não pode confundir-se com uma assembleia de representantes, como hoje se pensa vulgarmente. Tampouco era um órgão legislativo, como hoje se imagina uma assembleia. O Senado era o conselho dos anciãos (*senectus*, velho) e responsável pela ligação da cidade com a sua história, sua vida, sua autoridade. Roma, como todos sabem, foi a civilização da tradição: o Senado exercia e simbolizava a *auctoritas patrum*, autoridade dos pais fundadores. Em casos especiais, respondia a consultas (*senatus consultus*) e opinava sobre os negócios. Só no Principado, com o desuso das assembleias e as mudanças constitucionais, o *senatus consultus* poderá ser equiparado à lei.

As assembleias sim tinham uma função "legislativa". Na República, havia basicamente três: *comitia centuriata* (assembleia por centúrias, de origem militar, quando o exército era constituído por todos os cidadãos), *comitia tributa* (assembleia por tribos, ou distritos) e o *concilium plebis*. As decisões das duas primeiras podiam transformar-se em *lex*, as da última em princípio (até provavelmente 286 a. C. com a *Lex Hortensia de plebiscitis*) obrigavam apenas a plebe e eram conhecidas como *plebis scita*.

As magistraturas eram cargos eletivos para funções determinadas e sempre pelo prazo de um ano e se exerciam muitas vezes em grupos de dois ou mais (colegialidade) de modo a haver um controle recíproco do poder. Havia muitas magistraturas: cônsules, censores, questores, pretores, excepcionalmente os ditadores. Os magistrados emitiam *editos*. Os pretores participavam do poder geral de mando (*imperium*) de uma forma particular: detinham os poderes considerados civis de *coercitio* (disciplina) e *iurisdictio* (dizer o direito). Não eram os poderes que hoje dizemos judiciais propriamente; eram mais parecidos com poderes policiais e de segurança e manutenção da ordem e por isso eram encarregados de "administrar a justiça", isto é, fazer com que os conflitos fossem resolvidos ordenada e pacificamente por um juiz (*iudex*) a pedido das partes envolvidas. Neste sentido, os pretores não julgavam (no sentido moderno estrito) as controvérsias. Numa sociedade estamental, dividiam-se os homens pela ordem a que pertenciam. Os romanos submetiam-se ao direito civil, e para impor a ordem entre eles havia o pretor urbano. Para impor a ordem entre estrangeiros ou entre romanos e estrangeiros, havia o pretor dos peregrinos, ou pretor peregrino (242 a. C.). São os seus editos que formarão o *ius honorarium*, objeto da jurisprudência clássica junto com o *ius civile*, direito dos cidadãos. Fora de Roma, depois de sua expansão militar-econômica e territorial, os poderes do pretor foram exercidos por governadores e procuradores provinciais.

Ao lado das magistraturas e das assembleias, os pontífices desempenharam um papel importante no direito arcaico. Eram sacerdotes-funcionários autorizados a usar as fórmulas legais e a interpretá-las. De fato, tinham um monopólio desta interpretação. Apesar de a *Lei das XII Tábuas* ser reduzida a escrito, só os pontífices inicialmente poderiam interpretá-la e aplicar suas fórmulas. Além disso, o colégio dos pontífices era reservado aos patrícios (descendentes dos *patres*) até o século III a. C. Apesar de serem sacerdotes sua função era de peritos na lei, não de intérpretes carismáticos, como diz Bretone (1990).

No período republicano, redige-se a *Lei das XII Tábuas*, por volta de 450 a. C. Fruto das lutas políticas internas, resulta de uma conquista dos plebeus: a lei pretende reduzir a escrito (*lex*, de *lego*, ler?) as disposições e mandamentos que antes eram guardados pelos patrícios e *pontífices*. Certo é que a lei propriamente foi perdida provavelmente no incêndio durante a invasão gaulesa de 390 a. C. Dela resultam apenas as menções que os juristas fizeram e daí o esforço dos eruditos, a partir destas notícias fragmentárias, de tentar reconstruí-la. Pode-se dizer que foi uma coletânea, não um código: isto é, colocou por escrito várias disposições sem a ideia moderna de sistematizar por princípios a matéria tratada. Conservou, pois, muitas fórmulas antigas. Mesmo assim, segundo Bretone (1990:61) já é laicizada, não totalmente religiosa e imóvel como o direito oriental antigo. Pelo fato de ser escrita, tornou o direito público acessível a quem pudesse ler. Conta a tradição que no meio das lutas entre patrícios e plebeus foi escolhida uma comissão de dez homens (*Decemviri*) que foram a Atenas estudar a legislação de Sólon para aprender sua técnica. Na volta a Roma apresentaram o texto que foi aprovado pela assembleia das centúrias em 450 a. C. Bretone crê efetivamente na inspiração grega das *XII Tábuas*, quer pelo que se pode saber do estilo, quer porque contêm um mecanismo de mudança que é grego na sua origem: "Tudo o que o povo deliberou mais recentemente é válido" (BRETONE, 1990:66).

> Aldo Schiavone (2005, 51ss) mostra com razão que a experiência romana difere da grega e é única no mundo antigo. Destacando-se da religião, o direito em Roma ainda assim não se transferiu para a política pura e simplesmente, mas caiu nas mãos de um círculo estreito de sábios, primeiro tirados dos pontífices e, em seguida, aristocráticos em geral. Quinto Múcio Scaevola, tido como jurista fundador do modelo clássico na República, pertencia a essa aristocracia. Com o tempo o próprio reconhecimento como jurista servia para "aristocratizar" a pessoa, de modo que se ampliou a procedência social desses personagens (cf. Schultz 1946, 102ss).

O que determina o perfil do direito romano arcaico é que ele só se aplica aos romanos, cidadãos, descendentes dos *quirites*. Por ser um direito dos cidadãos é que se dirá *ius civile*. Tem um papel destacado neste direito tudo aquilo que ajuda a preservar a cidade tradicional: o patrimônio da família, verdadeira unidade de produção, e aqueles bens essenciais para tal unidade, como a terra e os escravos. Ao lado disso, já que a unidade produtiva exige um comando, o papel do pai de família é central e os filhos só se emancipam quando podem constituir suas próprias unidades produtivas. Os casamentos, de natureza contratual, precisam regular esta expansão dos laços familiares. Sucessão, propriedade, casamento, tudo isto é núcleo do direito civil. Enquanto não for ampliada a cidadania para qualquer habitante do império (212 d. C.), o direito civil é reservado aos romanos e os não romanos ficam excluídos do âmbito de validade das regras de propriedade (propriedade quiritária, como se diz), do casamento e de família do *ius civile*.

Este direito quiritário aplica-se por um processo especial e formal. O formalismo do direito arcaico romano precisa ser compreendido para além do caráter "mágico" que algumas vezes se atribui a ele. De fato, considera-se mágica aquela prática que deseja controlar forças superiores pelo exercício de certos rituais, inclusive pronunciando-se as fórmulas. Isto, por exemplo, distinguiria a magia da religião: a prática religiosa não crê na manipulação das forças naturais pela simples realização de ritos. O direito arcaico não é mágico neste sentido. A melhor explicação para ele é dada quando entendemos a função performática da linguagem, conforme argumenta J. L. Austin (1975). Esta a explicação dada por Bretone para o direito formal romano. Segundo Austin, há casos em que *falar* é *fazer*. Nestes casos, a palavra é performativa, ela realiza aquilo que diz: o exemplo mais claro é uma promessa. Ao dizer "eu prometo", cria-se a promessa. O direito, mesmo o contemporâneo, é cheio destes casos. O casamento, por exemplo, só se realiza quando são pronunciadas as palavras certas na ocasião certa e pelas pessoas certas. Nem por isso dizemos que há mágica. A colação de grau universitário é outro exemplo. O direito arcaico era assim: cheio de fórmulas que precisavam ser pronunciadas no lugar certo pelas pessoas certas. Os pontífices desempenhavam um papel nestes casos.

Ora, possuindo as fórmulas os negócios poderiam ser realizados e por isso o formalismo do direito contribui para laicizá-lo e para desligá-lo de considerações de caráter moral ou religioso. O formalismo do direito arcaico contribui para sua laicização. As "ações da lei" constituem parte deste direito, que com o tempo cria autonomia. Seja no processo, seja nos negócios, a validade dos atos vincula-se ao uso correto da forma, algo que hoje conhecemos quando dizemos que há atos cujas formalidades extrínsecas são da sua essência e sem as quais não são válidos (isto é, não produzem os efeitos que deles esperamos), por isso se dizem formalidades *ad solenitatem*, em contraste com as formas usadas apenas como meio de prova. De início tais formalidades são supervisionadas pelos pontífices e mais tarde, como dito, pelos pretores.

Alguns "negócios" ou "obrigações" em direito romano dependiam de tais formalidades: *nexum* (estabelecia a relação de dívida: o devedor vendia-se ao credor, pronunciando certas palavras), *sponsio* (fórmula de promessa que dispensava testemunhas), *mancipium* (forma de troca). Nisto o direito era já *positivo* e *abstrato* (GERNET, 1982:110-102; VILLEY, 1987a). No campo do que hoje se chamaria processo o mesmo continuava verdade. Os procedimentos eram típicos (formais). Conheciam-se cinco ações: (1) *per sacramentum*, (2) *per iudicis arbitrive postulationem*, (3) *per condictionem*, (4) *per manus iniectionem*, (5) *per pignoris capionem* (TUCCI; AZEVEDO, 1996:51-72).

3.2 O processo formular e o período clássico

O processo formular é o ambiente próprio do desenvolvimento da jurisprudência clássica, que continuará florescendo até o século III d. C. Criado pela *Lex Aebutia* (c. 149-126 a. C.), redefinido pela *Lex Iulia*, de 17 a. C. (principado de Augusto), este processo tinha como personagem central o pretor urbano (magistratura criada em 367 a. C.) e o peregrino (criada em 242 a. C.), que remetiam o julgamento a um juiz (*iudex*) ou árbitro privado. Vigorou na República tardia e no Principado, caindo em desuso com o aumento do poder do imperador e sua burocracia.

O processo formular caracteriza-se por uma divisão nítida em duas fases. A primeira, chamada *in iure*, ocorre perante o magistrado (autoridade pública) propriamente dito, o pretor. Sua tarefa é objetivamente organizar a controvérsia, transformando o conflito *real* num conflito *judicial*: por isso, a função do pretor pode ser descrita como a de *administrar a justiça*, não a de *julgar*. A segunda fase é chamada *apud iudicem*, ou *in iudicium*: a controvérsia desenvolve-se então perante um juiz (*iudex*) ou árbitro (cidadão particular). Desde o início, deve ficar claro que nem pretor e nem juiz são juristas. Os juristas (jurisperitos, jurisconsultos, jurisprudentes) colaborarão de várias maneiras com o juiz e o pretor, mas não fazem parte do "aparelho judicial".

Se bem que o processo formular tenha sido introduzido por volta de meados do século II a. C. (de quando se data a *Lex Aebutia*), ele dura até o Principado e é muito mais por desuso que vem a desaparecer, quando as instituições políticas e condições materiais que lhe deram origem já haviam também desaparecido. É no quadro do processo formular que elementos fundamentais da jurisprudência clássica romana se formam. Os juristas, que mais tarde se incorporam ao corpo de auxiliares diretos do imperador (príncipe), começam como consultores particulares dos magistrados (pretores), juízes (árbitros) e partes do processo formular. As fórmulas, que criam remédios (ações, interditos, exceções) para defesa de interesses e situações não previstas no direito quiritário antigo são criadas pelos editos dos pretores. A flexibilização do direito civil, em geral, dá-se dentro do processo formular, assim como a entrada da retórica grega e dos princípios de direito natural ou de direito dos povos, em oposição ao direito civil romano tradicional.

> O direito existia em Roma em condições próprias: lembremos que não havia cartórios, funcionalismo público e a alfabetização era limitada. A família não era uma comunidade apenas de sangue, mas uma unidade produtiva. A casa era o lugar onde se reproduzia a vida, pela geração de filhos e de bens materiais. Por isso, as diferentes formas de casamento eram diferentes formas de associar ou incorporar o patrimônio da mulher na família do marido. Nesse mundo alguns acreditavam que a família era a "célula mãe" da sociedade toda. Outros, porém, já desconfiavam que a cidade e a república eram adversárias naturais da família, pois obrigavam o cidadão a pensar para além da sobrevivência material e dos laços estreitos do matrimônio, da filiação, da parentela e da clientela. Obras clássicas gregas e romanas enfrentaram esse problema.

A primeira fase do processo, *in iure*, perante o pretor, inicia-se com a comunicação da pretensão ao adversário. O interessado deve fazer com que o seu adversário compareça perante o magistrado para que ali, pública e formalmente, formule sua pretensão. A tarefa de levar seu adversário ao magistrado é exclusivamente privada: não há uma polícia judiciária encarregada de fazer isto pelos particulares. O queixoso (autor) precisa ser capaz de ele mesmo levar o réu: naturalmente com isto se limita consideravelmente o "acesso" à justiça. Só pode realmente dar início ao processo aquele que dispuser de meios financeiros e pessoais: dinheiro, amigos, escravos, parentes, clientes, que o ajudem a localizar o adversário em lugares públicos e detê-lo, nas praças e nos banhos especialmente. Por isso, dizem os historiadores (VEYNE, 1990), transformar a disputa num caso jurídico-judicial era um sinal de estilo, honra e *status* social mais acessível a uma classe social do que a outra, uma distinção. Com o tempo, foram sendo criadas punições – a favor do autor – para desestimular o não comparecimento em juízo.

Conseguindo levar seu adversário à presença do magistrado, este se encarregava de verificar se o caso poderia ser transformado numa disputa "adjudicável". Sua tarefa consistia em transformar a queixa num conflito que pudesse ser decidido por um árbitro a ser nomeado e de acordo com uma fórmula muito semelhante a um "quesito". Esta fórmula deveria estar contida no edito, mesmo que de maneira geral, muito embora o pretor, que detinha um poder de império, pudesse criar condições especiais para os casos concretos (muitas exceções ou matéria de defesa foram criadas assim). A *fórmula* consistia na designação do juiz (*iudex*) e no "quesito". Ela era, porém, *negociada* pelas partes perante o pretor: ou seja, as partes discutiam até que se esclarecesse qual era efetivamente o ponto a ser decidido (uma questão à qual o árbitro/ juiz pudesse responder *sim* ou *não*) e o pretor se convencesse de que o ponto era compatível com a proteção anunciada no edito. O nome do juiz a ser indicado também era discutido. O pretor dispunha de uma lista de nomes de cidadãos romanos das classes superiores que deveriam prestar este serviço arbitral na cidade: a lista era conhecida como *album*. O serviço de juiz ou árbitro (*iudex*) era um encargo próprio dos cidadãos, ao qual muitos procuravam escapar, mas que se considerava em geral um ônus compatível com a honra e o respeito devidos aos cidadãos superiores.

Uma vez que os termos da controvérsia tivessem sido definidos, as partes firmavam um compromisso perante testemunhas: a lide se definia perante testemunhas, daí *litis cum testatio*. A partir de então, de posse da fórmula e da ordem do magistrado para que alguém julgasse o caso, o processo transferia-se para o juiz (ou colégio de árbitros, *recuperatores*), que recolheria as provas e decidiria a questão. Esta divisão do processo formular pode ser *grosso modo* comparada àquela hoje existente no tribunal do júri que, curiosamente, importamos da tradição inglesa. O juiz presidente organiza o processo, mas a decisão é dada por leigos que respondem afirmativa ou negativamente aos quesitos relativos aos fatos: houve o fato? fulano é autor? houve agravantes e atenuantes?

Segundo Gaio, a fórmula continha partes determinadas: *intentio, demonstratio, adiudicatio, condemnatio*. A despeito das muitas controvérsias técnicas sobre as partes e suas respectivas funções e características, certo é que a fórmula apresentava um juízo hipotético bem definido. Um exemplo de fórmula é o seguinte: "Juiz (uma vez nomeado), se parecer que N. Negídio obrigou-se a dar 10.000 sestércios a A. Agério, condena N. Negídio a dar 10.000 sestércios a A. Agério; se não parecer, absolve-o." Ou: "Se parecer que N. Negídio obrigou-se a entregar tanto de trigo a A. Agério, condena-o a pagar o equivalente; se não parecer, absolve-o." Em resumo, na parte inicial da fórmula poderia o pretor ir criando as condições ou hipóteses em que se daria o *remédio* ao interessado. É em torno da interpretação desta parte, destas hipóteses, que os juristas vão desempenhar seu papel criativo.

Antes de falar dos juristas, porém, é preciso esclarecer como, de maneira geral, os pretores criaram um direito novo. Ulpiano esclarece que o *direito civil* é o direito próprio de cada cidade: ele se distingue do direito comum dos povos (*ius gentium*) que são instituições encontradas em grandes linhas em vários ou todos os povos (como é a *escravidão*, diz ele). O direito natural, por sua vez, é aquele comum a homens e animais. Assim, a escravidão é de direito comum, mas não de direito natural (pois naturalmente todos são livres). Papiniano, por seu turno, diz que o direito civil vem de algumas fontes (leis, plebiscitos, senadoconsultos, decretos do príncipe e autoridade dos prudentes – notemos que Papiniano escreve em pleno Principado): já o direito pretoriano foi introduzido pelos pretores, para a utilidade pública, visando corroborar, suprir ou corrigir o direito civil (D. 1, 1, 7). Como eles o fazem? Usando seu poder de magistrados, sua honra (daí *ius honorarium*) de agentes da cidade (povo) e seu império. Seu poder de magistrados permitia-lhes promulgar anualmente a sua "política" no exercício do cargo por meio do edito.

Neste edito, sendo responsáveis pela administração da justiça, começam a detalhar e, como diz Papiniano, corrigir e suprir o direito civil, tendo em vista as mudanças nas condições da vida da cidade. Aceitam as fórmulas do *ius quiritium*, naturalmente, mas os pretores peregrinos aceitam outras fórmulas; compõem também novas fórmulas, ou seja, hipóteses, que serão verificadas por um juiz (*iudex*). Do seu poder de polícia, vão criar os *interditos possessórios*: proibir que a posse seja violada (por isso o interdito é exceção e não ação). Dois exemplos são ilustrativos.

Primeiro caso: proteção da posse de boa-fé

O *ius quiritium* não podia ser invocado pelo estrangeiro. O estrangeiro só se tornava protegido se houvesse um tratado de amizade entre sua cidade e Roma. O *ius quiritium* era um direito herdado, que não se poderia haver por convenção (porque se tratava da filiação aos patriarcas). O *dominium ex iure quiritium* era a "propriedade" romana plena sobre determinados bens e para determinadas pessoas, portanto. Era um *status* do qual gozavam apenas os pais de família. Quando não se pode invocar a propriedade quiritária, os pretores passam a dar uma ação formular que copia a fórmula antiga, mas já é uma novidade. Aos poucos se estende a proteção de maneira geral. Se sobre algumas terras e para algumas pessoas não há direito de *dominium* (sobre terras públicas e comuns ou para os peregrinos), sem dar uma ação para que o possuidor "reivindique sua terra" o pretor usa do seu poder de polícia e impede, em nome da boa ordem pública, que aquele que está de boa-fé seja desalojado: dá um "interdito", obrigando à restituição se houve violência. Protege a posse até criar uma "propriedade pretoriana".

Segundo caso: obrigações

Neste contexto em que nasce o *ius praetorium*, constata-se que em toda parte a *palavra* é um instrumento da vontade. Ora, no direito quiritário não há propriamente contratos: há solenidades que criam obrigações e não se indaga qual a vontade das partes. Os institutos antigos de criação de obrigações, como a *sponsio, stipulatio, nexum*, eram solenes: pronunciadas as fórmulas, feitos os gestos, cumprido o rito, surgia a obrigação. Eram como que ritos religiosos transformados em fórmulas legais. Neste sentido, eram abstratos: não se vinculavam a uma função econômica específica, nem se indagava da vontade das partes. Os contratos propriamente ditos se vão desenvolvendo com a vida comercial do Mediterrâneo. Lembremos que os romanos, seu direito e seus interesses são inicialmente fundiários e não comerciais. Ora, no Mediterrâneo oriental sobretudo o comércio anima as cidades e os portos, aqueles portos que os romanos tanto temem. Bretone lembra que o comércio na Antiguidade era sempre restrito, e só os artigos de luxo é que se trocavam, ou artigos de semiluxo, ou os de absoluta necessidade (ferro, sal, trigo etc.). E que mesmo na República os romanos guardavam desconfiança dos portos e cidades portuárias, consideradas centros de degradação de costumes, de influência estrangeira, de degeneração e novidades (BRETONE, 1990:97).

Mesmo assim, dos gregos e dos orientais sofrem influência e é este novo direito pretoriano, honorário, que vai proteger as relações nascidas da boa-fé. Já em meados do século II d. C., Gaio vai apresentar uma classificação da *origem* das obrigações que nos permite compreender melhor o que houve. Diz ele que há obrigações *verbais* (*sponsio, stipulatio*), *literais* (livros do pai), *reais* (mútuo, depósito, comodato, penhor), e *consensuais* (*emptio venditio, locatio, societas, mandatum*). Nós nos enganaríamos se pensássemos que se trata das formas (formalidades) de contratos. Uma obrigação verbal, no direito romano, não é aquela que expressa por palavras a *vontade* de contratar. No caso da *sponsio* ou da *stipulatio*, não vinha ao caso falar da origem voluntária ou não do ato. O que se entendia era que a palavra criava o vínculo, assim como nas obrigações reais a entrega da coisa gerava o vínculo, e nas literais a anotação do pai de família o criava.

É nas obrigações consensuais que a vontade de fazer o negócio se torna relevante. Abandona-se, pois, a fórmula simples. O núcleo do direito novo das "obrigações" serão quatro contratos consensuais. Segundo Bretone, outra vez, é *o consenso como fonte do nexum a grande formalização interpretativa de Roma e sua contribuição mais original*, já que a compra e venda dos gregos é uma troca de coisas (mercadoria por dinheiro), não um acordo puro e simples. *Emptio venditio, locatio conductio, mandatum, societas* (que substitui o simples consórcio ou comunhão de herdeiros) são a grande novidade, sem ritualismo: o consenso basta, não há troca física das coisas, nem mesmo a troca fictícia, é a simples promessa. A *boa-fé* (*bona fide*) torna-se princípio normativo e interpretativo. Normalmente, o pretor confirma um hábito comercial já existente e criado: os comerciantes não esperam o pretor, vão fazendo seus negócios. Assim como hoje vão se praticando negócios sem que haja reconhecimento prévio. Um exemplo contemporâneo bem ilustrativo é o do consumo: uma criança, com o dinheiro da mesada, compra um doce, um brinquedo, uma revista, sem que haja assistência por um maior responsável. O direito civil tradicional não pode ser aplicado a relações de consumo. Da mesma forma, o *ius quiritium* tornou-se de reduzida utilidade para a sociedade romana.

O edito do pretor era anual, durava com a sua magistratura, como todos os editos de magistrados temporários. Não era um código (sistemático exaustivo). Era uma proclamação verbal da tribuna, sua redução a escrito sendo simples memória (um *aide-mémoire*). Sua observância pelo pretor era questão de boa vontade: o bom pretor respeitava, o mau não o respeitava. Desde 67 a. C., pela *Lex Cornelia*, o pretor ficou obrigado pelo seu próprio edito, isto é, as partes poderiam invocar o edito como se fora lei diante do pretor. Se no curso do ano precisasse mudar alguma coisa, faria outra proclamação, chamada *edito repentino*.

A *Lex Iulia* (17 a. C.) do principado de Augusto terminou abolindo o processo antigo (*legis actiones*) e generalizando para todo o direito privado o processo formular, reforçando a importância do edito pretoriano. Este, porém, não obrigava ainda os seus sucessores. Com o tempo, porém, criou-se o costume de manter o essencial do edito anterior. O edito chamou-se *translatício*, passando de uma magistratura anual para a seguinte. Entre 125-138 d. C., durante o principado de Adriano e por sua ordem, Sálvio Juliano compôs o novo *edito perpétuo* (perpétuo aqui significando de uma vez por todas) fixando uma espécie de regulamento dos editos, a ser cumprido por todos. Estamos já na metade do século II e ao lado desta progressiva fixação do edito a criatividade dos pretores começa a diminuir. As grandes linhas de inovação já foram traçadas. Mesmo assim, é o tempo da atividade criativa dos juristas. Deste edito perpétuo não se conservou o texto. Como a *Lei das XII Tábuas* se reconstrói pelos fragmentos mencionados nos textos dos juristas, assim também o edito perpétuo se pretende reconstruir pelas referências em trechos dos juristas clássicos que nos chegaram.

O processo formular precisa ser compreendido de maneira geral dentro do sistema de execução privada, da bipartição do processo em duas fases e da presença de árbitros ou juízes leigos. Fazer justiça segundo a lei não queria dizer entregar ao Estado a execução do julgamento, mas o próprio beneficiário executar o julgamento segundo as regras aceitáveis e sob a supervisão do magistrado (pretor). O processo desenrolava-se em duas fases bem distintas, como visto: mas o julgamento, porque feito praticamente em resposta à fórmula dada pelo magistrado, não comportava apelação. Administrar a fórmula (fase *in iure*) era administrar a justiça, julgar (fase *in iudicium*) era decidir o conflito.

3.3 *Cognitio extra ordinem*

A terceira grande fase do direito romano é dominada por uma mudança no perfil do processo paralelamente às mudanças sociais e políticas. Ao contrário do processo formular, a divisão de tarefas entre pretor e juiz vai desaparecer e o pedido das partes para conseguir uma fórmula em boa-fé também se altera. O resultado será uma valorização dos juristas, a centralização dos poderes de julgamento em um único órgão e a novidade do recurso ou apelação.

A *cognitio extra ordinem* surge ao lado do processo formular sem substituí-lo completamente no início. Trata-se de uma intervenção de fora da ordem normal do processo: esta intervenção é feita pelo príncipe. Ele se substitui, pessoalmente ou por algum delegado seu, ao juiz propriamente dito, ou, sem substituir, intervém, dando uma resposta a uma questão, ou opinando. Com a autoridade política que lhe é reconhecida, a influência do príncipe começa a mudar substancialmente a ordem ordinária dos feitos.

Ao lado da forma tradicional de justiça, consistente na bipartição de tarefas pretor/ juiz, surge esta forma concentrada. Para julgar no lugar do príncipe, são criados delegados seus, assim como na administração das províncias e no cuidado de seu tesouro já se haviam instalado "funcionários" ou agentes imperiais. Quando, além do julgamento de casos que ele resolve avocar, o imperador também passa a ouvir queixas contra sentenças proferidas por outros, ouvindo apelo (*supplicatio*) ou recurso, a tarefa não é exercida por ele pessoalmente, mas por algum membro de seu conselho, que se transforma em cúria e tribunal central do império. E nestas funções estarão presentes os juristas. O príncipe torna-se aos poucos o juiz supremo, tanto em matéria civil quanto penal, intervém a convite de um magistrado, funcionário, ou de um particular. Como sempre na história de Roma, a mudança justifica-se pela *restauração da república*, mas de fato é substancialmente algo novo.

Assim, a *cognitio extra ordinem* difere substancialmente do processo formular porque centraliza o juízo (abolindo a diferença pretor/juiz) e introduz a possibilidade de apelação. Se a função de julgar estava repartida entre dois órgãos de natureza diversa (pretor/juiz), um não poderia rever a decisão do outro. Quando o julgamento se concentra e se concentra num delegado (inferior) do imperador, este pode reanalisar e corrigir o que foi feito pelo seu agente. O julgamento do príncipe é um decreto (*decretum*) para o caso concreto.

3.4 Os autores do direito romano: pretores e juristas

> Numa cultura legalista como a nossa não é fácil compreender o papel dos juristas romanos. Na verdade eles faziam a mediação primeiro entre os rituais fixos, depois entre as prescrições da lei das XII Tábuas e o restante do direito escrito, e as necessidades da vida cotidiana do patriciado romano (e, em seguida, também de outros estratos sociais, inclusive estrangeiros). Neil MacCormick, teórico do direito contemporâneo, lança uma importante luz sobre o assunto, ao relatar seu esforço de traduzir o fragmento do Digesto 1.1.10.1, em que se define o que é a jurisprudência, a atividade do jurista. Para ele nossa dificuldade primeira está no fato de não dispormos mais de uma clara ideia do exercício propriamente prático da razão. Sua tradução ficou assim: "A sabedoria prática em questões de direito é consciência dos negócios divinos e humanos e o domínio da diferença entre o justo e o injusto." (MACCORMICK, 2001:81).

A partir do século IV a. C. a jurisprudência laiciza-se de vez. Quando os plebeus passam a ter acesso ao colégio de pontífices e as leis se reduzem a escrito, as fórmulas podem ser dominadas por mais pessoas. A laicização não significa democratização, de modo que são apenas alguns que se dedicam ao direito e estes alguns, substitutos dos pontífices, serão os juristas. Em geral, são homens das classes superiores (senatorial e, cada vez mais com o tempo, equestre). São nomes desta época mais longínqua Gneus Flávio e Ápio Cláudio, que eram escribas.

Os juristas formam uma categoria aristocrática: são notáveis, fidalgos. Não se trata de uma profissão propriamente dita. O que fazem é uma função pública, não o desempenho de uma profissão. Prestam um serviço à cidade, pois preservam a tradição, mas prestam-no dando conselhos aos pretores, aos seus amigos, aos seus *clientes*, dependentes, e a outros que os procurem para distintas coisas. Não advogam no foro, pois esta advocacia declamatória e retórica, embora existisse em Roma, era considerada inferior. O que os juristas fazem é uma honra, uma dignidade. Esta dignidade que lhes é devida, como em sociedades antigas e tradicionais, impunha-lhes prestar o serviço de publicamente dar sua opinião. Sua remuneração, como disse Weber, não era dinheiro, mas uma influência poderosa, prestígio, popularidade. Ninguém se tornava jurista em Roma por concurso simplesmente.

Suas tarefas variavam: podiam dar conselhos aos particulares sobre negócios e contratos, assim como podiam preparar a seu pedido as operações e documentos (*instrumenta*) ou suas minutas. Podiam também dar conselhos aos pretores sobre como enquadrar os casos novos ou como criar novos remédios. Tanto falavam em casos hipotéticos, quanto podiam estar junto do pretor na fase *in iure* do processo. Da mesma forma com os juízes, aos quais auxiliavam eventualmente respondendo a perguntas nos casos difíceis e duvidosos. Nestas circunstâncias, agiam sempre como um perito: não eram magistrados e nem juízes, não eram funcionários. Durante os séculos II e III d. C., sua atividade criativa superou a dos pretores. Lembremos que por volta de 130 d. C. (entre 125 e 138 d. C.) Sálvio Juliano, um jurista, havia consolidado o edito pretoriano, de tal modo que dali (dos editos) já não viriam novidades. Mais tarde, sua criatividade será também posta diretamente a serviço do príncipe legislador, auxiliando a redação das constituições imperiais.

Em chave mais contemporânea, tomando o direito como uma prática social que se separou de outras práticas normativas, Mario Bretone (*Tecniche e ideologie dei giuristi romani*, 1971, *Storia del diritto romano*, 1990 e *Diritto e tempo nella tradizione europea*, 1996) e Aldo Schiavone (*Ius*, 2005) mostram a forma de raciocinar e de organizar o material, bem como a inteira cultura de que dispõem os juristas.

Muitos dos seus conselhos e opiniões eram apenas verbais, reduzidos a escritos mais tarde. Em torno de sua atividade, quando publicamente debatiam as questões, formavam-se os auditórios e os discípulos. O direito poderia ser ensinado e aprendido nestes termos, se o cidadão tivesse talento, interesse e pertencesse à classe social adequada, pois os juristas formavam um círculo unido às lideranças políticas e econômicas da cidade, seja por parentesco, seja por amizade. Já na República houve escolas (Labeão era um líder de uma delas) e alguns juristas foram exclusivamente professores. Provavelmente, da atividade de ensino é que surgiram alguns livros. Os que estudavam com um jurista poderiam tornar-se uma "escola" de interpretação. Assim é que Sabino, que estudou com Capitão, liderou os *sabinianos*, enquanto Próculo, discípulo de Labeão, liderou os *proculianos*.

No período clássico, os juristas conheciam tanto a tradição romana, no que diz respeito às leis e fórmulas, quanto um mínimo da filosofia grega vulgarizada em termos de retórica e dialética. Isto resultou num procedimento típico da época clássica que incluía definições sobre o justo e o injusto, o razoável, classificações das fontes, a distinção entre o direito comum, o natural, o direito da cidade. E Ulpiano, por exemplo, mostrava com clareza que sabia filosofia expondo ordeiramente princípios e classificações.

A tarefa dos juristas será original porque justamente valem-se dos instrumentos gregos para refinar, ampliar, flexibilizar sua herança romana. Diz-se que os gregos não desenvolveram um corpo de tradições legais porque sua inquietude intelectual impedia que respeitassem os limites estreitos de um pensamento dogmatizante e que, ao contrário, o original dos juristas romanos foi sua capacidade de valer-se da retórica e da dialética aceitando o limite da tradição. Conservadores e tradicionalistas, operaram mudanças pelo tratamento consistente e ordeiro de casos individuais, sem fazer

> Três importantes historiadores, embora divergindo em alguns pontos, esclarecem muito a função e o papel dos juristas no direito romano. Em versão mais antiga, Fritz Schultz, *History of Roman legal science*, de 1946, reivindica a tradição romana contra o arbítrio e a desrazão que via abater-se sobre a Europa, mostrando a racionalidade de tarefa dos intérpretes do direito.
>
> No Brasil, finalmente começam a surgir estudos importantes pela nova geração de romanistas, particularmente na Faculdade de Direito da Universidade de São Paulo. Especial menção pode-se fazer à tradução e edição das *Institutas* de Justiniano pelo professor Bernardo Bissoto Queiroz de Moraes (2021), assim como o seu *Manual de Introdução ao Digesto* (2017). Destaque também merece a publicação de uma tradução brasileira do *Digesto*, originalmente feita por Manoel da Cunya Lopes e Vasconcellos, editada por Eduardo C. S. Marchi, Bernardo B. Q. Moraes e Dárcio Martins Rodrigues, bem como a de Hélcio M. F. Madeira (*Digesto de Justiniano, liber primus*, 2002) e de José Isaac Pilati (*Digesto de Justiniano – Livro Segundo: Jurisdição*, 2013).

sínteses teóricas (DAWSON, 1978:114). Suas fontes eram a lei, a razão e a equidade das fórmulas. Não invocavam precedentes judiciais (o próprio sistema bipartido não favorecia que se conservasse a "decisão" do caso), mas razões que justificassem sua interpretação. A lei mesma era invocada quando a solução não era *óbvia* de um ponto de vista prudencial.

Durante o Principado, a harmonia entre juristas e imperador aconteceu. Augusto criou o costume de conceder a alguns juristas o *ius respondendi* (*ex autoritate principis*). O jurista assim "patenteado" poderia falar em nome do imperador. Somavam-se duas autoridades: a do jurista e a do príncipe. Nenhum dos dois, isoladamente e no início pelo menos, produzia "lei". Com o tempo, já no segundo século, Gaio poderá alinhar a opinião dos prudentes entre as fontes do direito, caso ela fosse concorde.

Durante o Dominato, os juristas também mudaram de perfil. Da mesma forma que pretor e juiz desapareceram porque o processo passou a ser concentrado perante um só órgão, o jurista independente perdeu seu lugar. O centralismo do Dominato faz com que os jurisprudentes sejam funcionários encarregados de aplicar precedentes já solidificados e capazes de garantir a uniformidade e a submissão de todos ao poder central. Podem também, como dito, ajudar na feitura da legislação imperial. Desenvolvendo-se agora dentro da burocracia, é possível criar escolas de direito despersonalizadas, que preparam para a carreira burocrática: algumas serão notáveis, oficiais e públicas, como Constantinopla e Berito (Beirute), cuja influência no Oriente dura muitos séculos, ao lado de Roma e Alexandria. No Dominato, o papel da legislação imperial é crescente e o dos juristas deixa de ser somente o de dar conselhos aos pretores, aos juízes e às partes para ser especialmente o de assessorar o príncipe ou imperador.

É nesse período tardio que se faz sentir a necessidade de consolidar ou codificar a jurisprudência clássica. O objetivo é permitir o acesso às obras consideradas clássicas. Não se trata, pois, de códigos legislativos, mas de consolidações temáticas de fontes. As primeiras consolidações são meramente privadas, frutos de esforços de professores talvez, como o *Codex Gregorianus* (c. 291 d. C.) e o *Codex Hermogenianus* (c. 295). Ao mesmo tempo, com a distância temporal crescente entre os juristas do período clássico e os órgãos judicantes do Império tardio, foi aparecendo o problema de verificar a correção e a importância das fontes jurisprudenciais. Assim é que em 426, Valentiniano III, com sua chancelaria em Ravena, expede a "lei das citações", indicando os juristas que poderiam ser citados e sua respectiva hierarquia. O texto da lei é o seguinte:

> "Confirmamos todos os escritos de Papiniano, Paulo, Gaio, Ulpiano e Modestino; assim a Gaio deve ser reconhecida a mesma autoridade que a Paulo, a Ulpiano e aos outros, e de toda a sua obra podem tirar-se as passagens a 'recitar' perante o juiz. Queremos que seja válida também a doutrina daqueles, cujas discussões e opiniões todos os juristas agora mencionados inseriram nas suas obras: é o caso de Cévola, Sabino e Marcelo, e de todos os outros que estes juristas citaram, para que a natureza autêntica dos seus livros, pela incerteza devida à sua antiguidade, seja garantida pela colação dos manuscritos. Quando depois são avançadas opiniões diversas, prevaleça antes de mais a maioria dos autores, ou então, se o número for igual, preceda

a autoridade da parte em que se distingue Papiniano, homem de engenho extraordinário; se prevalecer sobre cada um, ele deve, porém, ceder relativamente a dois. Além disso, decidimos que se considerem inválidas, como há tempo se estabeleceu, as notas de Paulo e de Ulpiano à obra de Papiniano. Quando depois tiverem sido citadas em igual número opiniões contrastantes, e estas pertencerem aos juristas cuja autoridade se reconheceu igual, a prudência do juiz escolherá aquelas que devem ser seguidas. Também sentimos que valem sempre as 'Sentenças' de Paulo" (*apud* BRETONE, 1990:271).

Finalmente, em 438 é publicado o Código Teodosiano, por ordem de Teodósio II, imperador do Oriente. Continha as constituições imperiais desde o período de Constantino (312 d. C.). Dividia-se em 16 livros, reproduzindo cada constituição imperial, com o respectivo autor e sua data, seguida de uma interpretação em cada caso. Adotado no Ocidente, veio a influenciar muitas compilações posteriores feitas nos reinos bárbaros, a partir do século VI. No Oriente, será revogado pela codificação de Justiniano. Ele, Justiniano, manda fazer a grande obra de recompilação dos clássicos (530 d. C.), e será preciso esperar sua redescoberta pelos medievais, para que o direito romano, já reinventado e reinterpretado pela universidade, volte a ter influência marcante na Europa ocidental. Certo, portanto, que a jurisprudência clássica foi desaparecendo com o desaparecimento das instituições de resolução de controvérsia às quais estivera ligada, bem como às condições materiais e sociais da vida. Todo o esforço de salvá-la é feito por homens que julgam seu próprio mundo como inferior em criatividade e sofisticação, mas que não têm como restaurar o passado, a não ser tentando conservar os textos.

3.5 Fontes

As fontes normativas no direito romano não foram sempre as mesmas. Quando um jurista da idade clássica, como Papiniano, as elenca, é preciso reconhecer que o desenvolvimento e a importância de cada uma foi diferente. Assim as leis (*leges*), derivando talvez de *lego* (ler), eram normas votadas nas assembleias (*comitia centuriata*, *comitia curiata*) gerais e propostas pelos magistrados superiores (*rogatio*). Quando votadas pelo *concilium plebis* (conselho dos plebeus), chamavam-se *plebiscita* (a partir de 287 a. C. a *Lex Hortensia* deu obrigatoriedade geral aos plebiscitos).

O *senatus consultus* tem outra história e função. Inicialmente, tratava-se apenas de uma opinião do senado a respeito de uma matéria determinada. Representava moralmente a autoridade dos patriarcas (*auctoritas patrum*), e não tinha o mesmo caráter da lei. É com a decadência das formas republicanas de deliberação, a partir do principado, que o senado-consulto converte-se em fonte normativa. Há um progressivo centralismo e das assembleias o poder passa ao Senado. No final da República e início do principado, o senado-consulto havia sido interpretativo e sugestivo para os pretores (sugestão de exercício de seu poder e criação de editos). Sob Adriano (117-138 d. C.) a função normativa do Senado é reconhecida.

Os atos do imperador são chamados *constituições*. Elas são de diversas categorias, dependendo de seu propósito. São *edicta* (editos) quando contêm disposições de ordem geral para o império. O famoso Edito de Milão, com o qual Constantino muda o *status* do cristianismo, é desta natureza, assim como a Constituição Antoniniana, de 212 d. C., que deu a todos os habitantes livres do território do Império o direito de cidadania romana. Chamam-se *decreta* os julgamentos, decisões ou sentenças, que constituíam precedentes a serem observados nos casos semelhantes. De outra ordem eram os *rescripta*: tratava-se de respostas a consultas feitas por magistrados em casos difíceis ou duvidosos. Finalmente, havia *mandata*, ordens administrativas, fiscais, dirigidas a governadores de províncias, funcionários. Por tais meios o imperador criava direito novo. Sua influência foi tão grande que no século II Ulpiano poderá dizer que "o que agrada ao príncipe tem força de lei", princípio absolutista debatido durante séculos pelos romanistas.

Os magistrados em geral poderiam expedir *editos*. E os pretores os expediam para ampliar, como vimos, a proteção a direitos novos. Ao contrário dos editos dos imperadores, que podiam abranger qualquer matéria, os editos dos magistrados republicanos limitavam-se a suas respectivas áreas de atuação. Os pretores, encarregados da ordem dos juízos, expediam editos lidando com ações, exceções, remédios jurídicos em geral.

Finalmente, menciona-se a *opinião dos prudentes*. Elas são usadas de modo a dar um precedente em casos concretos. Durante o Principado estes prudentes mais conhecidos foram Sálvio Juliano (que durante o principado de Adriano deu forma definitiva ao edito do pretor), Papiniano, Paulo, Ulpiano, cuja obra ocupa um terço do *Digesto* e que somada à de Paulo corresponde à metade de toda aquela compilação. A opinião dos jurisprudentes, jurisconsultos ou juriperitos, como visto, era dada a pedido das partes (*ad respondendum*), dos pretores e juízes (*ad agendum*) ou na feitura de documentos (*ad cavendum*). Na República tardia é que os jurisconsultos desenvolvem as grandes novidades do direito romano.

Em 198 a. C., por exemplo, Sextus Aelius Paetus, o primeiro jurista não pontífice de que se tem notícia, redigiu um primeiro texto conhecido por *Tripertita*, no qual para cada assunto indicava a fórmula das *XII Tábuas*, sua interpretação e a respectiva ação. Quintus Mucius Scaevola, cônsul em 95 a. C., foi provavelmente o primeiro, segundo Pompônio, a tentar organizar o direito em grandes gêneros e classes.

3.6 Juristas e filosofia

Os juristas romanos, como em geral os romanos bem-educados e cultos, foram helenizados. Não se trata de uma absorção completa da cultura grega. No entanto, não se pode esquecer que a expansão de Roma para o Oriente dá-se sobre territórios helenizados de longa data. Alexandria e Antioquia, as duas maiores cidades do império depois da própria Roma, eram cidades helenísticas; Bizâncio, já no tardo-império, também. A língua corrente internacionalmente era o grego (o latim divulga-se no Ocidente), o grego *koiné* (comum) ou *demótikos* (popular). Neste ambiente, a educação formal incluía um mínimo de familiaridade com a tradição grega. Cícero dedica seu livro *Tópicos*, uma introdução à retórica, a um jurista amigo seu (Trebácio Testa). A filosofia grega participa, portanto, de alguma forma, do pensamento jurídico romano.

O gosto pela justificação racional, não apenas tradicional, dos institutos e das soluções, assim como a classificação em gêneros é bem grega. Algumas linhas de pensamento dos juristas mostram grande proximidade com tendências de filosofia grega ou helenista, como o estoicismo. Quando se leem no *Digesto* os textos alinhados no *Livro I, Título I* (sobre a justiça e o direito), impossível não ouvir o pano de fundo dos temas gregos de caráter estoico: a familiaridade de todos os homens, o cosmopolitismo, o direito natural e o direito dos povos como instrumentos capazes de lançar luz sobre a própria experiência romana.

O debate grego sobre a melhor forma de governo, sobre as relações entre vida pública, cidade, direito e justiça, tudo isto torna-se patrimônio dos romanos, ainda que para modificá-lo e adaptá-lo. Outra vez, Cícero escrevendo sua *República* adota o gênero literário do diálogo para defender a melhor forma de governo, o governo misto dos romanos (da República romana). E o convencionalismo, o respeito pela boa-fé e pelas promessas como meios de se garantirem direitos também se deriva de muito do que os gregos já praticavam e sobre o que discutiam. Assim, muito embora os juristas não sejam filósofos, é claro que alguma relação com a cultura de seu tempo faz com que um senso comum moral esteja presente em seus escritos.

3.7 O direito privado romano – casa e família

A importância do direito privado romano está diretamente ligada ao papel que a própria família desempenha na sociedade romana em particular. O direito privado, quando bem analisado, é um sistema de regras pelo qual se mantém unida a família como unidade produtiva. As regras de sucessão determinam quem se torna o chefe da família e com que meios. As regras do matrimônio determinam como se unem e separam patrimônios e como se acrescem, pelos regimes dotais e pelo regime de poder que há entre marido e mulher, as unidades familiares, verdadeiras sociedades que unem homem e mulher por uma *affectio* que não é o sentimento romântico moderno, mas algo como a *affectio* dos sócios de uma sociedade. O direito de propriedade (*dominium*) é uma espécie também de jurisdição, de poder de comandar as coisas e as pessoas da família e não surpreende que o pai dê origem ao patrão.

Alguns elementos do direito privado romano só podem ser compreendidos se recolocados na sua função social e histórica. O exemplo mais notável disto certamente é, pois, o da família. Ao contrário do que sucede hoje e do que sucedeu no período medieval, que viu o nascimento da cultura jurídica sobretudo canônica, os romanos não parecem ter desenvolvido a pessoa jurídica. Isto é perfeitamente compreensível quando se pensa que as funções de uma pessoa jurídica (unidade patrimonial e gerencial de um fundo destinado a certos fins) eram cumpridas pela instituição familiar. Todos os que se subordinavam ao pai de família subordinavam-se a uma direção econômica. Como explica Villey (1987a) o sujeito por excelência do direito romano não é o indivíduo, muito embora sejam encontradas regras de proteção do escravo, da mulher, das crianças: o sujeito é o pai de família, capaz de deter propriedade, realizar negócios, dar unidade de ação a este complexo produtivo que é a "casa". É o pai de família quem admite ou não os novos membros desta unidade, aceitando seus filhos no nascimento (havia a possibilidade de abandonar a criança), legitimando-os ou adotando outros. O instituto do *patria potestas* surpreende os gregos, embora o "direito de vida e morte" se tornasse, com o tempo, cada vez mais simbólico. O abandono de crianças, no entanto, continuou institucionalizado, assim como institucionalizada era sua criação por estranhos. O pai de família podia aceitar o filho ou deserdá-lo. Aos escravos e filhos-família podia ser dado um pecúlio, que limitava a responsabilidade dos pais por seus atos. As regras de sucessão eram o complemento deste sistema, de modo que a unidade produtiva ficasse garantida em sua integridade e em seu potencial econômico.

O casamento podia tomar formas distintas: *cum manu* ou *sine manu*, conforme, respectivamente, a mulher estivesse sob o poder da família de seu marido ou não. O primeiro realizava-se formalmente pela *confarreatio* (um rito religioso), pela *coemptio* (uma forma particular de *mancipatio*) ou pelo *usus*. Havia regras a respeito de casamentos entre romanos e estrangeiros, assim como entre romanos de classes diversas. O efeito visado pelo casamento era gerar filhos legítimos, que continuam a servir tanto à família quanto à cidade. Aulus Gellius conta o caso célebre de um Carvilius Ruga que, embora amando afetuosamente sua mulher, vê-se obrigado a divorciá-la para cumprir o juramento de gerar filhos, pois ela era estéril. O casamento não é, portanto, um instrumento de realização pessoal, mas o vínculo que constitui a família, por sua vez unidade produtiva.

3
A ALTA IDADE MÉDIA

Nessa época cometeram-se muitos crimes... Cada um via a justiça à sua vontade pessoal.
(Gregório de Tours, 540-594, Historia Francorum*)*
Remova-se a justiça e que coisa são os impérios senão bandos de criminosos em larga escala? O que são bandos de criminosos senão pequenos impérios? Um bando é um grupo de homens sob um comandante, obrigados por um pacto de sociedade, pelo qual o fruto do saque é dividido de acordo com uma convenção. [...] Portanto, foi uma resposta sábia e verdadeira aquela dada por um pirata capturado a Alexandre, o Grande. O rei perguntou-lhe qual a sua intenção infestando o mar. A que o pirata respondeu com insolência desinibida: A mesma que a tua, infestando a terra! Mas como não tenho mais do que uma pequena nave, sou chamado pirata; como tens uma potente armada, és chamado imperador. (S. Agostinho, 354-430, A Cidade de Deus, Livro IV, 4*)*
Um godo competente quer ser como um romano; somente um romano medíocre quer ser como um godo. (Teodorico, o Grande, 454(?)-526)
Se o leitor me permitir dar-lhe um conselho muito trivial, dir-lhe-ei que, perante essas tentações de evasão para uma Idade Média transfigurada, se interrogue honestamente e veja se, por obra e graça de Merlin ou de Oberon, gostaria de ver-se transportado àquele tempo e de nele viver. Que pense que as pessoas da Idade Média – e aqui, sem receio de erro, podemos dizer: toda a gente da Idade Média –, por sua parte, não pensaram senão em fugir ao seu tempo, em alcançar um Além, o Céu, e que, entre tantos medos que as fizeram tremer, o menor foi o medo da morte – a grande ausente da iconografia medieval anterior ao século XIV. (Jacques Le Goff, A civilização do ocidente medieval*)*

Para facilidade da exposição, vamos considerar globalmente o tempo que vai do desaparecimento do Império Romano até o ano 1000 como um só ciclo. Claramente há muitas e enormes diferenças dentro de tal período. A justificativa para o tratamento assim breve está no fato da relativamente pequena importância de uma *cultura jurídica* do período, quando comparada com o período seguinte no que diz respeito à nossa própria tradição. É que a partir do ano 1000 dá-se um renascimento do Ocidente especificamente dentro das universidades, e ali surge a cultura jurídica que não cessa de se transformar até hoje. Em outras palavras, desde os séculos XI e XII assiste-se a uma diferenciação funcional do direito, como não se vira entre os séculos VI e X. Mesmo em grandes debates e oposições, os juristas do século XVI têm por referência os glosadores e especialmente os comentadores medievais. O século XVIII ainda vive às voltas com Bártolo e Ubaldo, tanto que é preciso proscrevê-los por meio de legislação específica. Nos lugares onde os Estados nacionais não conseguiram impor códigos durante o século

XIX, como na Alemanha e no Brasil, será a cultura jurídica conservada e transformada de muitas formas que dará fontes para doutrinadores e juízes. Do longo tempo entre a tomada de Roma por Odoacro (476 d. C.) e o ano 1000 muito pouco sobreviverá em termos estritamente jurídicos, e pode-se com segurança dizer que o direito comum (*ius commune*) dos séculos XII a XV supera culturalmente de modo avassalador o que tinha existido antes.

1 AS INVASÕES

O período das invasões e assentamentos dos bárbaros dentro das fronteiras do império corresponde já ao das tentativas de codificação do tardo-império. Corresponde também ao de centralização da atividade legislativa no imperador. Evidente que a ocupação do Império pelos povos do norte vinha ocorrendo desde meados do século II e que muitos romanos resistiam a ela. Quando os imperadores centralizaram as funções judiciais e legislativas, ao mesmo tempo estavam minando o modo de vida romano tradicional.

Foi um período de crise social, econômica, política. O Império com sua burocracia e seu exército já não se sustentava. Houve uma barbarização crescente e cotidiana, não apenas pelo número de povos que ocuparam o território (que segundo alguns não chega a ser tão expressivo) como também pelo abandono do padrão clássico de vida civil. Segundo Salviano, muitos romanos passavam para o lado dos bárbaros: "Os pobres estão despojados, as viúvas gemem e os órfãos são pisados a pés, a tal ponto que muitos, incluindo gente de bom nascimento e que recebeu educação superior, se refugiam junto dos inimigos. Para não perecer à perseguição pública, vão procurar entre os bárbaros a humanidade dos romanos, pois não podem suportar mais, entre os romanos, a desumanidade dos bárbaros. São diferentes dos povos onde buscam refúgio; nada têm das suas maneiras, nada têm da sua língua e, seja-me permitido dizer, também nada têm do odor fétido dos corpos e das vestes dos Bárbaros; mas preferem sujeitar-se a essa dessemelhança de costumes a sofrer, entre Romanos, injustiça e crueldade. Assim emigram para os Godos ou para os Bagaldos, ou para os outros bárbaros que em toda a parte dominam, e não têm de que arrepender-se com o exílio. Pois gostam mais de viver livres sob a aparência de escravidão que ser escravos sob a aparência de liberdade" (*apud* LE GOFF, 1983:36).

É o fim da civilização romana. Trata-se de uma espécie de seu abandono. Um autor representativo desta transição é Agostinho. Seu *A cidade de Deus* é uma defesa do cristianismo e uma demonstração das causas da queda de Roma. Mas ele ainda é um romano, usa os elementos da civilização romana e da sua filosofia. No entanto, já não acredita nela, percebe que ela não será capaz de salvar a *Cidade*. O Livro XIX, c. 6 de *A cidade de Deus* mostra seu conhecimento do que é um processo judicial, mas não demonstra nenhum entusiasmo pelo direito romano: ele não tem potencial para a revelação da verdade. É instrumental, é útil, é necessário, mas não desempenha papel motivador para uma civilização.

Ora, os costumes dos povos bárbaros se assemelhavam muito entre si. Como lembra Le Goff (1983), eles eram sedentários em fuga, por causa da fome e das guerras. Por isso, não contavam com vida urbana, não tinham as individualidades definidas à maneira romana. Traziam uma técnica especialmente avançada na metalurgia, trabalhavam finamente o metal e as incrustações, a ourivesaria etc. Para eles, a influência do direito romano era num certo sentido apenas relativa. O direito romano era encarado como direito superior, assim como a civilização romana em geral. Mas não era possível preservá-lo sem preservar toda a vida material romana, ou suas instituições políticas.

Surge então um primeiro problema a ser superado: quem deverá viver segundo que lei? Não ocorre de pronto uma fusão de romanos e bárbaros. Vivem lado a lado, sem se misturar. Esta separação é reforçada por proibições de casamentos inter-raciais: estas proibições derivavam também de diferenças de caráter religioso. Ou os bárbaros ainda não se haviam convertido ao cristianismo, ou quando se convertiam nem sempre aceitavam o catolicismo romano. No Ocidente, ainda era muito forte o arianismo. Arianos eram os cristãos que não aceitavam o credo definido no Concílio de Niceia (325 d. C.). Para eles, o Filho não era coeterno e consubstancial ao Pai. A Igreja se dividira entre católicos e arianos, sendo que muitos bárbaros (ostrogodos, visigodos, vândalos) haviam sido convertidos por Wulfila e seus missionários arianos. Daí também a proibição de casamentos entre arianos e católicos, ou em geral entre os romanos (romanizados) ou galo-romanos (na Gália) e os bárbaros (godos).

Com o advento dos reinos bárbaros, crê-se que houve uma progressiva "pessoalidade das leis". Isto significa que a lei se aplicava conforme a etnia. Assim, no mesmo espaço do reino dos francos sobrevivem comunidades de galo-romanos. A eles se aplica o direito romano, seu direito. Aos francos se aplicava o direito franco, seus costumes, sua tradição. A Igreja, dada sua pretensão de universalidade (*ecoúmene*, ou comunidade universal cristã) tenderá a alinhar-se ao princípio da territorialidade, unificando o direito de todos os que aderem a um rei bárbaro que se converte ao catolicismo. Embora se discuta sobre o alcance da pessoalidade das leis bárbaras, tudo leva a crer que realmente esta fosse a sua forma de vigência. Esta é, por exemplo, a posição de Gomes da Silva (1985:63).

Durante muito tempo, ao longo de toda a Idade Média, invocam-se as leis pessoais. As cartas de Cluny mostram como se invocam os costumes dos burgúndios. Em Módena, em pleno século XII os residentes se dizem *romana lege viventes* em oposição aos núcleos de franceses que se dizem *salica lege viventes*. De modo que, com todo o desenvolvimento do direito medieval, sobreviverá durante séculos a noção da possibilidade da existência simultânea, no mesmo território, de ordens jurídicas paralelas, aplicáveis a grupos de pessoas distintas. Esta tradição, que se nota no esfacelamento inicial da vida romana, permitirá mais tarde que sejam abrigados núcleos de não cristãos dentro da sociedade cristã, como no caso da reconquista da Península Ibérica aos mouros. Toledo será sede de um reino das três religiões (cristianismo, judaísmo, islamismo), em que o convívio far-se-á pelo isolamento jurídico das três comunidades (proibição de casamentos de *mixta religione*), ainda que possibilitados os contatos meramente "civis".

2 A REGRESSÃO

Os bárbaros trazem à tona e se inserem em três barbáries (LE GOFF, 1983:58 ss): (1) a decrepitude do império, (2) a barbárie anterior e (3) a barbárie que chega. Segundo o mesmo Le Goff, é notável uma regressão no gosto, pois abandona-se muito do que era belo e monumental na civilização do Mediterrâneo. Há também uma regressão demográfica: diminui a população, em virtude das guerras, das pestes (a "peste negra" varre o Ocidente em meados do século VI), dos saques etc. Constata-se finalmente uma regressão material, evidente no abandono dos monumentos, dos aquedutos, das estradas, dos campos cultivados.

É um tempo de violência, em que aquela segurança garantida pela *pax romana* havia desaparecido, lembra-nos Le Goff. Muito embora os testemunhos da época romana falassem da corrupção dos juízes, da violência dos poderosos sobre os fracos, da venalidade da justiça, reconhecia-se que uma estabilidade garantia, por exemplo, as viagens, os deslocamentos dentro do império. Esta rede de comunicações desaparece, como desaparece a moeda. Os controles sociais se afrouxam, e os penitenciais da Idade Média mostram isto. Os penitenciais eram livros que orientavam os mestres espirituais e confessores cristãos e para isto costumava-se elencar os tipos mais comuns de pecados. Por isso, estes penitenciais dão a ideia das superstições, aberrações sexuais, da embriaguez comum, da violência cotidiana do tempo. Os reis bárbaros, convertidos ao catolicismo, praticavam toda espécie de vingança e punição: cortavam-se mãos, pés, narizes, mutilavam-se os rostos com ferros em brasa, arrancavam-se olhos, espetavam-se as mãos com paus, metiam-se espetos e espinhos debaixo das unhas.

Para além disso, houve uma regressão ao paganismo. Se no mundo romanizado o cristianismo, gozando do *status* de religião de Estado se expandira valendo-se da infraestrutura administrativa do império, no mundo das invasões tudo isto começa a ceder. Várias dioceses (divisão administrativa do tardo-império) ficam sem bispos. As populações rurais voltam a crer nos espíritos e no encantamento das florestas e assim por diante. Comparada com a sutileza espiritual da patrística dos séculos II a V, pouco há que se possa mencionar. A vida espiritual do cultivo de si, por exemplo, teve que refugiar-se nos desertos e no monaquismo.

Assim é que entre os séculos V e VIII de modo geral fala-se em regressão. Para finalizar, lembremos que o Islão vai varrer completamente o Norte da África, assim como o Oriente próximo cujas cidades integravam completamente o mundo romano.

3   O DIREITO NOS REINOS BÁRBAROS

A certa altura, no final do século V e inícios do século VI, a situação pode ser sumariada da seguinte maneira: os francos, sob a liderança de Clóvis, os ostrogodos, sob a liderança de Teodorico, o Grande, e os visigodos, sob a liderança de Eurico e depois Alarico, disputam o Ocidente. Os francos controlam o norte do que hoje é a França, os ostrogodos controlam a Itália setentrional a partir de Ravena, e os visigodos controlam o sul da França, ou Gália. Especialmente na Gália a divisão entre romanos e não romanos é forte. Teodorico governa a Itália com conselheiros romanos que mantém de modo geral. Neste mundo dividido, duas ordens de direito se estabelecem: o direito dos bárbaros e o direito romano vulgarizado, ou direito romano bárbaro.

3.1   O direito costumeiro dos bárbaros

O direito dos bárbaros resulta em geral de consolidação de costumes. O exemplo mais acabado de que se tem notícia é a *Lei Sálica*. A versão que sobreviveu é a *Lex Salica Emendata*, de 802. A versão original data do tempo de Clóvis (481-511 d. C.) e foi possivelmente redigida com a ajuda de galo-romanos conhecedores de direito. A lei é na verdade uma consolidação de costumes. Pelo nome com que era conhecida, *Pactus legis salicae*, imagina-se que não se tratava de uma imposição nova, mas de uma aceitação tanto pelo rei quanto pelo povo (entenda-se: os *grandes* do povo) da lei. Esta, portanto, a natureza da lei, que deveria aplicar-se aos francos sálicos. Teve 70 títulos na sua primeira versão e 100 na segunda.

As disposições da *Lei Sálica* mostram bem a espécie de sociedade existente. Depois do primeiro título, relativo ao chamamento ao juízo (juízo popular e costumeiro), passa-se a normas relativas ao furto, ao roubo, a diversas formas de violência contra a pessoa. Vê-se ali que a violência era reprimida não com a prisão, esta invenção moderna do direito, mas com castigos e sobretudo multas ou indenizações, já que a multa prevista não era paga ao Estado mas à vítima, sua família, ou outra pessoa designada. Os castigos são públicos e espetaculares, assim como os processos.

O clima de violência se reflete na *Lei Sálica*, assim como as diferenças sociais. A violência se nota pela descrição das muitas formas de lesão corporal descritas. As penas variavam de acordo com o ferimento: 100 soldos por arrancar mão ou pé, 63 soldos se a mão ficasse pendente do pulso, 50 soldos por um polegar, 30 soldos por um polegar pendente, 45 soldos pelo indicador (que disparava o arco), 30 soldos por outros dedos, 35 soldos por dois dedos de uma vez, 50 soldos por três dedos de uma vez. Os títulos iniciais dispunham sobre a proteção da propriedade: roubo de gado, miúdo ou graúdo, roubo de porcos, incêndios, roubo de cercas. O roubo praticado por escravos era apenado com açoites, além de seu senhor ser condenado à restituição da coisa ou de seu valor.

Como a reprodução era essencial, a pena pela morte de uma jovem em idade fértil era 600 soldos, de uma mulher em idade não fértil 200 soldos (Título XXIV, 1 e 2). O estupro era também criminalizado (Título XIII), assim como o adultério. O assalto praticado por um romano contra um franco era apenado em 63 soldos, enquanto o de um franco contra um romano merecia uma pena de 35 soldos (Título XIV). Se um homem livre matasse um conde, a pena seria de 600 soldos (Título LIV), enquanto a morte de um homem livre custava 200 soldos (Título XLI). Disciplinavam-se também a transferência de propriedade (Título XLVI) e as promessas (Título L).

Enfim, a leitura da *Lei Sálica* é uma viagem a uma sociedade em que a sofisticação conceitualizante do direito cede passo à coleção de casos especiais e aos costumes. Nesta coleção, visível com muita clareza a importância de relações desiguais, o valor extraordinário da propriedade e das coisas que cercam a casa e a unidade familiar. Em resumo, as referências ao furto ou roubo compõem quase um terço da lei (22, dos 70 títulos). E a riqueza protegida podia consistir num pote de mel (45 soldos), ou em 35 soldos por um escravo ou uma égua, 63 soldos se o escravo era um artesão qualificado. O roubo em flagrante merecia a pena de morte. A descrição detalhada da lei mostra que tudo podia ser roubado, até sinetes de vacas. Em tudo isto, vemos o desaparecimento do Estado, da vida civil. As penas são torturas e castigos infligidos aos contraventores. São quase que formas de vingança privada. Não existe ainda qualquer ideia de prisão.

3.2 O direito romano dos bárbaros (*lex romana barbarorum*)

Ao lado de uma "legislação" como esta, os reinos bárbaros também tentaram conservar alguma coisa do direito romano. Havendo populações romanizadas vivendo nos seus territórios, a edição de um "direito romano barbarizado ou vulgar" desempenhava um papel político importante, pois podia significar uma garantia de legitimidade política e de aceitação. Quando Clóvis, rei dos francos, se converte em 496 ao catolicismo, dá um importante golpe (ou faz uma aposta) em relação aos visigodos, que se haviam cristianizado dentro do arianismo. Dizem alguns historiadores que o rei visigodo Alarico mandara editar uma coleção de leis baseada no direito romano em 506 para tentar ainda garantir a aliança dos galo-romanos contra o rei dos francos. É que Clóvis e os visigodos disputavam a hegemonia sobre o centro-sul da atual França, a Gália dos romanos. A conversão de um e a legislação do outro eram feitas para conquistar simpatias entre os galo-romanos. Militarmente, a vitória coube aos francos, de modo que os visigodos tiveram que reinar mais ao sudoeste, isto é, na Península Ibérica.

Dentro deste espírito de conservação de algo do direito romano é que surgiram algumas coleções, como a *Lex Burgundiorum* (*Lex Gundobanda*). Foi a lei "romana" dos burgúndios, mostrando outra sociedade. Ela é anterior a 500 d. C. A coleção mais famosa, porém, foi a de Alarico, visigodo, mencionada antes e editada em 506, conhecida como *Lex Romana Visigothorum*. Em 507, a despeito da tentativa de conquistar a simpatia dos galo-romanos com a lei, os visigodos, já então romanizados, foram expulsos da Gália pelos francos e se assentaram na *Hispania* (que dominarão integralmente apenas em 585). Sua lei romana é de enorme importância na história por dois motivos: em primeiro lugar porque valeu por muito tempo, mesmo sendo reformada algumas vezes; em segundo lugar porque foi inspirada diretamente no *Codex Theodosianus* (de 438), mantendo por isso uma relação bastante direta com a tradição romana (ainda que tardo-romana).

Já antes, em 476, os visigodos haviam editado o *Código de Eurico*, elaborado por juristas de formação romana. Foi, porém, a *Lex Romana Visigothorum*, também chamada de *Breviário de Alarico*, que teve melhor fortuna. O código foi revisto entre 572 e 586 (*Codex Revisus* ou Código de Leovigildo). Continha as constituições já incluídas no Código Teodosiano, as constituições pós-teodosianas até 463, bem como o *Liber Gaii* (uma adaptação das *Institutas* de Gaio), as *Sentenças* de Paulo, *Respostas* de Papiniano e constituições anteriormente constantes dos códigos Hermogeniano e Gregoriano (CAETANO, 1992:102). Inicialmente era aplicável aos hispano-romanos católicos, não aos visigodos arianos. A conversão dos visigodos ao catolicismo deu-se em 587 (conversão do rei Recaredo) e 589 (conversão "nacional" no III Concílio de Toledo), contribuindo para tornar a Lei dos Visigodos de aplicação geral.

Foi totalmente reformado em 654, como *Liber Iudiciorum* (também chamado *Liber Iudicium, Forum Iudicium* ou *Fuero Juzgo*), aprovado no VIII Concílio de Toledo, no reinado de Rescenvindo. Esta coleção será revogada apenas em 1250 por Afonso X, o Sábio, por força da edição das famosas *Sete Partidas*. É com Rescenvindo que o esforço de integração entre hispano-romanos e visigodos aumenta: o *Liber Iudiciorum* terá o propósito de valer territorialmente (para todos os habitantes do reino) e não mais pessoalmente (para alguns grupos). Este esforço, porém, não deve enganar. A regressão material já mencionada ia impondo a autarquização da vida das pequenas comunidades, de modo que o costume se torna cada vez mais importante. Marcelo Caetano (1992:240) lembra que apesar de sua formal vigência e validade, tornou-se cada vez mais raro haver gente e juízes que o conhecessem ou que dispusessem de alguma cópia (exemplar) do Código. Num tempo em que a cultura escrita era mínima, e em que o livro mais do que um utensílio era um tesouro (LE GOFF, 1989a, 74), a aplicação do *Código Visigótico* ou *Liber Iudiciorum* devia ser pequena.

Assim é que se conservou alguma memória do direito romano, como, afinal de contas, alguma memória da civilização romana. A partir do século XI e especialmente do século XII tudo irá mudar, recuperando-se progressivamente monumentos e textos do mundo antigo. Mesmo assim, diz-nos Le Goff (1983:37) que "o erudito que disse que 'a civilização romana não morreu de morte natural' mas que 'foi assassinada' disse três contraverdades, pois a civilização romana, na realidade, suicidou-se e este suicídio nada teve de natural nem de belo; e não está morta, pois as civilizações não são mortais. A civilização romana sobreviveu, mediante os Bárbaros, ao longo de toda a Idade Média e para além dela".

4   OS CONCÍLIOS E A IGREJA

Para compreender a importância que a Igreja detém nos séculos V a XI, é preciso destacar duas coisas: (1) o vazio político, ou incompletude política, da civilização medieval e (2) as instituições eclesiásticas que passam a existir.

O "vazio" político medieval só existe quando o comparamos quer com a estrutura romana quer com a estrutura estatal moderna. Paolo Grossi (1995:43-49) explica que "a tipicidade medieval reside *acima de tudo* neste relativo vazio, sobre [...] aquela incompletude do poder jurídico medieval; entendendo-se por incompletude a falta de qualquer vocação totalizante do poder político, sua incapacidade de pôr-se como fato global e absorvente de todas as manifestações sociais, sua realização no processo histórico medieval cobrindo apenas certas zonas das relações intersubjetivas e consentindo em outras – amplíssimas – a possibilidade de ingerência de poderes concorrentes". Nestes espaços não ocupados pelo Estado achamos os costumes locais, os poderes senhoriais, as regras eclesiásticas.

Vale a pena mencionar especificamente o papel desempenhado pela Igreja latina porque nela sobreviverão elementos da romanidade e por ela se impõem mecanismos de regulação da vida social que adquirem crescente força. Um fato a destacar é que a Igreja, no império ocidental, vê-se ameaçada em sua hegemonia por dois fatores: a religião pagã dos próprios bárbaros e a adesão dos mesmos bárbaros a versões heréticas do cristianismo (especialmente o arianismo). Apesar de progressivamente converter os reis (que buscavam assim uma aliança com seus súditos romanos ou romanizados), durante os primeiros séculos a Igreja foi incapaz de conter a "regressão" ao paganismo. Cidades antes florescentes e sedes de catedrais e bispados foram abandonadas. Regressão ao paganismo cujo sinal é a longa vacância de sedes episcopais: Périgueux de 675 a 900-950, Bordéus de 675 a 814, Genebra de 650 a 833, segundo Le Goff. No campo, as populações voltaram a crer no encantamento dos bosques e nas forças da natureza, na mesma medida em que as áreas cultivadas e as estradas iam sendo abandonadas.

Dois serão os instrumentos importantes (no Ocidente) para a cristianização da Europa: os Concílios e o movimento monástico. A Igreja destes primeiros séculos medievais não é ainda a estrutura centralizada e monárquica que virá a ser no século XI. Se antes tivera a apoiá-la o poder do império, o fim das estruturas hierárquicas, burocráticas e centralizadoras vai forçá-la a ser outra vez uma federação de Igrejas, cujos líderes se reúnem periodicamente em sínodos ou concílios regionais, provinciais ou nacionais (de uma etnia ou reino). Gregório Magno (papa entre 590-604) manda os monges em missão. São eles que vão desencantar os bosques europeus... tentando convencer os camponeses de que suas crenças em espíritos encantados são apenas superstições, que os monumentos em ruínas, mesmo que dedicados a deuses pagãos, são apenas pedras e que pode-se muito bem abatê-los ou sobre eles edificar templos cristãos sem consequências. Os monges celtas (irlandeses) voltarão ao continente para missionar: trarão consigo um hábito desenvolvido de orientar sob a forma da confissão. Para instruir os confessores, que por sua vez vão instruir os fiéis, surgem os "penitenciais", livros que indicam regras a aplicar em casos particulares, ou seja, penitências a serem dadas para os pecados.

> De certa forma o cristianismo oriental tem uma história que precede o cristianismo latino. Não é por acaso que os primeiros grandes concílios, os chamados concílios ecumênicos, foram primeiramente realizados na Ásia, o primeiro deles em Niceia (325), sob a supervisão direta dos imperadores. O primeiro imperador a abraçar ele mesmo o cristianismo, embora só tenha sido batizado à beira da morte, foi Constantino (272-337). A religião era sua, não do Império, que continuava a ser largamente pagão. Tanto assim que um de seus sucessores, Juliano (332-363, imperador a partir de 360), pôde restaurar a religião antiga e promulgar um edito de tolerância de todas as religiões. Tudo isso, porém, na Ásia, onde a língua dos "romanos" era o grego, mesma língua em que foram originalmente escritos os livros sagrados dos cristãos (evangelhos, cartas apostólicas etc.). Os concílios visavam pôr fim a controvérsias internas de caráter doutrinário, divergências entre interpretações de distintos bispos e igrejas, as quais colocavam em risco a paz civil e a ordem nas cidades. Breves mas importantes histórias desse processo encontram-se em Norwich (1997) e Veyne (2009).

Os Concílios, por seu turno, terão importância crescente. Convocados pelos reis ou pelos próprios bispos, discutirão matérias de interesse público, numa sociedade em que a pertença social (a "cidadania" diríamos hoje) deriva do batismo. E vão aos poucos regulando muitas coisas, a tal ponto que será preciso consolidar suas disposições, evitar as contradições e assim por diante. Os Concílios indicam o caráter não centralizado da Igreja ocidental neste tempo. Só em casos de controvérsias insolúveis por acordos é que se recorre ao "patriarca do Ocidente", o bispo de Roma, para arbitrar questões; o "papa", portanto, não interfere sempre diretamente, mas mediante provocação. Para se ter uma ideia da importância dos Concílios regionais e particulares, basta lembrar que foram as Igrejas da Espanha em primeiro lugar e dos francos depois (Concílio dos francos em Aix-la-Chapelle em 809) que alteraram a fórmula do *Credo* (a recitação dos dogmas cristãos) e com a qual nunca concordaram as Igrejas orientais. Não foi Roma quem primeiro fez a alteração. Os Concílios de Niceia (325) e Constantinopla (381), tidos por ecumênicos porque abrangiam representantes das Igrejas do Ocidente e do Oriente do império, haviam definido a fórmula a respeito do Espírito Santo dizendo: "que procede do Pai, e com Pai e o Filho é adorado..." Na

Espanha visigótica e depois no reino dos francos, passou-se a dizer: "que procede do Pai e do Filho (*filioque*), e com o Pai e o Filho..."

5 O DIREITO MEDIEVAL FEUDAL

No Ocidente medieval, ao contrário do que se passa no Oriente, a separação das esferas de poder eclesiástico e secular tenta lentamente tomar forma. A disputa entre papa e imperador, ou entre clero e nobreza, tem como resultado a impossibilidade fática de qualquer poder secular ou eclesiástico impor-se hegemonicamente ou de modo incontrastável aos outros: nunca um deles isoladamente foi capaz de submeter toda a cristandade. A própria fraqueza econômica, militar e política impedia o surgimento de um único senhor, e os localismos, a autarquização econômica da vida evitaram alguém cujo poderio fosse incontrastável em extensão e duração. Ao lado disto, a sofisticação das ideias, debates das universidades, um ambiente de expansão material e comercial sem estar subordinado a um só poder militar e político, como em Constantinopla, promoveram disputas também na justificação de qualquer poder a partir do século XI.

A sociedade medieval, em que o sistema feudal vigora para as relações de detenção da terra, é uma sociedade de ordens e estamentos. Seu direito é um direito de ordens: os homens dividem-se em *oratores*, *bellatores*, *laboratores*, isto é, aqueles que oram (clérigos), aqueles que lutam (cavaleiros e senhores) e aqueles que trabalham (servos). Uma concepção organicista que justifica uma divisão de trabalho determinada historicamente desde o fim da Antiguidade clássica. O sistema feudal, lembremos, conviverá com o sistema corporativo que surgirá nas comunas e cidades livres e aos poucos se imporá também nas relações entre nobreza e realeza.

Havia dois sistemas de relações: uma propriamente feudal, relativa a vassalagem e tenência da terra, e outra senhorial, relativa à apropriação da renda da terra, relação senhorial, entre o servo e o senhor. Segundo Berman (1983), a distinção se compreende se compararmos as relações senhor/servo às relações hoje vigentes dentro das unidades produtivas (relação de emprego), ao passo que as relações feudais se equiparam às relações entre acionistas e diretores de uma grande empresa. Em resumo, o sistema feudal disciplina as relações entre senhores, e o sistema senhorial entre senhores e não senhores.

Houve dois feudalismos sucessivos, segundo Marc Bloch: um do século VIII ao XI e outro do século XI a XVI. Quanto ao modo de organizar-se também houve duas espécies de feudalismo: um com direito e coação sistematizada (sobre o qual a Igreja do Ocidente desejará impor sua ordem), outro sem direito ou coação sistematizada (caso da Rússia, *v.g.*). Finalmente, houve um modelo bastante descentralizado, como na França, e houve um sistema feudal e senhorial imposto desde o próprio centro da realeza, como foi o caso da Inglaterra conquistada pelos normandos.

No primeiro feudalismo (do século VIII ao XI), os reinos eram etnias sob um rei, comunidades de cristãos sob um rei, não eram territoriais propriamente. Naquele tempo, só os grandes senhores e reis viajavam: quase não havia representantes dos senhores nas comunidades locais (vilas, centenários, *comitatus* ou condados). Em geral, os senhores davam o *beneficium* (religioso, eclesiástico) ou *feudo* (*feod*, do germânico) a seus vassalos. O vassalo se entregava ao senhor num rito solene: tornava-se um homem do seu senhor (*homenagem*). Recebia em troca uma terra em benefício enfeudado. Jurava (tudo era feito religiosamente) lealdade. Assim como o casamento significa um pacto perpétuo, que muda a situação pessoal dos casados (seu *estado*), assim a vassalagem era perpétua e mudava também o estado do vassalo. Era, pois, uma forma de contrato como o casamento: adquiria-se um *status* e havia um caráter religioso sacral. Não era possível a dissolução por mútuo consentimento: dissolvia-se por *diffidatio*, quando um dos dois era infiel, negando-se a prestar ajuda, traindo o outro etc. A *diffidatio* será importante para a teoria política porque será a base do direito de resistência ao tirano, ao senhor injusto. Será também importante, porque Gregório VII, durante a querela das investiduras, tomará para si o privilégio de dissolver os laços de vassalagem, interferindo diretamente no arranjo político da época.

O segundo feudalismo, ainda segundo Bloch, estabelece-se entre 1050-1150, justamente no período de surgimento do direito canônico e civil nas universidades. As obrigações pessoais transformam-se em obrigações objetivadas: diferentes direitos sobre as terras, sistemas de taxas e rendas, direitos aos serviços, ao casamento com filhos do vassalo ou imposto sobre o casamento. Desenvolve-se a *hereditariedade* do feudo e sua *alienabilidade*, com uma taxa para o *dominus eminens* (senhor direto). Já se estabiliza a distinção entre direito de exploração (domínio útil) e direito de renda (domínio direto ou eminente). As terras são submetidas à enfiteuse.

Há paralelamente um sistema de justiça feudal e senhorial. A justiça é o centro da vida jurídica. Dar regras gerais (ou seja, legislar) e dar regras particulares (julgar) são apenas duas formas de se fazer justiça. As regras gerais e aplicáveis nos casos futuros são decididas em conselhos e cortes, por um processo de barganha, oitiva de vários pontos de vista e, finalmente, arbitradas pelo senhor ou príncipe com o consentimento do seu conselho, sua corte, sua cúria. Nestes termos, a atividade legislativa é uma forma de justiça. A Magna Carta (1215) e outros documentos mostram que os privilégios vão sendo obtidos e transferidos escorrendo escada abaixo na hierarquia social, e que tais "privilégios", ou seja, ordens aplicáveis a grupos específicos, são fruto de pedidos e negociações.

Governar é sobretudo administrar a Justiça. Antes do estabelecimento de poderes estatais nacionais, as decisões de justiça retributiva ou corretiva eram muitas vezes proferidas por Assembleias populares: no caso das regiões abrangidas anteriormente pelo império carolíngio encontravam-se escabinatos (tribunais locais) com competência geral exceto a abrangida pela eclesiástica ou feudal, isto é, questões entre senhores e vassalos (GILISSEN, 1988:385). Ali, o processo era oral e o sistema de provas era o dos ordálios, cheio de testemunhas, desafios e duelos. Nas aldeias e no campo, predominavam, em casos criminais, os julgamentos por ordálios, assistidos por todos. A *corte senhorial* é presidida pelo senhor da região, mas são os *pares* (vassalos) que julgam seus pares. As cortes julgam, mas são também órgãos de conselho e de grandes deliberações.

O sistema carolíngio havia sido simples, como informa Duby (1990), mas complica-se com o feudalismo e com a particularização do poder. Os fiéis do conde formavam uma assembleia e uma corte que servia, durante o século X, como ponto de reunião (anual) da aristocracia da região. Segundo Duby, no século XI perdera importância, reduzindo-se aos familiares do conde e ao preboste de Mâcon, no caso particular de sua pesquisa. O conde figura como árbitro, não como juiz, de dois grupos hostis. O resultado da Corte condal não era mais uma sentença, mas um pacto reconhecido e assinado pelas partes. As testemunhas de uma parte ou outra serviam de fiadores do cumprimento do pacto. Sobre o que versavam as questões nestes tribunais senhoriais? Em primeiro lugar, o tema central da produção medieval, as terras: heranças e contestações de heranças, retomadas de terras, instalação em terras de outrem, servidões, esbulhos possessórios etc.

As cortes senhoriais entram em crise quando o sistema político vê-se disputado por senhores inferiores em ascensão (econômica e militar), por senhores superiores (reis e príncipes) e pela jurisdição paralela da Igreja (bispados, papado).

Disputas entre senhores resolvem-se ou com processo ou com a guerra (*God and my right, Dieu et mon droit*). A guerra é uma espécie de ordálio entre os senhores. Por isso, não é incomum que antes da guerra sejam invocados argumentos jurídicos, direitos tradicionais e históricos, mas finalmente, não se chegando a um pacto, não havendo senhor superior capaz de arbitrar o conflito, a guerra feudal assume esta característica de duelo em que Deus julgará.

O direito feudal passa a ser também compilado por escrito. Há compilações de diversos sistemas feudais: assim os *Usos de Barcelona* (1068), a *Carta de Pisa* (1142), os *Libri Feudorum* de Milão (1095-1130). Os costumes feudais entram também nas compilações de direitos reais da Sicília, de França, da Normandia, dos ducados alemães etc. Sobre eles, mais tarde, escreverão os juristas.

Portugal forma-se como reino no século XII, ou seja, no auge do feudalismo. Mas as pretensões do direito real são crescentes. O rei concede forais e institui Concelhos para as diversas cidades. Concede forais *populacionis* e *forais de administração municipal*. Segundo Hespanha (*apud* GILISSEN, 1988:396) havia em Portugal quatro sistemas jurisdicionais. O primeiro (a) o *comunitário-concelhio* das comunidades camponesas. Sobreviveu nas zonas de fronteira sobretudo. Depois, foi oficializado pelos forais e conviveu com o segundo sistema, (b) o *senhorial*, tendo eles a primeira instância e os senhores a jurisdição de recurso ou apelação. O sistema senhorial originava-se do poder dos senhores sobre a sua própria casa (*domus*). Julgava vassalos e oficiais do senhor. Como Portugal se forma tanto enfeudando-se ao papa quanto no momento histórico de renascimento e crescimento do direito canônico, encontra-se também ali o sistema (c) *eclesiástico*. Finalmente, existia o sistema (d) *régio*, que se crê no direito de julgar os costumes e eliminar os que não são razoáveis. Sobrevivem muitas contradições lembradas por Hespanha. Por exemplo: o costume de o marido matar a mulher adúltera (justiça privada). Os juristas começaram a negar a validade de tal costume, mas D. Afonso IV ainda o aceitou. Já quanto ao costume de os senhores vingarem pessoalmente as ofensas recebidas, a tendência é que o rei negue sua validade e o mesmo D. Afonso IV (em 1326) o proíbe sob pena de morte. A afirmação da jurisdição régia dá-se, pois, numa longa disputa com os poderes dos nobres. É de D. Afonso III (1248-1279) a lei que nenhum homem mate ou fira homem de seu inimigo (*Ordenações de D. Duarte*), mas quando Afonso IV vê-se obrigado a repeti-la tem-se uma ideia da ineficácia das proclamações oficiais.

6   A PROPRIEDADE RURAL

A propriedade da terra é uma das coisas mais distintas do sistema medieval. Compreendia na verdade dois poderes para nós muito distintos: o direito de jurisdição (julgar as disputas dentro do território respectivo) e o que chamaríamos hoje um direito de propriedade (na verdade algumas parcelas de poder de exploração da terra). A terra era uma entidade sobre a qual havia servidões entre prédios e terras, havia serviços ligados à terra e ao direito sobre a terra. Paolo Grossi afirma que para os medievais a terra era o centro do pensamento, e o direito subordinava-se a uma dinâmica que se encontrava na apropriação deste bem.

Havia ligações perpétuas de fidelidade entre vassalos e senhores, como visto, e ligações *pro-vita* entre peão e senhor (o peão não perdia a terra, pois seu direito a permanecer nela era também vitalício). Os direitos eram limitados quanto a seu exercício (não se podia tudo) e quanto ao tempo (a hereditariedade não era total). Quais eram os direitos sobre a terra? Uma tenência geral (em inglês *manor*): correspondia ao *feudo* propriamente dito, que dava ao senhor (*dominus*) o direito de caça, o direito de pesca e as *banalidades*, isto é, obrigações impostas aos peões de (a) cozer o pão no forno senhorial, (b) moer o trigo no moinho do senhor, (c) pagar prestações sobre tais "serviços públicos" mantidos pelo senhor. Estas banalidades eram como que privilégios (monopólios) do senhor direto da terra. Com o tempo, tais direitos vão se monetarizando e transformando-se em pagamento de taxas e tributos. O desapossamento sem justificativa era uma violência pessoal e grave, era uma *diffidatio*, que, como visto, implicava o rompimento do dever de lealdade. A posse era um direito que se transmitia, se conservava e não permitia a alienabilidade. Daí a famosa adscrição do servo à gleba. Quando se começa a aceitar a alienabilidade da posse começa a acabar o feudalismo e a servidão.

Os direitos sobre a renda da terra enfeudada ou terra não livre eram formas de *censo*: direitos de tenência com taxas e participação na produção, prestação em espécie ou em dinheiro (GILISSEN, 1988:642). Quando os censos eram sob a forma de parceria (o senhor direto recebendo uma parte da produção administrada pelo senhorio útil), chamavam-se propriamente *censo*. Quando eram fixos, chamam-se *foro* ou pensão.

As terras portuguesas tinham sua especificidade por se tratar de terras em parte reconquistadas aos mouros, que precisavam comportar de um lado as populações que já as ocupavam e de outro novos senhores que as vinham explorar. Segundo Hespanha, a estrutura anterior à reconquista era de detenção *alodial* ou livre: o homem que ocupa, explora e trabalha a terra é livre e presta tributos e reconhecimento a um superior. Ao lado destes alódios, havia uma *detenção precária*. Nestes casos, o camponês não detém a terra em nome próprio, mas em nome de um concedente, a quem paga diversos deveres. Finalmente, havia uma *detenção comunitária*, de terras da vila, concelho ou terrenos baldios, coisas comuns que poderiam ser usadas pelos vizinhos da freguesia. Para Hespanha, o feudalismo penetra junto com a reconquista, e a detenção alodial decai em favor da detenção precária (com a vassalagem e encomenda a um senhor guerreiro). Lembremos que a reconquista tem a participação de cavaleiros vindos de muitas regiões da Europa, desde a Península Ibérica até a Borgonha, que trazem seus próprios costumes feudais.

Com a grande crise no campo, devida em parte à catástrofe demográfica da peste que varreu a Europa entre 1348 e 1350, em parte devida também às novas atividades econômicas, D. Fernando I (em 28 de maio de 1375) fez a famosa *Lei das Sesmarias*: por ela, as terras abandonadas voltavam ao domínio da Coroa, que as redistribuiria a quem pudesse e quisesse lavrá-las. Antes, por ordem do mesmo rei, foram feitas *inquirições* (alçadas) em todo o reino por comissões encarregadas de recuperar as terras régias e também investigadoras das *confirmações* de *dominium* e título.

7   O DIREITO INGLÊS E SUA ORIGEM FEUDAL

O *Common Law* inglês é o sistema desenvolvido pelas cortes reais, contra os costumes locais que não conseguem impor-se em todo o reino, não conseguem ser o direito comum de todo o reino. Como o sistema imposto pelos normandos na Inglaterra é de um "feudalismo centralizante", o rei como senhor de todos os senhores tem o direito de resolver as questões de detenção da terra e passa a interferir nas disputas locais, mandando seus juízes em circuito ou ouvindo os casos na *King's Courts* e *King's Bench*. O sistema se estabiliza e oferece o perfil que o identifica já a partir sobretudo do reinado de Henrique II (1154-1189). Neste sistema, o súdito pedia ao rei uma proteção junto à *Curia Regis*, ao que o Lord Chanceller emitia um *writ*, um *breve* ao *sheriff* local. Estes *writs* tornaram-se fórmulas prontas e típicas e eram concedidos desde que pedidos e pagos adequadamente. A própria *Magna Carta*, de 1215, do reinado do rei João Sem Terra, filho de Henrique II, é uma reação dos barões à extensão de poderes das cortes régias. Com o tempo, a corte do rei inglês se especializa em seções: o *Saccarium* ou *Court of Exchequer* para questões de rendas e tributos, *Court of Common Pleas* para as questões comuns de terra, *King's Bench* para os crimes contra a *paz do Rei*. Esta última seguia o rei nas suas peregrinações pela Ilha e só no século XVI fixa-se em Westminster. Os costumes subsistem como *Lex Mercatoria* (dos *pied powder*, os mercadores de pés empoeirados, pois viviam viajando) e como *borough customs*.

Os juízes do rei ouvem queixas contra os magnatas locais. Já que pelo direito de conquista Guilherme se fizera *dominus* de toda a Inglaterra, ele e seus sucessores reclamam para si o direito de arbitrar as disputas sobre as terras. Os senhores só o seriam na qualidade de tenentes, detentores do domínio útil. O rei conservava um domínio direto sobre todo o reino (*eminent domain*). Para controlar seus domínios, Guilherme mandara realizar um inquérito geral sobre as terras e em 1085 publicara o resultado. Este torna-se conhecido como o *Doomsday Book*, o livro do juízo final: a legitimidade das posses seria aferida pelo registro que o rei mandara fazer.

Havia a possibilidade de alguém ser esbulhado de uma posse pacífica. Recorria então ao próprio rei, pedindo-lhe que determinasse a questão. O caso recebia da corte (*curia regis*) uma ordem (um *breve*, um *writ*) para que fosse tomada providência sobre o assunto. O primeiro *writ* que se tornou comum no direito inglês foi o *writ of novel dissesin* (desapossamento novo ou recente). A ordem era para que fossem reunidos homens do local, que conhecessem os fatos e jurassem dizer a verdade (daí o nome de *jurados – jury –* e de *veredito*). O juiz enviado pelo rei ou o oficial a quem fosse apresentado o mandado (*writ*) presidia a este júri (um júri de testemunhas, antes que de julgadores). Em seguida, desenvolveu-se um outro breve, o de *mort d'ancesteur*, quando se negavam direitos de posse que deveriam ser transferidos a herdeiros. Quando tais breves se tornaram tipos bem conhecidos, eles eram expedidos pela corte de modo formal e burocrático (*de cursu*, ou *of course*). Com o tempo, os barões sentiram-se ameaçados pela crescente interferência do rei em todos os casos e outra vez a *Magna Carta* é significativa desta atitude de tentar impedir a centralização monárquica. Para impedir esta usurpação, segundo eles, foram impostas algumas condições. Uma delas era que os breves do rei só seriam emitidos quando houvesse um costume anterior bem estabelecido, isto é, que já houvesse precedentes ou casos semelhantes definidos. Os breves só seriam dados *in consimili casu* (Estatuto de Westminster de 1285).

Mais tarde, a jurisdição real voltou a ampliar-se quando o rei passou a ouvir determinados casos que não tinham precedentes (não eram casos de jurisdição *in law*) mas requeriam alguma solução de justiça. O assunto era remetido ao lorde chanceler, normalmente ao bispo confessor do rei, ou ao primaz da Inglaterra (bispo de Cantuária), e era proposta uma solução de equidade (*in equity*). Os remédios tradicionais da *common law* eram ordens de restituição, devolução de coisas ou semelhantes. Se o assunto exigia outra forma de ordem tornava-se um tema de equidade. Com o passar do tempo constituiu-se um sistema de regras e de tribunais separados: as cortes de equidade (*equity courts*).

Durante o reinado dos Plantagenetas (a partir de 1154, com Henrique II), o sistema foi sendo estabilizado. Quando no continente o direito erudito se expande e depois influencia a organização da justiça (sobretudo pela via do direito e do processo canônicos), a Inglaterra já tem uma tradição de direito real determinada não pela universidade, mas pela forma do juízo e pelos precedentes. Isto dificultará a romanização de seu direito.

> Como a corte de Guilherme era de normandos, a língua que adotavam era uma forma de francês. Esta linguagem tornou-se a língua oficial do direito inglês, chamado de *Law French*. Com o passar do tempo, tornou-se incompreensível para o homem comum. O francês legal era misturado com latim e uma ou outra palavra de inglês. Mas não era o francês vivo que se foi desenvolvendo. Até o fim do século XVII os tribunais julgavam em *Law French*.
>
> Os juízes, por seu turno, não aprendiam direito na universidade, mas em corporações profissionais, os *inns of courts*. Ali ingressavam os que eram capazes de aprender a técnica dos julgamentos e dos precedentes e iam aprendendo dos mesmos juízes que já estavam na profissão. O direito nacional nunca foi objeto de estudo universitário até o século XX. Quem quisesse exercer o direito, formava-se em alguma disciplina "séria" em Oxford ou Cambridge (filosofia, história etc.) e depois se profissionalizava na corporação dos juízes para aprender apenas uma técnica, não uma ciência. Oxford e Cambridge só ensinavam direito romano ou canônico como especulação intelectual e filosófica.

4
O DIREITO CANÔNICO E A FORMAÇÃO DO DIREITO OCIDENTAL MODERNO

Devendo inquirir muitas coisas a respeito do poder do papa, antes de tudo devido ao erro de alguns que temem mais o poder dele que o de Deus, decidi-me indagar se a respeito de tal poder é lícito perscrutar qual e quanto ele é, sem medo de uma justa acusação. [...] Portanto, apesar do que diz Graciano (C. 17, q. 4,3) que 'a ninguém é lícito disputar a respeito do julgamento proferido pelo sumo pontífice', com muito mais razão é recomendado disputar a respeito do poder do papa, para convencer os que erram, estendendo perigosamente e por demais tal poder. [...] Além disso, como, segundo os direitos canônico e civil, ninguém pode criar direito para si mesmo, nem ser juiz em causa própria, também ninguém que tem uma causa contra outro pode alegar em próprio favor as leis que ele mesmo estabeleceu, e por este motivo não pode alegar também as leis de seus antecessores, que não são de autoridade maior que as dele. (Guilherme de Ockham. Brevilóquio sobre o principado tirânico. L. I, c. 1, 2, 8)

1 INTRODUÇÃO

O direito canônico tem uma importância enorme na história do direito tanto na esfera das instituições, quanto na da cultura jurídica. Na esfera das instituições, especialmente no processo e no conceito de jurisdição. É dele que parte a reorganização completa da vida jurídica europeia, e as cortes, tribunais e jurisdições leigas, civis, seculares, principescas, serão mais cedo ou mais tarde influenciadas pelo direito canônico. O processo do *ius commune*, que dominará a Europa até o século XVIII, é fundamentalmente criação também dos canonistas. Quando contrastamos a tradição continental, da qual descende boa parte do direito brasileiro, com a tradição inglesa, vemos o quanto sobreviveu do procedimento inquisitorial (em oposição ao procedimento *adversarial*). Na esfera da cultura, serão os canonistas a formular critérios de racionalização e formalização do direito. Dos canonistas sai a primeira classe de juristas profissionais com uma carreira assegurada na burocracia eclesiástica. Se a tudo isto somarmos a influência que a vida da Igreja tem no Ocidente medieval, seja nas cortes, seja no cotidiano das aldeias e paróquias, vemos que o direito canônico, como disciplina da vida, dissemina-se capilarmente na sociedade. Dentro do processo penal canônico, surgiram também as novas penas que não eram simples reparações de danos, ou multas, ou banimentos ou perdas de títulos. Para os clérigos, elas poderiam ser perda de função, confinamento num mosteiro, prisão e prática de obras de caridade.

Este desenvolvimento do direito canônico não pode ser analisado sem conexão com as disputas pelo poder que se travam a partir do século XI entre Igreja e Império, mais tarde também entre Igreja e Estados nacionais, e com o desenvolvimento material da vida europeia a seguir o fim das grandes invasões por volta do ano 1000. Neste contexto, a partir do século XI mesmo militarmente a sorte volta a sorrir aos cristãos, que se expandem outra vez sobre o Mediterrâneo. Toledo é reconquistada em 1085 por Afonso VI de Castela, a Sicília passa ao domínio normando entre 1060 e 1091, e Palermo é feita capital e cidade favorita. E a abadia de Cluny, na Borgonha, volta a dar um sentido transterritorial à autoridade, aparecendo como centro de reforma da vida da Igreja.

2   A REFORMA GREGORIANA E A QUERELA DAS INVESTIDURAS

O evento que marca um ponto de passagem na história do direito canônico é a transformação radical liderada por Gregório VII (papa entre 1073 e 1085). Até então, a Igreja do Ocidente havia sido uma comunidade sacramental, espiritual, não jurídica e muito mais uma federação de Igrejas nacionais do que uma rígida monarquia centralizada em Roma. A disciplina comum era muito menos intensa do que se pode imaginar. Certo que o esforço do bispo de Roma, o papa, havia sido sempre no sentido de exercer uma hegemonia sobre a Cristandade latina. Gregório Magno (papa entre 590 e 604) enviara missionários (monges) até os confins do Ocidente, encarregara Agostinho de Cantuária de estabelecer o cristianismo firmemente na Inglaterra (de 596 data justamente a constituição de Cantuária – *Canterbury* – como centro religioso inglês). Gregório Magno havia sido prefeito, ou pelo menos estivera envolvido na administração da cidade de Roma: abandonou tudo para tornar-se monge, e do monacato foi chamado a ser papa. Disciplinou a Igreja romana, mas o sucesso de suas iniciativas dependeu das circunstâncias. No tempo de Gregório Magno, final do século VI, as invasões ainda atingiam o Ocidente, a vida civil declinava e a fome era ameaça constante. Posteriormente, com o advento do modelo carolíngio de relações entre Igreja e Império, o papel daquela foi se subordinando cada vez mais ao poder civil, que sobre ela exercia crescente protetorado. Os mais de 400 anos que separam Gregório I, Magno, de Gregório VII são de acomodação entre senhores seculares (civis) e senhores religiosos (bispos). A autoridade papal era mais tradicional e moral que jurídica, e muito menos eficaz politicamente do que normalmente se pensa.

É com Gregório VII, neste reinício da expansão do Ocidente, que as coisas começam a mudar, e a mudança se reflete e é também constituída no campo do direito. Antes de Gregório VII (Hildebrando, antes de ser eleito papa) a jurisdição religiosa não se destacava claramente dos sacramentos. Sacramentos e lei eram uma só e mesma coisa. As leis canônicas não se distinguiam bem de liturgia e teologia (BERMAN, 1983:204 ss). A lei era uma espécie de disciplina, de regra comum. Mas as regras comuns eram muito vagas: quanto mais comuns, mais vagas e mais abstratas. Por exemplo: a Espanha arabizada constituíra sua própria tradição litúrgica, o chamado *rito moçárabe*.

Nestes termos, a tradição latina anterior a Gregório VII é mais pluralista e também mais sujeita à influência política. Para contrapor-se a esta espécie de subordinação ao poder civil, as medidas desencadeadas por Gregório VII constituirão um conjunto destinado a marcar o Ocidente. Tornam-se exemplares do que virá a ser o Estado:

dominação burocrática (conforme a tipologia weberiana) racional, legal, formal. Neste esforço político é que se desenvolve o direito canônico. É aliado – como o direito romano clássico e como, mais ou menos na mesma época, o direito inglês (*common law*) – a uma organização muito particular da jurisdição, com propósitos políticos determinados. Gregório VII propõe-se libertar a Igreja do poder secular: não apenas sua Igreja particular, mas a Igreja Ocidental inteira, e isto só pode ser feito organizando um poder político que seja mais eficaz do que o de seus adversários. Terá sucesso, e daí por diante serão os institutos de direito canônico, particularmente o desenvolvimento racional e formal do processo canônico, que serão imitados por reis, príncipes e senhores seculares. Por este caminho é que a Europa reencontrará sua tradição jurídica racionalizante e formalizante.

Gregório VII, religioso que já servira como legado e funcionário de Leão IX, Nicolau II e Alexandre II, foi eleito papa em 1073, já com espírito reformador. Sua luta centrava-se na oposição à *simonia* (venda de coisas sagradas, particularmente os cargos e as ordenações clericais), ao casamento dos clérigos (*nicolaísmo*) e à nomeação de leigos para os cargos mais altos e dignidades eclesiásticas, recebendo os *benefícios* (*rendas*) de terras, paróquias, mosteiros etc. Em 1075, dando início a sua reforma, Gregório emite ou organiza o famoso *Dictatus Papae*, cuja verdadeira natureza é ainda controvertida (BERMAN, 1983:95; LOYN, 1992:117). Poderia ser um simples *aide--mémoire* para os funcionários da corte pontifícia para ajudar a classificar decisões? O fato é que se tratava de uma série de títulos ou princípios visando dar liberdade e independência à Igreja. Entre eles destacavam-se os seguintes: (1) A Igreja Romana foi fundada exclusivamente pelo Senhor; (2) Só o bispo de Roma pode ser chamado universal de direito; (3) Só ele pode depor e instalar bispos; (4) Seu legado precede a todos os bispos de um concílio, mesmo se tiver um grau hierárquico inferior, e pode sentenciar qualquer um deles com a deposição; (7) Só ele pode legislar de acordo com as necessidades do tempo; (9) Só seus pés podem ser beijados pelos príncipes todos; (10) Só seu nome deve ser recitado nas Igrejas; (11) Ele pode depor os imperadores; (16) Não se podem chamar sínodos gerais sem as suas ordens; (17) Nenhum capítulo ou livro pode ser considerado canônico sem a sua autoridade; (18) Nenhum de seus julgamentos pode ser revisto, mas ele pode rever os julgamentos de todos; (21) Os casos mais importantes de todas as Igrejas podem ser levados à Sé Apostólica (ele é ordinário em qualquer jurisdição); (27) A ele compete dissolver os laços de vassalagem e fidelidade para com o homem injusto. Foram 27 proposições que revolucionaram não apenas as terras do império, essencialmente as hoje ocupadas pela Alemanha e Itália Central e do Norte, mas todo o resto da Cristandade latina, repercutindo de tal modo que nos séculos seguintes a mesma centralização papal se expressa em conflitos famosos com os reis da Inglaterra e Portugal.

O documento foi tornado público em dezembro de 1075 e enviado a Henrique IV. O imperador respondeu com uma carta, com o apoio de 26 bispos do império. A carta de Henrique IV começa assim: "Henrique, rei não por usurpação mas por sagrada ordenação de Deus, a Hildebrando, atualmente não papa mas falso monge. Mereceste este tratamento por causa da confusão que levantaste, pois não deixaste intocada qualquer ordem da Igreja que pudesse transformar em fonte de confusão, não de honra, de maldição e não de benção..." (GEARY, 1989:641-642) A carta data de 1076. Começará por aí a Guerra das Investiduras, que vai transformar a Europa. Ela porá fim ao modelo carolíngio de relação entre Igreja e Estado, digamos assim, constituindo o modelo a vigorar até o século XVI na era da Reforma, em que a Igreja pretende ser um poder autônomo, paralelo ao Estado.

A partir de 1078, Gregório VII centraliza a nomeação dos bispos, cuja eleição passa a depender de aprovação papal. A tradição anterior da Igreja era de que a eleição de um bispo fosse confirmada por três outros bispos, de modo a garantir sua fidelidade à fé e à doutrina, ou seja, de modo que um grupo (Igreja) não elegesse apenas aquele que compartilhasse de suas ideias ao invés de compartilhar as ideias de todas as outras Igrejas. Este sistema de rede, por assim dizer, dispensava uma autoridade central, a não ser como árbitro. A iniciativa de Gregório VII é uma novidade, numa Europa dividida em poderes locais que se acomodavam a relações pessoais de proteção recíproca, de "compadrio", fidelidade e lealdade. A atitude de Gregório VII divide o Império: há os que anseiam por reformas que libertem a Igreja do poder feudal e o apoiam. Os senhores favoráveis a Gregório VII rebelam-se contra o imperador e elegem outro rei. Ao ditado do papa Henrique IV responde, enfim, com as armas. A guerra só termina em 1122 com a Concordata de Worms, e em 1107 na Inglaterra com a Concordata de Bec. Gregório VII morrerá fora de Roma, em Salerno (1085), ao sul de Nápoles, no reino de seus aliados normandos, fugindo do imperador alemão.

Para compreender a extensão da reforma institucional que estará na origem do direito canônico, é preciso brevemente analisar o *beneficium*, contra o qual se levantara Hildebrando (Gregório VII). O benefício (*beneficium*) é um instituto típico das relações interpessoais feudais (HESPANHA, 1993:84,155-156). Entre senhor e vassalo estabelece-se um pacto de caráter pessoal e perpétuo em que o vassalo presta sujeição (pacto de submissão), pelo qual promete fidelidade e serviços pessoais (como os militares, *v.g.*). Em troca, o senhor promete a mesma fidelidade e lhe dá um *benefício*, ou seja, um direito sobre determinada coisa que haverá de gerar uma *renda* para o vassalo. Esta coisa é a terra e além da renda o vassalo pode ter direito a determinados poderes (jurisdição).

Os *cargos* (se é que de cargos se pode falar naquele tempo) também podiam ser apropriados como uma coisa (patrimônio), e como as funções relativas a um cargo poderiam ser exercidas mediante remuneração, o cargo também gerava *renda*. Ou seja, o ocupante de um cargo não era remunerado pelo seu superior, mas por quem precisava do serviço. Mal comparando, algo como o cartório, tão familiar à tradição brasileira.

Os senhores civis (seculares) estavam acostumados a brindar seus fiéis vassalos ou com cargos eclesiásticos, ou com direitos sobre terras da Igreja (paróquias, mosteiros). Indicar alguém para um *benefício* era fazê-lo parte de sua esfera de poder. Se o benefício era eclesiástico, se o indicado era um clérigo, ou, sendo leigo, fosse indicado para uma função clerical, o comprometimento da Igreja era inevitável. Se os clérigos então se casassem e tivessem filhos, a hereditariedade do cargo poderia ser firmada e afirmada. Podendo casar-se, os clérigos também se uniam às famílias senhoriais, contraindo matrimônio com filhas de príncipes e proprietários etc. A imposição do celibato como regra geral era uma tentativa de impedir o compromisso com os poderes feudais. Mesmo que de fato os clérigos constituíssem famílias, o não reconhecimento oficial dos filhos e das relações matrimoniais pelo menos dificultaria a hereditariedade. A imposição de que o bispo fosse nomeado e confirmado pelo papa e não pelo imperador era outra tentativa de romper o sistema de *compadrio* estabelecido. Bem se vê que a reforma gregoriana lidava diretamente com a estrutura do poder político feudal. A *investidura*, propriamente dita, era a cerimônia pela qual o bispo recebia do imperador as insígnias do cargo mediante as palavras "*accipe ecclesiam!*" (recebe esta igreja!) (BERMAN, 1983:97). Daí a origem da *querela das investiduras*.

Ora, na estrutura institucional anterior a Gregório VII alguns insistiam na sacralidade dos reis. Os reis eram ungidos e se consideravam autoridades sacrais. A sagração do rei era uma cerimônia religiosa e política; simbolicamente, a coroação ou sagração era quase que uma ordenação religiosa (GARCÍA-PELAYO, 1959:104 ss). Sem questionar diretamente a função exercida pelos reis, a Reforma Gregoriana, no entanto, colocava uma novidade: afirmava que o rei (ou o imperador) estava dentro da Igreja, não acima dela (*imperator in Ecclesiam, non super Ecclesiam*) e dentro da Igreja a autoridade maior era o papa. Por outro lado, o *Império* na Idade Média era um *poder*, não um território (BERMAN, 1983:89). Era um poder como autoridade (*imperium*) e capacidade de governar (*jurisdictio*), apoiado não na submissão de um povo em um território determinado, mas nas relações interpessoais de submissão e benefício com certos senhores menores. Era uma rede ou uma cadeia de relações. Não havia burocracias racionalizadas, organizadas propriamente em carreiras. Não havia cidade capital: esta era onde o imperador ou rei assentasse sua corte, muitas vezes de maneira provisória, pois os reis e imperadores viajavam constantemente (seja como forma de obter rendas das terras que só podiam gozar consumindo-as localmente, seja por causa das campanhas militares). O Império era, pois, uma entidade militar/espiritual, não geográfica. Vigorava ainda muitas vezes o *princípio da personalidade* (ou *pessoalidade*) das leis e, sobretudo, a força dos costumes locais. O rei legislava pouco, eventualmente decidindo como árbitro. Contra esta concepção de Império, a reforma de Gregório será um golpe fatal.

O movimento reformador da Igreja, no pontificado de Gregório VII, teve seus antecedentes na reforma de Cluny. Num certo sentido, a abadia de Cluny foi a primeira a superar o localismo e a autarquização feudal da vida, na medida em que seu abade passou a ter autoridade sobre todas as fundações de mosteiros que dali partiram. Foi translocal, pois contava com um abade para vários mosteiros. Além do aspecto organizacional novo, Cluny teve uma influência moral extraordinária: foi ela que propôs a *Paz de Deus*, com excomunhão para quem atacasse peregrinos, clérigos, mercadores, judeus, mulheres, camponeses. Em 994 o Concílio de Anse criara a paz de Cluny. A sua violação implicaria a multa de 600 soldos. Os infratores deveriam ser levados diante da corte do bispo para pagar a multa por infração à paz. O abade Odilo de Cluny (994-1049) propusera a *Trégua de Deus* em 1041: de sábado a segunda-feira, depois de quarta a segunda-feira, mais tarde ainda em toda a quaresma e advento, abrangendo estações de semeadura e colheita... em todos estes períodos ou intervalos ficava proibida a guerra, sob pena de excomunhão. O movimento se espalhou e se institucionalizou no final do século X e início do século XI (TIGAR; LEVY, 1978:112).

Gregório VII, seguindo o novo modelo de Cluny e tentando reformar as relações da Igreja com o poder político feudal, impondo ao clero de modo geral o estilo de vida monástico, foi acusado de subverter os costumes em nome da restauração. Ele pedira ao povo o boicote das igrejas cujos párocos não aceitaram sua reforma. Estimulou o estudo do direito para dar-lhe um fundamento de autoridade (TIGAR; LEVY, 1978:113).

Havia um problema jurídico especial a enfrentar: o imperador era considerado apenas um entre vários reis, mas o papa também era apenas um entre vários bispos. Gregório VII sustentava que o imperador não passava de um rei a mais, e o imperador por seu turno afirmava que o papa não passava de um bispo a mais. Resultado da Guerra das Investiduras foi a *Concordata de Worms* (*Vórmia*): o papa investiria os bispos, mas o imperador teria o direito de estar presente nas suas eleições. Uma solução de compromisso, talvez, mas depois da violência da disputa, de caráter militar, da divisão dos príncipes e dos bispos, já não seria mais tão fácil submeter simplesmente a Igreja do Ocidente. Esta disputa entre jurisdições e entre o espiritual e o temporal é fruto e característica da tradição ocidental. Com isto, no Ocidente não se afirmou uma teocracia. Nem os reis conseguiram afirmar-se como donos e líderes das respectivas religiões nacionais, nem o clero conseguiu colocar-se acima da lei e julgar o Estado civil. Se bem que na modernidade, com os Estados nacionais e com a Reforma protestante, tenham surgido Igrejas nacionais como religiões oficiais de Estado, a disputa medieval já havia estabelecido uma esfera de autonomia cuja memória perdurou. O direito de resistência e de liberdade de consciência, com todas as vicissitudes que atravessa, torna-se uma tradição do Ocidente defendida tanto em termos jurídicos quanto morais.

A Reforma Gregoriana teve um aspecto revolucionário, na medida em que um dos atores sociais predominantes no tempo, o clero, mudara de posição e impusera reformas institucionais de maneira consciente e rápida. A convulsão social parece ter sido grande e violenta. A Reforma de Gregório VII é considerada por Berman a primeira revolução do mundo Ocidental, pois foi rápida, total, universalizante, socioeconômica. Está ao lado das três revoluções modernas que se autoproclamaram revoluções, ou seja, cujos participantes se diziam explícita e propriamente revolucionários: a Russa (1917), a Francesa (1789) e a Americana (1776). Alinha-se também às outras: a Revolução Inglesa, que só recebe o nome de revolução no período final (1688-1689), e a Reforma Protestante, que nunca recebeu explicitamente o nome de revolução. O caráter da Reforma Gregoriana foi como o das outras: todas elas, além de seguirem um projeto, foram violentas e rápidas, mas nunca se consolidaram senão num espaço de mais de uma geração, e sempre trouxeram um direito novo que se firma e substitui o direito velho. Da concepção de Igreja de Gregório começou a nascer o Estado: uma burocracia, um poder de criar legislação, uma ambição de universalidade. Paolo Grossi (1995a) lembra que a incompletude política medieval era sinal de ausência de uma vocação totalizante de poder. Esta incompletude vai aos poucos desaparecendo. A finalidade de Gregório foi o estabelecimento de um poder disciplinar em suas mãos, um controle central de uma população dispersa, o estabelecimento de uma identidade corporativa do clero com um certo corpo de leis disciplinares, o que veio a dar-lhe verdadeira consciência de classe. De importância capital era também o princípio pelo qual se batia Gregório VII sobre a superioridade da lei sobre os costumes. Atribui-se a ele o dito: "O Senhor disse: 'Meu nome é verdade', não 'meu nome é costume.'"

Ela também estabeleceu a regular competição entre entidades políticas, ou seja, a disputa política voltou a ser regulada argumentativamente e não apenas militarmente, restaurando a ideia de autoridade, distinguindo obrigatoriamente *potentia* (a força) de *potestas* (o poder legítimo). Ao mesmo tempo, estabeleceu as bases sobre as quais se firmou o regime de Cristandade, aquele em que se daria a reforma do mundo pela Igreja e contra o qual (mas também pelo qual) a modernidade se afirmará séculos mais tarde.

A Reforma Gregoriana teve um caráter violento, para além de jurídico e institucional. Se bem que os juristas desempenhariam um papel importantíssimo a partir de então, é certo que Gregório, segundo muitos de seus contemporâneos, subverteu a tradição da Igreja no que diz respeito à guerra. As milícias da paz, cavaleiros que haviam servido à proteção de viajantes e peregrinos, são convertidas na *militia Christi*, como um exército de leigos a serviço das reivindicações do papado contra o imperador e contra os senhores, príncipes etc. Ele os convida ao campo de batalha (DEMURGER, 1989:33-34). Está em gestação o espírito da cruzada, inseparável do espírito de cristandade que triunfa no Ocidente latino até o advento da modernidade (séculos XVI e XVII). A primeira Cruzada, lembremo-nos, começa a ser pregada em 1075.

Em contraste com a nossa ideia contemporânea de Estado de Direito, pode-se traçar um quadro comparativo:

Idade Média	Idade Contemporânea
Pluralismo de jurisdições – nenhum grupo controla todos os aspectos da vida civil	Tripartição dos poderes – nenhum poder exerce sozinho a jurisdição
Rejeição da legislação pelo desuso (*desuetudo*), participação direta *negativa* na legislação	Legislação por representantes eleitos, participação indireta na atividade legislativa
Ideologia do direito natural como controle substancial das leis abusivas	Ideologia dos direitos fundamentais
Subordinação do superior aos direitos tradicionais dos inferiores	Subordinação a um contrato social expresso ou hipotético
Costume como fonte de direito – a lei pode corrigir os costumes não racionais ou razoáveis	Lei como fonte de direito – lei como expressão de uma vontade (geral, da maioria, do soberano etc.)
Bem comum – impedimento de interesses particulares como justificação de decisões relativas a qualquer grupo	Partidos políticos – poliarquia – conflito de interesses que se controlam reciprocamente

3 EPISÓDIOS INGLÊS E PORTUGUÊS

Enquanto durou o regime de cristandade as relações entre poder civil e poder religioso ou eclesiástico foram tensas. Sobretudo quando os reis quiseram afirmar seu poder jurídico-político e estender o controle jurisdicional sobre todos os habitantes de um território, inclusive o clero.

O episódio inglês mais relevante e mais próximo à época da Reforma Gregoriana ocorreu durante o reinado de Henrique II, rei considerado o verdadeiro responsável pela definição do direito inglês (VAN CAENEGEM, 1989: *passim*; POTTER; KIRALFY, 1958:19), pois de fato foi Henrique II quem organizou os tribunais reais e os respectivos circuitos de juízes itinerantes. Em 1164, Henrique II promulgou as *Constituições de Clarendon*; tratava-se de 16 costumes ou liberdades e privilégios que remontariam a

Henrique I, seu avô materno. Na Idade Média, não se entendia a legislação ou o poder de legislar como hoje o entendemos. De fato, a legislação constituía-se sobretudo da consolidação de costumes. Um dos expedientes que legitimavam a legislação era a antiguidade da lei, do uso ou do costume: por isso promulgavam-se costumes já pretensamente existentes. A matéria das *Constituições de Clarendon* envolvia o poder régio nos casos de benefícios eclesiásticos, impondo julgamentos nos tribunais reais, assumindo jurisdição sobre disputas da terra da Igreja, proibindo os bispos de deixarem o país sem ordem do rei, aceitando, nos tribunais reais, apelos vindos dos tribunais eclesiásticos, proibindo a excomunhão de oficiais da casa real, lugares-tenentes e outros, sem ordem do rei. Ao mesmo tempo, dava jurisdição aos tribunais reais sobre os juramentos, proibia a ordenação de filhos de vilões sem ordens expressas do rei e dispunha que o clérigo acusado de crime grave (*felony*) poderia ser julgado pelo tribunal eclesiástico, mas seria sentenciado pelo rei.

Thomas Beckett, arcebispo de Cantuária e amigo pessoal de Henrique II, resistiu afirmando a expressão que ficara famosa no tempo de Gregório VII e já aceita pelos canonistas: "a verdade supera o costume, a verdade julga a razoabilidade do costume". O conflito dividiu o reino até que Beckett, na véspera de Natal de 1170, foi assassinado na sua própria catedral de Cantuária por amigos do rei. Henrique II negou que tivesse algo a ver com a morte de Thomas, mas já não poderia conter as suspeitas e viu-se obrigado a voltar atrás nas suas pretensões e em 1172 renunciou às proposições das *Constituições de Clarendon* julgadas ofensivas à jurisdição canônica e à autonomia da Igreja. A disputa continuou em outros termos com o segundo filho de Henrique II, *João Sem Terra* (que subiu ao trono em 1199, sucedendo seu irmão *Ricardo Coração de Leão*). João reinou (1199-1216) enquanto Inocêncio III era papa e ousou recusar o arcebispo de Cantuária indicado por este. Em 1208, Inocêncio III impôs um *interdito* (suspensão de parte do culto) à Inglaterra: excomungou João e fechou todas as igrejas. Sem igrejas, o cotidiano da vida medieval era sem sentido: nada de vida social, festas, encontros, distração, remédio e conforto para as aflições do corpo e da alma. João terminou por submeter-se. Finalmente, em 1215 no meio da revolta feudal dos barões, a *Magna Charta* abriu-se com uma garantia, de que a Igreja da Inglaterra fosse livre: *Quod Ecclesia Anglicana Libera Sit* (cf. BERMAN, 1983:263).

Em Portugal, a situação também seria conflitiva. Em 1140, D. Afonso Henriques começara a usar o título de rei, e em 1143 Afonso VII de Leão reconhecera-o (pelo tratado conhecido como *Paz de Zamora*, que pusera fim ao conflito armado entre eles). Só em 1179 viria o reconhecimento do título pelo papa. Os reis portugueses não se consideravam vassalos do imperador romano-germânico (cuja jurisdição se concentrava na Europa central e Itália do Norte) e sempre afirmaram sua soberania no próprio reino, sobretudo porque suas terras eram conquistadas aos mouros. Em 1220 (50 anos após o episódio de Beckett na Inglaterra), deu-se uma disputa entre o papa Honório III e D. Afonso II porque este queria submeter o clero português aos juízes régios seculares (GOMES DA SILVA, 1985:134). E houve também a tentativa de se impor a D. Afonso II leis imperiais regulando certas questões. Afonso II afirmava que tudo isto era uma novidade que não existia quando da criação do reino português. Ao conflito com o papa somaram-se as muitas dificuldades internas com os senhores portugueses. O conflito se prolongou e em 1245 o papa Inocêncio IV chegou ao ponto de suspender (depor) D.

Sancho II, sucessor de D. Afonso II, e nomear seu irmão, Conde de Bolonha, curador do Reino, que reinou com o nome de Afonso III (CAETANO, 1992:288).

O mais característico desta disputa de jurisdição em torno do direito canônico talvez tenha sido em Portugal, já no século XIV, o estabelecimento do *beneplácito régio*. Com o declínio do prestígio dos papas, durante seu exílio em Avinhão especialmente, D. Pedro I, o Justiceiro (1357-1367), nas Cortes de Elvas, afirmara que seguindo decisão ainda tomada no reinado anterior (D. Afonso IV) as "letras do papa" só poderiam ser cumpridas em Portugal com o *placet* régio. Passava a depender de autorização do rei a introdução de legislação canônica; criado em 1361, abolido em 1487, o beneplácito régio foi restabelecido em 1495 (GILISSEN, 1988:150; CAETANO, 1992:293; GOMES DA SILVA, 1985:163-164). Ele permitirá aos reis portugueses controlar a aplicação do direito canônico até mesmo no Brasil colonial.

4 A FORMAÇÃO DO *CORPUS IURIS CANONICI*

Gregório VII afirmara seu poder de legislar e criar novas leis de acordo com as necessidades do tempo, o que iria levando a uma ampliação dos novos cânones: estes, no entanto, deveriam encaixar-se na tradição da Igreja. Só ele (papa) também poderia explicar as antigas normas, ou seja, realizar a *interpretação autêntica*. A tradição combinava-se progressivamente com o princípio monárquico. Os canonistas viriam auxiliar este desenvolvimento. Aqui vale lembrar duas coisas. (1) Em primeiro lugar, que a jurisdição (*jurisdictio*) no período medieval era mais do que a função do judiciário tal como concebida hoje em dia. "A justiça não era apenas uma das atividades do poder. Ela era a primeira, senão a única atividade do poder" (HESPANHA, 1993:385). A *justiça* limitava o poder por cima (pela doutrina do direito natural e pela tradição) e por baixo (direitos dos particulares e pela autonomia das corporações, assim como pelos costumes), de modo que toda decisão (administrativa, judicial ou legislativa, nos termos atuais) deveria ser uma distribuição de justiça (dar o devido a cada um). Por isso, a atividade *legislativa* não se separava totalmente da atividade *judicial* ou *administrativa*: a interpretação, a legislação e a aplicação do direito no caso concreto se misturavam, de tal modo que um *breve*, um *rescrito*, ou uma *resposta*, em geral atos ligados a um caso concreto, tornavam-se precedentes vinculantes e normativos gerais. (2) Em segundo lugar, o problema da *hermenêutica* demonstrava, nestas situações, sua primazia sobre a vida do direito. Sendo o cristianismo uma religião do livro e da história, colocava-se para os concílios, os bispos, os papas o problema central de decidir de acordo com um texto normativo objetivo (as escrituras) e uma tradição anterior. O intérprete cristão (assim como os judeus e os muçulmanos, de culturas também influentes na época e também *religiões dos livros*) precisava vencer a distância temporal que o separava dos fundadores, e a distância contextual que separava redator e leitor do texto (GADAMER, 1988). A atividade de aplicação (trazer para o presente, com autoridade, o texto do passado) que sempre identificou direito e teologia unia-se firmemente na atividade dos canonistas. Neste contexto, a tradição clerical de trabalho com os textos influía e cooperava na refundação do direito como disciplina intelectual.

Durante muito tempo, a Igreja produziu uma grande quantidade de normas, seja nos concílios ecumênicos, seja nos concílios regionais. Além disso, cada Igreja particular estava encarregada de aplicar concretamente aquilo que na tradição lhe parecia normativo. Isto sem falar nas constantes alterações das situações concretas. Chegado o ano 1000, havia uma enorme massa de cânones disciplinando a vida cristã institucional. Em 1090, Ivo, bispo de Chartres (já um centro intelectual, pela sua escola anexa à famosa catedral), redigiu a sua *Pannormia* (WIEACKER, 1980:57; MUSSELLI, 1992:35; BERMAN, 1983:202). Redigiu também uma *Collectio Tripartita* e um *Decretum*. O prólogo deste último levava o título *De Consonantia Canonum*. Estava tendo início uma tentativa de reduzir a pluralidade a um todo que pudesse ser dominado e transmitido escolástica e escolarmente.

Cinquenta anos depois, em 1140 (entre 1139 e 1148, pelo menos – MUSSELLI, 1992:37) surgiu a obra fundamental do direito canônico clássico. Era o *Decreto* de Graciano. De fato, o *Decreto* era chamado *Concordia Discordantium Canonum*, mas seria conhecido pelas gerações seguintes como *Decretum*, o *Decreto*. Graciano era monge camaldulense, ensinava teologia em Bolonha no *studium* anexo ao mosteiro de SS. Felix e Nabor e viria unir as contribuições do ambiente intelectual em que se inseria. De um lado, a luta do papado pela autonomia política, de outro os instrumentos da nova lógica de tradição dialética (o *Sic et Non* de Abelardo) e do direito romano que já se ensinava no *Studium Civile* de Bolonha, segundo a escola de Irnério (GILISSEN, 1988:143; MUSSELLI, 1992:36).

> Embora no período da Baixa Idade Média, quando se dá o renascimento do ensino do direito nas universidades, o direito canônico seja particularmente importante pelos seus aspectos públicos, administrativos, processuais, seus primeiros desenvolvimentos implicaram uma constante referência às concepções teológicas. Muito dessas influências pode ser visto na extensa análise de Grossi (2013) sobre alguns temas não diretamente morais, como, por exemplo, no progressivo desenvolver-se de um conceito de pessoa jurídica para a própria Igreja.

Seu *Decreto* era uma coletânea de mais de 3.800 textos com comentário. Foi um texto reconhecido, com autoridade intelectual e doutrinária, citado por muitos, mas não era obrigatório para os juízes. Graciano concebia o Direito como um *corpo vivo*, vivido pela *tradição* e com um futuro. Nisto era diferente dos juristas civilistas (estudiosos do direito romano justinianeu), que viam no texto de Justiniano um texto acabado. Na pluralidade de cânones discordantes, ou aparentemente discordantes, Graciano empregou o método escolástico: "em caso de *contradição*, seria preciso fazer uma *distinção*". Assim fazendo, foi capaz de organizar, hierarquizar e expressar os princípios pelos quais se eliminavam as *antinomias* dos cânones. Fazia a concordância usando quatro critérios: (a) *ratione significationis*; (b) *ratione temporis*; (c) *ratione loci*; (d) *ratione dispensationis*. O primeiro critério impunha a distinção dos sentidos possíveis das normas, eliminando contradições pela investigação filológica (MUSSELLI, 1992:39). Os outros três critérios distinguiam as normas pelo seu *tempo* de vigência, entendendo que a lei posterior revogaria a anterior (*lex posterior*); pelo seu *espaço* de vigência, entendendo que a *lei local* particular revogaria a lei geral; pela sua *matéria*, entendendo que a *lei especial* revogaria a lei geral. Mas tudo isto fazia-se num contexto dialético e aplicativo (GOMES DA SILVA, 1985:123). Esta racionalização não era abstrata, senão feita em cada caso. E tais critérios foram sendo universalizados e entraram a fazer parte da tradição jurídica ocidental quase que com a mesma formulação dada por Graciano.

O *Decreto* tinha três partes: na primeira havia 101 *distinções* (princípios e definições), relativas ao direito canônico e suas fontes; a segunda consistia de 36 *causas* (hipóteses aplicativas e casos), cada uma na forma de uma pequena suma, em que se tratava de matéria variada (matrimonial, penal, pessoas eclesiásticas, coisas etc.). A terceira parte continha 5 *questões* (problemas), relativas aos sacramentais (festas, jejum, batismo e crisma etc.) (MUSSELLI, 1992:37; WIEACKER, 1980:70-71). O *Decreto de Graciano* tornou-se um texto de estudo básico do direito canônico, por isso os canonistas desta fase imediatamente seguinte a Graciano chamaram-se *decretistas*.

Começava na Igreja uma crescente hegemonia de canonistas, que foram constituindo uma espécie de carreira e de burocracia. Aliás, foi a primeira burocracia moderna do Ocidente. Alexandre III (papa de 1159 a 1181) foi aluno de Graciano e professor de cânones (direito canônico) em Bolonha. Produziu 700 decretais. Decretais eram vereditos ou decisões de casos concretos ou de consultas que se tornavam normas gerais. Inocêncio III (reinado de 1198 a 1216), papa durante o IV Concílio de Latrão (1215), formado em cânones em Bolonha, deixou outras tantas decretais e racionalizou especialmente o processo. Não só a "legislação" papal estava em crescimento. Os concílios também produziam decisões e o de Latrão IV foi especialmente importante. Ao lado disto, os canonistas comentavam e discutiam os cânones, em várias *Sumas* e *Decretos*. Finalmente, de não pouca importância do ponto de vista político e da jurisdição foi o surgimento do tribunal da *Inquisição*: tribunal extraordinário, diretamente ligado à Sé de Roma, centralizando o poder de julgar em matéria de heresias. Porque escapava da jurisdição ordinária (dos bispos locais) e porque dispunha de regras processuais próprias, a Inquisição constituiu um *tribunal de exceção*.

Em 1234, Gregório IX encarregou Raimundo de Peñafort, dominicano, de compilar e organizar todo o material de maior importância que havia sido produzido desde o tempo de Graciano. O resultado foi uma edição das *Decretales Extra Decretum Gratiani Vacantes*. As *Decretais de Gregório IX*, como ficaram conhecidas, organizavam-se em cinco livros: (1º) fontes de direito, bispos e juízes (governo da Igreja); (2º) matéria processual; (3º) do clero, dos sacramentos e das coisas; (4º) dedicado ao matrimônio; (5º) delitos, penas e processo penal. Esta ordem de matérias, dizem alguns, terá influência na história portuguesa pois será a base de organização das *Ordenações do Reino* (Afonsinas, Manoelinas e Filipinas) em cinco livros também (CUNHA, 1995:153). O texto tornou-se oficial: foi enviado às escolas de direito e proibiram-se novas compilações sem autorização da Sé Romana. Naturalmente, Roma procedeu a novas compilações: em 1298, sob Bonifácio VIII, surgiu o Livro Sexto (*Liber Sextus*), em 1317, sob João XXII, foram editadas as *Clementinae* (decretais de seu antecessor Clemente V) (MUSSELLI, 1992:45-51; WIEACKER, 1980:70-74). Passou-se a chamar de *Corpus Iuris Canonici* o conjunto do *Decreto* de Graciano e as *Decretais* de Gregório IX, com os acréscimos posteriores. Os que tomavam por base as *Decretais* de Gregório foram também chamados *decretalistas*. Nas universidades estudavam-se assim dois corpos de *leis*: direito civil (romano, imperial, cesáreo...) e *direito canônico* (eclesiástico). Em alguns lugares, como em Paris de 1219 a 1600, só se estudava o direito canônico, por temor dos reis de França de que o direito romano significasse uma submissão do rei ao imperador (alemão) do Sacro Império ou influenciasse discussões neste sentido. O título conferido a quem estudasse *leis* e *cânones* era, pois, *Doctor Utriusque Iuris*, "doutor em ambos os direitos".

5   O SENTIDO E A IMPORTÂNCIA POLÍTICA DA BUROCRACIA NASCENTE

A partir do *Dictatus Papae* de Gregório VII, os canonistas construíram uma verdadeira constituição da Igreja. Havia sido necessário distinguir poderes, competências e ao mesmo tempo respeitar autonomias locais e corporativas. O processo desencadeado fora, sem dúvida, de centralização; mas não poderia ser feito como num regime absolutista, visto que nem as condições materiais permitiam, nem a existência de outros poderes paralelos na sociedade medieval aceitaria uma solução monárquica absoluta nestes primeiros séculos de centralização eclesiástico-monárquica romana (ANDERSON, 1995:42-57). A disputa de poder (jurisdição/competência) entre papa e imperador e bispos e senhores conduziu à limitação do objeto do poder.

Justificando e frequentemente apoiando o poder *soberano* central, os canonistas eram, no entanto, pródigos em distinções. Em primeiro lugar, distinguiam um *imperium* que caberia ao papa, podendo legislar, administrar e julgar (cf. HESPANHA, 1993:385). Tal poder não lhe vinha da ordenação episcopal (*potestas ordinis*), não era sacramental, pois todos os bispos eram semelhantes ao papa no que diz respeito à ordenação. Logo, seu poder de império provinha da sua *potestas jurisdictionis*. A diferença importava muito, pois distinguia funções propriamente religiosas (de orientação pastoral e interpretação das escrituras, por exemplo), de funções disciplinares e administrativas. Assim, por exemplo, na interpretação das escrituras afirmava-se que Agostinho precedia ao papa. Ao contrário, na administração da Igreja, o papa precederia a Agostinho. Era uma espécie de distinção entre matérias de fé e de verdade, em que o papa estava subordinado a toda a tradição que lhe era anterior e superior, e matérias de conveniência, em que poderia legitimamente legislar e julgar. A ordenação dava-lhe uma função sacramental, enquanto que a jurisdição dava-lhe a função de governar segundo leis.

Isto deu aos canonistas, não à unanimidade deles claro está, a oportunidade de desenvolver princípios de limitação de poder semelhantes aos pretendidos por autores medievais, como Marcílio de Pádua, por exemplo. Assim foi que o Concílio de Constança foi capaz de arbitrar entre os pretendentes ao trono papal que no exercício de seu poder de jurisdição, "independentemente do caráter divino da instituição de seu posto, não era um monarca absoluto, mas em certo sentido um governante constitucional; que detinha apenas uma autoridade ministerial e delegada a ele pela comunidade dos fiéis para o bem de toda a Igreja; que tal comunidade não exaurira sua própria autoridade no simples ato de elegê-lo mas retivera todo poder residual necessário para evitar sua própria subversão ou destruição; que poderia usar tal poder pelos seus representantes reunidos em concílio geral, e que poderia fazer isto em casos críticos mesmo sem o consentimento do papa, e que em tais casos poderia agir como juiz, punindo e até depondo o papa" (OAKLEY, 1984a:819). Uma das correntes importantes no pensamento político, jurídico e canônico foi o conciliarismo, cujo ideário insistia na prevalência dos concílios sobre as decisões do papa e de sua cúria romana e tentava, pois, introduzir uma instituição assemblear ao lado do princípio monárquico.

Da mesma forma, os canonistas elaboraram vários princípios de caráter jurídico-político que se aplicavam a todos os corpos eclesiásticos (paróquias, mosteiros, ordens e assim por diante). O primeiro era o *Princípio Eletivo*: aplicado à escolha do papa, era aplicável também a outros corpos. Em 1059, Nicolau II reunira um Concílio em Roma que dera aos cardeais a competência para a eleição do papa e dela excluíra o imperador. De 1159 a 1179, Alexandre III e o Concílio de Latrão definiram as formas de votação. Segundo o princípio eletivo, os pares elegeriam seus pares, algo que vigorava na sociedade em geral (sociedade estamental e de ordens como era). Por isso, monges elegeriam o seu abade, cônegos elegeriam os seus bispos, cardeais elegeriam o papa. Vê-se que sendo eletivo não era um princípio democrático ou popular e universal, pois os espaços das eleições eram internos aos corpos (esta eleição era uma garantia de autonomia corporativa). O efeito de tal princípio era um controle recíproco entre membros de corpos determinados, mas dividia o *Populus Christianus* entre os que participavam das eleições e os que não participavam, dando finalmente aos clérigos a representação da Igreja. Com isto, a Igreja começava claramente a tornar-se uma *hierarquia* e uma *corporação*, com distinções muito determinadas quanto às competências e poderes de cada um. Já não eram mais as assembleias de todos os cristãos o que contava: mas também já não seriam os senhores e nobres locais seculares que determinariam o futuro das igrejas; seria um novo personagem definido: o clero, como corporação, corpo e representante da corporação igreja (ou paróquia, abadia, diocese etc.). A Igreja havia sido um *corpo místico* que incluía todos os fiéis e passava progressivamente a ser uma corporação, jurídico-disciplinar, que abrangia, para certos efeitos, apenas o clero.

Um segundo princípio era o da *Soberania das Corporações*. Das decisões dos órgãos autônomos das corporações (capítulos, cabildos) não caberia recurso próprio. A assembleia corporativa era assim soberana. O papa só poderia intervir para sanar irregularidades e mandar refazer determinados atos. Esta a origem da *Querella Nullitatis* no processo. Um terceiro era o *Princípio Assemblear*. Os concílios começaram a tornar-se verdadeiras assembleias legislativas da Europa (BERMAN, 1983:208). Para dar andamento à legislação e administração, desenvolveram-se dicastérios. Um quarto princípio era o *Princípio Monárquico*. O papa principiara a enviar legados, núncios, delegados (juízes), coletores, banqueiros para as dioceses. Inicialmente, cada bispo era um soberano em sua diocese, o que correspondia ao mundo feudal dividido: cada um era legislador e juiz. Cada um tinha a sua própria inquisição (que não se assemelhava à posterior *Inquisição romana*, tribunal de exceção surgido no século XIII).

O desenvolvimento do direito canônico ligou-se ao surgimento de uma *classe* nova: aqueles que na Igreja viriam dominar pelo seu particular saber de cânones. Podiam fazer carreira por meio de uma ascensão profissional e já não mais exclusivamente pela amizade ou pelo nascimento, embora tudo isto ainda fosse muito importante. Organizava-se a primeira burocracia semelhante à moderna na Europa, na medida em que o cargo ou ofício exigia um treinamento profissional: rompia-se pela primeira vez com o personalismo e o governo foi separado relativamente das lealdades pessoais, substituído por um sistema de competência definida em lei. Estes novos atores desempenharam um papel político relevante. Com seu saber especializado, serviram à nova autocracia romana. Ao mesmo tempo, porém, limitaram o poder do papa, por meio de suas muitas e sutis interpretações. Discutiam e formulavam normas não apenas sobre assuntos tais como em que condições um papa era eleito e legislava validamente: também definiam em que condições poderia ser *deposto*. Graciano afirmava que um papa "não pode ser julgado por ninguém, exceto quando se desvia da fé" (heresia). Huguccio ensinava que um papa poderia ser julgado e deposto em "caso de notória fornicação, roubo, sacrilégio, ou outros crimes notórios que escandalizem a Igreja" (BERMAN, 1983:214). E foram os canonistas também que começaram a tirar do *direito natural* consequências políticas. Diante do direito natural, segundo eles, cessavam as competências de papas e concílios, de modo que não poderia haver autoridade eclesiástica propriamente *ab lege soluta*, absoluta, livre da lei. Todos se subordinavam ao direito natural e ao direito divino. De modo que sempre havia quem contestasse juridicamente certas decisões, pois a interpretação do que era conforme ao direito natural permitia muita discussão.

Havia ainda assim, durante toda a Idade Média e no apogeu mesmo do poder dos canonistas, muita desobediência civil, muitas revoltas e muitas heresias, de sorte que a possibilidade de deposição do papa nunca deixou de existir e de fato concretizou-se algumas vezes.

O direito natural que neste tempo ia nascendo dentro da tradição canônica era a razão legal, um princípio de *coerência* interna. Era mais um processo de harmonização *lógica, moral* e *política*. Nada ou pouco tinha a ver com a *dogmática*, ou com uma exegese de regras: a dialética do caso concreto estava sempre presente. Era um mecanismo propriamente político de controle *pelo alto* dos poderes absolutos de um monarca, mesmo que fosse o papa. Conjugava-se com um controle de costumes, que limitava *por baixo* os mesmos poderes absolutos. Mesmo porque uma das tarefas principais dos canonistas era justamente harmonizar e hierarquizar devidamente uma variedade de *fontes* de autoridade: (1) *scripturae* ou Bíblia e padres (patrística grega e latina), uma fonte moral; (2) *concílios*: cânones, uma fonte legal; (3) as *decretais* (*constitutiones*, explicações de decisões com autoridade apostólica, breves, rescritos), uma fonte jurisdicional e administrativa, sem falar nos costumes locais.

6 AS REGRAS DE COMPETÊNCIA E JURISDIÇÃO

É no campo da jurisdição e do processo que a influência do direito canônico torna-se determinante. É certo que há uma influência quanto à disciplina do matrimônio e dos contratos, bem como na formulação da teoria da personalidade jurídica. Quando nos deparamos, porém, com o processo canônico, vemos a distinção fundamental que separa a Europa continental da tradição inglesa. Em boa parte, o desenvolvimento do direito inglês distingue-se do nosso justamente porque na Inglaterra o processo canônico nunca foi incorporado nas cortes régias, que se desenvolveram antes da canonística. Já no continente, é o processo canônico que precede a organização das cortes régias, e assim as influencia. O processo canônico legou-nos algumas características especiais. Em primeiro lugar (1) é um processo conduzido por profissionais em direito; em segundo lugar (2) reconhecia um sistema de recursos que permitia a uniformização, a concentração e a centralização do poder; em terceiro lugar (3) adquiriu uma perspectiva investigativa (inquisitorial) mais do que acusatória ou adversária (duelística); finalmente (4) impôs a escrita sobre a oralidade, constituiu o sistema cartorial. Este modelo processual liga-se a uma forma de poder político e a ele serve. Vigorará até o século XVIII, como processo do *ius commune* (romano-canônico).

Com o desenvolvimento da Reforma desencadeada por Gregório VII, distingue-se progressivamente a *jurisdição* do *conselho* sacramental, a matéria de *foro interno* e de *foro externo*. Assim, a imposição de penitências, relativa a pecados e à consciência do fiel, distingue-se da imposição de sanções disciplinares, relativa à violação de matéria jurídica e legal. Um é o *foro da consciência*, em que o confessor intervém como pastor e cura d'almas, outro é o *foro do juiz*, que intervém como aplicador de normas garantidoras de direitos recíprocos entre cristãos. A jurisdição era matéria comum a bispos e senhores, papas e reis ou imperador. Como distingui-las? Contando com exército talvez maior de juristas do que de soldados, a corporação eclesiástica avança nesta área antes dos Estados nacionais. Em dois frontes os canonistas impõem suas distinções: (1) na separação das jurisdições e (2) na formalização do processo (incluindo a racionalização das provas).

Para prover a separação de jurisdições com base em critérios objetivos, o direito canônico distingue dois critérios: *ex ratione personarum* (em razão das pessoas), *ex ratione materiae* (em razão da matéria). Por isso, conforme as pessoas envolvidas no litígio (lide) ou conforme a matéria disputada, os tribunais eclesiásticos davam-se jurisdição. Como as cortes seculares também desejavam intervir – pois, como visto, o poder legítimo era essencialmente *jurisdição* na Idade Média, distribuição de justiça – o campo foi de permanente disputa entre eles.

Ex ratione personarum (em razão das pessoas envolvidas) dizia-se ser da jurisdição canônica e eclesiástica a causa que envolvesse os clérigos. Era o chamado *privilegium fori* absoluto. Clérigos eram não só os padres e bispos: havia aqueles que haviam obtido as ordens menores (leitores, acólitos etc.) e que exerciam alguma função clerical. Também os estudantes e professores eram em geral clérigos, pois grande parte das escolas e universidades eram anexos das catedrais, dos conventos e dos mosteiros. Havia os que viviam dentro das corporações eclesiásticas (a clientela eclesiástica). Havia os cruzados (dispunham do *privilegium crucis*): aqueles que lutavam sob a proteção da cruz, da Igreja, e os cruzados não eram somente os que iam à Terra Santa. A reconquista da Península Ibérica era uma cruzada, as guerras contra os hereges dentro da própria Cristandade eram cruzadas. Gozavam também do privilégio do foro eclesiástico os miseráveis (*miserabiles personae*): mendigos, pobres, órfãos, viúvas, que se multiplicavam nas cidades medievais e também nos campos, nos tempos de fome, guerra, secas, invernos rigorosos, epidemias etc. No foro eclesiástico, eram atendidos por advogados dos pobres, nomeados pelo bispo, considerado (doutrinariamente, claro está) pai dos pobres por excelência. Também gozavam do foro canônico os primeiros beneficiados com a Paz de Deus no século X, os peregrinos, inclusive os mercadores, e os judeus (se o conflito envolvesse cristão e judeu, pois se envolvesse apenas judeus buscavam – no caso de Portugal – o Rabi-mor, já que toda a sociedade estava organizada em corporações e grupos relativamente autônomos). Havia um privilégio de foro pessoal absoluto e outro relativo. Isto quer dizer que alguns poderiam renunciar ao foro eclesiástico e buscar ou aceitar a jurisdição secular. Os clérigos gozavam de privilégio absoluto e boa parte das disputas entre reis e bispos derivou da tentativa de supressão ou diminuição deste privilégio.

Ex ratione materiae deveriam ser julgadas nos tribunais eclesiásticos as causas que envolvessem os sacramentos, inclusive matrimônio, daí a enorme importância da disciplina canônica no direito de família. Também a matéria relativa a testamentos e disposições de última vontade, que, afinal, se acreditava tivesse algo a ver com a salvação. Os benefícios patrimoniais com relação ao exercício de funções clericais e bens da Igreja foram constante fonte de disputa com os poderes seculares, mas os tribunais eclesiásticos sempre insistiram em sua competência. Os juramentos julgavam-se pelo direito canônico, e vem daí uma parte da disciplina de contratos e dívidas. Finalmente, toda matéria de pecados públicos que podia incluir simonia, usura, adultério, heresia... Desta jurisdição construída pela Igreja nos séculos XII a XIV especialmente procederam regras de família, sucessões, contratos, processo penal etc.

Havia também a jurisdição prorrogada: muitos particulares por contrato se submetiam espontaneamente aos tribunais eclesiásticos ou a arbitragens, em que se aplicavam regras desenvolvidas no direito canônico.

7   A FORMALIZAÇÃO E A RACIONALIZAÇÃO DO PROCESSO

O processo canônico cumpriu o papel disciplinador que a legislação por si só jamais conseguiria cumprir. Ao treinar uma classe de funcionários, ou melhor dito de profissionais do processo, disseminou-se uma prática crescentemente autônoma de resolução de controvérsias, marcada pelo novo espírito racionalizador e formalizador que já contaminara a filosofia escolástica. Pensa-se que a filosofia escolástica, na verdade, mais aprendeu com o processo e a argumentação jurídica do que ensinou. O fato é que o processo canônico opôs-se com certa clareza à experiência anterior na solução de controvérsias.

No que diz respeito ao processo civil primeiramente, o processo canônico introduziu o escrito. Com ele, destaca-se em importância a figura dos notários. Além do juiz, é preciso contar com este redator oficial de fórmulas e atos judiciais, termos que são reduzidos a escrito como *memória* (*termos, autos*) do processo. O notário cada vez mais secretaria o juiz em íntima cooperação e ligação com o desenvolvimento da controvérsia. No processo canônico, ele é um oficial da corte (tribunal) e não apenas um perito em escrever.

Em segundo lugar, as fases processuais são organizadas com clareza. O queixoso (autor) apresenta o seu libelo (*libellus*) ao oficial, que convoca o réu e na sua presença lê os termos do pedido. A fase seguinte consistirá na apresentação das exceções, ou seja, da matéria de defesa que hoje chamamos preliminar: arguição de foro impróprio, exceção de não cumprimento do contrato sinalagmático – *exceptio non adimpleti*, ou outra qualquer, que não seja propriamente defesa de mérito ou que ataque diretamente o pedido. As exceções seriam, portanto, *dilatórias* ou *peremptórias*, conforme apenas impedissem o andamento daquela demanda ou atingissem o próprio direito (como a alegação de prescrição, por exemplo). Passada esta fase, o réu apresenta a *litis contestatio*, a contestação. Em seguida, inicia-se a apresentação e colheita das provas: confissão, testemunhas, documentos, para chegar-se finalmente à decisão. É também no processo canônico que surge tipicamente a figura do *advogado*: o que age sem ser cúmplice ou sócio. Ele explica o direito após a apresentação das provas de fato. É um jurisperito.

Aparentemente, tudo isto é de uma obviedade tão grande que parece incrível que seja uma criação propriamente dita. Seria óbvio se não tivéssemos em conta que antes da formalização elaborada pelos canonistas o processo medieval estava atravessado pelo sistema das *provas irracionais*. A formalização é possível como oposição ao sistema irracional das provas e, especialmente, com a centralização monárquica da Igreja que está em andamento.

Quanto às provas a novidade é justamente que a investigação deve conduzir ao convencimento do juiz. No processo canônico, tentam-se abolir as *provas irracionais*, que existiam no direito medieval, ressalvando-se, claro, a Inquisição. A prova irracional era constituída pelos ordálios (do alemão *Urteil*, sentença) ou juízos de Deus. O ordálio tinha um caráter mágico e não investigativo: era a prova pela qual se invocava a divina providência para intervir. O século XII é o século do abandono progressivo da invocação de Deus para explicar tudo: a razão humana afirma crescentemente sua autonomia. Santo Tomás de Aquino dirá, no século seguinte, que o filósofo deve explicar os seres pelas suas causas próximas e não pela causa última, que é sempre Deus. Assim no processo os juízes devem julgar pelo provável, não pelo imaginário. Tanto por razões filosóficas, quanto teológicas, quanto por crescente exigência dos cidadãos (COING, 1992:72) as provas formais racionais vão substituindo as provas irracionais, verdadeiras tentações a Deus, segundo o inglês João de Salisbury.

Naturalmente, aquilo que chamamos provas irracionais desempenhava uma função compreensível: eram quase que um *detector de mentiras* pré-industrial. Crendo na prova, um culpado recusava-se a participar dela, confessando. Aquele que se dispunha a enfrentá-la assumia um risco, mas neste ponto uma parte dos culpados já havia sido *detectada*, era o que se imaginava.

Quais os meios de prova existentes antes da racionalização canônica? Em primeiro lugar, os *ordálios unilaterais*: o acusado submetia-se à prova e passar pela prova equivalia a uma declaração de inocência. Eram dessa natureza a prova do ferro em brasa, da água fervendo, água fria (ou do afundamento), do cadáver (conseguir cortá-lo sem fazê-lo sangrar). Eram aquilo que se chama *passar pela prova de fogo*. Havia também os *ordálios bilaterais*, em que as duas partes litigantes se submetiam à prova. Entre estes ordálios bilaterais estavam o *judicium crucis* (o litigante que primeiro deixasse cair os braços era considerado culpado) e o duelo propriamente dito, que às vezes começava com a invocação: Deus e meu direito! (*God and my right, Dieu et mon droit*). Finalmente, poderia haver os ordálios *purgatórios* como a automaldição ou imprecação e o juramento de inocência.

Certamente, para um homem treinado na universidade e na filosofia medieval tais provas não eram propriamente divinas, mas *aleatórias*. Para o povo também, devem ter parecido, a certa altura, como exclusivamente uma loteria. Quando o processo canônico começa a oferecer um novo modelo de julgamento, a ele vão acorrer muitos ou quase todos os que podem. Para não perder totalmente a credibilidade, os tribunais seculares serão levados a imitar os tribunais canônicos. Não é por acaso que a primeira grande leva de legislação das monarquias nascentes será essencialmente de organização judiciária e processo, ficando o direito material ou substantivo como ainda regulado em grande parte pelos costumes.

Os canonistas e a legislação pontifícia ou apostólica introduzem os princípios de aceitabilidade das provas: *probabilidade, relevância, materialidade*. O novo sistema deveria descartar provas *supérfluas* (o que já se sabia ou já estava provado no processo), as provas *impertinentes* (que não diziam respeito ao que se discutia), *obscuras* (chamadas de *inconclusivas*, das quais nada se poderia com segurança deduzir), *excessivamente gerais* (que seriam também inconclusivas), ou *inacreditáveis* e *antinaturais*. A finalidade da prova era a descoberta da verdade e o juiz era o guardião desta busca da verdade, dispondo de poderes para investigar, de modo a gerar o perfil inquisitorial do processo europeu continental, em oposição ao caráter *adversarial* do processo inglês (ULLMANN, 1988a).

Isto só poderia funcionar de duas maneiras: de um lado se os juízes, advogados e notários fossem todos treinados na mesma linguagem; de outro lado, se houvesse suficientes instruções detalhadas sobre os casos mais difíceis. O primeiro caminho é trilhado no início. O segundo vai se impondo no chamado método da *prova legal*. Passa-se a uma classificação das provas que dirige o juiz (GILISSEN, 1988:716). Ele já não aprecia livremente as provas, mas as aprecia segundo regras estabelecidas legislativamente. O sistema da *prova legal*, em que o juiz está obrigado a valorar a prova segundo o peso que lhe é atribuído por lei, corresponde a uma racionalização, sem dúvida, mas é uma formalização antes de mais nada. Por meio dela, os tribunais de apelação podem rever as decisões segundo um critério objetivo, ainda que não empiricamente válido. E ao assim proceder, consegue-se a uniformização crescente do sistema.

No sistema de prova legal, há vários graus de provas. Há o *notorium*: que pode ser de fato (*notorium facti*, o flagrante por exemplo), ou de direito (o *notorium iuris*, como o que já foi julgado e que não carece de prova, ou a confissão em juízo (*confessio pro iudicato*). Existem as presunções: *praesumptionis iuris et de iure*, que não admitem prova contrária. Além dos notórios, há em segundo lugar a *probatio plena*: a prova plena feita por um duplo testemunho, ou por um documento público (*instrumentum publicum*), sendo que em caso de contradição as testemunhas preferem ao documento, já que estamos numa civilização em que ainda não prevalece a alfabetização e a escrita. Em terceiro lugar, vinha a *probatio semiplena*, que valia a metade de uma prova plena. Eram provas semiplenas o testemunho simples, de um só (*unus testis*), os documentos particulares (*cartae domesticae*), a fama comum, a fuga. Duas semiplenas fariam uma plena segundo prescrição de Inocêncio III, em 1198. O indício (*indicium*) estava no mais baixo grau de prova e só valia quando associado a outras provas. A tortura era um meio de obter uma segunda prova quando houvesse um indício: era um meio de obter (ou forçar) a confissão de um suspeito.

Em 1215, o IV Concílio de Latrão proibiu os clérigos de participarem em ordálios, mesmo como testemunhas e legitimadores. Isto efetivamente acabou com os ordálios.

A racionalização foi acompanhada de uma perda: a da oralidade e da imediatidade da investigação. Elas só voltarão ao processo com as reformas do século XIX (CAPPELLETTI, 1977:50-60), quando o empirismo e o positivismo da ciência moderna entusiasmarem os juristas. No sistema da prova legal, nasce uma certa magia do escrito (*quod non est in actis non est in mundo*). O contato do juiz com as partes começa a ser temido porque significa influência que pode atrapalhá-lo na avaliação da prova, a qual deve ser completamente neutra e objetiva. Chegou-se a ponto de o juiz não ouvir as partes nem as testemunhas e somente ler os autos, sendo os depoimentos redigidos pelos secretários dos tribunais. As provas começaram a ser pesadas e medidas, não ponderadas e valoradas: duas testemunhas oculares ou auriculares provavam um fato, uma notificação judicial provava tanto quanto duas testemunhas, o testemunho de uma mulher ou de um vilão nem sempre valia o mesmo que o testemunho de um homem, e precisava ser complementado. Tais pesos cresciam à medida que o juiz já não ouvia as partes pessoalmente. As provas legais levaram a táticas dilatórias dos advogados, das quais se ouvem crescentes e frequentes queixas. Elas também contribuíram para uma formalização crescente das fases processuais, estabelecendo-se prazos e formas de atos. Daí também procede um sistema de decisões interlocutórias, incidentais e, por consequência, recursos interlocutórios. Tais desvios foram maiores a partir do século XIV (BERMAN, 1983:253).

8 O PROCESSO INQUISITORIAL

O processo inquisitorial tem também uma origem canônica, embora não exclusivamente. Segundo Foucault, o sucesso do método inquisitorial depende de sua associação à nova forma de exercer o poder: o poder já não é exercido arbitrando uma guerra particular, ou uma disputa em forma de duelo, mas *fazendo perguntas*. O inquérito, como modelo judicial e jurídico, tem uma dupla origem: religiosa e administrativa (estatal), torna-se uma técnica de poder e administração (FOUCAULT, 1996:54 ss).

O sistema inquisitorial já era conhecido dos normandos. Guilherme I, o Conquistador, mandara fazer na Inglaterra um grande inquérito administrativo que resultara no temido *Doomsday Book* (1085): um registro de todas as tenências de terra do reino, contra o qual não havia prova possível, seria a palavra final em todas as disputas de terras. Em Portugal, ficaram famosas as *inquirições* mandadas fazer por D. Afonso III, em 1258, para levantar a situação das terras do reino. O mesmo ocorreu mais tarde na França. O que significaram tais inquéritos? Especialmente, como destaca Foucault, o surgimento de um novo personagem – um investigador e acusador oficial, representando o Estado, que procede de forma ordenada e *racional*, produzindo o resultado da investigação de modo diferente das provas *irracionais* anteriores.

Estas inquirições tiveram como modelo a antiga prática canônica. Todo bispo era um inquisidor ordinário em sua diocese: visitava as comunidades e localidades e perguntava sobre o que havia ocorrido de grave na sua ausência, realizando o que se chamava a *inquisitio generalis*. Descoberta alguma coisa, passava a uma *inquisito specialis*, na qual se determinava quem tinha feito o quê. Aí já se marca uma característica essencial do processo inquisitório: o julgador ou investigador não espera ser provocado pela parte ofendida, não é preciso que tenha havido *dano* a ser recuperado ou ressarcido. Basta que tenha havido *infração*: pecado ou crime contra a paz do rei (*felony*, na linguagem jurídica inglesa). O soberano, ou a Igreja, são as vítimas, não apenas uma pessoa determinada.

Mas a inquisição medieval tornou-se tristemente famosa por duas outras características adquiridas na sua história: transformou-se num tribunal de exceção, e dirigiu-se a uma espécie mais específica de delito. Foi um tribunal de exceção porque conduzida por legados do papa, escapando à jurisdição ordinária do bispo local. Quando chegava o visitador, ou inquisidor, vinha com um mandado especial de Roma e na sua presença cessava a jurisdição ordinária do bispo. Mas não cessava totalmente: apenas para aquelas matérias consideradas sujeitas à inquisição, muito especificamente a heresia, e durante a presença do inquisidor papal. Em geral, o inquisidor não teria jurisdição sobre não cristãos (judeus, mouros, pagãos). Dentro do quadro medieval, a inquisição rompia com os princípios da autonomia local e corporativa. Por isso, a inquisição serviu de instrumento de centralização monárquica na Igreja e, no século XVI, nos Estados nacionais da Península Ibérica.

O processo se abria *de ofício* a mandado do inquisidor, como em nosso processo administrativo, e perdia-se assim o caráter contraditório, ou seja, aquele em que um ofendido (vítima, queixoso) acusa um réu (suspeito) perante um terceiro que vai organizar o julgamento. No modelo *inquisitorial*, o juiz (inquisidor ou juiz régio ou procurador – novo personagem jurídico) tem a iniciativa oficial. Claro que tal sistema corre o perigo de degenerar, como aconteceu, num regime generalizado de delações e acusações secretas. Esta primeira inquisição canônica (inquisição medieval) não é idêntica, no que diz respeito à matéria e aos interesses políticos que a sustentam, à segunda inquisição (inquisição moderna), especialmente a inquisição ibérica ou romana do século XVI.

A inquisição medieval tem uma origem remota nos decretos papais de 1184 (Lúcio III) que já tentavam influir nas inquisições episcopais regulares com apoio de Frederico Barba-Ruiva. No reinado de Inocêncio III (1198-1216), desencadearam-se as primeiras guerras contra os hereges, verdadeiras cruzadas do Ocidente, com o apoio de Frederico II. Estes hereges eram grupos de cátaros (puros, em grego) ou albigenses no sul da França, onde os reis desejavam ampliar sua presença. Mas havia muitos grupos que se foram colocando à margem da ortodoxia monárquica romana: em praticamente toda parte surgiam grupos de dissidentes, como em Milão, Verona, Lião etc. Os próprios mendicantes (especialmente os franciscanos) respondiam ao mesmo espírito da época, tentando inventar modelos novos de vida cristã radical. Contra estes grupos heréticos criou-se a inquisição medieval.

O IV Concílio de Latrão (1215) definiu a jurisdição espiritual e secular, donde procedia a regra de *entrega ao braço secular*, pela qual haveria um limite até onde podia ir o tribunal inquisitorial. Deve-se lembrar aqui que a vida medieval dava-se dentro de corporações definidas: o cristão deveria viver como cristão e a heresia significava não apenas um problema *espiritual*, mas político, uma subversão não apenas contra autoridades religiosas, mas contra o próprio braço secular, o rei, os príncipes, que eram senhores cristãos. Antes do século XII todas as questões de fé, de pertença e disciplina no *Populus Christianus* eram normalmente resolvidas e disciplinadas pelos bispos, autoridades locais de uma Igreja particular. A inquisição medieval nasceu num contexto de revoltas: muitas heresias cresceram no meio da crise do clero e dos pobres dos séculos XII e XIII. Desta fraqueza, impôs-se o poder central do papado.

Gregório IX determinou na bula *Excommunicanibus* o procedimento dos inquisidores oficiais e profissionais em 1231. Haveria no tribunal inquisitorial dois juízes locais nomeados pelo papa. Deveriam ser obtidos pelo menos dois depoimentos uniformes de duas testemunhas, resguardadas pelo anonimato, sob juramento, sem poderem ser contraditadas diretamente. Confiou aos mendicantes (dominicanos em particular) as tarefas inquisitoriais, pois as ordens mendicantes eram diretamente vinculadas a Roma e os dominicanos haviam nascido justamente do propósito de Domingos de Gusmão de combater o erro pela verdade e pobreza de vida. As penas impostas aos culpados foram também novas: penitência na prisão, num convento, numa sede episcopal, com parede larga, ou estreita, isto é, acorrentado.

> Um campo em que a influência do direito canônico foi geral na Europa foi o do direito processual. O processo português e a própria forma e estrutura das *Ordenações* do Reino (desde as Afonsinas até as Filipinas de 1603) mostram o quanto a organização eclesiástica fora importante: partes sobre o juiz, seus poderes, sua jurisdição, regras de suspeição e afastamento, as fases do processo, as partes e seus procuradores, tudo isso havia sido cuidadosamente disciplinado no direito da Igreja, tendo depois transitado para os direitos seculares. Depois da Reforma Protestante, quando se encerra a chamada Idade Clássica do direito canônico, o real desenvolvimento dos tribunais e do processo dar-se-á nos direitos locais seculares. Para o assunto ver Tucci e Azevedo (2001), Pennington (1993) e Helmholz (1996).

Em 1252, Inocêncio IV permitiu o uso da tortura (*tormento*) para obter-se uma confissão do suspeito. A tortura passava a ser um ato formal do processo e poderia ser aplicada quando houvesse indícios: mas ela conservava algo da prova irracional, pois se acreditava que o justo seria capaz de passar pela tortura e resistir a ela sem confessar. Ela era uma *prova* à moda antiga. Não tardou que os erros de investigação e os excessos de uma punição cruel e antecipada se tornassem um problema conhecido. A solução imaginada não foi sua abolição, pois o que estava em jogo era a sobrevivência da Cristandade e do poder que a unia. A "solução" foi dada em 1256, por uma bula de Alexandre IV, pela qual os inquisidores que se excedessem passavam à jurisdição extraordinária, fora do direito comum, com poderes de absolvição recíproca para os excessos.

Com a vitória militar sobre os cátaros e albigenses, as heresias medievais mais importantes, a inquisição foi dirigida para qualquer inimigo político com a aliança do papado. Usada contra os templários de modo escandaloso por Felipe, o Belo, de França (século XIV) e contra os franciscanos (os *fraticelli* ou espirituais), decaiu seguidamente. Desacreditada por seus excessos e submissão aos príncipes locais, foi impotente no século XVI contra a Reforma e só voltou a ter relevância na Península Ibérica como braço do Estado monárquico centralizado e absoluto. Em tempos de intolerância religiosa generalizada, as fogueiras arderam na Europa dos séculos XVI e XVII no mesmo espírito da inquisição, do Mar do Norte ao Mediterrâneo, entre católicos, calvinistas, puritanos, luteranos, num tempo em que toda revolta social e política era colorida por discursos messiânicos.

Da inquisição medieval sobrou uma literatura especializada. Bernardo Gui (1261-1331), dominicano e inquisidor, redigiu um *Manual do inquisidor*. *Practica inquisitionis heretice parvitatis* foi a obra do célebre Francisco Ximenes de Cisneros (séculos XV/XVI). Houve também o *Regimento geral da forma de proceder contra os hereges* fixado em Béziers, após o Concílio Geral de Lião.

E é também no processo inquisitorial que a figura do advogado de defesa obrigatória aparece. O juiz inquisidor, caso o réu negasse as acusações, era obrigado a dar-lhe um advogado, "mesmo que não fosse pedido". O advogado assim nomeado deveria jurar que usaria de todos os remédios e defesas possíveis, de acordo com a boa-fé e segundo sua capacidade, e se o réu fosse pobre, honorários seriam pagos de fundos públicos. No caso de heresia, os advogados deveriam empenhar-se em demonstrar que não haviam ocorrido simultaneamente as duas condições do crime, ou seja, o "erro intelectual" e a "pertinácia da vontade". Para isto, a prova da deficiência intelectual do acusado era de primeira importância, assim como o estado emocional do indiciado no momento de uma suposta manifestação (ULLMANN, 1988b:481-489).

9 CONTRIBUIÇÃO DA CANONÍSTICA PARA A TEORIA DA PESSOA JURÍDICA

No direito romano, não havia pessoa jurídica – havia os colégios e as universalidades, associações. Mas a pessoa jurídica era, em parte, dispensável. Se a pessoa jurídica é um esquema de separação de patrimônio, representação e responsabilidade para uma atividade, o papel mais próximo disto é desempenhado em Roma pela *família* (patrimônio resguardado como fundo único, representado pelo pai – *pater familias* – responsável jurídico). No direito feudal, a unidade produtiva sendo o feudo, o senhorio, as regras de responsabilidade e de representação confundem-se com as regras feudais de vassalagem e prestação feudal (censos ou foros). A partir do direito canônico, os problemas de patrimônio comum, representação, responsabilidade tornaram-se novos. Serviram para uma primeira teoria da pessoa jurídica (corporação) que se desligava dos laços de família e dos laços de vassalagem, dentro ainda, certamente, de um universo simbólico medieval.

Qual a relação entre representante e corporação? Muitos medievais vão assemelhá-la às relações entre menor e tutor. O tutor age em benefício do menor, sem que seja o detentor dos direitos do mesmo menor. "Assim como os menores são colocados sob um curador, assim a república sob administradores e assim a Igreja, que se assemelha a uma república." O administrador, dizem, é um "procurador", não um *dominus* da comunidade que ele rege e representa (ULLMANN, 1975:55; GIERKE, 1960:22 ss; KANTOROWICZ, 1997:306-374).

A Igreja foi então considerada uma universalidade distinta de cada um de seus membros e nem todos detinham a sua representação. Foram sendo fixados critérios para decidir conflitos internos e conflitos entre seculares e clérigos. Entre as questões que surgiram, havia matéria de representação (o representante pode decidir sem consultar o representado?). Havia problemas relativos aos corpos deliberativos e a sua relação com os órgãos executivos (o capítulo – reunião dos cônegos – pode rejeitar acordos que o bispo faz?). Havia questões de sucessão (quando há vacância no cargo, o que fazer?). Havia questões fundamentais sobre a responsabilidade dos membros pelos atos uns dos outros e da sociedade (uma corporação pode cometer crime, pode ser sujeita a penas?). Havia dúvidas sobre as autonomias das associações (pode-se formar uma corporação eclesiástica sem autorização?). Tais questões se colocavam porque a Igreja era algo diferente do patrimônio do imperador e os laços que passaram a unir os cristãos, divididos em clérigos e leigos, eram diferentes das vassalagens que uniam os senhores feudais (BERMAN, 1983:258; COING, 1996, v. 1:333-342).

Formaram-se, assim, alguns princípios. (a) o princípio da autonomia da associação: qualquer grupo podia juntar-se para formar uma pessoa jurídica (corporação); (b) qualquer corporação detinha jurisdição sobre seus membros (não só as corporações públicas ou políticas); (c) havia casos em que o representante deveria ouvir os representados, sob pena de invalidade de seus atos; (d) solidariedade entre os membros da corporação: aquilo que pertencia à sociedade pertencia aos seus membros, daí se originava o poder de taxar os respectivos membros; (e) quanto aos crimes e à pena imposta, o princípio era que o praticado pela maioria dos membros era imputado a todos da sociedade, os praticados pelo representante apenas não se estendiam à sociedade toda. Assim, uma cidade poderia sofrer interdito (proibição de realização de cultos ou festas) por crimes de seus cidadãos, mas não poderia ou não deveria sofrer interditos por crimes exclusivos de seu governo.

5
METODOLOGIA DO ENSINO JURÍDICO E SUA HISTÓRIA: IDADE MÉDIA – A ESCOLÁSTICA

Assim como o bem designa o termo para o qual tende o apetite, assim, a verdade, para a qual tende o intelecto. Ora, a diferença entre o apetite e o intelecto, ou qualquer conhecimento, está em que o conhecimento supõe o objeto conhecido no sujeito, ao passo que o apetite supõe que o sujeito se inclina para a coisa apetecida. (Santo Tomás de Aquino, Suma teológica, Ia, Q. XVI, art. 1)
Os que estudam artes liberais vêm de Paris e fazem-se de inteligentes. Um deles disse-me no ano passado que esta ciência [o direito] tornava-o estúpido. Disse-lhe que esta ciência não torna ninguém estúpido, se antes fosse inteligente. Mas logo que chegam não creem que haja algo a compreender além dos estudos literários. Digo que sua pequenez torna-os estúpidos. Por isso não deveriam vir a esta ciência com os punhos cerrados: melhor seria que ouvissem algo antes. (Pedro Bellapertica, 1308)
Quod natura non dat, Salamanca non praestat! *(O que a natureza não dá, Salamanca não empresta!, ditado popular)*

1   A UNIVERSIDADE MEDIEVAL E A RECUPERAÇÃO DA CULTURA CLÁSSICA

O início do ensino jurídico na tradição ocidental pode ser localizado na Baixa Idade Média. É certo que houve em Roma, no período da jurisprudência clássica, escolas de direito, que chegaram até a definir-se programaticamente dando origem a escolas de pensamento jurídico, dividindo-se entre proculianos (seguidores de Labeão, republicano aberto a inovações) e sabinianos (seguidores de Capito, imperial, inclinado à autoridade e à tradição). É também certo que houve escolas de direito no Império Romano do Oriente, em Constantinopla e Beirute (Berito), ao lado de outras menos importantes em Cesareia, Alexandria do Egito, Atenas e Antioquia. No Império do Ocidente, ou naquela parte que dele fez parte, sobreviveram alguns lugares de treinamento profissional em Roma, Ravena, Marselha, Toulouse (Tolosa, na França), Toledo, Sevilha. A serviço do ensino do direito foram feitos manuais introdutórios, cujo exemplo que sobreviveu foi o de Gaio (*Instituições*) e que serviu de modelo à comissão nomeada por Justiniano para consolidar o direito clássico (*Instituições* de Justiniano).

A universidade medieval não gera diretamente a nossa universidade, é preciso notar. Depois dos séculos XII a XV, quando ela está no seu apogeu, vem um período de progressivo declínio, em que a nova ciência, isto é, a ciência moderna, será gestada frequentemente fora dela, nas academias e sociedades reais ou particulares de amigos do saber: a própria universidade será reformada de alto a baixo no final do século XVIII e início do século XIX, transformando-se em auxiliar indispensável dos novos Estados; dividir-se-á no século XX em dois grandes modelos (o norte-americano e o europeu). Apesar destas muitas reviravoltas e revoluções, a profissão dos juristas e seu treinamento acadêmico – com a exceção da Inglaterra e dos Estados Unidos até o século XX – não se perderão mais ao longo da história da Europa ocidental e das colônias americanas. Por isso, como lembra Merryman, toda vez que se fala em história do direito para um jurista do sistema romano-canônico, tende-se a pensar em *dezenas* de séculos.

A escola de direito propriamente dita, nos termos referidos acima, começa em Bolonha e faz ali a união entre o direito justinianeu e a ferramenta intelectual da filosofia grega. Faz isto com a consciência da importância que o discurso jurídico vinha adquirindo, especialmente pelo seu papel central na disputa política pela jurisdição, pela centralização progressiva do poder que acontecia na Europa ocidental.

O século XI e sobretudo o século XII são os séculos da redescoberta de boa parte da tradição clássica. Depois da tomada de Toledo pelos cristãos (em 1086, por Afonso VI) estabece-se ali uma atividade crescente de intercâmbio cultural, formando a famosa escola de tradutores (JACQUART, 1992:155). O mesmo ocorre em Palermo com o reinado dos normandos na Sicília (a partir de 1060). É justamente neste tempo que se tem notícia segura de que em Bolonha, no início do século XII, Irnério ensina direito tendo como base a compilação de Justiniano. Vai-se dar aí a união do direito romano justinianeu com o ambiente filosófico. É notável, pois, que a expansão material e militar da Cristandade ocidental dê-se simultaneamente com o interesse pela cultura clássica, conservada e elaborada pelos muçulmanos em certas regiões do mediterrâneo. Ao lado da descoberta de alguns textos clássicos, ou de sua versão completa, ressurgem os textos do direito romano salvos pela consolidação bizantina de Justiniano.

2   A RECUPERAÇÃO DOS TEXTOS DE DIREITO

Como reapareceu o texto de Justiniano no Ocidente é ainda uma questão disputada entre os historiadores. Alguns atribuem o fato ao interesse da Cúria Pontifícia em restabelecer a herança imperial da Sé Romana. Sabe-se que na Itália do século VI, reconquistada por Justiniano, vigorara o direito romano recolhido no *Código*, no *Digesto*, nas *Novellae* e *Instituta*. Consta que tal extensão de vigência havia sido feita a pedido do papa Virgílio em 554 (decretada pelo imperador pela *pragmatica sanctio pro petitione Vigili*). Não era surpresa que cópias do texto tivessem sido salvas. A própria fonte de tais textos, porém, não se tem certeza de qual tenha sido. Segundo alguns, teriam existido duas versões antigas e autênticas: uma conhecida como *littera pisana-florentina* (assim chamada pelo manuscrito ter pertencido às cidades de Pisa e Florença, encontrando-se hoje nesta última na Biblioteca Laurentino-Medicea) e uma *littera bononiensis*. A *littera pisana-florentina*, dizia-se, havia sido encontrada em Amalfi, ao sul de Nápoles, cidade próspera e em contato com os bizantinos, por volta de 1135 e depois tomada por Florença em 1406. O manuscrito da *littera pisana* deve datar do século VI, ou seja, próximo do tempo de Justiniano. O manuscrito bolonhês, no entanto, é que se multiplicou e se transformou na *littera vulgaris* (ou *vulgata*). Desde o final do século XV os humanistas começaram a comparar a vulgata bolonhense com a *littera pisana* e concluíram que a versão bolonhesa era provavelmente menos precisa e fiel. Discute-se quem teria editado esta *littera vulgaris*, alguns mencionando Irnério, outros levantando a hipótese da Cúria romana.

No Oriente, a continuidade viva do império foi impondo reformas contínuas ao direito vigente, de modo que o texto justinianeu foi perdendo importância como direito aplicável, substituído por Basílio, o Macedônio (867-886) e seu filho Leão, o Filósofo (866-912) por uma coleção nova (*Basílicas*).

Independentemente da origem material do texto, importa a relação que se estabelece entre o texto e o ensino do direito. Na verdade, o ambiente cultural em que se dá a redescoberta do texto de Justiniano é característico. O universo dos homens letrados é majoritariamente eclesiástico e esses monges, religiosos ou "agregados" têm uma familiaridade com os textos que chegam do passado. O clérigo é treinado na escrita e na leitura e todo aquele que deseja aprender a ler e escrever deve entrar para uma escola que é ou conventual, ou monástica ou episcopal. Fazia-se, pois, clérigo e submetia-se à disciplina da Igreja. O inglês conservou algo desta origem histórica. A expressão *clerical job*, ou a palavra *clerk* procedem do latim medieval (*clericus*): um *clerk* ou um trabalho *clerical* são trabalhos não mecânicos, são aqueles que exigem ler, escrever e contar.

Estes medievais lidavam já com os textos e com suas relações. Pertenciam à tradição eclesiástica que preservara e ordenara os escritos das primeiras comunidades cristãs e os organizara num cânon de autoridade reconhecida. Haviam aprendido a organizar e copiar os textos dos padres gregos e latinos (a patrística), vendo entre eles diferenças e, mesmo assim, reconhecendo a todos alguma autoridade, selecionando os que não podiam ser contados entre os legítimos representantes da tradição cristã. Os Concílios das diversas Igrejas também haviam ensinado a compor divergências, a salvar opiniões aparentemente contrastantes e, sobretudo, a respeitar os textos que transmitiam as suas deliberações. Era, pois, um universo de textos de tradição e de autoridade: Bíblia, patrística, deliberações e cânones conciliares. O *Corpus Iuris Civilis*, a recompilação justinianeia, é agregada, à sua moda, aos textos de autoridade e de tradição. Ela já encontra um ambiente acostumado a lidar com textos de autoridade.

Os textos chegados do passado valiam muito para os medievais. Valiam materialmente, pois o livro era ainda um tesouro, antes de ser uma ferramenta. Valiam intelectualmente, pois só se passava a vida a copiar as obras cujo valor artístico, cuja sabedoria ou cuja santidade fossem reconhecidos. Copiou-se muito, salvou-se muita coisa, é certo. Mas tudo isto se salvava porque tinha valor. Era uma cultura da reverência para com a tradição (LE GOFF, 1989).

O início da tradição do ensino do direito deve também ser relacionado, diretamente, ao mundo de normas em que se vivia. Em primeiro lugar, sem dúvida alguma, é de se destacar o particularismo jurídico, ou o pluralismo jurídico, conforme se prefira. Não há, nesse tempo de Europa medieval, um Estado centralizado suficientemente forte para pretender qualquer monopólio de poder militar ou jurídico. Sem exércitos nacionais, nada de direito nacional. Sem burocracia, nada de cortes de justiça uniformes. Assim, o ambiente normativo é plural: costumes diversos de região para região, de localidade para localidade; numa sociedade estamental e de ordens, também regras diversas para diferentes estamentos. Compartia-se, porém, o sentido da Cristandade: havia uma *ecoúmene* cristã, por oposição ao mundo islâmico (ao sul e a oriente), ou aos povos não cristianizados (ao norte e ao leste), e havia uma cristandade ocidental latina, por oposição à cristandade oriental grega. Neste ambiente, o espírito da comparação surge naturalmente (BERMAN, 1983). E assim, a comparação se insere agora, com o texto do *Digesto*, num padrão que pode ser tido como válido em si mesmo: pela sua idade de cinco séculos, pela sua filiação direta à sabedoria clássica (aos *prudentes*) e ao último imperador que tentara restaurar na Itália a herança romana.

3 A ESCOLÁSTICA COMO MÉTODO – AUTORIDADE E DISPUTA

3.1 Os textos do direito romano

Os textos haviam sido reunidos no século VI, no Império Romano do Oriente, por uma comissão de 16 peritos: Triboniano a presidia a pedido do imperador Justiniano com a finalidade de salvar a herança clássica. Triboniano era professor de direito e alto funcionário (*quaestor sacri palatii*): outros 11 eram advogados e mais cinco professores de direito (três de Constantinopla – Constantino, Teófilo e Cratino; e dois de Beirute – Doroteu e Anatólio). Justiniano, os historiadores são unânimes em comentar isto, era um amante da passada glória romana. Reinando em Constantinopla, na metade ou lado grego oriental do Mediterrâneo, sonhava com a tradição latina. Era um restaurador e talvez um reacionário (MERRYMAN, 1985): tudo que era bom, para ele, estava no passado e sua missão seria restaurar aquele passado, militar e culturalmente. Triboniano foi seu auxiliar na restauração do direito clássico, como Belisário foi o general encarregado da restauração militar e territorial. Tem sucesso militar retomando para o império diversas regiões antes submetidas a reinos bárbaros já independentes, inclusive na Itália. Tem também um certo sucesso cultural: a construção da basílica da Santa Sabedoria (*Agia Sofia*) em Constantinopla é testemunha disto. Seu arquiteto, construindo com a mesma técnica fundamental da arquitetura romana (os arcos de meio ponto e as cúpulas) consegue erguer um espaço arquitetônico até então inalcançado. Os mosaicos que enchem as igrejas mandadas construir ou restaurar por ele, sobretudo na Itália, são ainda hoje admirados. No Direito, a compilação de constituições dos seus antecessores (no *Codex*), das suas próprias constituições (*Novellae*), dos textos dos jurisconsultos (*Digesto* ou *Pandectas*) e do manual básico de ensino jurídico (Instituições ou *Instituta*) sobreviveu para testemunhar também a restauração que fez.

Justiniano acreditava que a jurisprudência de seu tempo era decadente. Ao lado disso, havia o interesse prático e o espírito codificador-simplificador que já preocupara Teodósio II: existia um enorme material jurídico acumulado e contraditório, todos os juristas gozavam de igual autoridade e eram citados igualmente. Com sua edição, Justiniano aboliu todos os livros dos juristas, e salvou apenas os maiores do período clássico. Proibiu toda referência à obra dos jurisconsultos não incluída no *Digesto* e mandou queimar os manuscritos dos jurisconsultos excluídos. Para ser mais eficaz, proibiu que se fizessem comentários à compilação.

O *Digesto*, publicado em 533, mais cedo do que se esperava, contém material de 39 juristas, desde Mucius Scaevola (o mais antigo, morto em 82 a. C.) até o mais recente Modestino (*prefectus vigilum* ainda em 244 d. C.). De Ulpiano há 2.464 trechos (chamados fragmentos), de Paulo 2.081, de Papiniano 601, de Pompônio 578, de Gaio 535. Dos outros juristas todos somam-se 2.883 trechos (chamados). Dentre os mais citados, Pompônio é o mais antigo (morto em 138 d. C.) e Ulpiano o mais recente (assassinado em 228 d. C.). Ulpiano sozinho responde, pois, por quase um terço do *Digesto*. Paulo e Ulpiano juntos correspondem à metade da obra praticamente. Os trechos foram organizados por assunto, em 50 livros: não deveriam contradizer-se, pois um dos objetivos da compilação era restaurar a clareza e a confiabilidade do direito clássico. Naturalmente, a comissão não eliminou todas as contradições e incertezas, seja por respeito aos textos, seja porque, supõe-se, trabalhou em subcomissões. Havia duas mil obras a consultar e nem todos os 16 membros usaram-nas todas. A hipótese do historiador F. Bluhme (de 1818) é que uma subcomissão tomou os textos de Ulpiano sobre Sabino, a segunda subcomissão organizou os textos de Ulpiano sobre o Edito Perpétuo (de Sálvio Juliano) e uma terceira ocupou-se de Papiniano e dos outros. Os compiladores deveriam organizar os textos e dar-lhes a fonte (autor e obra), como se vê até hoje no *Digesto*. Esta massa é o centro de interesse dos medievais, junto com as constituições dos imperadores.

3.1.1   O contexto dos juristas

Diante do texto de Justiniano, os juristas latinos medievais vão ter a mesma reverência que todos tinham perante os textos que chegavam do passado. Mas em torno deste texto, que claramente não é sagrado, podem desenvolver uma arte nova: podem aplicar a dialética, a tópica e a retórica. Respeitando-o como *Ratio Scripta*, como razão objetiva, universal, tomam-no como um objeto de investigação. E pela primeira vez, com relação ao Direito Romano, vão tratá-lo, progressivamente, como uma totalidade. Isto porque a abordagem dos textos, sobretudo dos jurisconsultos, isto é, do *Digesto*, fazia-se num contexto completamente distinto daquele em que foram originados. Na Bolonha do século XI ou XII, pouco havia de comum com a Roma clássica: a jurisdição e o aparelho de aplicação do direito eram completamente distintos; a base material da sociedade havia mudado, transformando a ordem escravocrata de Roma num regime feudal de servidões e apropriação diferenciada da terra; o regime político era outro, no qual a confederação de cidades que caracterizava o império romano cedera lugar a uma descentralização extrema da vida civil, sem que fosse possível estabelecer a hegemonia de qualquer cidade e de seu regime sobre as outras; se alguma burocratização e centralização chegara a ocorrer no Principado e no Dominato em Roma, nada de semelhante podia ser propriamente visto na Cristandade do século XI, exceto talvez pela tentativa de transterritorialidade da Ordem de Cluny, como semente, e do pontificado de Gregório VII, como expressão de um projeto consciente de poder. O esforço racionalizador e "burocratizante" de Carlos Magno não gerara um império funcional duradouro e a Igreja centralizada estava apenas nascendo (mesmo a Igreja, como se verá, era muito mais uma federação de dioceses do que uma monarquia burocratizada). A vida das cidades era uma vida corporativa antes de tudo: grupos que juravam manter a paz entre si (para pôr fim às guerras civis) e fazer em comum um pacto com o senhor da região que lhes garantisse as franquias (privilégios) de um corpo que escapasse aos laços dominantes da vassalagem e da servidão. O norte da Itália inseria-se na rota internacional do comércio nascente e tornava-se com a Flandres seu centro mais importante no Ocidente latino.

Sem o processo formular romano e sem a *cognitio extraordinem*, que eram o local próprio da controvérsia entre os juristas, locais de aplicação e interpretação e, sobretudo, relevando o fato de que as opiniões dos juristas, compiladas por Triboniano e seu comitê, eram fruto (a) de circunstâncias particulares (opiniões sobre fórmulas precisas, pareceres em casos concretos, discussões sobre a melhor solução para questões de interpretação e aplicação do direito) e (b) dadas num período de tempo larguíssimo (por exemplo, entre Scaevola e Modestino transcorrem mais de três séculos), sem mencionar as famosas interpolações bizantinas (ou seja, as acomodações dos textos feitas pelos compiladores bizantinos), os medievais passaram a tratar o texto de Justiniano como um todo. Foram responsáveis pela primeira tentativa de sistematizar novamente o direito ocidental. Sistematizaram, porém, um texto naturalmente pouco sistemático e para fazer isto tiveram que ser criativos. No século XIII até Lord Bracton, supostamente longe do círculo geográfico mais atingido pelo direito romano, citou o código mais ou menos 500 vezes no seu *Treatise on the laws and customs of England*.

Este processo durará mais de um século. Mas chegaremos ao final da Idade Média com esta consolidação acabada. Diferentemente do direito canônico, cujo *corpus* era vivo, era direito vigente e mudava constantemente, com edição de novos cânones conciliares ou decretais pontifícias, o direito romano todos reconheciam que não era um direito vigente da mesma forma. Tratava-se do direito de uma civilização extinta. No entanto, a Cristandade latina considerava-se, bem ou mal, herdeira do Império, assim como havia herdado o cristianismo latino, as línguas românicas e assim por diante. Se outras fontes de direito existiam, adotava-se então o direito romano como um objeto de reflexão, como um depósito de saber e ciência. Daí o seu uso como *ratio scripta*: isto é, razão jurídica. Nestes termos, o que os juristas medievais fazem na universidade é um uso mais zetético do que dogmático do texto, muito embora seu conhecimento venha a ser usado, na prática, para decisões e opiniões.

Para ingressar em uma das três escolas superiores (direito civil e canônico, teologia e medicina) o jovem estudava antes as artes liberais (origem das escolas de filosofia). Ali se preparava pelo *trivium*. Estudando gramática ele aprendia as relações entre os termos (sintaxe, casos e declinações, uma espécie de lógica dos termos), lembrando que a gramática que se estudava era a do latim, a língua escrita por excelência. A *dialética* ensinava as regras lógicas, uma vez que se dispusesse das premissas a partir das quais raciocinar. A *tópica*, ao contrário, ensinava a "pensar" quando se procurava estabelecer a premissa. Não se trata de provar a existência empírica de algo, trata-se de fazer uma ideia do mundo, de estabelecer conceitos. Por exemplo: o direito depende da justiça? A resposta a essa pergunta não é de caráter empírico, mas conceitual. Ela não pode ser dada, portanto, por meio de provas empíricas, mas apenas pela discussão dos conceitos de direito, de justiça, de sociedade etc. A tópica ensina-nos a pensar e a justificar uma posição, um ponto de partida, algo que se postula, mas que pode não ser certo. Daí dizermos que se trata do campo do *opinável*. Mas uma opinião bem fundada, não uma simples intuição, ou mero sentimento ou gosto. A *retórica* era a disciplina do pensamento sobre os fatos e as provas dos fatos. Diferentemente da pergunta por algo que pode exisitr ou não existir, a retórica organiza o

3.2 As universidades

A universidade é uma invenção medieval: embora houvesse escolas na civilização greco-romana, só a partir dos séculos XI e XII podemos reconhecer a universidade. Naturalmente, ela é muito distinta do que hoje chamamos universidade, a não ser pelo fato de dar início à autonomia da ciência ocidental.

E qual era o treinamento dos juristas antes de se tornarem propriamente juristas? A resposta a esta questão é importante, pois é sobre o fundamento da sua ciência anterior e de base que eles vão construir sua jurisprudência. O ensino medieval compunha-se de duas grandes linhas. Os homens poderiam ser treinados em *artes liberais* ou *artes mecânicas*. As artes liberais convinham aos clérigos, homens livres e que manejariam a escrita e a leitura. As artes mecânicas convinham aos artesãos e trabalhadores manuais. Todos se colocavam a serviço de um mestre que os treinaria nas suas artes. Antes do surgimento das universidades propriamente ditas houve escolas dedicadas às artes, algumas delas famosas: Montecasino, Chartres, escolas de tradutores em Toledo e Palermo.

As artes liberais aprendiam-se em primeiro lugar nas escolas conventuais, monásticas e as que se organizavam em torno das catedrais (igrejas episcopais) e por seu turno dividiam-se em duas grandes partes. A primeira compunha-se de três disciplinas: lógica (ou dialética), retórica e gramática. Tudo, naturalmente, em torno do latim. A gramática era a regra do latim e as regras da língua eram regras de lógica do discurso. Estas três disciplinas compunham o *trivium*. Eram também chamadas, dentro das artes liberais, *artes sermonicales*, ou seja, as técnicas do discurso, ou da língua, ou do pensamento verbalizado e verbalizável. Ao lado delas, ainda como artes liberais, encontravam-se outras quatro disciplinas, que formavam por isso o *quadrivium*: aritmética, geometria, astrologia (astronomia) e harmonia (música). Já não se consideravam artes ou técnicas do discurso, mas formas de conhecimento dos objetos do mundo, das coisas (*res*, coisa), daí serem chamadas *artes reales*. Segundo Le Goff (1989), *grosso modo* as bases do estudo que eram as artes liberais ocupavam cerca de seis anos, entre os 14 e os 20 anos de idade, por exemplo.

Depois de treinados nestas artes liberais, poderiam os estudantes buscar o estudo das disciplinas maiores: direito, teologia, medicina. Medicina e direito ocupariam uns seis anos (entre os 20 e os 26 anos). Para a teologia eram mais oito anos. E nestes

---

pensamento em torno do que sabemos que é em geral, mas não sabemos se aconteceu ou acontecerá num caso particular. Todos sabemos que chove, mas não sabemos se choveu ontem ou se choverá amanhã. A retórica por isso mesmo não é do campo da opinião, mas da prova, daquilo que se pode provar (seu campo é o do *provável*). Toda essa disciplina visava conter o avanço da *sofística*, pejorativamente tida como o triunfo do "se colar, colou". No Brasil hoje parece que houve o renascimento da sofística, antes que da retórica.

Baker (2007) esclarece que a proibição do direito romano em Paris era devida à ordem do papa Honório III (*Super speculum*), a qual havia vetado aos clérigos o estudo de outro direito que não o canônico. A proibição, portanto, visava defender o ensino do direito canônico. O papa Honório teria dito que o povo francês não estava sujeito ao Sacro Império Romano, dispensando-se o ensino também por esta razão. Lembremos que a universidade de Paris, ao contrário de Bolonha, havia nascido da escola episcopal, sendo, pois, sobretudo uma universidade de clérigos. A matéria ainda é controversa.

campos diversos, surgem os centros de excelência que se destacam: Paris (centro da filosofia e da teologia, embora no século XIII Paris tenha as quatro *faculdades*: artes, decretos – ou direito canônico, pois havia sido proibido o ensino do direito romano em Paris –, medicina e teologia), Bolonha (centro dos juristas, seja em direito romano seja em direito canônico), Salerno (medicina) e, um pouco mais tarde, Montpellier (direito e medicina), Pádua, Orleãs, Oxford, cada uma destacando-se mais em uma disciplina ou mesmo dedicando-se quase que de maneira exclusiva a uma delas. O direito dividia-se em estudo de cânones (direito canônico) e leis (direito civil, ou imperial, ou cesáreo, ou romano, conforme se chamava em lugares diferentes). Podia-se obter o título simultaneamente em direito romano e canônico, dependendo da universidade em que se estivesse estudando, daí a denominação de *doctor utriusque iuris* (doutor nos dois direitos).

Seguindo aqui a tese de Berman (1983), é na universidade que se estabelecem progressivamente os cânones metodológicos do saber científico: que se trata de conhecimentos integrados em um sistema que pode ser apreendido em seus princípios; que os fenômenos particulares requerem explicações em termos gerais; que a função do doutor é ser capaz de formular "leis" e "hipóteses" a serem testadas. Evidentemente não se trata da ciência moderna, que deve aguardar o século XVI e XVII para começar a fazer-se e, em muitos casos, fazer-se fora das universidades. Mas esta preocupação com um método, que será a ferramenta intelectual de quem pensa, já aparece e se consolida. Ao lado disso, na universidade medieval valorizam-se os padrões universais, a busca da objetividade. Todo o sistema tende ao ceticismo e à dúvida. O papel do mestre é colocar em dúvida as explicações fáceis, para obter uma solução mais clara das contradições. Nestes termos, trata-se de organizar artificialmente a dúvida, que mais tarde se converterá na dúvida metódica. É o ceticismo metodológico, que implica considerar a ciência um saber aberto. Sociologicamente, a universidade cria uma comunidade de treinamento e formação. Finalmente, é o caráter transnacional do ensino jurídico que acrescenta à cristandade uma familiaridade a mais: o *ius commune*, o direito comum a todos, que é o direito romano interpretado pelos doutores. Mesmo quando se formam os Estados nacionais, o *ius commune* continua a ter um papel de harmonização, que desaparecerá finalmente só no século XVIII. A universidade medieval promoveu o surgimento dos juristas e eles se identificaram com ela. Desde então, exceto na Inglaterra, os juristas serão *letrados*. Ao mesmo tempo, foi o estudo universitário do direito que permitiu enfrentar as disputas entre o direito secular e o canônico, os direitos reais, feudais, comunais e corporativos. Os juristas medievais retomam, secularizando-a e formalizando-a, a discussão sobre liberdade, legalidade, equidade, misericórdia, justiça. Isto não significa, é bom insistir, que eles fossem modernos e liberais.

A universidade medieval nasce no contexto do grande renascimento da vida urbana e do corporativismo jurídico. A palavra *universitas* naquele tempo correspondia mais ou menos ao que chamaríamos pessoa jurídica: era uma comunhão que se reconhecia como *corporação*. A universidade medieval é uma guilda, ou corporação: de alunos ou de professores conforme o caso. Nos seus dois exemplos mais característicos (Bolonha e Paris) desenvolve-se mais ou menos espontaneamente a partir de outras experiências de ensino: no caso de Paris, nasce das escolas que havia em torno da catedral, dos cônegos regulares de São Vítor e da igreja de Santa Genoveva (com grande fama a partir de 1100 quando Abelardo, em desavença com o bispo de Paris, afasta-se de Notre Dame e vai ensinar no "monte", isto é, no monte de Santa Genoveva). Em Bolonha, origina-se de um *studium* organizado pela própria comuna para formar seus notários. Outras grandes escolas medievais, que tiveram enorme importância no desenvolvimento das artes liberais e da "nova lógica", nunca se desenvolveram como universidades e o caso mais típico foi Chartres, de tanta fama um século antes de Paris.

A universidade não é um conjunto físico de instalações e não tem uma sede quando se inicia: trata-se de uma corporação de alunos ou professores e funciona onde houver lugar. As aulas são dadas onde o professor conseguir alugar um espaço, ou na sua casa, ou em algum recinto cedido pela comuna, ou pela Igreja, ou por um convento etc. Mais tarde surgem os *colégios*: trata-se de verdadeiros albergues onde se instalam os estudantes estrangeiros (daí os colégios por nações) ou aqueles que não podem pagar hospedagem regular ou ter suas próprias casas. Como os colégios são ocupados por estudantes, à tarde muitas vezes ali vão repetidores de lições dadas pela manhã e pouco a pouco transformam-se em locais de ensino. É desta experiência que a Inglaterra transformou suas universidades em conjuntos de *colleges*: o ensino passou a seu cargo. Na Europa continental, os colégios continuaram por muito tempo sendo sobretudo albergues.

Os problemas em que se envolvem os estudantes nas universidades e dos quais resultam conflitos – às vezes sangrentos – iam desde o não pagamento dos mestres até disputas com os cidadãos, por arruaças, não pagamentos de contas etc. Mas os estudantes são muitas vezes gente de idade e posição social respeitável, muitos eram clérigos em busca de graus para ascensão na nascente e crescente burocracia eclesiástica (SARAIVA, 1995:121; VERGER, 1990:61-64). Há muitos estudantes ricos, de famílias abastadas do campo (que chegam à cidade muito rústicos, *calouros* ingênuos) ou das cidades; há muitos estudantes pobres, para quem a vida depende de auxílios mútuos, ou da comuna ou dos conventos e das ordens. Daí, por exemplo, a necessidade dos albergues, como dito antes, alguns tornando-se depois famosos, como aquele fundado por Robert de Sorbon em Paris (1257), de onde vem a *Sorbonne*. O estudante precisava, pois, ou ter dinheiro próprio ou contar com certo auxílio de alguém que investisse em sua formação (um bispo, um senhor, uma ordem etc.). Pagar habitação, livros, comida, contribuição, salários e títulos: a cerimônia de doutoramento era dispendiosa em Coimbra, onde o candidato deveria entregar cinco coroas de ouro à universidade, vestir-se com o traje de cerimônia, pagar as despesas do padrinho e do bedel, luvas e capelo para os graduados, o anel simbólico etc. (SARAIVA, 1995:124).

Como a universidade não tinha instalações próprias, tornava-se relativamente fácil que alunos e professores ameaçassem deixar a cidade onde estavam se não lhes fossem asseguradas por *estatuto* ou *carta* (da comuna, do rei, do imperador ou do papa) algumas garantias. Daí originavam-se as "secessões" ou "greves" das universidades. Secessões porque se tratava do abandono da cidade por um de seus *corpos*, numerosos para o tamanho das cidades na época: até 5.000 membros em Paris, uns 2.000 para Bolonha, 1.500 em Oxford (VERGER, 1990:63). Em Paris, na grande greve de 1229-1231, a universidade transferiu-se para Orleãs, até que o rei lhe confirmasse o privilégio de escapar da jurisdição do bispo de Paris. Em Oxford ameaçava-se transferir a universidade para Cambridge. E a universidade não era um pequeno negócio: alunos e professores traziam consigo dinheiro, precisavam comer, hospedar-se, precisavam de livros, copistas, encadernadores etc. Era uma corporação que valia a pena conservar em cada cidade que a possuísse.

Paris organizava-se como uma *universitas doctorum* enquanto Bolonha inicia como uma *universitas scholarium*. Em Paris, a universidade cresce das escolas eclesiásticas, por isso os alunos agrupam-se em torno de professores que a vão fazendo famosa. "A universidade segue o professor." Com o tempo, consolidada sua fama de centro intelectual, todos querem ir a Paris: então, o "professor segue a universidade". Em Bolonha, algo semelhante acontece quanto ao direito, embora o início seja distinto. Os estudantes é que resolveram contratar os professores para ensiná-los durante o ano. Em geral, os estudantes eram estrangeiros: vinham de outras cidades, mesmo que italianas, e não eram cidadãos bolonheses. Precisavam, pois, constituir-se num "corpo" de ajuda mútua, por isso formavam sociedades e solidarizavam-se juridicamente com seus colegas de nação. Houve 20 colégios de nações, que se agruparam em duas guildas: os transalpinos e os cisalpinos. Os professores eram contratados pelos estudantes e não eram parte da universidade. Quando bem mais tarde, em 1290, D. Dinis resolve criar o *studium generale* de Lisboa (origem da Universidade de Coimbra) já não se estava mais no período heroico de desenvolvimento espontâneo: a universidade, ainda que autônoma, recebe um impulso régio.

Em torno do *studium generale* é que a universidade de Bolonha cresce. Já em 1088 a comuna havia criado a escola para formar seus "funcionários". Em 1158, Frederico Barba-Ruiva reconhece já muitos dos privilégios (regras particulares) que se aplicavam à universidade, sob o título de *authentica habita*: então termina a solidariedade dos estudantes entre si, garante-se a autonomia jurisdicional (os conflitos a ela relativos seriam resolvidos por órgãos judicantes da própria corporação) e os pertencentes a ela podem residir livremente em Bolonha.

Embora os alunos contratassem os professores e organizassem seu estudo, a licença para ensinar (*licentia docendi*) era um título que a pessoa só obtinha dos outros doutores, por meio de um exame. A Universidade era "internacional" e a *licentia docendi* era *licentia ubique docendi*, licença para ensinar em qualquer lugar. A licença constituía um privilégio da universidade, que se somava ao privilégio da autonomia jurisdicional, ao direito de greve (secessão) e ao apelo ao papa. Como o ensino, mesmo em Bolonha, era submetido ao controle da Igreja (já que o ensino busca a verdade e a verdade precisa ser guardada contra o erro...), formalmente o candidato aprovado no exame recebia o título do arcediago de Bolonha. Mais tarde, dado o interesse da própria cidade, os professores passaram a ser remunerados pela comuna (já que havia muita queixa dos professores quanto ao não pagamento dos alunos, sempre "sequiosos de saber e pouco sequiosos de pagar"). Este modelo bolonhês será adotado em muitas universidades do sul da Europa principalmente. Montpellier é o exemplo mais claro, já que o ensino de direito ali começa com um doutor de Bolonha, mas também é o caso de Pádua e Perúgia e muitas outras.

Seja Paris, seja Bolonha, a universidade em geral, dada a estrutura corporativa, consegue autonomia em relação à Igreja e ao rei. Esta autonomia, bem entendido, é em termos: adquire em geral um órgão judicante próprio e um "governo" próprio, com seus reitores. Assim é que em Paris, em 1213, os clérigos perdem o privilégio de conferir licença para ensinar (o chanceler perde seu poder para os mestres). Na mesma linha, ganham autonomia contra o rei (em Paris entre 1229 e 1231 fazem greve e se retiram para Orleãs, após um choque com a polícia que havia matado alguns estudantes, até que em 1231 S. Luís IX reconhece sua autonomia e a isenta dos tribunais regulares). Lutam também contra o poder comunal.

Nesta longa luta pela autonomia, tiveram como aliado o papado quando quiseram escapar do poder real. O ensino considerava-se um dom divino e deveria ser estimulado, tanto que o Concílio de Latrão de 1179 obrigava cada catedral a criar uma escola. Em 1219, o arcediago de Bolonha, por ordem de Honório III, defendeu a Universidade da Comuna. Submetidos à jurisdição da Igreja, escapavam aos poderes laicos.

Se considerarmos que os *Habita* de Bolonha datam de 1158 e que Felipe Augusto dá estatutos à universidade de Paris em 1200, a criação do *studium generale* em Lisboa, pelo rei D. Dinis, apenas em 1290, mostra a distância que separava Portugal das origens do movimento universitário. De fato, a universidade portuguesa difere de Paris e Bolonha pelo seu caráter não espontâneo, ou seja, pela criação por ordem régia (como aliás outras universidades, inclusive as de Palência e Salamanca). O *studium* é transferido para Coimbra em 1308 e retorna a Lisboa em 1338, por ordem de D. Afonso IV; em 1354 volta a Coimbra e ali fica até 1377 quando, sob D. Fernando I, volta a Lisboa. Conforme Saraiva (1995) a universidade portuguesa era "vagabunda, que até o século XV não tinha sede fixa, nem instalações próprias, nem mestres prestigiados e cujos diplomas valiam pouco, mesmo dentro das fronteiras do Reino" (SARAIVA, 1995:120). Em 1309, cada faculdade (teologia, decreto, leis, medicina, artes) tem apenas um mestre e em 1400 havia 14 mestres, enquanto Paris só na faculdade de artes tinha mais de cem.

3.3 Programas

Bolonha distingue-se de Paris pois ali a tradição de ensino procedia antes da retórica do que da dialética (lógica). Também porque em Paris, por ordem de Honório III, a pedido do rei, proibiu-se em 1219 o ensino do direito romano. Temia-se que o imperador germânico, auxiliado pelos juristas em geral, reclamasse alguma ascendência sobre o rei de França. O direito romano tinha como objeto de estudos o *Digesto*; o direito canônico tomava o texto de Graciano (*Decretum*) e as *Decretais* de Gregório IX (posteriores). Em Bolonha, também se organizou o direito feudal (*Liber Feodorum*) que servia para leitura e interpretação dos doutores sem nunca alcançar o prestígio e a importância do *Digesto*, sempre sendo de uso marginal. Na medicina, era a *Ars Medicinae* de Galeno o que se lia, o *Canon* de Avicena e o *Correctorum* (de Averróis). Os teólogos tomaram como texto base e paradigmático o *Livro das sentenças* de Pedro Lombardo.

Para obter o grau em direito, o candidato, em Bolonha, submetia-se a dois exames: o *examem privatum* (um exame propriamente dito) e o *conventus publicus* ou *doctoratus* (a investidura: na Catedral). Apresentado pelo *consiliarius*, recebia dois textos para comentar. Assistia à missa de manhã (a missa do Espírito Santo) e à tarde apresentava seus comentários, arguido pelos doutores. Se aprovado, era admitido ao colégio dos doutores e mestres. Depois, era levado (num outro dia) para ler um texto seu (*lectio*, sua tese) e era interrogado livremente pelos estudantes. Ali recebia licença para ensinar.

3.3.1 O ensino do direito e os textos do direito romano

O texto justinianeu organizava-se em quatro partes: um *Código* (de 1.034 páginas) contendo 12 livros de ordens imperiais anteriores a Justiniano; as *Novellae* (562 páginas), atos e leis de Justiniano; as *Instituições* (173 páginas), texto didático e sistemático (dividido em quatro livros: das pessoas, das coisas, das obrigações e contratos, das sucessões e heranças) e o *Digesto* ou *Pandectas*, dividido em 50 livros (2.734 páginas) com as opiniões dos jurisconsultos. Na época, chamava-se código o livro que tivesse a forma de um livro encadernado como hoje conhecemos (o livro antigo era um rolo de pergaminho). Além da matéria de direito civil (privado), havia muito de direito público (penal, administrativo, processual).

No uso medieval, o corpo do *Digesto* era dividido em três volumes: o *Digestum Vetus*, abrangendo os livros 1 a 24.2, o *Digestum Novum*, abrangendo os livros 39 a 50, e o *Digestum Infortiatum* (livros 24.3-38). Os nomes devem-se, provavelmente, ao fato de que o texto foi recuperado por partes, primeiro o *Digesto* velho, depois o novo e finalmente o "esforçado", ou "reforçado", pois ele veio "reforçar" o *Digesto* conhecido. Um quarto volume continha os primeiros nove livros do *Codex* e um quinto volume, chamado *Volumen Parvum*, continha as *Instituições*, as *Novelas* e os três últimos livros do *Codex*.

> Os códigos romanos (Gregoriano, Hermogeniano, Teodosiano, Justiniano) foram criados inicialmente pelos juristas do *palácio*, assessores dos imperadores, para decidirem questões que lhes chegavam. A função dos códigos era servir de espécie de guias para os arquivos do imperador nas matérias em que já havia decisões tomadas. Isso facilitava a vida dos juristas que preparavam a resposta (em forma de *rescritos*) a ser assinada e enviada aos consulentes. Por isso foram feitas diversas tentativas de sistematização. Devido a seu fim prático e para serem facilmente transportados e consultados tomaram a forma que hoje adotamos para os livros em geral e substituíram progressivamente os rolos, forma anterior dos documentos escritos. Para detalhes, ver o livro de Serena Connolly, *Lives behind the laws* (2010).

3.4 Como se fazia o curso

Todos os cursos eram baseados no texto. Havia inicialmente a sua leitura: era, pois, uma *lectio*, uma lição, com um lente. Cada aluno tinha seu texto (comprado, alugado, emprestado, às vezes usado em comum com um colega, como se vê em tantas representações medievais) e se fazia a "conferência", para verificar a correção da cópia (os copistas podiam bem cochilar... *quantumque bonus, dormitat Homerus*...). Depois, passava-se à discussão propriamente dita, que seguia seus ritos. O respeito ao texto fez com que a primeira abordagem fosse predominantemente exegética gramatical. A *glosa*, explicação do texto, é quase uma "tradução" para o leitor. Como lembra Tercio Ferraz Jr., a glosa era gramatical-filológica (FERRAZ JR., 1979:32). De casos problemáticos, as hipóteses narradas transformavam-se em casos paradigmáticos. Faziam-se notações ou *notabilia* (resumos das passagens), formavam-se *brocardia* (máximas), chegava-se a *distinctiones* (termos gerais, definições) e formulavam-se *quaestiones* (problemas concretos específicos).

A leitura e o comentário analítico eram um exercício com etapas. Inicialmente era filológico (*prolectio*). Depois, era preciso dividir o texto em suas partes estruturais (*scindere*) fazendo a análise lógica para transformá-lo numa hipótese (*casum figuro*), e dar as causas (*dare causas*), as quatro causas da metafísica (material, formal, final, eficiente). Terminava-se fazendo a *síntese*: *summario* (resumo, generalização), *connotatio* (analogia), *solutio* (*distinctio, amplificatio, limitatio*) ou resolução de objeções (WIEACKER, 1980:64).

Odofredo, professor de direito em Bolonha por volta de 1250, deixou-nos o testemunho de seu curso:

> "Quanto ao método de ensino a ordem seguinte tem sido mantida pelos doutores antigos e modernos e especialmente por meu próprio mestre, método que eu observarei. Primeiramente, darei resumos de cada título antes de entrar no texto; em segundo lugar, dar-lhes-ei uma exposição tão clara e expressa quanto puder do propósito de cada lei [que está no título]; em terceiro lugar, lerei o texto para corrigi-lo; em quarto lugar, repetirei brevemente o conteúdo da lei; em quinto lugar, resolverei as contradições aparentes, acrescentando alguns princípios gerais de direito, normalmente chamados *brocardia*, e algumas distinções ou problemas sutis e úteis (*quaestiones*) que surjam da lei com as respectivas soluções, à medida que me permitir a divina providência. Se alguma lei merecer uma repetição, em razão de sua celebridade ou dificuldade, vou reservá-la para a repetição vespertina, pois vou debater (*disputar*) pelo menos duas vezes por ano: uma vez antes do Natal e uma antes da Páscoa, se assim desejarem. Começarei sempre pelo *Digestum Vetus* perto da oitava de São Miguel [entre 29 de setembro e 6 de outubro] e terminá-lo-ei inteiramente, com a graça de Deus, com tudo que é ordinário ou extraordinário, até cerca de meados de agosto. Começarei o *Codex* sempre por volta de duas semanas depois de São Miguel e, com a graça de Deus, terminá-lo-ei, com tudo que é ordinário e extraordinário, por volta de 1º de agosto. Antigamente os doutores não ensinavam (*liam*) as partes extraordinárias. Comigo, porém, os alunos, até os ignorantes e novatos, saem lucrando pois ouviram todo o livro e não será omitida coisa alguma como se costumava fazer. Pois o ignorante pode tirar proveito da exposição do caso e do texto, e o mais avançado pode adestrar-se melhor nas sutilezas das questões e oposições. E lerei todas as glosas, o que não se costumava fazer no meu tempo."

Ao final do curso, diz:

> "Então, senhores, começamos, terminamos e passamos por todo o livro, como sabem todos os que estiveram nas aulas, pelo que damos graças a Deus e sua Virgem Mãe e todos os santos. É costume antigo nesta cidade que quando se termina um livro celebre-se uma missa ao Espírito Santo, e é um bom costume e convém que seja observado. Mas como é costume que os doutores, terminando um livro, digam algo sobre seus planos, vou dizer-lhes alguma coisa, não muito. No ano que vem espero fazer as conferências ordinárias bem e regularmente, como sempre fiz, mas não farei as

extraordinárias, pois os estudantes são maus pagadores, sequiosos de saber mas não de pagar, como diz o ditado: 'todo desejo para saber, nenhum para pagar o preço'. Nada mais tenho a dizer, além de dispensá-los; que Deus os abençoe e peço que todos vão à missa" (*apud* HASKINS, 1955:203-204).

3.4.1 Dos textos ao sistema

Os escolásticos do século XII transformam toda decisão ou norma em parte de um todo chamado Direito. O todo serve para interpretar a parte e vice-versa. Começa, pois, a nascer a ideia de sistema, com suas consequências: antinomias, lacunas, interpretação... exegese. Os homens que desempenham esta tarefa no direito têm uma formação comum. Passaram pela escola medieval de artes liberais: estudaram o *trivium* (gramática, retórica e dialética) e o *quadrivium* (aritmética, geometria, música e astronomia). Com estas ferramentas, debruçam-se sobre o texto latino do *Digesto*.

Assim, para os medievais a construção da unidade do texto, ou da unidade da razão jurídica, passa pelo mesmo método que é aplicado pela filosofia sobre qualquer outro assunto. Eles transformam o texto num pretexto de discussão. Mas é preciso que a discussão termine com uma opinião certa e não com o relativismo de qualquer resposta. Como fazer isto? O primeiro e talvez mais importante passo metodológico é o de considerar que o texto tem uma unidade e não pode conter contradições. Se houver uma contradição ela deve ser eliminada. "Quando encontrares uma contradição, faz uma distinção." Se a verdade está no texto todo, não pode ser encontrada em uma parte só. Será preciso conhecer tudo, todo o *Digesto*, para responder a qualquer questão. E isto é o que faz com que as primeiras gerações de juristas forjem um método que está distante do dogmatismo puro e simples. É certo que eles têm um ponto de partida comum e inegável (o texto de autoridade) e que pretendem dar uma resposta a um caso concreto: mas não podem citar simplesmente um texto qualquer. E isto os distancia do fundamentalismo (BERMAN, 1983:132). Será preciso interpretar, inserir o texto no todo, para poder concluir qualquer coisa. Conhecer a autoridade implicava, porém, conhecer os textos e os textos na sua completude.

Até aqui já se veem duas bases do ensino do direito medieval: um texto de autoridade e com autoridade, somado à regra de que a verdade está no todo e não na parte. O método pressupõe a *autoridade* de um texto e ao mesmo tempo pressupõe que o texto é potencialmente *lacunoso e contraditório*, daí a dialética de resolução dos opostos, as lacunas dão origem a *contrarietates* (contradições) e *dubitationes* (dúvidas) levando a *controversia, dissentio, ambiguitas*. Só ao fim do debate chega-se à *solutio*.

Autoridade do texto, rigor na demonstração (dialética) e rigor no uso das palavras (conceitos), nisto se fundava o método. Com a formação de gramáticos e de lógicos, sabiam que as palavras são plurívocas ou equívocas. Como determinar-lhes o sentido? Não se trata apenas de *palavrismo*: é um esforço pela clareza e pela precisão. É um esforço em direção ao rigor na linguagem e, na mesma medida em que buscam este rigor, constroem progressivamente a sua própria linguagem. Os juristas medievais estão no meio do fogo cerrado entre nominalistas e universalistas (ou realistas): trata-se do debate filosófico sobre o que está por detrás das palavras. Já com Abelardo a querela dos universais se estabelecera: fora da mente só existem os singulares, e os termos universais são apenas nomes. Mas não são nomes sem sentido, pois designam os indivíduos agrupados nas classes. Assim, o todo não é inexistente, mas é o conjunto de relações das partes. Esta forma de nominalismo permitiria também o estudo do direito, pois não descartava a compreensão sistemática. Assim, seja no nominalismo, seja no realismo, era possível construir algum sistema. Ou um sistema objetivo, com existência fora da subjetividade de cada um (realismo), ou um sistema convencional, padrão comum de referências, mesmo que sem existência fora da comunidade de comunicação (nominalismo). Método dialético não era, pois, verbalismo; pretendia ser rigor, saber do que se fala, usando-se as leis da demonstração, operação e consequência (dialética).

O sistema não se construiu fora de um ambiente de debates. As disputas intelectuais da Idade Média, particularmente nas universidades, deram um estilo literário próprio, o estilo argumentativo dos juristas. As técnicas de discussão escolástica demonstram o próprio método e não são um simples apêndice ou acessório. A discussão (*disputatio*) torna-se logo o estilo dos medievais. Assim, não só o texto de Justiniano, mas também os textos das disputas vão começar a formar a tradição jurídica. Não só a autoridade do passado, mas as autoridades do presente.

Sumariamente, o método aparece na estrutura formal das *questões* escolásticas: (1) *quaestio* (*dubitatio*) sobre uma verdade aceita; (2) *propositio* (citação de autoridades a favor da tese); (3) *oppositio* (citação de autoridades contra a tese); (4) *solutio* (conclusão apresentada pelo debatedor, fosse ele bacharel ou doutor). As questões disputadas em público eram, segundo Le Goff (1989:77), um torneio dos eruditos. O mestre dirigia, mas não disputava. Esta forma era usada nos exames para obtenção de graus, mas também para explicar e propor teses. Um bacharel respondia a objeções feitas pelos mestres presentes, pelos outros bacharéis e pelo público em geral. Quando havia a disputa, suspendiam-se outras aulas e atividades. O mestre ajudava seu aluno quando necessário. Como as discussões não tinham ordem, isto é, eram abertas, o mestre, ao final, fazia uma *determinação magistral*, reduzida a escrito, como *quaestio disputata*. No primeiro dia de lições, o mestre a solucionava. Uma outra forma de discussão era a das *questões quodlibetais, quodlibéticas* (*quodlibet: de quodlibet ad voluntatem cujuslibet*, o que quer que se quisesse perguntar sobre qualquer assunto). Era a *prova de fogo* do estudioso, diz Le Goff.

A *quaestio* pretendia ultrapassar a *lectio* e transformar o texto em problema: deveria ser precedida pela exegese literal e gramatical. Nascia do texto e se separava do texto. A questão (*quaestio*) poderia ser tanto uma pergunta realmente endereçada ao debatedor, como uma pergunta meramente retórica, por ele formulada. Esta pergunta, mesmo que retórica, correspondia, como sempre acontece, a alguma dúvida realmente existente aqui e ali. Aparentemente, as respostas à questão poderiam ser contraditórias. Assim, em primeiro lugar alinhavam-se as autoridades que perfilhavam uma certa resposta (*propositio*). Em segundo lugar, as autoridades ou as razões que justificariam a solução contrária (*oppositio*). O debatedor deveria escolher uma alternativa e justificar sua escolha, ou propor a solução original. Neste ponto é que se vê o papel da filosofia, da gramática, da tópica, da retórica. Um debatedor não podia esconder as dificuldades da existência de vários argumentos e vários textos a favor das teses mais diversas. Um recurso usado era justamente demonstrar que as palavras tinham significados diversos; muitas vezes tratava-se de afirmar que num texto a palavra era usada num sentido, no outro em outro sentido, ou de que era usada metaforicamente aqui e ali etc.

Este tom de debate atravessava o ensino do direito medieval, de modo que a ciência, diz-se, procedeu da atividade docente, não foi a atividade docente que veio da ciência. Alguns supõem que ele derive mesmo do próprio debate judicial, que tenha sido importado pelos juristas justamente pela sua familiaridade com o debate (ou duelo intelectual) que se podia travar num ambiente judiciário. Por isso, o texto passaria a ser tratado como uma prova que necessitava de confirmação, um indício, uma hipótese a ser testada e confirmada. E tal confirmação só poderia vir de acordo com procedimentos aceitos e compartilhados por todos: juízes, partes, ouvintes e espectadores.

4 O PARADIGMA DOMINANTE

4.1 O direito natural clássico

Se um método pode ser definido como um conjunto de categorias em operação (Castoriadis) e se toda ciência se articula em torno de paradigmas (Kuhn), a verdade é que a primeira experiência de ensino do direito no Ocidente medieval está articulada em torno de uma ideia de direito natural. No método, o direito medieval subordina-se a um enfoque filosófico-metafísico, de corte aristotélico. Isto quer dizer que a pergunta do jurista medieval quando depara com o problema jurídico é pela *natureza* do instituto. Quer conhecer pela essência, pela regra de razão para decidir. Pergunta-se pelas causas (formal, material, final, eficiente) e pergunta-se sobretudo pelo direito natural e pela natureza da coisa. Ora, o direito natural é o permanente, enquanto as leis podem ser contingentes. Para valerem de modo racional, é preciso buscar aquilo em que elas podem firmemente ancorar-se, ou seja, o direito natural. No direito natural clássico, a razão prática é deliberativa e está implicada numa razão especulativa que tem a capacidade de conhecer a realidade objetivamente dada fora do sujeito cognoscente.

Por outro lado, o próprio regime de debates torna o direito casuístico. Ele é um todo, mas um todo dialético. O estilo é deliberativo casuístico: não se identifica com o estilo da *subsunção*, familiar ao jurista moderno. É que as fontes são plurais e diversas entre si e não permitem uma definição de autoridade. Como já referido acima, as autoridades costumam contradizer-se em vários pontos. Assim, o direito natural não é um ordenamento, isto é, um conjunto hierarquizado de ordens imperativas, das quais se possa deduzir sempre uma regra para cada caso, como se esta já estivesse dada.

O direito natural é deliberativo: uma regra de razão prática que implica um processo permanente de escolha de regras a aplicar. É certo que as promessas devem ser cumpridas, mas em certos casos o cumprimento das promessas é prejudicial mesmo para aquele a quem foi feita a promessa. Então, é preciso romper a promessa, em nome de um bem superior. Existem bens e bens, bens superiores e bens inferiores, melhor e pior. Existem também situações em que está em jogo apenas a conveniência e não a verdade.

Este direito natural corresponde a uma concepção ética dominada pela teoria das virtudes, em que o primeiro lugar é ocupado pela *prudentia*, isto é, pela virtude que habilita (habitua) a pessoa a decidir, julgar, discernir conhecendo não apenas o certo e o errado de modo universal e abstrato, mas as circunstâncias de cada caso. É um julgamento não por *inferência* pura e simples (se A, então B), mas um julgamento por *determinação*, em que conforme o peso das circunstâncias pode-se decidir. A justiça, nesta concepção ética, não é a primeira virtude moral – embora seja proeminente como virtude cívica –, mas é guiada pela prudência, lembrando que a prudência não significa aqui cuidado ou cautela.

O direito natural escolástico associa-se ao *ius commune*, ou seja, ao direito letrado e acadêmico que está se constituindo na Europa como linguagem comum dos juristas. Assim, a racionalidade do *ius commune* e a do *direito natural* aproximam-se pelo seu estilo deliberativo, casuístico, argumentativo. Os juristas põem-se a interpretar o que é o mínimo comum de todo o direito e, sobretudo, qual a sua objetividade possível.

Um exemplo claro da interpenetração do modelo teórico-filosófico do direito natural no pensamento e na prática dos juristas encontra-se em Ubaldo, cujos *Comentários sobre o Digesto Velho* (*Commentaria in Digestum Vetus*, Lião, 1572) podem ser consultados na biblioteca da Faculdade de Direito da Universidade de São Paulo. Quase todos os temas e respectivas regras e soluções são confrontados com a ideia de direito natural. Passa em revista o matrimônio (união de homem e mulher para procriar), os deveres recíprocos de prestação de ajuda ou alimentos entre pais e filhos indagando-se a cada ponto se é "de direito natural", *v.g.*, que o filho alimente o pai, ou que os pais prestem socorro ao pródigo que dissipou sua fortuna, ou se a legítima dos filhos é de direito natural. Ao mesmo tempo, quando existem leis (*estatutos civis*, isto é, das cidades) a propósito de algum tema, elas precisam ser consideradas sob o prisma da sua validade perante a razão: pode uma cidade legitimamente (validamente) proibir certos casamentos, já que o casamento (união livremente buscada) é de direito natural?

4.2 Glosadores, pós-glosadores, comentadores e humanistas

Formam-se ao longo do séculos XII a XV duas escolas que se sucedem: *glosadores* e *comentadores*. A elas pode-se acrescentar a dos humanistas, já na transição para a modernidade no século XVI. Quais as funções desempenhadas pelos juristas de tais escolas? Em primeiro lugar não se pode esquecer que a sua era ainda uma interpretação despreocupada do direito justinianeu, na medida em que sabiam com certeza que se tratava de direito racional. Tomava-se o *corpus* de direito romano como texto de tradição e autoridade intelectual, normativo enquanto disciplina da razão jurídica (*ratio scripta*).

Todas as escolas influíram enormemente nos seguintes aspectos, para além da contribuição do próprio direito romano: no processo penal e civil, e no direito penal, muito especialmente nas reformas que foram incorporando no direito secular algumas inovações criadas no direito canônico. No direito comercial ajudaram a justificar invenções e práticas dos mercadores, por exemplo dando eficácia aos *nuda pacta* e aos títulos cambiais (SOLMI, 1930:520). Dada a situação de pluralismo de jurisdição e direito, vieram também a interferir em matérias de direito interlocal (que hoje chamaríamos internacional), ainda em direito da família, uso da terra, pessoas jurídicas (a teoria das corporações e suas autonomias).

Basta lembrar, ressaltando a diferença, que para os medievais a propriedade sempre foi um conglomerado de direitos distintos que podiam simultaneamente ser exercidos por diferentes senhores sobre uma mesma coisa. Assim é que dividiam o domínio em dois (*dominium utile* e *dominium directum*), o que permitia explicar e justificar o regime feudal, mas também direitos perpétuos de posse. "O regime feudal dá a cada terra, a cada imóvel uma multidão de sujeitos de direito: um encavalamento de direitos múltiplos e variados se instala sobre cada terra: direito do servo que a explora, direitos dos senhores aos quais aproveita uma parte das rendas, direito do rei, direito dos padres e da Igreja, que cobram o dízimo e tal ou qual rendimento..." (VILLEY, 1987a:79). Ou, como expressa Paolo Grossi (1995:99), para o medieval a coisa é o protagonista da ordem cósmica, não o sujeito, e isto exige que se olhe para o todo, assumindo a coisa, não o sujeito, como ponto de observação.

> O direito romano, nas palavras de Cortese era um "náufrago agonizante de um tremendo naufrágio" (CORTESE, 2006:4) e, no entanto, foi salvo. Segundo ele em primeiro lugar na prática lombarda, depois um pouco em diversas zonas da Europa, com nomes distintos, como, por exemplo, "*droit savant*" ("direito erudito") na França. Mas o preço que pagou, e não poderia ser diferente, foi ser "sempre igual e sempre diferente", usado em cada tempo e cada lugar de forma, em extensão e para fins diferentes. Nascido de uma civilização e uma sociedade desaparecidas, não seria útil se não fosse convertido em algo diferente do que fora. Tornou-se um pouco a linguagem comum da vida secular, dos juristas, da política. Para essa história são indispensáveis as obras de Ennio Cortese (1962, 1964, 1999, 2006).

Logo, sobre uma mesma coisa muitos direitos podem existir, ao contrário da ordem moderna, em que a presença de um sujeito exclui a de outros.

Os glosadores, como primeira grande escola, tiveram um trabalho mais limitado na sua relação com o texto. Muito embora para eles fosse indispensável conhecer todo o texto, ainda assim a glosa é um comentário do texto e segue a sua ordem. Eles não queriam usá-lo na vida prática: queriam comprová-lo como instrumento de razão da verdade da autoridade (WIEACKER, 1980:48).

Inicialmente, existem personagens que se tornaram quase que lendárias nos inícios do renascimento do ensino do direito. A mais destacada é sem dúvida Irnério, de quem se sabe relativamente pouco, pois os testemunhos às vezes fazem uma certa confusão entre um primeiro Irnério (ativo em Bolonha por volta do século XI-XII) e outro de mesmo nome mais tarde. Importa, porém, que Irnério é tido como o iniciador de uma tradição, a dos glosadores (SANTINI, 1990:219). As atividades dos legistas em Bolonha são certamente anteriores a ele, mas com a constituição do *Studium* em 1088 tem-se uma data certa da vida universitária. A Irnério se atribui uma nova edição do *Corpus Iuris Civilis* de Justiniano, a *littera bononiensis*: assim, ele não o descobriu, mas o consolidou. Irnério não foi apenas o editor da nova cópia do *Corpus*, foi também autor de um formulário notarial e de um ensaio sobre as ações (SANTINI, 1990:232).

Por aí se vê por onde enveredavam os juristas: além de ensinar (docentes, *doctores*) para um grupo de alunos, eles influem diretamente na prática notarial. Sendo a sociedade medieval de limitada escolaridade, os notários, isto é, aqueles capazes de ler, escrever e redigir documentos em jargão jurídico e com efeitos jurídicos, passarão a um papel proeminente. Serão os novos clérigos, isto é, um novo estamento respeitado, talvez temido, nas comunas e cidades nascentes. Serão mais do que cartorários, como os definimos hoje: serão conselheiros de senhores e mercadores, pois têm um treinamento na nova arte do direito douto, quando não diretamente, ao menos pela divulgação dos formulários. Eles se embrenham nas cortes comunais, nos consulados, nas cortes senhoriais, na vida das corporações e das comunas, nas cortes episcopais.

> Os glosadores sentiam-se autorizados a tornar o texto inteligível para seus contemporâneos, a "traduzir" mais do que comentar. Tiveram também a tarefa de "integrar" os textos. Já os comentadores dedicaram-se a um trabalho ligeiramente diverso: o de procurar a razão das normas. Ennio Cortese demonstra longamente essa abordagem dos comentadores em busca da *ratio legis*, que poderíamos chamar de *razão de ser* ou sentido das normas. Para Andrea Errera, isso se deu porque no século XIII, em Paris, já se discutiam os livros de lógica de Aristóteles, dentre os quais os *Segundos Analíticos* abriam a possibilidade de novos métodos na busca da ciência, pois nesse livro o que se estudava era o papel lógico dos pontos de partida, os *princípios* de cada ciência. Os juristas da escola de Órleans, ao sul de Paris, iniciaram o uso do método, entre eles os mais famosos sendo Jacques de Ravigny (1230/40-1290) e Pierre Belleperche (?-1308). Considera-se que Cino de Pistoia (1270-1336) tenha introduzido a novidade em Bolonha. Mais sobre o assunto em Cortese (1962 e 1964), Errera (2006) e Storck (2009).

Irnério (*lucerna legum*), considerado o iniciador da tradição da glosa, é seguido pelos quatro doutores de Frederico I, seus juízes e conselheiros: Búlgaro, o *os aurum*, Martino Gosia, *copia legum*, Ugo di Porta Ravennate, *mens legum*, e Jacopo (SANTINI, 1990). É o florentino Acúrsio (c. 1182-1259) quem finalmente consolida todas as glosas anteriores e faz a sua síntese, chamada a *Glosa Ordinária* ou *Magna Glosa* (1250), e substitui os manuscritos dos predecessores. A partir de então, a glosa de Acúrsio passa a ser uma autoridade a mais: conhecer o direito romano é conhecê-lo não apenas na sua literalidade, mas também por meio de Acúrsio.

A escola dos glosadores determina um estilo de estudo jurídico relativamente simples, inicial, de grande respeito ao texto romano. São os juristas do século XIV que adquirem maior liberdade. Já são senhores de um saber mais consolidado, já dispõem de mais cópias dos textos romanos, já houve um enorme avanço da legislação sobre o costume, por força da própria reforma gregoriana da Igreja. O costume, respeitabilíssimo e fonte primária da vida jurídica, pode então ser corrigido pela razão, seja ela a lei bem ordenada pela autoridade, seja a interpretação dos doutores.

Os comentadores, a segunda escola, transformam-se nos grandes conselheiros dos príncipes, das comunas e dos particulares, emitem opiniões e pareceres (*consilia*) e ajudam a dar mais um passo na unificação ou, pelo menos, na harmonização dos direitos locais espalhados pela Cristandade. Eles conciliavam direitos locais entre si, pela via do direito comum, o *ius commune*, ou seja, o *direito romano erudito*, acadêmico. Eles tornaram possível também uma convivência da tradição feudal com as novas tendências da vida europeia: o comércio e a monetarização da vida e das obrigações, uma certa flexibilização nas transferências de terras e sucessões.

Os comentadores, homens do final do século XIII e século XIV, têm outras tarefas, mais práticas e mais livres. Mais práticas porque começam a responder a indagações ou consultas. Mais livres porque tratam os temas sem necessariamente seguir a ordem do próprio texto romano. Maiores comentadores foram Cino de Pistoia (1270-1336),

Bártolo de Sassoferrato (1314-1357), Baldo de Ubaldis (1327-1400). Bártolo é o grande jurista medieval, o jurista por antonomásia. Escreveu sobre tudo, direito público e privado, respondeu a consultas, compôs comentários, tratados. Redigiu um tratado sobre o regime de governo das cidades (*Tractatus de Regimine Civitatum*, entre 1355-1357) e até antecipa questões de direito internacional. Os comentadores foram precedidos por outros, que haviam já superado os glosadores, digamos que uma geração intermediária incluiu Pedro Bellapertica (ou Petrus Bellapertica, 1308, Orleãs) e Jaime di Revigny (ou Jacopus de Ravanis, 1296), que já discutiam livremente a glosa segundo Solmi (1930:514).

A influência da escola de Bolonha será necessariamente mais do que prática e imediata. Será cultural. Os seus alunos não se transformarão apenas em juízes, mas vão influir na cultura jurídica e filosófica em geral. Não influem apenas e diretamente na aplicação prática do direito, mas serão divulgadores, pensadores hegemônicos das questões jurídicas e políticas e criadores deste campo autônomo do saber na Europa. Suas escolas serão conhecidas como o *mos italicus*, a maneira italiana de estudar o direito e influirão até o século XVII, em oposição ao *mos gallicus* (francês, histórico, culto e sistemático) que virá a formar-se a partir do humanismo e do Renascimento.

Ao contrário dos humanistas, que valorizam a pesquisa histórica e a recuperação do texto romano puro, naquele espírito que se nota no Renascimento em geral (fins do século XV, início do século XVI), os comentadores não queriam a Antiguidade pela Antiguidade, mas para seu próprio uso e interesse. Não tinham a paixão pelo texto clássico puro, como diz Wieacker (1980:88-89), mas pelo seu valor contemporâneo.

Os juristas deram sua contribuição na vitória do Estado racionalizado. Não se limitaram ao *direito privado*, nem à *administração da justiça*. Ao norte dos Alpes, os ultramontanos ou transalpinos foram homens de *diplomacia e administração*. Forneceram aos príncipes a teoria da soberania, cobertura ideológica e política, puderam redigir documentos, criar um aparelho administrativo. Na *Itália* foram árbitros entre disputas de cidades, conselheiros dos *podestà* (chefes independentes) ou *signorie*. Na *França*, a serviço do rei combateram a Igreja, com armas do mesmo tipo que as dos canonistas. Na *Alemanha*, criaram uma classe de juristas comuns, que independiam de fronteiras geográficas. Em *Portugal* sua sorte não foi menor. João das Regras auxilia a ascensão e o estabelecimento da dinastia de Avis, com D. João I à frente, e desde 1385 os juristas letrados adquiriram os privilégios de fidalgos.

5   OS GÊNEROS LITERÁRIOS

Pouco se estudou em direito no Brasil a influência e o papel do gênero literário. Para compreender o ensino do direito, no entanto, é fundamental perceber as diferenças dos distintos gêneros. Os glosadores são assim chamados justamente porque a glosa é o gênero literário dominante na escola. A glosa interlinear ou marginal, isto é, o comentário do texto romano como era feito entre os séculos XI e XIII denuncia uma característica que dominará em grande parte todo o direito comum erudito: o respeito à ordem e aos temas propostos na compilação de Justiniano.

Os glosadores são, basicamente, analistas dos textos romanos. Sua primeira tarefa é, de fato, o estabelecimento do texto e de sua compreensão, a restauração, quanto possível (ULLMANN, 1946:1). A glosa é mais marcadamente exegética, isto é, parte da tentativa de compreensão literal do texto. Daí o apego inicial aos procedimentos filológicos. Antes de tirar conclusões, impõe-se esclarecer literalmente o texto e no caso de dúvidas torna-se indispensável saber exatamente o que foi escrito. Em geral são publicadas junto com o próprio texto romano. Aparecem ou envolvendo-o graficamente, com o texto de direito romano no centro, geralmente em duas colunas, e as glosas a seu lado, como *glosas marginais*. Outra forma de apresentá-las era intercalando-as às seções do próprio texto, chamadas *glosas interlineares*.

As glosas refletem o texto na ordem em que aparece, sem sentido histórico, mas com conhecimento completo do texto. Apenas umas poucas obras produzidas no período são não exegéticas: sumas (*Summae*) e alguns manuais práticos (*De ordine iudiciorum* ou *De actionibus*) para auxílio de leigos. Para os notários, surge o *Formularium Tabellionum* (SOLMI, 1930:501-508).

Os pós-glosadores, ou comentadores, encontram-se mais livres. São homens do século XIV, do primeiro humanismo, contemporâneos de Dante, Petrarca, Giotto. Começaram a reduzir a multidão de ordens jurídicas à forma intelectual e mental do direito romano e canônico. Trabalharam na conciliação de *ius commune* (o direito romano erudito) com o *jus speciale* (comunal, local) desenvolvendo a teoria estatutária (de *statuta*, cartas das cidades). Os estatutos foram considerados leis especiais em relação ao direito romano que era geral. Assim, foi-se aplicando a interpretação de modo a enquadrar uns no noutro (WIEACKER, 1980:81). Alguns deles são os que terão influência secular sobre o Direito europeu. Para se ter uma ideia, em 1751, quando por Alvará de 13 de junho D. José I dá o regimento do *Tribunal da Relação do Rio de Janeiro*, manda no Título I, 7 que haja ali, além das *Ordenações do Reino* (as Filipinas), "hum jogo de Textos de Leis, com as Glosas de Acúrsio, e outro de Cânones; como também hum jogo de Bartholos da ultima edição".

Bártolo já se vale tipicamente de vários gêneros. Nos *Comentários* (*In primam digesti veteris partem* – Veneza, 1570) há algo mais que a glosa, pois pretende alguma sistematização. Coloca, por exemplo, o texto de uma constituição imperial, e sobre ele comenta, considera, com paráfrases e referências a outras autoridades ou textos do direito romano. Nos seus *Conselhos* (*Consilia*) surgem pareceres sobre questões concretas que lhe são colocadas: questões diversas sobre bens, dotes, heranças, anulações de legados etc. Há nos conselhos o relatório do caso, da pretensão das partes em disputa e o parecer propriamente dito: "Assim me parece, a mim, Bártolo de Sassoferrato..." Além disso, de Bártolo conservamos as *Questões* (*Quaestiones*). Provavelmente são as questões disputadas na academia. Coloca-se um problema, ou *caso*, com sua possível solução, à moda propriamente escolástica: *Parece que um testamento feito assim deve ser anulado*. Seguem-se argumentos a favor de um lado e de outro (o famoso *sed contra*). Depois, vem a *solutio*, feita num ambiente religioso, em que o *doctor docente* está autorizado a falar não apenas pela sua ciência, mas pelo amor à verdade; por isso a solução começa por *Christi Domini invocato*... Finalmente, o gênero do *Tratado* (*Tractatus*), que segue o estilo próximo ao dos comentários. Em geral refere-se a um tema ou problema. Está entre o conselho e o comentário, pois é temático como o conselho, mas não é opinativo e sim dissertativo como o comentário. Na obra dos glosadores já não se encontra o texto romano propriamente ditto, de modo que uma edição dos comentários de Bártolo, por exemplo, contém apenas as referências ao texto comentado, às vezes alguma reprodução parcial da *lex* ou do fragmento, mas é só.

Ao contrário dos glosadores, os comentadores passam da interpretação das regras individuais e singulares do direito romano à investigação de princípios fundamentais. Era uma interpretação já filosófica, em que os textos do direito romano, bem como os dos direitos particulares, era subordinados a uma compreensão de um todo. Nestes termos, seu trabalho pressupunha uma ordem, na qual o direito estava inserido subordinadamente à ética, pois era entendido como a aplicação de uma das virtudes, a justiça. Cino de Pistóia, no *Proêmio à Leitura do Digesto Velho*, dirá que a opinião geral dos doutores é de que a ciência do direito subordina-se à ética, é ancilar a esta parte da filosofia (*Videndum est, cui parti philosophiae subalternatur scientia nostra? Multa possent dici, tamem Doctores communiter dicunt, quod subalternatur ethicae* (apud ULLMANN, 1946:4).

6 EXCURSO: O DIREITO COMERCIAL OU *IUS MERCATORUM*

Também na Idade Média encontramos as origens do direito comercial. Mas não devemos nos enganar, pois suas diferenças com o direito comum são muitas, a despeito de seus autores, os comerciantes ou mercadores, compartilharem a mesmo ambiente cultural de todos. A primeira e mais marcante diferença está no fato de esse "direito" não ser ensinado na universidade, ou seja, não havia um *corpus* clássico a ser estudado. Aprendia-se o direito comercial junto com a prática e a atividade do comércio. Daí sua natureza de costume, costume dos comerciantes. Não havia tampouco um sistema de tribunais centralizado ou hierarquizado. As instituições que aplicavam o direito comercial eram as próprias corporações de mercadores. Suas autoridades, os cônsules, julgavam as controvérsias entre os comerciantes oriundas da prática mercantil. Em terceiro lugar, os comerciantes, especializados na intermediação e no transporte de mercadorias, dispunham de agentes e prepostos em diversas cidades. Isso "internacionalizava" seus costumes, de modo que mesmo sem uma autoridade coordenadora central essas práticas se harmonizavam nas diversas praças.

Mas existiam também contatos com o saber universitário. Muito tipicamente os teólogos submetiam os negócios dos comerciantes a escrutínio, inclusive para determinar se incorriam na usura (Cf. BIROCCHI 1990a, PETIT 2016), proibida em toda parte por força do direito canônico. O exame dos negócios mercantis dava-se pelo critério, por exemplo, do respeito à fidelidade, à doutrina do preço justo, à boa-fé nos negócios. Vários tratados sobre os contratos aparecem durante o período na pena de teólogos. Um dos mais célebres é o de Pierre de Jean Olivi (OLIVI 2012).

Com o tempo esse direito de um grupo profissional, verdadeiras regras de sua atividade, quase que regras técnicas, começa a ser colecionado pelas diversas corporações de mercadores, circulam e contribuem para afirmar a identidade do estamento mercantil, bem como para harmonizar suas instituições. Entre elas incluem-se as diversas formas de sociedade que organizam (particularmente as sociedades em comandita), as regras de responsabilidade de transportadores, os seguros. E essas regras transmitem-se também na forma de livros que incluem conselhos de prudência para bem realizar seus negócios. Sobretudo nas cidades portuárias, onde se concentra o comercio "in grosso" de longo curso, aparecem as consolidações ou ordenanças: Génova, Amalfi, Barcelona etc.

O direito dos mercadores é tipicamente um conjunto de práticas desenvolvidas no ambiente cosmopolita do comércio de largo curso, no qual os perigos das viagens eram enormes. Exigia-se, portanto, grande confiança entre aqueles envolvidos nesse transporte de largo curso, terrestre ou marítimo. Eles desenvolveram seus próprios mecanismos de confiança (o crédito, as cartas de confiança e de instruções para pagamentos, logo convertidas nas letras de câmbio) (DE ROOVER, 1953), e justamente por isso era preciso dispor de mecanismos de solução de conflitos e controvérsias. Na sociedade corporativa do Antigo Regime e especialmente na Idade Média, tais dispositivos eram organizados pelos próprios comerciantes. E uma vez que se tratava de negócios efetuados frequentemente a longa distância, os experientes comerciantes de uma praça tratavam dos casos por meio de representantes em outras praças, os cônsules, oficiais das respectivas corporações. As corporações eram muitas vezes especializadas, donde o nascimento de agentes especializados no comércio de moedas, os cambistas e banqueiros, outros especializados em outros ramos de negócio (DE ROOVER, sdp, 9-76). Hoje, quando assistimos ao nascimento de negócios de confiança entre empresas, empresários ou especuladores, como são as *block chains*, ou as *criptomoedas*, vemos algo distantemente parecido com o que faziam os comerciantes, pois eles criaram suas próprias redes de atividades, negócios e formas de operar, independentemente do direito dos letrados e dos tribunais dos senhores, dos reis, das cidades. Estavam ao lado dessas instituições e certamente delas necessitavam e com elas conviviam, seja para negociar, seja para obter alguma proteção e segurança, mas o grosso de sua atividade podia ser conduzido de forma autônoma.

A partir do século XVI, o panorama vai mudar. Com a expansão do comércio ultramarino colonial, parte do comércio será diretamente de interesse das monarquias nacionais (como no caso de Portugal, França, Inglaterra etc.) ou das repúblicas (especificamente as repúblicas que deram origem à moderna Holanda), e será exercido por associações de comerciantes valendo-se das companhias privilegiadas, isto é, corporações criadas por meio de autorização do soberano, cujos capitalistas ficariam isentos de certas responsabilidades, obteriam o monopólio de certas rotas e mercadorias, e teriam capacidade para armar seus próprios navios e manter seus próprios juízes.

O caminho em direção ao que se tornou o direito comercial moderno, ou o que hoje chamamos direito empresarial, foi bastante longo. Alguns assinalam o século XVII como especialmente importante, já que os franceses expressamente incorporaram ao direito nacional régio duas ordenações sobre o comércio e os comerciantes, por obra de Colbert: a *Ordonnance du commerce*, de 1673, e a *Ordonnance maritime*, de 1681 (PADOA-SCHIOPA, 1997, 48; CARONI 2015, 112). Esse percurso ocorreu aos poucos, mas já na segunda metade do século XVIII reconhecia-se que o soberano poderia legislar sobre o comércio, pois tratava-se de assunto de interesse geral, tanto em vista da prosperidade do reino (nova preocupação dos Estados modernos e coloniais), quanto da paz e segurança dos súditos. Reconhecia-se, contudo, uma diferença importante: as instituições do comércio, digamos, sua infraestrutura, era assunto de legitima intervenção do soberano, mas os negócios particulares dos comerciantes eram de sua exclusiva alçada. Com isso, os comerciantes viam reconhecida sua capacidade para desenvolver formas negociais próprias de seu interesse, ainda que controladas por uma espécie de moralidade geral dependente da ideia de promessa, confiança, veracidade e sinceridade nos negócios, e assim por diante. Na Idade Média e nos inícios da Idade Moderna o direito comercial é um direito profissional, e neste sentido é quase que um conjunto de normas técnicas, como são hoje alguns acordos que uniformizam a contabilidade empresarial, utilizadas por muitos setores da economia. O uso da boa contabilidade mercantil é imposto pelo direito estatal, mas as regras da contabilidade não elas mesmas objeto de legislação. São recebidas pela legislação, mas não elaboradas por legisladores. Devem, de fato, espelhar as regras jurídicas, os negócios, contratos, patrimônio dos empresários e das empresas e dessa forma estão subordinadas ao direito, mas não são elas mesmas exclusivamente legislativas. Assim era o direito comercial antes do século XIX.

6
AS FILOSOFIAS MEDIEVAIS E O DIREITO

Embora a ciência do direito seja um bem espiritual, contudo o seu emprego importa um ato corpóreo. Portanto, como recompensa desse ato, é lícito receber dinheiro; do contrário, nenhum artífice poderia auferir lucro de sua arte. (Santo Tomás de Aquino, Suma teológica*)*
A medida deve ser permanente quanto possível. Mas, na ordem das coisas naturais, nada pode haver que permaneça imutável. Por onde, a lei humana não pode ser absolutamente imutável. (Santo Tomás de Aquino, Suma teológica*)*
Digo que o universal não é uma coisa real, dotada de ser subjetivo, quer na alma, quer fora dela, mas tem apenas ser objetivo na alma, e é certa coisa fictícia, dotada de tal modo de ser objetivo na alma como a coisa exterior tem ser subjetivo. Digo, portanto: vendo alguma coisa fora da alma, o intelecto fabrica mentalmente uma coisa semelhante, de modo que, se tivesse o poder produtivo como tem a força imaginativa, faria essa coisa exteriormente, no ser subjetivo, distinta numericamente da anterior. [...] As ficções existem na alma e não têm um ser subjetivo, porque então seriam verdadeiras coisas, e nesse caso a quimera, o hircocervo, etc., seriam coisas reais; logo, há coisas que só possuem ser objetivo. (Guilherme de Ockham, Ordinatio *d. 2, q. 8, primeira redação)*
Ao aproximar-se o terceiro ano a seguir ao ano Mil, viu-se em quase toda a terra, mas principalmente em Itália e na Gália, a reconstrução dos edifícios das Igrejas; embora a maior parte delas, muito bem construídas, não tivessem nenhuma necessidade, uma verdadeira emulação impelia cada comunidade cristã a ter uma igreja mais suntuosa que a dos vizinhos. Dir-se-ia que era o próprio mundo a sacudir-se para se libertar da vetustez e a cobrir-se, em todas as suas partes, de um branco manto de igrejas. (Raoul Glaber)
E cominciò: Le cose tutte quante
hanno ordine tra loro, e questo è forma
che l'universo a Dio fa simigliante.
[...]
Nell'ordine ch'io dico sono accline
tutte nature, per diverse sorti,
più al principio loro e men vicine;
Dove si muovono a diversi porti
per lo gran mar dell'essere, e ciascuna
con istinto a lei dato che la porti.
(Dante Alighieri, Divina comedia, *Paradiso I, 103-114*)

A filosofia tem um enorme impulso na Idade Média a partir do século XII. Havia sido conservada uma parte das obras de lógica de Aristóteles, junto com outros textos clássicos. Esta velha lógica incluía as *Categorias* e *Da interpretação*. Durante o século XII recuperam-se as outras partes do *Organon* aristotélico: *Analíticos anteriores* e *Analíticos posteriores*, *Tópicos*, *Poética*. Recupera-se também a *Ética* e a *Metafísica*, a *Retórica* e, finalmente, já avançado o século XIII, publica-se a tradução latina da *Política*. De qualquer forma, a lógica será a grande área de disputa dos filósofos medievais. Entre eles, destaca-se Pedro Abelardo (1079-1142).

Abelardo torna-se professor de filosofia (artes liberais) em Paris e tem uma vida tumultuada, não apenas pelo seu romance com Heloísa, como também por sua independência e ousadia intelectual. Dele são duas obras fundamentais: uma lógica para principiantes (*Logica Ingredientibus*) e o *Sic et Non* (*Sim e Não*). Neste último, datado de 1135, Abelardo elabora o método característico de toda a escolástica: reúne argumentos e frases de diversas fontes e autoridades contraditórios entre si a respeito de algum assunto e procura dar uma solução ao tema disputado. "Pela dúvida indagamos, e pela indagação percebemos a verdade", dizia. É o mesmo método que será usado por Graciano em 1140 para organizar sua *Concordia Discordatium Canonum*. Será também o método usado por Pedro Lombardo (c. 1160) em suas *Sentenças*, reunindo argumentos contraditórios sobre Deus e a Trindade, a criação e a queda, a encarnação, a vida moral, os sacramentos e os novíssimos. O livro das *Sentenças*, de Pedro Lombardo, assim como a *Concordia*, de Graciano, logo se tornam livros básicos dos cursos de teologia e direito canônico, respectivamente. É sobre este modelo que Santo Tomás de Aquino constrói sua *Suma de teologia* e que os juristas desenvolvem sua abordagem do direito romano.

Na *Lógica para principiantes*, Abelardo enfrenta as questões que marcaram o debate medieval, a saber, se os nomes (termos) universais referem-se a coisas realmente existentes (como diziam os realistas) ou eram apenas palavras (como diziam os nominalistas). Trata-se de uma disputa em que lógica e metafísica se misturam. Saber se palavras ou nomes universais (como "homem", "cavalo", "rosa") referem-se a algo que existe ou a uma simples abstração que ganha tais nomes tem relevância para muita coisa. Como diz Haskins, se entendemos que só existem coisas singulares e os nomes dos gêneros são apenas nomes (*flatus vocis*), então a sociedade se dissolve em indivíduos, a Igreja se dissolve em cristãos isolados e a Trindade se dissolve em três deuses... As três questões que Abelardo tenta responder na sua Lógica são: (1) será que os gêneros têm verdadeiro ser ou permanecem apenas na opinião?; (2) Se têm ser verdadeiro, são essências corporais ou incorporais?; (3) Serão separados dos sensíveis ou colocados neles? (ABELARDO, 1994:43). Finalmente, acrescenta uma pergunta sua, fora das tradicionais: "Será que tanto os gêneros como as espécies, enquanto são gêneros e espécies, têm necessariamente de ter alguma coisa subordinada através da denominação ou se, destruídas as próprias coisas denominadas, então o universal poderia constar da significação da intelecção, como este nome 'rosa' quando não há nenhuma das rosas às quais é comum" (43-44).

> A filosofia medieval combina lógica e metafísica porque é preciso pensar adequadamente sobre coisas diferentes. Pensar sobre o mundo que nos cerca é uma coisa (*filosofia natural*), pensar sobre como pensamos é outra coisa (*lógica*), pensar sobre o que devemos fabricar (*arte e técnica*) e pensar sobre como devemos viver (*ética, política*) são ainda mais diferentes.

Como adverte Walter Ullmann (1968:15), na Idade Média há uma conexão íntima entre política e jurisprudência ("ciência do direito"). Tudo o que hoje chamamos político tendia a ser considerado em termos jurídicos pelos medievais, seja pelo caráter jurisdicional do Estado, seja pelo fato de os juristas serem os conselheiros das comunas, príncipes, senhores. "O direito medieval", diz ele, "pode-se bem dizer que era filosofia política aplicada, e de fato em largos períodos da Idade Média, o direito era o único meio que permite ao historiador reconhecer filosofia política pura, pois estava incrustada no direito e era aplicada pelo direito". Nestes termos, a relação direito e filosofia prática (ética e política) é substancial e não acidental para os medievais. Por isso, a seguir trato de duas correntes intelectuais importantes: a escolástica aristotelizante de Tomás de Aquino e o nominalismo, dois grandes ideários rivais daquele período.

1 O CONTEXTO HISTÓRICO DE TOMÁS DE AQUINO (*DOCTOR ANGELICUS*)

1.1 O ambiente intelectual

Para compreender Tomás de Aquino (1225-1274) é preciso inseri-lo em dois grandes movimentos de seu tempo: a racionalização pela qual passa a Idade Média das cidades e a disputa de poder político entre Igreja e poder secular (Império). É preciso também lembrar que ele está no centro do renascimento do aristotelismo, iniciado já por Alberto Magno, seu professor, devido à tradução e divulgação das obras de Aristóteles. Esta divulgação do aristotelismo havia sido incrementada na cristandade latina com o estabelecimento de dois centros de tradução: em Toledo e em Palermo. Estas duas cidades de cultura arabizada, onde se conservavam os clássicos gregos no original e se traduziam para o árabe, passam a traduzi-los para o latim.

Quanto à racionalização, nela se insere com clareza uma ideia de ser humano que Tomás vai recriar a partir tanto de pressupostos filosóficos trazidos de Aristóteles, quanto da tradição cristã. Da filosofia aristotélica, Tomás traz a confiança na razão, na razoabilidade, um certo otimismo; traz também uma certa concepção de mundo que afinal afirma a compreensibilidade e inteligibilidade do real, tanto da natureza quanto do homem e da história. Da tradição cristã traz, no entanto, a ideia de pecado e de queda. A natureza humana tem um ideal e uma potência para o bem, mas o pecado a torna suscetível de fazer o mal. Assim, ele considera tanto a verdade (que pode ser verificada pela razão) quanto a mentira, fruto do pecado.

A razão precisa ser bem conduzida e daí o uso do método. E um método dialético, escolástico, o método de Abelardo: as proposições não podem contradizer-se e é necessário dialogar com todas as opiniões, submetê-las a teste. Não é, por certo, o método da ciência moderna ou contemporânea, mas é um método filosófico. Na maioria das vezes, Tomás, como todos os escolásticos, percebe que há um sério problema de linguagem. É preciso investigar a relação entre as palavras e seu objeto, ou seja, entre significante e significado. E é preciso reconduzi-las a uma situação em que façam sentido. Na maior parte do tempo, portanto, o que Tomás denuncia são as generalizações indevidas, o uso indistinto e indistinguível das palavras, a confusão, o uso equívoco dos termos, a ambiguidade. Os seus textos são sempre referência a autoridades aceitas e a contradições entre autoridades ou das autoridades consigo mesmas. Este é o pretexto para a sua síntese.

Dentro ainda do processo de racionalização, Santo Tomás tem a visão típica de toda a corrente filosófica que acredita que as coisas fazem sentido. O mundo só é apreensível se fizer sentido. Daí que todo o seu mundo é ordenado para um fim, o bem supremo, que termina por ser a visão beatífica, o encontro com Deus. Mas se isto é assim em última instância, chegar até lá só é possível passando pelas realidades intermediárias, ou seja, levando a sério o mundo natural: a graça não suprime a natureza, mas a aperfeiçoa (*gratia non tollit naturam, sed perfecit et supplet defectum naturae*). Assim, além do bem e do fim supremos, há os bens e fins intermediários. Mas tais bens e fins estão inscritos de duas maneiras na vida humana: ou nos apetites, ou na razão. Assim, chegamos a uma teoria das virtudes morais que se dividem em virtudes relativas aos apetites (virtudes apetitivas) e à razão (virtudes intelectivas).

Paralelamente à racionalização está a disputa entre Igreja e Império. Neste longo processo de afirmação de poderes, o conflito é militar, social e econômico. Mas sempre buscando a justificação das posições respectivas, seja a supremacia do poder laico (imperador, reis, príncipes), seja a supremacia do poder papal, seja, enfim, formas de composição mistas. O fato é que o direito em todas elas joga um papel: apela-se para o costume, para o direito romano, ou para a razão jurídica propriamente dita, isto é, a razão prática, comum a todos os homens, que permite julgar a razoabilidade das decisões. Do ponto de vista do direito, o problema que Santo Tomás coloca é justamente o do bem comum e como os poderes positivos se ordenam para tal bem comum. Aqui, é fundamental observar que a reflexão tomista parte dos eventos reais que a circundam e condicionam.

Antes de avançar, é imprescindível perceber que para Santo Tomás o natural tem dois sentidos, que ele mesmo explica: em primeiro lugar, o natural é o inelutável, o necessário, o constante etc. Mas, em segundo lugar, há o natural da razoabilidade humana, o natural histórico, circunstancial. O homem, diz ele, é um ser mutável (dotado de liberdade, histórico), daí que o seu natural é também mutável. Existe neste ponto o papel importante da convenção. Assim, há um natural absoluto e um relativo, donde se pode considerar que há um justo natural absoluto e um justo natural relativo.

Este breve esclarecimento é necessário, porque toda sua teoria dos poderes, dos direitos, da disputa entre império e Igreja, entre cidades e campo, entre povo e príncipe, entre formas institucionais de justiça e leis, depende disso. No fundo, tudo isto deve ser julgado pela razão, para descobrir o que é necessário e o que é só convencional. Claro que sua própria ideia do necessário é condicionada, mas seu método é, sem dúvida, um instrumento muito mais sutil e útil do que se afirma às vezes. Nas disputas que se dão em sua época, Santo Tomás tenta uma distância crítica. Nada é verdade apenas porque afirmado pela autoridade: *o estudo da filosofia não visa saber o que os homens pensaram, mas como se apresenta a verdade das coisas* (apud NASCIMENTO, 1992a:59). Mesmo assim, é claro que ele acredita numa sociedade hierarquizada, pois a hierarquia para ele é fonte de organização. Não é possível bem comum sem organização. E, no entanto, a organização da cidade e da sociedade, que para ele são indispensáveis à Justiça, tem um tom idealista a nosso ver. De onde procede este idealismo?

A bem dizer, outra vez a questão é de método. O bem comum, para Santo Tomás, é um ideal regulador. Ele não o vê em parte alguma, não é um fenômeno empírico. Ao contrário, o que ele vê é a injustiça. Ora, a injustiça não está aí para ser contemplada, mas para ser erradicada. Toda sua preocupação não é apenas enxergar a injustiça, mas corrigi-la, já que a razão humana é razão prática também. Este ideal regulador do bem comum, da Justiça, serve para isto. É justamente isto que lhe dá uma visão do mundo distinta da moderna teoria política ou jurídica. Os cientistas políticos e juristas contemporâneos fazem (ou dizem que fazem) uma suspensão do juízo a respeito do bem comum (suspensão que é chamada de *ceticismo metodológico*). Tal atitude é justamente objeto de questionamento hoje, por parte de todas as teorias críticas contemporâneas: ninguém se aproxima de um objeto sem ter dele uma imagem ideal e de certa forma idealizada. Assim, o cientista político mais cético tem no fundo uma visão de sociedade completamente distinta da de Tomás: para este, a sociedade é um empreendimento comum com vistas à felicidade, e quando deixa de sê-lo, deve voltar a este ideal, mesmo que o instrumento para esta volta seja a correção do recalcitrante (uma visão digamos paternalista). O cientista moderno vê a sociedade como um mercado de trocas: a marginalidade social é a simples exclusão de um mercado de trocas e trocas sem finalidade a não ser sua própria manutenção e reprodução.

1.2 O ambiente político

Tomás de Aquino é também um homem do renascimento urbano e comercial do século XIII, ensina em Paris de 1252 a 1259 e tem suas teses proibidas, pelo bispo de Paris, até 1325 (NASCIMENTO, 1991b:84). Sua visão da vida política está associada a um certo otimismo reinante nas cidades que renascem e que renascem através de um esforço coletivo. Este esforço é, geralmente, uma guerra empreendida contra o senhor feudal, leigo ou bispo: e o fim da guerra é selado pela capitulação do senhor que concede à cidade a sua *Carta*, seu estatuto, seu foral. Algumas vezes, esta carta de liberdade urbana é concedida com menos violência e guerra, mas é sempre uma forma de *pacto*. E os cidadãos não são cidadãos isolados: são as corporações e guildas, que fazem entre si um pacto de defesa mútua, uma conjuração pela paz (BERMAN, 1983). A própria comuna ou cidade é uma corporação formada por alguns cidadãos capazes e posta sob a tutela de um grupo de autoridades que deve zelar para que ela cumpra seus fins corporativos (ou fim comum). A vida política é para Tomás isto mesmo: uma busca coletiva de um bem comum, de felicidade. É distinta a sua experiência daquela de Agostinho. Este havia visto a derrocada da vida urbana, e a injustiça e a violência do império em crise. Agostinho tivera da política uma visão pessimista: impérios, sem justiça, são bandos de salteadores e a ordem que a autoridade deve impor é, na verdade, uma correção necessária para o homem decaído. Tomás é mais otimista: a ordem social e política e a autoridade não são apenas o remédio para o pecado, são naturalmente elementos que podem conduzir o homem à felicidade. É que para ele a natureza humana é potencialmente boa, pela sua particular participação no ser de Deus. Não só isso, a felicidade humana é social, como é naturalmente social o homem. O abandono da vida social é ou uma aberração (*abherratio vel corruptio naturae*), que faz do homem um animal selvagem, ou uma excelência (*excelentia naturae*), que o aproxima dos anjos, mas não a condição própria dos seres humanos.

1.3 Metafísica, antropologia e ética

Para compreender o direito no pensamento tomista, é preciso inseri-lo na ordem geral que Tomás organiza. Isto se torna mais fácil se distinguirmos sua metafísica (isto é, sua concepção do real, do existente, do ser), sua antropologia filosófica (sua concepção do ser humano) e sua ética (reflexão sobre a ação humana no espaço próprio da liberdade).

Metafísica tomista – ente e essência

Sua metafísica pressupõe que o mundo existe, é real, não é uma ilusão e não depende do sujeito cognoscente. O sujeito conhece o que é, mesmo que tal conhecimento seja equivocado, passível de correção. A realidade do mundo lhe é externa e objeto de apreensão pelos sentidos e pela razão. Acredita também que a ciência permite conhecer o real e a linguagem permite expressá-lo, organizá-lo e comunicar seu conhecimento. Mas, assim como para a filosofia grega clássica, a observação de que as coisas passam e mudam conduz o pensamento a distinguir o que é contingente do que é necessário, ou seja, no meio das coisas transitórias há uma continuidade, ou, nos termos próprios, há essências (substâncias) e há existências.

A bem dizer, só Deus é plenamente. Por isso, Deus é o ser por excelência, todo o resto (as criaturas) é provisoriamente. Tudo o que é criado *tem* ser, mas não *é* ser, participa de diversas formas do ser por excelência. Por isso, no universo criado existe uma distinção entre o *ato* (o que se é num determinado momento) e a *potência* (a aptidão para continuar a ser ou ser diferente). A metafísica tomista é, pois, uma reflexão sobre o ser, sobre o real, e ao mesmo tempo é não estática, pois todo o real, excluído Deus, é atravessado pela tensão entre potência e ato, entre essência e existência. Todo o criado é contingente, sua aptidão para ser não lhe é própria, mas dada. Só em Deus coincidem existência e essência. Por isso, em última instância, que as coisas realmente *sejam* é o mistério.

Tomás não é um ingênuo e percebe que o pensamento pode fazer ideias que não correspondem a nada que existe, ou pode fazer ideias que são simples relações. O *ente* pode, portanto, ser lógico (mental) ou real (extramental), pois usamos nos dois casos o verbo *ser* como conetivo. Mas nem todo o *pensado* existe no modo como é pensado. Uma coisa são os seres que existem fora de nossa mente, outra é o *universal*, que é fruto da mente, embora assentado sobre a realidade dos seres individuais. Assim, existem Pedro, Maria e João, como seres individuais reais, e existe a *humanidade*, o ser humano, como universal. O universal não é uma simples palavra, pois corresponde a isto que é comum aos seres, e que não é simples imaginação: cada ser humano individual tem uma participação nesta humanidade que todos constituem. Este é o *realismo moderado* de Santo Tomás.

O que é (individualmente) se distingue pela sua essência (aptidão para ser), ou seja, tudo o que existe tem uma essência que corresponde àquilo que ele pode ser. Para compreender o ente, Tomás acompanha a metafísica aristotélica das causas. O *ser* se diz de quatro maneiras, dizia Aristóteles. São os quatro *lados* do real. Para compreender o real, é preciso compreendê-lo pelas suas causas: *final, formal, material* e *eficiente*. E embora, ao fim e ao cabo, a causa de tudo seja Deus, pois nele tudo é *ato*, o mundo pode e deve ser compreendido pelas suas causas imediatas, sem apelar para Deus a todo momento. Esta é a questão discutida na *Suma* sob o título *Se Deus existe* (*Utrum Deus sit*, ST I, Q. 2, art. 3).

O mundo se compõe de seres individuais que são *essências*. Cada ser tem características próprias que o definem e o distinguem, é a sua *natureza*. As características são uma tendência a ser (porque o ser é permanentemente um *vir a ser*). Assim, a tendência é o fim para o qual tende um ente. Este fim, esta finalidade, é o bem. O bem é aquilo para que tendem as coisas. Cada ente tem um fim próprio, tem o seu próprio bem. Para conhecer algo que é, preciso saber para que existe, preciso conhecer sua *causa final*. Conhecer o ser é conhecer sua *causa final*. Só é possível distinguir uma macieira de um relógio porque claramente têm finalidades distintas, têm bens distintos. Um relógio pode ter até uma forma que imite uma árvore, mas não cumpre a finalidade da árvore, não dá maçãs, logo, não é uma macieira.

Aquilo que é próprio da *natureza* de um ser é a sua *forma substancial*. Se ele a perde, deixa de ser o que era e passa a ser outro. Talvez hoje seja mais fácil compreender o que a metafísica tomista quer dizer se tomarmos a expressão *forma* no sentido de *estrutura*. Assim, conhecer o ser é conhecer sua *causa formal*. Isto significa que a forma é uma relação determinada de elementos que permite ao ser ou ente atingir sua finalidade, que o faz tender para o seu bem. A forma, por isso, não é acessória, não é secundária. Um relógio só é capaz de marcar as horas porque tem determinada disposição de elementos combinados. Pode variar esta disposição: pode ser digital ou analógico, pode ser mecânico ou eletrônico, mas não pode ter uma forma (ou estrutura) que impeça de marcar as horas. Por isso, a forma é substancial. Aquilo que ele pode ter ou não ter, adquirir ou perder sem deixar de ser ele mesmo é um acidente e pode identificar o ente em particular. Por isso, diz-se: *forma dat esse rei* (a forma dá o ser/ substância à coisa).

Conforme um ser mude pode permanecer alguma coisa de seu estado anterior. Entre uma árvore e um monte de cinzas, no qual ela se tornou por causa de um incêndio, há algo que continua. É a sua matéria. Para saber de uma árvore, é, pois, preciso saber a sua *causa material*. Aqui se percebe que a perda da forma é uma mudança substancial. A árvore que pela ação do fogo perdeu a potência para crescer, florir e frutificar deixou de ser árvore. Algo restou dela, mas um monte de cinzas não é uma árvore. É a matéria que foi submetida a outra forma, outra estrutura, e deixa de ser o que era. O ser da árvore transformou-se substancialmente em monte de cinzas. O homem, da mesma forma: morto, torna-se um corpo, um cadáver, já não é mais o mesmo que era quando vivo. Para conhecer é preciso determinar a causa material daquilo que é (GORDLEY, 1991:17-19).

Para que um ser exista, é preciso que sua forma (estrutura) e sua matéria sejam unidas, colocadas em interação. É a *causa eficiente*, aquilo que faz com que o todo se forme e se distinga. De um animal, a causa eficiente é a geração: de uma cidade, são as suas instituições, sua história etc. A causa eficiente faz o ser mudar ou transformar-se. O fogo, no exemplo anterior, transformara a árvore em cinzas. Do ponto de vista da árvore, houve um desaparecimento. Do ponto de vista do monte de cinzas, houve um surgimento. O que é que mantém uma coisa, o que a sustenta, o que a faz ser aquilo que ela é, e permanece? É a sua causa eficiente. Mas a causa eficiente não é apenas o elemento externo à coisa: há algo que internamente a mantém. A relação entre forma e matéria é também, pois, a causa eficiente. Como no mundo criado tudo é contingente, ou seja, a união entre matéria e forma com um fim (bem) é provisória, os seres são o que são enquanto esta união existir.

Isto aplicado à sociedade significa que a natureza da cidade é desenvolvimento, geração, processo e isto é da tradição grega. O ciclo é social, uma forma gera outra. Há estruturas (necessárias) e acidentes (contingentes). As causas são elementos da natureza, da geração (material, final, eficiente, formal) (NISBET, 1977: *passim*).

A antropologia – a deliberação e a vontade

O segundo passo para compreender a filosofia do direito de corte tomista é debruçar-se sobre sua concepção de homem. O mundo é feito de seres que existem numa tensão entre potência e ato, e se ordenam tendo em vista um certo fim (bem), que é um para o todo (o universo) e é outro para cada ente, sem que se anulem reciprocamente. Trata-se da dialética da parte e do todo. O ser humano está inserido neste mundo e dele participa. Participa da dialética de todos os seres criados: vive segundo uma tensão entre ato e potência. E está inserido num todo cósmico (a natureza física, digamos) e num todo humano e histórico (a comunidade ou sociedade). Como gênero humano, seu fim é diferente do fim dos outros entes. Como ser individual, cada ser humano tem também seus fins ou bens particulares. A antropologia tomista é, pois, uma investigação em torno da felicidade possível e natural (o fim e o bem dos seres humanos) dentro dos determinismos de todo ser contingente. Trata-se do mesmo problema de toda antropologia filosófica: liberdade e necessidade na vida humana (WEINREB, 1987:67).

Em grandes linhas, sua posição é otimista e afirmativa. Otimista porque para ela o homem não é um ser mau por natureza: tudo o que existe é bom, só pelo fato de existir e participar do Ser, que é Deus. Portanto, potencialmente o homem é bom. Mas, diferentemente de outros seres que atingem o seu bem por uma espécie de tendência ou impulso, o homem pode escolher: ele pode conhecer seu fim, seu bem, pode hierarquizar os bens (há bens maiores e outros menores) e pode eleger sua conduta. Pode, portanto, atingir seu fim de maneira livre, conhecendo-o e escolhendo-o. O fim último, ou bem supremo é, naturalmente, a *visão beatífica*: a participação especificamente humana no ser de Deus. Neste ponto, nota-se que Tomás se distancia de Agostinho, pois sua visão da vida humana histórica é mais positiva, já aqui na vida terrena o homem pode participar da vida de Deus com certa naturalidade, completada pela graça.

Mas ele também se aproxima de Agostinho, pois a tendência para o bem supremo e para todos os bens tem algo de exterior. Dissera Agostinho: "Cada um se deixa atrair por seu prazer, não pelo constrangimento, mas pelo prazer, não por obrigação, mas pelo deleite, [...]. Mostra alguém que ame e entenderá o que falo. Mostra um desejoso, um faminto, um sedento peregrino deste deserto que suspira pela fonte da pátria eterna, mostra alguém assim e saberá do que falo. Se falo, porém, a um indiferente, não compreenderá o que digo" (dos *Tratados sobre o Evangelho de São João*, Tract. 26, 4-6). Aqui também pode-se entender Tomás: as pessoas não são levadas a seus fins pelo constrangimento, mas pelo amor. O amor é esta tendência para o bem, por isso os amantes são reciprocamente o bem um do outro, à medida que se atraem e inclinam um para o outro.

> Para Tomás, a razão é característica do ser humano por causa da fala. Por isso, frequentemente ser capaz de razão e ser capaz de falar se confundem. *Logos*, de onde vem a palavra *lógica*, era a palavra articulada. Depois de muito tempo, a filosofia volta a valorizar a razão como capacidade lógica, não como fenômeno psicológico ou mentalista. O autor mais importante nessa transformação no século XX foi Ludwig Wittgenstein, cujos paralelos com Tomás de Aquino são destacados por Anthony Kenny (1980) e Herbert McCabe (2008).

A liberdade em Tomás é constitutiva do homem, mas a liberdade está entendida numa espécie de subordinação do indivíduo à comunidade. Não é de estranhar: o medieval compreende a sociedade em ordens e estamentos, em corporações. Ser livre não é ser deixado em paz. A liberdade das cidades e comunas burguesas medievais é a participação numa certa ordem. Quanto mais ligado estou a certas obrigações, mais alto estou na ordem social, e sou, portanto, mais livre. O homem que está ligado a uma corporação, a uma cidade, a uma casa, a uma fraternidade, é mais importante. O servo participa pouco destas redes formais de deveres e obrigações, é menos *sujeito* na ordem social. Quanto mais poder, mais regras: até mesmo as regras de etiqueta e de vestuário se impõem mais (LUCAS, 1989:110-111). Assim, a noção de liberdade dos medievais é distinta da nossa, e é dentro deste ambiente que Tomás se coloca.

Há também uma visão afirmativa do ser humano, um ser de ação, não de reação. O mundo da Baixa Idade Média é um mundo em transformação: invenção do moinho, do arado de roda, da revolução agrícola. É um mundo da invenção social e institucional: invenção das cidades, do comércio e das técnicas mercantis, do direito novo, das catedrais, da nova aritmética etc. Nada disto estava pronto, nada disso era simples repetição do que já se conhecia. Não surpreende que a crença na ação humana e na razão humana estivessem em alta conta. Os seres humanos são capazes de fazer o diferente e isto é sinal de sua liberdade. Mas sua liberdade não significa que deixem de ser o que são: significa que transformam conscientemente em ato aquilo que lhes é dado como potência.

E para compreender a liberdade tomista é preciso compreender a ação humana. Ela é propriamente ação quando ultrapassa o nível da reação. Por isso mesmo, sabe que há nos seres humanos os apetites, os instintos como dizemos hoje, as inclinações e as paixões; no entanto, não são tudo o que há. Especificamente, os seres humanos dispõem da razão. E para Tomás a vontade é racional, pois é guiada pela razão num processo chamado *deliberação*. Para nós hoje em dia vontade significa inclinação. *Deu-me vontade e eu fiz, ou não fiz isto ou aquilo...* Vontade é, para nós, o desejo puro e simples, a inclinação, o apetite.

O ato humano procede de fato do apetite, mas há apetite sensitivo e apetite racional ou intelectivo. É certo, ele reconhece, que o apetite move o homem e que os apetites humanos são-nos específicos e tornam *deleitáveis* as coisas humanas. A vontade, porém, é apetite racional ou intelectivo. Toda pessoa tem várias inclinações – a razão prática é que as ordena, impedindo que as ações sejam aleatórias, sem sentido e sem identidade. O estímulo à razão prática é inicialmente não teórico (MACINTYRE, 1991:192), mas a vida não é feita de respostas aleatórias a estímulos, é feita de decisões e escolhas. Entre *apetite* e *ação* medeia a *deliberação*.

Na ciência prática, é preciso construir os princípios de respostas: ela não é uma geometria, ela é dialética, é inacabada por natureza (MACINTYRE, 1991:192). A razão prática é um guia da ciência prática, que consiste no saber fazer e saber decidir, saber julgar o melhor curso de ação a ser tomada. Mas para saber fazer isto é preciso aprender. Aprende-se não apenas uma arte, mas aprende-se uma virtude. A virtude, porém, "não se aprende na escola", como dizemos nós hoje: aprende-se desenvolvendo-a nas situações existenciais, aprende-se decidindo e vendo os outros decidirem. O aprendizado da virtude é muito mais o desenvolvimento ou o *cultivo* da virtude. E é essencialmente tarefa comum, ou seja, comunitária: um ser humano isolado não pode tornar-se virtuoso e tende a reduzir-se a um animal qualquer. Só entre os homens é possível tornar-se homem.

Estamos entrando por aí no núcleo da antropologia tomista, mas este núcleo já nos está conduzindo à ética propriamente dita. Para resumir, sua antropologia é otimista, é uma antropologia da ação livre, é uma antropologia da felicidade, pois o fim de cada ser humano é a felicidade, e é uma antropologia do ser social, não do indivíduo isolado.

A ética

Nas suas anotações sobre a *Ética a Nicômaco* de Aristóteles, Tomás afirma o seguinte: usamos a razão para pôr ordem, para organizar três esferas da realidade. Em primeiro lugar para pensar organizada e ordenadamente sobre as coisas que existem fora de nós, e nisto consiste a *filosofia natural* (o que hoje chamamos de ciência natural). Em segundo lugar, pensamos ordenadamente sobre o próprio pensamento, e nisto consiste a *lógica*: no pôr ordem nos conceitos e nas relações entre os conceitos. Mas também pensamos sobre o que ainda não existe e só pode passar a existir por meio de nossa ação: nisto consiste a *filosofia prática,* da qual a ética é a parte privilegiada por excelência. Ela consiste em ordenar nossas ações, que tanto podem dizer respeito ao viver bem (ética monástica, diz ele, ou seja ética do indivíduo, do grego "monos"), ao viver bem com os outros (política), e ao viver garantindo a existência material da vida (economia).

Essencialmente, a ética tomista é uma ética da felicidade e da virtude (*eudemônica*). Também aqui ela é bastante distinta de boa parte da tradição moderna, que é sobretudo uma ética do dever (*deontológica*). Na ética tomista e aristotélica, a pergunta última é: como se deve agir para atingir o bem supremo, a felicidade? Na ética deontológica, a pergunta é: como devo agir para cumprir o devido em qualquer situação?

A virtude para Tomás não é um talento particular. Não se confunde com a piedade interior ou a boa vontade: estas são muito mais virtudes valorizadas pelos modernos do que pelos medievais. De fato, a virtude da ética tomista equivale à *excelência* aristotélica e à *virtu* (força) latina. Equivale à excelência, como quando dizemos que alguém é um *virtuoso do piano*, ou seja, é capaz de realizar de forma excelente determinada capacidade. Equivale à virtude latina, quanto falamos que certas coisas ocorrem *em virtude de* outra, ou que uma planta tem uma *virtude medicinal*, ou seja, que algo tem força para curar ou para causar outra coisa.

A virtude não é um talento natural, no sentido de que uns têm e outros não têm. Ela é um hábito. Diz Tomás: a virtude é o hábito ou inclinação para agir segundo a razão tendo em vista o bem. Mas é uma potência que precisa ser educada. É preciso que a pessoa seja perfectível, aperfeiçoável, passe do bom ao melhor. É preciso que possa escolher alguma coisa e exercer alguma liberdade, escapando do determinismo puro e simples e que sua inclinação seja guiada pela razão.

A virtude se aprende pela educação, que é o desenvolvimento de uma potência ou potencialidade. A vontade é desejo do que nos dá prazer ou felicidade (como em Agostinho), mas há um esforço (*usus*) para determinar a vontade. Assim é que a virtude é um hábito, aprendido e cultivado. O que desejamos é o *bem*, logo precisamos hierarquizar os bens, pois há um bem último, que é o fim último, ao lado de muitos outros bens (MACINTYRE, 1991:209). As virtudes *cívicas* levam ao bem da cidade, as virtudes *intelectivas* ao bem da razão, que é a *verdade*, as virtudes *morais* à vida honesta, e as virtudes *teologais* à vida na graça de Deus (NASCIMENTO, 1992b:72). A vida moral depende da razão prática para exercício das virtudes morais. Conforme as inclinações naturais, são de duas ordens: uma inclinação pela verdade (*apetite intelectivo*) e uma inclinação para o prazer, o deleitável (*apetite sensitivo*, concupiscível – do desejo, e irascível – da repulsa). Assim, as virtudes intelectivas permitem atingir o bem intelectivo (verdade) e as virtudes morais ajudam a atingir o deleitável de forma ordenada. As virtudes intelectivas são quatro: intuição dos princípios (intelecto), sabedoria (sapiência), ciência, prudência (discernimento). As morais são temperança, fortaleza (coragem), justiça. As três virtudes morais e a prudência juntas são as quatro virtudes cardeais (BOEHNER; GILSON, 1991:479, NASCIMENTO, 1992b:72).

> As virtudes podem referir-se a nossas inclinações para saber e conhecer. Dotados de linguagem, os seres humanos inclinam-se ao saber. Mesmo essa inclinação carece de educação e treino. Nessa esfera existem *virtudes intelectuais* a serem desenvolvidas: *entendimento, arte, ciência, filosofia, sabedoria*. O entendimento é a capacidade de "apreender os primeiros princípios", ou seja, abstrair (formar conceitos) e distinguir os campos da aplicação dos conceitos: por exemplo, para saber aritmética ou matemática, é preciso "apreender" a ideia de unidade e número e saber quando é adequado falar disso. A *ciência* é a virtude de usar adequadamente o raciocínio para falar das coisas necessárias. A arte e a prudência são os hábitos de pensar adequadamente sobre o contingente, o que pode ser diferente, como as coisas que se fabricam (*arte*) e sobre o que fazer em sua vida e na vida social (*prudência*). As virtudes precisam ser aprendidas. Sem que a criança seja treinada no processo de abstração e conceitualização ela não desenvolve a *virtude* do *entendimento*. As virtudes são potenciais: uma vez desenvolvidas, tornam-se *habituais*. O homem virtuoso desenvolveu o hábito e por isso faz automaticamente, faz sem pensar aquilo que é próprio da virtude. Depois que aprendemos matemática, ou para falar com Tomás, depois que desenvolvemos o hábito matemático, fazemos contas "sem pensar". A mesma ideia valerá para os hábitos do caráter, como coragem, temperança e justiça.

A prudência é a primeira virtude da vida moral, pois sem ela não há possibilidade de julgamento (ir do universal ao singular do contexto concreto). A prudência, em Tomás, não é a cautela: como diz MacIntyre, a prudência do homem moderno, burguês e liberal, consiste em não sair de casa sem fazer um seguro de vida. A prudência em Tomás é a capacidade de decidir e, para decidir, considerar e ponderar (pesar) todos os lados de uma questão, ultrapassando a ignorância fática, medindo as consequências e, sobretudo, optando pelo *bom*, não apenas pelo conveniente. Como a prudência é uma virtude, um hábito do caráter, não se adquire nos livros, mas na vida, e não se adquire sozinho, mas na interação. É uma virtude intelectiva, de modo que ser prudente significa escolher adequadamente o que fazer em vista da realidade: quem desconhece a realidade não pode eleger bem, falha na virtude da prudência. Daí que a justiça, embora fosse tratada como a virtude *geral*, sinônimo de todas as virtudes, como quando dizemos que alguém é justo, no sentido de que é íntegro, honesto, bom... na linguagem comum, de fato na vida moral a justiça, o hábito da justiça, só pode ser bem guiado pelo hábito do discernimento (prudência).

O direito e a justiça

E é assim que chegamos à reflexão tomista sobre o direito. Mais diretamente, o que hoje interessa ao jurista pode ser destacado em duas partes da *Suma de teologia*: na primeira parte da segunda parte estão as questões sobre a lei (dentro da questão geral da ação humana) e na segunda da segunda estão as questões relativas à virtude da justiça. As questões sobre a lei (I, IIae, Q. 90 a 97) incluem a discussão sobre o direito natural. As questões sobre a justiça (II, IIae, Q. 57 a 79) retomam o tema do direito natural, mas sobretudo da virtude da justiça e dos juízos.

A ação humana pode ser movida por "princípios exteriores". Para o mal, a ação é movida pelo *diabo*, para o bem é movida por *Deus*, que se vale da *lei*, pela qual instrui o homem, e da *graça*, pela qual o ajuda. Assim é que a lei entra na teoria da ação humana com um papel pedagógico.

Quanto à lei, vai examinar distintas questões. Ele pergunta (1) o que é a lei, (2) quais são suas espécies e (3) para que serve. A primeira diz respeito à *essência* da lei: aqui determina que a lei é uma regra de razão e discute a noção de regra de razão prática; discute também a finalidade da lei (o bem comum); tendo em vista o bem comum, quem pode legislar, o particular ou a autoridade? A lei para ser lei deve ser promulgada ou não, isto é, a promulgação é da essência da lei? Estes os temas da Questão 90. A segunda questão diz respeito às formas ou à *diversidade* das leis: a Questão 91 trata da lei eterna, da lei natural, da lei humana, da lei divina, se a lei divina é uma só, se há uma lei na sensualidade (a *lei dos membros*, de que fala S. Paulo). Em seguida, indaga dos *efeitos* da lei (Questão 92): é tornar os homens bons? é obrigar, proibir, permitir e punir? Feitas estas indagações gerais, investiga as diversas formas de lei. Sobre a *lei eterna* (Questão 93) discute sua natureza (é uma razão das coisas existentes em Deus?), indaga se todos a conhecem (sim, diz ele, em termos, se considerarmos que "as coisas de Deus não podem ser, em si mesmas, conhecidas de nós"), se ela é origem de toda lei (sua resposta é afirmativa: "a lei humana tem natureza de lei, na medida em que é conforme à razão reta" – *secundum rationem rectam*), se o necessário está sujeito à lei eterna. Sobre a lei natural (Questão 94) discute: (1) o que é; (2) quais os seus preceitos; (3) se os atos de virtude são atos da lei natural; (4) se a lei natural é a mesma para todos; (5) se é natural; (6) se pode ser apagada da mente humana. A Questão 95 diz respeito à lei humana e sua relação com a lei natural, a Questão 96 sobre o poder (validade, eficácia, obrigatoriedade, vinculação) da lei humana e a Questão 97 sobre a mudança das leis (como pode ser mudada, por que e qual sua relação com o costume).

Para Tomás, a lei não é um imperativo do desejo, mas da razão: em outras palavras, *o desejo, a inclinação, o apetite* desempenham um papel na vontade, como visto, mas não a determinam. Pode ser que uma inclinação seja chamada de lei, mas isto é feito de forma imprópria. Diz ele, neste caso temos uma lei "não essencial, mas participativamente" (I, IIae, Q. 90, art. I), pois não se trata do padrão (a regra) mas do comportamento segundo o padrão. Em outras palavras, a *lei* da gravidade é uma concepção da razão humana, que não se confunde com a gravitação em si mesma, que é o simples acontecer das coisas no universo físico: neste universo, quando falamos que os corpos têm uma lei, estamos usando a palavra *lei* impropriamente, pois os corpos simplesmente reagem, enquanto que nós compreendemos, e por isso a lei existe para a razão.

A lei é a regra e medida dos atos, pela qual somos levados à ação (Q. 90, art. 1). A razão, diz ele, ordena para os fins e a ação humana começa pelos seus fins. Mas a ação é diferente do seu produto, como o *edifício* é diferente da *edificação*. Ora, na razão teórica (especulativa), o produto da razão é um enunciado ou proposição, enquanto que na razão prática o produto da razão é um ato.

A simples inclinação não é lei, por isso, a simples vontade de um príncipe não pode ser lei, a menos que possa ser compreendida pelas outras pessoas. Ele não nega que a vontade move a razão, mas a move segundo um princípio: aqui entra a sua ideia de *ação humana*, diferente da simples *reação*. Uma ação é um agir segundo um princípio e este é a regra, ou seja, a medida e a lei. Para agir, é preciso colocar-se um fim, pois o fim é por onde começa a ação na razão prática (Q. 90, art. II) – agimos pensada e finalisticamente. A simples reação que é aleatória e impensada: Tomás tem uma ideia de lei *não voluntarista*, mas *racionalista*. Este fim não pode ser irracional, precisa ser compreendido pelos outros homens. E a lei, portanto, além de ser racional é racional no que diz respeito à ação comum. A regra de um jogo, ou as regras da linguagem certamente procedem da vontade de jogar ou de falar, mas não basta isto: é preciso que outros entrem no jogo com a compreensão comum do que está acontecendo. Por isso, a lei é uma regra de razão.

E é também dirigida ao *bem comum*: tudo tende para um fim, e a ação dos homens tende para a felicidade. Cada um busca a felicidade como seu fim e bem. No entanto, essa busca é comum a todos os homens, de modo que há entre todos e cada um uma dialética entre todo e parte. Os fins particulares só podem ordenar-se dentro de uma ordem, que é o bem comum e o bem comum não é a soma dos bens particulares, mas a *causa final* (I, IIae, Q. 90, art. II) ou *fim comum*, significando esta relação de ordem que permite a todos em particular e em conjunto chegarem à felicidade. "O bem comum é o fim das pessoas particulares que vivem em comunidade, assim como o bem do todo é o de cada parte. Ao passo que o bem de um particular não é o fim de outro" (II, IIae, Q. 58, art. 9). A lei ordena sempre para o bem comum porque todos buscam a felicidade e cada um é uma parte da comunidade perfeita, por isso mesmo o bem de cada um só pode ser ordenado para o todo (a felicidade em comum). Donde a ordem do bem particular ser lei quando se ordenar para o bem comum, que é o fim comum. Diz ele: a razão especulativa parte de princípios indemonstráveis (primeiros e evidentes), da mesma forma que a razão prática, que parte do *fim último* (bem).

Por isso, uma lei que não visa ao bem comum é irracional: sendo irracional, não pode ser chamada de lei propriamente, cai no campo da vontade de um ou alguns que se impõem, sem justificativa. Pela mesma razão, um particular não pode legislar, só a autoridade, porque legislar compete a quem pertence o bem comum (Q. 90, III): o bem comum é de todos ou da autoridade que faz as suas vezes. A lei, finalmente, precisa de promulgação, para ser conhecida: e supõe-se conhecida por todos os que poderiam conhecê-la. A lei é *uma ordenação da razão para o bem comum, promulgada pelo chefe da comunidade* (Ia, IIae, Q. 90, art. IV).

O famoso tema da lei injusta aparece na *Suma* na Questão 96, sobre o vigor (validade) da lei humana, especialmente no art. 4 (em que casos a lei obriga no foro da consciência). As leis, diz ele, podem ser justas ou injustas. As justas obrigam no foro da consciência. As injustas são injustas de duas maneiras: quanto ao bem humano ou quanto ao bem divino. Quanto ao bem humano, são injustas quando impõem ônus aos súditos apenas a favor de quem governa (e não tendo em vista o bem comum), quando (pela forma) distribuem desigualmente os ônus entre os súditos (diríamos hoje, quando não são isonômicas) mesmo que orientadas para o bem comum. Dessa forma, diz, são mais violência do que leis... A lei injusta é lei empiricamente, mas não faz sentido. Por isso, do ponto de vista da sua inteligibilidade, não é "propriamente" lei. Posso cumpri-la, mas não consigo justificá-la, nem explicá-la integralmente a outrem.

A lei, para Tomás de Aquino é, portanto, um ato de razão e não de vontade. Ela é a medida dos atos humanos, cujo princípio é a razão (Q. 90, art. II). De outro lado, sua noção de bem comum é realmente aberta: é muito mais procedimental do que parece, ou seja, não está vinculada a uma ordem, mas sugere que toda ordem precisa justificar-se e não se justificando não se sustenta como ordem, não obriga pela razão. A lei, sendo racional, é também um elemento de crítica e não apenas de conformismo, e aqui reside o papel histórico desempenhado pelo direito natural tomista, que resume os esforços de contenção do poder no período medieval. A lei não pertence ao soberano como ato dispositivo, mas corresponde a um elemento da razão prática, ou seja, da capacidade de deliberar no caso concreto partindo de princípios. Como o soberano é uma autoridade constituída para um fim, zelar pelo bem comum, a razão legislativa impõe que a lei seja explicável, ou melhor, compreensível e justificável tendo em vista o bem comum. Merece destaque o fato de que, para Santo Tomás, Deus não é um legislador, não é um soberano que impõe sua vontade, mas um criador e sustentador de uma ordem, em que tudo tem seu lugar. Ele não precisa dar ordens. A lei divina é muito mais uma pedagogia: fazer ver ao homem, que é livre dentro de um universo determinado, o seu lugar adequado. A noção de Deus legislador, à moda de um déspota esclarecido ou monarca absoluto, vai ter de esperar até os séculos XVI e XVII para ser elaborada pela escolástica espanhola.

Do ponto de vista do direito, a sociedade medieval não se encontra ordenada por um sistema jurídico monista, isto é, um sistema em que tudo o que é jurídico depende de um ato de vontade de um soberano (seja ele o príncipe, o papa, o povo, representado ou em assembleias). O universo jurídico é complexo e diverso: há costumes, há ordens e leis particulares, locais, corporativas, derivadas de pactos ou de sujeição etc. Neste universo complexo, a legislação e o ato de legislar – como os concebemos hoje – são apenas uma parte. Em geral, como assinala Hespanha, a atividade do poder e da política desenvolve-se sob o signo do *iudicium*, do julgamento, e não da legislação: é um Estado jurisdição o que se vê, não um Estado legislador (HESPANHA, 1993:381 ss). Ao *arbitrium* (decisão sem justificativa) opõe-se o *iudicium*, ou seja a decisão motivada, justificada e regrada, mas num contexto de oitiva do súdito. Da mesma forma que o *iudicium* e a *prudentia* – sobretudo a *iurisprudentia* – guiam o *arbitrium*, a razão (*ratio*) guia a vontade (*voluntas*). A existência de tiranos, na Baixa Idade Média, não impede que haja esforços sociais e intelectuais para seu controle, assim como o desenvolvimento do Estado liberal não impede o surgimento de Estados totalitários ou ditatoriais e movimentos intolerantes em todo o mundo capitalista contemporâneo. Por isso mesmo, o povo (a multidão) também desempenha um papel ativo no processo, criando regras pelo costume: ou criando as regras, que o príncipe reconhece, ou rejeitando as regras criadas pelo príncipe (*desuetudo*).

Sendo a lei uma ordenação da razão, distinguem-se quatro espécies de leis na filosofia tomista: uma lei eterna, uma lei natural, uma lei positiva humana e uma lei positiva divina.

A *lei eterna* (I, IIae, Q. 91, art. I e Q. 93) é a própria razão de Deus, a suma razão, aquilo que dá ordem e existência a todo o universo. Mas a razão divina, adverte Tomás, não tem com o universo a relação que tem o intelecto humano: a verdade para o homem consiste em adequar seu entendimento ao que existe, mas Deus não se adequa ao que existe, antes o que existe se adequa a ele. A razão de Deus tem a natureza de lei. Assim, o que Tomás chama de lei eterna não é um imperativo de Deus sobre o mundo: é a sustentação do mundo por Deus, pois Deus não dá ordens, dá a existência. Assim, a lei eterna em Tomás não pode ser confundida com a lei natural. É algo em que não pensamos em termos de lei, mas em termos de simples existir. É que o intelecto humano é medido pelas coisas: a verdade consiste na adequação de nosso intelecto às coisas. O intelecto de Deus é diferente: a coisa é verdadeira quando se conforma com o intelecto de Deus. Há duas maneiras de conhecer as coisas: substancialmente ou pelos efeitos. Assim, a lei eterna conhecemos não substancialmente, mas por seus efeitos. A lei eterna todos podem conhecer, porque mesmo que não conheçamos a substância, conhecemos o efeito (sem saber o que é o sol, todos sentem sua irradiação).

> A concepção de dignidade da pessoa humana em Tomás de Aquino é diferente da nossa. Para ele há uma subordinação do indivíduo à comunidade. O que precede moralmente o indivíduo é a comunidade. Isto é o que justifica a pena de morte. O assunto é discutido no *tratado da justiça* (IIa-IIae, Q. 64, art. 2). A parte, diz ele, está subordinada ao todo. Cada pessoa está subordinada à sociedade, de modo que se o indivíduo se torna uma ameaça ao todo "é louvável e salutar matá-lo, para a preservação do bem comum". Tal concepção, como se vê, é oposta à concepção moderna de direitos humanos, em que o valor do indivíduo precede moralmente o da comunidade. Por isso, entre o direito natural de Tomás de Aquino (ou medieval em geral) e o direito natural moderno haverá também essa diferença quase inconciliável.

A *lei natural* vem discutida na Questão 91, art. II e Q. 94 da I, IIae. Outra vez pode-se insistir: a lei natural não é um imperativo, uma ordem de Deus legislador: ela existe como participação da razão humana (razão natural) na ordem do universo. O homem participa de forma excelente na razão divina, diz Tomás, porque ele não é guiado cegamente mas pode reconhecer fins. A lei natural não é a lei eterna, mas dela também não é totalmente distinta: ela é uma *participação* na lei eterna, aberta à criatura racional. O homem não apenas tende para seus fins, mas os conhece, por isso é propriamente um ator/autor. E os primeiros princípios da lei natural são evidentes para a razão prática. Qual o objeto da razão prática? O bem, isto é a finalidade e a felicidade. O primeiro preceito da lei natural é, portanto, fazer o bem e evitar o mal (Q. 94, art. II). Para alguns críticos, isto é uma obviedade vazia, uma tautologia. Mas Tomás diz que se trata da mesma obviedade dos princípios evidentes da razão especulativa, tais como *não se pode negar e afirmar ao mesmo tempo* (princípio da não contradição). Isto certamente é uma obviedade, mas é também a primeira regra do discurso consequente, um princípio regulador, como se diz hoje.

Deste princípio tautológico da razão prática, como são tautológicas as leis da lógica formal, decorrem outros preceitos da lei natural: a conservação da própria vida, a bondade das inclinações que compartilhamos com os animais (união dos sexos, criação dos filhos e *outras semelhantes*, ou seja, a satisfação dos apetites) e, finalmente, como tipicamente humana, a inclinação *racional*: conhecer a verdade sobre Deus (o fim último) e sobre a vida em sociedade (o fim natural), de onde procede o evitar a ignorância, não ofender outrem e *coisas semelhantes*. Os princípios evidentes são indemonstráveis, mas há, diz ele, duas formas de evidência. Há o evidente em si mesmo, quando o predicado é da essência do sujeito (ex.: o homem é racional). Mas para quem ignora a definição do sujeito, a predicação não é evidente. Há o evidente para quem conhece os sentidos dos termos, e assim não é evidente para todos. Ora, para a razão especulativa o ser é o primeiro objeto, mas para a razão prática o primeiro objeto é o bem. "Os preceitos da lei natural estão para as ações humanas como os princípios primeiros para as demonstrações. Ora, os princípios indemonstráveis são vários, logo vários hão de ser os preceitos da lei da natureza" (Q. 94, II).

Finalmente, vale ressaltar que a lei natural, segundo Tomás, não é um conjunto de *imperativos* imutáveis. Em primeiro lugar, porque o natural de um ser mutável, como o homem, é também mutável (II IIae, Q. 57, art. II: o natural de um ser imutável é imutável, mas o homem é mutável, o natural do homem pode falhar, visto que há maldade...). Assim, a regra que diz que algo depositado deve ser devolvido, não se aplica ao furioso, ou ao inimigo do Estado que reclamam para si suas armas (Q. 94, IV). Tomás reproduz aqui o célebre exemplo de Platão, dado em *A República*. E isto porque *a razão prática vai do geral ao particular no contingente* (enquanto a razão especulativa vai do geral ao particular *no necessário*, onde, diz ele, não há mudança). Quanto mais se desce ao particular na razão prática, mais se encontram exceções. "A verdade na razão especulativa é a mesma para todos, embora nem todos a conheçam." Mas na razão prática não é possível haver a mesma conclusão em cada caso particular.

Em segundo lugar, a lei natural não é axiomática porque o julgamento, que é resultado da razão prática, é diferente da conclusão silogística do raciocínio especulativo. Ele coloca, aliás, a questão (Q. 94, art. IV): será que a lei natural é igual para todos, visto que os homens são diferentes entre si e cada um tem inclinações diferentes? A resposta é surpreendente para os que imaginam o direito natural como um imperativo abstrato e eterno: "A razão prática versa sobre o contingente, onde entram as ações humanas. Por onde, embora no geral também haja uma certa necessidade, quanto mais descermos ao particular, tanto mais exceções encontraremos."

> Se não compreendermos minimamente o verbo "ser", não somos capazes de fazer frases (e, portanto, pensar) tão simples como esta árvore é uma planta e é uma jabuticabeira. Daí que o "primeiro princípio da razão *especulativa*" seja a noção de "ser". De igual modo, se não formos capazes de usar a noção de "bem", não saberemos decidir e seria impossível explicar por que fazemos uma coisa e não outra. Daí por que a noção de bem esteja no "primeiro princípio da razão *prática*". É uma espécie de condição de possibilidade do discurso. É uma condição, dizem os filósofos, de *inteligibilidade*, de sensatez.

A *lei humana* é o direito positivo propriamente dito. Sua relação com a lei natural é mais sutil do que alguns poderiam esperar. Uma primeira objeção levantada pelos que aderem à existência do direito natural é que a lei natural, sendo o princípio da razão prática, dispensaria a lei humana, ou positiva. Para responder a isso, Tomás começa dizendo que uma coisa é a razão especulativa, outra a prática. A primeira diz respeito ao necessário, a segunda ao contingente. Para julgar o contingente, não basta extrair conclusões abstratas de princípios abstratos. O julgamento (deliberação, discernimento e juízo) é sempre sobre o particular e não pode valer-se das certezas da especulação. A segunda objeção é mais interessante: se existe um direito natural, como explicar que leis positivas sejam diferentes entre si? A resposta dada por Tomás é dupla: em primeiro lugar o direito natural é muito mais a razão prática em operação do que um conjunto de axiomas. Em segundo lugar, o direito positivo deriva do direito natural de duas formas: (a) ou como *conclusão*, (b) ou como *determinação*. Como conclusão derivam algumas leis, como a proibição de matar, que está incluída na proibição de fazer o mal; como determinação dá-se o que se dá com as artes, ou seja, há liberdade para o legislador. Assim como um arquiteto pode fazer casas muito diferentes umas das outras, todas sendo casas, os homens podem dar-se muitas leis diferentes, todas sendo leis. A punição do mal, por exemplo, embora sempre necessária, pode ter formas muito variadas (Q. 95, art. II).

A *lei divina* é aquela sobre a qual menos se estende Tomás (Q. 91 art. IV e V). Ela será o objeto das questões 98 a 108 da Primeira Parte da Segunda Parte: tanto a lei antiga (o Velho Testamento), quanto a lei nova (o Novo Testamento). A lei divina é a que guia no discernimento do pecado e reconduz o homem a seu fim sobrenatural. Ela está muito próxima do caráter misterioso da Providência e sobre ela pode dizer menos a razão natural. Além disso, há uma pretensão eclesiástica de determinar a lei divina através do depósito da tradição e dos instrumentos de controle da consciência, como a confissão, o pecado etc. Sobre tal assunto, Tomás distingue: a lei humana preceitua sobre atos exteriores capazes de impedir a boa convivência, enquanto a lei divina preceitua sobre a salvação eterna. Talvez não seja por acaso que sua obra venha a ser suspeita a seus contemporâneos a ponto de ter várias teses condenadas pelo bispo de Paris e assim permanecerem entre 1277 e 1325 (NASCIMENTO, 1992b:84). Não é à toa também que quando volta a ser lido e ensinado ele será transformado em dogma, não em pensamento vivo em estímulo ao interlocutor. O tomismo transformar-se-á em doutrina a ser ensinada, antes que em pensamento a ser debatido.

Finalmente, ao tratar da força vinculante da lei humana, coloca-nos um tema de sempre no pensamento jurídico. Quando pode alguém, sujeito à lei, legitimamente agir fora dela (Questão 96, VI). Sua resposta: "Devemos atender antes à causa que moveu o legislador, do que às palavras da lei." Uma medida tomada para o bem comum pode ser excessivamente prejudicial num caso particular, porque o legislador não propõe a lei para os casos particulares, mas para os casos mais frequentes apenas. Se uma lei for danosa, num caso concreto, para o bem comum, não deve ser observada. Dá o exemplo de uma cidade sitiada, cujas portas foram fechadas. Ora, se alguns cidadãos ficassem de fora, seria "danosíssimo" para a cidade: neste caso, as portas deveriam ser abertas contra a letra da lei, pois a cidade é preservada não por si mesma, mas por causa dos cidadãos. Se o perigo for de tal sorte, afasta-se a lei, pois "a necessidade não está sujeita à lei" (*quia necessitas non subditur legi*). Mas, adverte ele, se o perigo não for súbito, não se pode interpretar o que é útil ou não à cidade, pois isto "pertence aos chefes, que, por causa de tais casos, têm a autoridade para dispensar da lei".

As questões sobre a justiça agrupam-se na Segunda Parte da Segunda Parte (II, IIae Q. 57 a 79), ao lado das outras virtudes. "A justiça é um hábito pelo qual, com vontade constante e perpétua atribuímos a cada um o que lhe pertence", parafraseia Ulpiano.

Inicialmente, examina as relações entre direito e justiça. O Direito (*ius*), que é objetivo, não é a justiça, que é uma virtude. No latim do tempo de Tomás, *ius* (direito) tinha quatro significados: (a) o justo mesmo, a coisa justa; (b) a arte pela qual conhecemos o justo; (c) o lugar onde se aplica o direito (a justiça); (d) a decisão de quem aplica a justiça. A justiça é a virtude (o hábito do bem) de dar a cada um o que é seu. Neste sentido, aceita a definição de Ulpiano, contida no *Digesto*. Retifica-a, pois Ulpiano define a justiça como vontade, e para Tomás ela é virtude, como dito, e não apenas vontade.

"A lei, redigida por escrito, é a regra da prudência. [...] A lei propriamente falando não é o direito [*ius*] mesmo, mas uma certa razão [*determinação*] do direito", diz ele na Questão 58. Aqui ele afirma que o artista tem na mente um plano do que faz com sua arte. O direito é este plano, com relação à justiça. O direito é a regra da justiça, portanto é o objeto da justiça. Quer dizer que o direito é instrumental em relação à Justiça, que é o final. Mas a justiça não é em Santo Tomás um sentimento. Como igualdade ou proporção, a justiça tem de ser verificada, apreendida e exercitada como virtude e como virtude intelectiva.

> A virtude da justiça é especial porque voltada para os outros. Enquanto nas virtudes "monásticas" o bem que o agente procura é o seu, na justiça o bem que o agente procura é do outro. E esse bem pode ser medido: ou pelos equivalentes (comutação) ou pelo proporcional (distribuição). Analisei mais longamente esse tema em *As palavras e a lei* (LOPES, 2021), em que se encontra uma síntese da concepção tomista.

Tratando-se de definir a adequação (igualdade ou proporcionalidade entre as ações), ela não diz respeito ao apetite sensitivo, mas ao apetite intelectivo. Para fazer justiça, é preciso compreender a realidade e não apenas autocontrolar-se (como no caso da temperança ou moderação). A justiça também tem a característica de ser relativa a outrem: ela é sempre social, por isso a justiça como virtude geral (a virtude por antonomásia), significando a virtude, em si, é apenas uso metafórico de uma expressão (Q. 58, art. II).

Santo Tomás distingue três espécies de justiça, distanciando-se um pouco de Aristóteles neste ponto. Para Aristóteles, a justiça ou é *corretiva* (διορτηοτικον δικαιον) ou é *distributiva* (διανεμητικον δικαιον) e justiça *geral* seria como a honestidade ou a virtude completa. Santo Tomás introduz uma diferença na terceira espécie, que ele chama de *justiça legal ou geral*. Esta é a virtude que ordena nossos atos com relação a outrem, mas não a outrem considerado singularmente, mas de modo geral, impessoal:

é a ordenação para o bem comum (Q. 58, art. V). Assim como a lei é uma ordenação da razão, para o bem comum, a justiça legal é esta virtude relativa ao bem comum. *O bem comum*, diz ele, *difere do particular não pelo mais ou pelo menos* (quantitativamente), *mas formalmente* (qualitativamente), como o todo e a parte diferem entre si. Logo, uma justiça é geral, outra é a particular (comutativa e distributiva). Ser justo com vista ao bem comum, ser justo para uma pessoa (dando-lhe o devido numa troca, ou numa partilha do que é comum, ônus ou benefício) são duas formas de justiça, sendo que a primeira é a justiça geral ou legal.

A *justiça particular* divide-se em justiça *comutativa* e justiça *distributiva*: em ambas o que está em jogo é o bem particular de pessoas particulares, mas dentro de uma comunidade. A dialética todo/parte é permanente no que diz respeito à justiça, pois as relações entre os homens não são, para Santo Tomás, simples justaposição ou agregação (ou seja, a sociedade – o todo –, não é uma soma de indivíduos – partes –, mas um complexo). Por isso, a justiça particular ou é relação de partes umas com as outras (justiça comutativa), ou relação entre o todo e as partes e vice-versa (justiça distributiva) (Q. 61, art. I). A justiça comutativa diz respeito às trocas entre iguais, mas a distributiva diz respeito à distribuição, portanto apropriação particular do que é originalmente comum: a justiça *distributiva* diz como é devido a alguém o que é comum, e a justiça *comutativa* diz como é devido a alguém o que lhe é próprio.

Hoje, há pouca clareza no que diz respeito à justiça distributiva e à justiça legal. De maneira geral, o discurso público é dominado pela premissa implícita de que tudo é particular, de que nada é comum. Mesmo quando falamos do bem público, pensamos normalmente no Estado, que se transforma num indivíduo, que detém interesses próprios. Com uma tal ideia é impossível compreender a justiça distributiva. Por isso, o próprio sistema do Estado social (*welfare state*) torna-se incompreensível e injustificado. Muitos falam do Estado social como um Estado que, ao fazer políticas públicas de distribuição ou redistribuição de renda, por exemplo, faz liberalidades e não justiça. Isto porque não imaginamos que algo seja comum e que a distribuição deste algo comum seja *devida* a alguém. Mas pela liberalidade, diz Tomás, damos do que é nosso, e pela justiça damos o que é de outrem, o que lhe é devido (Q. 58, art. XII). E por justiça distributiva é devido aos particulares uma parte do que é fruto do esforço comum (distribuem-se benefícios e malefícios: neste último caso trata-se da *contribuição* de cada um). Num contrato de compra e venda, estamos diante de uma regra de justiça comutativa (como garantir a equivalência das trocas); num contrato de sociedade, estamos diante de regras de justiça distributiva (como repartir entre os sócios, proporcionalmente, o lucro ou o prejuízo). No primeiro caso, trata-se de *trocar*, no segundo, de *repartir*. Naturalmente, só pode ser repartido o que é divisível, por isso trata-se de distribuir os *bens comuns* e não o *bem comum*, que é a condição de convivência (FINNIS, 1992:194).

Na Questão 57, art. II, da II, IIae, Santo Tomás pergunta se o direito se divide convenientemente entre *natural* e *positivo* (*ius*, não *lex*). Havia quem dissesse que só era direito o direito natural, ou o divino (que daria poderes a uma teocracia, ou que geraria um fanatismo religioso), ou que só positivo era direito (que daria lugar eventualmente à tirania, ou ao voluntarismo...). Os opositores do direito natural diziam que o natural é imutável: direito é mutável, logo não haveria direito natural. Diziam alguns jusnaturalistas também que o justo é justo em si e não depende da vontade, logo o direito positivo não poderia ser direito. Outros diziam que o direito divino não era natural, mas sobrenatural, e era positivo, pois derivado da vontade de Deus, enquanto que o direito positivo não se assentava na vontade divina, logo não poderia ser direito etc.

Tomás esclarece: o justo é uma adequação entre condutas. Adequação de duas formas: por natureza (o necessário), ou por convenção (o aceito – aceita-se isto *como se* fosse aquilo, como se fosse o preço justo, por exemplo). A convenção seria particular (contrato/ pacto), ou pública (ordem do povo ou do príncipe em seu nome). A convenção (o direito positivo) tem lugar sempre que não contrariar o justo natural. Vale a pena lembrar que a noção de natureza na *Suma teológica* é bastante difícil de ser determinada. Para alguns ela é uma combinação de ideal e, portanto, de normatividade, com observações empíricas. Há, pois, o perigo de confundir o natural com o comum. *Natura*, na *Summa*, teria várias definições (BOSWELL, 1981:313).

No art. III da mesma questão, discute se o direito natural é o mesmo que o direito das gentes. A questão se explica muito mais por acaso histórico do que por interesse teórico. Duvida-se, hoje, que fosse comum ou mesmo essencial para os juristas romanos (WEINREB, 1987:44-53). Mas como os juristas medievais lidavam com textos que eram acumulação de muitos autores, o uso da expressão *direito das gentes* às vezes significando direito natural às vezes divergindo do direito natural parecia um problema a ser enfrentado. Discutia-se que havia institutos geralmente aceitos, mas que não poderiam ser naturais no sentido de necessários para a condição humana (como a escravidão, por exemplo). Tomás tenta esclarecer que o direito natural é o *necessário*, ou o *consequente* apreensível pela razão (ao qual só os homens têm acesso: assim a propriedade é *natural*, mas não há *necessidade* para que um campo pertença a uma pessoa e não a outra, nem que os direitos tenham esta ou aquela forma, a não ser a necessidade do bem comum ou o bom proveito).

Assim, aquilo que é comum aos homens pela sua natureza animal não é o direito das gentes, porque se trata do comum também aos animais. A escravidão da mesma forma não é uma necessidade: a razão não determina que A seja escravo de B. A escravidão não é uma necessidade natural, mas uma questão de conveniência. O direito das gentes não é natural no sentido de necessário, e também não é positivo porque não precisa de autoridade, visto que ele é apreensível pela razão. É, portanto, um conjunto de convenções comuns.

A Justiça não existe sozinha: virtudes conexas a completam, e assim ela deixa de ser uma regra totalmente abstrata. Ela é completada, por exemplo, pela liberalidade (a justiça é devida a todos, a liberalidade a alguns), pela fortaleza (que diz respeito ao difícil, não ao melhor ou ao bom), por isso a fortaleza é útil na guerra, mas a justiça é útil na guerra e na paz! Auxilia-a também a magnanimidade.

Há na *Summa* outras questões ligadas à justiça que nos dão conta justamente da importância do desenvolvimento da jurisdição e do processo à época. Uma delas é do *Juízo* (Questão LX – da Segunda parte da Segunda parte). Ali sobressaem dois temas: o da suspeita (art. III) e o do julgamento de acordo com a lei (art. V). O primeiro indica como se leva a sério o princípio da presunção de inocência (ainda que por razões políticas o desenvolvimento do poder centralizado do Estado ou do papa faça surgir os tribunais de tipo inquisitorial). É ilícito julgar com base na suspeita (Q. LX, art. III)? A suspeita, alerta-nos Tomás, tem três causas: (a) somos maus e por isso pensamos mal dos outros; (b) temos má vontade para com os outros (a afeição tolhe a razão); ou (c) a experiência nos faz mais desconfiados (os velhos suspeitam mais que os jovens). Ocorre que a suspeita é um vício, que tem três graus, e tem gravidades diversas: (a) duvidar da bondade de outro é um vício menor (leva à falta de confiança entre particulares); (b) dar como certa a malícia do outro apenas com leves indícios é mais grave (leva ao fim da sociabilidade); (c) mas o gravíssimo é o vício no juiz que por simples suspeita condena. Por isso, no art. IV, Santo Tomás afirma o princípio da dúvida a favor do réu: *in dubio pro reu*. Porque é melhor enganar-se muito, fazendo boa opinião de outrem, do que enganar-se raramente, julgando mal os outros.

Deve-se julgar sempre de acordo com a lei escrita (Q. 60, art. V)? É neste difícil ponto que ele afirma sua célebre convicção: as leis escritas que contrariam o direito natural não se chamam leis, mas, antes, corrupções da lei e o próprio legislador, se fosse julgar, julgaria de outro modo. Antes, porém, de chegar a esta conclusão Tomás destaca, acompanhando Agostinho, que as leis devem ser julgadas na sua feitura, não na sua aplicação, pois aos julgadores compete julgar *pela* lei e não *da* lei. Assim, em princípio presume-se a sua validade, sua obrigatoriedade – é o nosso conhecido princípio da *presunção de legalidade ou de constitucionalidade*. A injustiça da lei deve ser verificada. Além disso, se recordarmos que o direito natural em Santo Tomás é muito mais aberto do que se imagina vulgarmente, a invalidação de uma lei por sua injustiça é muito mais complicada do que parece (FINNIS, 1992:363-366). A própria ideia de mudança da lei, que Tomás aceita com toda a tradição ocidental que o precede, é temperada: não se muda facilmente, é melhor respeitar uma certa tradição (I, IIae, Q. 97, art. II) e na mesma linha, pois, a invalidação de uma lei por força do direito natural é muito difícil.

2 O NOMINALISMO

2.1 O contexto histórico

Os nominalistas carregam uma tradição que os antecede, da mesma forma que ocorrera com a escolástica tomista. Florescem, porém, com especial vigor na escola franciscana de Oxford. Oxford torna-se o centro de uma tradição filosófica curiosamente original. Além de Roger Bacon (c. 1214-1292), que privilegiava a experiência como fonte de conhecimento, vemos Scotus e Ockham desenvolverem formas novas, ou método novo para a ciência, na passagem do século XIII para o século XIV. Todos os três são franciscanos, ao contrário de Tomás de Aquino, dominicano. Dentre os nominalistas que nos interessam destacam-se Duns Scotus (1266-1308) e Guilherme de Ockham (1290-1349). O primeiro escocês, o segundo inglês.

Os nominalistas e sua influência no direito são contemporâneos do primeiro humanismo no que diz respeito à cultura europeia em geral entre o final do século XIII e o século XV, de Dante (1265-1321), de Giotto (1266(?)-1337), Petrarca (1304-1374), de Boccaccio (1313-1375). São contemporâneos dos comentadores ou pós-glosadores no que diz respeito ao direito. São contemporâneos da Guerra dos Cem Anos (1337-1435) e, por consequência, da consolidação das monarquias nacionais. São, finalmente, contemporâneos do exílio dos papas em Avinhão (1316-1378), de uma decadência da Igreja romana com relação a seu poderio do século XIII. Do ponto de vista material vivem na Europa do renascimento comercial e pouco antes da grande tragédia demográfica que foi a Peste Negra de 1348-1349.

A corrente nominalista, numa síntese muito sumária, opõe-se aos realistas na questão dos universais. Para o nominalismo, os universais (os *termos universais*, aquilo que a gramática normativa designava por substantivos comuns e em alguns casos abstratos) são conceitos, mas não têm uma existência real. São de uma existência nominal, como instrumentos do pensamento. Por serem apenas os nomes ou as palavras o objeto da investigação filosófica primeira, os adeptos desta espécie de pensamento são chamados nominalistas. Os nominalistas são também grandes lógicos, visto que a sua busca da verdade exige que o pensador tenha cuidado para não se enganar com o universo das palavras, em detrimento do real que precisa ser compreendido e explicado.

O que tem a ver o nominalismo com o franciscanismo? De maneira muito elementar e até caricatural, podemos dizer que o franciscanismo radicaliza na teoria a noção da onipotência de Deus. Deus não é razão, mas amor. Logo, o mais essencial em Deus é sua vontade. Assim, o bem e o mal não se definem em si mesmos, mas apenas em função da vontade de Deus. Não há bem ou mal em si, mas apenas bem ou mal positivamente desejados e prescritos por Deus. São, portanto, *mala quia prohibita, non prohibita quia mala* (males porque proibidos, não proibidos porque males). Ou seja, o furto, o adultério, que para Santo Tomás são males em si mesmos, para os franciscanos são males porque contrários à vontade de Deus. Esta, por sua vez, é insondável, imperscrutável e, até mesmo, incompreensível pelo homem.

Fácil de ver que a partir daí a vontade torna-se essencial para a definição do direito, mesmo o direito divino e o direito natural. Ora, se assim é, o direito humano, assim como o divino, procedem apenas de uma vontade e é a vontade do soberano, embora o soberano esteja sujeito a regras que não são feitas por ele mesmo, já que ninguém é juiz em causa própria. As teorias de Scotus e Ockham serão muito mais sutis do que isto, e, no entanto, serão essenciais para o desenvolvimento de uma teoria do direito dos soberanos, dos Estados nacionais em formação e bastante familiares ao direito positivo moderno, respectivamente ao positivismo moderno. A bem dizer, o nominalismo será muito combatido e às vezes tratado como uma heresia, mas isto não basta para dizer de qual lado a história vai pender. Também a obra de Santo Tomás havia sido proibida na Universidade de Paris, por seu excessivo materialismo.

Assim, da tradição franciscana, originariamente tão contrária a toda estabilidade e todo direito no sentido conservador, surge uma escola de pensamento que por vias curiosas será capaz de legitimar o direito positivo em si.

Além disso, é preciso lembrar fatos históricos importantes. No século XIII, pululavam na cristandade os movimentos de pobres. Era natural, visto que os pobres se multiplicavam no mundo urbano e se tornavam mais visíveis, na mesma medida em que aumentava a riqueza das cidades. A Igreja, uma vez estabelecida, grande proprietária feudal, abandonara em grande parte o meio dos pobres. Cuidava de obras assistenciais, mas o alto clero, os bispos, os monges e abades viviam senhorialmente. O *populus christianus* voltou por sua conta aos pobres. O movimento franciscano inesperadamente escapou da heresia ou da condenação de heresia, talvez pela atitude pessoal de São Francisco de submissão à hierarquia. Inocêncio III, também de forma inesperada, concedeu a São Francisco elaborar uma regra de vida para os frades. A pobreza e o desprezo pela vida intelectual são duas chaves de leitura desta regra. Competirá à geração seguinte de frades interpretar e aplicar a regra, donde surgirá a discussão entre os que seguem o espírito fundamental da regra (os *espirituais*) e os que acomodam sua obediência às "circunstâncias possíveis" (*observantes*).

No começo, a proteção dos franciscanos vem de sua direta subordinação ao papa. É uma novidade. O papa torna-se seu protetor. Mas já no século XIV as coisas começam a mudar. Dentro dos franciscanos a disputa entre os espirituais (que desejam um cumprimento radical do ideal de Francisco de Assis) e os observantes (que interpretam de forma mais moderada a tradição) leva João XXII a declarar os espirituais hereges e a começar a persegui-los. Dentro deste contexto dá-se a obra de Guilherme de Ockham. Ele defende os espirituais e a ordem franciscana em geral. Isto vai levá-lo a ser preso em Avinhão enquanto corre seu processo (inquisição). Para escapar de Avinhão foge para Pisa e depois para Munique e torna-se protegido do imperador Luís da Baviera. Ali começa a produzir uma obra de justificação do poder do imperador, em detrimento do poder do papa. A disputa entre papado e império ainda se fazia. É desta época o seu *Breviláquio sobre o principado tirânico*.

2.2 Duns Scotus – o *doctor subtilis* (1266-1308)

Os elementos teóricos – metafísica e epistemologia

Como todos os franciscanos, reconhece ao saber profano um caráter instrumental, auxiliar. A precedência é da Escritura e da Fé. Distancia-se, assim, da confiança tomista na razão natural para descobrir o fim último da vida humana. Se o mundo de Santo Tomás é um mundo de ordens e gêneros, o de Scotus é um universo de indivíduos. Não só os universais são conhecíveis, também o singular, pela *intuição*. O singular, o individual é conhecível e assim a importância objetiva das ordens e classes é relativizada. A ordem é uma classificação correspondente a conceitos, não a entes realmente existentes.

A ordem natural também não pode subordinar a vontade de Deus; logo, a vontade de Deus é superior à razão. Por via de consequência, a vontade tem primado sobre a inteligência. Para Tomás, Deus não pode querer o mal, para Scotus mal é o não querido por Deus. O pecado não é fruto da ignorância, mas do desamor e da vontade livre. A inteligência auxilia, mas não determina a vida humana.

É impossível descobrir sozinho (pela razão) regras morais universais, visto que elas só valem pela vontade de Deus. A vontade de Deus é insondável, mas pode ser conhecida pela fé e pela revelação. Por exemplo, Deus mesmo ordena que os hebreus tirem os bens dos egípcios quando ocorre o êxodo; noutra passagem da escritura, manda o profeta Oséias unir-se a uma prostituta. Por que tais coisas não são pecados ou crimes? Porque foram ordenadas por Deus. Estamos, pois, diante de um mundo de imperativos, em que a razão pode muito menos do que imaginava Tomás de Aquino.

Direito e moral

Mala quia prohibita, non prohibita quia mala. Aqui está a chave de leitura do direito nominalista. A importância disto reside, naturalmente, no fato de que de um lado Deus é colocado claramente num nível sobrenatural, em relação à razão natural.

Desta forma, o conhecimento do mundo natural é um conhecimento de singulares, pela sensação somada aos juízos universais (conceitos). Mas os universais, propriamente, não têm existência senão mental. Existem Pedro e Paulo e Maria, mas não existe uma *humanidade*. O todo passa, portanto, a ser uma espécie de somatória de partes. Não havendo males em si, tudo depende de uma orientação, um guia, uma revelação, no que diz respeito ao direito divino. E no que diz respeito ao direito humano positivo, tudo depende da vontade dos homens mesmos, expressa ou pelo príncipe ou por convenções e tradições.

Esta filosofia individualista antecipa, porém, algo moderníssimo, que é a dignidade própria do singular, do indivíduo humano. Se o tomismo é uma filosofia da ordem, em que o todo joga um papel preponderante, o nominalismo é uma filosofia do indivíduo, de muita consideração para com a liberdade. Por isso, a pena de morte, por exemplo, não pode ser justificada para Scotus, exceto quando definida pela lei divina. De outro lado, são as convenções e promessas que têm precedência na vida moral: até o poder político pode proceder da vontade (um contrato/pacto de sujeição), o que vale dizer que na origem todos os homens são iguais. No que diz respeito à propriedade, ponto sensível para qualquer franciscano do século XIV, dirá Scotus que ela não é direito natural, mas positivo (*non fit lege naturae sed positiva*). O poder político, como dito, passa a proceder do consenso e escolha comuns (*ex communi consensus et electione*). Ainda assim Scotus aceita uma natureza: esta que Deus quis e que conhecemos (VILLEY, 1986:188). Para conhecê-la não é inútil uma *recta ratio* e para deliberar é preciso *prudentia*.

2.3   Guilherme de Ockham – *inceptor venerabilis* (1290-1349)

Guilherme nasce em 1290, em Ockham, Surrey, a 30 quilômetros de Londres. Torna-se bacharel em Oxford, em 1318. Em 1324, é chamado à corte papal em Avinhão, para responder a João XXII, cuja inquisição condenara sete pontos do ensino ocamista como heréticos e 37 como falsos. Em 1328, temendo pela sua vida, pois afinal a autopreservação é o primeiro direito natural do indivíduo, foge de Avinhão para Pisa e se estabelece em Munique, onde vem a falecer em 1349. Em 1339, suas lições haviam já sido proibidas em Paris, o que não impediu que se propagassem.

Metafísica e epistemologia

Guilherme de Ockham foi um *conceitualista*. Distingue claramente (como Aristóteles) a coisa (*res*) da palavra (*signum*). Assim, Pedro ou Paulo são homens. Mas a humanidade não é um ser. Por trás das palavras, há conceitos mentais, mas o universo, o real propriamente dito, é feito de singulares, de indivíduos. Dirá: "toda coisa extramental é singular" (OCKHAM, 1979:358). E a coisa singular é numericamente una, "mas no sentido de que, além de ser numericamente una, não é um sinal, natural ou voluntário (convencional) comum a muitos" (OCKHAM, 1979:358). Ou seja, uma coisa singular não é um signo, que pode ser comum a muitas coisas, pois o signo as *representa* apenas. A sua metafísica, ou seja, sua filosofia do ser, tende a dissolver-se na lógica. Num certo sentido, coloca o pensamento no lugar do ser, e nisto antecipa o idealismo, a filosofia moderna, exemplarmente existente do século XVII em diante (*penso, logo existo*). Lógica e revelação (teologia) são planos assimétricos (REALE; ANTISERI, 1991:615). Se Deus é onipotente e o mundo contingente, não há relação de igualdade entre Deus e os indivíduos singulares.

A filosofia para ele também não serve à fé como para Tomás de Aquino: pela filosofia natural não se chega à fé. E nisto seu agostinismo antecipa Lutero de quase dois séculos. O reformador alemão fará seu movimento proclamando *sola fides, sola scriptura*. Em outras palavras, só a fé e só a escritura revelada nos conduzem ao conhecimento de Deus, nada mais. A importância disto é o golpe que representa para a ideia de tradição ou de razão natural. A tradição não vale muito, pois o saber e o crer são sempre esforços pessoais, de aplicação individual. A autoridade da tradição pode mais atrapalhar do que ajudar no conhecimento. É o que alguns chamam do elemento irracional e voluntarista do pensamento político luterano, já *in nuce* no pensamento de Guilherme de Ockham.

A razão humana não tem por objeto os universais, mas as coisas criadas por Deus, tal como são singularmente, a coisa positiva (*res positiva*). O indivíduo torna-se também o centro do direito. Se imaginarmos que o mundo medieval, mesmo o mundo das comunas burguesas, é um mundo de ordens e corporações, uma filosofia exclusivamente individualista, do ponto de vista político, não está ainda plenamente à vontade ou em casa.

O papel relevante do conhecimento empírico em Ockham terá desdobramentos. O conhecimento é de duas naturezas. Em primeiro lugar, o *conhecimento incomplexo*, ou intuição, que se refere aos termos singulares; é o *conhecimento intuitivo*: refere-se à existência de uma coisa, é a consciência imediata, a experiência de uma coisa que realmente existe. Uma parede branca se oferece à minha experiência, e sei imediatamente que se trata de uma parede branca. Em segundo lugar, há o *conhecimento complexo*, das proposições; dito também *conhecimento abstrativo*: prescinde da presença da coisa, é a compreensão, refere-se a proposições, não às coisas mesmas (LEFF, 1958:282). A ciência é um conjunto de proposições; diz respeito a proposições, não às coisas extramentais:

> "Propriamente falando, a ciência natural não é acerca das coisas sujeitas à corrupção e geração, nem acerca das substâncias naturais ou das coisas móveis, porque nenhuma delas é sujeito ou predicado em nenhuma conclusão conhecida pela ciência natural. Com efeito, falando com rigor, a ciência natural trata das intenções da alma (*conceito*) comuns a tais coisas e que precisamente as *representam*, se bem que em algumas proposições, como se verá depois, tais conceitos valem por si mesmos" (OCKHAM, 1979:351).

Os termos universais são aqueles que se aplicam a um número indeterminado de seres (a humanidade, o cavalo etc.). Termos singulares referem-se a seres individuais (Pedro, Paulo, Incitatus etc.). Quanto aos universais, afirma:

> "Digo que o universal não é uma coisa real, dotada de ser subjetivo, quer na alma, quer fora dela, mas tem apenas ser objetivo na alma, e é certo coisa fictícia, dotada de tal modo de ser objetivo na alma como a coisa exterior tem

ser subjetivo. Digo, portanto: vendo alguma coisa fora da alma, o intelecto fabrica mentalmente uma coisa semelhante, de modo que, se tivesse o poder produtivo como tem a força imaginativa, faria essa coisa exteriormente, no ser subjetivo, distinta numericamente da anterior. [...] As ficções existem na alma e não têm um ser subjetivo, porque então seriam verdadeiras coisas, e nesse caso a quimera, o hircocervo, etc., seriam coisas reais; logo, há coisas que só possuem ser objetivo" (Guilherme de Ockham, *Ordinatio* d.2, Q. 8, primeira redação, in OCKHAM, 1979:364).

Os universais são nomes que permitem as relações lógicas da mente. Por isso, não é possível conhecer as substâncias, mas apenas os acidentes, qualidades da coisa. Sendo simples relações lógicas, não permitem passar de um indivíduo a outro, não permitem dizer: se A existe, existe B. Para afirmar isto, é preciso a experiência, o conhecimento intuitivo; a ciência é apenas o discurso gramaticado, de proposições, que permite controlar o discurso sobre os singulares. Não é possível conhecer a substância (natureza, finalidade etc.) sem conhecer a essência (o particular).

Com isto, sua física deixa de ser qualitativa e passa a ser quantitativa: da pesquisa do movimento como princípio para o ser que se move. Ao mesmo tempo, a presunção do infinito, que leva à ideia da *causa última* (*motor imobilis*) é desnecessária, pois a experiência de infinito está além de toda experiência humana e racional. Destas premissas epistemológicas Guilherme de Ockham retira a sua famosa *navalha*, segundo a qual não é necessário multiplicar os seres para compreender a realidade, especialmente: (1) na ciência não preciso admitir mais nada além do conhecimento experimental do indivíduo, pois o movimento é o corpo móvel e não outra coisa fora da mobilidade dos corpos; (2) nos fenômenos não interessa sua natureza mas sua função, e com isto se passa da metafísica à física.

Na sua *teoria dos termos*, designa por termos todos os signos, isto é, tudo o que está em lugar de outra coisa. Segue-se que será preciso desenvolver, como em toda filosofia da linguagem, uma *semântica* (isto é, uma teoria das relações entre significantes e significados), uma *sintaxe* (isto é, uma relação dos termos ou signos entre si), e uma *pragmática* (a relação dos termos ou signos com o contexto do discurso e com os sujeitos dos discursos). Os *termos* são todos signos, portanto produtos da mente (LEFF, 1958:283), mas alguns são *naturais* (*terminus conceptus*, o conceito), outros *convencionais* (*terminus prolatus, terminus scriptus*, as palavras faladas ou escritas) (OCKHAM, 1979:367). O *termo conceito* é a palavra mental, diz ele, é o termo mental, conceito puro e simples, é uma *intenção* da alma, não precisa de palavras para representar o que significa e, citando Agostinho, diz que não pertence a nenhuma língua (CANELLA, 1937:198-9, OCKHAM, 1979:367). Primariamente, o conceito é que significa uma coisa, e secundariamente é que a palavra significa a mesma coisa. Divide ainda os termos em *categorimáticos* (os que têm uma referência ou significado/significação definida e determinada, como os substantivos) e *sincategorimáticos* (que não têm referência, os *semernas vazios* da linguística contemporânea, como os pronomes indicativos ou indefinidos e as preposições). Estas divisões dos termos estão na esfera da significação, da semântica, portanto.

Mas os termos só se apresentam normalmente em proposições, de modo que conforme estejam nas proposições, podem ser diferentemente classificados. A isto, chama de suposição: a referência do termo ao significado, conforme a proposição. Quando dizemos "o homem é um animal", o termo *homem* está em lugar de (refere-se a) todos os singulares, das coisas positivas. É uma *suposição pessoal*, pois o termo se refere a cada coisa. Quando dizemos "o homem é uma espécie", o termo *homem* não está em lugar de seres singulares, mas já é um simples conceito, e este caso é de *suposição simples*. Finalmente, podemos dizer "homem é um dissílabo". Neste caso, o termo não se refere ao seu significado, mas ao significante, à palavra mesma: é uma *suposição material* (o termo referido a seu próprio meio de realização material).

A moral, o direito

Ao individualismo epistemológico e metafísico, Ockham associa o voluntarismo. O que Deus quer é bom porque Deus quer. Em Deus, vontade e razão coincidem, mas são ininteligíveis para nós. Trata-se do inalcançável, do infinito, da liberdade e da onipotência absolutas de Deus. Isto, naturalmente, limita toda tentativa de compreender uma ordem universal, especialmente uma ordem moral ou uma razão prática à moda tomista. A vida política depende, portanto, não de uma razão humana que participa da razão divina (ordenadora de tudo o que é, como em Santo Tomás), mas de uma razão humana de caráter antes de tudo utilitário e pragmático. Por isso, defende uma monarquia universal, com autonomia do poder civil, pois é mais apta a garantir a utilidade da vida comum (BOEHNER; GILSON, 1991:545 ss; OAKLEY, 1984b:65-83).

Como em Scotus, para Ockham apenas existem os *mala prohibita*. No entanto, é possível encontrar na sua obra referências ao direito natural. Então, o direito natural o que é? O do decálogo? Mas este é apenas *positivo divino*, é a *lex divina positiva*. Seriam os costumes antigos (*absque omni consuetudine vel constitutione humana*)? Estes costumes antigos e comuns são o *ius gentium*? Seria uma convenção entre os homens, seria a *recta ratio*?

Duas obras são importantes para o assunto: sua *Opus Nonaginta Dierum* e o *Brevilóquio sobre o principado tirânico*. Neles, desenvolverá uma ideia de *direito subjetivo* como direito da vontade, como faculdade e poder (VILLEY, 1986:195 ss). Para ele, há *iura* (*potestates*) e *ius* (*dictamen*). O *ius naturale* é um *dictamen rectae rationis*, os *iura naturalis* são *potestates* de acordo com o *dictamen*. Assim, *iura* são liberdades ou poderes lícitos.

Como toda a sua metafísica é dos indivíduos e coisas singulares, o universo jurídico também é de indivíduos singulares. É deles que se parte para falar em direito, e cada indivíduo tem uma liberdade correspondente à sua singularidade. Ockham é individualista: uma comunidade não se distingue da soma de seus elementos (MACGRADE, 1980:158), e no entanto ele se refere a comunidades. Assim, politicamente, para ele, é melhor que haja um só chefe, pois a resolução das disputas individuais fica facilitada. Cada membro de uma comunidade também é responsável, e mesmo a resistência a um papa herético é dever de cada cristão pessoalmente: "Não só é lícito investigar a respeito do poder do papa, mas também é lícito e convém julgar a respeito de suas obras, se forem manifestamente más, e tê-las como más e repreensíveis, e no tempo e lugar oportuno afirmar tal coisa e levar a conhecimento dos outros" (OCKHAM, 1988:41). A infalibilidade não pertence a um todo distinto (representado, por exemplo, pelo clero ou pelos chefes de uma corporação), e nem a alguém em particular, mas a cada um que usar sua razão. O individualismo lógico de Ockham, e também ontológico, faz com que a organização política lhe pareça complexa, pois é organização de interesses individuais a serem hierarquizados (propriedade legítima × famintos que furtam).

Para ele, o direito natural tem três graus. O primeiro são os *conselhos da razão, mutáveis por convenção*. Exemplo deste primeiro tipo: crédito de empréstimo (o beneficiário pode renunciar a seu direito). O segundo tipo é o *estatuto ideal da natureza racional*, e neste tipo se inclui a comunidade de bens (*communis omnium possessio*): o domínio comum Deus deu a Adão e Eva, o domínio próprio (a propriedade privada) não vem do direito divino exclusivamente (OCKHAM, 1988:111-114). Finalmente, há *imperativos imutáveis da razão*, e neste terceiro tipo estão os direitos correlativos a deveres que têm caráter de *imperativo moral* (autodefesa, estado de necessidade). Estes são irrenunciáveis, ou como dirão os modernos, são inalienáveis: não podem ser renunciados (LAGARDE, 1947:164-165).

Na sua disputa com João XXII, incluída na *Opus Nonaginta Dierum*, há outra contribuição importante. João XXII condena os franciscanos espirituais que aceitam usar das coisas que lhes são entregues pela Igreja, mas não aceitam os títulos de domínio, por se dizerem pobres. Vivem em edifícios e os ocupam, mas não querem receber sua propriedade. Na defesa dos espirituais, Ockham distingue o *direito de usar* (*ius utendi*), uma coisa externa, sem limitação pela posse de outrem, do *dominium*, que ele chama um poder principal de *reclamar* uma coisa em juízo e usá-la de um modo não proibido por lei. Esta visão, porém, não é extraordinária no seu tempo (MACGRADE, 1980:151) e pode ser vista mesmo na obra de Bártolo, com alguma semelhança. É Bártolo (no século XIV), nos seus comentários, que dá uma primeira definição de propriedade: "*Quid ergo est dominium? Est ius de re corporali perfecte disponendi, nisi in lege prohibeatur*" (*In Primam Digesti Novi Partem*, ad 1. si qui vis, & *Differentia*, apud MELA, 1989:256). Mas o mesmo Bártolo acrescenta logo depois que *dominia duo sunt*, domínio útil, que pode ser mais de um, e domínio direto. O problema realmente se coloca em como distinguir *dominium* (propriedade) e uso no caso dos bens que são consumíveis. Como nos define a dogmática, nos bens fungíveis a transferência da posse transfere a propriedade. Existe de fato uma propriedade distinta da posse? É esta a questão levantada por João XXII (VILLEY, 1986:209-217).

No *Brevilóquio*, existem questões de método interessantes para o posterior pensamento jurídico. Na discussão filosófica e jurídica, diz ele, a interpretação simbólica da escritura não vale para provar numa questão disputada: ela só tem valor de edificação moral. Distingue, portanto, claramente o uso que a patrística fazia da escritura (simbólico e moralizante), do uso filosófico e *científico* do texto. Abandonando a escritura, é preciso recorrer às fontes humanas, e daí os direitos do imperador vêm de regras humanas. O direito romano é tomado como lei positiva, enquanto que em Tomás ainda é muitas vezes tomado como uma *ratio*, uma doutrina. Ockham também usa o direito romano como um sistema: *quod principi placit legis vigorem habet* transforma--se num princípio geral.

Em síntese, o direito medieval é, como diz Maitland, o ponto onde lógica e vida se encontram (BLACK, 1993:34). Por isso, a discussão dos nominalistas torna-se tão fundamental. Para indicar apenas um exemplo, a corporação medieval era tratada como *nomem intelectuale et res incorporalis* cujas relações com seus membros e com seus reitores (curadores, administradores etc.) dependia da sua equiparação a *persona ficta* (ULLMANN, 1975:59). E assim fazendo, os medievais, conforme Ullmann (1975:62), tratavam as questões legais como questões políticas e vice-versa. Por isso, os nomes dos juristas, tais como Azo, Acúrsio, Baldo e Bártolo, confundem-se com o dos "políticos", como João de Salisbury, Dante, Marcílio de Pádua, Ockham, na discussão de princípios de governo da república, coisa universal por excelência, corporação também ela, em que o *populus christianus* vivia parte significativa de sua vida.

7
AS IDEIAS JURÍDICAS DO SÉCULO XVI AO SÉCULO XVIII: O DIREITO NATURAL MODERNO E O ILUMINISMO

Desde que nos propomos a praticar uma ação e que possamos razoavelmente perguntar-nos se ela é boa ou má, justa ou injusta, convém aconselhar-se e deliberar a respeito. Não é necessário entregar-se temerariamente a uma ação antes de haver encontrado e definido o que é permitido e o que não o é. É o caso das coisas que têm ao mesmo tempo um aspecto bom e um aspecto mau, como acontece nas inúmeras espécies de trocas, contratos e negócios. [...] Penso que a solução desta questão não interessa aos juristas, ou pelo menos não interessa exclusivamente a eles. Pois, digo logo, os bárbaros não nos foram submetidos em virtude do direito humano. Seus negócios não podem, pois, ser examinados à luz das leis humanas, mas à luz das divinas. (Francisco de Vitória, Primeira lição sobre os índios recentemente descobertos, *janeiro de 1539).*

Entre as coisas inerentes ao homem está o desejo de sociabilidade, ou seja, de comunhão, não de qualquer uma, mas tranquila e ordenada, segundo a condição de seu entendimento, com os que pertencem à sua espécie [...]. Esta conservação da sociedade, indicada precariamente por nós, própria do entendimento humano, é a fonte de seu direito ao qual pertence a abstenção do que é alheio bem como, se de outrem tivermos algo ou tirado algum proveito, a restituição, a obrigação de cumprir o prometido, a reparação do dano causado culposamente e o merecer a punição. (Hugo Grócio, De Jure Belli ac Pacis, *1625).*

Basta, por ora, ter provado que o homem pode, empregando retamente sua razão e as faculdades inatas que lhe foram dadas pela natureza, chegar ao conhecimento desta lei natural sem necessidade de que algum preceptor a esclareça, sem necessidade de um instrutor que lhe ensine seu dever. Contanto que haja algum recurso cognoscitivo que não se confunda com a mera tradição, haverá constância de que a lei natural seja conhecida por uma luz da natureza humana e por algum princípio interno. Pois tudo o que o homem conhece ou procede de outros ou aprendeu por si mesmo. (John Locke, Ensaios sobre a lei da natureza, *1664).*

Entre os deveres absolutos ou de todos para com todos, o primeiro é este: ninguém cause dano a outrem. Este dever é o mais amplo de todos e abarca os homens enquanto homens. Por fixar-se somente na produção de um ato é também o mais fácil de entender, a não ser que a desordem de uma mente apaixonada altere e apague toda a clareza da razão. Pois posso viver pacificamente ao lado de quem não me favoreça ou não se entenda comigo em nada, desde que não lese os meus interesses. (Samuel Pufendorf, Deveres do homem de acordo com o direito natural, *1673).*

1 A MODERNIDADE

A modernidade abre-se com eventos de extraordinária repercussão: a Reforma protestante e a chegada dos europeus à América. A conquista da América coloca para os juristas problemas novos, e com ela surgem questões não resolvidas anteriormente (pelo menos não na escala em que se dão) sobre o direito de conquista e descoberta, o direito de posse, a invenção, o tesouro, o direito do mar (a liberdade dos mares) e sobretudo a alteridade, a liberdade natural dos índios. Neste último tema, a modernidade começa a enfrentar a tolerância do *diferente*. A Reforma protestante e as guerras de religião, o fim da *ecoúmene* cristã latina impõem novos objetos de reflexão: o problema da pluralidade e da tolerância do *dissidente* de maneira nova. Antes a tolerância era corporativa, agora será distinta. Os Estados nacionais deverão encontrar um meio de tratar os dissidentes religiosos e não será fácil. O debate em torno da tolerância religiosa anteciparáo debate a respeito da democracia, do respeito ao dissidente político.

Ao lado de tais eventos, continua a desenvolver-se a economia monetarizada e mercantil, constituindo-se em mercado. Segundo Braudel (1986:49), o capitalismo começa com um relacionamento entre economias por força de algumas mercadorias excepcionais, entre as quais os metais preciosos (e, com a chegada à América, os tesouros e riquezas aqui produzidos). Este intercâmbio, até o século XIX, diz ele, é apenas parcial. Arrasta inflação e alguma comunicação de economias, mas não arrasta ainda a vida cotidiana da maioria dos homens. O *capitalismo* distingue-se, porém, de *economia de mercado* ou de trocas, porque as trocas são tradicionais em qualquer sociedade. O *mercado simples*, desde sempre conhecido, é o dos intercâmbios cotidianos, regulares, sem surpresas, transparentes (*public market*). Outro é o dos intercâmbios não transparentes, em que um terceiro se coloca entre produtor e cliente e domina o mercado (*private market*), buscando desembaraçar-se das regras do próprio mercado, em que entra comprando adiantado, concedendo crédito etc. (BRAUDEL, 1986:56-59). É o alargamento das trocas em que interfere este segundo tipo que dá lugar ao capitalismo. Nele se destacam os *grandes comerciantes* da massa dos *pequenos mercadores*.

Um quarto elemento deste processo é a consolidação dos Estados nacionais na forma do poder régio e soberano, que reivindicará progressivamente não uma *superioridade*, como se imaginava na ordem medieval corporativa e escalonada (reis, príncipes, senhores e corporações medievais), mas uma *exclusividade* no poder político (HESPANHA, 1984b:35). Além disso, a guerra dos Estados nacionais muda de figura. Já não se trata de guerras dinásticas entre senhores que armam seus próprios cavaleiros: os exércitos mercenários entram em cena e o crédito torna-se indispensável para financiá-la. O crédito dos banqueiros aos reis, determinando um rearranjo das rendas feudais e sua destinação, tem um efeito político e econômico e está associado tanto ao desenvolvimento das justificativas jurídicas do poder régio quanto da executoriedade das promessas e dos títulos de crédito (KENNEDY, 1989: *passim*).

Portanto, a nova teoria do direito, que será elaborada nos séculos XVII e XVIII sob o nome de *direito natural*, deita suas raízes nestes processos e eventos históricos: desenvolvimento capitalista do mercado, fim da cristandade, conquista da América, afirmação do Estado nacional. A nova teoria política e jurídica deve entreter-se com os assuntos da soberania e do pacto de dominação (sujeição) entre soberano e súditos. Nesta linha, vão as discussões em torno do poder do soberano feitas pelos primeiros modernos (Maquiavel, Jean Bodin, Thomas Hobbes). Deve também dar conta da tolerância religiosa e da liberdade individual, liberdade de consciência e de ação privada (nesta linha vai sobretudo o direito natural de Grócio e Locke). O mercado como sistema social e a liberdade das trocas imporá a obrigatoriedade das promessas (a individualização do contrato, com uma teoria da vontade e da autonomia da vontade, e da propriedade e sua livre aquisição e transferência). Nesta linha vão jusnaturalistas e novos civilistas (Pufendorf, Domat, Pothier).

2   O PARADIGMA JUSNATURALISTA

O jusnaturalismo moderno difere da tradição clássica, aristotélico-tomista. Estamos, no início da modernidade, isto é, no século XVI, assistindo a uma reafirmação do sujeito e da razão individuais. Não é por acaso que a arte do retrato volta a ser particularmente importante (aliás desde o século XV vem crescendo, ali onde a burguesia mercantil se afirma, como na Flandres e na Itália). O ambiente do jusnaturalismo moderno é personalista e individualista.

O jusnaturalismo moderno cresce também num meio *racionalista*. Isto não quer dizer, naturalmente, que o direito natural clássico crescesse num ambiente irracionalista. Mas a razão moderna é cada vez mais uma *razão instrumental* – ou seja, capaz de operar a relação entre meios e fins previamente dados, e uma *razão estratégica* – capaz de operar as relações de oportunidade de cursos de ação para alcançar fins determinados. Mas é cada vez menos aquilo que era para os clássicos: uma *razão prática*, capaz de deliberar sobre os fins, a escolha e hierarquização dos fins. Ela conhece dos meios, não dos fins. Os fins são plurais, distintos, individuais, incomunicáveis e em última instância indefiníveis ou irracionais. A razão moderna já não se preocupa em conciliar vontade e apetite, tema clássico da ética aristotélico-tomista. O espaço da razão é analítico e instrumental para os modernos. Não cabe mais perguntar-se pelo fim das coisas: qual a finalidade do mundo, da criação? Sobre isto é melhor calar. As guerras de religião que haviam assolado a Europa, quando os Estados nacionais e absolutos buscavam definir questões das Igrejas e dogmas, deixaram um legado de ceticismo a respeito destes "temas últimos".

> O *mos gallicus* (estilo francês) afirmou-se contra o *mos italicus* (estilo italiano) ao longo do século XVI. Atribuído inicialmente a André Alciato (1492-1550), jurista milanês que se transferiu para Bourges, tinha em comum com o humanismo do século XV o amor pela filologia e pelas fontes clássicas. No âmbito da exposição do direito caracterizou-se pelas tentativas de recompor os textos do *corpus iuris civilis* à forma que tiveram no tempo de Justiniano, bem como pela intenção de sistematizar e descobrir um sentido original e orgânico para as escolhas feitas pelos juristas de Constantinopla à época da composição do *Digesto* e outras fontes. Seus cultivadores foram sobretudo franceses, como François Duaren, Jacques Cujas (1522-1590), Hugo Doneau ou Donellus (1527-1591), François Hotman (1524-1590) e François Conan (1508-1551), em sua maioria calvinistas que tiveram que fugir depois do massacre da noite de São Bartolomeu (1572). De Genebra e Estrasburgo espalharam-se para o que hoje é a Alemanha e a Holanda. De sua progênie resultaram a *escola elegante holandesa*, dentro da qual surgiu Hugo Grócio, e a escola do *usus modernus pandectarum*, da qual brotou a ciência jurídica alemã de grande influência em toda a Europa.

Como dito, o jusnaturalismo floresce também num meio *individualista*. Há uma nova antropologia em gestação: opondo-se ao homem animal político da tradição aristotélica, e ao conceito organicista de sociedade da civilização corporativa da Baixa Idade Média, o individualismo impõe-se a pouco e pouco. A sociedade passa gradativamente a ser encarada como soma de indivíduos isolados, que se organizam por formas de contrato social. O novo direito será, pois, *contratualista*. Os homens não têm interesses convergentes: ao contrário, naturalmente são egoístas e se opõem. Esta ideia de homem passa a ser a base da reflexão política e jurídica. O papel do direito e da autoridade transforma-se: a paz, não a justiça, é a primeira tarefa do soberano. O comunitarismo clássico e a natural sociabilidade dos homens já não são mais os pressupostos da filosofia política e jurídica. Assim, a nova ética cada vez mais abandona a pesquisa de fins substantivos gerais, comuns e universais: de uma ética das virtudes (clássica) progressivamente se muda para uma ética dos deveres, do cumprimento de regras, de obediência a procedimentos.

O novo direito deverá ser cada vez mais *procedimentalista*. O poder já não pode ser justificado apenas por seus bons propósitos, mas também, ou sobretudo, por sua eficácia na consecução dos novos objetivos políticos: paz civil e prosperidade econômica. A justificativa do exercício do poder altera-se. O direito será cada vez mais um instrumento de estabelecimento da paz civil, e cada vez menos uma instância de promoção da cooperação. Tenderá para a liberdade moderna (uma esfera individual e exclusiva de vida e propriedade), em oposição à liberdade antiga (participação na vida pública). Organizará a distinção nova (e até hoje fundamental na organização do poder) entre o público e o privado.

Não é apenas substancialmente, quanto ao conteúdo, que se percebe a mudança. Surge também um novo estilo, um gênero literário diverso: o tratadismo. Em oposição aos gêneros medievais, do *ius commune*, dos comentários de casos, leis, decisões, problemas particulares, o novo estilo é mais exposição sistemática, em princípios, em forma dedutiva. Assim como a matematização e geometrização dos modelos influi no conhecimento da natureza (a modernidade é o tempo de Galileu, Leibniz, Newton), assim os filósofos morais e políticos começam a rejeitar o estilo casuístico e prudencial dos escolásticos e mesmo dos nominalistas. Um caso exemplar é o do humanismo francês, ou da escola culta, *mos gallicus* de estudo do direito. François Hotman, um huguenote francês, é simbólico da reação contra o método medieval: seu *Antitriboniano* (escrito em 1567, publicado em 1603) é um libelo contra o direito romano, tal como compilado por Justiniano e estudado nas universidades medievais. Ali não se encontra a *razão escrita*, diz ele, mas leis que interessavam a um povo particular e num momento particular, com as interpolações bizantinas (WATSON, 1991:158-9; ERMINI, 1946:99; MAFFEI, 1964:63). A razão mesma há de ser exercida por cada um em cada momento próprio.

O estilo jusnaturalista será o das demonstrações. O próprio Leibniz escreve no século XVII sobre o direito natural e sobre o novo método de ensino do direito de *modo geométrico* (preciso e demonstrativo).

Ao lado dos juristas propriamente ditos, ou de filósofos que desenvolvem claramente uma reflexão sobre o direito e a justiça, encontram-se já no século XVIII também os *économistes* franceses ou *fisiocratas*, como Quesnay (1694-1774), Turgot

(1727-1781), De Nemours (1739-1817) e outros, sendo certo que Condorcet (1743-1794) lhes foi muito próximo. Sua contribuição ao pensamento jurídico destaca-se na definição do direito de propriedade e dos contratos, essenciais no Código Civil dos franceses, e aprofunda a relação entre o direito natural e a economia (também natural) que permite o progresso e a defesa da sociedade (cf. TARELLO, 1976).

Peter Stein (1980:4-5) lembra que a origem do direito natural moderno é marcada pela soma de dois métodos: um *a priori*, outro *a posteriori*. Pelo método apriorístico, a demonstração deve ser feita como se faz nas matemáticas, a partir de um postulado evidente. Pelo método *a posteriori*, os jusnaturalistas procedem apelando para os exemplos históricos: se sempre e em toda parte se encontram certas normas, é porque a natureza humana assim o exige. Quanto mais avança a modernidade, mais os jusnaturalistas abandonam as demonstrações por meio de exemplos históricos e mais se concentram nas demonstrações por dedução racional. Grócio, diz Stein, usa muitos exemplos (método *a posteriori*), Pufendorf tende para a demonstração *a priori*.

O direito natural moderno é, neste sentido, uma novidade. Seu método e sua função social rompem com a tradição estabelecida do direito comum e são relativamente disfuncionais no antigo regime, ainda profundamente corporativista, estamental, tradicional. Impõe-se como novo método, novo paradigma, e impõe-se aos poucos, ou seja, embora possamos definir os séculos XVII e XVIII como séculos do jusnaturalismo, o que se ensina nas escolas, o que se comunica como profissão jurídica ainda é, naqueles 200 anos, em boa parte o *direito comum*. Isto sem falar que as instituições ainda funcionam no regime antigo. O direito natural é uma luta contra o sistema medieval de estudo e ensino, de submissão à tradição e aos costumes e sobretudo contra a ordem pré-liberal, pré-burguesa e pré-capitalista. Por isso a revolução burguesa, francesa ou americana, será travada em termos jusnaturalistas, com a invocação do direito natural como arma de combate, justamente contra o edifício jurídico-institucional do Antigo Regime. Os juristas filósofos do direito natural terão um papel ideológico relevante no processo revolucionário porque justificarão a derrubada da tradição medieval, incorporada seja nas instituições políticas, seja na regulação privada dos negócios (contratos, propriedade, família e sucessões).

Os jusnaturalistas divergem entre si, mas compartem algumas características. O primeiro esforço do jusnaturalismo é escapar da esfera teológico-filosófica em que nascera (aristotelismo, tomismo e jesuitismo) para firmar-se como província dos juristas. Este desenvolvimento levará dois séculos, até que se atinja a codificação moderna e liberal, em que a disciplina de direito natural entrará a fazer parte do ensino como base da razão jurídica. Se de um lado podemos ver nos teólogos juristas espanhóis as primeiras ideias voluntaristas misturar-se com o direito natural, serão sobretudo os luteranos e alemães que lhe darão a forma final dentro das faculdades de direito, como disciplina de base para os cursos jurídicos.

3   A ESCOLA DE SALAMANCA

Salamanca torna-se o centro de um debate filosófico, teológico, jurídico e político da maior importância e, num certo sentido, torna-se a precursora do jusnaturalismo moderno, ainda que de fato esteja direta e explicitamente ligada ainda à escolástica e ao tomismo. O primeiro representante, considerado fundador da escola, é Francisco de Vitória (1480-1546), teólogo e frade dominicano. O último dos teólogos juristas de Salamanca será Francisco Suárez (1548-1617), um jesuíta. Entre os dois estão Domingos de Soto, Molina, Belarmino. De Vitória, as obras mais importantes são as suas duas lições sobre os índios (*De Indiis*) e sobre o direito da paz e da guerra. De Suárez, a obra mais importante é seu tratado *Das leis* (*De Legibus ac Deo Legislatore*), de 1610.

3.1 Francisco de Vitória (1480-1546)

A chegada à América colocara problemas novos. O que fazer com os índios? A conquista militar e ocupação das terras americanas era justificável? Os índios conheciam o território, o meio (plantas), as riquezas (ouro) – como fazê-los servir aos conquistadores? Os índios eram *infiéis* ou *pagãos* (não cristãos): que relações estabelecer com eles? Suas religiões eram estranhas e sua organização social também.

O regime adotado para o trabalho dos índios na América espanhola, passada a primeira fase da conquista militar, foi principalmente o de *encomendas* (EYZAGUIRRE, 1991:187-188). Não era propriamente o estatuto da escravidão, mas uma espécie de servidão e vassalagem. No fundo, e na prática, foi transformado em escravidão. Os abusos e a crueldade da conquista começaram a chamar a atenção de muitos espanhóis. Contra esta prática insurgiram-se alguns missionários ou religiosos e clérigos. O mais famoso é Bartolomeu de Las Casas. Bispo de Chiapas, despede os índios que recebera em encomenda e faz chegar à Corte uma *Breve relação da destruição das Índias* em 1540. Em 1547, faz relato de 30 proposições contra o direito de colonização. O pregador de suas ideias é o frade Montesinos.

Mais ou menos por esta época, em 1539, Francisco de Vitória profere sua lição sobre os índios, neste ambiente de disputa e condenação de certas práticas da conquista. Seu contraditor, também teólogo-jurista, é Juán Ginés de Sepúlveda. O discurso de Vitória funda-se na autoridade e na razão. Para ele, o tratamento humanitário e justo dos seres humanos diferentes (em religião, em etnia, em cultura) já era conhecido na evolução da história espanhola. Apelou tanto para argumentos de autoridade, quanto para uma leitura histórica da tradição hispânica. Sua discussão é candente e diz respeito não à conformidade de textos, mas à conformidade com princípios racionais.

Seu tema central é o da *liberdade natural dos índios* e a questão da *guerra justa*. Daí ser considerado o fundador do moderno direito internacional. Leva a sério o fato de os índios serem nações independentes, portanto sua relação com o imperador (Carlos V é ao mesmo tempo rei de Espanha e imperador romano-germânico) ser uma relação de não sujeição. Inicia sua conferência constatando que às vezes faltam elementos da jurisprudência para responder a questões novas que se colocam. É preciso voltar então à moral, processo de deliberação racional a respeito do bom, do justo, do meio de atingir a felicidade humana geral e não individual.

Em seguida, analisa a independência dos índios antes da chegada dos espanhóis. São escravos por natureza? Mas antes dos espanhóis quem eram seus senhores? Não havia. São infiéis e pecadores, dizem os conquistadores e por isso podem ser submetidos pela força. O pecado, replica Vitória, não faz ninguém perder os poderes naturais, logo não faz perder o poder civil, que inclui o de ter para si suas coisas, ter organização, família etc. A imagem de Deus no homem não se apaga pelo pecado, prossegue – o homem continua racional, continua responsável, por isso pode sempre converter-se.

Continuando racional, continua com poder natural, continua com poder civil. Os infiéis, pelo fato de o serem, não perdem o poder civil. O herético, ensina Vitória, não perde o direito a seus bens em virtude do direito divino, mas apenas do direito humano, por conveniência de certa sociedade. Logo, não há um princípio natural de perda dos bens pela infidelidade. Tampouco a fragilidade mental dos índios justifica a perda de suas posses: os loucos e as crianças são protegidos e têm direitos, logo, por este argumento os índios também os têm. Ele nega que os índios sejam incapazes como crianças, pois comerciam, têm cidades, famílias etc. Não precisam, portanto, de um tutor. São plenamente racionais. São livres naturalmente: nem o pecado, nem a infidelidade, nem a incapacidade mental justificam sua dominação. Os espanhóis precisam de outros títulos, para terem dominação justa, pois estes (infidelidade, incapacidade, pecado) são completamente desprovidos de fundamento.

Todos os títulos apresentados pelos espanhóis para se apropriarem da América até então eram ilegítimos, segundo ele. O imperador e o papa não eram donos do mundo. Na Cristandade havia Estados independentes, que nunca se submetiam ao imperador. Além disso, nem o direito natural, nem o direito divino, nem o direito humano justificavam o poder universal do imperador. Seu poder não vinha de Cristo e mesmo se fosse senhor do mundo, seu poder não seria o de tirar (confiscar) os títulos de seus vassalos (súditos). O papa, por sua vez, não detinha poder temporal a não ser em vista do poder espiritual. Ora, sobre os infiéis o papa não tem poder espiritual (porque não integram o *populus christianus*), logo, não tem sobre eles poder temporal. Mesmo se o tivesse não poderia ter feito doação ou transferência de suas terras e bens ao imperador, porque seu poder prende-se a sua função espiritual, que não poderia ceder. Era tradicional, lembremos aqui, a distinção entre poder de ordem (sacramental) e poder de jurisdição (disciplinar) no direito canônico. O poder de ordem, obtinham-no os bispos e padres pelo sacramento da ordem e não poderia ser exercido por ninguém por mera delegação; já o poder de jurisdição, dizendo respeito a matérias de foro externo, poderia ser delegado em certos casos. Ora, não podendo exercer poderes sacramentais sobre índios não convertidos, diz Vitória que o papa não poderia tampouco exercer sobre eles disciplina. Muito menos poderia privá-los de seus bens e transferi-los ao imperador.

A "descoberta" da América – e a respectiva pretensão jurídica (o tradicional *ius inveniendi*, que faz do descobridor o dono da coisa descoberta) – deu-se sobre uma terra ocupada, afirma Vitória. Assim, os índios tinham título anterior, e os espanhóis não haviam descoberto coisa abandonada (*res derelicta*). Além disso, dizia ele, o direito de descoberta é universal ou *recíproco*: se valia para os espanhóis, deveria valer para os índios. E se os índios tivessem chegado primeiro à Espanha, teriam direito sobre os bens e a pessoa dos espanhóis?

A *recusa da fé* cristã tampouco justificava a guerra e a conquista. A recusa da fé cristã, aliás, era desculpável, razoável e compreensível: nunca tinham ouvido falar da fé cristã, que só se pode aceitar livremente. Não aceitá-la não implicava perda de poder natural. Os chamados *vícios* dos índios não legitimavam a conquista, visto que o papa não detendo poder espiritual sobre eles não poderia puni-los. Nem mesmo o messianismo e proselitismo castelhano se justificavam, segundo ele. O *dom especial de Deus* que se invocava era ilegítimo. Segundo tal doutrina, Deus entregara os índios aos espanhóis como entregara os cananeus aos hebreus. Isto não tinha, para Vitória, o menor cabimento. Mas mesmo que assim fosse, os que os destroem – diz ele – não estão sem culpa, e deveriam demonstrar sua particular atenção de Deus, apresentando prodígios ou milagres a seu favor: como não mostraram nenhum milagre, sua tese tornava-se indefensável.

Apesar de tudo, os castelhanos e espanhóis poderiam legitimamente dirigir-se à América. Vitória discorre então sobre os títulos legítimos. Em primeiro lugar, o *direito natural de comunicação entre os homens*. Os espanhóis poderiam ir e voltar das Índias e ali morar. Uma vez ali, que respeitassem os índios e suas instituições. Se fossem atacados poderiam defender-se, com moderação. Em segundo lugar, o *direito de evangelização*: certamente, não poderiam obrigar os índios a receber a fé, mas poderiam falar dela e defender os missionários. Em terceiro lugar, poderiam *defender os convertidos*. Em quarto lugar, acrescenta, há um *direito natural de convivência* entre os homens. Em quinto, podem interferir para *defender os inocentes* oprimidos, pois existe um direito natural de solidariedade. Este argumento virá a ser conhecido como o *direito de intervenção humanitária* no sistema internacional. Em sexto lugar, se houvesse *escolha livre dos índios*, se os índios se submetessem livremente ao imperador, ou se se convertessem livremente, sem constrangimento, a presença espanhola seria legítima. Neste ponto, vale destacar que Vitória acompanha as posições um pouco mais tarde expostas por Bartolomeu de Las Casas, para quem a liberdade dos índios deveria ser efetiva, e não a farsa que até então havia sido. Fora disso, dizia, não havia título legítimo.

O que a obra de Francisco de Vitória tem de mais interessante é sua atenção às questões mais candentes de sua época. Ao fazer isto, dá uma indicação de método da maior importância: há questões que são limites e para as quais o paradigma jurídico não tem resposta. É preciso, então, dar um passo em direção à filosofia prática, à ética. Ali, pode-se indagar sobre as normas e as decisões. Outra indicação de método importante é sua atenção à história: como, ao longo do tempo, os espanhóis se comportaram com os mouros e judeus? O passado pode ser um elemento de crítica das soluções presentes, não para retomar o passado sem mais, porém com o sentido de relativizar o presente. A rigor, porém, é preciso reconhecer que Francisco de Vitória terminou dando aos conquistadores a legitimação possível para a conquista e sua doutrina tem ainda traços muito medievais, não só pelo tom de cruzada com o qual pode ser lida – talvez a contragosto de seu autor – mas sobretudo pela defesa do pluralismo corporativista que termina fazendo, uma remota lembrança do império das três religiões, do rei Afonso, conquistador de Toledo.

Na história do Brasil, haverá algumas vozes que se levantarão contra a escravização dos indígenas. Sobretudo os jesuítas, cuja expulsão virá finalmente sob o consulado de Pombal. De outro lado, a conquista da América portuguesa foi feita em outras condições, e o debate não se assemelhou àquele de Salamanca. É verdade que na primeira história do Brasil (de Frei Vicente do Salvador) virá a seguinte observação sobre as guerras *justas* que os portugueses faziam aos gentios: "Não sei eu com que justiça e razão homens cristãos, que professavam guardá-la [a fé cristã], quiseram aqui que pagasse o justo pelo pecador, trazendo cativo o gentio que não lhes havia feito mal algum nem lhes constava que tivessem feito aos vencedores injustiça, deixando em sua liberdade os rebeldes e homicidas que lhes haviam feito tanta guerra e traições" (VICENTE DO SALVADOR, 1975:192). Mas é bom lembrar que a efetiva ocupação do território brasileiro vai começar apenas em 1532 e, do ponto de vista teórico, a questão já parecia resolvida. Na prática, a teoria foi outra.

3.2 Francisco Suárez (1548-1617)

Francisco Suárez, jesuíta, foi professor em Ávila, Segóvia, Valladolid, Roma, Alcalá, Salamanca e Coimbra. Sua obra marca definitiva e claramente a transição do sistema tomista medieval para a nova escolástica católica da Contra-Reforma. Segundo Villey (1986:321-323) seu estilo é pedante, eclético e dogmático. Na verdade, e isto é reconhecido por Villey, em Suárez já está em gestação (adiantada) o sistema e a exposição dedutivista do direito, algo que na tradição clássica não existia, pois a razão jurídica procedia por *deliberação*, não por dedução (STRAUSS, 1954:173).

Na obra de Suárez, há de fato uma definição que dá a base do conceito de direito subjetivo moderno, mais tarde conhecida e familiar para todos os jusnaturalistas. "Segundo o último e mais estrito significado de *ius*, com toda propriedade pode chamar-se de *ius* o poder moral que cada um tem sobre o seu e sobre o que se lhe deve" (*De Legibus*, L. I, Cap. 2, 5). E mais adiante define *ius* como *lex*: pois a lei consiste em um mandato ou imperativo (L. I, Cap. 2, 6).

Os dois usos da palavra *direito*, que serão distintos em *ius dominativum* (*ius*, propriamente, ou nosso direito subjetivo) e o *ius praeceptivum* (*lex*, ou nosso direito objetivo positivo), de fato já não correspondem ao uso tomista próprio, ou à tradição aristotélica. Segundo Finnis (1992:206-207), o uso primário da palavra *ius* em Suárez é mesmo inexistente em Santo Tomás. E assim, entra a escola de Salamanca a fazer a transição para a modernidade, para o direito natural concebido não como ordem racional e prática de um todo, mas como *faculdade individual*. É significativo que o tratado de Suárez que nos interessa seja chamado *Das leis e de Deus legislador*: a lei, como imperativo e ordem, torna-se o centro da reflexão e o próprio Deus é, para ele, o supremo legislador.

Suárez, pode-se dizer, é um voluntarista na concepção do direito. Já não se reconhece nele a filosofia tomista da lei como regra de razão. A lei é ordem e comando, logo, a obediência à lei pode ser submissão a um soberano por conveniência ou por temor. Não é difícil para a filosofia de Suárez justificar fórmulas modernas de Estado e até de absolutismo.

4 O JUSNATURALISMO DA EUROPA DO NORTE

O direito natural da Europa do norte vai caminhar *pari passu* com a nova filosofia. Acompanhará de um lado o empirismo nos filósofos de língua inglesa, e de outro os filósofos de perfil idealista de Descartes a Kant. O jusnaturalismo estará associado ao iluminismo na busca de uma razão crítica e pretenderá ser o juiz da tradição anterior condenando-a como fruto do preconceito e das trevas. Estará também associado ao absolutismo ilustrado em suas pretensões de reformar a sociedade e o Estado. Finalmente, vai estar associado ao movimento revolucionário quando toda esperança de reforma do Estado pelos monarcas tiver desaparecido. Com tais companhias, não é surpresa que seja em certos períodos tido por útil aos governantes e em outros tido por subversivo da ordem. Também as Igrejas e religiões estabelecidas verão nele o inimigo a ser combatido toda vez que a natureza for identificada com a razão livre, especulativa e crítica de qualquer ser humano e não puder ser reduzida à tradição. O jusnaturalismo será a filosofia natural do direito e uma vez completada a revolução burguesa será devidamente domesticado e ensinado dogmaticamente. Em 1818, José da Silva Lisboa, futuro Visconde de Cairu, quer fazer uma homenagem a D. João VI, que havia entre outras coisas aceitado suas teses sobre os benefícios do livre comércio. Entre os elogios que faz este autor, confundido por muitos com um defensor da liberdade em geral, diz que a França revolucionária ao abater a aristocracia da nobreza havia feito hipócrita proclamação e ameaçara a sociedade civil de total dissolução (LISBOA, 1818:22-23).

4.1   Hugo Grócio (1583-1645)

Hugo Grócio (de Groot) é um holandês, cujo ambiente e momento histórico incluem a consolidação da independência das Províncias Unidas (Holanda e Países Baixos) e a respectiva disputa pela hegemonia do comércio mundial, ou pelo menos pela abertura dos mares, além das disputas internas do calvinismo, pela tolerância recíproca dos cristãos (reformados).

As Províncias Unidas adotam em geral o culto calvinista e passam a perseguir ou proibir o culto católico. Em seguida, o próprio culto calvinista começa a dividir-se e dentro dele surge a questão arminiana. Tiago Arminius (1550-1609) torna-se professor na Universidade de Leyden, onde prega a tolerância dos dissidentes dentro do calvinismo. Seu colega na universidade, Gomar, opta pelo calvinismo radicalmente puro e intolerante. Em 1610 os discípulos do primeiro assinam um manifesto. O programa dos arminianos é um humanismo tolerante, irenista (pacifista), erasmiano. Entre os arminianos estão dois representantes do jusnaturalismo nascente: Althusius e Hugo Grócio (LECLER, 1994:651-655).

Grócio foi perseguido por suas posições teológicas e políticas mais tolerantes, e viu-se obrigado a fugir para a França e, mais tarde, para a Suécia, onde a rainha Cristina já acolhera Descartes. Na Suécia e na França, Grócio viveu exilado das perseguições do calvinismo radical. É durante sua estada na França que publica seu *De Iure Belli ac Pacis* (1625), dedicado a Luís XIII, rei de França e Navarra. Anteriormente, em 1609, havia publicado anonimamente o *Mare Liberum*.

Grócio está ainda, como os mestres salmanticenses, na fase de transição entre o direito natural clássico e o moderno, na primeira metade do século XVII. Em *Mare Liberum* seus argumentos são essencialmente uma repetição dos mesmos argumentos de Francisco de Vitória, a quem, aliás, ele atribui os méritos. O livro havia sido encomendado pela Companhia

> O humanismo atingiu também o direito. Os textos do direito romano foram por eles tratados como textos históricos e submetidos aos procedimentos de análise textual dos filólogos. Inconformados com a maneira medieval de usar o direito romano para resolver casos presentes, fizeram dele um objeto propriamente da história. Essa atitude também se estendeu ao latim: passaram a escrever um latim que imitava os grandes clássicos, não aquele latim quase vernacular dos comentadores. O movimento foi especialmente forte na França, onde se destacaram Guilherme Budé, Jacques Cujas, Hugo Donneau, François Hotman, François Conan, Baudouin. Vários deles eram protestantes, de fé calvinista e fugiram quando do massacre de São Bartolomeu (1572). Com isso, levaram seu método e estilo para o restante da Europa, dando origem à *jurisprudência elegante*, de grande voga na Holanda, ambiente no qual se formou Hugo Grócio, também ele calvinista.

das Índias Orientais para convencer um grupo de acionistas da legitimidade e licitude da empresa. Serviu também à polêmica com a Inglaterra, potência marítima rival em ascensão. O tratado justifica a navegação holandesa para terras até então tratadas como exclusividade dos portugueses. Se bem que Grócio demonstre dominar os juristas medievais e os clássicos latinos e gregos, citando continuamente Bártolo e Baldo, a estrutura do argumento acompanha Francisco de Vitória, a quem também cita com frequência. Para ele, como para Vitória, os portugueses não podem impedir o comércio e a comunicação natural entre os homens. Esta é um título mais alto – porque natural e apoiado na razão humana, que compreendeu um desígnio divino – do que os títulos formais e de direito comum (*ius commune*), tais como a descoberta, a ocupação, a prescrição ou a doação pontifícia.

Seu *método*, seu estilo e sua obra são ainda devedores de pressupostos aristotélicos e tomistas. No *De Iure Belli ac Pacis*, reconhece que a sociabilidade é um traço intrínseco dos homens (*Prolegomena*, par. 6, p. 11), um desejo "não de qualquer convivência, mas pacífica e organizada, na medida de sua inteligência, com os seus semelhantes". Não o medo ou a própria segurança fazem o Estado, mas o *appetitus socialis*, a sociabilidade. Aristóteles ocupa a primeira posição entre os filósofos, diz Grócio (*Prol.* 42, p. 24), e sua preeminência é merecida, embora tenha sido transformado em autoridade e tirania e não em verdade. Aceita ainda que o direito é objetivo (L. I, Cap. 1, II), uma regra de conduta. E que o direito natural não se confunde com a vontade de Deus e nem com o direito positivo (L. I, Cap. 1, X, p. 38-39).

O *ius naturale*, prossegue, é o *dictatum rectae rationis*. E Deus mesmo está a ela sujeito, pois não pode fazer com que dois e dois não sejam quatro (L. I, Cap. 1, X, 5). O famoso dito dos *Prolegômenos* da sua famosa obra, contido no parágrafo 11, introduz alguma verdadeira secularização no pensamento jurídico? "O que estamos dizendo teria um grau de validade mesmo que concedêssemos [*etiamsi daremus*] aquilo que não pode ser concedido sem a maior impiedade, que não há Deus, ou que os assuntos humanos não O interessam." Segundo Finnis (1992:44) não chega a tanto, isto é, à secularização propriamente, pois tal argumento, ou seja, a suposição da inexistência de Deus, já era comum nos autores medievais, pelo menos desde o século XIV. O próprio Santo Tomás principia sua reflexão com a hipótese de que não há Deus para progressivamente demonstrar a necessidade de sua existência. De qualquer maneira, a célebre frase de Grócio marca realmente que a partir do século XVII a razão humana está sozinha. Como no *Discurso* de Descartes, em que apenas minha própria razão pode ser meu guia confiável, os juristas começam a adotar um racionalismo quase solipsista.

Sua *antropologia* revela-se já com acento individualista e a noção de direito subjetivo é bastante refinada.

> "Neste sentido, um direito torna-se uma qualidade moral de uma pessoa, possibilitando-a ter ou fazer alguma coisa legalmente. Tal direito liga-se à pessoa, mesmo que algumas vezes possa seguir uma coisa, como no caso das servidões sobre imóveis, que são ditas direitos reais, em contraste com outros direitos puramente pessoais: não porque tais direitos não estão ligados à pessoa, mas porque não se ligam a qualquer outra pessoa além daquela que tem direito a certa coisa. Quando a qualidade moral é perfeita chama-se

faculdade [*facultas*], quando não é perfeita chama-se aptidão [*aptitudo*]. À primeira, na ordem das coisas naturais, corresponde *ato*; à segunda, *potência*. Uma faculdade é chamada pelos juristas de direito ao seu: doravante vamos chamá-la direito própria ou estritamente falando. Nele se inclui o poder, já sobre si mesmo, que é chamado *liberdade*; já sobre outrem, como o do pai e o do senhor sobre o escravo, *propriedade*, seja absoluta, seja menos que absoluta, como um usufruto ou um penhor; e *direitos contratuais*, aos quais correspondem, de outro lado, obrigações contratuais" (*De Iure Belli ac Pacis*, L. I, Cap. I, IV-V).

Injusto, dirá Grócio, é tudo o que se opõe a uma comunidade ordenada de seres individualmente racionais. Esta razão que ordena o social é a fonte do direito propriamente dito. Tudo o que não é injusto é Direito. O essencial do direito natural é abster-se do alheio e a devolução do alheio; também a devolução do que ganhamos com o alheio; a obrigação de cumprir as promessas; a indenização pelo que culposamente fizemos perder e a punição de acordo com o merecimento de cada um (*Prolegômenos*, 8, p. 13). É de direito natural cumprir as promessas (*Proleg.*, 15 p. 14), pois é o único método natural pelo qual se obrigam os homens. No pacto público [político], também há promessas explícitas ou implícitas.

O Livro II de *De Iure Belli ac Pacis* também esboça o que será o direito contratual moderno, especialmente no Capítulo XI. Contrariando a opinião de Francisco Conano, Grócio afirma que as promessas cumprem-se em nome da fidelidade e não porque correspondem a trocas equivalentes. Segundo Conano, o direito natural só obriga ao cumprimento das promessas em que haja sinalagma (equivalência). Em outras palavras, os contratos obrigam segundo sejam justos. Grócio, ao contrário, cita a opinião de que a fidelidade é a irmã da justiça: começa a destruir a concepção medieval do preço justo, da justiça material dos contratos. Segundo ele, há três níveis de promessas: em primeiro lugar a afirmação de que o próprio ânimo permanecerá no futuro, em segundo lugar uma promessa que me parece obrigatória, mas que não confere poder a outrem, como no caso de misericórdia ou graça. Mas há uma terceira promessa que confere a outrem um direito: equivale a uma alienação de alguma coisa (ou início de alienação) ou de parte de nossa liberdade. As primeiras são promessas de dar, as segundas promessas de fazer. Em seguida, vai construindo a tipologia da promessa, que está na base de nossa teoria contratual, da autonomia da vontade, discorrendo sobre a promessa feita por crianças e loucos, feita sob ameaça ou por ignorância e engano etc. O capítulo continua na forma de uma exposição sistemática e classificatória dos contratos conhecidos e possíveis.

4.2   Os ingleses

Tão conhecidos e tão divulgados são Hobbes e Locke que talvez fosse até dispensado falar deles qualquer coisa. A menção justifica-se aqui por mais de um motivo. Em primeiro lugar, justamente por terem se incorporado ao patrimônio do jurista comum. Quantos de nós, ao abrirmos um livro de direito, não deparamos com frases que parecem senso comum ou tão óbvias e que não passam de repetição – às vezes más e inconscientes – de partes de raciocínio de algum destes dois pensadores? Além disso, no caso específico de Locke, agrada-me divulgar pelo menos a sua *Epistola de Tolerantia*, que embora escrita para justificar a tolerância recíproca de cristãos pode ser lida como um modelo de separação das esferas pública e privada na modernidade. Não seria descabido fazer menção também a David Hume (1711-1776), o escocês que depois de Hobbes e Locke dá forma final ao empirismo e tem também sua incursão em questões políticas vizinhas dos problemas jurídicos. Mas com isto se estaria já mais próximo da filosofia propriamente dita, do que da filosofia que inspira o direito natural dos juristas profissionais.

4.2.1   Thomas Hobbes (1588-1679)

A obra de Hobbes tornou-se de capital importância na filosofia política e no direito público moderno. Dizer qualquer coisa sobre ele é acrescentado, pois a produção em torno do seu *De Cive* (1642) ou do *Leviathan* (1651) é extensíssima. Todos já escreveram sobre ele. Assim, ao contrário de Pufendorf e de Grócio, cujas obras ficaram mais restritas ao âmbito do direito, e dos salmantinos, que sofreram por sua identificação histórica com o imperialismo espanhol e com o catolicismo da Contrarreforma, Hobbes é um autor familiar.

O seu direito natural é na verdade uma reflexão sobre a natureza humana. O que pode ser natural ao homem é a defesa do próprio interesse e nestes termos é o contrato, o pacto social, que cria um modo de convivência possível. Logo, o direito natural de Hobbes não é o direito natural de defesa da dignidade transcendente dos seres humanos. Trata-se de um direito natural contratualista e não democrático (BLOCH, 1980:48). *Autoritas non veritas facit legem*: a autoridade, não a verdade, faz a lei. Hobbes é herdeiro da tradição nominalista inglesa: o mundo não é uma ordem cósmica, com naturezas e essências, mas um complexo de seres individuais. E a vida política só pode ser, portanto, um arranjo de seres individuais, que estabelecem entre si as regras de convivência, num pacto de dominação e sujeição, o pacto de sociedade. O contrato que torna possíveis todos os contratos é um contrato de sujeição ao soberano (STRAUSS, 1954:202) que tem por objetivo a manutenção da *paz*. Assim, o direito que daí nasce não está orientado para conseguir a justiça, senão para manter a paz. A ordem, não o bem, é a finalidade primeira do Estado, ou, se quisermos, a ordem é o bem que os homens buscam socialmente.

Se houve um estado de natureza, este foi a guerra de todos contra todos. Na verdade, o estado de natureza de Hobbes, como de todos os jusnaturalistas, não é uma hipótese de fato, empírica, que se imagina tenha algum dia existido. É uma espécie de postulado, ou pode-se dizer que é um experimento da razão: ou a ordem, ou a guerra de todos contra todos, ordem ou anomia. Além disso, em Hobbes o voluntarismo e a autoridade do direito positivo tornam-se exemplares: o Estado assume o direito e não restam direitos aos súditos, senão aqueles reconhecidos pelo soberano. Apenas em nome da paz e da ordem (segurança) pode-se contestar a autoridade, ou seja, é quando a autoridade se torna incapaz de manter um mínimo de ordem que ela deixa de ser autoridade. Em poucas palavras, a perda de eficácia significa perda de legitimidade. O direito natural é o que se exige para a manutenção do pacto social.

Hobbes rejeitou, dos clássicos, o postulado da sociabilidade do homem, ou melhor, a forma de sociabilidade na qual pareciam crer. Por natureza, o homem é egoísta. A sociedade é um artefato, antes que um organismo, e é frágil. Pode desintegrar-se pelas forças individuais que a compõem, forças centrífugas dos interesses individuais. Por tudo isto, constrói uma nova moralidade política a partir do realismo político de Maquiavel. Busca a lei natural não nos *fins* do homem, mas na sua origem (estado de *natureza*). A vida é o direito natural perfeito, e não há deveres naturais. Metodologicamente, o homem antecede a sociedade e cada um é juiz dos meios para sua defesa e daí cessam todos os critérios intrínsecos de justiça, segundo Strauss (1954:184-202).

4.2.2 John Locke (1632-1704)

Locke é um autor emblemático de outra face do jusnaturalismo moderno. Como Hobbes, seus escritos são familiares a todos, dada sua leitura e discussão por filósofos políticos em geral e, dentro do ensino do direito, pela vulgarização de suas ideias na esfera do direito constitucional e na concepção de propriedade. Como bom clássico, Locke sofre com a divulgação: feita muito mais em nome de um senso comum com que suas ideias foram recebidas, nem sempre seus textos são efetivamente explorados. Assim, por exemplo, a famosa condição para a propriedade natural (a *propriedade natural* só pode ser legitimada numa situação de abundância, toda outra *propriedade* sendo *convencional*) raramente é lembrada.

Mesmo assim, Locke é dos mais importantes pensadores do direito natural, reconhecido como o pai de uma escola de filosofia política, de uma concepção do direito e do Estado chamada com muita felicidade de *individualismo possessivo* (MacPherson). Procura uma lei natural universal, uma lei de razão comum a todos os homens, capaz de convencer a todos e qualquer um e, portanto, ser aceita universalmente. Para isso, deve tratar o seu tema partindo de verdades evidentes. No entanto, procura justificar a tradição cristã, e seus argumentos são contaminados por contínua referência à vontade de Deus: a lei ou o direito natural é a vontade de Deus no homem, é lei de Deus. Sua intenção é demonstrar que a reflexão, ou seja, o uso da razão humana, bem educada, leva necessariamente às conclusões a que ele mesmo chega.

O direito natural, segundo Locke (que é um empirista, lembremos), é conhecível pela razão. Ora, o conhecimento humano dá-se por documentos, pelos usos sociais, pela experiência própria, pela revelação. Aprende-se apoiando-se no que já se sabe (tradição), ouvindo quem sabe, experimentando. A racionalidade é a capacidade de *argumentar* sobre elementos previamente conhecidos, postos como seguros, para chegar ao desconhecido. Segundo Locke, a *tradição* pura e simples não gera o conhecimento do direito natural, mas somente aquele do positivo (que se experimenta). Ora, as tradições, como as civilizações, são contraditórias. Que fazer para ter certeza do direito natural? Apoiar-se na razão natural. E por que nem todos a conhecem ou reconhecem? Porque é preciso operar (exercitar) a razão e nem todos o fazem. A geometria, por exemplo, é óbvia, mas nem todos a inventaram.

O estado de natureza é o seu ponto de entrada no sistema racional. O estado de natureza é aquele em que todos podem fazer cumprir a lei natural e esta impõe que cada um cuide da sobrevivência do seu semelhante, enquanto não afetar sua própria sobrevivência. O estado de natureza é também um estado de necessidade e de carências: a abundância ou riqueza vem com a sociedade civil. O direito natural não existe nas coisas, mas no espírito (é uma razão), ou, como definirá Reiman

(1990:83-153), o contrato social para Locke deixa de ser *externo* para ser *interno*. A razão para a obediência a uma lei na sociedade civil consiste em confiar na razão dos seus semelhantes. Este exercício de racionalidade e razoabilidade transfere o contrato político para o foro interno. Dessa forma, não é a autoridade da coação mas do convencimento que impõe o respeito recíproco. O que nos obriga ao direito? Não é o temor da pena, mas a reta razão.

Ao matematizar e idealizar o pensamento jurídico, Locke afasta-se do direito natural clássico. Para Santo Tomás, como visto, havia duas formas de raciocinar a partir dos princípios: (a) por dedução, concluindo (forma matemática); (b) por determinação ou especificação: um mesmo princípio pode ter muitas aplicações, exigindo deliberação e decisão antes que conclusão. Para Santo Tomás, o direito positivo procede do direito natural desta segunda forma. Para Locke, a procedência é mais semelhante à primeira forma.

A propriedade é de direito natural e para ele deriva diretamente do trabalho humano: o suor do corpo e labor das mãos misturam a natureza humana à natureza física. Nesse sentido, o direito de propriedade é um direito natural. E, no entanto, há limites para a apropriação natural: ela só pode valer enquanto houver abundância. Se houver escassez, já não se pode considerar a propriedade natural: tornam-se necessárias regras. Por isso, o direito natural proíbe o desperdício: a frugalidade e a poupança são como exigências da razão. Já no estado civil, é preciso regular o entesouramento. A invenção da moeda liberou a propriedade dos limites do estado de natureza e a partir daí já não cabe falar na propriedade natural, pois torna-se possível acumular, coisa que inexistiria no estado de natureza. No estado de natureza, há uma propriedade natural, mas no estado civil há uma outra propriedade, a propriedade civil e convencional.

A despeito de outras contribuições de Locke, uma das mais importantes para a democracia moderna é sua discussão a respeito da tolerância. Sua *Carta a respeito da tolerância* (*Epistola de Tolerantia*) é escrita em relação à tolerância religiosa e recíproca entre os cristãos. Ele sugere os princípios de ação política (do *magistrado*, soberano) para pôr fim às guerras de religião. Além disso, ele escreve tendo em vista a situação inglesa, da fase revolucionária que se encerra em 1688. A revolução inglesa é iniciada e realizada em termos de guerra civil religiosa. A carta a respeito da tolerância é, porém, mais do que um manifesto sobre o respeito recíproco entre cristãos. De fato, define o papel do magistrado, isto é, do Estado, como garantidor da ordem pública, da paz, da coexistência da diversidade, da garantia do direito à própria opinião. Mesmo sendo Locke um crente, começa a explicitar com clareza as bases de um Estado laico, em que haja a separação (institucional) de política e religião. Assim é que na *Carta a respeito da tolerância* formula princípios e regras até hoje importantes sobre dois temas: o direito à palavra e à liberdade de pensamento, e o direito de reunião e associação.

A primeira parte do texto invoca os princípios cristãos que justificariam o respeito recíproco. É na segunda parte que seu texto chama a atenção, quando a figura do *magistrado* (o poder civil, secular, o Estado) é abordada. Ali, percebe-se com clareza que o Estado é o guardião dos direitos à diferença de opinião e de religião; o princípio de tolerância é um princípio de direito natural e divino (isto é, tanto racional quanto positivamente posto por Deus); por ser direito natural, a própria razão indica em que casos a tolerância se perverte e não pode ser aceita.

Quais os princípios racionais que impedem a tolerância de alguns, ou seja, em que casos os magistrados podem retirar de alguns o direito de pregação, expressão, ou reunião? A regra geral (universal e racional) parece ser a seguinte: não se podem tolerar os intolerantes. Em outras palavras, aqueles que negam iguais direitos a seus opositores não podem ser tolerados. Aqueles que desejam ser tolerados mas não desejam tolerar a opinião alheia não podem ser tolerados. O princípio desta regra geral é que a tolerância é o fundamento da convivência social, pois esta naturalmente é convivência de opiniões diversas e não de opiniões iguais. Assim, aqueles que negam o direito à diversidade, negam a possibilidade de convivência. Eles dissolvem a sociedade civil. Curiosamente, o respeito ao indivíduo não se faz por respeito ao indivíduo isoladamente, mas tendo em vista a manutenção da convivência política, do próprio estado civil. Em outras palavras, o individualismo de Locke está em função de uma forma de vida social, e não para que cesse a vida social. Porque ele pensa assim é empiricamente necessário, e racionalmente possível, determinar os limites para a tolerância.

O que não se pode tolerar especificamente? Segundo ele, as opiniões contrárias à sociedade humana, ou às regras morais indispensáveis à preservação da sociedade civil (ou seja, organizada politicamente). Também não se toleram as seitas que se dão uma prerrogativa particular. Por exemplo, as seitas que dizem que promessas não se cumprem. Ou os que dizem que os reis excomungados perdem seus direitos, ou os que dão privilégios aos ortodoxos, porque dão privilégios a si mesmos. Estes não são capazes de distinguir a esfera civil da religiosa, e tornam-se intolerantes. Não têm direito à tolerância os que de tal forma se organizam que passam a dever obediência antes a um príncipe estrangeiro. Isto seria admitir a jurisdição estrangeira num território do soberano, a distinção entre Corte e Igreja passaria a ser frívola. Não podem ser tolerados os que negam a existência de Deus. "Para o ateu não têm autoridade as promessas, acordos, juramentos, que são os laços da sociedade humana. Quando se suprime Deus, ainda mesmo que só pelo pensamento, tudo se dissolve; além disso, os que solapam e destroem pelo ateísmo toda religião não podem ter pretensão a religião, que lhes sirva de motivo para reivindicarem o privilégio da tolerância" (LOCKE, 1964:53-54).

A lei de tolerância deveria ser a base da liberdade de cada grupo discordante de outro, "ensinando ser a liberdade de consciência direito natural de todo homem, pertencendo por igual aos dissidentes e a elas mesmas; e que não é possível obrigar a qualquer um em assuntos de religião, seja pela lei, seja pela força". Na esfera da consciência, no foro interno e em tudo que diz respeito a ele, o magistrado não pode obrigar. No fim do século XVII, Locke põe em questão as religiões oficiais.

Embora formulada em termos religiosos, a visão de Locke é um pilar fundamental para a liberdade moderna de consciência e de pensamento. Ela é formulada em termos religiosos, mas prepara o Estado laico, o ensino laico etc. Prepara também os fundamentos da liberdade de associação, dos partidos políticos de caráter ideológico. Por exemplo, o direito de reunião é por ele analisado da seguinte maneira: há reuniões de bolsa, de mercado, nos tribunais de justiça etc. Nenhuma delas é proibida. Por que proibir as reuniões religiosas? Porque dão margem a discussões? Ora, também as assembleias civis geram discussões, enquanto as religiosas dão-se entre pessoas que estão de acordo. O magistrado, diz ele, só teme a igreja a que não pertence, mas submete-se servilmente à sua própria igreja.

Se os dissidentes tiverem direitos não conspirarão: "Porque, se os homens formam conspirações sediciosas, não é a religião que os inspira nas reuniões, mas os sofrimentos e as opressões que os levam a se desoprimirem. Governos justos e moderados são por toda a parte seguros; mas a opressão faz surgir fermentos e força os homens à luta para sacudirem jugo incômodo e tirânico" (LOCKE, 1964:56). "Uns entram em companhia por negócio e lucro, outros por falta de negócio formam clubes onde bebem clarete. A vizinhança junta uns, a religião outros. Mas somente a opressão junta os indivíduos para comoções sediciosas" (LOCKE, 1964:57).

E se o magistrado, mesmo assim, prescrever algo contrário à consciência do cidadão? O cidadão deve descumprir a lei, mas também deve submeter-se ao castigo. Porque a sua consciência não pode julgar a lei geral e nem afasta o princípio do dever de obediência. O particular não revoga a lei pública (LOCKE, 1964:49). Se a lei disser respeito a matéria fora da alçada do magistrado, então ela não obriga a ninguém em consciência. Ou seja, a lei ilegítima dispensa cumprimento se diz respeito a matéria que não pode ser prescrita por lei, *e.g.*, a religião. Mas dispensa o cumprimento do ponto de vista moral em primeiro lugar. O magistrado pode legislar sobre aquilo que diz respeito à paz pública: "Institui-se a sociedade política somente para o fim de assegurar ao homem a posse do que interessa à vida. O cuidado da alma de cada um e das questões relativas ao céu, que não pertencem à comunidade nem podem sujeitar-se a ela, fica inteiramente nas mãos de cada um. Dessa forma, incumbe à comunidade a proteção à vida dos homens e dos bens que pertencem a esta vida; cabe ao magistrado garanti-los aos respectivos donos" (LOCKE, 1964:49).

Finalmente, a regra de tolerância é a seguinte: "tudo quanto a lei deixa livre em ocasiões comuns da vida, que fique livre para qualquer igreja no culto divino [...] O resultado que pretendemos é que cada um goze dos mesmos direitos concedidos a todos" (LOCKE, 1964:58). Nestes termos, já estamos nos aproximando do ideal kantiano do direito como regra universal das liberdades.

4.3   A escola prussiana

4.3.1   Samuel Pufendorf (1632-1694)

Samuel Pufendorf traz para o universo jurídico do continente europeu aquilo que Hobbes havia criado em termos de filosofia política na Inglaterra. Ele é o predecessor da *escola prussiana*. Esta produzirá a seguir frutos importantíssimos nas obras dos professores e nas primeiras tentativas de codificar o direito. Sendo um professor especificamente de direito natural, sendo tão exemplar do que vai ser esta escola nos dois ou três séculos seguintes não goza, entre nós, da popularidade merecida pelo seu papel histórico.

Nascido na Saxônia, ocupou a primeira cátedra de Direito Natural e das Gentes criada na Universidade de Heidelberg em 1661, naquela tentativa de tirar dos teólogos e filósofos esta disciplina a respeito das raízes últimas da razão jurídica. Ali, ficou até 1670, quando foi convidado pelo rei Carlos Gustavo da Suécia a ser *professor primarius* de Direito na Universidade de Lund, Suécia. Foi então que publicou, em 1672, *De Iure Naturae et Gentium Libri Octo* (*Oito livros do direito natural e das gentes*) e em 1673 *De Officio Hominis et Civis iuxtam Legem Naturalem* (*Dever do homem e do cidadão de acordo com o direito natural*). De fato, estabelece o método dedutivista do jusnaturalismo moderno: dada a natureza do homem, deriva daí todo o sistema jurídico, o princípio da autoridade pública política etc. Ao contrário de Hobbes, a quem cita continuamente, ou de Spinoza, tornados filósofos da política e até hoje lidos por quase todos, Pufendorf é um predecessor específico do jurista e do filósofo do direito. Não é original, como Hobbes, mas aplica consistentemente a filosofia moderna ao entendimento dos deveres naturais, ao direito portanto.

A antropologia de Pufendorf é pessimista, digamos, como a de Hobbes. No Livro II, Cap. 5, do *De Officio Hominis et Civis*, Pufendorf afirma que

> "não basta dizer que o homem é atraído pela própria natureza para a sociedade civil, de modo que sem ela não pode viver. Por certo é evidente que o homem é uma espécie de animal que ama a si mesmo e a seus próprios interesses no grau mais elevado. Portanto, quando ele busca a sociedade civil voluntariamente deve ser porque vê alguma utilidade que lhe resultará dela. [...] O homem que se torna cidadão sofre uma perda de sua liberdade natural, sujeita-se a uma autoridade que inclui o poder de vida e morte. [...] E ainda assim, por tendências inatas, o homem não se inclina a sujeitar-se a ninguém mas a fazer tudo que lhe agrade, e favorecer seu próprio interesse acima de tudo" (PUFENDORF, 1927:103). "O homem é um ser vivente preocupado, acima de tudo, em conservar a sua vida, muito carente, impotente para cuidar de si mesmo sem ajuda, muito apto a promover interesses recíprocos. Porém este mesmo homem é também malicioso, petulante, facilmente mal-humorado e tanto inclinado quanto capaz de causar mal aos outros. [...] Fixados tais pressupostos, parece que a lei natural fundamental é esta: todo homem deve cuidar e sustentar a sociabilidade na medida do que lhe for possível [...] Todos os preceitos restantes são meros corolários desta lei geral, e a luz natural dada à humanidade demonstra que são evidentes" (Livro I, Cap. III, 9, p. 19).

O homem é, portanto, egoísta e sociável ao mesmo tempo. Os dois instintos só se harmonizam por coação e é o direito que procede a tal harmonização, que viabiliza a autoridade sobre todos (política) e distribui o poder de uns sobre outros e sobre as coisas (o direito privado).

O *De Officio Hominis* divide-se em dois livros. O primeiro inclui 17 capítulos, tais como Da ação humana, Da norma da ação humana ou lei em geral, Do direito natural, Do dever do homem para com Deus, Do dever do homem para consigo, Dos deveres recíprocos e do primeiro de não causar dano, Do reconhecimento da igualdade entre os homens, Dos deveres derivados da propriedade, dos contratos etc. O Livro II inclui 18 capítulos, e diz respeito aos deveres e direitos entre desiguais, desde os direitos entre familiares (cônjuges, pais e filhos), até os direitos entre soberanos e súditos, terminando pelos deveres entre os Estados, na paz e na guerra. A simples organização dos temas é indicativa da concepção de Pufendorf: precedendo tudo está o indivíduo, que se relaciona com Deus, consigo, com seus iguais e com seus superiores ou inferiores. Esta ordem é a seguida em geral pelos modernos, e ainda se vê na *Doutrina do direito* de Kant.

Existe ainda em Pufendorf uma impostação importante, além de sua antropologia tão próxima do modelo hobbesiano: trata-se de explicitamente encarar o direito do ponto de vista do dever. Assim, "o dever é a ação humana devidamente conformada às determinações da lei, em relação com a obrigação", e "ação humana é aquela empreendida com a inteligência (intelecção) iluminando o caminho e a determinação da vontade" (PUFENDORF, 1927:3). Escapando totalmente à visão clássica da lei, como regra de razão, Pufendorf define-a, na linha anteriormente aberta por Suárez, como "um mandamento pelo qual um superior obriga um sujeito a conformar seus atos a suas próprias prescrições" (PUFENDORF, 1927:12). "A obrigação é propriamente introduzida na mente de um homem pelo seu superior, ou seja, a pessoa que tem não apenas o poder de causar algum mal imediato àqueles que resistirem mas também fundamentos justos para sua pretensão de que a liberdade de nossa vontade seja limitada por sua discrição." Neste sentido, já a matriz voluntarista da nova ordem começa a aparecer: a lei de razão, em Pufendorf, não será apenas uma lei interna, mas a razão instrumental, estratégica, ou seja, aquela razão que permite aos homens conviverem submetendo-se a uma autoridade. A razão natural é a que concilia as liberdades contrastantes restringindo-as: o direito é uma limitação de liberdades, imposta por autoridade, que se entende por referência ao egoísmo natural dos homens. A autopreservação é o primeiro bem de cada indivíduo, sua sociabilidade é muito mais instrumental (para aumentar o bem-estar, a segurança e a utilidade) do que uma necessidade para a humanização propriamente dita. Em Pufendorf, já encontramos duas características do direito que triunfará no século XIX: o voluntarismo (a lei como expressão da vontade do legislador ou soberano) e o individualismo (o indivíduo como *prius* da sociedade, em que o todo equivale à soma – posterior – de partes que preexistem). A ação humana, segundo ele, depende da vontade, mas as vontades individuais são muitas e nem sempre concordes.

A filosofia moral de Pufendorf também já indica o fim da virtude como ponto de partida da ética. Esta deve concentrar-se nos problemas da liberdade. O dever jurídico é um freio à liberdade individual, as normas são um limite. São a condição da convivência das liberdades. A norma é, neste sentido, tipicamente humana, pois só os homens podem conduzir-se normativamente. Só eles têm *autoridade* para fazer normas, *razão* para conhecê-las e *vontade*, para segui-las. Por isso, são necessárias também razões para obedecer, pois assim será possível distinguir o direito da força pura e simples.

Antes desta impostação moderna, o que conferia ao direito sua especificidade era sua derivação da justiça e, portanto, certo enquadramento na ordem moral geral. A ordem jurídica era justa, e não sendo justa perdia razoabilidade ou racionalidade. Os modernos, como Pufendorf, colocando no centro do direito a questão da liberdade individual, devem haver-se com o princípio da autoridade, com o reconhecimento da autoridade, com uma justificativa diferente para o poder, o mando, o comando. E isto, para Pufendorf, exige que se indague a qualidade do soberano, mas também que os súditos tenham consciência de que a autoridade quer seu bem e de que para cada um sozinho é impossível conseguir o que deseja.

Ao referir-se à justiça, Pufendorf menciona brevemente a tradição aristotélica. De um lado, a *justiça geral*, diz ele, refere-se a todos os deveres com relação a outrem, mesmo aqueles que não podem ser exigidos por ação judicial. A *justiça particular*, por outro lado, é aquela devida a um homem por direito. Neste momento, ocorre naturalmente uma alteração e uma "traição" de Aristóteles (para quem a justiça geral é a bondade ou a honestidade de vida) e de Santo Tomás (para quem a justiça geral é a que tem por objeto o bem comum, ou seja, as condições de manutenção da convivência social). Ao distingui-las com base na exigibilidade, Pufendorf claramente distancia-se da tradição, para enfatizar, como lhe é próprio, a noção de dever: a justiça geral é aquela bondade inexigível (judicialmente) e a particular corresponde a um direito subjetivo. Quando, porém, se refere à justiça distributiva, conserva ainda algo do cerne dos clássicos, definindo-a como regra (não como virtude) de divisão de perdas e ganhos comuns (Livro I, Cap. II, p. 15-16).

Há deveres naturais absolutos, ou seja, de todos para com todos (cada um), e são o fundamento do direito natural, em contraste com outros deveres que dependem de alguma instituição em particular (o contrato, o casamento etc.). O primeiro dos direitos naturais absolutos é não causar dano a ninguém, pois é possível conviver com quem não se entenda comigo, desde que não viole meus interesses; trata-se, como se vê, da liberdade moderna, da exclusão dos outros da esfera própria da vida de alguém. É um *princípio passivo*, omissivo. Se causar dano, o culpado deve repará-lo, seja o dano à vida e ao corpo, seja à propriedade. Daí deriva o direito natural da proibição do furto.

O segundo dever absoluto é que cada um trate o outro como um igual, pois a *reciprocidade* é condição de toda vida social. Por isso, se quiser aproveitar-se do trabalho alheio, que também se deixe aproveitar por outros, pois é de direito natural que cada um conceda aos outros tanto direito quanto pretende para si mesmo.

O terceiro princípio absoluto é a promoção do bem do outro, na medida do possível, uma espécie, diz ele, de fraternidade entre os homens. Mas não se trata aqui da piedade, nem da caridade ou da assistência: "Um homem tende a promover a vantagem dos outros indefinidamente quando cultiva integralmente seu corpo e seu espírito, de modo que suas ações sejam úteis para os outros. [...] Por isso, deriva deste princípio que devem ser tidos por pecadores os que não aprendem um ofício nobre, passam sua vida em silêncio" (Livro I, Cap. VIII, p. 45). É o *princípio ativo*, é o contrário da preguiça – princípio do trabalho. Chega-se assim ao bem comum e alheio. Está aqui pressuposto o problema do efeito carona (*free-rider*) da moderna ciência política, das sociedades que desenvolveram instituições de liberdade individual e mercado: como minimizar o aproveitamento de uns pelos outros, e como conseguir que se faça o que deve ser feito? Tal problema será, mais tarde, também o de Rousseau (vontade geral × vontade de todos ou vontade da maioria; ponto de vista do cidadão × ponto de vista do indivíduo) e o de Marx (paradoxo do capitalista individual: o que quer para os outros não pode querer para si, pois é competitivo e não colaborativo).

Em poucas palavras, o método de Pufendorf deixa entrever o que virá a ser mais tarde tão típico do direito burguês e liberal, individualista e voluntarista. Pufendorf, diz Wieacker, liga-se à tradição do voluntarismo nominalista dos ingleses da Baixa Idade Média por meio de Hobbes e Descartes. Será influente na teoria geral do direito justamente por desenvolver uma ética profana e laica, e por dar acentuado destaque ao contrato, como meio capaz de organizar as liberdades e egoísmos, centro do novo direito (WIEACKER, 1980:298-350).

4.3.2 Johannes Althusius (1557-1638), Gottfried Wilhelm Leibniz (1646-1716), Christian Thomasius (1655-1728) e Christian Wolff (1679-1754)

Originário da Westfália, Althusius escreve a *Política* (*Politica Methodice Digesta*) em 1610. Calvinista, retoma a ideia medieval do povo como soberano (BLOCH, 1980:47). Se o poder não for exercido em seu proveito, deve retornar ao mesmo povo. Na verdade, foi identificado por católicos e luteranos com os monarcômacos huguenotes franceses, e muito combatido (WIEACKER, 1980:322).

Nascido em Leipzig, Leibniz tem uma vida agitada, a serviço de muitos senhores, escrevendo e criando academias em toda parte na Europa setentrional. Foi matemático, linguista, historiador e jurista. Tarello (1976) nota que Leibniz foi obcecado pela ideia da certeza no direito e com isto define um estilo que será cada vez mais o determinante nos juristas seguintes. Desde sua tese *De casis perplexi in iure* (1666), passando por *Nova Methodus discendae docendaeque jurisprudentiae* (1667) e pelos *Elementa iuris naturalis* (1669-1672), escritos todos em sua juventude, Leibniz pretende fazer um direito *more geometrico*. Seu direito natural é, como ele pretende, uma análise combinatória de elementos simples que definem o direito. Sua influência no século XIX é ainda sentida, bastando ver que os codificadores farão diversas referências a sua obra. Os códigos, é preciso lembrar, desempenhariam o papel de garantidores da certeza e da segurança jurídica que de outra forma os norte-americanos pensavam encontrar na sua Constituição. Segundo Tarello, até a pandectística alemã lhe é devedora. E de fato sua influência aparece mesmo no maior jurista do Império no Brasil: Teixeira de Freitas atribui a Leibniz, na teoria do direito, "brilhante esforço, que encerra uma verdade eterna, embora mal aplicada" (TEIXEIRA DE FREITAS, 1910, LI). Em comparação com ele, Domat foi pouco feliz, diz Teixeira de Freitas.

Christian Thomasius (1655-1728), também natural de Leipzig, ali também foi professor. Quando estudava direito, ficou fortemente impressionado pela obra de Samuel Pufendorf. Publicou *Institutiones Iurisprudentiae Divinae* (1688), *Fundamenta Iuris Naturae et Gentium* (1705). Em Thomasius, a tradição democrática, de direitos inatos e limites ao soberano aparece com clareza. O direito objetivo estatal é coerção, mas tendo em vista o honesto. Dá mais um passo para liberar o direito da moral, formulando princípios morais racionais. Sua obra, segundo Bloch (1980:305), faz uma união entre elementos até então tratados separadamente: a dignidade humana e a felicidade não são duas coisas distintas, mas implicadas mutuamente. Assim, a sociedade não é nem fruto do apetite social natural (como em Grócio), nem fruto da submissão (como em Hobbes), mas resultado da aspiração à felicidade. *Fundamentos do direito natural*, de 1705, critica o estilo (não o esforço e nem muitos dos resultados) de Grócio e Pufendorf que ainda citavam autoridades antigas para provar seus argumentos. É preciso estar mais atento ao que se diz do que a quem o diz, afirma ele. Logo, o argumento de autoridade deve ceder às evidências da natureza humana (THOMASIUS, 1994:4-5). E assim procura evidências, independentemente da citação de autores. O itinerário percorrido por Thomasius inicia-se, como nos jusnaturalistas em geral, considerando a natureza do homem, tomado individualmente. Daí um pequeno tratado sobre a inteligência e a vontade e, portanto, sobre a natureza moral do ser humano. A vontade está sujeita a paixões e, embora ligada à inteligência, pode ser inclinada ao mal. Distingue, depois, as regras a ação: o conselho e a imposição, e os respectivos autores, o conselheiro ou o soberano e as razões de cada um. Quem deve submeter-se a quem e por quê? Em princípio, os néscios devem submeter-se aos sábios, mas o que é a regra sábia e quem é o sábio? Depois de longa argumentação, Thomasius dirá que só um princípio evidente de direito natural pode ser a regra pela qual medir todas as outras regras. Contrariando Hobbes, para quem os cumprimentos dos pactos são o primeiro princípio racional de direito (os pactos cumprem-se porque há uma lei, diz Thomasius), formula seu primeiro princípio: "A norma universal das ações todas e proposição fundamental do direito natural e das gentes, considerado em sentido lato, é: 'Deve-se procurar aquilo que faça a vida dos homens o mais longa e feliz possível; deve-se evitar tudo o que torna a vida infeliz e apressa a morte'" (*Fundamentos*, C. 6, 21, THOMASIUS, 1994:250). Um princípio que servirá adequadamente ao utilitarismo liberal do século XIX.

Christian Wolff (1679-1754), nascido em Breslau, foi aluno de Pufendorf. A grande contribuição de Wolff é o método geometrizado de estudar e expor o direito (WIEACKER, 1980:361). Em 1702, doutorou-se com a dissertação *De Philosophia practica universali methodo mathematico conscripta*, que já é significativa de sua pretensão, semelhante à de Leibniz. Busca da coerência, sistema lógico, programa de decisões jurídicas por deduções lógicas, entraram na tradição iluminista da codificação e foram transferidos para o estudo do direito romano na Alemanha (a *Pandectística*). Em 1741, publicou seu *Ius naturae*. Wolff não era um jurista de profissão, mas um filósofo, a maior expressão da ilustração alemã. Como filósofo pretendia estabelecer o método universal do pensamento humano. Organiza-o de modo que anuncia claramente as mesmas preocupações de Kant na geração seguinte.

5   OS CIVILISTAS E O *USUS MODERNUS PANDECTARUM*

Designo por civilistas aqueles que, apropriando-se do método, da filosofia moral e política e da antropologia definida pelos jusnaturalistas, enfrentam o direito civil (direito romano, direito privado) para reformá-lo e adaptá-lo aos termos da nova filosofia.

Jean Domat (1625-1696) era jurista profissional, advogado, exercendo o ofício na França meridional, em Clermont, Auvergne. O sul da França era chamado "país de direito escrito" ou de direito romano, em contraste com o norte ("país de direito costumeiro"), de modo que Domat convivia quotidianamente com o direito romano, o *ius commune*. Em 1689, publica um tratado sistemático com o nome de *As leis civis na sua ordem natural*. A ordem natural a que se refere é justamente a ordem do pensamento jusnaturalista moderno, partindo do homem singularmente considerado e de como estabelece relações de obrigação com os seus semelhantes. A ordem natural de que fala é contrária à ordem tradicional (não natural) em que eram apresentados os institutos de direito civil (romano) na compilação justiniana e nos comentadores medievais.

O propósito de Domat é curiosíssimo: ele afirma acreditar que o Direito Romano é o repositório da razão escrita. Ao mesmo tempo, porém, parece ser contrário a muitas leis nacionais francesas de difícil compreensão para muitos, até para os juristas. Se a razão é faculdade de todos, como explicar isto? É preciso, diz ele, livrar-se da "ordem tradicional" e colocar os assuntos em "ordem natural", bem como reduzi-los a princípios evidentes. Ora, "todas as leis têm seus primeiros princípios, que são o fundamento da sociedade dos homens". Sem conhecê-los é impossível conhecer as leis. Estas leis naturais procedentes da razão opõem-se às "leis arbitrárias", que se conhecem apenas pela memória (não pelo entendimento). É assim que Domat incorpora especificamente à técnica dos juristas de profissão aquilo que é o espírito da época jusracionalista.

Domat publicará também um estudo (preliminar ao seu livro) sobre a interpretação das leis (*Teoria da interpretação das leis*), tornado famoso em toda a Europa e traduzido para o português por Corrêa Telles, ainda no século XIX. Será continuamente reeditado, influindo na cultura jurídica moderna. Em Domat encontra-se uma das raízes do Código Civil francês de 1804.

No *Tratado das leis*, Domat expõe temas como os primeiros princípios de todas as leis, a certeza do conhecimento das mesmas, o plano e o propósito da vida em sociedade e os pactos que a tornam possível, as relações entre os seres humanos (entre iguais e desiguais, ou seja, de mando e de reciprocidade), os desequilíbrios da vida social (crimes e delitos), as fontes do poder temporal e espiritual, e o já citado capítulo sobre a "Interpretação das leis". Um "Livro preliminar" antecede o restante da obra: nele faz considerações sobre a divisão de todo o direito entre a disciplina das coisas e das pessoas. A seguir, duas grandes partes contêm, respectivamente, quatro livros (a Primeira Parte) e cinco livros (a Segunda Parte). A Primeira Parte trata da disciplina das obrigações: o Livro I, das convenções mútuas e voluntárias, o Livro II das obrigações sem convenção (responsabilidade por danos resultantes de crimes ou delitos e de acidentes – *des dommages causés par des fautes qui ne vont pas à un crime ni à un délit* –, entre elas), o Livro III de obrigações acessórias e outras matérias (hipoteca, solidariedade, juros etc.), o Livro IV da extinção das obrigações. A Segunda Parte expõe as sucessões. A "ordem natural" das matérias do direito seria pois esta: fundamentalmente uma ordem de proprietários livres, que trocam entre si os seus bens ou que os deixam para alguém após a sua morte. O Código Civil francês será influenciado por este modelo geral. Divide-se em três livros: o Livro I sobre as pessoas (incluindo a matéria de direito de família), o Livro II, sobre os bens e sobre as diferentes modificações da propriedade (incluindo os direitos reais, mas não os direitos reais de garantia) e o Livro III, sobre "as diferentes maneiras pelas quais se adquire a propriedade" que é o livro das obrigações e das sucessões simultaneamente.

Já no século XVIII outro francês, Robert Pothier (1699-1772), sob a mesma forma de pensar dos jusnaturalistas produzirá diversas obras. Uma delas é *Pandectae in novum ordinem Digestae* (1748), na qual comenta os textos do direito romano na ordem que considera natural e sistemática. Seu trabalho mais expressivo será o *Tratado das obrigações* (1760). Como Domat, seus textos e sua doutrina influirão diretamente sobre o Código Civil francês. Além disso, parte de sua obra sobre as obrigações torna-se quase que um manual para os juristas de língua portuguesa, traduzido e publicado que foi com o nome de *Regras de interpretação dos contratos*, para servir de suplemento à lei de 18 de agosto de 1769 (Lei da Boa Razão). Estes civilistas começam a dar forma ao novo direito privado: sistemático, fundado na ideia de ordem natural, individualista, criador do direito subjetivo. Ao contrário de Domat, Pothier vinha do norte da França, região de direito costumeiro mais forte e menos romanizado.

Pelo menos uma menção deve ser feita a Johan Gottlieb Heinécio (1681-1741), também ele prussiano e professor em Halle desde 1708. Heinécio (Heineccius) dedicou-se ao direito romano com o espírito de Thomasius, seu mestre. Fez então o papel de grande divulgador do jusnaturalismo à medida que suas obras de direito romano e sua organização do material de direito civil difundiram-se por toda a Europa. É um autor que faz a ligação entre a filosofia e a dogmática capaz de proporcionar a codificação do direito, em especial do direito privado, no final do século XVIII e começo do século XIX. Ele representou um papel semelhante ao de Domat na cultura francesa e europeia.

6 O JUSNATURALISMO E A REVOLUÇÃO

Tanto a Revolução Francesa quanto a Americana apropriam-se do jusnaturalismo nascido no século XVII e enriquecido pela filosofia das luzes e dos enciclopedistas. O texto da *Declaração de Independência das Treze Colônias* (1776) é exemplar.

> "Quando ao longo dos eventos humanos torna-se necessário que um povo dissolva os laços políticos que o ligavam a outro e que assuma, entre as potências da terra, o estado de igualdade e separação que as Leis da Natureza e o Deus da Natureza lhe concedem, um respeito honesto às opiniões da humanidade exige que declare as causas que o impelem à separação. [...] – Sustentamos que estas verdades são evidentes, que todos os homens foram criados iguais, que foram dotados por seu Criador de certos Direitos inalienáveis, que entre eles estão a Vida, a Liberdade e a busca da Felicidade. – Que para garantir tais direitos são constituídos governos entre os homens, cujos justos poderes derivam do consentimento dos governados. – Que toda vez que qualquer forma de governo torna-se destrutiva de tais fins, é direito do povo alterá-lo ou aboli-lo e instituir novo governo, fundando-o em princípios tais e organizando-o e a seus poderes de tal forma que lhe pareça mais adequada para a efetivação de sua segurança e felicidade. A Prudência, com efeito, dita que governos estabelecidos por longo tempo não devem ser mudados por causas passageiras e levianas; da mesma maneira, toda experiência demonstra que os homens estão mais dispostos a sofrer, enquanto os males forem suportáveis, do que corrigi-los abolindo as formas às quais se acostumaram. Quando porém, um longo cortejo de abusos e usurpações, perseguindo invariavelmente o mesmo objetivo, evidencia o propósito de submetê-los a um despotismo absoluto, é seu direito, é seu dever, desfazer-se de tal governo e providenciar novos guardiães para sua segurança. [...] Nós, portanto, representantes dos Estados Unidos da América, reunidos em Congresso Geral, apelando para o Juiz Supremo do mundo quanto à retidão de nossas intenções, declaramos e publicamos solenemente, em Nome e pela Autoridade do bom povo destas Colônias, que estas Colônias Unidas são e por direito devem ser Estados livres e independentes; que estão dispensadas de toda aliança com a Coroa britânica, que todos os laços políticos entre elas e o Estado da Grã-Bretanha estão e devem estar totalmente dissolvidos; e como Estados livres e independentes têm todo poder para declarar guerra, fazer a paz, fazer alianças, estabelecer o comércio e praticar todos os outros atos e negócios que Estados independentes têm o direito de realizar. – E em

apoio a esta Declaração, com firme confiança na Divina Providência, reciprocamente empenhamos nossas Vidas, nossas Fortunas e nossa sagrada Honra."

As palavras de Thomas Jefferson na *Declaração de Independência* são um exemplo da filosofia do direito natural moderno incorporada ao discurso político-jurídico. Nela se encontram praticamente todos os elementos da teoria, e, curiosamente, distingue-se por não incluir nos direitos fundamentais a propriedade, mas sim a *busca da felicidade*. De qualquer modo, este texto, do final do século XVIII, do século das luzes e dos enciclopedistas franceses, é fruto natural e filho legítimo do jusnaturalismo do século XVII.

Também a Revolução Francesa é pródiga de exemplos. A *Declaração dos Direitos dos Homens* de 1789 é um deles:

"Os representantes do povo francês, constituídos em Assembleia Nacional [*não mais Estados Gerais, note-se*], considerando que a ignorância, o esquecimento ou o desprezo dos direitos do homem são as únicas causas das desgraças públicas e da corrupção dos governos, decidiram apresentar, em solene declaração, os direitos naturais, inalienáveis e sagrados do homem, a fim de que essa declaração, constantemente atual para todos os membros do corpo social, lembre incessantemente os seus direitos e seus deveres; a fim de que os atos do Poder Legislativo e do Poder Executivo respeitem a possibilidade de serem a cada momento comparados com a finalidade de toda instituição política; a fim de que as reclamações dos cidadãos, baseados de agora em diante sobre princípios simples e incontestáveis, tenham sempre como resultado preservar a Constituição e a felicidade de todos. Consequentemente, a Assembleia Nacional reconhece e declara, na presença e sob os auspícios do Ser Supremo, os seguintes direitos do homem e do cidadão..."

E termina, com o art. 17 declarando a propriedade "um direito inviolável e sagrado", aliás o único direito que mereceu o adjetivo *sagrado* no texto.

A *Declaração* de agosto de 1789 não significou o fim dos debates na França revolucionária e outros exemplos interessantes podem ser citados. Em dezembro ainda se discutia a situação dos protestantes e judeus. Num discurso célebre, de 23 de dezembro de 1789, o Conde de Clermont, Tonnerre rejeitava as tentativas de dar aos judeus um estatuto especial, de liberdade "corporativa", com sua própria comunidade:

"Não há caminho intermediário possível: ou se admite uma religião nacional, e se submetem a ela todas as vossas leis, dando-lhe o poder temporal, e se excluem de vossa sociedade os homens que professam outra crença e, então, apagais o artigo da declaração de direitos (sobre liberdade religiosa), ou permitis que cada um tenha sua própria opinião religiosa e não excluis dos cargos públicos os que fizerem uso de tal faculdade [...]. Devemos recusar tudo aos judeus como nação e dar tudo aos judeus como indivíduos. Devemos retirar-lhes o reconhecimento de seus juízes; eles devem ter apenas os nossos juízes. Devemos recusar proteção legal à manutenção das assim chamadas leis de suas organizações judaicas; eles não devem ser autorizados a formar dentro do Estado nem um corpo político nem uma ordem. Devem ser cidadãos individuais. [...] Em resumo, senhores, o estado presumido de todos os residentes de um país é o de cidadãos."

Estas últimas palavras são paradigmáticas: a ordem do direito natural moderno é individual. Os direitos fundamentais e subjetivos não decorrem de um arranjo social que os precede, mas são inatos, inalienáveis, precedem a tudo que é organização.

Naturalmente, nem as mulheres, nem os negros e em muitos lugares nem mesmo as minorias religiosas ou de outra ordem conseguiram obter direitos iguais, muito especialmente de participação política. A ideia de que os direitos naturais são civis, isto é, de gozo de liberdades, e não políticos, ou seja de exercício de decisão pública, vigorou muito tempo e justificou a limitação do direito de votar e ser votado. Iniciando sua defesa do direito de participação das mulheres na vida pública – que veio a ser extremamente limitada na ordem burguesa do século seguinte – Condorcet diz: "O costume pode familiarizar os homens com a violação de seus direitos naturais a ponto de entre aqueles que os perderam ninguém sonhar reclamá-los nem crer que tenha sofrido injustiça."

7 DIREITO NATURAL E CODIFICAÇÃO

Jusnaturalismo racionalista e Iluminismo são duas correntes que confluem no espírito de clareza e sistematização a impulsionar o movimento de codificação do direito (WIEACKER, 1980:366). Ela já não é uma compilação, como haviam sido as ordenações de Portugal e França, ou o Código Penal de 1532 (de Carlos V) para a Alemanha e Espanha. Ela reflete um desejo de ordem, de hierarquia e de concentração legislativa no poder central, no Estado. Nestes termos, ela contraria os costumes e a tradição. Foram os códigos jusnaturalistas atos de transformação revolucionária mesmo pelo despotismo esclarecido, pois na verdade precisavam superar e excluir a tradição do *ius commune*, medieval, corporativa e confusa para os padrões do racionalismo moderno. Os códigos são encomendados a pessoas de confiança do soberano, que em geral já não têm a formação filosófica dos clássicos: ou são burocratas, ou são juristas não treinados na tradição universitária medieval, pois a universidade, pelos idos dos séculos XVII e XVIII, já não era a mesma formadora de pensamento que havia sido.

O Iluminismo, representando a modernização forçada e pelo alto, consistiu, no direito, em uma crítica dos privilégios estamentais da nobreza, da autoridade da tradição, crítica dos limites da propriedade feudal, crítica do poder dos reis, crítica do clericalismo (secularização). Os códigos iluministas começam a surgir em 1756 com o *Codex Bavaricus* (de Max José III da Baviera, que ainda aceita um papel suplementar ao *Jus Commune*). Em 1786 surge o Código Josefino (José II, filho de Maria Teresa da Áustria). E, finalmente, como fruto maduro desta fase, o Código Civil da Prússia (sob Frederico, o Grande) de 1794.

Em 1769, o Marquês de Pombal não faz editar propriamente um Código em Portugal, mas uma sistematização das fontes, a famosa *Lei da Boa Razão*, de 18 de agosto de 1769. Ela permitiu que se incorporasse, como fonte subsidiária do direito nacional, a lei das nações polidas da Europa, ao mesmo tempo em que rejeitou e proibiu o uso dos medievais. Por ela, Pombal conseguiu ou pelo menos pretendeu remodelar as fontes do direito, introduzir novos métodos de interpretação, assegurar o primado da vigência das leis nacionais, eliminar extravagantes sutilezas (HESPANHA, 1978:73). Tratava-se também de um golpe na pluralidade de ordenamentos, até então convivendo (costumes, tradição medieval e corporativa etc.).

Antes da reforma pombalina, a lei estatal era *de fato* subposta pelos juristas a um complexo sistema de princípios doutrinais ou jurisprudenciais como diz Hespanha (1978:74). No propósito da reforma, o jurista tornar-se-ia órgão de aplicação estrita da vontade do poder soberano, submetido mais estritamente à *legalidade*. A interpretação autêntica passava a depender dos assentos da Casa da Suplicação, que já existiam mas haviam dividido sua validade com assentos de outras cortes (Relação do Porto, da Bahia, de Goa) e com a doutrina. O objetivo da reforma era concentrar poder legislativo nas mãos do soberano para dar mais ordem e clareza, certeza e celeridade nos negócios. Era preciso colocar a lei acima da tradição e dos comentários. Por isso, proibiu-se o uso da Glosa de Acúrsio e os Comentários de Bártolo. O direito romano e o direito estrangeiro poderiam ser recebidos apenas por causa das verdades essenciais e intrínsecas inalteráveis. Ora, ainda em 1751, o regimento que criou a Relação do Rio de Janeiro obrigava o tribunal a ter um "jogo de Textos de Leis com as glosas de Acúrsio [...] como também um jogo de Bartholos da última edição". O regimento da Relação de São Luís do Maranhão (1812) já fala em *Corpo de Direito Romano*, sem Acúrsio nem Bártolo. E embora muitas das reformas pombalinas tenham finalmente sido desfeitas após sua queda (1777), certo é que elas indicavam o caminho que afinal veio a ser seguido.

No mesmo sentido de ordem e certeza, foi a reforma dos Estatutos e do Ensino Jurídico (1772). Proíbe-se o método escolástico e ensino indiscriminado de direito romano. O novo ensino deverá priorizar o estilo sintético, compendiário, demonstrativo, a apreensão ordenada (*more geometrico*) nas matérias básicas, na linha do racionalismo do século das luzes. Segundo Hespanha, passam à primeira linha as cadeiras de Direito das Gentes ou Natural, e História do Direito; as primeiras para mostrar como bem pensar, a última para evidenciar as aberrações praticadas ao longo da história. Inclui-se também uma cadeira de Jurisprudência Civil Analítica (5º ano), com interpretação e lógica jurídica. Com isto, queriam os adeptos da reforma (*sumistas*) concentrar-se sobre os princípios científicos superiores (HESPANHA, 1978:114). Como veremos, é muito semelhante o sistema que se vai implantar nos primeiros cursos de direito brasileiros, em São Paulo e Olinda. Vê-se também que o Direito Natural criado na universidade alemã no século XVII se afirmara como matéria do âmbito dos juristas, tornando-se mesmo indispensável na passagem do século XVIII para o século XIX. Um século depois será substituído pela Filosofia do Direito.

8
METODOLOGIA E ENSINO DO DIREITO: A MODERNIDADE

"Perguntai, agora, qual é o fruto de tantos livros, qual a vantagem que a montanha infinita de volumes trouxe à jurisprudência. Tornou-se talvez fácil a inteligência das leis, aplanou-se o caminho para julgar retamente? Bem ao contrário! Não serviu nem serve esse dilúvio de obras jurídicas, se pensarmos bem, senão para tornar a jurisprudência mais difícil, complicada e espinhosa, e mais incertos e duvidosos os juízos dos que devem administrar a justiça."
(Ludovico Muratori, Dei difetti della giurisprudenza)

1   O DECLÍNIO DAS UNIVERSIDADES

O século XVI marca grandes rupturas na história europeia. A expansão colonial determina a entrada da América no círculo europeu, a Reforma põe fim à *ecoúmene* cristã latina, os Estados nacionais e a noção de soberania firmam-se. O grande comércio marítimo internacional e transcontinental alarga-se e torna-se objeto político. As comunas decaem. Tudo isto influencia o desenvolvimento jurídico e reflete-se na transmissão do saber jurisprudencial. O direito romano comum à Europa continental, o *ius commune*, teve como berço natural o ambiente universitário. A universidade medieval, porém, muda completamente a partir do século XVI e sua sobrevivência dá-se em termos quase irreconhecíveis para os padrões originais. Sem o ambiente universitário original, a educação jurídica transforma-se.

As universidades, a partir do século XVI, perdem parte da importância e do vigor que tinham. Perdem professores durante a Reforma. Muitos deles passam a ser perseguidos quando não professam a religião do príncipe ou do Estado (DELUMEAU, 1984:72). Os huguenotes na França, os católicos na Inglaterra, os não calvinistas em Genebra, os erasmianos na Holanda, um pouco em toda parte a luta pela hegemonia de uns grupos sobre outros determina uma enorme fuga dos professores. Com a divisão oficial das Igrejas, com a criação de Igrejas nacionais, os dissidentes já não têm mais a condição de debate que existira. É certo que na Idade Média muitos foram perseguidos por suas ideias: mas a própria fraqueza dos soberanos nacionais permitia que o dissidente de uma região encontrasse abrigo em outra.

A par disso, elas passam a ser dominadas pela teologia e pelos debates teológicos, tanto nos países católicos quanto nos protestantes e reformados. Nos países católicos, algumas ordens religiosas, diretamente subordinadas a Roma (como é o caso dos jesuítas em Portugal, mas também dos mendicantes), assumem o controle das escolas e universidades. Na Europa continental, os colégios crescem em importância: de meros albergues passam a centros de estudos com uma disciplina e um curso seriado que não eram habituais na universidade. Com o tempo, tais colégios suplantam as universidades.

Com o crescimento da ordem nacional soberana, muito do direito romano – objeto essencial de uma cultura jurídica universitária que tomava o texto como objeto de razão universal – tende a perder importância. Ao lado do direito romano, os juristas precisam cada vez mais inteirar-se do direito nacional, pátrio, régio ou costumeiro, fruto da vontade ou da tolerância do soberano. Cada vez mais é preciso ser treinado como funcionário letrado da incipiente burocracia estatal nacional.

Assim, a escolástica e as escolas jurídicas italianas (o *mos italicus*), cujo berço fora a universidade medieval, cedem paulatinamente lugar a instituições e cultura novas: a vida comunal, o debate entre imperador e papa bem como as universidades opõem-se à soberania nacional e às academias. No direito, isto significará, em termos de cultura e pensamento, que o modelo medieval será substituído pelo modelo *humanista*, sobretudo francês, por isso chamado *mos gallicus*, e logo a seguir pelo predomínio do direito natural moderno. A predominância da Europa mediterrânea no pensamento jurídico estará cessando com o início da modernidade.

Do ponto de vista institucional, é preciso destacar a transformação pela qual passa a universidade moderna. Entre os séculos XVII e XIX, a universidade perde o papel de liderança intelectual. Na Inglaterra, os empiristas, a nova ciência começa a fazer-se em círculos e sociedades estranhas a Oxford e Cambridge, dominadas pelo clericalismo reformado e pelo oficialismo de sua cultura (HILL, 1992). O mesmo acontecera com o continente europeu (BUARQUE, 1994:21-57), onde o pensamento moderno se produzia em condições difíceis por autores exilados aqui e ali, transferindo-se conforme obtivessem o favor e o mecenato de um príncipe ou uma república. O ensino universitário formaliza-se e, no direito, começa a esclerosar-se na repetição dos medievais.

A própria universidade perde importância nas suas outras escolas, sejam as de artes liberais sejam as de medicina e física. A nova ciência que se começa a fazer, assim como a nova filosofia, não pode submeter-se à disciplina confessional e política que se impusera. Como corpo reconhecido pelos soberanos e Estados nacionais, as universidades começam a exigir de seus membros um juramento de fidelidade. Então, o vigor do pensamento transfere-se para uma nova instituição: a academia. As academias são sociedades de pessoas já educadas que se reúnem para discutir e dialogar sobre suas experiências, seus conhecimentos, suas hipóteses. Inicialmente é quase que um clube de amadores de determinado tema, arte ou ciência. Não estão ali para adquirir um título, mas para livremente investigar, conversar, debater. As academias, que vinham sendo criadas desde o Renascimento, no século XVII serão um centro de produção de cultura.

Antes do aparecimento da nova *ciência* já os humanistas haviam iniciado uma crítica ao método antigo. Conhecido como *mos gallicus*, ou *escola elegante*, o humanismo jurídico tentara desqualificar muito da jurisprudência anterior, tachando os comentadores de ignorantes da história, desconhecedores das muitas interpolações bizantinas feitas na compilação do *Digesto*. Criticava-os também pelo seu latim vulgar e pouco clássico. Entre os humanistas, contam-se Guillaume Budé (1467-1540), Zasius (1461-1535), Alciato (1492-1550), e o nome mais conhecido, Jacques Cujas, ou Cujácio

(1522-1590). Importante foi ainda François Hotman (1524-1590), cujo *Antitribonianum* é dirigido contra os bartolistas. Eles tentaram desfazer-se da tradição medieval.

2   A NOVA FILOSOFIA

A filosofia nova, dos séculos XVI e XVII sobretudo, impõe-se pouco a pouco. E ela se distingue claramente das linhas de pensamento aristotélico. Em primeiro lugar, pelo *Cogito* cartesiano: a dúvida com relação a qualquer autoridade exterior à razão, a dúvida com relação aos sentidos. Se um escolástico acreditava que, afinal de contas, as aparências correspondiam de alguma forma ao ser, e que era possível por um esforço da razão dar-se conta adequadamente do que é (existe), enquanto é, a ruptura moderna coloca em dúvida até mesmo as aparências mais sólidas. Só tenho certeza de meu próprio pensamento. Trata-se do progressivo impor-se de um *solipsismo* filosófico, de um sujeito pensante abandonado a seus próprios recursos. A tradição, nestes termos novos, não ajuda a caminhar na estrada do saber, ela é antes um entrave, eivada de equívocos. Cada um deve descobrir a verdade sem apoio em autoridades. Pascal e Descartes são crentes e fiéis, como haviam sido os grandes artistas barrocos mais apaixonados, mas sua filosofia é uma ameaça e um desafio à autoridade da tradição. Este triunfo da razão especulativa e reflexiva dá-se de maneira completa no pensamento de Kant: há categorias completamente ideais, pensadas, *a priori*, anteriores à experiência e aos sentidos, pelas quais o sujeito pensante pode pensar o mundo. Mas este sujeito não pode ter acesso ao *ser*: a metafísica – filosofia primeira, como dizia Aristóteles, que investiga a condição de possibilidade do ser, transforma-se em epistemologia e gnoseologia da maneira mais completa, isto é, em investigação da possibilidade de conhecer inerente ao sujeito. É o pensamento que molda o objeto.

Ao lado desta nova subjetividade que irrompe no pensamento filosófico, afirma-se o empirismo moderno. Se já não se pode fazer uma metafísica do ser, do universal, restam-nos as coisas singulares e suas relações entre si e com o sujeito da experiência sensível. Hume torna-se o autor paradigmático, embora sua abordagem da natureza já viesse precedida das inquietações de Galileu e Newton: investigar a natureza, fazer-lhe perguntas, observá-la na sua individualidade. Os sentidos podem ser fonte de saber, mas para converterem-se em verdadeiro saber é preciso medir, quantificar, calcular, geometrizar. É Hume quem diz: "Tomemos na mão um volume qualquer de teologia ou de metafísica escolástica e perguntemo-nos: contém algum raciocínio abstrato acerca da quantidade ou do número? Não. Contém algum raciocínio experimental acerca dos fatos e coisas existentes? Também não. Pois então, joguemo-lo ao fogo, pois não pode conter outra coisa senão sofismas e enganos" (HUME, 1990:430).

Ora, a jurisprudência tradicional, consolidada nos longos séculos do *ius commune*, opunha-se às duas correntes que alimentavam a modernidade. Normatividade significava autoridade, e a autoridade repousava não apenas no saber ou no pensar do sujeito: mesmo Tomás de Aquino, paladino da razão natural em tudo o que dizia respeito à vida humana, curvava-se a um certo sentido de tradição e afirmava que as leis só se deveriam mudar por graves causas e quando fossem manifestamente inconvenientes. De outro modo, sua conservação era necessária para dar segurança aos súditos (*Suma teológica*, Ia, IIae, Q. 97, art. II). Na modernidade, a autoridade começa a ser experimentada como heteronomia, a imposição de uma vontade alheia, que só faz sentido para com os incapazes. A pessoa capaz não se curva diante da autoridade ou da tradição: curva-se apenas diante da razão e de sua própria consciência.

A individualidade das coisas permite-me apreender apenas sua regularidade, não a sua normatividade. Do fato de algo ser não deriva que *deva ser* assim. É o célebre fosso entre a moralidade e a ciência moderna. Posso construir um saber sobre o mundo objetivado, posso descrevê-lo. Mas não posso, racionalmente, dizer como deve ser o mundo. A individualidade e a regularidade natural não me permitem tampouco entender as normas. As normas se compreendem quando há uma finalidade (normas morais para chegar à perfeição, ao florescimento; normas técnicas, para chegar à manipulação). Mas o reino dos fins é essencialmente o reino da liberdade, da não determinação. Determinada é a natureza física: a natureza moral, a ação humana moral é livre por definição. Isto que também era objeto de investigação dos medievais era por eles entendido de modo diferente: a liberdade humana compreende-se apenas se formos capazes de ter uma ideia da *natureza* humana, que inclui uma noção de finalidade: a pessoa humana existe para..., ser feliz é tender para.... Mas, quando já não é mais possível estar de acordo quanto às finalidades, o mundo dos fins entra a fazer parte do universo exclusivamente individual e a convivência humana é garantida apenas pelo respeito recíproco, das respectivas liberdades.

A ciência nova é, pois, antiescolástica. O direito pode ou não continuar sendo uma ciência? Que espécie de investigação fazer? Como continuar a tratar o direito num mundo novo, em que o contexto de sua compreensão está desaparecendo, em que *ciência* já não mais significará *gramática*?

Entretanto, não é apenas uma nova ciência que está surgindo. São também os Estados nacionais modernos e o mercado. Um soberano que pretende exercer o monopólio da legislação e da jurisdição, como antes não havia, e uma vida econômica de trocas e de mercadorias. A velha sociedade de ordens (dos guerreiros, religiosos e trabalhadores – *bellatores, oratores, laboratores*) cede lugar a uma vida crescentemente aburguesada, em que os deveres feudais e pessoais se transformam em prestações pecuniárias. Neste mundo de relações econômicas abstraídas das relações pessoais, a promessa e o exercício individual da vontade ganham uma dimensão nova. Da teoria dos contratos como realização de negócios essencialmente justos, passa-se a uma teoria dos contratos como obrigação derivada da vontade e de promessa.

2.1 O paradigma dominante – nasce o direito natural moderno

A estas mudanças corresponde o novo direito natural. Estava já em gestação desde o final do século XVI na Escola de Salamanca. Distingue-se do direito natural clássico por sua antropologia: o ser humano é essencialmente, para os modernos, um indivíduo que se associa, sua sociabilidade corresponde a uma tendência natural (apetite), mas já não é sua condição existencial, ou sua natureza, no sentido medieval. A natureza ou substância de um ser, segundo a metafísica tomista, é uma especial união de forma substancial (estrutura) e matéria. A antropologia moderna dispensa a forma substancial, pois esta, para ser entendida, pressupõe uma finalidade no ser (um relógio é relógio por ter uma certa finalidade, e uma pessoa humana é pessoa humana por ter uma certa finalidade, que lhe é substancial). A natureza não tem finalidade, pois é um mecanismo puro e simples; já os homens estão divididos quanto à sua finalidade, e as guerras de religião e as guerras civis eram prova evidente disto. O direito natural moderno deve ser, pois, uma regulação das individualidades, um mínimo que permita a convivência dos opostos. Deve garantir a paz.

Qual a certeza possível de um direito natural assim? Se já não é possível um acordo sobre a finalidade da vida comum, substancialmente pelo menos, deve-se buscar um acordo possível quanto aos procedimentos. O direito deve ter por objeto garantir as expectativas recíprocas, não o alcance de uma vida feliz e justa. Se o termo e a finalidade do direito se tornam procedimentos, é possível tratá-lo até certo ponto como uma geometria. Pelo menos é possível compartilhar as esperanças despistadas pelos modernos na matematização do conhecimento. Os juristas serão capazes de fazer isto, e como será isto possível?

A tradição jurídica se divide. Alguns autores vão se dedicar a estabelecer as regras axiomáticas, ou os princípios do direito natural. Eles buscarão estes princípios a partir do novo modelo de conflito visível: a disputa individual pela nova riqueza, pela prosperidade. Outra parte dos juristas será influenciada apenas indiretamente por esta novidade: eles conservarão seu apego aos *Bártolos*, e farão uma composição entre os princípios novos e as leis antigas, aí compreendidas as leis como costumes, jurisprudência, textos de juristas, em suma, um corpo normativo bastante complexo e tradicional. Durante boa parte do antigo regime, esta convivência de princípios de direito natural moderno com a tradição medieval (jurídica e política) será bastante complicada. Até certo ponto ela só se resolve com as revoluções liberais, especialmente a partir da Revolução Francesa de 1789.

O jusnaturalismo moderno tenderá, pois, a ser axiomático, dedutivista, universal, impessoal, abstrato. Já não se pode fazer apelo a autoridades eclesiásticas como fonte de legitimação. A obra de Samuel Pufendorf (1632-1694) torna-se exemplar do novo estilo: o seu *Dever do homem e do cidadão de acordo com o direito natural* (de 1673) distingue claramente o direito natural, fundado apenas na razão, da teologia moral, fundada na revelação. O direito natural, conhecível por qualquer um, torna o homem sociável nesta vida, a teologia moral torna-o apto a entrar no paraíso. Nas citações e referências de seu trabalho, nada de trazer em seu auxílio os teólogos ou os padres da Igreja. Ele apela para os jurisconsultos, ou para os filósofos gregos em abundância. Faz frequentes referências a Hobbes e Grócio e organiza seu estudo de maneira moderna. Nada de seguir a ordem tradicional dos temas. Os capítulos procedem das abstrações mais gerais para as conclusões particulares: o Livro I trata dos deveres do homem para com seus semelhantes, e se abre com o capítulo sobre a ação humana, passa pelo reconhecimento recíproco da igualdade e termina discorrendo sobre as obrigações contratuais. O Livro II trata das relações do homem com a autoridade, inserido num *status*: daí procede da investigação do estado natural para terminar discutindo a guerra, a paz e a obediência, passando antes pelo casamento e pelas relações entre mestre e servo. Naturalmente, trata-se de compreender em que circunstâncias se torna natural a relação de hierarquia. Assim olhada, a obra é nitidamente um tratado de filosofia política, ou moral. É o direito natural racional.

Pufendorf ocupou a primeira cátedra de direito natural, criada em 1661 na Faculdade de Filosofia de Heidelberg. Isto já é significativo: o direito natural deixava seu *status* anterior de ser o ponto de encontro da política e do direito, para ser o ponto de partida do estudo do direito. Estudando direito natural o jurista estaria dispensado de estudar toda a moral. Isto é determinante para a formação nova do jurista, que a pouco e pouco se separa da investigação teórica moral.

Outro autor exemplar do novo direito é Jean Domat (1625-1696). Ele é um jurista do direito privado, um conhecedor do direito civil, do *ius commune*. Caracteristicamente, sua obra mais famosa é o *Tratado das leis civis na sua ordem natural*. Qual é a ordem natural das leis civis e quais são as leis civis? As leis civis são o corpo civil do *ius commune*. E sua ordem natural é a ordem natural dos modernos. Domat já não vai seguir a *ordo legalis*, ou seja, a ordem na qual os temas aparecem na tradição jurídica europeia do *ius commune*. Sua intenção é dar-lhes a nova ordem e, como todo racionalista do século XVII começa sua obra com um tratado das leis, de caráter geral, do qual se poderá derivar, dedutivamente, todo o resto. O Capítulo I do *Tratado das leis* chama-se, tipicamente, *Dos princípios primeiros de todas as leis*. Daí prossegue dissertando sobre as relações humanas na sociedade em geral. Seguem-se ao Tratado das leis um livro preliminar com regras gerais a respeito das pessoas e das coisas e depois as duas partes principais da obra: a primeira sobre os compromissos (*engagements*) e a segunda sobre as sucessões. Em poucas palavras, trata-se de um tratado das relações dos homens apropriando-se das coisas por meio de convenções, é um tratado sobre as obrigações. Jean Domat, ao lado de Pothier (1699-1772) (WIEACKER, 1980:234), estará entre os autores cuja influência será sentida dezenas de anos depois de sua morte na redação do célebre *Código Civil de Napoleão* (de 1804).

O direito natural moderno quer ser um direito do senso comum, pelo qual todos podem chegar às máximas jurídicas. É, no entanto, dominado por saberes competentes, pela mesma razão por que a geometria, sendo evidente uma vez aprendida, não é evidente para uma mente não suficientemente treinada, como diz Locke. Por isso mesmo, este direito natural teórico e abstrato não é dominado adequadamente nem mesmo pelos juristas não treinados, os leigos, os juízes de municípios ou câmaras etc. É um direito natural de fato pertencente a letrados, professores, burocratas, mas sobretudo eruditos que, a pouco e pouco, vão preparando as condições intelectuais para o advento dos códigos. E ele é ensinado num ambiente diverso do direito natural clássico: desapareceram as comunas livres, desapareceram as universidades medievais, desapareceu progressivamente o casuísmo. O direito é ensinado de modo axiomático, a partir de uma nova antropologia. A função do professor é dar os princípios primeiros, a função do aluno é aprendê-los e deles derivar as aplicações singulares nos casos concretos.

2.2 O gênero literário

Já na obra de Francisco Suárez (1548-1617), *De Legibus ac Deo Legislatore*, o novo estilo é perceptível. O gênero literário que servirá de base ao novo ensino do novo direito é especialmente o tratado. Sejam os tratados teóricos do direito natural, como o de Pufendorf, sejam os tratados dogmáticos, como o de Domat. Nenhum deles se parece com as questões disputadas dos medievais, ou os comentários. Eles já não seguem mais a ordem da tradição: impõem a sua ordem racional. Se os medievais, glosadores e comentadores, haviam iniciado o tratamento sistemático do direito, tal sistema nada tinha a ver com o sistema dos modernos, no que diz respeito ao estilo literário. O sistema do medieval é o sistema da pergunta, em que a estrutura dialógica impõe o uso tópico dos argumentos, o uso muitas vezes *ad hoc*. Sua sistematização consistia essencialmente em fugir do literalismo ao inserir cada máxima num todo. Em geral seu problema era o de superar as contradições encontradas no texto, tanto nas compilações canônicas quanto no direito justinianeu. "Onde encontrares uma contradição, faz uma distinção" era a regra de hermenêutica, permitindo manter a consistência do todo. Isto já era mais do que haviam feito os romanos, pois como vimos os textos recolhidos na compilação de Justiniano haviam sido descontextualizados e a inserção de todos eles numa unidade era tarefa específica que os medievais se haviam proposto. Os modernos, ao contrário, constroem o seu sistema racional a partir de postulados prévios e dentro deles organizam as máximas tradicionais. É assim que o *pacta sunt servanda* adquire um sentido novo: de uma máxima menor na teoria dos pactos (isto é, acordos paralelos aos contratos), transforma-se numa regra geral da teoria das obrigações.

Este processo terá muitas vertentes, mas culmina com o iluminismo (ilustração) jurídico-político do século XVIII, Iluminismo que tem muitas faces, desde o Iluminismo francês, de caráter liberal e subversivo, até o Iluminismo dos déspotas esclarecidos, de matriz estabilizadora e burocrática (TARELLO, 1976).

A reforma pombalina da universidade de Coimbra é típica de sua época. Os reformadores portugueses percebem que ali ainda se estuda e se aprende à moda antiga, seguindo e ruminando os cansados Bártolos, como se disse. Pela Reforma de 1772, são introduzidos os manuais (ou compêndios), com aprovação régia. Os manuais devem ter uma ordem e esta segue a ordem racional moderna o quanto possível. Mais ainda, a própria legislação deverá seguir esta ordem e a tentativa mais importante de impor a ordem nova é a *Lei da Boa Razão* (1769). O soberano nacional impõe a racionalidade moderna e o monarca absolutista esclarecido faz isto nos Estados em que a ordem tradicional era mais resistente. Passa-se à exposição a partir da ordem racional, iluminista e sobretudo do interesse do soberano. O advento desta nova exposição do direito é contemporâneo da centralização progressiva da legislação nacional e, sobretudo, da hegemonia da lógica do poder estatal. Ela vem acompanhada de uma teoria das fontes de direito que as hierarquiza, dando-lhes importâncias diferentes. Mais uma vez, a *Lei da Boa Razão* cumpre este papel: permite que o direito nacional se imponha sobre o *ius commune* e sobre os costumes locais, ao mesmo tempo que permite a importação da doutrina estrangeira (HESPANHA, 1978:150 ss).

2.3 O papel dos juristas

Até o advento do Iluminismo, com todas as reformas preconizadas pelos ilustrados, a concepção de poder político do Antigo Regime é predominantemente jurisdicional (HESPANHA, 1993:385-386). Toda atividade do soberano é um fazer justiça, mesmo quando legisla e administra. O próprio caráter das cortes, como órgão de conselho e debate para uma decisão sábia e justa, indica que as medidas gerais, que hoje chamaríamos leis, eram fruto de uma deliberação.

A modernização do Estado com a consequente transformação do príncipe ou do soberano de supremo juiz em supremo legislador marca a transformação simultânea do papel dos juristas. Estes são obrigados a cindir política e jurisprudência. Alguns passam a fazer parte das comissões legislativas, organizadoras das reformas das ordenações régias, ou do próprio Estado. Ao longo de décadas, começarão a preparar os códigos ilustrados ou jusnaturalistas. Os Estados periféricos da Europa deixam-se governar pelos monarcas absolutos esclarecidos ou ilustrados. Portugal, Espanha, Prússia, Áustria, Rússia, enfim a imensa maioria dos Estados europeus conhece seu absolutismo ilustrado. O desejo de governar é o desejo de promover a modernização da vida econômica: o interesse maior do príncipe já não é manter a paz ou fazer a justiça, mas promover a prosperidade do reino. Para promover a prosperidade, é preciso reorganizar tudo. O direito precisa ser radicalmente reorganizado, e os juristas da corte antes que prudentes à moda antiga precisam redigir as novas leis.

Estes juristas, respeitando a língua comum do direito romano e frequentemente usando ainda o latim, têm pela frente a tarefa de superar o direito medieval. Prestadas as homenagens devidas aos antecessores, é preciso refazer tudo. Trata-se de uma tarefa que se cumpre com clareza na segunda metade do século XVIII. Mas tal tarefa é devedora do esforço intelectual dos jusnaturalistas, à medida que eles, com sua antropologia individualista e sua razão jurídica geometrizante, permitem a novidade dos códigos.

É o tempo do jurista letrado, professoral, erudito. Todos, porém, precisarão gravitar em torno da corte régia. Como legisladores ou como juízes, os órgãos capazes de empregá-los e aproveitar-lhes o serviço são já os órgãos centrais do novo Estado absolutista e ilustrado. Nas províncias, continuam a vigorar costumes locais, juízes ordinários de câmaras, não letrados, não formados nas universidades. São homens comuns, capazes de compreender o senso comum, as regras de um direito natural racional potencialmente. Mas seu direito é o *ius rusticorum*: não se compara com o dos juristas cosmopolitas dos novos tempos. O jurista letrado tradicional, formado no *ius commune*, também precisa desaparecer e é por isto que se reforma a Universidade em Portugal. Está sendo preparada a nova onda de juristas do Estado nacional e da burguesia, da ordem do mercado, do contrato, da propriedade e da paz administrada pela resolução de disputas individuais.

3 A REVOLUÇÃO POSITIVISTA

Uma terceira onda de transformações atinge o ensino do direito já no século XIX. É o advento do positivismo. Seu impacto é progressivo e diferenciado: progressivo porque não atinge completamente de uma hora para outra o ensino e a dogmática jurídica; diferenciado porque o transplante do positivismo para o direito não pode ser feito pura e simplesmente desconsiderando a tradição anterior.

O ideal de uma ciência positiva, ou positivista, assenta-se na tradição idealista da filosofia do fim do século XVIII. Em primeiro lugar, define-se uma distinção entre sujeito e objeto do conhecimento e suas relações recíprocas. Em segundo lugar, propõe uma objetividade do conhecimento demonstrável pela manipulação e pela experimentação. Conhecer é saber fazer, é reproduzir e prever. A ciência é então destacada da interpretação e da razão prática, e associada à razão instrumental e ao cálculo. O universo tem uma linguagem matemática, e é possível conhecê-la, prevendo os fenômenos. O empirismo associa-se, pois, ao idealismo: a descoberta das leis e a formulação das hipóteses (elementos ideais) são verificadas, ou falsificadas, como diz Popper, pela experimentação e pela observação. Claro que a observação científica é polêmica por natureza, conhece-se contra o conhecimento anterior. A discussão sobre o positivismo é enorme e hoje em dia, quando o positivismo dá sinais de esgotamento, esta discussão é ainda maior, pois a própria tradição filosófica positivista apresenta diversas correntes, e os que propõem métodos não positivistas também se alinham em perspectivas diversas.

No direito, o positivismo deu aos juristas a sensação confortável de que estavam ainda atualizados com o desenvolvimento geral do pensamento. Se a ciência medieval se confundia com a *especulação gramaticada*, e se a ciência moderna se associava à geometrização do mundo, os juristas haviam, a seu tempo, incorporado aquelas concepções de ciência. Por que não o fariam também no advento da ciência positiva? No entanto, de modo geral as humanidades tiveram sempre dificuldade em integrar-se no positivismo puro e simples. Nas ciências sociais – a nascente sociologia do século XIX –, o primeiro exemplar de investigação marcado pelo positivismo é Émile Durkheim, que estabelece dois princípios básicos: (1) da não consciência (*não investigar intenções individuais de cada agente*); (2) do primado das relações sobre os fenômenos (*explicar fatos sociais por fatos sociais*). É desta dificuldade que procedeu a célebre discussão de método ilustrada por Dilthey (as humanidades como *ciências da interpretação* e não da previsão) e por Max Weber (*sociologia compreensiva* e não comportamentalista), ambos corrigindo a postura de Durkheim.

No direito, no entanto, os juristas elegeram um objeto e o privilegiaram: a lei, o ordenamento positivo. Esta eleição foi possível justamente porque o Estado moderno, em processo de transformação para Estado liberal, havia conseguido estabelecer-se com a centralização das suas fontes normativas, com a centralização da jurisdição e com o ideário do constitucionalismo, pelo qual toda a normatividade dependia de regras constitucionais. De outro lado, o Estado liberal e burguês que emergiu no século XIX teve a mesma pretensão totalizante do mercado, da moeda e da mercadoria, e obedeceu a uma expansão territorial e funcional contínuas. A burocracia cresceu, o controle disciplinar cresceu, a atividade do jurista começou a reduzir-se à exegese da legislação.

O positivismo também impôs uma ruptura com o senso comum: o senso comum, como se sabe, tende a ser conservador e fixista. O Estado liberal precisava ser implantado, precisava ser criado e substituir o Antigo Regime. A legislação deste Estado veio para pôr fim a todo o direito anterior e seu instrumento privilegiado foi o Código: uma lei que dispunha sistemática e completamente sobre um assunto determinado. O código pretendia ter um caráter axiomático. Opunha-se à falta de sistema das ordenações anteriores. Quem abre as *Ordenações Filipinas*, que também vigoraram no Brasil desde 1603, nota que elas são casuísticas. No famoso Livro V, sobre matéria penal, não existe uma parte geral sobre as penas, os delitos, as circunstâncias atenuantes ou agravantes, o dolo ou a culpa:

> O século XVIII é marcado pelas diversas tentativas de reformar a universidade em geral e o ensino do direito em particular. De um lado, parecia necessário afastar os últimos resquícios do saber antigo, em várias partes representado pelo domínio religioso sobre a instituição. De outro, era preciso inseri-la no projeto de Estado moderno. Embora todos tenham tentado, os dois modelos mais bem-sucedidos foram o de Napoleão e o da Prússia. Napoleão transformou a universidade em um departamento do Estado: seu reitor era um funcionário e foi-lhe imposta uma disciplina burocrática. O modelo prussiano foi primeiro experimentado em Berlim, onde Wilhelm von Humboldt tentou transformar a universidade num centro de pesquisa, como as academias, e de ensino, como as escolas. Para o campo do direito contou com a colaboração de Friederich K. v. Savigny, cujo nome ficou desde então associado ao estudo verdadeiramente "científico" do direito.

ele é uma coleção de delitos, sem que sejam agrupados numa ordem genérica, numa tipologia definida. Cada um com suas próprias circunstâncias. Já em 1796, houvera um projeto de Código Criminal em Portugal que rompia com a "desordem" das *Ordenações*.

Em 1804, entrava em vigor o Código Civil dos franceses, o *Código Napoleão*. Em 1811 aparecia o Código Civil da Áustria (*Allgemeines Burgerliches Gesetzbuch – ABGB*), precedido que já fora pelo Código Penal austríaco de 1803. Os códigos eram uma ameaça à velha ordem. O célebre Savigny opôs-se à codificação do direito alemão, em nome da tradição popular e do "Espírito do Povo". De fato, estava defendendo o mundo antigo, inclusive o modelo antigo de professor, aquele que criava a ordem jurídica pelas suas intervenções "científicas" e não se submetia à ordem criada arbitrariamente (não cientificamente) pela legislação. Era um projeto destinado ao fracasso, pois sua viabilidade dependia de não haver um Estado legislador liberal, capaz de impor-se. Era, aliás, a situação concreta da Alemanha, em que o Código Civil, como queriam seus defensores, viria antecipar a unificação, realizando-a no direito privado antes que se realizasse no direito público e constitucional. Quando o Estado se instala, os professores deverão tornar-se exegetas do direito positivo. Serão reduzidos à reverência pelo texto da lei, como os primeiros glosadores eram reduzidos ao temor reverencial pelo texto de Justiniano, com a importante diferença de que o texto de Justiniano, todos sabiam, não era direito aplicável diretamente por nenhum soberano contemporâneo.

O saber jurídico completaria seu afastamento do homem comum. O final do antigo regime em Portugal, marcado pelo tempo do *consulado* de Pombal, é significativo: foi preciso progressivamente eliminar os juízes ordinários (leigos) e substituí-los por juízes letrados. Multiplicaram-se as acusações de ignorância e despreparo dos juízes leigos. Os letrados dominarão o aparelho do Estado. Quando vier a grande reforma liberal, serão eles privilegiados atores. Mas o modelo do jurista erudito e letrado será predominante; o bom juiz deverá, a partir de então, submeter-se à lei, e embora a lei seja sempre considerada expressão da razão natural; será preciso cultivar esta razão natural na escola de direito. O senso comum, abandonado a si mesmo, é suspeito, como dito é fixista e conservador, é presa fácil do tradicionalismo e do poder local, das pressões políticas e do preconceito. Contra este senso comum o melhor remédio é a lei, ato de vontade do soberano, o povo, representado pelas Assembleias legislativas e, como no caso do Brasil imperial, pela Nação, representada pelo monarca.

Uma herança paradoxal e contraditória é esta do positivismo jurídico. De um lado recebe do jusracionalismo moderno a formação axiomática, transmitida junto com a ideia de legislação e código. De outro lado, recebe a concepção voluntarista de lei, histórica e positiva. Assim, ao contrário da ciência empírica, atém-se ao método dedutivo do século XVIII e afasta-se da verificação. A verificação a que se propõe não pode ser outra senão constatar quais as leis promulgadas e em vigor, uma verificação documental. Abandona-se a referência ao sistema prudencial que vigorara na escolástica medieval. O positivismo associa-se, pois, a um método dedutivista que tem sua origem em dois fenômenos modernos interligados: soberania do Estado nacional e o movimento codificador.

Desta partição do positivismo surge a *filosofia do direito*: ela investiga o método e o objeto que os discursos jurídicos concentram. O direito, sendo conhecimento apenas das leis e do direito positivo, já não faz a reflexão sobre seu próprio saber e suas próprias condições de validade. Este exame passa à filosofia do direito, que se cria no século XIX. Ela é a herdeira laicizada e secularizada da tradição jusnaturalista.

3.1 Gênero literário

A reforma pombalina já anunciava o gênero literário que seria dominante: o manual, ou compêndio. No Brasil, a Carta de Lei que criou os cursos jurídicos, em 11 de agosto de 1827, dispunha no art. 7º: os "lentes farão a escolha dos compêndios da sua profissão, ou os arranjarão, não existindo já feitos contanto que as doutrinas estejam de acordo com o sistema jurado pela nação. Estes compêndios, depois de aprovados pela Congregação, servirão interinamente; submetendo-se, porém, à aprovação da Assembleia Geral, e o Governo os fará imprimir e fornecer às escolas, competindo aos seus autores o privilégio exclusivo da obra, por dez anos".

Assim, aparece o manual do curso. A seu lado naturalmente surgem os comentários aos textos legais e os tratados. Os comentários são nossos conhecidos até hoje. O tratado tem uma origem própria. Na verdade, o tratado de que se fala a partir do século XIX é uma sistematização enciclopédica do saber dentro de um certo tema, mas sobretudo dentro de uma certa área ou ramo do direito. Ele é, na verdade, um herdeiro da pandectística. A *pandectística* havia sido a forma particular pela qual o direito romano fora integrado no século XIX na Alemanha em particular. Tratava-se de dedicar-se apenas à jurisprudência clássica (*Digesto* ou *Pandectas*) e não a todo o *corpus* justinianeu. Tratava-se também de conceber a jurisprudência romana clássica à moda de um sistema axiomático, pleno e não antinômico. Teixeira de Freitas, o maior privatista do Império, quando solicitado a proceder à *Consolidação das Leis Civis*, no seu relatório de apresentação do trabalho ao Governo Imperial demonstra o quanto devia à pandectística alemã. Nem todos, no Brasil, terão a cultura, a erudição de Teixeira de Freitas, mas de modo geral o gênero do tratado – no estilo pandectista – será divulgado.

3.2 O papel do jurista

No Brasil do século XIX, não é difícil perceber qual será o papel do jurista ou bacharel. As escolas de direito, ou melhor, os cursos jurídicos, são explicitamente criados para prover o Império de quadros capazes de compor as carreiras burocráticas ou fazer aplicar as leis nacionais. Assim, o jurista nasce no Brasil diretamente ligado às funções de Estado, seja como funcionário, seja como profissional liberal, para fazer com que o Estado nacional atinja a capilaridade desejada, que o Estado português colonial só havia conseguido em parte. Dizia Joaquim Nabuco que na sociedade escravista, a burocracia era a vocação de todos... Os bacharéis serão o tipo ideal do burocrata nascido em sociedade escravista e clientelista: subindo na carreira por indicação, por favor, por aliança política com os donos do poder local, provincial ou nacional.

Para onde se dirigem os bacharéis? O novo modelo de curso continua privilegiando a advocacia e o debate judicial. Assim, até hoje muita gente fala em "curso de advocacia", e advocacia é imaginada como advocacia judicial. Há, no entanto, uma intimidade do jurista com o poder, e seu estatuto de carreira letrada tende a afastá-lo das condições reais de exercício das interações normativas de fato entre os diversos atores sociais. A carreira jurídica, em particular a magistratura, é um degrau – o primeiro degrau – para a carreira política. De advogado pode-se passar, pela nomeação do presidente da Província ou do ministro (Imperador), a juiz municipal ou juiz de direito, mais tarde a delegado ou chefe de polícia. Se bem prestados seus serviços e se o partido certo continuar no poder, e os amigos ricos ainda estiverem no gozo de sua riqueza e influência, passa-se a deputado provincial ou geral.

Alguns estarão atentos para o dilema do jurista letrado num país pobre. Mas de modo geral, sua perspectiva se consolida num cenário intelectual de idealismo: por formação e método, por isolamento social ou cultural, quando assaltados pela realidade brasileira proporão soluções idealistas e tenderão a confundir a eficácia do direito com a imposição de medidas repressivas. Em outros casos, tenderão a acreditar na mudança social por decreto. Oliveira Vianna, na primeira metade do século XX, denunciará o idealismo desta formação e chamará a atenção para a distância entre o país legal e o país real (*Instituições políticas brasileiras* e *O idealismo da Constituição*), entre os sonhos de ordem dos juristas (*Problemas de direito corporativo*) e seus efeitos conservadores e reacionários.

3.3 O paradigma dominante – legalidade e voluntarismo

Ao método positivista associa-se a concepção voluntarista do direito. Ele deixa de ser a regra de deliberação – ou razão prática dos clássicos, mas também já não é a geometria axiomática dos modernos. Ele é a legalidade, como expressão da vontade do legislador. Por isso, na dogmática jurídica coloca-se sempre com destaque a figura do *legislador*, atribuindo-lhe as características da impessoalidade, da onisciência, imperecível, consciente, coerente, omnicompreensivo, preciso (SANTIAGO NINO, 1984:328). O legislador não é um distribuidor de justiça, senão um organizador e um pacificador. "O Direito, como ele é, é expressão dos mais fortes, não dos mais justos. Tanto melhor, então, se os mais fortes forem também os mais justos" (BOBBIO, 1989:67). Melhor dizendo, o legislador só é distribuidor de justiça ao organizar de maneira geral as bases da convivência dos indivíduos. E isto ele faz também considerando algum objetivo geral como o progresso, a prosperidade, a riqueza.

Esta concepção voluntarista não significa necessariamente absolutismo ou autoritarismo. O controle do "Legislador" dá-se pelo procedimento decisório formalizado: votações, eleições, impugnações às decisões, definição de procedimentos e conteúdos mínimos indispensáveis (cláusulas pétreas, quórum qualificado para alteração constitucional etc.), hierarquização de fontes, distinção entre poder constituinte originário e derivado etc. São todos mecanismos procedimentais que limitam o exercício arbitrário do poder, mas nenhum deles procede diretamente de uma noção de justiça. São fruto da ideia ou de convenção (contratualismo) ou de conveniência (utilitarismo).

A vontade geral, tão complexa e tão objetiva no célebre tratamento dado a ela por Rousseau, é o mais das vezes confundida com a vontade da maioria, de tal modo que na cultura mais comum, da qual participa a grande massa dos operadores jurídicos, democracia e decisão majoritária são sinônimos. Assim, vontade da maioria torna-se o fundamento da legalidade e por isso mesmo aceita e legitimada.

No fundo, esta espécie de concepção do direito leva justamente o ensino a um comentário exegético de certos temas ou dispositivos legais. Mas ao lado disso, surge aquilo que alguns chamam de função cripto-normativa da dogmática jurídica (FERRAZ

JR., 1989). Dizendo proceder a uma descrição ou análise do ordenamento, os juristas fazem a sua construção propriamente dita, lançando mais luzes ou mais sombras sobre determinados imperativos, normas, princípios. Procedendo desta maneira, sob um discurso legalista no fundo estão legitimando o voluntarismo, que tende, naturalmente, a ser, numa sociedade capitalista, o voluntarismo do capital. E sendo exercido numa sociedade economicamente liberal, tende a ser um voluntarismo liberal. E aqui é preciso esclarecer que o liberalismo, no Brasil, nada tem a ver com o liberalismo norte-americano, por exemplo: ali, liberal é o defensor das liberdades civis e públicas, dos direitos humanos, sociais e civis. Aqui, o liberalismo tende a confundir-se exclusivamente com o liberalismo econômico, o *laissez-faire*, ou, num clima de profundas desigualdades como o nosso, num *salve-se quem puder*.

4 REFORMA DOS ESTATUTOS E DO ENSINO JURÍDICO NO SÉCULO XVIII E A TRADIÇÃO COIMBRÃ NO BRASIL

O objetivo da reforma pombalina era bem geral. Tratava-se, em certo sentido, de refazer o país de alto a baixo, começando pelo alto. Uma das tarefas importantes era resgatar a universidade das mãos da teologia engajada e apologética, herdada da Contra-Reforma católica e dos jesuítas. Além disso, era preciso promover a inserção no modelo de ciência nova que se vinha fazendo e modernizar o sistema jurídico.

A reforma dos estatutos da universidade, em 1772, veio na mesma esteira da *Lei da Boa Razão*, de 1769. Esta havia reordenado as fontes do direito, tentando banir os bartolistas, aqueles que ainda organizavam o direito de acordo com os comentadores medievais. A reforma da universidade (do ensino) completava a reforma das fontes e estava em consonância com o ideal de Luís Antônio Verney, provavelmente o ilustrado mais conhecido em Portugal. Verney viveu em Roma desde que tinha 23 anos de idade e nunca mais voltou a Portugal. Mesmo assim, seu *Verdadeiro método de estudar para ser útil à República e à Igreja, proporcionado ao estilo e necessidade de Portugal* (de 1746) teve grande repercussão. Encontra-se ali, em semente, o que a reforma pombalina vai querer realizar:

> "Tendo, pois, o estudante entendido que as instituições são um compêndio do que se contém nas Pandectas e Códigos (que é o mesmo que dizer, de quase todo o corpo do Direito), deve notar juntamente quais são os títulos do Direito que já não estão em uso, para os deixar, porque é tempo perdido estudar coisas que não hão de servir. E deve juntamente notar quais são os mais famosos de que dependem, ou para os quais se reduzem os outros. [...] Não digo que leia tudo, mas que busque um autor que brevemente exponha tudo isto."

Para Verney, era preciso reduzir as leis a sua ordem natural, como havia dito Domat, e deixar a prolixidade dos jurisconsultos. Era preciso, pois, buscar clareza, síntese, sistema. Aos jurisconsultos, dizia ele, faltava método.

Nesta ordem de ideias, a reforma do ensino e os novos estatutos proíbem o uso do tradicional método escolástico e, em consonância com a nova ordem de fontes, deveria ser evitado o ensino indiscriminado do direito romano a partir dos glosadores e comentadores. O direito romano continuou a ser ensinado durante quase todos os anos do curso, mas agora com inflexão atualizadora.

A base metodológica do programa, para demonstrar sua razoabilidade, seria o direito natural. Ora, o direito natural moderno, que se pretendia introduzir, não era facilmente compatível com a tradição escolástica. Se bem que a escolástica do século XVI e XVII houvesse já negado alguns postulados do direito natural clássico (aristotélico e tomista), o direito natural que se vai introduzir terá que ser ainda concordista, isto é, buscar a concordância entre coisas opostas. O resultado será sentido ao longo do tempo. O ensino do direito natural tenderá para a apologética e não para a crítica. Isto é notável na tradição brasileira, em que o direito natural, inserido no currículo de uma faculdade cujo principal objetivo é formar quadros para o Estado imperial, converte-se na explicação e na defesa da ordem estabelecida: a monarquia, a religião de Estado, a moral e os costumes aceitos...

A reforma pombalina tentou simultaneamente reforçar o ensino do *direito pátrio*. Isto deveria ser feito com a disciplina História do Direito, para demonstrar que o direito romano correspondia a situações distintas da situação nacional.

Para dar curso à reforma, os professores deveriam apresentar compêndios que seriam aprovados. O curso, para deixar de ser casuístico, precisaria estar ordenadamente contido no compêndio, que se converteria em manual. Os compêndios deveriam ter exposição sistemática. Assim é que começam a popularizar-se os manuais e logo mais tarde, enquanto não surgiam códigos – simples e sistemáticos –, as muitas consolidações particulares das leis, que serviam aos práticos (escrivães, advogados, tabeliães e mesmo juízes). Um caso exemplar, do início do século XIX, é o de Corrêa Telles, que publicou um muito popular *Digesto português*, espécie de codificação ordenada da matéria de direito privado, com comentários e explicações, sobretudo seguindo a "ordem natural" das leis civis. No Brasil falou-se até em adotar provisoriamente como Código Civil este *Digesto português*.

Os brasileiros da primeira geração de legisladores e juristas são fruto desta ideia geral, pois foram socializados em Coimbra neste ambiente. Ali, aprenderam o direito e o que seria um curso de direito. Não é surpresa, pois, que o curso de Coimbra lhes sirva de modelo. Os *Estatutos* propostos para o ensino brasileiro, de autoria do Visconde de Cachoeira, principiam por salientar os benefícios da reforma de Pombal. Mas esses *Estatutos* não foram direta e formalmente adotados pela Lei de 11 de agosto, que criou os cursos jurídicos: serviram provisoriamente e vigoraram como marco geral para a organização das academias jurídicas. O Visconde incluía no seu curso o direito romano e recomendava a leitura dos ingleses mais reformadores (como Bentham). Não se recusava o método compendiário e nem a estrutura sistemática do ensino. No Brasil, em 1827 os cursos de direito não contarão com a disciplina direito romano, que será introduzida apenas na década de 1850. Em substituição, o estilo de ensinar deveria ser sintético, compendiário e demonstrativo. Em outras palavras, sistemático e geometrizante. Os primeiros cursos jurídicos brasileiros, de cuja criação participam homens que estudaram na Coimbra reformada, refletem esta reserva oitocentista ao direito romano à moda antiga, ao *ius commune*. Já em meados do século XIX, porém, o direito romano que vier a ser introduzido será o da pandectística alemã.

9
O REGIME COLONIAL E O ANTIGO REGIME

A colonização e a conquista do território avançam pela vontade da burocracia, expressa na atividade legislativa e regulamentar. Desde o primeiro século da história brasileira, a realidade se faz e se constrói com decretos, alvarás e ordens régias. (Raymundo Faoro, Os donos do poder)

1 INTRODUÇÃO

Quando o Estado português começa a instalar-se no Brasil, já o faz sob a forma que será conhecida como Antigo Regime. Carrega ainda instituições formadas na Idade Média, de caráter feudal ou corporativo; nele sobrevivem distinções de nascimento, estamentos, ordens e corporações. Tal arranjo institucional passa por diversas mudanças ao longo dos três séculos de vida colonial brasileira. Antes do liberalismo, o próprio iluminismo, a ilustração, que se impôs em Portugal sob a forma do absolutismo esclarecido de Pombal (reinado de D. José I), entre 1750 e 1777, já denunciava o esgotamento do Antigo Regime e algumas das tentativas de reforma iniciadas por Pombal serão antecipações da racionalização burocrática centralizadora que assumirá o Estado no século seguinte. Vigoraram na maior parte do tempo colonial (a partir de 1603), as *Ordenações Filipinas*, mesmo que frequentemente alteradas em parte por legislação extravagante e especial para a colônia.

É preciso compreender, em linhas gerais, que o Estado e a Administração colonial distinguem-se profundamente de nossa atual imagem do Estado. Inútil procurar uma lógica única nos três séculos da colônia: os regimes particulares de administração mudam ao longo do tempo. A própria natureza personalista e patrimonialista dos cargos ou ofícios impede uma reforma *racional* segundo nossos padrões. É bastante legítimo no Antigo Regime que um cargo ou função pública sejam considerados patrimônio pessoal de seu ocupante, como se verá. Ao mesmo tempo, ao contrário de nossa percepção contemporânea, para o Antigo Regime nem existe uma separação que oponha Estado e sociedade civil, com esferas completamente distintas, nem o Estado é concebido como o exercício dos nossos três poderes. A divisão mais clara para os juristas do Antigo Regime é entre as tarefas do Estado: *governo, guerra, justiça* e *fazenda*. Esta a lógica das distribuições de funções e dentro dela a justiça é possivelmente a área mais autônoma. Desde que se passara a ensinar direito na universidade medieval, os juristas haviam disputado lenta e sutilmente do rei a tarefa judicial. Tudo o que fosse matéria de justiça deslocava-se para os tribunais. A autonomização profissional da guerra foi mais lenta, pois esta por muito tempo continuou sendo feita por exércitos organizados sem bases regulares, sob comando de oficiais não de carreira como hoje. Mesmo assim, os exércitos mercenários (exércitos reais nacionais) a pouco e pouco passam a constituir tropas regulares.

Assim, como não se distinguia a liberdade individual e de consciência no Antigo Regime, segundo Hespanha, não se opõem propriamente as esferas do público e do privado como hoje: distingue-se o interesse público do interesse particular/privado, mas ambos são considerados elementos que se harmonizam no *bem comum*. O poder no regime antigo deveria garantir a *justiça* e a *paz* que era a inclusão de todos os interesses no mais alto valor do *bem comum*. Tratava-se de um Estado Jurisdição (*Rechtsbewahrungsstaat*). No Estado contemporâneo, ambos interesses são contraditórios e o Estado deve garantir sua convivência. O Estado liberal é um Estado *polícia*: visa impor à desordem dos interesses particulares uma ordem que é *disciplina*. Quanto à representação política, as cortes e parlamentos não são um corpo de representantes como os corpos modernos: nelas têm assento, quanto ao primeiro e segundo estado, *todos* os que podem decidir (os que têm lugares natos). Somente entre os do terceiro estado há representação, mas mesmo assim, os eleitos adquirem um privilégio de vida política.

No Antigo Regime, o papel do monarca – soberano – é o de protetor de seus vassalos e súditos. E ele o desempenha *fazendo justiça*, operando preferencialmente, como diz Bravo Lira (1992), pela judicatura. Mediante reclamações e queixas concretas apresentadas aos tribunais e juízes régios, governa o rei arbitrando as disputas, atribuindo *o seu a cada um*. A feição *legislativa* do soberano consolida-se no absolutismo ilustrado, com o ideal iluminista de razão: trata-se então de legislar para determinar poderes a cada membro da burocracia, baixando regimentos e avisos cujo descumprimento resulta no afastamento dos oficiais de seus cargos, ou, como diz o mesmo Bravo Lira, o poder do soberano passa a operar dentro da administração, antes que da justiça.

Outro cuidado de maior importância é destacar a diferença sempre presente entre o direito oficial e o direito vivo. Uma coisa é a linguagem da lei, outra é sua aplicação. O discurso da lei e da autoridade no Antigo Regime não é separado do estilo do discurso em geral. No período de predomínio do barroco, do gongórico, do rococó, do espetáculo, a linguagem oficial da lei é também barroca, gongórica, rococó, espetacular. Mas sua finalidade nem sempre é atuar conforme parece, senão muito frequentemente, como anota Hespanha, persuadir, intimidar, permitir o exercício do paternal perdão da autoridade, fazer do rei um pai.

As próprias condições materiais da colônia determinam que a autoridade chegue com uma força esmaecida nas enormes distâncias do Brasil (e do Maranhão). Neste sentido, se a burocracia busca estar presente em todo lugar, como afirma Faoro, ela só pode fazê-lo contando com o poder local, como sugere Oliveira Vianna, de tal modo que o poder público e o poder do senhor privado disputam continuamente força e influência, muitas vezes associando-se e confundindo-se. O Estado não é necessariamente o *outro* do *particular*: desenvolve-se uma simbiose entre autoridade formal e poder ou mandonismo particular impedindo o surgimento de uma vida de *república* (Frei Vicente do Salvador). A força do governo perde-se com o afastamento dos centros mais urbanos, tornando-se mais tênue quanto mais distante a "capital". É preciso não confundir a fraqueza deste governo colonial com fraqueza dos colonos brancos europeus, que de fato vão dizimando os índios e afugentando-os para o interior. A isto tudo, soma-se a confusão de competências e jurisdições que se acumulam ao longo da história: jurisdições e competências separadas conforme o ramo (governo, justiça, fazenda, guerra e – não esquecer – religião e assuntos eclesiásticos).

No Estado português, e por consequência na organização colonial, há uma permanente disputa de estamentos sociais entre um direito oficial, representado pelos *juízes letrados* e pelos tribunais régios, e um direito ou costume local, representado por seus *juízes leigos* eleitos, com acusações recíprocas: aos últimos, de ignorância e submissão ao mandonismo local e aos primeiros, de arrogância, autoritarismo, corrupção e submissão ao interesse da Coroa.

Importante lembrar finalmente a espécie de relação que houve entre Brasil e Portugal. Comparada com a história da América espanhola, a América portuguesa é única. Do ponto de vista do direito, um traço marcante é a unidade do império português e esta unidade dependeu de inexistir uma separação de cargos entre brasileiros e portugueses e de não se criar uma universidade neste lado do Atlântico. Todos os cargos da carreira da justiça, por exemplo, eram comuns: o tribunal da Bahia, ou o de Goa, ou o do Porto recebiam desembargadores provenientes de qualquer parte do império. A universidade de Coimbra formava todos os letrados do império. Finalmente, a compilação das *Ordenações* de 1603 (chamadas Filipinas) vigoraram aquém e além-mar, juntamente com o direito comum: nos tribunais criados no Brasil deveria haver além das *Ordenações* um jogo completo de *Bártolos* e do *Corpus Iuris Civilis*. Portanto, a despeito das muitas normas, alvarás, regimentos, cartas-régias especialmente feitos para se aplicar ao Brasil, há uma vida jurídica comum. São os órgãos de Lisboa, a Casa de Suplicação, a Mesa da Consciência e Ordens ou o Desembargo do Paço que em última instância determinam as questões de justiça também para o Brasil. E, embora o Conselho Ultramarino possa interferir em questões de fazenda e guerra, em matéria de justiça a relação é direta com a justiça comum do reino.

2 ADMINISTRAÇÃO: OS CARGOS E OFÍCIOS PÚBLICOS

Segundo António Manuel Hespanha, o Antigo Regime português é marcado por um conflito quase permanente entre rei e burocracia. O Antigo Regime, para ele, em Portugal é um sistema de *autonomia dos corpos administrativos* e de indisponibilidade dos cargos por parte da Coroa (HESPANHA, 1982a:385). A esta autonomia correspondiam duas teses: uma tendia a ver no soberano e sua corte (Coroa, corte, validos, classe política que o cerca) os detentores únicos do poder político; outra era a do corporativismo burocrático que salvava aos *oficiais* (classe burocrática) certa liberdade de atuação. Ambas têm matrizes doutrinárias distintas, derivadas naturalmente de doutrinas medievais: a matriz doutrinária *patrimonialista* e a matriz doutrinária *corporativa* ou da função social do cargo. O sentido patrimonial difusamente existente limitava, portanto, o poder real.

O *patrimonialismo* entende o cargo como uma distinção ou um dom recebido do senhor ou do rei. O *ofício* (ou cargo) é um *auxilium, servitium* da vassalagem, correspondente à fidelidade pessoal que se estabelece. O oficial não é um mercenário, mas um *honoratior*: ele não é remunerado pelo senhor que lhe deu a distinção, mas recebe uma *renda*, um provento ligado diretamente ao cargo. O cargo lhe rende alguma coisa:

é um patrimônio recebido por serviços prestados. Há, na doutrina patrimonialista, um parentesco visível entre feudo e ofício público: o rendimento é um acessório de honra e não a remuneração do trabalho. Esta vantagem patrimonial ligada ao cargo é a *pertinentia honoris*, e ingressa nos bens do vassalo. Assim como ele poderia alienar e transferir aos herdeiros uma tenência de terra, poderia fazer o mesmo com um título de uma função ou cargo. Para se qualificar ao exercício do cargo, não conta a competência técnica, mas a nobreza, a fidelidade, a limpeza de sangue. Limpeza de sangue, lembremos, era o estatuto daquele que não contava entre seus ancestrais um judeu, e que só foi abolido em 1774 durante o período pombalino.

> As diversas disposições nas *Ordenações Filipinas* relativas à compra, venda, cessão e transferência de ofícios públicos indicam o quanto a prática poderia ser comum. Hoje, para se ter uma ideia do que significava o sistema antigo, o exemplo mais evidente de sobrevivência da apropriação privada de cargos públicos é o dos cartórios extrajudiciais. Ali, o usuário do serviço paga ao próprio serventuário da justiça pela execução dos atos. O cartório continua sendo privado.

O traço estamental honorífico sobrevive nas *Ordenações Filipinas* (Livro I, Título I, 1):

> "Como a Casa de Suplicação seja o maior Tribunal da Justiça de nossos Reinos, em que causas de maior importância se vem a apurar e decidir, deve o Regedor dela ter as qualidades que para o cargo de tanta confiança e autoridade se requerem. Pelo que se deve sempre procurar, que seja homem fidalgo, de limpo sangue, de sã consciência, prudente, de muita autoridade, e letrado, se for possível: e sobretudo tão inteiro que sem respeito de amor, ódio, ou perturbação outra do ânimo, possa a todos guardar justiça igualmente. E assim deve ser abastado de bens temporais, que sua particular necessidade não seja causa de em alguma coisa perverter a inteireza e constância com que deve servir."

A distância entre lei e prática quanto aos ofícios públicos é visível na existência de proibição formal da venda do cargo a despeito do costume de aceitação de renúncias a favor de outrem. Pela lei, é proibida a venda do cargo: "Mandamos que os tabeliães, escrivães e quaisquer outros nossos oficiais, não possam vender os ofícios que de nós tiverem, nem traspassar, nem renunciar em outrem sem nossa especial licença. E vendendo-os, perca o vendedor o preço que receber..." (*Ordenações Filipinas*, Livro I, Título 96). Pela prática, porém, o rei dava licença a donatários e oficiais o direito de vender, renunciar em outrem ou nomear sucessor. Às vezes, arrendava-se o ofício, *dando-o em serventia*. Houve também o costume doutrinal de aceitar a transmissão *mortis causa*.

Significativo ainda é o disposto nas *Ordenações Filipinas*, Livro I, Título 99 que justifica o poder régio de remover oficiais sem indenizá-los:

> "Determinamos que quaisquer ofícios que dermos, assim da Justiça como da Fazenda, ou de qualquer outra sorte e qualidade que seja, quando quer que nós soubermos, e nos certificarmos em nossa consciência, que alguns dos ditos oficiais nos servem neles mal, e fazem o que não devem, ou danificam

e roubam nossa Fazenda, lhos possamos tirar e dar a quem nossa mercê for, sem por isso lhes sermos em obrigação alguma, assim no foro da consciência, como no foro judicial, para por isso haverem de demandar nosso Procurador, nem requerer a Nós satisfação, porque de todo os excluímos."

Indicando também o caráter patrimonial que se dava aos cargos, a ordenação contida no Livro I, título 96, proíbe que se possam vender os ofícios, ou transferi-los e renunciá-los em outrem sem licença régia.

O título seguinte (97), por sua vez, faz referência ao arrendamento dos cargos. Tal norma provavelmente não teria razão de existir se não houvesse a prática, o costume doutrinal ou pelo menos a ideia de considerar os cargos como patrimônio pessoal do servidor. A prática da venda dos cargos é confirmada pelo disposto no Livro II, título 62 das mesmas *Ordenações*, que manda registrar pelo escrivão competente a "venda e trespasso" de ofícios públicos, uma vez pagos os selos devidos...

Ao contrário do que houve na França, o rei mesmo não vendia os cargos normalmente (HESPANHA, 1982a:392); via-se tal venda como simonia, e temia-se o perigo de mercenarização das funções majestáticas. Ele inicialmente *fazia mercê* do cargo. Pegas afirmava ser motivo de honra para os reis portugueses que, ao contrário de outros lugares na Europa, as magistraturas não fossem vendidas pelo rei (MENDES DE ALMEIDA, 1870:283, nota 2). Ofícios que não fossem magistraturas eram normalmente hereditários (PEGAS, 1729:371).

No caso do Brasil, as cartas de doação das capitanias mostravam este *lado patrimonialista da jurisdição*. A carta-foral iniciava-se dizendo: "Faz el-rei mercê a fulano de uma Capitania na costa do Brasil..." A capitania era "doada" de forma a ser transmitida (não partilhada) por herança para o filho mais velho do primeiro donatário. E o capitão-donatário recebia funções e honras de governo: rendas que na metrópole se atribuíam ao rei, poder de criação de vilas e especificamente de "exercitar com toda a jurisdição civil e criminal, superintendendo por si ou por seu ouvidor, na eleição de juízes e oficiais..." (*apud* Therezinha de Castro). Como não havia prazo para a doação (inalienável e perpétua), o rei precisou progressivamente *resgatar* as doações que fizera até consolidá-las outra vez todas em suas mãos apenas no século XVIII (Pombal).

A teoria *corporativista* ou da função social via o cargo como *ministerium*, *officium*. Ligada mais à vida corporativa das comunas e cidades autônomas do que às relações pessoais, indicava uma concepção organicista da sociedade, em que se distinguia um interesse público ao qual o cargo estava ligado. A chave de interpretação da teoria funcional-corporativa incluía os seguintes princípios: cada cargo estava voltado a uma função própria e indisponível (sua *jurisdição*); cada cargo exigia cumprimento de uma missão e o seu ocupante deveria estar apto a cumpri-la; o servidor do cargo é responsável perante a sociedade (a corporação, a comunidade etc.); compete ao soberano criar e prover os cargos, em obediência a sua função natural de primeiro magistrado detentor da jurisdição comum (HESPANHA, 1982:394). Além disso, segundo a teoria corporativa, a jurisdição devia ser definida objetivamente, mesmo perante El-rei, fonte de toda jurisdição e justiça. Os erros e negligências dos funcionários constituíam justa causa para afastá-los. Tendo uma origem corporativa, era natural que os cargos não dependessem exclusivamente do monarca: os corpos sociais (corporações) deveriam gozar, como no período medieval comunal, de poder e autonomia para criar seus cargos, já que gozavam de autonomia jurisdicional. A tanto não se chegou em Portugal, porém, onde vigorou a tese de que a El-rei competia *criar* e *prover* cargos públicos.

Na falta de algum *regimento geral* para certos cargos ou órgãos, a cada nomeação (*provimento*) a Coroa era obrigada a dar um *regimento*. O regimento continha a discriminação dos poderes, competência, jurisdição e condições de exercício dos poderes outorgados na ocasião ao funcionário ou órgão. O regimento continha muitas vezes ao mesmo tempo o provimento.

Na história do Brasil, houve regimentos famosos, como no caso de Tomé de Sousa, primeiro governador-geral das capitanias que voltavam à Coroa. O seu regimento contém sua nomeação, ou seja, é também um provimento. Nota-se que Tomé de Sousa tem funções sobretudo *militares* (de defesa do comércio e de guerra aos tupinambás) e *fazendárias* (controle e arrecadação das rendas e fixação de preços de mercadorias). Embora possa nomear oficiais de justiça e fazenda, esta competência parece bem mais restrita pela limitação de matérias em alguns casos ou pelo sistema de recursos. Dado o estatuto de colônia que avança sobre o Brasil, as autonomias locais (das vilas criadas pelos capitães-donatários ou outras) e senhoriais vão a pouco e pouco cedendo passo. Mesmo São Paulo, tradicionalmente abandonada e, por isso mesmo, autônoma, vai ter a visita mais frequente de funcionários e enviados do rei. Os governadores das capitanias e os governadores-gerais vão suprimindo o espaço de liberdade anterior. O processo acelera-se após as guerras com a Holanda e precipita-se com a descoberta das minas. Assim, por motivos especiais do estatuto colonial, mas acompanhando a nova forma de Estado, também aqui o século XVIII é um tempo de confronto entre jurisdição real e jurisdição local (cf. PRADO JR., 1991:38-44).

Do modelo vigente na metrópole resultam as características da administração colonial: ou os ofícios se incorporavam ao patrimônio de famílias importantes, ou conserva-se o costume de renunciar a favor de outrem ou nomear sucessor. O rei não poderia recuperar o cargo, a não ser pagando, ou indenizando o oficial e sua família, ou com justa causa. O poder régio dependia de oficiais para fazer cumprir sua política e vontade. Ora, muitos oficiais estavam ligados diretamente ao corpo dos juristas, de quem dependia a produção do direito doutrinal com o qual se legitimava o direito real, seja na sua aplicação, seja na sua interpretação. Desenvolvia-se um espírito de corpo contra os de fora, os novos, os arrivistas. O proprietário invocava sua autonomia perante o rei. Tornava-se necessário ir criando sua burocracia de câmara (os oficiais de câmara), para tarefas políticas e de confiança pessoal, à medida que os cargos anteriormente criados tornavam-se indisponíveis para o rei; embora o rei não pudesse vender os cargos, para reavê-los deveria comprá-los, o que ao mesmo tempo resultava na sua patrimonialização. Contraditoriamente, esta autonomia *feudal* criava a ideia da continuidade da administração, bem como de tradição familiar e independência em relação ao monarca segundo o mesmo Hespanha (1982a:393), da mesma forma que a venalidade total das magistraturas da França do Antigo Regime se igualara à garantia de inamovibilidade dos juízes (Volcansek e Lafon).

> A Inquisição moderna existiu em Portugal de 1536 a 1821, embora o número de condenados e *relaxados* (isto é, entregues ao poder secular para a pena de morte) fosse decrescente no final: em Lisboa foram *relaxados* nove réus em 16 anos (1751-1767). Mais importante que os números eram os métodos, capazes de criar um regime de terror, devido às delações (acusações anônimas) e sobretudo à crueldade das torturas. O tribunal religioso naturalizou a brutalidade de um ser humano sobre outros, de tal sorte que só as revoluções (em Portugal, a de 1820) conseguiram abolir formalmente tais práticas. Como sabemos, elas permaneceram no cotidiano da sociedade brasileira até hoje, e há os que pretendem ignorá-las ou justificá-las.

Notável como esta privatização sobreviveu. Já adiantado o século XIX, em pleno Segundo Reinado, Teixeira de Freitas vê-se obrigado a esclarecer que os ofícios não podem mais ser tratados como propriedade. Na introdução à *Consolidação das Leis Civis* (1858) diz: "Também crê-se, que os serviços feitos ao Estado são artigos de propriedade, que se póde ceder e legar na fórma do caduco Regimento das Mercês de 19 de janeiro de 1671" (TEIXEIRA DE FREITAS, 1910, XXXIV). Isto porque havia uma instrução do Ministério que sugeria que os ofícios fossem transmissíveis aos herdeiros de oficiais que tivessem direito a alguma recompensa do governo imperial. Percebe-se, por aí, que a ideia de responsabilidade patrimonial do Estado perante particulares que desempenham serviços ou funções públicas (por autorização, concessão ou outras formas de outorga) é muito antiga e conserva, entre nós brasileiros, este antigo lastro de apropriação privada de fundos públicos.

Teixeira de Freitas continua o assunto em nota de rodapé dizendo:

"Cumpre, porém, que se me entenda. As recompensas por serviços prestados ao Estado, com o direito adquirido a ellas, são garantidas pela Constituição do Império art. 102, par. 11 e 179 par. 113 e 28; mas, assim como a pena não passa da pessoa do delinquente, as recompensas não podem passar de quem presta serviços ao Estado. Isto resulta das palavras do par. 13 Art. 179 da Constituição, quando diz: – *e recompensará em proporção dos merecimentos de cada um* –. O direito adquirido, de que fala o par. 28 desse Art., pertence exclusivamente a quem presta serviços remuneraveis, não é artigo de propriedade, não é transmissivel. Entretanto, o Art. 27 das citadas Instrucções de 10 de Abril de 1851 pressupõe a alegação de serviços alheios, e cessão deles. A Nota 32 a esse Art. das Instrucções acrescenta que a ação de serviços alheios pertence a aqueles, a quem forram renunciados, ou deixados; aos pais pelos serviços dos filhos, aos filhos pelos dos pais, e aos irmãos pelos dos irmãos. Assim dispunha o Regimento de 19 de janeiro de 1671, que certamente está derrogado nesta parte. Se não estivesse derrogado, os serviços feitos ao Estado ainda seriam descriptos, e avaliados, nos inventários, como anteriormente se praticava; assim como os Officios de Justiça, e de Fazenda [...]. Mas tudo isto acabou, e a Lei de 11 de Outubro de 1827 declarou em seu Art. 1º que nenhum Officio de Justiça, ou Fazenda, seja qual fôr sua qualidade e denominação, – *se conferisse a título de propriedade*" (id. p. XXXV).

Portanto, ainda na segunda metade do século XIX, foi preciso esclarecer, e (o tom de Teixeira de Freitas não deixa dúvidas), contrariar, as interpretações que ainda tratam cargos públicos como objeto de propriedade. A lei a que se refere não apenas proibiu a conferência do cargo a título de propriedade: também dispôs que os ofícios seriam conferidos por títulos de serventia vitalícia (art. 2º) e que as pessoas então "na posse da propriedade ou serventia vitalícia de alguns Officios" que não os pudessem servir pessoalmente – nota-se qual era a prática! – deveriam nomear pessoa idônea para a serventia dentro de seis meses, sob pena de perderem o direito a ela.

Para livrar-se dos oficiais e dos cargos patrimonialistas, vai-se forjando novo conceito de cargo público: como *comissão*. A ideia procedia do direito comercial privado: alguém, um comitente, indica outrem, um comissário, para realizar negócios em seu nome. O agente é delegado, comissário, com poder derivado do delegante, comitente, que é a Coroa, o rei. O comissário, ao contrário do oficial ordinário, exerce jurisdição alheia, do rei, e não própria (HESPANHA, 1982a:400). Limitava-se aos expressos termos da comissão, que era perdível a qualquer momento. Além disso, a comissão expirava com a morte do comitente e não poderia ser subdelegada. Politicamente, o comissário era uma figura odiosa (excepcional), por isso seus poderes se interpretavam restritivamente.

A vida colonial brasileira tem início nesta espécie de ordem jurídico-política. Já foi descrita como feudal, por alguns (Waldemar Ferreira, Izidoro Martins Jr.) e tal descrição já foi contestada por outros (Caio Prado Jr.). O que importa distinguir é que do ponto de vista das instituições jurídicas de fato a vida colonial começa sob o signo de práticas do direito comum (*ius commune*) que carregam em si, além da tradição do direito civil romano, a sua impostação medieval, estamental e corporativa. Os capitães-donatários, por certo, recebem uma forma de ofício público que é ao mesmo tempo pessoal e patrimonialista. Tanto assim que os seus poderes, estando ligados ao direito que exercem sobre as terras que lhes foram doadas, impedem que nelas se exerça sem sua licença qualquer jurisdição régia. A Coroa só pode entrar outra vez de posse das mesmas e dos respectivos poderes e jurisdições delegadas, recomprando-as, resgatando-as. Não por acaso, o governador-geral Tomé de Sousa, que chega à Bahia em 1549, vem apenas para exercer o governo-geral das capitanias da Coroa, sem fazer justiça nas outras capitanias, zelando apenas pela real fazenda e pela defesa, como visto.

Outra característica do Antigo Regime é, para os nossos padrões, sua falta de lógica e sistema. A origem disto está, em primeiro lugar, na inexistência de um sistema exclusivamente legal-positivo. A tradição e o costume, portanto, têm um papel constitucional: as regras valem na medida de sua antiguidade também e há um constrangimento institucional para a inovação pura e simples. O rei não pode mudar tudo, de cima e sem controle e sua capacidade de intervenção é mais limitada do que muitas vezes se imagina (ANDERSON, 1984; HESPANHA, 1994). De fato há uma distância entre a teoria da soberania e a capacidade de fato de a Coroa exercê-la. O absolutismo exerce-se com um limite, que é a boa vontade da sua frágil máquina burocrática, embora o estatuto colonial se imponha sobre uma sociedade mais frágil, à medida que mais nova. Também terá um papel político bem peculiar a *Inquisição* portuguesa. Estará diretamente subordinada ao rei (o grande inquisidor, ou inquisidor-mor, costumava ser um irmão do rei) e funcionará na base da delação e da acusação anônima e secreta, desempenhando o papel de interferência em âmbitos a que a máquina administrativa regular não poderia chegar. E não poderia chegar porque esbarrava nas autonomias corporativas e locais, ou no mandonismo local, ou nos interesses dos corpos burocráticos e estamentais que se defendiam contra a vinda de estranhos, arrivistas (novos membros) ou delegados e fiscais do rei. A própria inquisição torna-se um corpo autônomo e muitos desejam em vão impor-lhe limites.

Ao longo do tempo do antigo sistema colonial, complica-se crescentemente o regime, por um conjunto de medidas que estão fundadas, em parte, do ponto de vista político, na desconfiança recíproca entre rei e burocratas. O sistema jurídico passa a prever recursos e fiscalizações abundantes. Em todo corpo, corporação, órgão, passa a ter assento um Fiscal, procurador ou juiz dos Feitos da Coroa, por exemplo. Os juízes de fora, os corregedores (ouvidores, no Brasil) são competentes para ouvir agravos e apelações uns dos outros e de outros magistrados, e sobre muitos, com o direito de revisão, de ouvir suplicação ou de *Revista de Graça Especialíssima*, paira o rei, que se abre assim para rever também ele os atos de seus diversos delegados (SALGADO, 1985; TUCCI, 1987:164-185).

3   FAZENDA – A ADMINISTRAÇÃO FISCAL

> O governo não tinha um sistema determinado, variando constantemente entre a capitação e o quinto, ou da circulação livre do ouro em pó ou convertido em barras nas casas de fundição. (Joaquim Felício dos Santos, *Memórias do Distrito Diamantino*)

A leitura dos regimentos dados às autoridades coloniais no Brasil mostra que as grandes atribuições do Estado (justiça, guerra e fazenda) são sempre o arcabouço das normas. E que se na justiça os problemas eram ou de usurpação de jurisdição (pelos clérigos, pelos capitães, pelos governadores mesmos) ou de abusos contra os súditos, na área da fazenda o grande problema é sempre o descaminho e o contrabando, a usurpação – em outros termos – do tesouro régio. E na situação colonial em que se encontra a terra, o tesouro régio trata-a, desde os tempos do pau-brasil, com enorme ambiguidade. De um lado, é preciso justificar a presença colonial estável com argumentos que eram inexistentes e desnecessários nas feitorias da África e da Ásia. O Brasil foi uma colônia de ocupação pela agricultura, que obrigou a interação com os índios e os escravos africanos. Tinham aplicação aqui não apenas os tributos de alfândegas – sobre a entrada e saída das mercadorias – mas também as rendas tradicionais. De outro lado, a terra do Brasil servia ao desenvolvimento de políticas notadamente europeias da Coroa. Ao mesmo tempo em que o açúcar brasileiro tornava o Brasil *a joia mais preciosa da Coroa*, dava-se a disputa com a Holanda pelo comércio da Ásia (durante a União das Coroas Ibéricas). Vinda a restauração de 1640, seria necessário financiar a guerra de independência contra a Espanha e pagar de algum modo pela inserção de Portugal no novo contexto europeu (posterior à Paz de Westfália de 1648).

Ora, o sistema tributário contemporâneo tem funções próprias, fundamentadas na concepção do Estado dentro de uma sociedade capitalista e de mercado. Geralmente, fala-se nas *funções fiscais*, que significam a arrecadação para manutenção de *serviços públicos* universais e gerais. Fala-se também nas *funções extrafiscais*, de orientação econômica geral (função *promocional*): de estímulo ou desestímulo ao mercado. Além disso, existe uma *moralidade* presumida pelo modelo liberal capitalista, moralidade da economia política: utilitarista, individualista, legalista, em que atividade privada e pública distinguem-se com certa clareza. Dela resultam princípios como defesa do contribuinte perante ou contra o Estado. Vem daí uma contradição entre o Estado-providência (que precisa de recursos para políticas públicas compensatórias ou de redistribuição de renda objetivando ampliar o bem-estar dos mais pobres), e o Estado liberal (cujos recursos servem essencialmente para defesa do direito adquirido, sendo por isso um Estado guardião, guarda-noturno, *gendarme*, polícia) – cuja principal tarefa é zelar pela segurança e conservação dos que têm. Para o Estado liberal, o sistema tributário tem como eixo os princípios de legalidade e representação formal dos interesses no parlamento, capacidade contributiva, anualidade ou periodicidade e previsibilidade dos lançamentos, autorização orçamentária da receita e da despesa e previsão orçamentária, publicidade e generalidade da cobrança (estatalidade e não discriminação).

No Antigo Regime, as características são outras. Em primeiro lugar, os *impostos*, sendo principalmente rendas da Coroa, justificam-se por serem *tradicionais* (cobram-se desde tempos imemoriais...). Assim acontece com os *direitos reais* (régios) de que tratam as *Ordenações Filipinas* (Livro II, Título XXVI). Sendo direitos régios, sua *arrecadação*, no entanto, é *particular* (privada); em outras palavras, não há um aparelho de arrecadação composto de funcionários: a cobrança é deferida a particulares que contratam, por meio de lances em leilão, a arrecadação. O que prometer mais à Coroa, o que puder oferecer maior vantagem, obtém o *lançamento*, pois deu o melhor lance. É uma forma privada de cobrança, em nome da maior efetividade e capacidade do particular.

Em segundo lugar não são necessariamente pessoais ou individuais: podem ser comunitários, coletivos, ou seja, devidos por uma comunidade tal como a paróquia, o distrito, a freguesia, chamados de impostos de *repartição*. Lembremos que no Antigo Regime há terras comunais (comunitárias) e que as vilas são tratadas como corporações com órgãos próprios (câmara, conselho, juízes, magistraturas). Dentro de cada uma destas coletividades, a repartição do encargo faz-se como for possível. Independem, por isso mesmo de uma regra abstrata, genérica, prévia da capacidade contributiva de cada indivíduo. Trata-se de uma contribuição devida pela corporação toda, mais ou menos como hoje uma pessoa jurídica paga seu imposto de renda. A divisão da carga tributária entre os membros da corporação era feita por "repartição".

Em terceiro lugar, é com o avanço do absolutismo e do papel da Coroa como agente fomentador da economia que novos tributos são criados para casos especiais. O sistema era relativamente estável, pois a criação de novos impostos deveria ser feita mediante a oitiva das cortes (por *aprovação dos povos*, como se dizia), por costume constitucional (HESPANHA, 1994:126). Nas cortes do Antigo Regime, como já foi dito, havia assentos natos e assentos por representação (procuradores). Os estados mais altos tinham assento nato (os grandes do reino). A tradição representava um limite ao arbítrio puro e simples. Havia, pois, diversos mecanismos de controle (ANDERSON, 1984:132 ss). A reunião das cortes decai à medida que avança nossa história (a última convocação é de 1698), decadência que coincide com o aumento de poderes dos governadores sobre as câmaras no Brasil. Por isso mesmo, a negociação dos impostos vai dar-se, por força da situação colonial, com um governador-geral que representa o rei: não há *cortes* no Brasil.

Ao longo do tempo, o sistema fazendário do Antigo Regime reflete a crise da organização política e o nascimento de um novo Estado. A Coroa é obrigada, à medida que se consolidam os interesses do mercado, a desempenhar funções novas: manter um exército e uma armada profissionais, manter um sistema administrativo policial e fiscalizador permanente, fomentar atividades econômicas, zelar pela prosperidade do reino etc. São tarefas desconhecidas da organização medieval. Nesta, bastavam algumas rendas perpétuas, já que a tarefa militar era repartida com os encargos atribuídos aos senhores locais, a tarefa econômica de fomento era inexistente, e a tarefa judicial era limitada pela existência das jurisdições autônomas (Igreja, corporações, senhorios). As novas tarefas exigem capitais não disponíveis na dinâmica da renda das terras. É preciso, progressivamente, reorganizar tudo: criando novos impostos sobre atividade e riqueza novas e montando um sistema arrecadador completamente novo. Isto não é feito senão muito lentamente. Enquanto é incapaz de fazer tal reforma, a Coroa deve arcar com as novas tarefas privatizando-as, delegando-as a agentes mais ou menos capazes. Assim é que os cobradores de imposto (*contratadores* das rendas da Coroa, *lançadores, financistas*) são figuras potencialmente (e realmente) odiadas. Encarregam-se da tarefa de cobrar os tributos, e seu interesse é arrecadar o máximo possível para lucrar sobre aquilo que terminam entregando à Coroa. Os impostos, sendo de caráter tradicional, são contratados (isto é, entregues à cobrança privada) por preços e prazos fixos. A Coroa termina não podendo contar com tais ingressos e vê-se obrigada a recorrer a empréstimos de natureza variada.

Muitas das rendas que financiavam a Coroa, as rendas das terras em particular, eram tidas como perpétuas mas de caráter fixo, dificultando que houvesse recursos para as novas tarefas. À medida que avançava a crise, em que a Coroa tornava-se diretamente responsável pela arrecadação e pela despesa (aplicação) foi possível proceder a uma disputa expressamente política contra o Estado do Antigo Regime, simbolizado pelo rei, e reivindicar-se a nova ordem. Isto explica o discurso de legitimação de algumas revoltas e revoluções do final do século XVIII, em que os novos contribuintes passam a reivindicar sua parte na gestão do Estado.

A arrecadação era precária. As receitas eram arrendadas a particulares (os *contratadores*) por prazos mais ou menos longos. Estes encarregavam-se da cobrança diretamente. Um sistema alternativo era o *encabeçamento*, pelo qual se estabelecia um pacto entre rei e vila ou câmara com determinação de uma quantia fixa a ser paga pela terra. Cada terra, por seus próprios órgãos, fazia a repartição do montante a ser pago entre seus habitantes. A capacidade de arrecadação direta era, pois, limitada. Além disso, havia a possibilidade de negociações entre rei e povo, já que não se estava num regime constitucional rígido, em que o direito do súdito e do rei se opõem de forma objetiva.

A revolta dos mineiros em 1720 no Brasil termina, exemplarmente, num acordo sobre a forma de cobrança do quinto do ouro. O termo de compromisso firmado entre revoltosos e o governador-geral, D. Pedro de Almeida, em 2 de julho de 1720 é significativo: redigido na forma de um requerimento articulado, com o deferimento respectivo de cada artigo, prevê anistia de dívidas, proibição de casas de fundição, estabelece o valor de trinta arrobas para pagamento ao rei etc. Há uma negociação entre rei e povo.

A crise financeira é, portanto, resultado de uma crise econômico-política, como, aliás, parece ser sempre em que está em jogo a alteração do poder econômico dentro de certa formação social. Quem primeiro reorganizar a política reorganiza as finanças. A Inglaterra, tendo feito uma revolução política ao longo do século XVII, é capaz de em 1694 criar o Banco da Inglaterra, e durante o século XVIII reorganizar seu sistema tributário. Portugal deverá esperar o período pombalino para tentar uma reforma mais moderna: só em 1761, por exemplo, é que são centralizadas as arrecadações no Erário Régio. Pombal suprimirá tributos concedendo "benefícios fiscais" para favorecer a atividade mercantil. Ele fará claramente o uso do imposto de maneira moderna, diretamente associado a uma política econômica, a um projeto de modernização e prosperidade do reino. Desagradará aqueles que vivem das rendas tradicionais (Igreja, nobreza, parte da burocracia, a nobreza da toga como se dizia em França). Ele centraliza o Tesouro ou Erário Régio (em 22 de dezembro de 1761), racionaliza a cobrança e controla a arrecadação como não se havia feito até então. Em Lisboa, todos os impostos deviam dar entrada numa contadoria geral. Com o terremoto que destrói Lisboa, vê-se obrigado a lançar um imposto novo para a reconstrução da cidade em 1756 (4% sobre todas as mercadorias).

Os tributos e rendas do Antigo Regime tornam-se pesados por várias razões. Em primeiro lugar, não correspondem mais a suas necessidades e funções originárias. As rendas da terra que sustentam a nobreza cortesã perdem a justificação ideológica quando as guerras que se travam já mudaram de característica. Veja-se o que acontece com a invasão holandesa, da Companhia da Índias no Nordeste brasileiro: os holandeses não vêm para destruir os engenhos, mas para usufruir diretamente deles. Os residentes não são ameaçados, não é uma guerra feudal, o pagamento dos soldados não é feito com o saque. Se a guerra mudou, o que justifica o tributo como pagamento de segurança a uma classe? Em segundo lugar, tributos e rendas são cobrados muitas vezes por verdadeiros financistas, como vimos: os contratadores de tributos levam vida mais regalada que outros, cobram as diferenças como mais ou menos querem e os devedores miúdos não têm a quem recorrer. Em terceiro lugar, no Brasil colonial a apropriação da renda da Coroa se faz por uma camada que disputa poder e influência com o mandonismo local dos grandes senhores. Neste sistema, a figura do rei é relativamente preservada: não é ele o responsável imediato pela pobreza do seu povo. Ao contrário, ele é quem, eventualmente, pode pôr fim aos abusos cometidos pelos funcionários, delegados ou contratadores. Ele é a instância de justiça.

O regime português que se instala no Brasil principia por dar aos donatários rendas sobre as terras e fiscalização, ou seja, a atribuir-lhes as tarefas tradicionais de fazenda. As cartas de doação aos capitães – feitas por D. João III – e mais tarde os regimentos dos governadores especificam uma repartição de rendas entre coroa e particulares. Pelos cálculos do Visconde de Carnaxide (1979:72) 90% da receita da colônia ficava nas mãos de particulares, 10% iam para a coroa, o que significava que havia uma classe de particulares que se enriquecia: desta forma, economia nacional era uma coisa, finanças públicas outra muito diversa (CARNAXIDE, 1979:76).

A divisão das rendas ou receitas da Coroa fazia-se normalmente à época em função dos títulos da cobrança (Hespanha): havia os *próprios* da Coroa, isto é, os rendimentos dos bens da Coroa; havia os *monopólios* ou *estancos*, cujas rendas eram muitas vezes doadas a certos particulares; havia os *impostos* propriamente ditos; havia as *rendas do padroado*, isto é, dos bens religiosos sobre os quais exercia o rei a função de protetor (capelas, ordens religiosas, militares etc.); havia finalmente as rendas derivadas das *condenações* (confiscos de bens, dízima de chancelaria). Outra classificação é usada por Wehling (1994, 305:306), distinguindo *tributos* (impostos – rendas tradicionais – e taxas – pagamento por serviços), *contratos* (para arrecadação de tributos ou para exploração de monopólios) e *donativos*.

a) *Os próprios da Coroa* – Entre os próprios da Coroa contavam-se os veeiros e minas de ouro (*Ordenações Filipinas*, Livro II, Título XXVI, 16), e em geral os *frutos dos bens patrimoniais do rei*. O famoso *quinto* consistia na quinta parte de despojos de guerra e de lavra de minas, visto que as minas eram propriedade real concedida a quem as lavrasse (*Ordenações Filipinas*, Livro II, Título XXXIV, 4, e Livro II, Título XXVI, 16). Daí deriva o quinto dos metais preciosos, de importante memória no sistema colonial brasileiro.

O *Quinto do Ouro* é dos tributos mais falados em nossa história colonial. Sua cobrança está ligada a mudanças conjunturais ocorridas no século do ouro das minas. Ele também é indicativo de um conflito determinado, pois na região das Minas Gerais é que se dá de forma diferente e nova, na colônia, uma experiência de vida urbana. As vilas das Minas são um embrião de vida urbana, certamente sujeita à rapidez do ciclo minerador, que contraria o padrão do nordeste açucareiro (VIANNA, 1987:97, 276-279). Toda jazida de metal precioso era considerada de propriedade do rei. Descoberta a mina, o descobridor recebia um veio, a coroa outro (que lançava em hasta pública) e se pagava uma indenização ao titular da terra se a terra fosse aproveitada (*Ordenações Filipinas*, Livro II, Tit. XXXIV, 1).

No caso do Brasil, mantido o princípio geral da reserva das jazidas para a Coroa, houve diversos regimes, tanto no caso do ouro (o quinto) quanto dos diamantes (monopólio). Na região aurífera, em 1701 foi proibida exportação do ouro (que circulava em pó). Para controle, criaram-se registros nos caminhos de São Paulo, Rio, Bahia e Pernambuco. Passados alguns anos, em 1713 houve a primeira tentativa de instalar casas de fundição. No sistema da fundição, o ouro era apresentado para ser fundido em barras e neste processo já se retirava o quinto real. Dessa forma, o ouro que circulava em barras (*quintado*) era a própria garantia de que se pagara a renda da Coroa.

Sem sucesso, estabeleceu-se a *finta* de 30 arrobas anuais e exportação livre. A finta era um pagamento fixo por território (um imposto *de repartição*): o problema era como distribuir as 30 arrobas entre todos os habitantes, ou detentores de lavras. Para substituir a finta, em 1715 veio a tentativa de cobrar o quinto de *bateia* (35,86 gramas por bateia). Também sem grande sucesso, a *finta* de 25 arrobas foi fixada em 1718, ampliada no ano seguinte para 39 arrobas anuais, com consentimento dos mineradores. Até que em 1720 ocorreu a Revolta dos Mineradores/Mineiros contra as Casas de Fundição. Em 1º de fevereiro de 1725, chegou a temida *Casa de Fundição*, mas já em 1730 o quinto era reduzido para 12%. Houve em 1732 proposta de transformação do quinto em *capitação* (17 gramas por escravo), efetivada em 1735.

À medida que o tempo avança, a produção aurífera cai e as necessidades da Coroa aumentam. Já no reinado de D. José I, em 1750, volta o ouro a ser *quintado*, garantido o mínimo de 100 arrobas anuais, podendo ser compensadas a cada dois anos. A desorganização da colônia, segundo Simonsen (1977:276-279), impedia saber se a renda baixava em função de contrabando e descaminho ou se por falta de produtividade. A colônia, isto é, a capitania das Minas, militarizou-se. Os *dragões* passaram a circular pelas estradas, aumentou o policiamento.

b) *Os impostos ou tributos*. Na tradição portuguesa, os principais impostos eram: (1) *dízima*: 10% do produto da terra, dos mares, e animais; originalmente religioso e eclesiástico, passou da Igreja ao rei em 4 de janeiro de 1551, por bula de Júlio III, completando o sistema do *padroado* (encomenda das igrejas ao rei); (2) *a dízima das mercadorias* (aduana, direitos alfandegários) cobrada nas Alfândegas Gerais ou Especiais, como a Casa da Índia (sobre produtos chegados de África e Ásia), a Alfândega do Açúcar e Tabaco e o Paço da Madeira onde se dava o despacho do que chegava. Era cobrada sobre a entrada ou saída das mercadorias do território nacional para o estrangeiro e vice-versa, embora a cobrança na saída das mercadorias fosse inicialmente chamada *portagem*; (3) *sisa*: criada por regimento de 27 de setembro de 1476. Equivalia a 10% do valor das vendas e trocas, sendo isentos o pão cozido, o ouro, a prata, sobre os quais se pagava o peso (2 soldos por libra), e era cobrada sobre as compras e vendas. Incidia também sobre rendimentos de dinheiro; (4) *décima*: uma parte do rendimento de cada súdito, foi instituída em 5 de setembro de 1641 para sustentar guerra contra Castela (guerra da Restauração). Em 1646, foi fixada em 10%, posteriormente reduzida para 4,5% em 25 de novembro de 1715 no reinado de D. João V. No Brasil, é nos portos exportadores (Salvador, Recife) que se concentra a atividade fiscal.

c) *Os estancos ou monopólios*. Outra fonte de receita, distinta dos tributos e direitos régios tradicionais era o *exclusivo comercial*, que se operava também por *arrendamentos*: assim foi o regime da exploração dos diamantes, do tabaco, do pau-brasil, das cartas de jogo, da pesca de baleias, do tráfico de escravos...

Se o quinto era típico da região aurífera, na *região diamantina* o sistema adotado foi do exclusivo comercial, estanco ou monopólio. A descoberta dos diamantes dera-se em 1729, no Cerro Frio do Príncipe. Tratava-se da primeira fonte de diamantes descoberta no Ocidente. A militarização e a exclusividade da área para a Coroa foi feita rapidamente. Por Carta Régia de 1731, mandou o rei expulsar todos os mineradores, reorganizando a exploração: foi também instituída a *capitação* na base de 5$000 por trabalhador, chegando depois a 40$000.

Passados dez anos, optou-se pelo regime do *arrendamento* ao invés de livre exploração. O *monopólio da exploração* foi arrendado por contrato, que vigorou de 1740 a 1771. O contrato tinha um valor: 230$000 por escravo, admitidos até 600 escravos, e chegava a 40.000 libras por ano. Mais tarde, foram autorizados mais escravos, desde que servindo a outros trabalhos (domésticos, comércio etc.). Entre 1749 e 1753, o contratador foi Felisberto Caldeira Brant, que faliu após uma vida faustosa (SIMONSEN, 1977:287-290). De 1753 em diante, foi instituído novo regime: o *monopólio do comércio*, obrigando o contratador a comprar uma quantidade mínima a preços definidos (35.000 quilates, a 9$200, 50.000 quilates, a 8$600) como informa Simonsen (1977:288). O último contrato expirou em 31 de dezembro de 1771. O contratador era o famoso João Fernandes de Oliveira, que manteve um romance público com a escrava Chica da Silva (SANTOS, 1978:169 ss). Em seguida, o regime passou a ser a exploração direta pela Real Fazenda. Em qualquer dos momentos, o regime foi sempre rigorosíssimo:

era proibida entrada no Distrito Diamantino de elementos que perturbassem a ordem e o bom andamento dos negócios, suspeitos de muitas artimanhas, principalmente advogados e frades (isto é, membros de ordens religiosas, sobre as quais o controle da Coroa era menor).

As companhias privilegiadas de comércio, pombalinas (Companhia do Grão--Pará e Maranhão, de 1755, Companhia dos Vinhos do Rio Douro, Companhia de Pernambuco e Paraíba) e pré-pombalinas (a Companhia do Brasil, de 1649, e a Companhia do Maranhão, de 1679) são exemplares de outra forma de concessão de fontes de receita da Coroa a particulares. As companhias foram, pois, autorizadas a explorar o comércio estancado ou monopolizado da Coroa em certas regiões e para certas mercadorias. Seus estatutos tiveram a forma de um contrato público, em que o rei concedia uma carta patente, ou seja, uma autorização para que os particulares ingressassem no comércio do monopólio régio, desde que organizados sob a forma da companhia e desde que pagassem certas quantias à Coroa. Em troca disso, recebiam privilégios: negociação com responsabilidade limitada ao capital entrado para a companhia, autonomia jurisdicional e legal, regendo-se pelo seu estatuto próprio (incluído na carta patente), privilégios para agir militarmente, exercício delegado de funções públicas (manutenção de um corpo de funcionários civis e militares, expedição de ordens aos particulares que com ela contratassem etc.).

> A erudição e a cultura do escrito não podem ser superestimadas. No caso do Brasil basta lembrar que ainda em 30 de outubro de 1793, trinta anos, portanto, antes da Independência, um alvará com força de lei dispensava a escritura pública para o Estado do Brasil, tendo em vista que aqui não havia número suficiente de tabeliães. Em vista disto, o alvará confirmava, contrariando as decisões dos tribunais superiores do reino, o costume estabelecido de se fazerem negócios por escritos particulares, pois aplicar a letra das *Ordenações* e da *Lei da Boa Razão* (de agosto de 1769) trazia grande "prejuízo aos povos daquele Estado". Exceto nas vilas em que fosse fácil encontrar escrivão, confirmavam-se negócios por escritos particulares. Se as partes não houvessem apelado, as sentenças já passadas exigindo a solenidade legal, "a bem do socego público", ficavam mantidas.

d) *As condenações*. Muitas vezes, as penas previstas no direito criminal consistiam em perda de bens dos condenados a favor da Coroa. Era o *confisco* ou *perdimento*, mesmo que parcial, pois uma parte dos bens poderia ir para a vítima ou o denunciante (*Ordenações Filipinas*, Livro II, Título XXVI, 18 a 33). Eram formas de receita, embora pouco previsíveis. A *dízima de chancelaria* era outra fonte de ingressos. Equivalia a 10% do valor da apelação não provida, além das custas e multas. No caso do Tribunal da Relação da Bahia, cujo regimento foi dado pela Lei de 7 de março de 1609, existia disposição expressa: "as condenações em dinheiro, que se fizerem em Relação, se applicarão para as despezas della" (Mendes de Almeida, Auxiliar, 1870, v. I, p. 7).

Em geral, o sistema fazendário é privatizado no Brasil. "Entre o Estado e o particular, na exploração dos tributos e dos monopólios, se fixa, densa e ávida, impiedosa e insaciável, uma camada de exploradores, alimentada pela Coroa. O primeiro representante da inquieta geração será D. Fernão de Loronha, arrendatário das riquezas da terra do Brasil, com direito a explorar o monopólio de pau-brasil. Os contratadores virão na sua esteira, arrematando ou recebendo em concessão a cobrança de tributos, o negócio dos diamantes e os caminhos de bens e pessoas" (FAORO, 1979:233). Observação semelhante é a de Caio Prado Jr.:

> "Os ávidos contratadores, sem outra consideração que o negócio em vista, não tinham contemplação nem tolerância [...]. E as verdadeiras extorsões que o contribuinte sofria não eram nem ao menos compensadas por vantagem apreciável alguma para o Erário; pois se o processo simplificava a cobrança, doutro lado, não era pouco frequente o caso de contratadores insolváveis incapazes de pagar o preço do contrato. Isto porque, no afã de arrebatá-los, pois constituíam em princípio um dos melhores negócios da época, os licitantes iam frequentemente além do que o contrato podia render em tributos arrecadados; e não se arruinavam, mas deixava a fazenda de receber seus créditos" (PRADO JR., 1992:321-322).

Em resumo, o Leviatã, como sugere Hespanha, está atado: não pode deixar de crescer na mesma medida em que crescem os mercados, mas não pode crescer sem transigir com os representantes da velha ordem patrimonialista e com os novos atores da ordem burguesa. Esta complicada soma de tradição e inovação está refletida no direito público do Antigo Regime. Com um discurso de poder absoluto aparente, é chantageado pelos que podem fazê-lo crescer e funcionar. No Brasil, este Estado, incapaz de realizar tarefas mínimas, delega-as aos particulares que transformam seu poder em patrimônio pessoal, impedindo o surgimento de uma esfera pública e democrática, não exclusivista.

4 ADMINISTRAÇÃO E FAZENDA NO ANTIGO REGIME – INGLATERRA E FRANÇA

4.1 Inglaterra: a revolução financeira

Na Inglaterra, a função de governo estava muito distante dos padrões do Estado do século XIX e XX: na ausência de comunicações ágeis (telégrafo, telefone, automóveis), na ausência dos meios físicos de exercício do poder e na ausência de uma extensa burocracia, havia uma verdadeira colcha de retalhos de autoridades (ATIYAH, 1988:18). A privatização dos serviços que interessavam ao governo era regra geral, inexistia planejamento central ou fiscalização estatal sobre os *commissioners* de obras e serviços públicos. Até por volta de 1770 não havia nem mesmo uma força policial organizada na Inglaterra. A própria função legislativa do Parlamento era reduzida a ajustes marginais e localizados nos costumes: o procedimento parlamentar legislativo não diferia em substância da decisão judicial caso a caso, pois no fundo o Parlamento não tinha iniciativa mas respondia a pedidos, solicitações e pressões. A ausência da burocracia extensa e organizada impedia um processo legislativo semelhante ao nosso (ATIYAH, 1988:92-94). Por isso, o ambiente geral era de contratualismo, já que o Parlamento praticamente negociava suas decisões com os interessados, uma vez que seria incapaz de fazer cumprir decisões por meio de um corpo autônomo de funcionários que lhe fosse subordinado, um corpo estatal de *law enforcement*.

Exceto pelo desenvolvimento, desde 1694, de uma reorganização das finanças públicas, a organização inglesa era ainda de um modelo pré-liberal e pré-burocrático. Esta reorganização, chamada *revolução financeira da Inglaterra*, foi um processo longo. Iniciou-se, segundo Braudel (1993:630 ss) em 1671 com a centralização das alfândegas e em 1694 com a criação do Banco da Inglaterra e prosseguiu em 1714 com a instituição do cargo de Lorde Tesoureiro. Foi uma longa *nacionalização* ou *estatização das finanças*, tirando-a vagarosamente das mãos dos particulares. Ao assim proceder, de passo em passo os ingleses instituíram a diferença entre *dívida flutuante* (de curto prazo), que era a costumeira, e *dívida fundada* ou consolidada: de longo prazo, que se tornaria perpétua. Neste caso, o Estado não devolveria o empréstimo, mas pagaria juros (*renda*) aos portadores de seus títulos. Os portadores de tais bilhetes poderiam então fazê-los circular (ceder, transferir) livremente (ATIYAH, 1988:104-105), monetarizando totalmente a vida cotidiana e abrindo caminho para uma economia de promessas e contratos. O Parlamento criaria novas receitas para o pagamento dos juros (*land tax*, tributos de consumo específico). Os financistas de Londres e os empréstimos vindos do exterior, sobretudo o dinheiro de Amsterdã, garantem o sucesso do modelo com o qual nasce a economia de crédito e a nova forma de moeda, a moeda fiduciária (BRAUDEL, 1993:630 ss; ATIYAH, 1988:29-30).

O Banco da Inglaterra, instituição-chave da reforma, incorporado (isto é, criado como corporação, ou pessoa jurídica) em 1694 (*Act 5 of Mary and William*) não era um banco público, não era propriedade da Coroa ou do Parlamento. Sua carta patente, autorização para incorporação, teve origem no Ato 5 de Mary e William sob o nome de "Lei garantindo direitos à coroa sobre diversos bens, garantindo certas vantagens e recompensas aos que voluntariamente adiantarem a soma de 15.000 libras para prosseguir na guerra contra a França". O valor adiantado entraria para o capital do Banco. O *Bank of England* inscreveu no seu ativo, além do ouro, o débito do governo inglês. Nasceu, pois, como sociedade anônima *privilegiada* – no mesmo quadro jurídico em que haviam nascido as companhias coloniais, mesmo as do Brasil – só *nacionalizada* (tornada estatal no sentido atual) em 1946. Sua Carta (*Charter of Incorporation*) dava-lhe uma existência de 11 anos, e foi renovada em 1708, quando se tornou o único banco de responsabilidade limitada na Inglaterra. Ele passou a emitir os bilhetes do empréstimo da Coroa, ou seja, bilhetes garantidos pelo Estado, bilhetes ou títulos (promissórias) da dívida pública. Em 1718, o Banco centralizou com exclusividade a subscrição dos empréstimos à Coroa. Em 1738, emitiu as primeiras notas de 10 e 15 libras. Em 1797, por ordem do Parlamento, foi proibido de emitir notas para pagamento imediato, isto é, conversíveis. A dívida pública tornou-se irresgatável, surgindo em seu lugar a moeda fiduciária propriamente dita.

Esta experiência inglesa substituiu os *bancos de Estado*, criados no século XVI para evitar as falências dos banqueiros privados que financiavam o comércio marítimo em expansão (como o Banco de Amsterdã), e os bilhetes de depósitos de ouro junto aos ourives (*goldsmith notes*).

4.2   França: a venalidade total

Para a França, a situação não era totalmente diversa. Os cargos públicos tornaram-se aos poucos hereditários. Inicialmente o rei deu individualmente a *sobrevivência* do cargo. O princípio fora aceito em 1522 para a magistratura. Às vezes, o rei revogava as sobrevivências e com isso obtinha novos ingressos para o Tesouro, ao vender novamente o mesmo cargo. Em 1604, Charles Paulet (secretário do rei) estabeleceu a *hereditariedade geral*. Todos os anos, porém, o ocupante pagaria 1/60 avos do valor do cargo: assim, em caso de morte, os herdeiros poderiam reivindicar o cargo, e em caso de renúncia, pagar-se-ia a metade do valor. Estes cargos eram essencialmente as magistraturas. Para ocupar o cargo, havia dois requisitos: ser licenciado ou doutor em Direito e ter no mínimo 25 anos de idade. A *venalidade* transformou-se em *inamovibilidade*. O rei só poderia afastar o oficial comprando-lhe de volta o cargo.

Sob Luís XIV (1638-1715) organizara-se o modelo que sobreviveu até a Revolução. Criou-se um controle por 12 Tribunais de Contas e 13 Cortes de Contencioso fiscal. Cada comunidade tinha uma repartição de finanças. Variavam os impostos conforme a província e os contribuintes (SOBOUL, 1974:75 ss). Os impostos diretos eram a *taille*, a capitação, a vintena. A *taille* ao norte do país era um imposto sobre o rendimento total, ao sul recaía sobre os bens imóveis. Era um *imposto de repartição*: fixava-se o que devia ser pago por uma repartição (paróquia, aldeia etc). Cada paróquia repartia o total entre seus habitantes. Um conselho da *élection* fixava o montante para cada paróquia; em cada paróquia os repartidores se encarregavam da cobrança. Os responsáveis pela cobrança eram os coletores de paróquias, o tesoureiro na *élection* e o recebedor-geral na *generalité*. O valor era fixado segundo a estimativa dos coletores, de acordo com a riqueza ostentada ou presumida.

A *capitação* foi instituída definitivamente em 1701 e era inovadora: todos deveriam pagá-la. Divididos todos os franceses em 22 classes, cada classe pagando uma soma definida (por membro). O delfim e os príncipes, na primeira classe, pagavam 2.000 libras. Na última classe, os soldados e diaristas pagavam 1 libra. De fato, os nobres escaparam do imposto, que por isso mesmo passou a pesar somente sobre os plebeus. O vigésimo (ou *vintena*) foi criado em 1749, incidiu sobre rendimentos de imóveis, comércio, rendas feudais etc. O clero escapou do pagamento fazendo a dádiva periódica gratuita.

Os impostos indiretos eram *aides*, a *gabela*, as *traites*. *Aides* desde o século XV incidiam sobre certos objetos (vinho, álcool), nobreza e clero isentos. A *gabela* era o imposto sobre o sal, matéria-prima essencial para a conservação dos alimentos, gênero de primeira necessidade para salgar e conservar a carne, por exemplo. Havia províncias redimidas ou isentas (Bretanha), de pequena gabela (ou consumo livre), grande gabela (obrigadas a comprar um tanto de sal e, portanto, pagar certo imposto). Pesou muito sobre os mais pobres, seja pelo seu caráter indireto, seja por atingir gênero de primeira necessidade. *Traites* eram direitos de alfândegas externas ou internas, já que a França era dividida em diversas regiões. A Île-de-France e outras cinco províncias só pagavam *traites* no comércio exterior ou com outras províncias. Havia outras províncias assemelhadas a terras estrangeiras (Bretanha, Sul) e províncias estrangeiras (Trois Eveches, Lorena, Alsácia) que comerciavam livremente com o estrangeiro (ELLUL, 1994:50-55).

A percepção dos impostos indiretos era confiada a particulares (os *fazendeiros* ou *financistas* particulares). A cada seis anos a Fazenda-Geral era adjudicada a um *Adjudicador* que caucionava os fazendeiros-gerais (os altos financistas, em número de 20, 40 e, finalmente, 60) os quais, por seu turno, asseguravam a cobrança dos impostos. Eram vigiados e fiscalizados por intendentes. Havia, pois, também em França uma contradição entre o teórico poder absoluto do rei e sua efetiva impotência, que o tornava presa de uma máquina administrativa privatizada (SOBOUL, 1974:79; ELLUL, 1994:187-192).

5 JUSTIÇA

Se tratam a Deus por tu,
E chamam a El-Rei por vós,
Como chamaremos nós
ao Juiz de Igaraçu?
Tu, e vós, e vós e tu.
Gregório de Matos, Poemas escolhidos

No Antigo Regime em geral (da Baixa Idade Média até Ilustração, no século XVIII), a organização judiciária segue uma linha de continuidade. Tanto no continente europeu, inclusive Portugal, quanto na Inglaterra, haverá, segundo Van Caenegem, alguns traços definidos e comuns (CAENEGEM, 1992:100). Em primeiro lugar a tendência à *centralização*. Na Inglaterra, não há um sistema de recursos, mas uma só Justiça Central, com juízes em circuito ou itinerantes, mas todos considerados membros de um mesmo tribunal, vinculados aos respectivos precedentes. Na tradição romano-canônica, organiza-se um *sistema recursal*, pelo qual se dá a hierarquização da justiça, isto é, do corpo de juízes (cf. TUCCI, 1987:157 ss). Como a justiça é o sinal mais evidente do *imperium*, e a primeira função do Estado, não admira que antes de consolidar-se a legislação como fonte exclusiva do direito fosse por meio da jurisdição que o soberano se afirmasse.

Em segundo lugar, a *especialização*: juízes são crescentemente profissionais (educados na universidade na Europa continental, ou nos *inns of court* na Inglaterra), os juízes leigos sendo a pouco e pouco submetidos, não sem resistência, à justiça letrada. O procedimento escrito cada vez mais se impôs, passando a existir os profissionais da redação das peças, como advogados e escrivães e até os inquiridores, ou seja, os encarregados de ouvir e tomar depoimentos. Tudo passava ao escrito: libelo, queixa, e os artigos e fatos, depoimentos, resumos etc.

Em terceiro lugar, o afastamento das "instituições democráticas" locais: cai a participação popular e leiga, pois os leigos diante da justiça nova ficam sem entender a língua, as sutilezas, o regime de provas legais. António M. Hespanha lembra o quanto havia de justiça "popular" no Antigo Regime português (HESPANHA, 1982b), e no caso do Brasil, a despeito do caráter não "democrático" das nossas câmaras, chegou a haver muita resistência aos juízes de fora e desembargadores das relações.

Em quarto lugar, o *controle estatal* monárquico é crescente: as cortes senhoriais, clericais, e corporativas perdem poder, tornam-se primeira instância de outras cortes, ou são toleradas e aceitas pelo soberano. Por último, é crescente a formalização e *racionalização das provas*: inquirições, documentos e testemunhas, sistema de peso das provas e provas legais que só pode ser manejado por especialistas (CAENEGEM, 1992:109; CAPPELLETTI, 1977: *passim*).

A França oferece um exemplo de como se estabelecera uma nobreza da toga (*noblesse de robe*) em torno da justiça e se autonomizaram os tribunais do rei. Desde 1467, sob Luís XI, aceitava-se que os juízes eram irremovíveis, mesmo os encarregados da acusação. Como visto, desde 1522 o próprio rei, por razões inclusive fiscais, aceitara a venalidade dos ofícios. Em 1604 a hereditariedade e a venalidade tornaram-se gerais. Os cargos eram comprados e sobreviveram registros da variação de seu preço. Por exemplo, o cargo de conselheiro do Parlamento de Paris valia 100 mil libras em 1715, 40 mil em 1732 e 50 mil em 1771. Os candidatos deveriam pagar o preço e preencher os requisitos de idade (mínimo de 25 anos para conselheiros e 40 anos de idade e 10 anos de experiência para o de presidente *à mortier*). Deveriam também ser aceitos pelos outros membros da corte à qual aspiravam, o que se fazia por meio de visitas e homenagens (VOLCANSEK; LAFON,1988, 44-50). A venalidade do cargo foi abolida apenas em 4 de agosto de 1789, com a Revolução.

Em relação ao rei, os magistrados adquiriram enorme independência. Como membros de um *Parlamento* (havia 15 parlamentos ou tribunais, o maior e mais importante o de Paris, com mais de 100 membros e 450 oficiais), tinham o poder de rejeitar as leis (*ordonnances*) do rei, deixando de registrá-las conforme era exigido. Este papel "legislativo" dos parlamentos (ou grandes tribunais) crescera à medida que diminuíra a frequência de convocação dos Estados Gerais. Os juízes devolviam a lei sem registro, indicando as razões num texto que se chamava *remontrance*. Picardi (1995:33-48) mostra como progressivamente a prática torna-se um problema constitucional. O rei legislador do novo Estado moderno exigiria a submissão dos juízes à lei (expressão da *voluntas principis*) sem sucesso. Luís XIV editou uma *ordonnance civil* em 1667 (*Code Louis* – verdadeiro código de processo civil que tentava reformar a justiça segundo ELLUL, 1994:161) cujos primeiros nove parágrafos regulavam a "observância das leis". O princípio novo cuja imposição se tentava era o da obediência do magistrado à lei. A doutrina tradicional, ao contrário, havia construído uma teoria de controle dos atos do rei pelos juízes: "Os parlamentos [tribunais] não foram instituídos apenas para julgar e processar os negócios entre partes particulares, mas foram destinados também aos negócios públicos e verificação dos Editos [...] É coisa verdadeiramente grande e digna da majestade de um príncipe, que nossos reis (aos quais Deus outorgou todo poder absoluto) tenham desejado desde muito tempo submeter sua vontade à civilidade da lei: e assim fazendo com que seus editos e decretos passem pelo crivo desta ordem pública", diz um autor em 1617 (*apud* PICARDI, 1995:38).

> Os "grandes tribunais" floresceram em toda parte. Alguns eram constituídos por magistrados vitalícios, chamados de senadores (e alguns desses grandes conselhos eram também conhecidos como Senados). Às vezes, acumulavam funções de graça e de justiça, outras vezes concentravam-se nos casos de justiça. Tiveram grande relevância e foram em alguns casos considerados verdadeiros substitutos dos órgãos deliberativos como as cortes, os parlamentos etc. Quando exerciam funções jurisdicionais, colaboravam também nos projetos de reformas legislativas, pois seus membros eram juristas letrados. Aumentada sua importância, surgiu uma bibliografia especializada em dar a público e comentar os julgados desses grandes tribunais. Em Portugal, alguns dos mais conhecidos juristas letrados dedicaram-se a essa tarefa, como é o caso de Jorge de Cabedo.
>
> Há uma crescente historiografia sobre tais órgãos. Podem ser consultadas as obras indicadas na bibliografia, como *Ajello, Ascheri, Barbas Homem, Di Donato, Krynen, Subtil* entre outros. Eu mesmo apresentei uma síntese introdutória sobre o assunto em *O Oráculo de Delfos* (LOPES, 2010).

Este confronto (rei × tribunais) percorrerá todo o Antigo Regime e curiosamente encontra-se na origem da inexistência de controle judicial da constitucionalidade das leis na tradição francesa. Pois os juízes opuseram-se não apenas ao rei como também à Assembleia Nacional e às assembleias constituintes revolucionárias, insistindo em julgar os casos sempre de acordo com o padrão de direito antigo tradicional. No dizer de Picardi, insistiam numa *jurisdição sem legislação*, terminando por gerar na França uma *legislação sem jurisdição*. Stone (1986) e Swann (1995) mostram também que os Parlamentos franceses tornaram-se peças importantes no sistema constitucional antigo. Stone atribui aos Parlamentos um papel decisivo na crise que antecedeu a Revolução Francesa. Os *parlamentaires* não ajudaram a precipitar a crise por seu progressismo: ao contrário, foi seu tradicionalismo de tom oligárquico e aristocrático que barrou reformas nas finanças e na administração.

Nos primeiros tempos da Revolução Francesa, o confronto com a justiça do Antigo Regime, acostumada a sobrepor a tradição, a doutrina e seus próprios costumes à lei, foi inevitável. A Lei nº 16, de 24 de agosto de 1790, dispôs nos arts. 11 e 12: "Os tribunais não poderão participar direta nem indiretamente no exercício do Poder Legislativo, nem impedir, nem suspender a execução dos decretos do corpo legislativo sancionados pelo rei, sob pena de indiciamento criminal. Serão obrigados a mandar transcrever pura e simplesmente em registro próprio e publicar dentro de oito dias as leis que lhes forem enviadas." A Constituição de 3 de setembro de 1791 dispunha no art. 3 do título III, capítulo V: "Os tribunais não podem imiscuir-se no exercício do Poder Legislativo nem suspender a execução das leis." No mesmo sentido o Código Penal punia com a degradação cívica e como criminosos "os juízes, os procuradores-gerais ou do rei ou seus substitutos, os oficiais de polícia que interfiram no exercício do Poder Legislativo, seja por regulamentos que contenham disposições legislativas, seja impedindo ou suspendendo a execução de uma ou diversas leis, seja deliberando sobre saber se as leis devem ser publicadas ou executadas" (art. 127, par. 1).

Esta independência, no entanto, não ocorre apenas entre os franceses. Algo semelhante passa-se em Portugal e no Brasil com os pormenores que veremos.

5.1   Estrutura judicial portuguesa

No século XIV, durante o reinado de D. Afonso IV (1325-1357), já se percebe a ascensão da classe dos juristas profissionais sob os auspícios da Coroa. Nas Cortes de Lisboa de 1352, foram criados os juízes de fora e deu-se o regimento geral dos corregedores. A ascensão dos legistas continuou, e com a Revolução de 1383, que conduzira D. João I, Mestre de Aviz, ao trono, obtiveram nova vitória. As Cortes de Coimbra, reunidas em 1385 para aclamar e legitimar a escolha de D. João I, alçaram os *letrados* (juristas oriundos da universidade) à condição de *fidalgos*. Estabelecida progressivamente a hierarquia dos tribunais régios e a profissionalidade dos letrados, sobrepondo-se ao juízes eleitos e leigos, a magistratura começava a tornar-se uma carreira e uma corporação. Uma carreira porque os magistrados poderiam ser alçados de cargos inferiores a superiores. Uma corporação porque seus interesses se autonomizaram, seja perante outros estamentos, seja perante o próprio rei.

A estrutura judicial exemplarmente fomentada no reinado de D. João II (1481-1495) tende a se subordinar à justiça régia. É nesse reinado que se cria o *Desembargo do Paço*, o grande órgão da administração da justiça: um Conselho de Justiça, que administra todos os outros tribunais, nomeia juízes, corregedores e desembargadores. É o órgão superior do sistema judicial. Ao lado dele estão os altos tribunais do reino: em primeiro lugar a *Casa da Suplicação* de Lisboa (cf. AZEVEDO, 1976); em segundo lugar, a *Mesa de Consciência e Ordens* (cuja competência abrangia as matérias eclesiásticas, as Ordens Militares – dos cavaleiros religiosos, com os Hospitaleiros de São João, bem como a Universidade de Coimbra, os benefícios e títulos eclesiásticos e os interesses dos órfãos e escravos). Havia outros tribunais intermediários, chamados *relações*: a Relação do Porto (criada em 1580), a Relação de Goa, na Índia, a Relação da Bahia (criada em 1609) e a Relação do Rio de Janeiro (estabelecida em 1751). As relações eram os tribunais ordinários de apelação ou recurso, de modo geral. Abaixo das relações havia os ouvidores-gerais, e abaixo destes os juízes ordinários (juízes das câmaras) ou juízes de fora, conforme o caso (SCHWARZ, 1979:10 ss).

Os juízes de fora e os corregedores foram instrumentos diretos de intervenção régia nas autonomias locais. Eram letrados nomeados pelo rei para exercerem uma jurisdição que competia com a dos juízes ordinários, leigos e eleitos pelas Câmaras. Eram juízes de *fora das câmaras*. Os juízes de fora portavam uma vara (bastão) branca em público. Vale lembrar que na sociedade daquele tempo todos deviam vestir-se com roupas que os distinguissem ou identificassem por estamento, ou profissão, ou grupo social (as leis regulavam esta apresentação pública): nobres como nobres, clérigos como clérigos e juízes como juízes, distinguindo-se pela vara ou bastão que completava o traje. O regimento de 1609, do Tribunal da Relação da Bahia, por exemplo, impunha que os desembargadores não usassem vestidos de cor, mas se apresentassem trajados com roupas usadas pelos desembargadores de Lisboa, no tribunal ou na cidade, de maneira que "representassem o cargo que detinham", disposição repetida no regimento de 1652 e no regimento da Relação do Rio de Janeiro (1751). Organizado o regimento dos *corregedores*, estes também já se sobrepuseram aos Conselhos: sua jurisdição era definida como uma Comarca ou Correição. Passaram a ouvir os recursos e investigar e inspecionar eleições, denunciar criminosos (portanto com funções de acusação *ex officio*), supervisionar os serviços públicos.

Havia ainda os *juízes de órfãos*: sob sua jurisdição ficavam as causas envolvendo interesses de órfãos, ausentes, escravos, irmandades ou associações religiosas leigas, as casas de misericórdia, e outras estruturas paralelas que contassem com um *provedor* (um juiz interno, sobrevivente da autonomia jurisdicional das corporações). Ligados à justiça, sem exercer a jurisdição, havia os oficiais auxiliares (escrivães, inquiridores, meirinhos etc.).

Pensando-se na luta política que a Coroa travava com os corpos intermediários estamentais da tradição feudal-patrimonial, o sistema judiciário é apenas um outro cenário de disputa semelhante. Os letrados, guindados à condição de fidalgos (nobreza da toga) resistiam à legalidade moderna voluntarista, à centralização monárquica. A alternativa do rei era a criação de juízes extraordinários (juízes de fora, ouvidores, corregedores, como vimos), ou a concessão de crescentes poderes fiscalizadores aos magistrados uns sobre os outros. Daí o sistema de correições, agravos, revistas, suplicações, que superam um esquema simples de apelação. Além disso, o rei conservava o poder de graça (*Revista de Graça Especialíssima*) de modo que pudesse afinal exercer algum controle sobre um grupo social que lhe escapava corporativamente, desde que o suplicante pudesse chegar (tendo tempo, recursos e influência) até o Paço (HESPANHA, 1993; TUCCI, 1987).

De maneira geral, a estratégia da Coroa para ter ainda algum controle do aparelho judicial era a criação de vários cargos com jurisdições que se sobrepunham. Existiam, pois, diversos funcionários judiciais que se fiscalizavam reciprocamente, com progressiva ampliação dos poderes dos mais diretamente subordinados à Coroa (SALGADO, 1985:73-82). Do sistema judiciário e recursal pode-se dizer o mesmo que disse Caio Prado Jr. do sistema administrativo em geral:

> "Todas estas limitações da autoridade do governador são consequência do sistema geral da administração portuguesa: restrição de poderes, estreito controle, fiscalização opressiva das atividades funcionais. Sistema que não é ditado por um espírito superior de ordem e método, mas reflexo da atividade de desconfiança generalizada que o governo central assume em relação a todos seus agentes, com presunção muito mal disfarçada de desleixo, incapacidade, desonestidade mesmo em todos eles. A confiança, com outorga de autonomia, contrabalançada embora por uma responsabilidade efetiva, é coisa que não penetrou nunca nos processos da administração portuguesa" (PRADO JR., 1992:308).

O desenvolvimento da administração da justiça ocorreu paralelamente à regulamentação crescente do procedimento. O sistema foi regulado de modo a permitir cada vez mais que os tribunais mais próximos do rei pudessem ouvir apelos e recursos vindos de tribunais e magistraturas locais e inferiores. No caso de Portugal, isto significava apelo para a Casa de Suplicação de Lisboa, ou a Mesa de Consciência e Ordens ou o Desembargo do Paço (SALGADO, 1985:37-39; SCHWARZ, 1979:7-14). Os tribunais superiores faziam a correção das sentenças dos juízes inferiores para adaptá-las ou ao direito régio, ou – em caso de lacunas – ao *direito comum* erudito.

À medida que os procedimentos deviam ser levados eventualmente a um tribunal superior, sua uniformização dependeu de dois fatores: sua redução a escrito e profissionalização de seus agentes. Cresceram em importância os profissionais do direito letrados, oficiais de carreira ou detentores de cargos doados pela Coroa. Decresceram em importância os juízes leigos, eletivos, e tendeu a desaparecer a oralidade e o contato imediato do juiz com os fatos e as pessoas envolvidas no litígio. Seja a profissionalização, isto é, a entrega de cargos judiciais a letrados (especialistas em direito civil e canônico), seja a venalidade ou a patrimonialidade dos cargos, ambas levaram ao declínio progressivo das formas "populares" de participação no processo e na justiça, como em toda parte (CAENEGEM, 1992:104-105). Em Portugal, a partir de 1539 exigiu-se de todo juiz de fora e corregedor o título de bacharel universitário em direito. Desenvolveu-se também no reino ibérico todo um gênero literário dedicado às decisões dos tribunais superiores (CABRAL, 2017).

Os juízes ordinários, eleitos pelas Câmaras entre seus membros, proferiam ou podiam proferir decisões não escritas, baseadas no costume local, mais do que na lei de origem régia, ou nos textos do direito romano (civil) ou canônico. A oralidade de tais procedimentos era reconhecida nas *Ordenações Filipinas* (Livro I, Título 65, 7/23/25/73), e as decisões eram até desmotivadas, observando o texto das *Filipinas* que em vários casos os juízes procedessem *sem longos processos*, visto que a oralidade barateava o processo (laudas escritas eram cobradas) como anota Hespanha (1982b:116). Os juízes ordinários eram normalmente recrutados nos estratos superiores dos locais (*meliores terrae*), excluídos judeus (que a rigor já não havia, pois ou se haviam batizado por força em 1496 ou haviam fugido), mouros, cristãos-novos, trabalhadores braçais, assim como no Brasil eram escolhidos entre os *homens bons*, membros da Câmara. Neste sentido, representavam também uma força de oposição à *modernização* do Estado: eram os maiores proprietários, maiores no clero etc. (HESPANHA, 1982b:120). Deram voz sobretudo à nobreza rural (os rentistas tinham tempo para a vida pública). A partir de um alvará de 1642 vedou-se a magistratura aos analfabetos, que tendiam a aplicar um direito conservador, arcaizante, o *ius rusticorum*.

Este longo período de absorção da jurisdição popular, ou corporativa, senhorial, ou eclesiástica terminará finalmente nas reformas dos fins do século XVIII e início do século XIX, umas feitas sob o impacto da Revolução Francesa e outras já anunciadas nos Estados e governos influenciados pelo Iluminismo, os absolutismos esclarecidos (CAENEGEM, 1992:105; CUNHA, 1995: *passim*). A ideia de que o juiz é um delegado do poder estatal central tem cerca de 200 anos apenas e equivale à separação entre Estado e sociedade civil que se afirma com a modernidade e o capitalismo, diz Hespanha (1982b:109 ss).

5.2 A estrutura judicial do Brasil colonial

Característico do regime das capitanias hereditárias é uma tripartição de poderes jurisdicionais. Essencialmente, há os juízes municipais (ordinários, das Câmaras) que ocupam a base do sistema; no topo, o rei conserva sua *regalia maior*, ou seja, a competência para ouvir apelações e agravos pelos seus tribunais próprios e superiores. Entre as duas justiças está uma espécie de *justiça senhorial* dos donatários e governadores: ora exclusiva (conforme a pessoa ou a matéria), ora servindo como instância de recurso à decisão municipal. A justiça dos capitães é exercida pelos *ouvidores*. Justiça senhorial em termos, naturalmente. Não derivava de costumes ou tradições antigas, mas era doada pelo rei, e rei de caráter moderno de vocação absolutista. Nestes termos, embora exercendo funções públicas pela sua qualidade de donatário de terras, estas lhe vinham do rei mesmo.

A estrutura judicial começara no Brasil, portanto, nas mãos dos capitães-donatários, com poderes para estabelecer atividades econômicas e organizar a vida civil na terra. O *Regimento* de Martim Afonso de Sousa (1530) previa competência, como capitão e governador de sua capitania, para aplicar pena de morte, sem recurso, exceto se o réu fosse fidalgo. Capitães-donatários não exerciam jurisdição nem julgamento pessoalmente: nomeavam *ouvidores*, para o crime e o cível. Para garantir a autonomia, o privilégio e o poder dos capitães-donatários, às autoridades reais foi proibida a entrada nas capitanias sem sua autorização.

Com o fracasso das capitanias, Tomé de Sousa, governador-geral a partir de 1549, foi diretamente financiado pelo Tesouro real. No seu regimento, menciona-se o seu *ouvidor-geral*, que ocuparia o primeiro lugar hierárquico na vida judiciária colonial, pois os donatários tiveram que *dar apelo e agravo para o ouvidor-geral*. O cargo de ouvidor, no Brasil, equivalia ao de corregedor na metrópole. Começava a diminuição da justiça dos capitães. As restrições aos poderes dos donatários continuaram pelo Alvará de 5 de março de 1557: limitava-se o seu poder de impor pena de morte em casos de heresia, sodomia, moeda falsa, traição. Permitiu-se a partir daí a entrada de funcionários reais na capitania. O regimento do ouvidor-geral do Brasil, de 14 de abril de 1628, revogava expressamente o privilégio concedido aos capitães-donatários de fazerem justiça em suas terras: "Este regimento se cumprirá, sem embargo das doações feitas por el-rei D. João III aos capitães das partes do Brazil: revogados os privilégios que se lhes concederam de não poderem entrar as justiças reais nas terras das suas capitanias, e de não poderem eles ser suspensos, e reduzida sua alçada, na forma já declarada" (art. 21, *apud* MARTINS JR., 1979:175).

Com o Governo-geral, foi de fato duplicada a estrutura judicial, pois sobreviviam parte dos poderes e competências das Capitanias e Câmaras ao lado da nova justiça, desempenhada pelo ouvidor-geral. Desta forma, o ouvidor recebia recursos vindos de ouvidores de comarca, mas *conhecia por ação nova*, como jurisdição originária, conflitos que se dessem a uma distância de dez léguas de sua sede ou estada. Como podiam (e deviam) viajar para exercer seu poder inspetivo, sua jurisdição conflitava muitas vezes com a jurisdição ordinária das câmaras. De suas decisões podia-se recorrer à Casa de Suplicação em Lisboa. Ao lado do ouvidor vinha o séquito de oficiais menores: escrivão para lavratura dos atos (autos) do processo, tabelião (para a redação de documentos como notário), meirinhos (oficiais de diligências), eventualmente os inquiridores (cuja função era tomar os depoimentos das testemunhas e inquiri-las) etc.

Desde 1587, já se preparava a criação de um tribunal régio propriamente dito no Brasil, elaborando-se seu regimento. No entanto, foi só em 1609 que de fato se instalou, já com um novo regimento (Lei de 7 de março de 1609). Felipe I justificara a criação do Tribunal da Relação da Bahia pelo aumento do comércio e dos descobrimentos: com o crescimento das demandas e dúvidas já não se poderia administrar a justiça somente com o ouvidor-geral. O tribunal foi constituído com dez desembargadores, todos letrados: um chanceler, três desembargadores de agravos, um ouvidor-geral do Cível e Crime, um juiz dos feitos da Coroa, Fazenda e Fisco, um provedor de defuntos e resíduos, dois desembargadores extravagantes e o governador-geral, que teria assento no tribunal como governador da Relação. O tribunal passava a decidir recursos (pelos desembargadores de agravos e pelo ouvidor) e, no caso da cidade de Salvador, conhecia por ação nova (isto é, originariamente, em primeiro grau) de diversos feitos. Além disso, estando a Bahia na rota da navegação para a África, a Relação ficou incumbida de julgar causas dos territórios africanos, ou fazer correição naquele outro lado do Atlântico, em Angola.

Fiscalizava a Câmara de Salvador e respectivos juízes, assim como todos os "oficiais de justiça", "tirando devassa a cada três anos por um desembargador nomeado". Tinha, pois, um caráter de agente de correição. Neste mesmo sentido, procedia a *residências*, ou seja, tomada de relatório do tempo de exercício do cargo por determinados oficiais, como os ouvidores de capitanias e governadores respectivos, por iniciativa do governador da Relação. A função jurisdicional abrangia não apenas decisão de litígios entre particulares, ou entre particulares e autoridades, mas também exercício do poder *inspetivo*, ou poder de polícia. Sua instalação desagradou aos comerciantes e outros habitantes de Salvador: envolveu-se em diversos conflitos e foi extinto por alvará de 5 de abril de 1626, sob o pretexto do esforço de guerra contra os holandeses.

Um excelente levantamento histórico do primeiro tribunal instalado no Brasil foi feito por Stuart Schwarz (1979). Segundo seu relato, por volta de 1700 Salvador tinha aproximadamente 40.000 habitantes, 57% dos quais escravos (p. 193). Numa cidade portuária, colonial, de cultura portuguesa, os passatempos, dizia-se, eram sexo e religião. O comércio do açúcar, naquele século, sofria a crescente competição do exterior (Caribe, especialmente). A cultura do tabaco era, por sua vez, a cultura do pequeno agricultor, a criação e o comércio do gado, atividades em expansão: os boiadeiros já eram os *poderosos do interior*. O regime colonial impusera que o comércio com Lisboa se fizesse pelo comboio anual (entre 1649-1765), inclusive para defesa contra a pirataria.

Neste quadro econômico, a cidade do Salvador, cidade colonial, dependente do exterior quanto a sua riqueza, dependente do oficialato régio, dos grandes comerciantes e finalmente dos proprietários fundiários, dos senhores de engenho (BRAUDEL, 1993:535), apresentava problemas particulares de justiça. De um lado, as desordens e arruaças, de outro as disputas de poder familiar, heranças e casamentos, grandes setores ausentes ou indesejosos de obedecer à ordem régia, conservando uma certa autonomia social e política associada ao mandonismo local. Os castigos ou penas mais comuns que se aplicavam, seguindo os critérios normais da época eram multas, degredo (obrigação de residência em certo lugar), galés, marca com ferro (para identificação de certos tipos como criminosos, assim o *F*, para escravo negro *fujão*), espancamento, e morte por enforcamento ou decapitação. A prisão não era pena propriamente dita: era preventiva, assegurando a *devassa* ou investigação, ou garantia contra certa desordem temporária. A prisão por dívidas era também usada.

As punições, claro, tinham um caráter espetacular, querendo com isso instruir e advertir os outros. Em 1718, 26 piratas ingleses foram enforcados de uma só vez. Os índios em geral eram tidos como desordeiros, pouco interessavam no que dizia respeito aos senhores e às questões patrimoniais. O Regimento de 1609 recomendava que o Governador tivesse particular cuidado de mandar guardar e executar a lei "sobre a liberdade do gentio do Brasil". Os escravos fugidos eram marcados com ferro. Devido a queixas, em 1700 uma ordem da Coroa mandara ver se os escravos eram maltratados por seus senhores, ou se os deixavam morrer. Houve muita leniência do tribunal, segundo relata Schwarz. Os criminosos muitas vezes eram beneficiados por numerosas cartas de fiança, de modo que se *livravam soltos*. Os brancos compravam assim suas liberdades e os negros escravos eram assim resgatados por interesse de seus senhores. Quem sofria as penas afinal? Os brancos pobres, ou os libertos, os artesãos e os trabalhadores braçais (SCHWARZ, 1979:199).

Outros problemas enfrentava o tribunal. Havia muitas ausências dos juízes: sendo que o *quorum* para deliberação era de seis desembargadores, muitas vezes não se chegava a este número. Entre 1685 e 1687, uma epidemia de febre amarela matou cinco juízes. A pauta atrasava, e os presos que não haviam conseguido livrar-se ficavam definhando na cadeia aguardando julgamento.

Suas tarefas não se resumiam ao que hoje se chama propriamente adjudicação contenciosa. Encarregou-se de estabelecer o preço do açúcar, arbitrando disputas resultantes das queixas de que os comerciantes manipulavam os preços no embarque e na compra dos engenhos. Somente em 1751 esta função passou à Mesa de Inspeção.

Se a instalação do tribunal visava atender à necessidade de justiça dos habitantes do Brasil, teria sido eficaz? Não, responde Schwarz. Era caro para as partes irem a Salvador, de modo que o tribunal teve uma influência muito mais local do que geral. Era caro e desconfortável para os desembargadores irem até o sertão fazer residências ou correições. A dificuldade começava com hospedar-se.

Com tantas dificuldades materiais e pessoais, o sertão tornava-se sinônimo de esconderijo e terra sem lei (SCHWARZ, 1979:204). As testemunhas viviam aterrorizadas. Os juízes da terra temiam os capitães, e não julgavam. As devassas eram muito caras: como pagar? A população, mediante requisição, dava comida e casa aos desembargadores, na falta de recursos. Os culpados pagavam multas que iam para a Relação, conforme o Regimento, mas alguns desembargadores quando voltavam de suas viagens cobravam quantias consideradas astronômicas pelo governador-geral, gerando outro foco de conflito. Os conflitos da Relação com a Câmara de Salvador também existiam. Os desembargadores não respeitavam os juízes ordinários, que eram *iletrados*, tidos como corruptos. Esta disputa, como visto, marcava boa parte do Antigo Regime, pois os letrados e os funcionários reais opunham-se aos juízes ordinários, que, segundo constava do pedido feito ao rei para criar a Relação da Bahia, estavam sujeitos ao favoritismo dos poderes locais, e apropriação indébita de fundos.

Dissolvida a Relação da Bahia em 1626, durante as invasões holandesas (só voltou a existir em 1652), criaram-se os três ouvidores-gerais, que davam recurso à Casa de Suplicação (de Lisboa): o ouvidor-geral do Maranhão (Estado separado do restante do Estado do Brasil entre 1621 e 1774), o ouvidor-geral do Estado do Brasil (regimento de 1628, demissível pelo rei) e o ouvidor-geral da Repartição do Sul. No judicial, todos dependiam da Casa de Suplicação de Lisboa, para quem iam os recursos de suas decisões; no administrativo dependiam do governador-geral respectivo. O ouvidor-geral do Sul fora inicialmente instalado em 1608, com a criação do Governo Geral da Repartição do Sul (abrangendo o Rio de Janeiro, a capitania do Espírito Santo e a de São Vicente). A repartição foi extinta em 1612, mas o ouvidor continuou a existir.

A incapacidade de controlar efetivamente o território continuou patente. Exemplar das dificuldades, a propósito, houve em São Paulo um caso célebre em 1620, registrado nas atas da Câmara da Vila e que se tornou mais célebre ainda pela poesia de Mário de Andrade (*Moda da cama de Gonçalo Pires*). O ouvidor Amâncio Rebelo Coelho fora a São Paulo tirar correição geral. Ficara alojado na Casa da Câmara mesmo, mas na falta de uma cama, os vereadores requisitaram a de Gonçalo Pires. Lembremos que São Paulo era uma vila de poucas posses e que o costume de dormir em rede era geral. Finda a correição, Gonçalo Pires recusou-se a receber de volta a cama, porque estragada e ainda com cheiro de ouvidor-geral. A disputa durou sete anos (de 1620 a 1627).

Em 1652, restabeleceu-se a Relação da Bahia, com oito desembargadores. Perdeu, no entanto, sua competência para julgar as causas da Coroa em 1670. Em 1696, houve o envio do primeiro juiz de fora para a Câmara de Salvador.

Com o crescimento das capitanias do Sul e seu desenvolvimento econômico foi criado o Tribunal da Relação do Rio de Janeiro, por alvará de D. José I de 13 de outubro de 1751. Eram dez desembargadores, presididos pelo governador da Capitania do Rio de Janeiro. Sua competência territorial alcançava Rio de Janeiro, São Paulo, Ouro Preto, Rio das Mortes, Sabará, Rio das Velhas, Serro Frio, Cuiabá, Paranaguá, Espírito

Santo, Ilha de Santa Catarina, Goiás, Itacazes (Campos dos Goitacazes) e seus membros poderiam atuar como juízes de primeira instância em determinados casos (conhecer feitos por ação nova) ou em segundo grau conhecendo apelações e agravos (inclusive de decisões singulares de membros do próprio tribunal).

Em 1765, a 18 de janeiro, foram criadas as Juntas de Justiça onde quer que houvesse ouvidores de capitania. Elas contariam com um ouvidor (que seria o seu presidente e relator) e dois adjuntos (letrados) ou dois bacharéis (nomeados pelo ouvidor).

Ao lado do sistema secular e real de justiça, havia ainda os tribunais eclesiásticos. No Brasil, como era de regra no direito canônico da Igreja Católica, cada biso (e cada diocese, portanto) era juiz ordinário das causas ocorridas em seu território, embora houvesse limitações. De um lado, os clérigos religiosos podiam gozar de jurisdições próprias de suas respectivas ordens (chamadas de *religiões*), de outro havia causas reservadas ao tribunal da inquisição. Nos tribunais eclesiásticos que, como vimos nos capítulos anteriores, serviram de modelo para a justiça leiga, principalmente a justiça penal, o sistema era inquisitório, vale dizer, a iniciativa do processo pertencia a um oficial do próprio sistema de justiça, às vezes um membro do próprio tribunal destacado por um tempo para exercer as funções de acusador. Sobre a inquisição portuguesa vêm-se produzindo um volume qualificado de novas monografias e teses, com expressiva contribuição de Bruno FEITLER (*Nas malhas da consciência*, 2007), de FEITLER e SOUZA (*A Igreja no Brasil: normas e práticas durante a vigência das Constituições Primeiras do Arcebispado da Bahia*, 2011) e de Alécio Nunes FERNANDES (*A defesa dos réus: processos judiciais e práticas de justiça na Primeira Visitação do Santo Ofício ao Brasil*, 2020). Esses trabalhos ajudam a reconfigurar o quadro de compreensão desses tribunais. A influência da justiça inquisitorial nos tribunais seculares é dos mais importantes objetos de combate do pensamento ilustrado do século XVIII, pois ali pode-se notar com clareza aquilo que Italo Birocchi chamou de encontro da prática (teoria do processo) com a filosofia (Birocchi, 2018).

O sistema judiciário do Antigo Regime é, pois, integrado numa ordem social e política dominada por características que só virão a alterar-se com as revoluções liberais do século XIX. É dominado pelo sistema de privilégios sociais sobreviventes do regime feudal e corporativo, aliado à união do Estado e da Igreja (seja nos países católicos, seja nos protestantes), e teve na *tradição* e nos costumes fontes privilegiadas de direito. As reformas realizadas pelo Iluminismo (especialmente pelos monarcas esclarecidos dos Estados semiperiféricos ou periféricos, como a Prússia, a Áustria--Hungria, Portugal e Espanha) já indicaram mudanças como o fim dos privilégios estamentais, laicização, fim da influência das Igrejas, antifeudalismo, racionalização, centralização e ordem: reformas por cima, isto é, conduzidas pela autoridade ou pelos livre-pensadores filósofos. Tal processo, que desembocará no século XIX em reformas mais profundas, liga-se no século XVIII ao movimento pela *codificação* do direito e pela sua *nacionalização*, obedecida a *razão natural* moderna. Em Portugal, a *Lei da Boa Razão*, de 1769, a Reforma dos Estatutos da Universidade de Coimbra em 1772, e a constituição de uma Junta do Novo Código em 1778 já anunciavam os novos tempos, o fim da tradição do Antigo Regime e nascimento do Estado legislador legalista. Uma parte do Novo Código avançou, convertendo-se no Projeto de Código Criminal de Pascoal de Melo, apresentado em 1784 e não adotado como lei. A Prússia de Frederico II, sim, adota, em 1794, o Código Geral, com cerca de 16.000 artigos.

6 AS FONTES DO DIREITO E AS *ORDENAÇÕES FILIPINAS*

No Brasil, vigoram como leis gerais por toda nossa vida colonial as Ordenações do Reino, ou *Ordenações Filipinas*. Foram editadas em 1603 por Felipe II de Portugal tanto para reorganizar o direito régio português, quanto para agradar os portugueses. Como observam todos, as ordenações não foram inovadoras, restringindo-se especialmente a consolidar o que já havia nas *Ordenações Manuelinas* (de 1521) e na *Coleção de Leis Extravagantes* (obra de D. Duarte Nunes de Leão (aprovada em 1569). Antes delas, Portugal conhecera as *Ordenações Afonsinas* (1446?). Nas *Ordenações*, a estrutura seguida parece ser a das *Decretais* de Gregório IX: divisão em cinco livros, cada livro contendo títulos e parágrafos. Os livros das *Decretais* dispunham respectivamente de matérias relativas ao juiz (*iudex*), ao processo (*iudicium*), ao clero, a matrimônio e a crimes (CUNHA, 1995). As *Ordenações Filipinas* dispõem a respeito dos oficiais da justiça no Livro I, onde se encontram como que os "regimentos" da Casa da Suplicação de Lisboa, da Relação do Porto, dos outros juízes do rei (ouvidores), dos oficiais de justiça e advogados e, finalmente, dos cargos de justiça das câmaras ou concelhos. O Livro II traz um conjunto de disposições sobre os estamentos privilegiados (nobreza, clero), fontes de direito, jurisdição e poderes, privilégios do rei etc. A rigor encontra-se aí a disciplina da relação entre a justiça régia e as outras justiças e administrações (eclesiástica e senhorial). O Livro III é essencialmente de caráter processual (o *ordo judiciorum privatorum*), embora seja ali que se encontrem as regras gerais sobre fontes, vigência das leis e coisas semelhantes, pois auxiliavam o juiz no julgamento. O Livro IV traz muito do que hoje se considera matéria de direito civil, como as regras de contratos (compra e venda, sociedade, aluguéis e rendas da terra), relações entre servos e amos, aforamentos, censos, sesmarias, meações e parceria entre marido e mulher, empréstimos, mútuos, depósitos, fianças, doações etc. O Livro V trata dos crimes e do processo penal.

Não se tratava de um código, no sentido moderno, mas de uma consolidação de direito real. As *Filipinas*, especialmente, são criticadas pelas contradições e repetições, perfeitamente compreensíveis quando se sabe que nem pretendiam ser um código (não há partes gerais sobre atos, negócios, pessoas etc.) nem desejava o rei castelhano impor novidades a Portugal, preferindo manter (consolidando) o que já havia. Daí o respeito à tradição e aos textos legislativos encontrados, que foram mantidos mesmo quando contraditórios, mesmo se levantada a hipótese de omissões e cochilos dos redatores...

As penas previstas nas *Ordenações Filipinas* consistiam no perdimento e confisco dos bens e nas multas, a prisão simples e prisão com trabalhos forçados, as galés temporárias ou perpétuas, o desterro (condenação de deixar o local do crime) e o degredo (condenação de residência obrigatória em certo lugar), o banimento ou exílio (degredo perpétuo), os açoites, a decepação de membro e as várias formas de pena de morte: morte simples (sem tortura), morte natural (forca), morte para sempre (com exposição do cadáver exposto na forca), morte atroz (com o cadáver esquartejado) e morte cruel (tortura prévia). Se as penas fossem infamantes, ou vis, a elas não poderiam ser submetidos alguns que gozavam de privilégios (os privilégios de fidalguia, de cavalaria, de doutorado em cânones ou leis, ou medicina, os juízes e os vereadores – *Ordenações Filipinas*, Livro V, Título 133, 3, ou outros previstos em diversos pontos – *v.g.* Livro V, Título 138).

Um dos importantes aspectos das *Ordenações* é o sistema de fontes que contém. No Livro III, Título 64, a regra é que os conflitos devem ser julgados segundo as *leis*, *estilos* ou *costumes* do reino para os casos ali previstos. Leis eram atos do príncipe; estilos eram os "costumes" da Casa de Suplicação, ou jurisprudência determinada e aceita pelo mais alto tribunal do reino. Os costumes eram muitos e variados, locais. Nos casos não previstos (casos de lacuna), aplicava-se o direito canônico se a matéria *trazia* pecado ou as leis imperiais, isto é, o direito romano, quando não era matéria de pecado. Na falta deste, valiam como regra as glosas de Acúrsio e finalmente as opiniões de Bártolo. Não era por acaso que os tribunais deviam ter não apenas as *Ordenações*, mas o seu jogo de *Corpus Iuris Civilis* e de *Bártolos*. Em última instância, na falta de qualquer solução nestas fontes, o caso deveria ser remetido ao rei, que o "determinaria" e cuja decisão passava a valer como lei "para o desembargo" de outros feitos semelhantes (*Ordenações*, Livro III, Título 45, 2).

A disciplina das fontes de direito é reformada pela Lei de 18 de agosto de 1769, a *Lei da Boa Razão*. Ela proíbe o uso de Bártolo e Acúrsio, nos seguintes termos:

"Sendo certo, e hoje de nenhum douto ignorado, que Acúrsio e Bartholo, cujas auctoridades mandou seguir a mesma Ord. no parágrafo 1 do sobredito título, forão destituídos não só da instrução da História Romana, sem a qual não podião bem entender os textos que fizerão os assumptos dos seus vastos escriptos; e não só do conhecimento da Philologia, e da bôa latinidade, em que fôrão concebidos os referidos textos; mas tambem das fundamentaes regras do Direito Natural, e Divino, que devião reger o espirito das Leis, sobre que escreverão. E sendo igualmente certo, que ou para supprirem aquellas luzes, que lhes faltavão; ou porque na falta dellas ficarão os seus juizos vagos, errantes, e sem boas razões a que se contrahissem; vierão a introduzir na Jurisprudencia (cujo caracter fórmão a verdade, e a simplicidade) as quasi innumeraveis questões metaphysicas, com que depois daquella Escola Bartholina se tem illaqueado, e confundido os direitos, e dominios dos litigantes intoleravelmente: mando que as glossas, e opiniões dos sobreditos Acúrsio, e Bartholo não possão mais ser allegadas em Juízo, nem seguidas na pratica dos Julgadores..."

A Lei teve um impacto grande, mas não se impôs completamente o abandono do direito romano. Este continuaria a ser guardado (sem recurso a Acúrsio e Bártolo, como visto) pela *boa razão* dele, como dizia a *Ordenação* de 1603. Mas a lei nova vai definir o critério de boa razão que passará a ser aceito. Esta boa razão, diz a Lei de 1769, deve ser a que "consiste nos primitivos princípios que contém verdades essenciais, intrínsecas e inalteráveis, que a ética dos mesmos romanos havia estabelecido, e que os *direitos natural e divino* formalizaram para servirem de regras morais e civis entre o cristianismo: ou aquela boa razão que se funda nas outras regras, que de universal consentimento estabeleceu o direito das gentes para a direção e governo de todas as nações civilizadas: ou aquela boa razão que se estabelece nas leis políticas, econômicas, mercantis e marítimas que as mesmas nações cristãs têm promulgado com manifestas utilidades para o sossego público..." Logo, o direito romano passava agora pelo filtro da modernidade e da razão moderna, jusnaturalista ou utilitarista conforme o caso. Ainda em 1812, quando se criou o Tribunal da Relação de São Luís (Alvará de 13 de maio de 1812) mandou-se prover a corte com um "Corpo de Direito Romano".

A modernização desejada pela Lei de 1769 teve ainda outros alvos. Em primeiro lugar, quanto aos costumes: passou-se a exigir que fosse também conforme à *boa razão*, que não contrariasse o direito pátrio (tentava-se aqui retirar legitimidade da *dessuetudo*, costume que revoga a lei) e que fosse antigo de pelo menos 100 anos. Os estilos da corte foram declarados como aqueles aprovados pela Casa de Suplicação (tribunal superior às relações do Porto, Bahia, Índia e Rio de Janeiro). O item 7 da Lei destacava que se haviam introduzido abusos na interpretação dos textos e tais interpretações dos advogados consistiam ordinariamente em "raciocínios frívolos e ordenados mais a implicar com sofismas as verdadeiras disposições das leis, do que a demonstrar por elas a justiça das partes". Tentava-se pôr uma nova ordem, sob a custódia do poder central e segundo novos critérios interpretativos.

Considerando-se que até 1769, quando por lei de 18 de agosto (*Lei da Boa Razão*) o sistema de fontes é alterado, o costume é uma fonte plenamente reconhecida, é claro que no Brasil os julgamentos dependeram sempre e em grande parte de tais costumes. Por outro lado, aplicaram-se aqui também muitas regras especiais. Assim no que diz respeito a sesmarias a legislação para o Brasil foi especial. O mesmo no que diz respeito a relações entre senhores e servos (escravos), tanto para o caso dos índios quanto para o dos negros. A abolição da escravidão na metrópole (1773) não se aplicava ao Brasil, por exemplo. Além disso, é bom lembrar que muitos processos não tinham *figura de juízo*, eram informais, verbais, decididos por juízes eleitos nas Câmaras, que não precisavam (em certos casos) fundamentar sentenças nem dá-las por escrito (*Ordenações*, Livro I, título 65, 73).

Apesar de toda a riqueza de cargos, funções, normas, regimentos e regulação que aparecem nos documentos, impõe-se a pergunta: tudo isto efetivamente valeu, teve eficácia? Duas coisas merecem ser lembradas diante desta espécie de pergunta: a primeira diz respeito ao sentido de direito e legalidade que vigorou no Antigo Regime, a segunda ao poder ou poderes realmente existentes na sociedade brasileira.

Quanto ao primeiro ponto, é claro que a legalidade é diversa da nossa, não porque faltassem normas, mas pelo quadro dentro do qual se exerce. O Estado era jurisdicional, como já dito. A atividade de dizer o direito, segundo regras doutrinais, costumeiras e legais era a primeira tarefa do poder, como dizem os historiadores do direito já citados anteriormente. Hespanha narra um episódio característico da mentalidade pré-liberal com relação à lei. "O influente valido de D. João V recomendava rispidamente ao desembargador Inácio da Costa Quintela: 'Sua Magestade manda advertir V. M., que as leis são feitas com muito vagar e socego, e nunca devem ser executadas com aceleração; e que nos casos crimes sempre ameaçam mais do que na realidade mandam [...] porque o legislador he mais empenhado na conservação dos Vassalos do que no castigo da Justiça, e não quer que os ministros procurem achar nas leis mais rigor que ellas impõem" (HESPANHA, 1993:316). O rei é mais pastor e pai do que senhor e mandante.

Este mesmo sentido pode ser bem apreciado na própria lei que mandou fazer as *Ordenações*, datada de 5 de junho de 1595. Como em geral na legislação antiga, a "exposição de motivos", os "consideranda" fazem parte do próprio texto da lei. A lei é fundamentada e seu mandamento, que só vem depois de um longo intróito justificador, diz o seguinte em determinado trecho:

> "E *assim como a justiça é virtude*, não para si, mas para outrem, *por aproveitar some àqueles a que se faz*, dando-se-lhes o seu, e fazendo-os bem viver, aos bons como prêmios, e aos maus com temor das penas, donde resulta a paz e assocego na República (porque o castigo dos maus é a conservação dos bons); *assim deve fazer o bom Rei*, pois por Deus foi dado principalmente, não para si nem para seu particular proveito, mas para bem governar os seus Povos e aproveitar a seus súditos, *como a próprios filhos*; e como quer que a República consista e se sustente em duas coisas; principalmente em armas e em as Leis, e uma haja mister à outra; porque assim como as Leis com a força das armas se mantém, assim a arte militar com a ajuda das Leis é segura."

O trecho é significativo em dois aspectos: legislar é garantir a justiça, especialmente retribuindo (prêmios e castigos). Mas é também atividade paternal, pois o soberano tem a seus súditos como filhos. Naturalmente, se os tem como filhos, pode e deve corrigi-los e salvá-los: exerce o poder em seu benefício. Mas se são filhos, os súditos não são iguais ao soberano e sua resistência não se justifica na maioria dos casos. De qualquer maneira, a lei como outorga de um legislador *pai* parece aceitável.

Em segundo lugar, a permeabilidade entre poder local, poder privado e poder "soberano" impuseram no Brasil uma nota tradicional de exercício misto de autoridade e força pelos privados. A distância da corte (como chegar da Vila de Goiás até a Casa de Suplicação?), a necessidade de delegar poderes, a presença institucionalizada de escravos negros e "de facto" de índios, as restrições estamentais ao exercício de privilégios ligados a funções públicas e o caráter colonial da ocupação do território, tudo isto somado impôs ao direito brasileiro, do ponto de vista da proteção de grandes setores da população, pouca efetividade. Embora partindo de pontos de vista bastante diferentes, nas conclusões parecem concordar Oliveira Vianna, Raymundo Faoro e Caio Prado Jr. Assim é que as denúncias de Gregório de Matos, letrado do século XVII, sobre os desmandos no Brasil, dão bem o retrato do que era a vida colonial.

Muita fonte foi especial: forais, regimentos, alvarás, avisos que só se aplicaram ao Brasil ou a cargos e funções especialmente criados para o Brasil ou para o Estado do Grão-Pará e Maranhão. A vigência das *Ordenações* entre nós ligou-se ao fato de a carreira judicial portuguesa ser unificada, como dito, e de a Universidade de Coimbra formar todos os magistrados letrados. Mas aqui, dadas as distâncias e o poder das Câmaras, o fato de suas disposições permanecerem formalmente em vigor precisa ser temperado com um grão de sal. E não é de se desprezar a fonte eclesiástica: no Brasil, a partir de 1707, pode-se contar com as *Constituições Primeiras do Arcebispado da Bahia*. Resultado do único sínodo realizado no Brasil e no Maranhão antes da Independência, é um testemunho da época, seja das atitudes e comportamentos em matérias hoje tidas como de vida privada e de consciência, seja do papel social da disciplina eclesiástica. Embora fonte importante, as constituições também lembram a dificuldade de se impor disciplina no imenso território americano português (AZZI, 1983:275-277).

Com o advento do liberalismo da Independência e do Estado nacional brasileiro, as *Ordenações* vão sendo a pouco e pouco revogadas. O Livro V é logo substituído pelo Código Criminal do Império de 1830; o processo e a estrutura da magistratura são reformados pelo Código do Processo Criminal de 1832, e o processo civil vai reger-se a partir de 1850 também pelo Regulamento (decreto) 737. Os Livros I e II perdem sua razão de ser com os eventos revolucionários a partir de 1820 (Revolução do Porto) e 1821-1822 (Independência), sem falar na transformação do Brasil em Reino Unido (1815) e na transferência da Corte (1808). O único a ter vida mais longa foi o Livro IV, mesmo assim bastante temperado pelo uso da doutrina e das consolidações privadas de leis civis, que durante o século XIX antecedem o Código Civil, muito especialmente a *Consolidação das Leis Civis* de Teixeira de Freitas (1858). Mesmo assim, como lembra Ascarelli, as *Ordenações* e sua respectiva prática forense impuseram aos brasileiros uma enorme tradição jurídica, cuja pesada herança ainda pode ser vista debaixo da camada mais recente de cultura legal.

10
AS FONTES: CONSTITUIÇÃO E CODIFICAÇÃO NO BRASIL DO SÉCULO XIX

A maioria dos franceses lucrou com a Revolução que suprimiu privilégios e direitos auferidos por uma casta favorecida. Aqui lei alguma consagrava a desigualdade, todos os abusos eram o resultado do interesse e dos caprichos dos homens poderosos e funcionários. Mas são estes homens que, no Brasil, foram os cabeças da Revolução. Não cuidavam senão em diminuir o poder do rei, aumentando o próprio, não pensando de modo algum nas classes inferiores.
(Auguste de Saint-Hilaire, Segunda viagem do Rio de Janeiro a Minas Gerais e a São Paulo, apud *Emília Viotti da Costa, 1994:53*)

O século XIX abre-se sob o signo do absolutismo ilustrado e das revoluções americana e francesa. No caso português, a experiência de modernização iniciada por Pombal havia retrocedido, mas algumas iniciativas permaneceram, como a Junta do Novo Código, que deveria reformar a legislação portuguesa. As circunstâncias também impuseram a D. João VI que continuasse alguma atividade modernizadora, mesmo que pressionado pela Inglaterra. A abertura dos portos brasileiros (1808) e a criação do Reino Unido do Brasil (1815) foram feitas dentro do espírito modernizador e ainda absolutista. José da Silva Lisboa, mais tarde Visconde de Cairu, exemplifica bem esta modernização ainda autoritária. O príncipe D. João é um benfeitor de seu reino e ampliador da liberdade de negócios dos súditos, mas é elogiado por Cairu por conter as perniciosas ideias democráticas e revolucionárias da França.

A Revolução do Porto, de 1820, terminou por acelerar o processo de mobilização pela independência, já que os brasileiros tiveram que eleger deputados às Cortes, deputados que logo se tornaram ativos no processo de autonomia nacional e que tiveram que confrontar o interesse dos portugueses dos dois lados do Atlântico em continuar controlando o grande comércio. Em adesão à Revolução do Porto, algumas cidades do Brasil constituíram também suas Juntas Governativas, de modo que se rompia a estrutura institucional anterior. Esta adesão individual de províncias e cidades ameaçava a unidade de um projeto nacional brasileiro, pois as províncias ligar-se-iam entre si por Lisboa, antes que por si mesmas ou pelo Rio de Janeiro. Naquele momento, misturavam-se reivindicações de ordens diferentes.

Do ponto de vista da cultura jurídica, o liberalismo – como doutrina econômica mais do que política – foi um elemento-chave no discurso dos brasileiros. Não se confundia, naturalmente, o liberalismo com a democracia. Ideais democráticos apareciam sob a forma republicana, como no caso da revolução pernambucana de 1817, estiveram também presentes na crise da Abdicação, ou Revolução de 7 de abril de 1831, como a chamaram os contemporâneos. De outra forma, o liberalismo inspirou uma carta de direitos que foi incorporada à Carta Constitucional de 1824, a Constituição do Império do Brasil. Mas a Carta aceitou a divisão entre cidadãos ativos e passivos, isto é, eleitores e não eleitores. O liberalismo da independência, diz-se, foi envolvido nos mesmos temas da autonomia nacional. A democracia radical foi em geral rejeitada, tanto por medo da instabilidade, que já marcara a sucessão de regimes da França e de certo modo também as lutas internas nas repúblicas latino-americanas, quanto pelo problema sempre presente da população escrava ou de libertos, mestiços e camadas populares em geral. O liberalismo da independência foi, por isso, sobretudo luta contra o sistema colonial, contra os monopólios e estancos, o fisco, a antiga administração da justiça, e a administração portuguesa. Uniu também os que temiam o controle exclusivo por portugueses do grande comércio. Parte deste perfil explica-se pela vida da Corte, que transplantou para o Brasil diretamente tanto os organismos superiores do reino quanto os ocupantes portugueses desses cargos mais altos. Assim se forma o partido dos brasileiros, que abriga tanto monarquistas quanto republicanos, confundidos inicialmente sob a bandeira da autonomia.

Não se pode ignorar que na ausência de partidos organizados pública e democraticamente, são as sociedades mais ou menos secretas que abrigam as lideranças políticas. Neste ponto encontra-se a maçonaria. Um clube, um comitê eleitoral, uma sociedade de amigos ou confrades, diante da inexistência de corpos representativos institucionalizados não poderia gerar propriamente partidos políticos modernos. Como se sabe, os partidos vão organizar-se ao longo do processo político da democracia liberal e, mais claramente ainda, com o movimento socialista da segunda metade do século. No Brasil, como em outras partes, a maçonaria faz as vezes do partido, mas com a limitação de todos os grupos fechados: a incapacidade – ou a impossibilidade – de ampliar o debate e configurar um espaço público democrático universal. Torna-se, assim, lugar adequado para o reformismo elitista, que apesar de anticlerical seria compatível com um reformismo progressista, ilustrado, nacionalista e católico, porque, ao fim e ao cabo, paternalista para com alguns e excludente para com os não iniciados.

Proclamada a Independência, dois sentidos da luta liberal se desenvolveram: (1) contra o regalismo de D. Pedro I, o seu chamado *absolutismo*, pela liberdade da oposição e (2) contra a centralização nacional, articulada por José Bonifácio em torno das províncias mais próximas da Corte (Rio de Janeiro, São Paulo e Minas Gerais) e pelo *federalismo*, demonstrando a disputa entre as oligarquias locais. Até 1823, Bahia e Pará haviam aderido às Cortes portuguesas e não ao Príncipe Regente: ali havia tropas portuguesas estacionadas, que só foram expulsas com ações bélicas. Assegurada a independência e a união das províncias, foi preciso dissolver a Constituinte (1823) para afastar os liberais radicais, que só voltaram com a abdicação (1831).

O liberalismo brasileiro dividiu-se, pois, entre liberais *radicais* e liberais *moderados*. O processo de Independência, deslanchado em 1821, pode-se dizer encerrado com a abdicação em 1831. Os temores de uma reunião de Brasil e Portugal desaparecem com o afastamento de D. Pedro I. O reconhecimento da soberania brasileira já se dera internacionalmente e a atividade legislativa autônoma estava em andamento. Os eventos de 1831 obrigaram, porém, à divisão e antigos líderes liberais passaram a moderados. A divisão entre absolutistas e liberais cede passo à distinção entre moderados e exaltados (radicais), mais tarde consolidada entre conservadores e liberais. Exemplar destas mudanças foi Bernardo Pereira de Vasconcelos. Importante legislador e condutor político, em 1838 transforma-se em líder do Regresso:

> "Fui liberal, diz à Câmara dos Deputados, então a liberdade era nova no país, estava nas aspirações de todos mas não nas leis, não nas ideias práticas; o poder era tudo; fui liberal. Hoje, porém, é diverso o aspecto da sociedade: os princípios democráticos tudo ganharam e muito comprometeram; a sociedade que até então corria o risco pelo poder, corre agora risco pela desorganização e pela anarquia. Como então quis, quero hoje servi-la, quero salvá-la e por isso sou regressista. Não sou trânsfuga, não abandono a causa que defendi no dia do seu perigo, de sua fraqueza: deixo-a no dia que tão seguro é o seu triunfo que até o excesso a compromete". Evaristo da Veiga, líder da Independência, diria: "Não temo que o Brasil se despotize, temo que se anarquize, temo mais hoje os cortesãos da gentalha que aqueles que cheiram as capas ao monarca."

Os liberais *moderados* vieram finalmente a aceitar a monarquia e puderam sobreviver no regime imperial, alertando aqui e ali, como fizera Cipriano Barata durante a Conjuração Baiana (1798), contra o perigo "dessa canalha africana" às vezes incorporada às revoluções.

Materialmente, como era esse Brasil que precisava construir seu Estado e seu direito? O primeiro censo oficial foi feito apenas em 1872, mas alguns calculavam a população entre 4.396.132, em 1819, e 5 milhões em 1825. O censo de 1872 indicou 10.112.061 (PINTO, 1978:143). As maiores cidades eram, pela ordem, Rio de Janeiro (46,9 mil habitantes em 1803, 274,9 mil em 1873), Salvador (51 mil em 1807, 129 mil em 1873), Recife (25 mil em 1810, 116 mil em 1873), São Paulo (24 mil em 1803, 31 mil em 1873), São Luís (20,5 mil em 1810), Belém (12,5 mil em 1801). Vila Rica (Ouro Preto) havia chegado a 20 mil habitantes em 1740 e caíra para 7 mil em 1804. Vila Boa de Goiás (Goiás Velho) contava 9,4 mil, e Porto Alegre 6 mil. Tratava-se de um país rural, claro está. Segundo José Murilo de Carvalho (1996:84), as capitais concentravam apenas 8,49% da população brasileira. Rio, Salvador e Recife juntas tinham 50% desse número. A entrada de escravos crescera ano a ano até 1849 (de 1846 a 1849 entravam cerca de 50 mil escravos por ano). Em 1873, a população escrava concentrava-se em níveis mais altos nas províncias de Minas Gerais (21,5%), Rio de Janeiro (19,7%), Bahia (11,2%) e São Paulo (11%). Os números foram arredondados e extraídos das seguintes fontes: José Murilo de Carvalho (1996); Boris Fausto (1994); Virgílio Noya Pinto (1978); Simon Schwartzman (1982a). No final do século, o Rio de Janeiro tinha 522 mil habitantes (em 1890).

O Brasil atravessa a primeira metade do século XIX dividido por conflitos e tentativas de secessão, muito especialmente o período da regência. Só após 1848 (Revolução Praieira), cessam as tentativas de revolta. Mesmo assim, considera-se que a centralização monárquica foi suficientemente forte para dar estabilidade ao país. Uma estabilidade que conseguiu adiar sempre algumas reformas importantes, dando afinal o ar da crise latente e crônica. As mais graves tensões vieram sempre à tona de diversas formas. Juridicamente, estes conflitos manifestaram-se nos debates em torno dos poderes das províncias, na organização judiciária (Código do Processo e sua reforma), na disputa a respeito dos limites do Poder Moderador, na "questão servil" (abolição do tráfico e da escravatura), na definição da propriedade rural e demarcação de terras devolutas (Lei de Terras e Lei das Hipotecas), no problema da religião oficial de Estado (Questão Religiosa).

Inicialmente, tudo foi feito por uma geração de letrados formados em grande parte em Coimbra (no Primeiro Reinado). Só na segunda metade do século XIX aparecem jurisconsultos formados em Olinda ou em São Paulo. A cultura jurídica brasileira é a princípio a cultura de seus legisladores (LOPES, 2003).

A primeira tarefa dos legisladores foi dotar o país de um quadro legal e institucional. Era preciso garantir as liberdades públicas escritas na carta de direitos do art. 179 da Carta Constitucional do Império, que por sua vez incorporava muito das declarações de direitos do final do século XVIII. Era preciso formar os quadros do Estado. Era necessário reformar as instituições do Antigo Regime: a justiça, o governo, a fazenda e a guerra. Em todos estes campos, houve alterações. Em todos eles as diferentes concepções políticas se enfrentaram. Os exemplos mais importantes, na primeira metade do século, foram os dois códigos promulgados: Criminal (1830) e do Processo Criminal (1832). Enquanto não se alterava a legislação, a Assembleia Constituinte pela Lei de 20 de outubro de 1823 mandou aplicar no país as leis, regimentos, alvarás e outras normas editadas pelos reis de Portugal até 1821. Entre elas, naturalmente, estavam as *Ordenações Filipinas* de 1603. Em 1824, a Carta Constitucional dispôs o seguinte sobre a codificação: "Organizar-se-á quanto antes um Código Civil, e Criminal, fundado nas sólidas bases da Justiça, e Equidade" (art. 179, XVIII).

1   A CONSTITUIÇÃO

A Independência tem lugar junto com o processo desencadeado em Portugal pela Revolução do Porto, de 1820. Muitos dos líderes da Independência haviam sido deputados brasileiros às Cortes convocadas em 1820. No Brasil, havia sido precedida pela revolução pernambucana de 1817, liderada por membros da magistratura, do clero, das classes superiores e fortemente reprimida. Seu tom republicano e autonomista tornava-a muito perigosa. Havia decretado uma constituição republicana provisoriamente (em março de 1817), que mantinha uma religião de Estado (art. 23), mas reformava completamente a justiça (criando juízes eleitos popularmente) e estabelecia um governo parlamentar inspirado no *Diretório* francês (Executivo exercido por um Conselho). Recife foi cercada, tomada por tropas leais ao rei e iniciou-se um processo duro de repressão.

Os exemplos de revoluções bem-sucedidas eram basicamente o americano e o francês. O americano fixara-se num modelo republicano e fazia uma experiência nova de federalismo. O modelo francês era mais instável: havia produzido constituições monárquicas e republicanas. Com a restauração de 1815, fixara-se na monarquia mas não era exemplo de tranquilidade. A Espanha tinha a Constituição de Cádis (19 de março de 1812), que se tornou o exemplo para as Cortes de 1820. Na América Latina, as novas nações eram todas republicanas. A Argentina atravessava um período de turbulência, no qual a questão federal – a relação entre as províncias e Buenos Aires – não se definira: poderia ser um exemplo, mas além de republicana e ainda instável, era a grande e potencial inimiga do Brasil por causa das questões do Rio da Prata. Os Estados Unidos eram um exemplo republicano e haviam introduzido na sua carta de direitos o Estado laico (Primeira Emenda), proibindo a existência de religião oficial e a criação de obstáculos ao livre exercício de qualquer religião. Isto, naturalmente, parecia inaceitável ao clero brasileiro, acostumado desde século ao patrocínio oficial do rei (regime do *padroado*). Como o clero era parte importante da elite letrada, sua presença precisava ser considerada. Além disso, monarquias estavam tradicionalmente associadas ao estabelecimento de religiões de Estado, seja na Europa católica, seja na Europa protestante. Em resumo, o Brasil precisava criar um modelo relativamente original. E foi mais ou menos o que aconteceu. Euclides da Cunha chegou a dizer que o Brasil foi exemplo único de país que nasceu de uma teoria política.

Em 16 de fevereiro de 1822, já contando com o fim do Reino Unido, D. Pedro convocou um Conselho de Procuradores Gerais das Províncias que embora não fosse legislativo ou constituinte deveria examinar os grandes projetos de reformas administrativas que lhes fossem comunicados e propor as medidas e planos que parecessem mais urgentes e vantajosos ao bem do Reino Unido e do Brasil. É deste Conselho de Procuradores que sai a proposta de convocação da constituinte. Por decreto de 3 de junho de 1822 o Príncipe Regente mandou convocá-la. Em 19 de junho, baixa a Instrução para as eleições (nas paróquias). Afinal, será dissolvida em 12 de novembro de 1823. A proclamação do imperador, do dia seguinte à dissolução, mostra o *discurso da ordem* contra as tentativas dos radicais, liberais exaltados.

> "As prisões agora feitas serão, pelos inimigos do Império, consideradas despóticas. Não são. Vós vedes, que são medidas de polícia, próprias para evitar a anarquia e poupar as vidas desses desgraçados, para que possam gozar ainda tranquilamente delas, e nós do sossego. Suas famílias serão protegidas pelo Governo. A salvação da pátria, que me está confiada, como Defensor Perpétuo do Brasil, e que é a suprema lei, assim o exige. Tende confiança em mim, assim como eu a tenho em vós, e vereis os nossos inimigos internos e externos suplicarem a nossa indulgência. União e mais união brasileiros, quem aderiu à nossa sagrada causa, quem jurou a Independência deste Império é brasileiro."

Em causa estavam os poderes do Executivo e do Imperador, o controle nacional das tropas, em suma, um modelo de Estado nacional. Os exaltados, segundo o Manifesto de 16 de novembro, haviam se tornado perigosamente dominantes (a facção que se havia feito preponderante) e romperiam as mínimas garantias da ordem pública.

Foi então elaborada a Carta Constitucional, outorgada em 11 de dezembro de 1823, mas jurada pelo Imperador em 25 de março de 1824. A Carta foi remetida, após o 11 de dezembro, a algumas Câmaras de Vilas para serem ouvidas sobre o projeto, substituindo-se essa manifestação à Assembleia Constituinte propriamente dita.

Em Recife, encontrou muita oposição, e Frei Caneca, revolucionário de 1817, fez um discurso exemplar dos debates políticos do tempo. O texto é um discurso que mistura análise e retórica típica dos letrados revolucionários.

> "Uma constituição não é outra coisa que a ata do pacto social que fazem entre si os homens quando se ajuntam para viverem em reunião ou sociedade. Esta ata, portanto, deve conter a matéria sobre que se pactuou, apresentando as relações em que ficam os que governam e os governados, pois que sem governo não pode existir sociedade. [...] Projeto de constituição é o rascunho desta ata, que ainda há de se tirar a limpo. [...] Portanto, o projeto oferecido por S. M. nada mais é do que apontamento das matérias, sobre que S. M. vai contratar conosco" (CANECA, 1976:69).

Suas objeções ao projeto, declaradas à Câmara do Recife, são as seguintes. Em primeiro lugar, não havia determinação do território do Império, o que punha em risco a independência, já que D. Pedro poderia facilmente reunir Portugal e Brasil. Ao dissolver a Constituinte, ao se ausentar da capital no dia 3 de maio (aniversário da instalação da assembleia) e ao dar uma festa em 31 de maio em homenagem ao aniversário de D. João, mostrava seu desprezo pela soberania do Brasil. Apontava também, a respeito, a contradição do próprio texto: de um lado o imperador juraria preservar a integridade do Brasil, por outro teria poderes – sem ouvir a assembleia geral – de ceder ou trocar o território do Império. A segunda crítica era dirigida ao caráter centralizador, que retirava das Províncias poderes de legislar sobre seu interesse, o que "as reduz a um império da China". A terceira série de críticas dizia respeito ao Poder Moderador: "invenção maquiavélica é a chave mestra da opressão da nação brasileira e o garrote mais forte da liberdade dos povos". Como o Senado seria vitalício, composto de senadores nomeados pelo imperador, e a Câmara eletiva, mas sujeita a dissolução, diz Frei Caneca: "Eu não posso conceber como é possível, que a câmara dos deputados possa dar motivos para ser dissolvida, sem jamais poder dá-los a dos senadores. A qualidade de ser a dos deputados temporária, e vitalícia a dos senadores, não só é uma desigualdade que se refunde toda em aumentar os interesses do imperador, como é o meio de criar no Brasil, que felizmente não a tem, a classe da nobreza opressora dos povos." No mesmo espírito, "a suspensão da sanção imperial a qualquer lei formulada pela assembleia geral por duas legislaturas (art. 65) é inteiramente ruinosa à felicidade da nação, que pode muito bem depender de uma lei, que não deva admitir uma dilação pelo menos de oito anos". Outros argumentos desqualificam a teoria política sob a qual se faz a outorga da Constituição: "É princípio conhecido pelas luzes do presente século [...] que a soberania [...] reside na nação essencialmente; e deste princípio nasce como primária a consequência que a mesma nação é quem se constitui, isto é, quem escolhe a forma de governo [...] Reflito que só a ação de escolher por si a matéria do pacto social, e dá-lo, como faz

S. M., é um ato de soberania que ele não tem." Finalmente, faz menção à presença da armada que intimida a cidade:

> A América Latina tem este problema insolúvel de efetividade do "direito". Sobre o assunto, ver, por exemplo, Jeammaud (1984) e Garcia Villegas (1993).

"S. M. está tão persuadida que a única atribuição que tem sobre os povos é esta de poder da força, a quem outros chamam a última razão dos Estados, que nos manda jurar o projeto com um bloqueio à vista, fazendo-nos todas as hostilidades; por cujo motivo não se deve adotar nem jurar semelhante esboço de constituição, pois o juramento para ligar em consciência, e produzir seu efeito, é indispensavelmente necessário ser dado em plena liberdade e sem a menor coação; e ninguém jamais obrou livremente obrigado da fome e com bocas de fogo nos peitos."

No discurso de Frei Caneca, já se encontram os temas que atravessarão o debate jurídico e político do Império: poder moderador e centralismo, soberania popular e representação política, entre outros. Afinal, algumas câmaras rejeitam o projeto. Em São Paulo, ele foi rejeitado pela de Itu, em Pernambuco pela de Recife e Olinda, o que logo a seguir desencadeou a *Confederação do Equador*.

O "projeto" ou "esboço", como o chama Frei Caneca, é finalmente jurado pelo imperador, "anuindo às representações dos povos", em 25 de março de 1824. O autor do projeto havia sido José Joaquim Carneiro de Campos, futuro Marquês de Caravelas, aproveitando parte do projeto encaminhado pela Assembleia Constituinte mas também influenciado por Benjamin Constant (*Esquisse de Constitution*). É de Benjamin Constant que vem a inspiração para criar-se o quarto poder, o Poder Moderador, completamente original porque até então todas as funções do Poder Moderador, nos diferentes países, foram dadas pela repartição de poderes e competência.

O Poder Moderador (art. 98 a 102) é definido como "a chave de toda organização política e é delegado privativamente ao Imperador, como Chefe Supremo da Nação e seu Primeiro Representante, para que incessantemente vele sobre a manutenção da independência, equilíbrio e harmonia dos demais Poderes Políticos". O Imperador é, pois, ao mesmo tempo Chefe Supremo e Primeiro Representante da Nação, não dos grupos particulares, das vilas, das câmaras, das províncias, dos interesses facciosos, como se dizia. Ao contrário da doutrina federalista norte-americana, em que o melhor remédio para o facciosismo seria ampliar a competição e deixar ao Judiciário o arbitramento de certas disputas, o sistema brasileiro delegara ao imperador uma representação não eleitoral dos interesses gerais e permanentes do todo (a nação) e não das partes (os partidos). Este poder incluía interferências no funcionamento do legislativo, seja nomeando os senadores vitalícios, seja sancionando (e vetando, claro) as leis aprovadas ou dissolvendo a Câmara dos Deputados e no Judiciário, nomeando os juízes ou suspendendo magistrados. O Poder Moderador não era defendido como um poder absoluto, mas como um remédio aos impasses do partidarismo, que se imaginavam inevitáveis na representação parlamentar. Era um remédio para a paralisia decisória ou para o predomínio de interesses particulares, mesmo que majoritários. Talvez se possa comparar este papel, que no Brasil competia privativamente ao imperador, àquele desempenhado pela Suprema Corte norte-americana. O imperador acumulava ainda a chefia do Executivo (art. 102) exercida "pelos seus Ministros de Estado", pela qual provia cargos públicos, inclusive nomeando bispos e administrando os benefícios eclesiásticos (cargos e rendas da Igreja oficial) e concedendo ou negando "beneplácito aos decretos dos concílios e letras apostólicas, e quaisquer outras constituições eclesiásticas que não se opuserem à Constituição". Para fechar o círculo, o art. 99 previa que "a pessoa do Imperador é inviolável e sagrada: ele não está sujeito a responsabilidade alguma".

A este arcabouço monárquico, que sempre desagradou algumas correntes liberais que sobreviveram à crise da Regência, somava-se a limitação dos eleitores ao universo dos homens livres, com renda superior a cem mil réis, derivada de bens de raiz, indústria, comércio ou emprego, excluídos os menores de 25 anos, os filhos que vivessem na companhia dos pais, os criados de servir e os religiosos (de ordens religiosas conventuais). Além disso, as eleições eram indiretas (art. 90-97): "a massa dos cidadãos ativos" elegeria em Assembleias paroquiais os eleitores da Província e estes elegeriam os representantes (deputados gerais ou provinciais). Para ser escolhido como eleitor (ou seja, escolher os deputados), era preciso ter renda de duzentos mil réis e não ser liberto (ou seja, só os livres de nascimento) nem estar pronunciado criminalmente (em querela ou devassa, isto é, queixa particular ou denúncia pública). Para ser deputado, os limites também aumentavam: só os que tivessem 400 mil réis de renda eram elegíveis, e se excluíam os brasileiros naturalizados e os não católicos. Assim, por diversos graus, se dividiam os cidadãos entre ativos (eleitores) e passivos (não eleitores). E entre os eleitores dividiam-se por renda, condição social e origem nacional os que votavam e os que podiam ser votados.

Em troca destas limitações da participação política, todos os brasileiros (excluídos os escravos) gozavam da cidadania passiva com as garantias da carta de direitos do art. 179 da Constituição, que se compreende dentro de uma sociedade oligárquica e patriarcal, na qual os Conselhos de Jurados, ou júris populares, por exemplo, seriam formados apenas pelos eleitores e tenderiam majoritariamente a reproduzir em suas sentenças os mesmos constrangimentos sociais e autoritarismo que se viam em toda parte.

A aplicação da lei seria sempre um problema na história brasileira. Quando Feijó é convidado a assumir a pasta da Justiça na Primeira Regência Trina, impõe um programa que os regentes assinam, conforme relata Otávio Tarquínio de Sousa. Incluía o seguinte:

> "As leis são, a meu ver, ineficazes, e o processo incapaz de por ele conseguir-se o fim desejado; mas a experiência desenganará os legisladores, salvará o governo da responsabilidade moral, e o habilitará para propor medidas salutares que removam todos os embaraços. [...] Como o governo livre é aquele em que as leis imperam, eu as farei executar mui restrita e religiosamente, sejam quais forem os clamores, que possam resultar de sua pontual execução; não só porque esse é o dever do executor, como por esperar que

depois de algum tempo cessado o clamor dos queixosos, a nação abençoe os que cooperaram para a sua prosperidade" (SOUSA, 1972:35).

O esforço de Feijó, considerado autoritarismo mais ou menos definido no seu temperamento pessoal, não chegou a bom termo.

2 O CÓDIGO CRIMINAL

O Código Criminal – promulgado em 16 de dezembro de 1830 – precisava ser feito para revogar o Livro V das *Ordenações*, ainda em vigor de forma geral. Alguns princípios gerais de política penal já estavam definidos no mesmo art. 179 da Constituição do Império: abolição de açoites, tortura, marca de ferro quente e "demais penas cruéis"; a pessoalidade das penas (nenhuma pena passaria da pessoa do delinquente, abolido o confisco e a infâmia hereditária); as cadeias deveriam ser "seguras, limpas e bem arejadas, havendo diversas casas para separação dos Réus, conforme suas circunstâncias e natureza dos seus crimes".

Curiosamente, devido ao caráter excessivamente rigoroso do Livro V das *Ordenações* o resultado vinha sendo o oposto do esperado. A lei excessivamente rigorosa provocava nos juízes um desejo de mitigá-la. Afinal, terminava-se com uma crescente impunidade. O depoimento de Carneiro de Campos na Assembleia, transcrito por Aurelino Leal (1922: 1143), é significativo: "O Código antigo era monstruoso, era cruel, era inexequível, e por essa razão é que muitas vezes os criminosos ficam impunes. [...] Eu estive na Relação, vi muitas vezes que em regra era 'morra por ele' e nós nos lançávamos, portanto, num sistema oposto de que resultava uma espécie de arbitrariedade nos juízes." A letra rigorosa e aterrorizadora da lei oculta frequentemente, numa sociedade de longa tradição leniente, um regime de hipocrisia que favorece a impunidade e, como diz Carneiro de Campos, a arbitrariedade, isto é, a aplicação conforme o gosto do julgador e a pessoa do réu. Problema que até hoje existe entre nós, chamado por José Eduardo Faria de "aplicação seletiva da lei", chamado por Wanderley Guilherme dos Santos de "justiça lotérica".

O projeto do Código Criminal foi elaborado por Bernardo Pereira de Vasconcelos e havia sido precedido de um esboço (Bases do Código Criminal) apresentado por José Clemente Pereira em 1826. Clemente Pereira era magistrado letrado, bacharel em Direito, e servira como desembargador juiz de fora na Câmara do Rio de Janeiro. Seu projeto era como uma compilação ordenada do direito vigente, enquanto o de Vasconcelos era propriamente um código, inspirado explicitamente no Código Penal austríaco de 1803 (BRAVO LIRA, 2004), e elaborado de forma original. Um grande debate deu-se em torno da manutenção da *pena de morte* e de *galés*. Para alguns, a pena de morte era incompatível com a Constituição. Rebouças disse que o Estado tinha uma religião, a católica, à qual repugnava o derramamento de sangue. Além disso, o art. 179 havia proibido penas cruéis, e nada mais cruel do que a morte. A pena, dizia-se, devia fundar-se na utilidade pública e matar alguém era injustificável deste ponto de vista, argumento caro aos liberais utilitaristas. Por maioria, terminaram sendo aprovadas as duas. Um resumo deste debate encontra-se em Aurelino Leal (1922). O fato é que D. Pedro II comutou todas as penas de morte a partir de 1855 depois do erro judiciário sobre Manuel da Mota Coqueiro.

O Código tivera inspiração nas mesmas fontes da Constituição de 1824, isto é, o iluminismo penal do século XVIII, que já dera o Projeto de Código Criminal de 1786, de Pascoal de Mello Freire em Portugal, e também em 1786 o Código da Toscana (de Pedro Leopoldo). Inspirou-se também no Código Penal francês de 1810. Sua grande inspiração foi, porém, o Código Austríaco de 1803, promulgado pelo imperador Francisco, pai de Da. Leopoldina. Foi o primeiro código penal da América Latina e veio a ser traduzido para o francês como exemplar do novo direito penal a ser desenvolvido em nações civilizadas. Só foi revogado com o código de 1890 (republicano). Serviu, mais tarde, de modelo para o Código penal espanhol de 1848, um de cujos autores, Francisco Pacheco, confessava que a estrutura e arte da lei brasileira servira de guia para seu trabalho (BRAVO LIRA, 2004).

O estilo é-nos familiar e escapa àquele das *Ordenações*, casuístico a nossos olhos. Abre-se com uma parte geral sobre os crimes e as penas. O Título I define de forma abstrata o crime, os "crimes justificáveis", o criminoso, as circunstâncias agravantes e atenuantes. A satisfação (indenização) da vítima também é objeto do Código. As penas, definidas no Título II, incluem penas de morte, galés, prisão com trabalhos, prisão simples, banimento, degredo, desterro, privação de direitos políticos, perda de emprego público, multas. O banimento era expulsão do território do Império, com privação dos direitos de cidadão (a volta ao Império submeteria o réu a prisão perpétua). O degredo consistia na obrigação de residência em local determinado. O desterro obrigava a não entrar nos termos do local do delito ou de residência da vítima. Pena de galés obrigava o condenado a trabalhar em obras públicas, "de com calceta no pé e corrente de ferro". Degredo e desterro controlavam-se pela ação dos juízes de paz, pois cada novo morador de um certo termo deveria reportar-se ao respectivo juizado de paz, que averiguava sua situação. Como aos juízes de paz competia também dar os *termos de bem viver* e zelar para que não houvesse vadios nas suas respectivas jurisdições, era assim – e não pelos documentos – que se tentava conservar a ordem. Naturalmente que pela extensão do território e pelo interesse de inimigos políticos, muita gente vivia se ocultando aqui e ali nas áreas menos povoadas do imenso território do Império.

Os crimes dividiam-se em públicos ou privados, conforme a vítima. Eram públicos os crimes contra a existência do império, contra o livre exercício dos poderes políticos, contra o livre gozo dos direitos políticos dos cidadãos, contra a segurança interna do império e a tranquilidade pública, contra a boa ordem e administração pública, contra o tesouro e a propriedade pública. Eram particulares os delitos contra a liberdade individual, contra a segurança individual (incluídos o homicídio – art. 192 – e contra a honra – art. 219), contra a propriedade (furto, *v.g.*), contra a pessoa e contra a propriedade (roubo). Uma última parte definia os crimes policiais, isto é, contra normas de polícia administrativa, tais como as posturas sanitárias das cidades e províncias. O código tem muito de iluminista e moderno: não trata mais da sodomia (um crime que os iluministas chamavam de "sem vítima" e, por isso mesmo, sem razão de ser tratado como crime), nem da feitiçaria (que os iluministas chamavam de "crime imaginário", porque era preciso acreditar no que ano existe – o feitiço – para tratar desse crime e, naturalmente, a ciência moderna solapava as bases dessa crença).

Apesar de todo o empenho em dar ao país um Código liberal, é claro que o direito penal de uma sociedade desigual conservou as desigualdades. Assim é que o art. 60 conservou para os escravos a pena de açoites, expressamente extinta pela Constituição.

A prática continuou a aceitar que era justificável o crime praticado pelo marido contra a mulher adúltera, pois o art. 14, § 2º, do Código Criminal dispunha que não haveria punição para o delito praticado "em defesa da própria pessoa, ou de seus direitos", incluindo *liberdade, honra, vida* e *fortuna* pessoais. Justificavam-se assim muitos casos de vingança ou violência. Foram abolidos os crimes imaginários, e assim desaparecem do Código Criminal, expressamente, coisas como a feitiçaria ou a sodomia. Os delitos de opinião foram reduzidos ao "abuso de liberdade de comunicar os pensamentos" (punidos os impressores, os editores, os autores, os vendedores ou distribuidores e os que comunicassem a mais de quinze pessoas os escritos). Mas conservavam-se, como crimes policiais, celebrar cultos de outra religião que não a católica (do Estado), em edifícios com forma de templo ou publicamente, assim como abusar ou zombar de culto estabelecido no Império (arts. 276 e 277). Também eram crimes policiais propagar doutrinas que destruíssem as verdades fundamentais da existência de Deus (art. 278), ou ofender evidentemente a moral pública (art. 279), ou "praticar qualquer ação, que na opinião pública seja considerada como evidentemente ofensiva da moral, e bons costumes, sendo em lugar público" (art. 280). A aplicação do Código ficava na competência do Conselho de Jurados (tribunal do júri) de modo que se reproduziu – debaixo do liberalismo da letra da lei – o pensamento e a moralidade dos grupos de onde provinham os jurados, em geral mais patriarcalistas e conservadores. Basta lembrar que a capacidade para ser jurado era a mesma capacidade exigida para ser eleitor: só os cidadãos ativos poderiam participar desta função considerada política.

3   O CÓDIGO DO PROCESSO CRIMINAL

O Código do Processo Criminal é a grande vitória legislativa dos liberais, logo após a abdicação de D. Pedro I. Promulgado em 1832, o Código do Processo Criminal, projeto de Manuel Alves Branco, segundo Visconde de Caravelas, altera substancialmente o direito brasileiro. Põe fim, praticamente, ao sistema judicial antigo, introduz novidades completas, trazidas da Inglaterra, especificamente o Conselho de Jurados (tribunal do júri) e o recurso de *habeas-corpus*, inexistentes na tradição do direito continental. A investigação criminal das *Filipinas*, a *devassa*, de tom inquisitorial, desaparece e é substituída por um juizado de instrução, de perfil contraditório, sob a direção do juiz de paz, leigo e eleito.

O Código divide-se em duas partes. A primeira reorganiza a justiça criminal. Nela, o art. 8º extingue as ouvidorias de comarca, juízes de fora, juízes ordinários e toda outra jurisdição criminal que não fosse a do Senado (prevista na Constituição), do Supremo Tribunal de Justiça, das Relações, dos juízes militares (em crimes puramente militares) e eclesiástica (em matérias puramente espirituais). A justiça disciplinada no Código do Processo passa a contar basicamente com juízes de direito, juízes municipais, juízes de paz, promotores de justiça e jurados. Em grau de recurso, haveria Juntas de Paz ou as Relações. Até 1874, houve apenas quatro Tribunais da Relação: Bahia (desde 1652), Rio de Janeiro (desde 1751), São Luís (de 1812) e Recife (de 1821). Para o Supremo Tribunal, havia apenas o recurso de revista. A estrutura judicial definida no Código do Processo Criminal servirá também para justiça civil. O Código também incorporou a publicidade de todas as audiências, embora tenha conservado muito destacado o papel dos escrivães. De fato, além da definição dos cargos judiciais e do promotor, existe previsão especial sobre os escrivães e oficiais de justiça, sua escolha e competências. Antes do Código, em 1828, havia sido alterada por lei a "propriedade dos cargos de fazenda e justiça".

Os *Juízes de Direito* eram nomeados pelo imperador e atuavam na Comarca. Sua função principal era presidir o Conselho de Jurados e "aplicar a lei aos fatos" (art. 46). Substituíram os juízes de fora, eram vitalícios (perpétuos) e deviam ser bacharéis em direito, com prática de um ano no foro. Presidiam os dois júris, o de acusação e de sentença. Os *Juízes Municipais* seriam nomeados pelos presidentes de Província, entre os indicados em listas tríplices feitas pelas Câmaras Municipais, por três anos, entre pessoas bem conceituadas. Ou eram formados em direito ou advogados hábeis. Nem todos os advogados eram formados em direito, pois as Relações, na falta de bacharéis, poderiam "passar provisão" para quem soubesse a prática forense (daí os "provisionados"). Substituíam os juízes de direito e não eram vitalícios (nomeados por três anos). Sua base territorial era um termo, dentro da comarca, no qual davam execução às sentenças e exerciam a "jurisdição policial". As *Juntas de Paz* compunham-se de cinco juízes de paz, recebiam recursos dos juízes de paz. *Juízes de Paz* tinham funções de polícia e de jurisdição no processo sumário (crimes policiais contra as posturas municipais e crimes cuja pena máxima fosse seis meses de prisão ou 100$000 de multa). Eram cargos eletivos criados em 1828 (Lei das Câmaras, de 1º de outubro), que se renovavam a cada ano (art. 10). Principalmente, tiveram função investigativa, como juízes de instrução (arts. 12 e 77). Os promotores públicos eram também nomeados pelos presidentes de províncias por três anos, entre os que poderiam ser jurados, a partir também de listas feitas pelas Câmaras.

A segunda parte do Código dispunha sobre o processo em geral (prescrição, audiências, suspeições, recusações, queixa, denúncia, citação, prova, acareação, confrontação, interrogatório, fianças etc.). O processo poderia ser sumário ou ordinário. Eram sumários os processos da competência do juiz de paz, o que incluía a "formação da culpa", ou seja, a instrução das queixas. O processo ordinário era de competência do Conselho de Jurados, tanto na fase de denúncia (aceitação ou não da queixa) quanto na de julgamento. O Conselho de Jurados era presidido pelo juiz de direito. O primeiro conselho de jurados (júri de acusação ou de pronúncia) compunha-se de 23 membros. O júri de sentença tinha 12 jurados. A Constituição (art. 91) dera direito de voto apenas aos homens livres – excluídos, pois, escravos e mulheres – e ainda com as seguintes restrições: deveriam ter mais de 25 anos, não ser filhos-famílias vivendo com seus pais, nem criados de servir, nem religiosos, e deveriam comprovar renda líquida anual de cem mil réis, por bens de raiz, indústria, comércio ou empregos. Dividira os cidadãos em ativos (os eleitores) e passivos (que gozavam das liberdades civis previstas no art. 179). O mesmo vai ser aplicado aos jurados: ser jurado era ter participação ativa em um dos ramos do Estado. Por isso, o Código de Processo previu (art. 23): "Podem ser jurados todos os cidadãos que podem ser eleitores, sendo de reconhecido bom senso e probidade. Excetuam-se os senadores, deputados, conselheiros, ministros de Estado, bispos, magistrados, oficiais de justiça, juízes eclesiásticos, vigários, presidentes, secretários de governo das províncias, comandantes das armas e dos corpos de 1ª linha."

No caso do processo ordinário, a queixa da vítima (nos crimes particulares, art. 72) ou a denúncia do Promotor Público (arts. 73 a 75) fazia-se ou ao juiz de paz, ou ao Supremo, Relações e Câmaras legislativas nos casos de sua jurisdição originária constitucional. O juiz de paz, "formada a culpa", isto é, terminada a instrução, ou julgava o caso, se fosse de sua alçada, ou o remetia ao juiz de direito, que presidiria os dois Conselhos de Jurados (art. 228). O Conselho de Pronúncia ou Acusação devia responder a seguinte questão: "Há neste processo suficiente esclarecimento sobre o crime e seu autor para proceder à acusação?" (art. 244). Caso negativo, procedia-se a uma instrução perante o Conselho, que então deveria "ratificar" o processo e responder a uma segunda pergunta: "Procede a acusação contra alguém?" (art. 248). Passava-se, depois, ao júri de julgamento ou sentença. O Código regulou, finalmente, o processo de *habeas-corpus* (arts. 340-352).

Desaparecida a devassa e dadas tantas atribuições ao juiz de paz eleito, o Código favorecia nitidamente as intenções descentralizadoras dos liberais e viera no bojo das reformas que culminariam com o Ato Adicional de 1834 (revisão constitucional). Era também um ataque à elite judicial que se vinha formando na Corte e em toda parte no Brasil. Os magistrados, além dos advogados, foram sempre um grupo importante na política imperial. Muitos magistrados candidatavam-se a deputado e assim havia na Câmara, em 1850, 34 juízes de direito e 8 desembargadores dentre 111 deputados. O sistema de júri e de juízes de paz, aprovado durante a Regência, não iria sobreviver-lhe.

Na onda do Regresso, dois dos seus mais importantes e cultos líderes, Bernardo Pereira de Vasconcelos e Paulino José Soares de Sousa, Visconde do Uruguai, promoveram a reforma do Código, afinal aprovada pela Lei de 3 de dezembro de 1841. Era o resultado da reação dos conservadores, já expressa na Lei nº 105, de 12 de maio de 1840 (Lei de Interpretação do Ato Adicional) e na Lei nº 234, de 23 de novembro de 1841, que havia restabelecido o Conselho de Estado. Os problemas do juizado de paz foram muitos. Armitage diz:

> "Tanto as municipalidades quanto os juízes de paz eram, em virtude de suas eleições, os representantes de um partido. Nos casos em que este partido estava de acordo com o governo, ia tudo bem, ainda que a administração se via sempre obrigada a tratar estas autoridades com a maior delicadeza e atenção, sem o que não se devia esperar que indivíduo algum servisse um emprego gratuitamente; e nos casos contrários, em que o partido oposto era mais forte, a autoridade do governo tornava-se pouco mais do que nominal: em vão promulgava os seus editos, não eram obedecidos" (*apud* LEAL, 1978:190).

A justiça estava, como sempre, no centro de uma disputa em torno do modelo de Estado. A reviravolta conservadora alterou substancialmente o quadro.

A lei de 3 de dezembro de 1841, reformando o Código de Processo, esvaziou as atribuições do juiz de paz. A reforma foi *centralizadora* e *policializante*. O imperador passava a nomear o chefe da polícia na Corte e nas províncias, escolhidos dentre desembargadores e juízes de direito. Os chefes de polícia seriam auxiliados por delegados e assumiam funções dos juízes de paz, não apenas fazendo o inquérito como também dando as sentenças de pronúncia em certos crimes, já que o art. 95 da lei aboliu o júri de acusação. Desde então a instrução criminal passou a ser matéria de polícia. As províncias, que pelo Ato Adicional haviam adquirido competências em matéria policial, perderam-nas pela lei de interpretação. O sistema manteve-se até a reforma de 1871 (Lei nº 2.033, de 20 de setembro de 1871, o *Novo Código de Processo Criminal*) que criou o *inquérito policial*. A nomeação de juízes municipais e promotores passou a ser feita diretamente pelo imperador, sem oitiva das Câmaras. Os juízes municipais serviriam por quatro anos, podendo ser reconduzidos, e os promotores serviriam pelo tempo que conviesse.

As queixas contra o Código de 1832 tinham várias procedências. Honório Hermeto Carneiro Leão, o Marquês do Paraná, dizia:

> "Julgo do meu dever declarar francamente que o novo Código tem defeitos graves, que necessitam correção. [...] As melhores teorias da jurisprudência criminal da Inglaterra e dos Estados Unidos eram conhecidas dos autores do código, mas não posso deixar de dizer que a aplicação ao nosso país não foi feliz. Usou-se de formas tão absolutas, que parece que se supôs que nós éramos um povo novo, que não tínhamos leis, que não tínhamos juízes, nem processos pendentes" (*apud* SOUSA, 1972:211).

> O recurso de revista existia originalmente nas *Ordenações Filipinas* (Livro III, Título 95) na forma de um pedido de "graça especial". Não era uma apelação, mas um pedido ao rei para que fosse reexaminada a causa por falsidade de provas ou por peita do juiz. Tratava-se de uma regalia (privilégio do rei) de interferir afinal no processo judicial e era usada como instrumento de controle. Era, porém, difícil de ser obtida. Num certo sentido, equivalia a uma avocatória, como o *writ of error* ou o *writ of certiorari* do direito inglês. Aliás, até hoje a Suprema Corte dos Estados Unidos decide as grandes controvérsias por *certiorari*. Não há propriamente recurso para ela, mas um pedido de revisão que ela aceita se achar relevante.

4 CÓDIGO COMERCIAL

Em 1850, aprova-se o Código Comercial, fruto de um projeto de José Antônio Lisboa, Inácio Ratton, Lourenço Westin, Guilherme Midosi, comerciantes. Influências liberais e utilitaristas estavam já um pouco na cabeça de muitos. Mas o comércio era ainda incipiente em algumas práticas. O Código Comercial viria pôr fim a muita coisa que existia em função das *Ordenações*. Viria também no bojo das reformas que se faziam em outras áreas, especialmente a Lei de Terras e a Lei Eusébio de Queirós, que poria fim ao tráfico. (cf. LOPES 2017) Novos horizontes se abriam para os capitais que poderiam ser liberados do tráfico (LOPES, 2006). Poderiam ser investidos em outras coisas, conceder crédito com garantia hipotecária e organizar-se em sociedades. O Barão de Mauá, Irineu Evangelista de Sousa, está envolvido no projeto e o vê como instrumento de modernização. O trabalho inspirava-se diretamente no código de comércio francês, de 1807, embora tendo sido preparado de certo modo pela existência do tratado de José da Silva Lisboa, *Os princípios de direito mercantil* bem como suas *Regras da praça*. Não havia no Brasil ou em Portugal, porém, nenhum antecedente semelhante às *Ordonnances sur mer* (de 1681, em França, sob as ordens de Luis XIV e seu mnistro Colbert) ou às *Ordenanzas del consulado de Bilbao*, de 1737 na Espanha (cf. PETIT 2016).

A codificação do direito comercial e sua transformação paralela em disciplina autônoma e plenamente reconhecida nas faculdades de direito do século XIX corresponde ao que Pio Caroni aponta como a integração e o crescimento do peso político dos comerciantes, os homens de negócio, nas respectivas sociedades. De fato, explica

Caroni, o direito comercial desenvolveu-se à margem do direito comum privado quando os comerciantes (banqueiros, comerciantes em geral) eram temidos, apenas tolerados ou deles se desconfiava abertamente (CARONI 1997, 9). Como grupo social tratado à parte, passaram a ser reconhecidos quando se lhes deram os códigos comerciais nacionais, mas o direito efetivamente geral continuava sendo o direito civil, direito da propriedade imóvel, dos senhores respeitáveis. Os comerciantes lidavam com uma forma de riqueza móvel incapaz de dar-lhes a nobreza social a que aspiravam. Lidavam com mercadorias, ou, em termos contemporâneos, lidavam com *commodities*, pois afinal o grande comércio transoceânico e tudo que dele dependia dizia respeito a esses gêneros que se podiam traficar *in grosso*. Se o direito civil era o direito comum, o direito dos proprietários de imóveis, o direito comercial era o direito especial de uma profissão ou de uma atividade. De certa forma, era um direito de classe, até que essa classe passou a ser a classe condutora da sociedade como um todo, quando a sociedade tornou-se sociedade de mercado. Alguns já percebiam isso no final do século XIX e nas primeiras décadas do século XX e sugeriam que o verdadeiro direito comum das relações patrimoniais seria doravante o direito comercial, direito dos negócios ou direito da economia, como afirma Caroni (1997, 13). Quem reconhecia expressamente essa tendência no Brasil era Inglez de Souza, para quem o projeto de código civil de Clovis Bevilaqua prolongava uma concepção de direito inadaptada ao século XX (INGLEZ DE SOUZA, 1899 e 1913).

No caso do Brasil, o Código servirá em parte de direito privado comum enquanto não surgir o Código Civil. Isso porque os comerciantes nas grandes cidades portuárias, Rio de Janeiro, Salvador, Recife e mesmo Belém, estiveram envolvidos diretamente nos movimentos pela independência e haviam adquirido enorme influência. Se lermos os autores brasileiros do século XIX posteriores à sanção do Código Comercial, vemos que todos eles, quando chegam a determinados temas tratados nas *Ordenações*, Livro IV, começam a fazer referências ao Código Comercial. Uma obra reeditada é o livro do Visconde de Cairu, *Princípios de direito mercantil*. Publicado décadas antes do Código Comercial conservou, no entanto, influência e prestígio, servindo de instrumento de interpretação e trabalho para os advogados e juízes. O Código propriamente divide-se em três partes: (1) do comércio em geral; (2) do comércio marítimo; (3) das quebras. Na primeira parte, trata da qualidade de comerciante (pois ainda se fala do direito comercial como um direito especial de profissionais do comércio), das praças de comércio, dos auxiliares (corretores, guarda-livros etc.), dos banqueiros; em seguida trata dos contratos mercantis, com uma parte introdutória incluindo regras de interpretação e disposições gerais sobre os negócios mercantis. Estas, diz o Código, convivem com as regras do direito civil, mas é o Código Comercial quem empresta a linguagem abstrata e sistemática do século XIX ao universo do direito brasileiro. Ali se encontram as nulidades sinteticamente resumidas as disposições sobre a maneira de interpretar os acordos e muita outra coisa. Dentro dos contratos mercantis, acha-se a disciplina das garantias (fiança, penhor, hipoteca). A hipoteca será tratada em lei especial em 1864, separando-se do direito mercantil.

Nesta mesma primeira parte, a disciplina das sociedades é original. A sociedade anônima ou companhia ainda depende de autorização governamental para ser estabelecida, justamente porque dissemina o capital de *risco*. Havia muitas histórias de títulos de sociedade anônima colocados em diversas praças do mundo cujos resultados haviam sido desastrosos para os investidores menos avisados. Ao mesmo tempo, a separação de patrimônio entre sociedade e sócios, que a anônima permitia, era a exceção, não a regra. Surgiam dúvidas sobre os limites de responsabilidade da companhia. O Regulamento nº 737, de 1850, previa, nas formas de execução, verdadeiros casos de prisão civil por dívida. Em 1873, houve um caso rumoroso na Corte. Uma companhia estrangeira – a *Queen Insurance*, com sede em Liverpool, Inglaterra – havia sido obrigada a pagar um sinistro de 80:000$000. O agente da companhia fugiu para a Europa e deixou no Rio de Janeiro um simples gerente, que não encontrou em caixa mais do que alguns mil-réis. O juiz do feito expediu mandado de prisão contra o gerente e o Supremo negou-lhe *habeas corpus*. Foi então feita uma consulta à Seção de Justiça do Conselho de Estado sobre a exata compreensão do Regulamento nº 737 e das responsabilidades das companhias. A conclusão do Conselho reconheceu que o gerente não respondia pessoalmente pela dívida, que era da própria companhia, como dispunha o art. 299 do Código Comercial. Por causa disso, a detenção pessoal prevista no Regulamento nº 737 não tinha lugar. Mesmo sendo "questão que pertence à jurisprudência dos tribunais" e declarando o parecer do Conselho que "é o poder judiciário competente para corrigir este julgado", concluía o aviso que a prisão do gerente era "evidentemente injusta, mas a injustiça não podia proceder de dúvidas sobre a verdadeira inteligência do art. 525 do Decreto nº 737, senão do desprezo e violação de suas disposições expressas". Começava a impor-se, nesta segunda metade do século XIX, a figura da *pessoa jurídica*, pela qual o fundo comum dos sócios passava a ser tratado como um terceiro em relação aos sócios e a seus prepostos mesmos.

Os outros tipos de sociedade disciplinados com muita clareza (arts. 300 a 353) é que eram a regra: em todos eles havia sempre um elemento de responsabilidade do sócio com seu patrimônio pessoal. A sociedade por quotas de responsabilidade limitada não existe: será criada apenas em 1919. Enquanto no âmbito do direito civil a sociedade ainda é praticamente uma comunhão, no comercial ela já se mostra como pessoa jurídica no sentido mais moderno.

Este movimento para a definição das sociedades como pessoas jurídicas e pela responsabilidade limitada dos sócios era geral nesta segunda metade do século XIX. A companhia ou sociedade anônima havia sido aceita no Código de Comércio francês, de 1807. No entanto, ainda era uma sobrevivente das companhias privilegiadas das empresas coloniais. Neste sentido, o privilégio da responsabilidade limitada lembrava os privilégios das companhias monopolistas. Para explorar mais eficientemente a relação colonial, as potências marítimas, como Inglaterra, Holanda e Portugal haviam criado companhias com o privilégio de responsabilidade limitada, monopólio de certos produtos e capital representado por ações, ou seja, títulos transferíveis. Depois de um debate no período revolucionário, a França napoleônica aceitou as sociedades anônimas, como modelo possível de sociedade. Mas seu caráter de privilégio continuava evidente, pois todos os outros tipos sociais conservavam responsabilidade – ainda que subsidiária – dos sócios. A identificação de uma pessoa jurídica – com direitos próprios de propriedade e capacidade de agir judicialmente autonomamente – forneceu, segundo Galgano (1984), a justificativa ideológica que transformava um privilégio concedido aos capitalistas em algo "natural", pertencente a qualquer pessoa: os direitos civis de propriedade e liberdade de contratar passam para as associações de capitalistas. Segundo ele, esta novidade reporta-se a Savigny e Gierke, que "descobrem" a personalidade jurídica moderna. O caráter privilegiado das sociedades anônimas também foi objeto de longo debate na Inglaterra, até que se generalizasse a "incorporação" para as companhias que não fossem monopolistas ou criadas pela Coroa ou pelo Parlamento (ATIYAH, 1988).

Muito cedo alterou-se também a disciplina dos juros. De forma geral, eram proibidos no direito anterior (*Ordenações*, Livro IV, Título 67). Aceitavam-se em alguns casos, especialmente quando havia indenização por pactos, promessas ou contratos não cumpridos. Era lícito também cobrar juros em contratos de câmbio, sendo aplicável, em caso de dúvida, o direito canônico. No entanto, por lei de 24 de outubro de 1832, foi autorizada toda a cobrança dos juros desde que convencionados e provados por escrito (escritura pública ou particular). Segundo alguns autores, era o início da ruína dos mutuários. Alguns ainda discutiam a aplicação nos contratos de empréstimo de dinheiro a juros ou outros contratos "usurários" (vendas a crédito, em geral) da *lesão enorme ou enormíssima*. De qualquer maneira, segundo Cândido Mendes, o Brasil foi a primeira nação civilizada a aceitar integralmente a doutrina utilitarista de Bentham a favor da usura.

5 REGULAMENTO Nº 737, DE 1850 – O PROCESSO CIVIL

Como pôr em andamento a lei comercial? Foi preciso organizar os tribunais de comércio e neles dar uma nova ordem ao processo. O ministro da Justiça, Eusébio de Queirós, poucos meses depois de sancionado o Código expediu o Decreto n. 737 (25 de novembro de 1850). Conhecido como Regulamento nº 737, serviu de fato como Código de Processo Civil do Império. Vigorou até na Primeira República. Só o Código de Processo Civil de 1939 foi capaz de substituí-lo completamente.

5.1 O direito anterior: as Ordenações

Até 1850, ressalvado o processo criminal, o regime processual ainda era o das *Ordenações Filipinas*. Distinguiam-se duas formas básicas de processo: um sumário (verbal, sem delonga, *sem figura de juízo*) e um ordinário.

No sistema das *Ordenações*, os juízes ordinários (das câmaras, *Ordenações* Livro I, Título 65, 73) eram eleitos e não letrados. Em vários casos, decidiam informalmente, sem apelação, nem agravo, e "verbalmente, sem sobre isso fazer processo" ou tinham competência para "bem e verdadeiramente conhecer e determinar verbalmente as contendas, que forem entre os moradores da dita aldeia, de quantia até 100 réis". Nos lugares que passassem de 200 vizinhos (*Ordenações* Livro I, Título 65, 7), teriam jurisdição nos móveis até 600 réis, sem apelação nem agravo e nos bens de raiz até 400 réis. Se a causa fosse de móveis até 400 réis, ouviriam as partes e verbalmente decidiriam, sem processo, e o tabelião faria protocolo de como condenaram ou absolveram. O *Assento* (da decisão) custava até 7 réis, e a execução fazia-se por *alvará*, que custaria oito réis. Acima disso, tudo seria escrito pelo tabelião e a sentença seria por ele assinada. Além dos processos de pequena monta, podiam processar-se *sem figura de juízo*, ou seja, *sumariamente*, as *ações de força nova* (esbulho possessório dentro de ano e dia, *Ordenações* Livro III, Título 43), na tradição do *interdito unde vi*. Sem figura de juízo queria dizer sem delonga e sem contraditório. Sobre bens de raiz de qualquer quantia, procedia-se sob a *forma do juízo*, isto é, conforme o Livro III das *Ordenações*.

No Livro III das *Ordenações*, as matérias processuais eram cheias de repetições, pois tratava-se de uma simples compilação. Distinguiam-se as questões preliminares em *exceções peremptórias* e *dilatórias* (*Ordenações* Livro III, Título 20, 15 e 16). "E querendo o réu, antes de oferecer contrariedade, embargar o processo e ser a demanda contestada com alguma das seguintes exceções peremptórias, sentença, transação, juramento, paga, quitação, prescrição, e bem assim quaisquer outras, que concluam o autor não ter aução, offerecendo-se logo proval-a dentro de dez dias, poderá vir com ella ao tempo que lhe foi assinado para contrariar." "E parecendo ao Juiz que o autor não pode ter aução, absolverá o réu." As *exceções peremptórias* apareciam outra vez definidas mais adiante (Livro III, Título 50): "Excepção peremptoria se chama aquella, que põe fim a todo negocio principal, assi como sentença, transação, juramento, prescripção, paga, quitação e todas aquellas, que nascem das convenças feitas sobre algum crime, ou injuria, ou outra qualquer aução famosa. E bem assi quaisquer outras, que concluam o autor não ter per Direito aução, para demandar." Exceções dilatórias (Livro III, Título 49) não punham fim à lide. Apenas impediam que aquele processo específico prosseguisse. "As exceções dilatórias são em trez maneiras", dizia o texto filipino: (a) contra a pessoa do autor...; (b) contra a jurisdição do juiz...; (c) contra o processo, por exemplo quando se alega moratória, condição etc.

Obrigação de fundamentar as sentenças existia no direito português (embora não existisse em toda parte antes da Revolução Francesa):

> A ciência jurídica alemã do século XIX teve a pretensão de superar o jusnaturalismo vindo do século XVIII. De um lado afirmava a historicidade do direito, dando origem a diversas correntes de caráter sociológico. De outro lado, insistia na necessidade de esquemas ou modelos abstratos de compreensão das relações jurídicas, dando nascimento ao conceitualismo (uma jurisprudência dos conceitos) e ao formalismo. Com os avanços que se faziam na história natural (biologia), é recorrente a analogia entre direito e sociedade e organismos e formas vivas. Assim como se podiam compreender e estudar os seres vivos, classificando-os e descobrindo as leis naturais da evolução, tentou-se descobrir leis de evolução dos sistemas jurídicos. Essa espécie de naturalismo encontra-se exemplarmente no maior jurista alemão do século XIX, Rudolf von Jhering (1818-1892), que começa sua carreira adepto do conceitualismo classificatório, uma espécie de taxonomia jurídica, e termina com uma visão social quase funcionalista-biológica. Mas não se pode falar do século XIX sem mencionar Friedrich Karl von Savigny (1779-1861), que acreditava no papel dominante a ser desempenhado por professores de direito na vida jurídica de uma nação. A ciência jurídica, capaz de destilar da prática histórica e costumeira uma síntese sistemática e racionalmente explicável e transmissível passava a ser o único saber jurídico verdadeiro. Ambos, Savigny e Jhering, eram romanistas, já que o direito romano era comum a toda a Alemanha antes da unificação política (de 1871).

"E para as partes saberem se lhes convém appellar, ou agravar das sentenças diffinitivas, ou vir com embargos a ellas, e aos juízes da mór alçada entenderem melhor os fundamentos, por que os Juízes inferiores se movem a condenar, ou absolver, mandamos que todos os nossos

Desembargadores, e quaesquer outros julgadores, ora sejam Letrados, ora o não sejam, declarem especificadamente em suas sentenças diffinitivas, assim na primeira instancia, como no caso da appellação ou aggravo, ou revista, as causas em que se fundaram a condenar, ou absolver, ou a confirmar, ou revogar" (*Ordenações* Livro III, Título 66, 7).

Parece que tal norma não foi cumprida a rigor, pois o governo imperial, em Portaria de 31 de março de 1824, manda aplicar a ordenação, inclusive por causa dos princípios liberais da Constituição, como diz Cândido Mendes de Almeida (1870: 669).

Obrigação também de julgar conforme os autos e conforme a prova dos autos constava no *Código Filipino* (*Ordenações*, Livro III, Título 63): "Para que se abbreviem as demandas com guarda do direito e justiça das partes, mandamos que os julgadores julguem, e determinem os feitos *segundo a verdade, que pelos processo for provada* e sabida, ou per confissão da parte, não julgando mais do pedido pelo autor." O mesmo sentido tem a Ordenação do Livro III, Título 66: a sentença definitiva deveria julgar conforme os autos, "segundo se achar allegado e provado de huma parte e da outra, *ainda que lhe a consciência dicte outra coisa*, e elle saiba a verdade ser em contrário do que no feito fôr provado; porque somente ao Príncipe, que não reconhece superior, he outorgado per Direito, que julgue segundo sua consciencia, não curando de allegações, ou provas em contrario, feitas pelas partes, por quanto he sobre a Lei, e o Direito não presume, que se haja de corromper por affeição". Assim, o princípio da legalidade se expressa na restrição ao poder do juiz, embora não ao poder do soberano (que julga pela lei, mas se quiser e precisar também julga *da* lei, ou dispensa seu cumprimento). Ele não deveria ser juiz de consciência, mas de direito. O julgador poderia, entretanto, mandar juntar prova de que tivesse conhecimento sem as partes requererem (Livro III, Título 66).

O Livro III também definia os casos de sentença nula (*que per Direito he nenhuma*, *Ordenações* Livro III, Título 75). Eram decisões dadas em processos sem citação da parte, ou *contra sentença dada*, ou dadas por peita, preço ou falsa prova, por juiz incompetente, contra direito expresso (e a ordenação cita um exemplo, quando o juiz aceitasse que o menor de 14 anos pudesse fazer testamento ou servir de testemunha, ou algo semelhante).

O processo deveria sempre começar com o apelo do juiz à conciliação das partes (*Ordenações*, Livro III, Título 20, 1): "E no começo da demanda dirá o Juiz a ambas as partes, que antes que façam despezas, e se sigam entre elles os odios e dissensões, se devem concordar, e não gastar suas fazendas por seguirem suas vontades, porque o vencimento da causa sempre he duvidoso."

5.2 O novo direito

O Código do Processo Criminal havia já determinado alguma novidade em termos de processo civil. O Título Único sobre a administração da justiça civil com 27 artigos realizava algumas reformas. O artigo 14, por exemplo, reduziu todos os agravos ao agravo nos autos do processo: qualquer decisão não definitiva poderia ser agravada e deste agravo o juízo de apelação apenas tomaria conhecimento como preliminar. A apelação era o único recurso permitido da sentença definitiva (o *recurso de revista* era uma cassação). A fase postulatória se consumava com a contestação, não havendo mais réplicas nem tréplicas. Foram abolidos os inquiridores. Quando o processo criminal foi reformado em 1841 pelos conservadores (Lei nº 261), muita coisa voltou atrás: foram restabelecidos os agravos, as réplicas e tréplicas.

O Regulamento nº 737 não alterou tão substancialmente o processo. Apenas lhe deu ordem e sistematicidade de exposição. Muitas das disposições vistas acima vão ser encontradas no Regulamento. Divide-se em três grandes partes. A primeira diz respeito ao processo comercial em geral (até a sentença); a segunda trata das execuções e a terceira dos recursos.

A primeira parte (Do processo comercial) conserva a tradição vinda das *Decretais de Gregório IX*, tratando do juízo e do juiz, da aplicação da lei comercial, do conflito de leis, da competência, e outros dispositivos. O Título II da Parte I regula a "Ordem do Juízo", ou seja, o *processo ordinário* geral. Segue em grande parte a *Ordem das Filipinas*, tratando da conciliação (abolida em 1890), citação, do foro competente, da ação ordinária (ou seja, todas as não sumárias, especiais, ou executivas), das exceções (de incompetência, suspeição, ilegitimidade, litispendência e coisa julgada), da contestação, reconvenção, autoria (chamamento a juízo), oposição, assistência, das provas e presunções legais (entre as quais a coisa julgada) e presunções comuns (o que ordinariamente acontece), prova dos costumes, alegações finais, e sentenças definitivas (o art. 232 repete a obrigação de o juiz dar fundamentos). O Título III disciplina as *ações sumárias* (para recebimento de valores como despedida de tripulação, aluguéis etc.) O processo sumário deveria ter uma só audiência e seguiria para sentença (conclusão). O juiz poderia de ofício inquirir e pedir diligências, mas os depoimentos, a menos que a parte pedisse, seriam resumidos e não por extenso (art. 243). *Ações especiais* compunham o Título IV. Elas se iniciavam com a assignação do prazo de dez dias para o réu pagar ou alegar sua defesa em embargos: por elas tentava-se receber o devido por notas promissórias, contratos, instrumentos líquidos, bem como depósito, penhor, soldadas (vencidas), seguros etc.

O Título VII dizia respeito aos processos preparatórios, como embargo ou arresto, detenção pessoal (formas de coação, ou de prisão civil por dívida, quando se suspeitava que o devedor tinha a intenção de ausentar-se sem pagar dívida etc.), exibição de livros e coisas, vendas judiciais (bens embargados de fácil deterioração), protestos (inclusive de letras de câmbio) etc. O Título VIII organizava o juízo arbitral.

A Parte II tratava da execução, e a Parte III dos recursos (embargos, apelações, agravos),

> Organização judiciária e processo eram tratados juntos, seja nas leis, seja na doutrina. A definição de quem era o juiz competente determinava também regras de recursos e de procedimento. Por isso, o regulamento 737 veio em 1850: o Código Comercial havia criado juízes e tribunais de comércio e foi preciso disciplinar tanto sua organização quanto o procedimento perante eles (cf. NEVES, 2008 e LOPES, 2006). Por outro lado, havia duas dimensões no processo: uma dizia respeito à ordem geral dos atos, conhecida como *ordo judiciorum*. Por ela definiam-se os momentos de determinação da controvérsia, de produção de provas, de regras para garantir a defesa e assim por diante. Isso já se encontrava em parte nas *Ordenações Filipinas*, Livro III. Outra coisa era o que se chamava *doutrina das ações*, onde se estudava qual a ação cabível para a defesa dos diversos direitos, já que a cada direito deveria corresponder uma ação. Examinava-se nessa *doutrina* não apenas o procedimento, mas o pedido, a causa de pedir e a natureza da respectiva sentença. Para uma inserção mais geral no quadro das jurisdições, ver LOPES, 2020.

das nulidades do processo e da sentença e do recurso próprio no caso de nulidade, isto é, o recurso de revista. Havia inicialmente duas hipóteses de revista: *nulidade manifesta* ou *injustiça notória* da sentença. A revista consistia no pedido de anulação da sentença. A sentença era nula (art. 680) se fosse dada por juiz incompetente, suspeito, peitado ou subornado; se fosse proferida contra expressa disposição de lei (a ilegalidade dos motivos não se confundia com a ilegalidade do dispositivo), fundada em instrumento falso ou dada em processo nulo (em que faltasse citação, ou proferida quando já houvesse coisa julgada, ou sem o voto de um juiz que obrigatoriamente devesse votar). A *injustiça notória* consistia em violar expressamente o direito pátrio, cerceamento ou negativa de defesa ou não recebimento de agravo. Mas o Decreto nº 737 ia além e estabelecia os casos de nulidade dos contratos mercantis (art. 682). Terminava com um Título Único com disposições gerais (sobre advogados e procuradores, entre outras).

O Recurso de Revista vinculou-se, no plano político, à Jurisdição do Supremo Tribunal de Justiça. Fora inicialmente disciplinado pela Lei de 18 de setembro de 1828, a mesma que criara o Supremo. Dispunha o art. 6º: "As revistas somente serão concedidas nas causas cíveis e crimes, quando se verificar hum dos dois casos; *manifesta nullidade* ou *injustiça notoria* nas sentenças proferidas em todos os Juízos em ultima instancia" (grifamos). O processo no Supremo recebia ou não a concessão da revista. Se fosse concedida, os autos seriam remetidos a uma Relação designada pelo Tribunal, "tendo em vista a comodidade das partes", mas sempre para uma corte diferente daquela que havia pronunciado a sentença a ser revista. Feita a revista, o tribunal revisor enviava os autos diretamente para o juízo de origem. A revista era, portanto, um juízo de *cassação*.

De modo geral, o Regulamento de 1850 criou uma cultura e manteve grande parte da cultura antiga. Manteve, por exemplo, os juramentos entre os meios de prova admissíveis em alguns casos e as testemunhas em grande número (podiam ser chamadas até 56 testemunhas, o normal era chamar entre 15 e 20). Elas eram inquiridas por cartas de inquirição, depositavam-se as perguntas em cartório com antecipação. As partes mesmas faziam a "audiência", o termo era lavrado pelo escrivão e os juízes pouco compareciam. Mantivera-se um regime de provas legais (plenas e relativas). Importantíssimo na cultura jurídica foi determinar-se que cada ação correspondia a um título diferente, como visto acima (fretamento, seguro, salário), o que resultou no formalismo processual, que já se herdara dos antigos.

Uma das obras que serviram de guia prático dos juristas foi a *Doutrina das ações*, de José Homem Corrêa Telles, adaptada ao foro brasileiro por Teixeira de Freitas. Publicada inicialmente em Lisboa, em 1819, era uma análise das diversas ações existentes, cada uma com o seu nome e seu objeto. As ações se distinguiam em ações de Estado, ou prejudiciais (sobre a liberdade, o estado de família e a nacionalidade), ações reais e pessoais. Distinguiam-se quanto à finalidade (reipersecutórias, penais ou mistas). Falava-se das ações populares (legitimando qualquer do povo), e nas ações segundo sua forma (ordinárias, sumárias, executivas). Cada direito ou cada obrigação deveria ser objeto de uma ação específica. Esta mentalidade é que Ascarelli encontra ainda na sua estadia no Brasil nos anos 40, pois a reforma do sistema só se iniciou em 1939, em pleno Estado Novo.

O processo tem um objetivo político reconhecido pelos legisladores. Ele não se desliga da própria organização da magistratura que é ao mesmo tempo um poder de Estado e um estamento social. Os liberais desejavam ampliar a participação dos poderes locais no procedimento, por isso defenderam juízes leigos (juízes de paz e jurados), os conservadores desejavam disciplinar tais poderes submetendo-os ao centro. A reforma do processo visa sistematizar o mar de preceitos, mas não quer ainda democratizar acesso à justiça.

6   AS LEIS CIVIS

Embora mandado fazer pela Constituição, o Código Civil nunca chegou a ser editado. Seria dispensável? Não era essencial para uma sociedade que se organizava sob a filosofia do constitucionalismo? Apesar do papel simbólico que um código civil tem para a sociedade liberal, a "tardança" do Brasil em fazer o seu não é um fato inédito. A Alemanha mesma conheceu primeiro um código comercial, antes de ter o seu código civil. Portanto, é muito provável que o Brasil tenha vivido sem o código por um conjunto particular de razões, e não apenas, como sugerem alguns, que o grande e quase único fator de retardo tenha sido a escravidão. Em primeiro lugar, lembramos que na França os códigos desempenharam dois papéis fundamentais: de um lado, foram a outorga aos "cidadãos" de uma carta de direitos privados certos e claros. O Código Civil dos franceses cumpriu um papel cultural e político básico: independentemente das flutuações da conjuntura política e das reformas constitucionais, o direito civil garantiria estabilidade à vida privada, vida do mercado e da propriedade, assim como à organização familiar burguesa. Por outro lado, serviria, como serviu, para superar a grande divisão da França em dois territórios: o norte de direito costumeiro e o sul de direito romano comum.

No Brasil, esta segunda tarefa era dispensável, pois a vigência secular do direito português dera unidade ao país. Quanto ao primeiro ponto, os brasileiros tiveram para substituir o código alguns outros instrumentos, inclusive o Código Comercial, leis especiais sobre alguns assuntos relevantes, os doutrinadores e comentaristas. O Código Comercial, a partir de 1850, servia para um uso pelo menos analógico e como subsídio de interpretação, já moderna, para os contratos, ou para as garantias. Até que viesse a lei geral das hipotecas de 1864, foi o Código Comercial que forneceu critérios de entendimento e aplicação desta área (LOPES, 2006).

Enquanto não se fazia o código civil, Eusébio de Queirós propôs que se adotasse o *Digesto Português* de José Homem Corrêa Telles (PONTES DE MIRANDA, 1981:79). A obra de José Homem Corrêa Telles, de 1835, era preparatória do Código Civil português que afinal se editou em 1867. Tratava-se de um texto que reduzia à unidade, em forma de texto meio doutrinal meio legislativo, a confusão de leis de direito privado. Outro português frequentemente citado era Coelho da Rocha (*Instituições de direito civil português*, de 1848). Fazia sentido usar os textos destes portugueses, visto que as *Ordenações* continuavam em vigor aqui entre nós. Mesmo assim, embora ao longo do século XIX os dois autores fossem bastante divulgados e conhecidos, não se aceitou a proposta de oficializá-los.

Cessadas as turbulências da primeira metade do século, houve o tempo suficiente para se pensar no Código Civil. Mais ainda, com o crescimento dos negócios do café, com novas fazendas, com a perspectiva do fim do tráfico negreiro e a liberação de capitais para investimento, construção de ferrovias, enfim, com o novo clima econômico que parecia desenhar-se, já convinha organizar a vida privada. Mas o código, como sabemos, só viria em 1916. O que houve foi uma organização do direito civil independentemente de uma lei civil geral. Nisto, coube um papel fundamental a Augusto Teixeira de Freitas.

Em 1855, firmou-se um contrato do governo imperial com Teixeira de Freitas. Pelo contrato, antes de se fazer o código civil, deveria ser organizada uma *consolidação das leis civis*. E esta foi a primeira tarefa de Teixeira de Freitas. Ora, dominavam na época dois modelos jurídicos no direito privado de tradição europeia continental. O primeiro era o francês: um código civil simples, voltado para o cidadão comum. O segundo era o modelo alemão: a "ciência do direito" de estilo pandectístico, o direito dos professores (*Professorenrecht*) voltada para a precisão da linguagem conceitual, afastada do senso comum do leigo. Esta ciência do direito não produzira um código: não havia nem mesmo um Estado nacional alemão e não houvera uma revolução burguesa. Observaram Marx e Engels a respeito da filosofia alemã do século XIX: "Naturalmente, num país como a Alemanha, onde não ocorre senão um desenvolvimento histórico miserável, estes desenvolvimentos intelectuais, estas trivialidades glorificadas e ineficazes, servem naturalmente de substitutos para a ausência de desenvolvimento histórico: incrustam-se e têm que ser combatidos" (MARX; ENGELS, 1979:65-66). Assim era o direito: na falta de capacidade da burguesia de fazê-lo pelo Estado, fazia-o pela doutrina. Objetivo dos alemães era a precisão conceitual, a generalidade e a abstração, que criavam a possibilidade de aprendizado (e ensino) abstrato.

Ora, o Código Civil francês (de 1804) havia feito época no início do século. Mas já era criticado quanto a sua técnica, sua excessiva simplicidade. Dividia-se em apenas três livros. O Livro I (artigos 1 a 515) tratava das pessoas. O Livro II (artigos 516 a 710) disciplinava de modo compreensivo o direito das coisas (Dos bens e das coisas) e das transferências de propriedade. Finalmente, o Livro III (artigos 711 a 2.281) lidava com as diferentes formas de aquisição da propriedade, inclusive regime de bens entre cônjuges, contratos, delitos, direitos reais de garantia, prescrição. Reproduzia ainda um esquema utilizado por Domat e doutrinas de Pothier. Muita coisa havia ficado de fora e foi a jurisprudência do final do século XIX especialmente que desenvolveu a disciplina das obrigações oriundas de delitos, a teoria do enriquecimento sem causa e do abuso de direito. Cumpria o Código uma função política: permitir ao cidadão comum conhecer seus direitos e deveres com facilidade. Até o seu formato de livro de bolso tornou-se clássico. O modelo fora adotado também pela Sardenha, pelo Reino das Duas Sicílias, pela Luisiânia (Estados Unidos), pelo Ducado de Baden (Alemanha), pelos Cantões de Vaud e Friburgo (Suíça), entre outros.

Teixeira de Freitas rejeitou o modelo francês. Ele era um erudito e profundo conhecedor da "ciência jurídica" que se fazia na Alemanha.

Terminou sendo, por isso mesmo, muito original. Conclui sua *Consolidação das Leis Civis* obtendo aprovação do governo em 1858 (pelo parecer da comissão revisora composta do Visconde de Uruguai, José Tomás Nabuco de Araújo e Caetano Alberto Soares). A *Consolidação* obedeceu à seguinte divisão das matérias: uma parte geral sobre as pessoas e as coisas; uma parte especial dividida em dois livros, o primeiro sobre os direitos pessoais, incluindo as relações pessoais em função da família e as relações derivadas dos contratos e dos atos ilícitos (esbulho e dano), o segundo tratando dos direitos reais, inclusive a matéria de sucessões, e direitos reais de garantia.

Pode-se dizer que os projetos de Teixeira de Freitas têm um fundo burguês e ao mesmo tempo aceitam alguma forma de direito natural, ou seja, certa concepção do que é razoável e racional em direito. Mas ele é sobretudo um romanista dos novos tempos. Quer organizar tudo sob um sistema conceitual, como haviam feito os membros da *escola histórica*. Tudo é sistema e o direito, como se dirá mais tarde do Código Civil alemão, deveria ser uma máquina de operar e produzir conceitos jurídicos.

A *Consolidação* logo transformou-se em texto de referência obrigatória. Ela passou a conter, sem repetições e de forma compreensível para os contemporâneos, todo o direito vigente, ou seja, conservando essencialmente o que de direito privado sobrevivia das *Ordenações Filipinas*. Ao mesmo tempo, como diz o autor na célebre *Introdução* que escreveu, já se poderia considerar revogado tudo aquilo que era incompatível com o regime constitucional. O texto da *Consolidação* continha as disposições legais consolidadas, mais as notas e os comentários de Teixeira de Freitas, explicando por que e como se encontrava tal texto como norma válida, como deveria ser entendido e assim por diante. Na ausência do Código Civil, o texto formou os juristas do Império.

O desejo de perfeição ia dificultando o trabalho, e em 1865 ele deu a público um novo esboço, que passa a conter um *Título Preliminar* (sobre o lugar e do tempo dos atos e conflito de leis). Este título – que engloba coisas hoje previstas na Lei de Introdução às normas do Direito Brasileiro – antecedia a *Parte Geral* e a *Parte Especial*. Esta passava a conter um livro sobre os direitos (aquisição, exercício, conservação, extinção), antes do livro III (dos direitos pessoais).

Uma simples comparação entre o projeto de Teixeira de Freitas e o esquema afinal adotado pelo Código Civil alemão de 1896 (em vigor em 1900) mostra as semelhanças. De fato, o código alemão contém praticamente as mesmas partes e divisões propostas pelo brasileiro. Abre-se com uma Parte Geral (*Allgemeiner Teil*), sobre pessoas, fatos, atos (nulidades, vícios da vontade) e prescrição. Segue-se o Livro II, das obrigações (obrigações em geral, contratos, delitos e responsabilidade extracontratual), o Livro III (direito das coisas, incluindo posse e propriedade, aquisição e transferência, direitos reais sobre coisas alheias, direitos reais de garantia), o Livro IV (direito de família, contendo matéria de matrimônio, pátrio poder, alimentos, regime de bens entre cônjuges) e finalmente o Livro V (das sucessões). É também, afinal, o modelo que será adotado pelo Código Civil brasileiro de 1916.

> Muitos se perguntam por que o Brasil só promulgou seu primeiro código civil em 1916, adotando naturalmente um modelo germânico e "científico", não francês ou jusnaturalista. O germanismo e o cientificismo procedem diretamente de Clóvis Bevilaqua, um admirador da teoria alemã e um professor que jamais havia sido advogado ou magistrado. Mas a demora pode estar ligada mais ao direito de família do que se diz normalmente. De fato, o direito contratual e o direito de propriedade haviam sido modernizados por leis comerciais e civis esparsas. Mas o direito de família continuava a ser regido pela Igreja, que no Brasil era religião de Estado, encarregada dos registros civis. Um código civil tomaria a si as regras de casamento (inclusive impedimentos e dissolução) e de filiação. Esse aspecto de nossa história merece maior análise. Um trabalho interessante é o de Josette M. Lordello, *Entre o reino de Deus e o reino dos homens* (2002). Importantíssima contribuição acha-se também nos ensaios de Gizlene Neder e Gisálio Cerqueira Filho, *Ideias jurídicas e autoridade na família* (2007). A discussão sobre o casamento civil começou por volta de 1850 e sobre ela podem-se ler as controvérsias havidas no Conselho de Estado em meu *O Oráculo de Delfos*, de 2010.

Os projetos de Teixeira de Freitas terminaram por ser abandonados pelo governo. Durante o Império houve ainda os projetos de Nabuco de Araújo (1872) e Joaquim Felício dos Santos (1878). Mas nenhum conseguiu a influência do projeto de Teixeira de Freitas. Não só no Brasil foi grande sua influência: a codificação argentina de 1869-1871 deve muito a ele, como reconhece o autor do Código argentino, Dalmacio Vélez Sarsfield. E, segundo alguns, até mesmo os alemães tomaram conhecimento da obra do brasileiro (MEIRA, 1992:319).

Muitas questões importantes não se encontravam totalmente solucionadas no direito civil. Por exemplo, o tema das *pessoas jurídicas* ainda era tratado de modo tradicional. Na *Consolidação*, fala-se das pessoas coletivas (art. 40): mas ali fala-se de cidades, vilas, câmaras, concelhos, confrarias, prior e convento, marido e mulher, irmãos em uma herança e outras semelhantes. É muito mais uma lista de pessoas de direito público e de casos de comunhão do que da pessoa jurídica que se tornou comum no capitalismo, a sociedade. De fato, a sociedade, tratada nos arts. 742 a 766, é o contrato antes de mais nada, e contrato bilateral. Imediatamente, a nota ao tema observa que se aplica às sociedades civis o Código Comercial, mas cada sócio só responde por sua parte.

Em tema de contratos, a *Consolidação* ainda aceita a *lesão* (arts. 359 e 360, art. 560 na compra e venda) quando houver engano em mais da metade do justo preço. Trata-se de instituto tradicional, perfeitamente compatível com um regime contratual em que a validade do negócio depende de sua justiça, e em nome de tal justiça, pode-se alegar o preço justo de uma coisa (*comum estimação*, ou na falta desta algum critério definido em lei, como a renda de tantos anos de um imóvel). O comprador, no caso de lesão, fica obrigado a restituir a coisa ou a pagar o preço justo. No que diz respeito à responsabilidade civil, o tema que dominará grande parte do século XX, a *Consolidação* é bastante restrita. O art. 798 retoma as disposições do Código Criminal, sobre os danos e composição de danos. Sob o título de *Dano e Esbulho* o texto dispõe sobre a transmissão do dever de indenizar e do direito à indenização aos herdeiros.

Terminada esta primeira tarefa, foi ele encarregado de preparar o esboço do Código Civil. Começou então, a partir de 1858, um trabalho que se sofistica cada vez mais. O primeiro esboço apresentado continha também uma parte geral e uma parte especial. Na parte geral, um livro único dispunha sobre pessoas, bens e fatos. Na parte especial, o Código iria dividir-se em três livros: o Livro II sobre os direitos pessoais, o Livro III sobre os direitos reais e o Livro IV com disposições comuns a direitos pessoais e reais. O Livro II continha disposições classificadas em três seções: I – Direitos Pessoais em Geral (obrigações, respectivos objetos – dar, fazer e não fazer –, alternativas, facultativas, indivisíveis, cláusula penal, extinção das obrigações); II – Direitos Pessoais nas relações de família (casamento, paternidade, maternidade, filiação, obrigações dos parentes, adoção, tutela, curatela); III – Direitos Pessoais nas relações civis (contratos, não contratos – fiança legal, judicial, gestão oficiosa, emprego útil, atos voluntários –, fatos, e ilícitos). O Livro III, Dos Direitos Reais, dividia-se em três seções: I – Direitos Reais em Geral – sua natureza, modos de aquisição, efeitos, extinção; II – Direitos reais sobre coisas próprias – domínio, condomínio; III – Direitos reais sobre coisas alheias – usufruto, enfiteuse, uso, habitação, servidões. Finalmente, o Livro IV dispunha sobre herança, concurso de credores, prescrição.

A "Tábua Sintética" do *Esboço de Código Civil* apresentava antes da Parte Geral um Título Preliminar com dois capítulos: do lugar e do tempo. Eram temas hoje inseridos em nossa Lei de Introdução e que já eram contemplados no Código Civil francês (título preliminar). A matéria dizia respeito à aplicação das leis, seus respectivos âmbitos de validade, sua irretroatividade em geral. Tratava igualmente do conflito de leis (aplicação de lei estrangeira) e contagem de prazo.

No esboço, que é já um projeto de Código, Teixeira de Freitas sente-se à vontade para defender sua própria teoria ou doutrina com respeito à pessoa de *existência ideal*, como por ele defendido. Justifica sua doutrina e dá sua própria classificação das pessoas (arts. 273 e seguintes): pessoas jurídicas de existência necessária (o povo do Império, o Estado, as Províncias, os Municípios, a Coroa, a Igreja Católica, se nacionais), e pessoas jurídicas de existência possível (estabelecimentos de utilidade pública, corporações instituídas para fins públicos – como as ordens e as confrarias com patrimônio –, sociedades anônimas e em comandita por ações, uma vez autorizadas). Estas são tratadas como pessoas públicas. Ao lado delas, aparecem as pessoas jurídicas privadas, de existência possível, que seriam as sociedades civis ou comerciais de caráter contratual, heranças jacentes, representações voluntárias por procuradores, representações necessárias. As pessoas jurídicas, diz o art. 284, são tratadas como incapazes perpétuas e só atuam pelo "ministério de seus representantes", como aliás diziam os medievais a respeito das corporações.

No direito das obrigações, o *Esboço* adota a doutrina da convenção, exigindo-se sempre o consentimento, ainda nos contratos unilaterais e benéficos (art. 1.833). Os contratos em espécie contemplados no *Esboço* são: a compra e venda, a troca, a doação, a cessão de créditos, o empréstimo de consumo (mútuo), contratos aleatórios (jogo, aposta, sorte), locação, empréstimo de uso (comodato), depósito, locação de serviços, mandato, sociedade, fiança. Apesar de incluído entre os contratos aleatórios, o seguro (art. 2.271) é apenas mencionado e não desenvolvido, fazendo o artigo remissão ao Código de Comércio quanto à disciplina do seguro marítimo.

A *Consolidação* resultara em 1.333 artigos, e o *Esboço* em 4.908!

Diversas instituições relevantes foram tratadas em leis especiais. A *Lei das Hipotecas* – Lei nº 1.237, de 24 de setembro de 1864 – terá sido das mais importantes. Não tendo surtido efeito a reforma tentada pela Lei de Terras, era preciso de qualquer maneira dar alguma garantia aos financistas que emprestavam dinheiro a fazendeiros e tomavam em hipoteca os imóveis. O art. 8º da lei introduziu entre nós o sistema da *transcrição*. No direito anterior, a compra e venda por si não gerava domínio, a não ser pela tradição da coisa. No caso dos imóveis, a partir de 1864 passa-se a entender que a transcrição corresponde a uma tradição solene. O registro (transcrição) não é mera formalidade para dar publicidade a terceiros, é constitutivo da propriedade. É assim que o Conselheiro Lafayette, escrevendo sobre a aquisição da propriedade no Brasil, interpreta os efeitos desta lei das hipotecas. Este é o mesmo regime abstrato dos alemães, oposto ao regime francês (adotado em larga parte na Europa), em que a compra e venda, comprovada com o respectivo instrumento, gera domínio. Sobre as hipotecas, veja-se o verbete "Hipoteca", de Renato Leite Marcondes, e sobre os bancos e instituições de crédito, "Banco", de Carlos Gabriel Guimarães e Thiago Fontelas Rosado Gambi no *Dicionário histórico de conceitos jurídico-econômicos (Brasil séculos XVIII-XIX)* (Aidar, Slemian e Lopes, 2020).

É nesta mesma lei de 1864 que se organiza um sistema financeiro hipotecário, por assim dizer. A lei cria a transcrição para dar segurança aos financistas. Companhias poderiam ser criadas para emitir letras hipotecárias – sobre hipotecas regulares – e negociar tais letras no mercado. Seriam as *sociedades de crédito real*. Lidando com o mercado, não podiam constituir-se sem autorização do governo. Também não se sujeitavam a falência, mas a um pedido de *liquidação forçada*, de iniciativa do procurador da coroa perante o juiz do cível. A despeito de ser claramente uma norma voltada para a atividade financeira, a lei retira completamente do Código Comercial o regime de hipotecas, dizendo que o direito de hipotecas é sempre civil.

11
AS INSTITUIÇÕES E A CULTURA JURÍDICA: BRASIL – SÉCULO XIX

Somos o único caso histórico de uma nacionalidade feita por uma teoria política. Vimos, de um salto, da homogeneidade da Colônia para um regime constitucional: dos alvarás para as leis. E ao entrarmos de improviso na órbita dos nossos destinos, fizemo-lo com um único equilíbrio possível naquela quadra: o equilíbrio dinâmico entre as aspirações populares e as tradições dinásticas. (Euclides da Cunha, À margem da história*)*
Há quinhentos anos que os juristas tomam parte em todos os movimentos da sociedade política europeia. Algumas vezes foram instrumentos das autoridades políticas, outras vezes fizeram daquelas autoridades instrumentos seus. [...] Homens que fizeram estudos especiais das leis e dali derivaram hábitos de ordem, um gosto pelas formalidades e um amor instintivo pela concatenação regrada de ideias são natural e fortemente opostos ao espírito revolucionário e às paixões da democracia. [...] Escondido no fundo do coração de um jurista encontram-se os gostos e hábitos da aristocracia. Compartilham sua preferência instintiva pela ordem e seu amor natural pelo formalismo; como ela, cultivam um grande desprezo pelo comportamento das multidões e secretamente desprezam o governo pelo povo. [...] Sempre que os nobres quiseram que os advogados dividissem com eles alguns de seus privilégios, as duas classes encontraram muitas coisas que facilitaram seu acordo e, por assim dizer, concluíram que pertencem à mesma família. (Alexis de Tocqueville, A democracia na América*)*

Fazer o país de alto a baixo era a tarefa dos legisladores brasileiros após 1822 e seguindo o modelo da codificação (LOPES, 2003). Ao contrário do que acontecera entre os alemães, no Brasil não houve um debate nacional sobre a necessidade ou não dos códigos. Na Alemanha, os códigos significavam a supressão do poder dos professores e dos estamentos tradicionais e preparavam um Estado nacional. Na França, a edição dos códigos representara a unificação jurídica do país, antes dividido entre duas tradições jurídicas: o direito costumeiro (ao norte) e o direito romano (ao sul) e a consolidação de ideais burgueses de propriedade e família (incluindo notáveis retrocessos em direção ao patriarcalismo). A própria Constituição brasileira, porém, dava por resolvido o assunto, porque mandara fazer os códigos.

O Estado nacional no Brasil nascia diretamente com o propósito reformador e a ordem antiga precisava de reforma e nascia dentro da tradição unitária do direito português. Os defensores do Antigo Regime entre nós já haviam perdido a disputa nos anos anteriores a 1824. O que se colocava em pauta era que espécie de nova ordem se desejava. De modo que os "construtores do Império" deveriam escolher o modelo de código a adotar; não precisavam cair no romantismo do direito pré-legislado do "espírito do povo". Os dois primeiros códigos aprovados foram o Criminal e o do Processo Criminal. Em 1850 completaram-se reformas importantes e nesta leva veio o Código Comercial.

Esta concepção do papel do direito, como instrumento de poder e de reforma demonstra como a primeira geração de legisladores adotou sem problemas o estilo novo da lei. A linguagem voluntarista e impessoal, a ausência de motivos retoricamente reproduzidos nos artigos, o tom abstrato e imperativo. A legislação brasileira nasce moderna. E seus autores parecem convencidos de que com ela vão reformar o país, modernizando-o no limite da manutenção de uma parte da velha ordem. O direito brasileiro nasce idealista e modernizador.

A Constituição do Império foi fruto da sua época e de suas circunstâncias. Durou muito tempo e tinha certa flexibilidade, pois seu art. 178 havia determinado que apenas o que dizia respeito aos limites e atribuições dos poderes políticos e os direitos políticos e individuais era propriamente constitucional. Tudo o mais poderia ser alterado sem as formalidades da reforma constitucional. Mas era fruto dos tempos da restauração. Desde 1815, fim das guerras napoleônicas, observava-se na Europa a volta da monarquia e um freio às intenções revolucionárias. O constitucionalismo do período é contrário ao Antigo Regime, mas não é radical. Se a América Latina se inclina para a república, a Europa se inclina para a monarquia. O trono parece ser garantia de estabilidade.

Importante também lembrar que ao contrário dos outros países latino-americanos, que aboliram a escravidão junto com seus respectivos processos de independência, a escravidão no Brasil era um grande embaraço à forma republicana. Os revolucionários de 1817 no Recife fizeram logo uma proclamação dizendo que garantiriam o direito de propriedade, particularmente sobre os escravos. A solução constitucional brasileira serviria também para isto: manter sob controle, debaixo de um sistema estável, a "canalha africana", como chegaram a dizer alguns. O grande temor era o de que um sistema instável fizesse o Brasil degenerar em uma guerra civil como a que se vira no Haiti.

Assim, a Constituição cala sobre os escravos, mas garante aos cidadãos passivos (os que não gozavam do direito de votar ou de serem votados) os direitos civis de liberdade, propriedade e segurança de suas vidas e bens. A monarquia garantiria ainda, mesmo que sem caráter hereditário, formas estamentais de divisão social, tais como a nobreza titulada, privilégios vitalícios a certos grupos (os senadores, os conselheiros de Estado etc.). O Brasil compartilhava com os Estados Unidos o grande problema dos negros escravos. Tocqueville havia notado que na América do Norte os negros eram o elemento disfuncional do sistema, pois, dentro de uma sociedade em geral igualitária, eles eram os diferentes e os discriminados. O Brasil distinguia-se dos Estados Unidos muito especialmente na falta de igualitarismo: conservando, pelo regime monárquico, formas de diferenciação social, não só os negros eram um grande problema, mas também não se estimulava um igualitarismo generalizado nas práticas sociais. O próprio sistema jurídico favoreceu a preservação de alguns privilégios, e encarregou-se de promover outros. A magistratura tornou-se uma espécie de corpo privilegiado, que garantia a mobilidade social de alguns homens livres e talentosos, mas que lhes dava mobilidade à medida que os nobilitava, por assim dizer, e os fazia próximos do poder imperial, seja por sua nomeação (os juízes de direito eram indicados pelo imperador), seja pela projeção social que se seguia, permitindo-lhes concorrer a eleições.

O Brasil imperial será um Estado unitário. As províncias são meras divisões administrativas do mesmo governo e Estado e embora tenham Conselhos (arts. 71 a 89) elas dependem ou de atos da Assembleia Geral (para transformá-las em leis, quando necessário), ou de ato do Executivo (e por isso devem remeter o assunto ao Executivo imperial pelo Presidente da Província). Se o imperador julgar cabível, mandará executar a decisão, senão, enquanto não estiver reunida a Assembleia Geral, declarará que "suspende seu juízo a respeito daquele negócio" e o Conselho provincial responderá que "recebeu mui respeitosamente a resposta de S. M. Imperial" (art. 87). Ao contrário das províncias, algum poder é dado às câmaras municipais. Tanto assim que as eleições se fazem sob o controle das câmaras e que para suprir a legitimidade de uma Assembleia Constituinte, D. Pedro I remete o projeto de constituição aos municípios (vilas e cidades) para aprovação (e posterior "unânime aclamação dos povos"). A importância das câmaras (e dos poderes locais que sobre elas influíam ou mesmo que as constituíam) é revelada pela reforma a que são submetidas em 1828 (lei de 1º de outubro) junto com a qual se introduzem as regras do cargo de juiz de paz. É certo que o Ato Adicional (de 1834) tentará ampliar o poder das províncias, mas será interpretado por lei (Lei nº 105, de 1840) de forma outra vez restritiva.

1 AS DECLARAÇÕES DE DIREITOS E A CONSTITUIÇÃO

A Constituição garantia direitos civis a todos, mesmo que os direitos políticos fossem diferenciados. Nestes termos, a Constituição inseria-se na recente tradição de declarações de direitos. Esta tradição vem muito especialmente dos Estados Unidos e da França. Em junho de 1776, já no início do processo de independência das treze colônias, havia sido proclamada na Virgínia uma lista de direitos. É um documento fundador do novo Estado liberal: reconhece direitos inatos, que ao Estado compete apenas garantir, não instituir; o poder, dizia, reside no povo e os magistrados são apenas seus mandatários. Curiosamente, na *Declaração da Virgínia*, assim como na *Declaração de Independência* americana não se faz expressa menção ao *direito de propriedade*, pois esta parece decorrer da liberdade e esta sim precisa ser consagrada. O artigo primeiro da *Declaração da Virgínia* menciona que todos os homens têm direito inato à vida e à liberdade, "com os meios para adquirir e possuir propriedade e procurar obter felicidade e segurança". A propriedade é instrumental à vida e à felicidade. No mesmo sentido, a *Declaração de Independência* de 4 de julho, redigida pelo virginiano Jefferson, também reconhece o direito à vida, à liberdade e à busca da felicidade. As pretensões igualitárias (mesmo numa colônia escravista como a Virgínia) insinuam-se no ideário da *Declaração*.

> "O governo livre e as bênçãos da liberdade não podem ser preservados por nenhum povo sem um firme sentimento de justiça, moderação, temperança, frugalidade e virtude e sem um constante recurso aos princípios fundamentais. Só a razão e a convicção, não a força e a violência, podem prescrever a religião e as obrigações para com o Criador e a forma de as cumprir; por

conseguinte, todos os homens têm igualmente direito ao livre culto da religião, de acordo com os ditames da sua consciência" (arts. 15 e 16).

Em 1791, em aditamento (emendas) à Constituição aprovada em 1787, aparecem as famosas dez primeiras emendas ao texto constitucional dos Estados Unidos, que se tornaram conhecidas como *Bill of Rights* (carta de direitos). Entre elas aparecem as Emendas nos 4 e 5, esta última com um dispositivo conhecido como *takings clause*, cláusula da desapropriação ou desapossamento. Diz a Emenda no 4: "Será garantido o direito dos cidadãos à segurança das suas pessoas, domicílio, documentos e bens contra buscas, detenções e apreensões arbitrárias, não podendo ser passadas, sem razão plausível apoiada em juramento ou compromisso de honra, ordens de busca, detenção ou apreensão que não especifiquem o local, as pessoas ou as coisas sobre as quais recaiam." A cláusula da emenda no 5 sobre propriedade é a seguinte: "Ninguém será forçado a testemunhar contra si próprio em processo criminal, nem privado da vida, liberdade da propriedade sem observância do devido processo legal. Não poderá haver requisição da propriedade particular sem justa indenização." O que se destaca, pois, é uma espécie de "mitologia" da liberdade, em primeiro lugar, e de igualitarismo, que terminará por consistir na grande contradição da sociedade norte-americana.

Estes textos da Revolução Americana já apresentam um caráter bem mais universal (iniciam-se dizendo que os direitos ali elencados são inatos e, no caso da *Declaração da Virgínia*, são de todos os homens) em comparação com os textos anteriores da Revolução Inglesa. Citam-se normalmente a *Petição de Direitos* (de 1628) e a *Declaração de Direitos* (1689) dos ingleses como antecedentes da onda de declarações que formará o constitucionalismo moderno. É verdade, mas deve-se dizer que os textos são ainda restritos às relações do soberano inglês com seus súditos e não incorporam a linguagem jusnaturalista universal que se vê no texto redigido por Jefferson em 1776. Na petição de direitos, os lordes espirituais e temporais e os comuns, "humildemente lembram ao rei" as tradições inglesas de autonomia dos componentes do "povo" do reino (elencados por dignidade e função, incluindo finalmente os "homens livres") e os deveres do rei de obedecer a certos limites. É um documento ainda ambíguo, pois se trata de limitar as pretensões absolutistas dos Stewart, mas não faz uma afirmação geral da liberdade dos seres humanos. A *Declaração* de 1689 já tem forma mais familiar: os lordes, outra vez, reunidos como "livres representantes da nação", listam os direitos e liberdades antigos da Inglaterra. O Parlamento, porém, ainda é visto como uma espécie de corte de justiça (como aliás até hoje na Inglaterra, a mais alta corte de justiça é um órgão do Parlamento, reunião dos *Law Lords*): "Para a reparação de todas as injustiças e melhoramentos, reforço e salvaguarda das leis, o Parlamento deve ser convocado com frequência." As liberdades de que trata o texto são civis algumas (como a limitação na cobrança de impostos), políticas outras (como o direito de petição ao rei), mas em grande parte são relativas a relações entre rei e lordes (ou Parlamento). O direito de livre expressão é garantido em primeiro lugar nos debates parlamentares. O texto é ainda distante da criação de um Estado laico (como se garantirá nos Estados Unidos). Ele termina proibindo todos os católicos (que comungam da Sé e Igreja de Roma, ou professam religião papista) de herdarem o trono da Inglaterra, da Irlanda e de seus domínios e exerçam cargos públicos (exerçam poder, autoridade ou jurisdição régia).

A Revolução Francesa faz a sua solene *Declaração dos Direitos do Homem e do Cidadão* em agosto de 1789. Os homens, principia ela, nascem livres e iguais em direitos e as distinções só podem fundar-se em utilidade comum. O art. 2º expressamente inclui entre os direitos naturais e imprescindíveis do homem a liberdade, a propriedade, a segurança e a resistência à opressão. Mas só a propriedade merece, no art. 17, a qualificação de direito inviolável e *sagrado*. A liberdade é definida como o poder de fazer tudo aquilo que não prejudique outrem e a liberdade de expressão (comunicação dos pensamentos e da opinião) é generalizada. Desaparece a vedação de acesso a cargos públicos por nascimento ou religião (art. 6º) e a liberdade religiosa é afirmada (art. 10º). A declaração não é considerada incompatível, ainda, com o regime monárquico, tanto que a Constituição de 1791 mantém a monarquia, embora abolindo a nobreza e a hereditariedade e venalidade dos cargos públicos.

A declaração de agosto de 1789, como visto, não significou que liberdade e igualdade viessem rapidamente. Muitos queriam que se mantivesse uma religião de Estado, o que afinal foi sendo afastado. Vale repetir aqui o célebre discurso, de 23 de dezembro de 1789, do Conde de Clermont-Tonnerre sobre os judeus e sua própria comunidade:

> "Não há caminho intermediário possível: ou se admite uma religião nacional, e se submetem a ela todas as vossas leis, dando-lhe o poder temporal, e se excluem de vossa sociedade os homens que professam outra crença e, então, apagais o artigo da declaração de direitos (sobre liberdade religiosa), ou permitis que cada um tenha sua própria opinião religiosa e não excluís dos cargos públicos os que fizerem uso de tal faculdade [...]. Devemos recusar tudo aos judeus como nação e dar tudo aos judeus como indivíduos. Devemos retirar-lhes o reconhecimento de seus juízes; eles devem ter apenas os nossos juízes. Devemos recusar proteção legal à manutenção das assim chamadas leis de suas organizações judaicas; eles não devem ser autorizados a formar dentro do Estado nem um corpo político nem uma ordem. Devem ser cidadãos individuais. [...] Em resumo, senhores, o estado presumido de todos os residentes de um país é o de cidadãos."

2 O PODER MODERADOR

A Constituição de 1824 foi relativamente original. Feita sob encomenda de D. Pedro I, criou um Estado centralizado e fortes poderes conservadores na competência do imperador. Ao mesmo tempo que garantia liberdades civis gerais, o sistema dependia grandemente da boa vontade dos particulares e dos organismos locais, especialmente dos poderes particulares locais. A participação política era restrita e censitária, no que acompanhava todas as constituições do século XIX – inclusive a americana – que criavam colégios eleitorais por escolhas indiretas sem esquecer que só os "cidadãos ativos" (com renda suficiente) e do sexo masculino poderiam ter voz eleitoral. Como fosse rejeitada a fórmula federal, as províncias terminaram sendo repartições do governo central, enquanto se falava das câmaras como verdadeiros centros locais de decisão. Nestes termos, forjou-se a tradição brasileira de municipalismo, com todos os defeitos que sobrevivem há quase dois séculos.

Duas de suas instituições foram objeto de longa polêmica entre os juristas do Império de modo especial, o Poder Moderador e o Conselho de Estado. Ambas tiveram um papel importante na estabilidade da política nacional, papel conservador de fato. Contra ambas, os liberais lutaram durante todo o Império: viam nelas sobrevivência de absolutismo monárquico e julgavam-nas dispensáveis e prejudiciais a um regime fundado na liberdade. Teoricamente, o Poder Moderador era uma invenção de Benjamin Constant, o político da restauração francesa e mentor da Constituição monárquica de 1814, após Napoleão. A Constituição do Império do Brasil definia-o como um quarto poder – ao lado do Executivo, do Legislativo e do Judiciário – na forma de um poder "neutro". Os arts. 98 a 101 da Carta o instituíram: "O Poder Moderador é a chave de toda a organização Política, e é delegado privativamente ao Imperador, como Chefe Supremo da Nação, e seu Primeiro Representante, para que incessantemente vele sobre a manutenção da Independência, equilíbrio, e harmonia dos mais Poderes Políticos." Como força conservadora, competia ao Poder Moderador, isto é, ao imperador, nomear os senadores – que eram vitalícios –, sancionar as leis feitas pela Assembleia Geral, aprovar e suspender as resoluções dos Conselhos Provinciais, prorrogar ou adiar a Assembleia Geral, dissolvendo a Câmara dos Deputados e convocando outra, nomear e demitir Ministros de Estado, nomear os magistrados, conceder perdão e "moderar" as penas impostas aos réus, conceder anistia. Em resumo, o imperador achava-se "acima" de questões partidárias, e zelava pela Nação e pelo Estado. Como sua pessoa era "inviolável e sagrada", não se sujeitava a responsabilidade alguma.

> O Conselho de Estado teve papel importantíssimo no Segundo Reinado. Era ouvido todas as vezes que o Imperador fosse usar o Poder Moderador. Embora fosse consultivo, pois o Moderador só pertencia ao Imperador, dava fundadas razões para a tomada de decisão. No mais das vezes o Imperador acatava o que a maioria do Conselho decidisse. Casos típicos em que o Conselho se manifestava eram os de suspensão e remoção dos juízes, questionamento da constitucionalidade de leis provinciais, conflitos de atribuições entre autoridades administrativas e judiciárias. Eram casos em que um poder (o Moderador) intervinha em outro para garantir "os princípios constitucionais e liberais". Além disso, o Conselho opinava sobre projetos de lei e regulamentos, sobre abusos de autoridades administrativas e judiciárias e sobre a interpretação dos regulamentos para o cumprimento das leis. Funcionava sobretudo nas suas quatro seções (Justiça, Guerra, Fazenda e Império) e suas decisões ajudaram a formar a alta cultura jurídica brasileira. A maioria de seus membros, vindos dos dois partidos, era de políticos cultos e experientes.

Em 1831, os liberais conseguiram a abdicação de D. Pedro I. No exercício da Regência, prepararam a reforma constitucional de 1834 (consagrada no Ato Adicional). Seu sucesso foi parcial, pois afinal não foram capazes de extinguir o Poder Moderador.

O imperador acumulava também as funções de chefe do Executivo (arts. 102 a 104), não confundidas com as do Poder Moderador. Como chefe do Executivo, exercia suas funções "pelos seus Ministros de Estado" e convocava anualmente a Assembleia Geral, nomeava bispos e concedia benefícios eclesiásticos (as rendas da Igreja), nomeava magistrados e comandantes militares, provia empregos públicos, dava ou negava beneplácito aos decretos canônicos (dos concílios e do papa), expedia decretos, enfim exercia os poderes gerais da Administração.

Das constituições monárquicas do século XIX só a belga de 1831 correspondeu a um Estado estável e os brasileiros a ela faziam constantes referências. E embora o rei belga tivesse muitas atribuições semelhantes à do Poder Moderador, não se falava num poder especial. "Na maior parte das monarquias constitucionais e representativas o poder moderador está reunido ao poder executivo, de quem forma a parte a mais elevada, e que é exercida pela coroa, pela ação e direção da monarquia. É porém mais lógico e conveniente não confiá-lo, e menos confundi-lo, com nenhum outro poder, por isso mesmo que ele tem de inspecionar a todos, já sobre seu exercício próprio, já sobre suas relações recíprocas" (PIMENTA BUENO, 1857:205). Para seus defensores, "o exercício do poder moderador é quem evita nos perigos públicos o terrível dilema da ditadura ou da revolução; todos os atributos do monarca levam sua previdentes vistas a não querer nem uma nem outra dessas fatalidades, que quase sempre se entrelaçam e reagem" (PIMENTA BUENO, 1857:205).

> Quando se fala de partidos no século XIX no Brasil lembremos que a rigor o partido político contemporâneo só emerge como partido de massas e partido ideológico definido com o advento do socialismo e a ampliação do sufrágio. Logo, liberais e conservadores não eram partidos no sentido contemporâneo, pelo menos até a campanha republicana, a partir de 1870. Antes disso eram mais grupos de ação comum no Parlamento com muita liberdade e inconsistência.

O Poder Moderador é, deste ponto de vista, o único capaz de superar o facciosismo e a divisão natural dos outros poderes que representam os grupos e interesses particulares. No sistema representativo, as eleições geram quase que naturalmente os perigos da facção. Quem zelará pelo interesse geral? O poder moderador, poder neutro, dizem alguns constitucionalistas conservadores. Pimenta Bueno, conselheiro de Estado no segundo reinado, jurista formado na Academia de São Paulo, publicou em 1857 seu *Análise da Constituição do Império* defendendo o Poder Moderador; em 1864 surge outro texto de defesa da instituição, *Do Poder Moderador*, de Braz Florentino Henriques de Souza (formado no Recife). Também levando em conta as constituições europeias e os problemas da política, sobretudo na França e na Inglaterra, Braz Florentino explica: "Em resumo: ou os três poderes marcham de acordo, ou estão em divergência. No primeiro caso, eles formarão uma unidade, sua ação será absoluta, e poderão abusar do poder, tanto quanto um monarca, tanto quanto o povo mesmo. No segundo caso não haverá ação, os conflitos estorvarão o regular andamento dos negócios, o ciúme recíproco dos poderes obstará a que eles se entendam para fazer o bem. Haverá imobilidade ou anarquia" (SOUZA, 1978:34). Para este impasse, a solução reside no poder neutro, real, afastado das mesquinharias dos interesses de grupos: "É ele quem manda a todos com império: ao legislativo pelo veto, pelo adiamento da Assembleia-Geral; pela dissolução da câmara dos deputados; – ao executivo pela demissão dos ministros; – ao judicial pela suspensão dos magistrados, pelo perdão das penas, e pela anistia. É ele quem a todos dá, por esses meios, uma direção uniforme, quem a todos comunica os princípios de vida e ordem necessários à manutenção da sociedade; é dele, por isso mesmo, que se pode dizer com Tácito, muito melhor do que dizem os ingleses de sua revolução: *Res olim insociabiles miscuit IMPERIUM et libertatem*" (SOUZA, 1978:44).

A esta exaltação das virtudes do "quarto poder", abraçada pelos conservadores de forma mais ou menos generosa, correspondia o ataque dos liberais. A "estabilidade" do regime brasileiro equivalia, segundo eles, à falta de liberdade nacional. O poder moderador, podendo interferir em todos os outros poderes do Estado, terminava por fazer e desfazer politicamente o que quisesse. Zacarias de Góes e Vasconcelos, em 1860, transforma em texto orgânico as críticas históricas dos liberais, antiabsolutistas e o título do livro é significativo: *Da natureza e limites do poder moderador*. Não podendo simplesmente extirpar da Constituição o poder moderador, o propósito de Zacarias é dar a ele uma interpretação compatível com um regime constitucional. Segundo ele, tal seria conseguido se realmente todos os atos do Poder Moderador referendados pelos ministros e pelos conselheiros de Estado gerassem para eles responsabilidade. Resumindo o argumento de Zacarias, o imperador constitucional exerceria os atos do Poder Moderador referendado pelos conselheiros ou pelos ministros (nenhum ato vinha sem a assinatura de um ministro): ora, ou o ministro se achava de acordo com o ato que assinava ou, respeitosamente, diria ao imperador que não o assinaria por julgá-lo contrário à lei, à Constituição, ao interesse da nação ou do Estado. Caso assinasse, tornava-se responsável. Em suma, a interpretação liberal – não republicana – era de que realmente o monarca constitucional estava a salvo de responsabilidade, mas não seus ministros. E caso quisesse agir sozinho, absolutamente, contra o parecer do conselho de Estado ou do conselho de ministros, deveria fazê-lo de forma transparente, já que em regime constitucional, nenhum poder deveria ser absoluto.

Tobias Barreto polemiza com conservadores e liberais. Não poupa críticas ao Conselheiro Zacarias, que pretende dar a versão liberal da monarquia brasileira. Em primeiro lugar, afirma a inutilidade do debate, pois para ele nenhum dos lados enfrenta a fundo a questão. "A questão do poder moderador, a que se acham reduzidos quase todos os problemas do nosso direito público, serve hoje de alimento a muita ignorância e covardia política. Dir-se-ia que ela existe somente para dar à posteridade mais um testemunho, entre os muitos que devem convencê-la da pobreza e do atraso em que vivemos." Para além das longas páginas de desqualificação pessoal da obra e do autor, Tobias Barreto toma o livro de Zacarias como ponto de partida para avançar sua ideia central: o erro fundamental dos publicistas brasileiros é crer que se pode transplantar para cá o governo parlamentarista dos ingleses. "A simples cópia de um princípio teórico em um artigo da Constituição não quer dizer que se tenha realizado ideia alguma. Isto é apenas passar de um livro para outro livro, sem que deixe de ficar em estado de pura teoria. Quer na obra de Constant, quer na do rei constituinte, a questão existe ainda para resolver-se" (BARRETO, 1977:97). Para ele, o grande equívoco dos juristas é não mostrar como o Poder Moderador idealizado por Benjamin Constant é fruto de circunstâncias particulares (a Restauração francesa) e como o regime parlamentar inglês é também fruto de suas particulares circunstâncias.

> Para combater a magistratura, que se recusava a aplicar a lei – como já o fizera durante o Antigo Regime – os franceses criaram um Conselho de Estado que resolveria contenciosamente, fora do Judiciário, as controvérsias entre cidadãos e Poder Executivo, ou entre distintos órgãos do Executivo. Para impedir que a interpretação judicial anulasse as decisões do Parlamento (representante do "povo soberano") criou-se o Tribunal de Cassação, como auxiliar do Legislativo, para cassar decisões judiciais contrárias à lei. Cassada a decisão, a controvérsia era devolvida ao judiciário para reapreciá-la de acordo com a interpretação legal dada pelos representantes do povo. Daí surgiu a tradição do contencioso administrativo e a não existência de controle constitucional das leis pelo Judiciário em toda a Europa.

O Brasil não reproduzia nenhuma delas. "O parlamentarismo é um produto da história: o constitucionalismo um produto do entendimento, da faculdade de criar conceitos, que não tendo base na experiência, são tão vazios e fúteis, como os produtos da imaginação" (BARRETO, 1977:108). Tobias, no entanto, pertence àquela geração de 1870 que já se dá conta do idealismo dos juristas, cujas ideias, no entanto, só terão eco mais profundo no século seguinte.

O Poder Moderador foi sempre um enorme problema para as instituições brasileiras. Pretendia responder à questão fundamental de todas as democracias, ou seja, como impedir que as maiorias eleitorais, passageiras e eventualmente pouco representativas, dominem o Estado de modo que eliminem as minorias. E, de outro lado, como impedir que minorias, também episódicas e passageiras, destruam o Estado quando se apossam dos cargos? Jon Elster classifica estes tradicionais problemas: num regime representativo, a maioria eleitoral pode manipular o sistema eleitoral para aumentar suas próprias chances de continuidade e reeleição; pode tentar superar a estrutura legal estabelecida para garantir seus próprios interesses (majoritários) ou uma paixão conjuntural; a maioria também é tentada a eliminar direitos das minorias de forma permanente; as maiorias populares podem estar sujeitas a paixões e impulsos, e assim por diante. O debate mais conhecido sobre o assunto é aquele dos Federalistas, nos quais se destaca o tema da facção. A solução americana para o facciosismo foi ampliar o espaço do debate, garantindo sempre mais a esfera pública. Por prática, mais do que por definição, a Suprema Corte tornou-se o árbitro político da disputa, tentando equilibrar interesses de maiorias e minorias. O sistema norte-americano de *checks and balances* foi, na verdade, um sistema de "soberania partilhada": todos os três poderes partilham do poder soberano do Estado e é necessário o concurso dos três para o exercício da política. A França, com sua tradição de suspeita dos tribunais e do rei, optou por um modelo em que a Assembleia Nacional encarna a soberania popular, com certos limites vindos da divisão de funções, antes que da partição da soberania. O Poder Moderador, na teoria, era o árbitro dos outros poderes de Estado. Mas, como viram seus vários críticos, tornou-se um árbitro sem regras definidas.

> A necessidade de um mecanismo externo às disputas eleitorais, mas ao mesmo tempo submetido à Constituição, requeria uma experiência ainda não disponível no início do século XIX. O Imperador brasileiro deveria ser a instituição adequada, mas o fato de ser *irresponsável* (e não apenas *irresponsável perante o corpo eleitoral*) abria as portas ao exercício pessoal do poder. D. Pedro I abusou dele, D. Pedro II foi mais comedido, mas ao fim sucumbiu à acusação de personalismo também.

Como o Poder Moderador pertencia ao monarca e como estava acima dos outros poderes, não havia responsabilidade institucional para seus atos. A queixa maior acabou sendo aquela exemplarmente feita por Tomás Nabuco de Araújo no célebre *discurso do sorites*, em 17 de julho de 1868. O discurso de Nabuco é provocado pela destituição do gabinete Zacarias. Em 16 de julho o imperador impusera à Câmara, de maioria liberal, um gabinete conservador (presidido por Caxias), aceitando a indicação do Conselho de Estado (órgão de sua nomeação). Rompia-se aí a esperança em um parlamentarismo brasileiro e a partir de então ganhou força o "novo partido liberal" e logo a seguir a ideia republicana, dada a impossibilidade visível de se superar as instituições monárquicas conservadoras da Constituição.

O imperador convocava alguém quando julgava que se estabelecera algum impasse na Câmara, e este escolhido era encarregado de organizar novo ministério, ao mesmo tempo em que se dissolvia a representação. Não por acaso, dizia Nabuco, o novo partido escolhido para o Ministério sairia vencedor e assim confirmava-se a escolha do imperador. Dizia Nabuco no célebre discurso:

> "Segundo os preceitos mais comezinhos do regime constitucional, os ministérios sobem por uma maioria, como hão de descer por outra maioria; o Poder Moderador não tem o direito de despachar ministros como despacha empregados, delegados e subdelegados de polícia; há de cingir-se, para organizar ministérios, ao princípio dominante do sistema representativo. Por sem dúvida, senhores, vós não podeis levar a tanto a atribuição que a Constituição confere à Coroa de nomear livremente os seus ministros; não podeis ir até o ponto de querer que nessa faculdade se envolva o direito de fazer política sem a intervenção nacional, o direito de substituir situações como lhe aprouver. Ora, dizei-me, não é isto uma farsa? Não é isto um verdadeiro absolutismo, no estado em que se acham as eleições no nosso país? Vede este *sorites* fatal, este *sorites* que acaba com a existência do sistema representativo: o Poder Moderador pode chamar a quem quiser para organizar ministérios; esta pessoa faz a eleição, porque há de fazê-la; esta eleição faz a maioria. Eis aí está o sistema representativo do nosso país!" (NABUCO, 1997:766)

Só com o advento da República o direito constitucional brasileiro abolirá este poder. Em parte, ele será transferido para o Judiciário, como no modelo estadunidense, que terá competência para arbitrar conflitos entre poderes e rever a constitucionalidade das leis. Enquanto durar o Império, nem mesmo os liberais estarão dispostos a uma solução destas: é que em boa parte, o exemplo de monarquia constitucional que os atrai é a Inglaterra, e ali os atos do rei e do Parlamento não podem ser revogados por revisão judicial.

3   O CONSELHO DE ESTADO

Era uma instituição característica da monarquia oitocentista e surgiu em toda a parte. Na França (Constituição de 1799) funcionou para "redigir os projetos de leis e os regulamentos de administração pública e resolver as dificuldades que surgissem nas matérias administrativas". Como os tribunais judiciais estavam proibidos de citar os funcionários da administração para responder por seus atos, e não podiam imiscuir-se quer na feitura das leis, quer no Poder Executivo, o Conselho logo tornou-se um tribunal administrativo (resolvendo controvérsias), fonte do direito administrativo francês (RODRIGUES, 1978:19-26).

No Brasil, houve três conselhos (RODRIGUES, 1978). O primeiro foi o Conselho dos Procuradores Gerais das Províncias, convocado por D. Pedro em fevereiro de 1822. O segundo, criado na dissolução da Assembleia Constituinte (13 de novembro de 1823), foi incorporado pela carta de 1824 (arts. 137-144) e extinguiu-se com o Ato Adicional de

1834 (de revisão constitucional). O terceiro foi criado, já sem *status* constitucional, por lei ordinária (Lei nº 234, de 23 de setembro de 1841) e, junto com o Poder Moderador, era objeto de debate entre liberais e conservadores. O terceiro conselho atuou durante todo o Segundo Império. Sua criação foi objeto de uma grande polêmica, pois alguns tiveram por inconstitucional uma lei que criava um conselho, extinto em 1834 por uma reforma constitucional. Mesmo assim o projeto converteu-se em lei, e os conselheiros seriam vitalícios, inamovíveis e eram ouvidos pelo imperador em casos de relevância. A defesa de sua existência foi feita pelo Visconde do Uruguai no seu importante *Ensaio de direito administrativo brasileiro*.

> Um problema essencial do novo Estado era construir uma burocracia capaz de fazer chegar a influência do direito e da ordem burocrática em toda parte. Não foi um processo fácil e não teve grande sucesso. No âmbito do Judiciário tanto a eleição dos juízes de paz quanto a nomeação pelo imperador davam-se sobre pessoas que não tinham recursos patrimoniais (da máquina do Estado) e nem de poder (influência) suficientes em diversos casos. Maria Sylvia de Carvalho Franco (1997:116-156) insistiu neste aspecto descrevendo a "penúria" de meios do poder público e como o agente deste poder (idealmente um servidor público) inseria-se nos vínculos do seu próprio meio. Segundo ela, a tendência para a burocratização, que visava entre outras coisas libertar o Estado do interesse privado, tropeçava na situação da própria fraqueza do Estado. Era preciso burocratizar, mas os recursos para isto não existiam. Tanto administração (e fisco) quanto justiça padecem do mesmo mal. Como resultado, coisa pública e negócios privados nem sempre se distinguiam suficientemente (FRANCO, 1997:131).

O Conselho de Estado era ouvido em questões que dissessem respeito ao Poder Moderador (art. 7º, 1º, da Lei nº 234) e também em pelo menos duas hipóteses que terminavam por interferir em controvérsias que hoje diríamos judiciais. O Conselho de Estado pronunciava-se: em "conflitos de jurisdição entre as autoridades administrativas e entre estas e as judiciárias"; sobre decretos, regulamentos e instruções "para a boa execução das leis". Opinava ainda sobre propostas que o poder executivo enviasse à Assembleia Geral e sobre "abusos das autoridades eclesiásticas".

Era com base nestas atribuições que o Conselho respondia a questões vindas inclusive dos juízes. Na dúvida sobre a interpretação das leis, era possível que a controvérsia chegasse ao Conselho em forma de *consulta*. Isto deveria garantir a aplicação uniforme das leis e sua interpretação, limitando-se, como se acreditava, os poderes do juiz a simplesmente declarar a lei aplicável ao caso concreto, sem inovar nem criar. A resposta à consulta tomava a forma de um *Aviso*.

Os conselheiros eram vitalícios, escolhidos pelo imperador e também por este dispensados por tempo indefinido quando julgasse conveniente. Operava dividido em quatro seções, conforme seu regulamento (Regulamento nº 124, de 5 de fevereiro de 1842): (1) Negócios do Império, (2) da Justiça e Estrangeiros, (3) da Fazenda e (4) da Guerra e Marinha, reproduzindo a divisão clássica dos assuntos de Estado em governo, justiça, fazenda e guerra. Agia não contenciosamente, examinando as leis provinciais ou outros negócios, propondo leis, regulamentos e decretos para os assuntos que examinava. Mas também funcionava contenciosamente, como tribunal administrativo diríamos, conforme o disposto nos arts. 24 a 51 do mesmo regulamento. Uma parte deste contencioso administrativo lidava com conflitos de atribuições entre autoridades judiciárias e administrativas, ou entre diversas autoridades administrativas ou entre elas e autoridades eclesiásticas. O Conselho funcionava também como órgão de recurso para decisões administrativas contenciosas. Junto ao Conselho estavam habilitados advogados em número limitado, somente aos quais era autorizado o exercício do procuratório nos assuntos submetidos aos conselheiros.

Na edição das *Ordenações* organizada por Cândido Mendes, e muito utilizada no Segundo Reinado como verdadeiro orientador jurídico, encontram-se muitos destes avisos expedidos como respostas do Conselho de Estado em casos submetidos a juízes. Um caso exemplar diz respeito ao tratamento do escravo que havia testemunhado contra seu senhor. O vice-presidente da Província do Rio Grande do Sul encaminhou ao Conselho uma consulta sobre como proceder diante da crueldade vingativa do patrão. A resposta veio no Aviso no 263, de 1852: não se poderia privá-lo do escravo, ou desapropriá-lo, pois o direito de propriedade era constitucionalmente garantido. Era possível apenas mandar o chefe de polícia acompanhar o caso se houvesse suspeita de maus-tratos excessivos da parte do senhor. Outro caso, também relativo a escravos, foi resolvido pelo Aviso no 388, de 1855. A dúvida foi encaminhada pelo vice-presidente da Província de São Paulo. Um juiz de órfãos não sabia como decidir uma questão: um licitante fizera um lance para libertar os escravos de um inventário. O herdeiro estava ou não obrigado a aceitar o lance, sabendo que não era para a compra mas para a alforria dos escravos? A questão jurídica era, portanto, a seguinte: pode o escravo ser alforriado, contra a vontade do dono, desde que haja indenização? O problema era sério, pois se isto fosse possível não só os abolicionistas poderiam libertar escravos contra a vontade dos senhores, mas os próprios escravos poderiam chegar a compelir seus donos a aceitarem valores pela sua liberdade. No caso concreto, o Conselho resolveu que era possível aceitar o pagamento se o preço fosse maior ou igual ao que aparecesse na licitação. Mais tarde, pelo Aviso no 480, de 1862, o Conselho teve que enfrentar outra vez a questão. Resolveu então que esta venda para a liberdade não era juridicamente aceitável, pois iria contra o direito de propriedade, e não competia ao poder executivo ampliar os casos em que o juiz podia alforriar escravos que pagassem o preço da avaliação em inventário. *Compete ao juiz aplicar a lei, e à Assembleia Geral fazê-la,* diz o aviso. Além do mais, ponderava o parecer aceito pelo imperador, os jurisconsultos ainda não se definiram sobre a analogia entre o direito de propriedade sobre coisas e sobre escravos... (MENDES DE ALMEIDA, 1870;1071 ss).

Ainda na esfera das instituições constitucionais vale lembrar que a Carta de 1824 distinguia em seu próprio texto matérias constitucionais e matérias não constitucionais. Segundo o art. 178 eram constitucionais apenas "o que diz respeito aos limites e atribuições dos poderes políticos e aos direitos políticos e

> Até recentemente o Conselho de Estado era analisado em seu aspecto apenas político. Ele foi, porém, o grande órgão de controle de constitucionalidade do Império. Foi também o órgão de cúpula (de fato, embora talvez não de direito) do contencioso administrativo, funcionando como árbitro dos conflitos entre a administração em geral (governo) e a administração da justiça (judiciário). Essas funções foram exercidas em suas diversas Seções (Justiça, Império, Guerra e Fazenda). Examinei detidamente as decisões da Seção de Justiça e o papel jurídico do Conselho no meu *O Oráculo de Delfos* (2010). As atas do Conselho pleno encontram-se na página do Senado na rede de computadores (<www.senado.gov.br>) e as das diversas seções podem ser acessadas na Biblioteca Brasiliana da Universidade de São Paulo (<www.brasiliana.usp.br>).

individuais dos cidadãos. Tudo o que não é constitucional pode ser alterado sem as formalidades referidas, pelas legislaturas ordinárias". As formalidades para a reforma constitucional – que serviram para se fazer o Ato Adicional de 1834 – consistiam em propor previamente reformas de algum ou alguns artigos. Caso aprovada a discussão da reforma, deveria ser expedida lei que determinaria eleição especial para os Deputados gozarem do direito de fazer as reformas (arts. 174 a 177). Foi assim que se fez a reforma de 1834, promulgada no famoso *Ato Adicional* (Lei nº 16, de 12 de agosto de 1834). O Ato Adicional (1834) seguiu-se à revolução de 1831 (abdicação de D. Pedro I) e incorporou parte dos projetos liberais: deu poderes mais amplos às Assembleias Provinciais (inclusive para legislar sobre organização judiciária, instrução pública, polícia, desapropriações, criação de empregos, prisões, suspensão de magistrados etc.). Foi o mesmo Ato Adicional que extinguiu o Conselho de Estado constitucional. Com o *Regresso*, o Ato Adicional foi interpretado restritivamente pela Lei nº 105, de 12 de maio de 1840, retirando a polícia judiciária do âmbito de competência das províncias e câmaras, entre outras coisas.

Fato é que o Conselho foi uma espécie de intérprete da Constituição e grande disciplinador do direito público no Império Embora tivesse caráter apensa consultivo, o Imperador conformava-se quase sempre com suas respostas, e os ministros de Estado transformavam-nas em avisos, isto é, ordens aos oficiais, empregados e órgãos a eles subordinados. Por isso, ele se converteu em verdadeiro centro de interpretação do ordenamento jurídico brasileiro (cf. LOPES 2010, *passim*).

4 A RELIGIÃO DE ESTADO

A Constituição do Império havia aceitado a existência de uma religião de Estado. Embora se admitisse a liberdade de consciência, as religiões, que não a católica, não poderiam ser exercidas em público. O clero católico era tratado como um ramo do funcionalismo público, e as rendas da Igreja eram matéria de Estado. Os padres dispunham de enorme influência política nas localidades, não apenas por serem frequentemente proprietários de terras, mas também pelas funções públicas que exerciam (registros civis e de terras que eram confiados às freguesias ou paróquias). Finalmente, conservava-se o instituto do beneplácito régio: qualquer decisão de concílios ou constituições da Igreja dependiam, para ter vigência no Brasil, do acordo do governo. Não era uma grande originalidade brasileira, já que boa parte das monarquias europeias tinha sistema semelhante e, no caso do Brasil, tratava-se de prolongar no regime constitucional um sistema que já vigorava no período da colônia. Ora, na segunda metade do século XIX a Igreja católica ressente-se desta subordinação formal aos poderes de Estado. A maior parte das monarquias constitucionais havia tomado, mesmo contra sua vontade, o caminho da liberalização política e o processo de urbanização e secularização da vida era inevitável. Em muitos lugares, as revoluções de caráter liberal confundiam-se com revoluções de caráter popular e socialistas. No ideário destas revoluções não era pequeno o anticlericalismo, visto ser a Igreja, um pouco em toda parte, grande proprietária de terras, de escravos (onde os havia), associada com os governos estabelecidos. A reação contra os ideais libertários do século XIX vingou no catolicismo sobretudo com o Concílio Vaticano I (1870): o resultado foi (a) um conservadorismo doutrinal, rejeitando fortemente os ideais modernos de liberdade, e (b) um esforço de diferenciação institucional, centralizando-se burocraticamente em Roma e mais ainda estabelecendo o dogma da infalibilidade papal, uma concentração pessoal de poder sem precedentes.

Já na primeira metade do século, o Padre Feijó era bastante crítico das doutrinas católicas. Era contra o ensino de dogmas da religião católica nas escolas elementares do Império "por não ser muito conforme à Constituição que tem considerado os princípios da tolerância". Ensinar sim a moral cristã, mas os dogmas seriam assunto das paróquias... (SOUZA, 1978:109). Desenhava-se pois um conflito potencial entre interesses do Estado e interesses liberais, e a postura dogmática e autoritária de uma religião para quem "o erro não tem direitos". O movimento ultramontano e conservador da segunda metade do século, procurando romanizar ainda mais as diversas igrejas, desencadearia novos problemas.

É neste clima que tem lugar no Brasil a Questão Religiosa. O bispo de Olinda, D. Fr. Vital Gonçalves de Oliveira, de 26 anos, formado na Europa, resolve impor um interdito a uma irmandade do Recife e excomungar os membros maçons da confraria, seguindo as determinações de Pio IX. Ora, estas determinações do papa e do Concílio não haviam sido submetidas ao governo imperial para *beneplácito*. Diante do fato, a Irmandade do SS. Sacramento da Igreja de Santo Antônio apresentou um recurso à Coroa, na forma do Decreto 1.911, de 1857. O recurso foi encaminhado ao Conselho de Estado, que decidiu em 23 de maio de 1873 que o bispo havia excedido sua jurisdição (pois as irmandades eram não apenas religiosas mas também seculares e só a autoridade religiosa não poderia dissolvê-las ou interditá-las) e que havia feito uso de bulas pontifícias sem beneplácito. Deu-se provimento ao recurso e encaminhou-se o processo de volta a Recife para que se cumprisse a decisão, com um ofício dirigido ao bispo (em 12 de junho de 1873).

D. Vital recusou-se a tomar as providências no prazo dado (um mês), alegando matéria de consciência num ofício de 6 de julho de 1873 endereçado ao ministro de Estado do Império. Foi então pedido ao procurador da Coroa, Fazenda e Soberania Nacional que promovesse a acusação do bispo, dando início a processo penal. O pedido, de 27 de setembro de 1873, foi assinado pelo ministro João Alfredo Correa de Oliveira, em nome do próprio imperador. A denúncia foi apresentada pelo procurador da Coroa ao Supremo Tribunal de Justiça em 10 de outubro de 1873, pelo crime do art. 96 do Código Criminal (*obstar o cumprimento de determinações do Poder Moderador ou Executivo*), fazendo também menção ao art. 86 (*atentar contra a Constituição*) e art. 129 (*prevaricação*). Em 21 de novembro o bispo respondeu e em 12 de dezembro o Supremo aceitou a denúncia (despacho de pronúncia) mandando prendê-lo e trazê--lo à Corte. Cumprida a ordem de prisão, D. Vital chegou ao Rio de Janeiro em 13 de janeiro de 1874 e foi julgado em 21 de fevereiro. Serviram como seus advogados espontâneos, sem procuração, pois o bispo calou-se perante o tribunal, os senadores Zacarias de Góes e Vasconcelos e Cândido Mendes de Almeida. D. Vital foi condenado: foi o 163º funcionário julgado pelo Supremo, o segundo condenado e o primeiro a quem foi aplicada a pena.

O que importa notar neste caso é o estado da questão no país. Os discursos de defesa, a troca de ofícios, tudo confirma uma espécie de consenso entre os juristas, de que a monarquia tem por dever proteger a Igreja, como matéria de ordem pública. Nada de defesa do Estado laico, ou mesmo de dúvida a respeito da importância da ligação Estado-Igreja. Se alguém põe em dúvida este sistema é o próprio bispo, defendendo suas decisões como matéria de consciência. O liberalismo oitocentista e monárquico não é, definitivamente, democrático nem pluralista. Será preciso esperar a República, para que se estabeleça o fim da religião de Estado (Decreto 119 A, de 7 de janeiro de 1890) e se garanta o livre exercício de culto publicamente, com a ressalva, claro está, das religiões afro-brasileiras que continuarão sendo reprimidas policial e socialmente, refugiando-se na semiclandestinidade por várias décadas.

Poder Moderador, Conselho de Estado, Senado vitalício, Religião de Estado: tudo somado mostra a face conservadora da monarquia. Tudo garantia que as classes subalternas e as elites não integradas diretamente nos interesses específicos do núcleo do poder não tivessem poder institucional suficiente para introduzir mudanças. As mudanças vinham no ritmo permitido pelo "paço imperial".

5 O PODER JUDICIÁRIO

A reforma do Judiciário na base começou de fato com o Código do Processo Criminal de 1832. Por ele foram extintos os cargos anteriores e o aparto judicial começou a tomar forma em torno dos cargos de juiz de paz, juiz municipal e juiz de direito na primeira instância. Antes dele, porém, já em 1828 se fizera a reforma dos órgãos de cúpula: extinguiram-se os tribunais antigos (Casa da Suplicação, Mesa da Consciência e Ordens e Desembargo do Paço). A segunda instância manteve-se com as Relações criadas antes da Independência e com um Supremo Tribunal de Justiça (que substitui a Casa da Suplicação). O Conselho de Jurados (ou Tribunal do Júri), presidido pelos juízes de direito, tratava normalmente de todos os feitos criminais. Certo que antes da lei processual de 1832 duas medidas legislativas já haviam sido editadas para dar início à reforma: a lei de 18 de setembro de 1828, criando o Supremo Tribunal de Justiça, determinando-lhe as competências, a organização, o modo de escolher seus ministros e disciplinando o *recurso de revista*; e a lei ainda anterior, de 1827, dispondo sobre a eleição e as funções do *juiz de paz* (seguida da lei de 1828 que dava nova regulamentação às câmaras municipais em cujo âmbito territorial exerce sua competência o juiz de paz). (cf. LOPES 2017)

Os *juízes de paz* eram eleitos e não precisavam ser bacharéis em direito. A primeira disciplina do cargo surgiu com a Lei de 15 de outubro de 1827, seguida da Lei de 1º de outubro de 1828, que dava nova forma às câmaras municipais. Os cidadãos admitidos ao voto nas câmaras elegiam também os juízes de paz. A eleição era feita numa assembleia paroquial, recolhendo-se os votos de cada eleitor e remetendo-os para apuração na sede da cidade ou vila. Por esta lei, todas as tarefas judiciais já não se exercem mais pelas câmaras. Apesar de os juízes de paz serem uma espécie de bandeira dos liberais, nem todos concordavam com a ampliação de seus poderes. Feijó, por exemplo, desacreditava de sua capacidade: "São incompatíveis com o estado de nossa instrução pública; nós vemos a inabilidade com que servem os juízes ordinários, os quais nada fazem sem o conselho do escrivão" (SOUZA, 1978:83). O Código do Processo Criminal de 1832 reorganizou a eleição e as competências do juiz de paz. Em geral ele ficou encarregado da instrução criminal, que adquiria caráter contraditório. A vítima (se o crime fosse particular) ou o promotor público (se o crime fosse público) apresentavam a queixa perante o juiz de paz, que dava início à "formação da culpa", recolhendo provas, ouvindo o suspeito e preparando o sumário da culpa que seria apreciado pelo júri de acusação.

Os *juízes municipais* substituíam os juízes de direito nos termos, eram preferencialmente bacharéis (mas também advogados habilitados) e nomeados pelo presidente da Província. Segundo o Código de 1832 as Câmaras municipais preparavam listas, das quais o presidente escolhia o juiz municipal. A reforma (Lei de 3 de dezembro de 1841) suprimiu as listas e entregou sua nomeação ao imperador. A matéria civil em geral era da competência dos juízes municipais. Os *juízes de direito*, desde 1832 nomeados pelo imperador, eram vitalícios mas não inamovíveis. Não havia, portanto, uma carreira judicial completamente aberta: o ingresso na magistratura profissional dependia de nomeação do imperador. Depois de nomeados, os juízes de direito formavam praticamente um corpo estamental dentro do Império, gozando de vitaliciedade. Poderiam também candidatar-se a cargos de deputados provinciais ou gerais e sempre influíram na vida política do país. Eram eles que presidiam os julgamentos pelo júri, e o júri era a forma normal de julgamento dos processos criminais. Não havia rigorosas barreiras institucionais que isolassem magistratura e política.

O *conselho de jurados* reunia-se sob a presidência do juiz de direito para examinar os casos em duas fases. O Conselho de Pronúncia ou Acusação devia responder a seguinte questão: "Há neste processo suficiente esclarecimento sobre o crime e seu autor para proceder à acusação?" (art. 244). Caso negativo, procedia-se a uma nova instrução perante o Conselho, que então deveria "ratificar" o processo e responder a uma segunda pergunta: "Procede a acusação contra alguém?" (art. 248). Passava-se, depois, ao júri de julgamento ou sentença. O Código regulou, finalmente, o processo de *habeas corpus* (arts. 340-352).

Como o Brasil era um Estado unitário, não havia tribunais de segunda instância em todas as províncias, mas apenas aqueles necessários para a comodidade dos povos (art. 158 da Constituição). Deste modo, até 1873 existiram apenas as *Relações* de São Luís, Recife, Salvador e Rio de Janeiro. Em 1874 instalam-se outras em São Paulo, Porto Alegre, Ouro Preto, Goiás (Vila Boa), Cuiabá, Belém e Fortaleza.

O *Supremo Tribunal de Justiça*, organizado pela Lei de 18 de setembro de 1828, compunha-se de 17 ministros *letrados*, tirados por antiguidade dos desembargadores das Relações. As funções do Supremo eram bem determinadas (art. 164 da Constituição): conceder e negar revistas, conhecer dos delitos que cometessem seus ministros, desembargadores das Relações, empregados do corpo diplomático e presidentes de províncias, e conhecer dos conflitos de jurisdição entre as relações. Os outros conflitos de jurisdição, já se viu, seriam remetidos ao Conselho de Estado. Em 1851 passou também a sua jurisdição o julgamento dos bispos e arcebispos (Decreto nº 609) e o Decreto nº 1911, de 28 de março de 1857, permitiu o "recurso à Coroa" nos casos de usurpação de jurisdição temporal (Cf. LOPES 2010c, *passim*).

A revista era o assunto mais importante do Supremo. O recurso de revista tinha natureza de cassação, como se fazia, aliás, também na França, em que o tribunal mais alto era chamado Tribunal de Cassação. Pimenta Bueno esclarece: "O fim a que a parte tem em vista é que o supremo tribunal de justiça, atento a violação da lei, casse, anule o processo ou a sentença, que consequentemente mande retificar o processado, ou julgada de novo a causa" (PIMENTA BUENO, 1857:350). Além do pedido de revista pela parte, havia *a revista no só interesse da lei*: poderia ser pedida pelo procurador da coroa e soberania nacional para garantir o respeito, pelo judiciário, às decisões da Assembleia

Geral, isto é, à lei. "O fim deste recurso", diz Pimenta Bueno, "é de reivindicar o império e a dignidade da lei ofendida, não consentir que passe como lícito ou vigente um princípio ilegal, um arresto oposto à tese, ao preceito dela, de reprimir enfim o abuso do julgador". Ele lembra, aliás, que a inspiração deste recurso está nas leis francesas. O Regulamento nº 737 de 1850 regulou a revista em matéria civil.

Como tribunal de cassação e de uniformização da jurisprudência, o *Supremo* foi muito criticado. Sua criação foi fruto de longa discussão e as tentativas de sua reforma também. Para uma história específica do Supremo monárquico remeto aos textos contidos no meu *Supremo Tribunal de Justiça do Império (1828-1880)*, de 2010, particularmente as contribuições de Andrea Slemian e Paulo M. Garcia Neto. Fiz também outra análise de sua criação em *Governo misto e abolição de privilégios*, também de 2010.

Os casos que admitiam a revista eram de *nulidade manifesta* ou *injustiça notória*. Nulidade manifesta consistia no não cumprimento da ordem do juízo; injustiça notória significava a violação dos preceitos legais. "Quando uma sentença manda diretamente o contrário do que a lei determina, dá-se uma rebelião aberta contra ela, que ofende gravemente a sociedade..", dizia o Marquês de São Vicente. Mas também quando o tribunal ou juiz aplicava a lei de modo manifestamente errado era possível pedir a revista. O Supremo, aceitando o pedido de revista não fazia ele mesmo o julgamento: cassava a sentença e remetia os autos a outra corte (que não aquela que havia proferido a primeira decisão), para que fosse novamente julgado o caso. Era um recurso compatível com a ideia de submissão dos juízes à lei, num tempo em que se acreditava que era possível controlar o processo interpretativo e que a obediência às resoluções da Assembleia Geral era garantia de ordem e liberdade. Na França, o recurso de cassação mostrara-se necessário dentro de uma ordem que pressupunha a soberania popular (pelos representantes reunidos em assembleia legislativa). Também se fazia necessário em razão da recusa continuada dos tribunais de aplicarem as leis revolucionárias que contrariassem os costumes e tradições jurídicas secularmente aceitos. No Brasil, a soberania popular não se havia introduzido claramente no texto constitucional: mas é certo que, seguindo o espírito da época, fora atribuído à Assembleia Geral fazer as leis e *interpretá-las* (art. 15). Delegar a interpretação aos tribunais parecia inconstitucional. Mesmo porque a revisão judicial da constitucionalidade das leis não existia.

Os *cartórios* continuaram existindo e os cargos e ofícios de justiça continuaram privatizados. Em 1827, a lei proibiu que fossem tratados como propriedade (Lei de 11 de outubro de 1827), mas continuavam a ser providos de forma vitalícia e o costume foi que se nomeassem os sucessores indicados pelos próprios serventuários. O cartório é a grande figura na vida forense do Brasil e num país de grande número de analfabetos como era o nosso caso no século XIX, a necessidade do escrivão e do tabelião parecia insuperável.

Se o Código do Processo Criminal foi nitidamente liberal, sua *reforma em 1841* (Lei de 3 de dezembro de 1841) foi nitidamente conservadora. A instrução criminal passou do poder judiciário eleito (juízes de paz) ao executivo: eram os chefes de polícia nomeados pelo presidente da Província que delegavam suas funções a delegados de polícia no interior para investigar inquisitorialmente os crimes. Juiz de paz e juiz municipal perderam a "jurisdição policial". Uma *segunda reforma* judiciária veio a ter lugar *em 1871*. Quando foi debatida, alguns pontos centrais foram levantados pelos liberais e pelos conservadores reformistas: criação de incompatibilidades entre os cargos da magistratura e os cargos eletivos, controle dos poderes da polícia (ampliação do *habeas corpus*), entre outras. O Conselheiro Nabuco considerava ainda fundamentais medidas que não vieram em 1871. Falava da profissionalização completa da magistratura, com incompatibilidade eletiva, e de um sistema de nomeação que impusesse treinamento prévio do magistrado. Exigia também "a supressão da anomalia que consiste em poderem os tribunais revisores decidir, em matéria de direito, o contrário do que decide o Supremo Tribunal de Justiça, invertida assim a hierarquia judiciária, e provindo daí a incoerência da jurisprudência, a incerteza dos direitos do cidadão, e a fraqueza do império da lei, aplicada por motivo vário e contraditório" (NABUCO, 1997:869). Reclamava ainda a criação de uma Relação em cada província, a vitaliciedade para toda a primeira instância e a competência judicial para formação da culpa.

Estrutura judicial no Império:

Órgão	Supremo Tribunal de Justiça	Tribunais da Relação	Juiz de Direito e Jurados (Comarcas)	Juiz Municipal (Termos)	Juiz de Paz (Distritos)
Criação	Lei de 18 de setembro de 1828.	Procederam do regime colonial (Salvador, Rio, S. Luís, Recife). Em 1874, criadas mais sete Relações.	Constituição (art. 151) e Código do Processo Criminal.	Código do Processo Criminal.	Lei de 15 de outubro de 1827 e Código do Processo Criminal.
Principal função	Revista e processos previstos na Constituição e em leis especiais.	Segunda instância em geral, julgar revistas enviadas pelo STJ.	Juiz de direito: presidir os júris.	Substituir os juízes de direito.	Conciliar nos casos civis e presidir a instrução penal (contraditória) nos casos criminais.
Nomeação	Imperador, tirados das Relações por antiguidade.	Pelo imperador.	Pelo imperador, entre bacharéis em direito, eram vitalícios, mas removíveis; os jurados eram eleitos entre os que podiam ser eleitores.	Pelo Presidente da Província, por listas tiradas das Câmaras municipais, entre bacharéis em direito ou "advogados hábeis", por três anos, exerciam jurisdição policial.	Eleito pelas Câmaras municipais.

Órgão	Supremo Tribunal de Justiça	Tribunais da Relação	Juiz de Direito e Jurados (Comarcas)	Juiz Municipal (Termos)	Juiz de Paz (Distritos)
Lei de 3 de dezembro de 1841 (Lei da Reforma do Processo)			Art. 95 – abole o 1º Conselho de Jurados (júri de pronúncia).	Perdem a atividade policial para o *chefe de polícia*; passam a ser nomeados pelo imperador por quatro anos. Assumem a jurisdição penal que antes era do juiz de paz. Assumem funções que eram do júri de pronúncia.	Perdem a função de instruir presidir a instrução penal (em favor do delegado de polícia, nomeado pelo chefe de polícia da Província).
Lei nº 2.033, de 20 de setembro de 1871				Vedou à polícia a "formação de culpa", mas continuou baseada no inquérito (não contraditório). Ampliou o *habeas corpus*.	Organizou o inquérito policial.

6 A CULTURA JURÍDICA

6.1 O que se disputa em juízo

O que se discutia e como se discutia em juízo? Até a década de 1870, não havia publicação regular e estável de periódico jurídico relevante no Brasil. As leis eram publicadas remetendo-se cópias para as câmaras, guardado original na Coleção de Leis. As câmaras ficavam encarregadas de dar publicidade. A jurisprudência é limitada. Entre 1813 e 1846, publicou-se uma *Gazeta dos Tribunais*, no Rio de Janeiro. Outras publicações de jurisprudência, todas de vida curta, foram *Nova Gazeta dos Tribunais* (1848-1849), *Gazeta Judiciária* (1852-1854), *Crônica do Foro* (1859). Mais promissoras foram a *Revista de Jurisprudência e Legislação* (iniciada em 1862 no Rio de Janeiro pelo Instituto da Ordem dos Advogados), e a *Revista Jurídica* (em São Paulo, a partir de 1862). De forma continuada, particular e não oficialmente, publica-se *O Direito* a partir de 1873. Contém legislação, doutrina e jurisprudência e seus editores são magistrados, um advogado do Conselho de Estado e um advogado. Sua apresentação, porém, é muito cautelosa e representativa do pensamento da época: a jurisprudência não pode usurpar o papel da lei, como no Antigo Regime havia frequentemente acontecido. Estamos em pleno século XIX:

"Como bons exemplos de serem imitados, e não como leis, às quais absolutamente se deva obedecer, faremos publicar os julgados de nossos tribunais; não só aqueles que pela justiça de suas decisões fazem conhecer a sabedoria de seus autores, demonstram escrupulosa aplicação das leis aos casos ocorrentes, estabelecem e firmam a jurisprudência, senão também os que, não sendo dignos de serem imitados, por lhes faltarem esses requisitos, mereceram a justa e severa crítica, de que os faremos acompanhar" (*O Direito*, 1873, vol. 1, p. 2).

Já no último quarto do século XIX, é verdade que a jurisprudência nada tinha a dizer em acréscimo à lei? De fato, o que se vê em alguns julgados é o uso da cultura jurídica para aplicar a lei adaptando-a. Neste sentido nota-se, por exemplo, a hesitação em termos de tratamento de escravos, o alargamento do conceito de propriedade, o uso das *Ordenações Filipinas* já temperado pela percepção burguesa de seus institutos.

> A aprovação do Código Comercial foi um fator importante para retardar a edição do Código Civil, como previam alguns senadores no debate sobre o estatuto mercantil. Ele modernizou grandemente o direito brasileiro, e tratou do que era realmente importante para a economia do Império, o comércio de longo curso (de importação e exportação), os contratos bancários e mercantis, os direitos de garantia (penhor e hipoteca). Sua aprovação era de interesse dos comerciantes do Rio de Janeiro e foi objeto de grande controvérsia, pois os não comerciantes, especialmente os fazendeiros (os industriais da lavoura, como se dizia) ficariam sujeitos a suas regras por realizarem grande parte de seus negócios com intermediários comerciantes, os comissários de café (cf. LOPES, 2006).

A cultura jurídica forense tem um estilo muito diferente do atual. Os acórdãos tendem a ser curtos, breves e os arrazoados forenses, bem como as próprias decisões, não se alongam em citações. Cita-se a lei, argumenta-se em torno da lei, mas também um pouco da doutrina. E quem são os doutrinadores utilizados? Como parte dos casos ainda cai sob o domínio das *Ordenações*, citam-se os portugueses: Pascoal de Mello Freire, os praxistas e Corrêa Telles em matéria civil.

É compreensível, pois estes autores, mas especialmente Mello Freire, eram recomendados como obras de consulta nos cursos jurídicos. Mello Freire era um importante (talvez o mais importante) jurista do final do século XVIII em Portugal. Tanto como legislador, quanto como doutrinador, era homem do iluminismo. Como legislador, havia sido um dos mais ativos membros da Junta do Novo Código, nomeada por Da. Maria I para reformar as *Ordenações* e terminou produzindo praticamente um código penal novo, mesmo que com o tempo o Novo Código não tenha sido promulgado. Como doutrinador havia posto ordem na legislação portuguesa expondo-a no monumental trabalho das *Instituições do direito civil português público e privado* (direito *civil* tomado como direito *nacional*, em oposição ao direito natural ou das gentes), publicado em 1789. Já que parte das *Ordenações Filipinas* continuava em vigor, era natural que se tomasse como guia um intérprete ilustrado como Mello Freire, que havia posto ordem e sistema nas fontes e que as submetia à cultura iluminista.

A matéria que domina a jurisprudência, como não poderia deixar de ser, é o assunto das classes possuidoras: heranças, compras e vendas de terras, forma de tratamento de escravos, negócios societários e circulação de mercadorias e títulos. Não é por acaso que o Código Comercial tornou-se tão importante no Império: ele ajudava a interpretar as *Ordenações* em muitos pontos em que não as havia expressamente revogado. Um caso exemplar foi julgado em Recurso Revista (no 8.391, de 1873). Nele discutia-se a propriedade de apólices da dívida pública, que haviam sido vendidas ao Banco Rural e Hypothecario. A decisão de primeira instância, sucessivamente confirmada pelo Tribunal de Comércio da Corte e pelo Supremo Tribunal, em revista, foi no sentido de atribuir às apólices a condição de propriedade, e o raciocínio usado foi tomar o art. 121 do Código Comercial, que mandava aplicar aos contratos comerciais as regras de direito civil e, por analogia, conceder ao autor a ação real de reivindicação.

Pedro Dutra mostra, no seu *Literatura jurídica no Império* (2004) um quadro importante de nossa cultura oitocentista, tendo encontrado no catálogo da Editora Garnier 123 obras jurídicas. No catálogo da editora Laemmert, de 1874, encontrei 108 publicações em direito.

Outras questões frequentes diziam respeito a falências e concordatas e a substituição de sócios, seja por herdeiros, seja por outros sócios. Como a sociedade anônima ainda não era a forma mais frequente de associação mercantil para pequenos e médios comerciantes, as sociedades de pessoa punham continuamente o problema diante dos tribunais. Não poucos eram os casos de sucessões e heranças, típicos também de um país em que a riqueza se concentrava em "empresas familiares", ou seja, fazendas e negócios geridos de modo mais ou menos patriarcal.

Chamam também a atenção os casos relacionados aos escravos, que em princípio sujeitavam-se à jurisdição dos *juízes de órfãos* (ou seja, juízes dos *incapazes*). Duas questões se colocavam com cada vez mais frequência: (1) em que casos poderia haver emancipação (alforria) de negros independentemente da vontade de seus senhores ou dos sucessores, até a discussão da legitimidade de sua inclusão entre os "bens do evento", ao lado de todas as coisas deixadas pelo autor da herança, e (2) casos de maus-tratos. Os escravos eram parte importante do capital de qualquer empresa ou "indústria" (a atividade rural era chamada de indústria também). A consciência antiescravista, no entanto, crescia e após a Lei do Ventre Livre (1871) parecia continuar crescendo. Sem negar a escravidão, ampliavam-se os casos em que se pretendia proteger os escravos.

Em 1874, foi ao tribunal, no Maranhão, um caso significativo. Um senhor de escravos, Raymundo José Lamaner Vianna, castigou sua escrava Carolina, castigos corporais, como se costumava. A escrava fugiu e procurou a polícia. O chefe de polícia mandou fazer exame de corpo de delito e constatou ofensas físicas, que não deixariam mutilação. O promotor de justiça local resolveu apresentar queixa contra o senhor da escrava. Este respondeu que os castigos físicos moderados eram completamente legais e arguiu a ilegitimidade do promotor para processá-lo. Segundo ele, o escravo não tinha direito de dar queixa alguma contra qualquer pessoa (muito menos contra seu senhor), e competia sim ao senhor apresentar queixa contra quem tivesse ofendido o escravo. Invocava a seu favor o art. 72 do Código do Processo Criminal. O juiz rejeitou tal defesa com os seguintes argumentos: "Exigir como princípio que em todo caso só o senhor pode dar queixa pelo escravo, seria deixar o escravo exposto a grandes atentados. Seria uma iniquidade: o defloramento, o furto do pecúlio, e outros ficariam impunes, toda vez que pelo próprio senhor fossem praticados. Ao caso vertente, pois, me parece de todo aplicável a doutrina do art. 73: se há ente miserável, é o miserável escravo, que é vítima da tirania de seu senhor." O art. 73 obrigava o promotor de justiça a apresentar queixa quando a vítima fosse pessoa miserável, mas de modo geral, o Código Criminal dava à própria vítima o direito de queixa e o início da ação penal. Por Aviso de 1853, o Conselho de Estado havia interpretado que o escravo, tendo por si o seu senhor, não era pessoa miserável a quem os promotores estivessem obrigados a defender. No caso, porém, quando o ofensor é o próprio senhor, conclui o juiz que o escravo é naturalmente miserável. A Relação do Maranhão manifesta-se a favor do entendimento do juiz (*O Direito*, 1875:341-355).

6.2 Os juristas

Os magistrados desempenharam sempre um papel político duplamente importante, pois era-lhes permitido candidatar-se a deputado e terminavam sendo também legisladores. Enquanto juízes, na esfera local, estavam em função carregada de matizes políticos, pois deviam ser indicados pelo Imperador e sua indicação dependia de algum contato político (um apadrinhamento) e ao mesmo tempo passavam a dever lealdade a quem os nomeara, ao governo imperial. Também poderiam candidatar-se a cargos de deputado, e por isso a carreira política no Império começava frequentemente num cargo judicial (cf. LEAL, 1978:181-200 e KOERNER, 1997a:39-80). A primeira geração veio toda de Coimbra. A primeira turma de bacharéis brasileiros formou-se em 1831 e foi fornecendo quadros para o Estado. Pimenta Bueno, o Marquês de São Vicente, foi desta primeira turma em São Paulo.

O estilo dos juristas refletia as influências estrangeiras, francesas e inglesas sobretudo no debate político e de direito público (constitucional e administrativo). No direito privado, a influência do utilitarismo inglês era grande entre os comercialistas e os contatos com a Inglaterra frequentes. O Brasil era o país latino-americano em que mais se concentravam os investimentos ingleses no começo do século XIX, investimentos em dívida pública, títulos em geral, comércio e mais tarde participação em alguns empreendimentos, tais como seguros, bancos, estradas de ferro. Desta convivência surgiam práticas comerciais compatíveis com o comércio internacional. No direito civil, sobreviviam as *Ordenações*. Até no período republicano, enquanto não editado o Código Civil, a fonte legislativa invocada era o Livro IV e para resolver algumas questões também o Livro III (já que ali se achavam as regras sobre a prova dos atos e negócios). Às vezes, era preciso misturar a ordem nova do comércio com a ordem velha das *Ordenações*. Em pleno ano de 1915, antes portanto da entrada em vigor do código civil, discutia-se a aplicação do "benefício Veleiano", contido nas *Ordenações* (Livro IV, Título 16) ao aval prestado pela mulher do devedor... É notável de toda maneira a influência da doutrina alemã entre os privatistas. Mais notável ainda, porque já para os europeus a doutrina alemã era considerada conceitualista: transplantada para o Brasil, tornava o direito um objeto de conhecimento de poucos, como poucos eram os que formavam as "classes superiores" do país.

Havia muitos leigos, isto é, não bacharéis em direito, que agiam um pouco nas comarcas de interior como advogados, pois era costume serem *provisionados*, receberem provisões para exercer a advocacia.

A tudo isto somava-se o fato essencial: a presença do Estado e do direito no país era muito desigual, geográfica e socialmente. O Estado e a lei chegavam apenas lentamente a certos pontos e a certos grupos. Há, naturalmente, a massa de escravos, ao lado da qual existe a massa dos homens livres e pobres, que não podem ser eleitos e, portanto, não chegam eles mesmos ao Estado. No Brasil, quando se organiza o Estado nacional as fronteiras do território já estão praticamente definidas; a terra, bem ou mal, já está toda incluída no sistema legal. Existe ainda o problema de vários territórios indígenas. Reconhecia-se que os índios eram titulares de suas terras, a menos que fossem devolutas (tivessem sido perdidas por guerras justas e viessem, pois, ao patrimônio da Coroa). O Oeste Paulista, a começar de Campinas, era em grande parte terra de índios, como se pode ver nos mapas mais antigos. De modo que há, ainda no século XIX no Brasil, algumas incursões militares em territórios indígenas a título de defesa dos ocupantes brancos e após 1850 sobretudo, parece acontecer uma espécie de corrida sobre terras tradicionalmente indígenas (CUNHA, 1992:19-23).

Como fazer chegar a lei em todos os lugares? O grande debate em torno da justiça, que se trava especialmente entre liberais e conservadores, gira em torno disto. Para os liberais, organizar a justiça descentralizadamente, contar com oficiais eleitos. Para os conservadores, centralizar a máquina judicial e mais do que isto, transferir para a polícia, nomeada pelo Executivo, funções de formação de culpa (no inquérito policial), tarefas quase-processuais ou quase-judiciais. Nas sucessivas reformas de 1841 e 1871, firmou-se esta última tradição, que não foi alterada pela República, antes serviu bem à política estadualizada. Afinal, as palavras de Tocqueville a respeito dos juristas e seu espírito naturalmente conservador podem ser aplicadas de modo geral ao caso do século XIX no Brasil.

6.3 Cursos jurídicos

Separados de Portugal, os brasileiros perderam o único centro de cultura do mundo de língua portuguesa, a Universidade de Coimbra. A primeira geração de legisladores brasileiros formara-se lá: mas como prover o Estado de quadros? Os colégios dos jesuítas, que antes de sua expulsão haviam sido centros de ensino (um ensino não ilustrado, certamente), haviam desaparecido. Foi então preciso criar os cursos jurídicos entre nós, o que terminou sendo feito pela Carta de Lei de 11 de agosto de 1827.

Os cursos de fato forneceram os quadros mais importantes do Estado imperial, como aliás faziam todas as faculdades de direito criadas ou reformadas no século XIX pela Europa toda (cf. AUDREN eHALPÉRIN, 2013, 15-57). Dados recolhidos por José Murilo de Carvalho mostram que entre os Ministros de Estado de 1831 a 1853, mais de 45% deles eram magistrados; somados aos advogados, chegaram a ser mais de 60% em alguns períodos (CARVALHO, 1996:91). Entre os conselheiros de Estado o percentual foi ainda maior. Em geral, os magistrados dominaram as legislaturas conservadoras, que por seu turno foram sempre capazes de introduzir reformas significativas. Além disso, dado o número limitado de postos de juízes e de advogados, grande número de bacharéis buscava o emprego público em qualquer área da administração: "a burocracia, vocação de todos...", na frase feliz de Joaquim Nabuco.

Buscando seu próprio curso, no entanto, o Brasil reproduziria em grande parte o enfoque adotado em Coimbra (apesar da opinião contrária de alguns) e isto também é compreensível. A reforma pombalina de 1772 pretendia-se ilustrada, capaz de trazer uma racionalidade moderna, dedutivista e sistemática o quanto possível, mas não era nem democrática e nem liberal, o que vinha bem a calhar no Brasil escravocrata. Se nos recordamos da reforma pombalina de 1772, as coincidências entre nós e eles não são poucas. Em primeiro lugar, foi introduzida a exposição sistemática (*método sintético demonstrativo*) das matérias, pela sua ordem naturalmente dedutiva, abandonadas as questões escolásticas. Os cursos jurídicos brasileiros também deviam ser assim. As disciplinas também tiveram algo em comum. Em Coimbra, porém, a reforma pombalina mativera o estudo do direito romano que de certo modo continuava a dar a linha de continuidade durante os anos de estudo dos jovens. No Brasil, em 1827, a geração modernizadora optou por excluir o direito romano. Os cursos brasileiros teriam as seguintes cadeiras (art. 1º da Lei): (1) no primeiro ano: Direito Natural, Público, Constituição do Império, Direito das Gentes e Diplomacia; (2) no segundo ano: as mesmas cadeiras, com Direito Público Eclesiástico (já que havia religião de Estado e as relações entre Estado e Igreja precisavam de disciplina pública, inclusive regendo o direito de família); (3) no terceiro ano: Direito Civil Pátrio, Direito Prático Criminal e Teoria do Processo Criminal; (4) o quarto ano compreendia Direito Civil Pátrio, Direito Mercantil e Marítimo; (5) o quinto ano encerrava o curso com Economia Política e Teoria e Prática do Processo adotado pelas leis do Império. Os professores teriam os mesmos vencimentos dos desembargadores e mesmas honras, escolheriam ou prepariam compêndios, que seriam aprovados pela Congregação e pela Assembleia Geral e o governo os imprimiria. Em geral, os textos aceitavam o liberalismo ultramoderado do *status quo*. Para a matrícula, exigia-se que os alunos tivessem no mínimo 15 anos de idade e soubessem francês, *latim*, retórica, filosofia (racional e moral) e geometria.

O Visconde de Cachoeira (Luís José de Carvalho e Melo) havia preparado em 1825 uns Estatutos para as academias e um programa. Embora sua proposta não tivesse se transformado em lei, suas indicações para os estudos foram aceitas como regulamento dos cursos. As recomendações feitas por ele mostram o que foi introduzido na cultura jurídica brasileira. Mello Freire é recomendado em duas disciplinas: tanto no direito civil (seus livros sobre pessoas, coisas e obrigações contidos nas *Instituições* de 1789), quanto no direito constitucional. Quanto ao direito natural, recomendava-se tomar no curso as obras de Grócio e Pufendorf, além de Heinéccio (que também se adotava em Coimbra). O direito público eclesiástico (não o direito canônico propriamente dito) deveria ter como obra de consulta outra vez Mello Freire (*De iuris principio circa sacra*). No direito criminal, recomendavam-se os iluministas Filangieri, Beccaria, e o reformador e utilitarista Bentham. No direito comercial e na economia política, dominava o brasileiro José da Silva Lisboa (Visconde de Cairu) com os *Princípios de direito mercantil* (publicado em Lisboa entre 1798 e 1804) e a *Economia política*, ao lado de Adam Smith, Ricardo e Malthus. Isto dá uma noção de como eram formados nossos homens públicos, a elite imperial.

> As tentativas de reforma do ensino do direito nos últimos 40 anos geraram uma grande produção bibliográfica em torno do tema. As melhores sínteses encontram-se em Aurélio Wander Bastos, *Os cursos jurídicos e as elites políticas brasileiras* (organizador, 1978) e *O ensino jurídico no Brasil* (2000). Para uma historiografia mais recente, ver de Ariel E. PESSO, *O Ensino do direito na Primeira República: do ensino livre à Reforma Francisco Campos* (2018), que inclui uma introdução geral abrangendo o período imperial.

Houve pelo menos duas reformas importantes nos cursos jurídicos ao longo do século. Uma delas, em 1854 (Decreto nº 1.386): os cursos passaram a chamar-se Faculdades de Direito e foram introduzidas duas disciplinas novas, o Direito Romano (no primeiro ano) e Direito Administrativo (no quinto ano). Neste mesmo ano, transferiu-se o curso de Olinda para Recife. A segunda mudança importante foi a de 1879, a chamada reforma do "ensino livre". Além das faculdades oficiais poderiam ser criadas outras, "faculdades livres", desde que obedecendo regras estabelecidas para as oficiais (quanto a currículo e titulação). As faculdades foram divididas em dois cursos (ou duas seções): ciências jurídicas e ciências sociais, com currículos diferentes. O curso de ciências jurídicas abrangia direito natural, romano, constitucional, eclesiástico, civil, comercial, criminal e as respectivas práticas de processo, além da medicina legal. Ciências sociais deveriam contemplar direito natural, público universal, constitucional, eclesiástico, das gentes, diplomacia e história dos tratados, direito administrativo, economia política, ciência da administração e higiene pública. A frequência dos alunos passou a ser livre também. O ensino seria também livre para os professores, e o propósito era ampliar os debates. Tentou-se alterar o sistema novamente em 1885, inclusive propondo-se a obrigatoriedade de frequência às aulas, mas os temas do ensino livre continuaram a ser discutidos até depois de proclamada a República (VENÂNCIO FILHO, 1982:221-222).

O modelo coimbrão, a partir de certa altura, começou a ser contrastado com os outros paradigmas europeus, sobretudo a universidade francesa e a alemã. Das faculdades alemãs dizia-se que eram não tanto "estabelecimentos de instrução, como oficinas da ciência. Na Alemanha, há uma regra sempre presente do espírito do estudante: – quem não está disposto a guardar o mais religioso silêncio durante três quartos de hora deve abster-se de penetrar em um destes santuários da ciência que se chamam anfiteatros ou salas de uma universidade, para não perturbar o trabalho dos que ouvem e meditam. [...] Quão diversos são os hábitos dos professores e estudantes italianos!" (RAMALHO; LESSA; MONTEIRO; SOUZA, 1897:183). A universidade francesa, vinda do modelo implantado por Napoleão, destinara o curso jurídico à formação de profissionais, que estudavam fundamentalmente as leis. O regime brasileiro assemelhava-se a essa vertente francesa e, como ela, produzia juristas para os cargos de Estado e contava com professores que ocupavam, eles mesmos, altos cargos no Estado.

Não era muito barato estudar direito seja em Olinda seja em São Paulo. Cobrava-se pela matrícula, os alunos deveriam prover sua subsistência nas cidades para onde iam, e pagar cursos preparatórios ou repetidores das lições. Assim é que se formou a elite do Império e os juristas da segunda metade do século saíram destas duas escolas. Importante é notar que a cultura jurídica do Império, embora erudita, não é acadêmica propriamente. Isto significa que as grandes obras e os grandes nomes do direito não se dedicarão ao ensino. O ensino, a rigor, depende do compêndio, não das obras teóricas dos juristas deslocados para a corte, onde exercem funções de Estado (no Conselho de Estado, como advogados, magistrados ou deputados etc.). As academias de Olinda e São Paulo fornecem os juristas, mas não vão reter os mais célebres. Da faculdade de São Paulo saem, por exemplo, José Antônio Pimenta Bueno (futuro Marquês de São Vicente), na primeira turma (1831), teórico do direito público e constitucional, Agostinho Marques Perdigão Malheiros (turma de 1848), Américo Brasiliense (turma de 1855), Paulino José Soares de Sousa (o Conselheiro), Conselheiro Lafayette Rodrigues Pereira (turma de 1857, civilista), Aureliano Tavares Bastos, entre outros.

Da escola de Olinda e Recife saem Augusto Teixeira de Freitas, Zacarias de Góes e Vasconcelos, Braz Florentino, Tobias Barreto, criativo e genial, entre muitos outros. Desta lista, nota-se logo que todos são atraídos pela Corte. Os que não se destacam na política serão pelo menos advogados habilitados junto ao Conselho de Estado onde seus talentos podem ser reconhecidos e aproveitados, como exemplarmente Teixeira de Freitas e Perdigão Malheiros.

Antes da geração de brasileiros, os bacharelados em Coimbra haviam ajudado a moldar o Império. Bernardo Pereira de Vasconcelos, José Clemente Pereira, José da Silva Lisboa, o Visconde de Cairu, haviam contribuído ou como legisladores, ou – no caso de Cairu sobretudo – introduzindo a novidade do liberalismo e do utilitarismo. Os *Princípios de direito mercantil e leis de marinha*, de 1798, de Cairu, tornam-se um clássico, em que ao princípio do livre comércio ele associa um monarquismo conservador nítido.

O estilo da cultura jurídica é muito particular. A legislação fundamental no início é a Constituição de 1824, o Código Criminal e o Código do Processo Criminal. O direito mercantil e o direito civil não têm códigos. Apenas em 1850 virá o Código Comercial e em 1857 aparecerá a *Consolidação das Leis Civis* de Teixeira de Freitas. Os grandes autores são obrigados inicialmente a expor teoricamente questões do dia a dia do foro e da administração em alguns casos; em outros, podem sistematizar a originalidade do Brasil.

Casos paradigmáticos são os de José Antônio Pimenta Bueno, Marquês de São Vicente, e Paulino José Soares de Sousa, o Visconde do Uruguai. Ambos foram estadistas e políticos ao mesmo tempo em que produziram obras jurídicas exemplares de seu tempo. *Direito público brasileiro e análise da constituição do império*, de Pimenta Bueno, data de 1857, analisa não apenas o texto da Carta de 1824 mas também as teorias políticas que o sustentam e as razões de ser de cada instituto. O Visconde do Uruguai publica em 1862 o seu *Ensaio sobre o direito administrativo*. O que mostram estes textos? Em primeiro lugar a erudição de seus autores, que acompanham vivamente o movimento constitucionalista do século XIX em toda a parte: autores e textos europeus, norte--americanos, latino-americanos, tudo parecem conhecer e tudo interessa. Zacarias de Góes e Vasconcelos, baiano formado em Olinda em 1837, escreveu em 1862 *Da natureza e limites do Poder Moderador*. Líder dos liberais, seu livro tornou-se a interpretação mais reconhecida da oposição ao *poder pessoal* do imperador. Contraria a perspectiva tanto do Marquês de São Vicente quanto do Visconde do Uruguai, que haviam dado interpretações regalistas ou conservadoras, segundo seus críticos. São Vicente, Uruguai e Zacarias são homens de Estado, não acadêmicos, e seus textos são grandes polêmicas políticas em primeiro lugar, a despeito do estilo sistemático de expor.

O debate teórico, na segunda metade do século (a geração de 1870, da chamada *Ilustração Brasileira*), mostra a necessidade de superar o jusnaturalismo tradicionalista que imperava. A alternativa que se apresenta é a *ciência*: aqui, como em quase toda parte, o que passa a vigorar são formas de *naturalismo*, como diz Wieacker. A crítica de Tobias Barreto (1839-1889) aos juristas acomodados é severa:

"Um médico filósofo parece coisa mais tolerável aos olhos da gente *sensata* do que um bacharel em direito. Parece que este só deve se ocupar do que diz respeito ao *Corpus Iuris*. Se ousa um instante olhar por cima dos muros destas velhas e hediondas prisões, chamadas Corrêa Telles, Lobão, Gouveia Pinto, etc., ai dele, que vai ser punido por tamanho desatino! O menos que lhe podem fazer é considerá-lo uma espécie de renegado da nobre ciência do *jus in re* e *jus ad rem*, com todo o seu acompanhamento de *embargos, arestos* e *agravos*, expressões duras e bárbaras, que estão para a linguagem culta dos tempos atuais, como o velho *xenxém* para a moeda de ouro corrente. Como quer que seja, a verdade é que o pobre bacharel limitado aos seus chamados conhecimentos jurídicos sabe menos das necessidades e tendências do mundo moderno, sente menos a infinitude dos progressos humanos, do que pode ver de céu azul um preso através das grades do calabouço. E o que há de mais interessante, é que bem poucos conhecem a estreiteza do terreno que pisam. Muitos entendem que o ponto culminante da sabedoria está em discriminar os efeitos da apelação, em falar no devolutivo e no imperativo, etc., etc., e outras quejandas questiúnculas forenses. [...] Se o leitor inteligente pertence à classe, há de ter-se encontrado alguma vez com colegas, aliás cercados de nomeada, os quais em conversação, tomando de repente um certo ar de profundeza, lhe tenham interpelado: *Doutor, você o que pensa sobre este ponto?* E quando é de se esperar que o ponto seja uma questão do século, uma questão política ou social, religiosa ou filosófica, eis que o nobre interpelante continua: *o agravo de petição é cabível em tal caso ou é o de instrumento?* São desta natureza os problemas inquietantes do espírito de uma classe de homens cultos! [...] Alguns ficam logo tão cheios de si, que se fazem distinguir por certo *chiado* na expressão, dando a todos os plurais uma desinência em *x*: os *princípiox*, os *direitox*, os *embargox*... [...] E a propósito, lembro-me de um fato. Em certo círculo, onde por acaso estava um sertanejo, falava-se dos homens mais salientes a época, e dizia-se que Victor Hugo era um dos maiores vultos, um gênio extraordinário, uma cabeça estupenda... *Mas não é capaz*, grita o campônio, *de tocar o baiano, na viola, como Chiquinho, meu primo*. Ora, pois, *mutatis mutandis*, há perfeita analogia: *sabe filosofia, mas não sabe chicana: é um grande poeta, mas não toca viola.* (...) Duas coisas existem no Brasil que precisam escrever a *crítica de si mesmas*, reconhecer os seus defeitos, a fim de dar-lhes remédio. São elas o *liberalismo* e o *bacharelismo*" (BARRETO, 1977:288-289).

Tobias Barreto rejeitava o jusnaturalismo tradicionalista e propunha a compreensão do direito como um fenômeno histórico, cultural, social. Para compreender o Brasil e para dotá-lo de instituições, era preciso deixar o idealismo dos tipos puros de legislação e investigar em primeiro lugar a natureza de nossa sociedade. Tobias Barreto foi o exemplar mais acabado da Escola do Recife, naqueles anos em que o Estado estava consolidado, a unidade nacional garantida, mas grandes problemas aguardavam a solução. Paradoxalmente, Tobias Barreto não se engajou nas campanhas políticas da Abolição ou da República (MORAES FILHO, 1977:21-63): tudo levaria a crer que eram suas naturais inclinações. Prevaleceu, no entanto, sua vontade de pesquisar a verdade das coisas. De qualquer maneira, ele expressa esta convicção anti-idealista: o jurista precisa ser mais do que um rábula. Germanófilo e francófobo, dizem dele, acreditava que os brasileiros estavam demais imbuídos da cultura literária francesa e pouco sabiam da filosofia rigorosa dos alemães.

No direito privado, destacam-se Cândido Mendes de Almeida, Augusto Teixeira de Freitas e o Conselheiro Lafayette. O último, conselheiro de Estado, escreveu já avançado o século XIX seu *Direito das coisas* e *direitos de família*, duas obras de dogmática de atualização. Cândido Mendes de Almeida publicou em 1870 a edição clássica das *Ordenações Filipinas*, acompanhada de um volume chamado *Auxiliar jurídico*. A edição recolhe não só o que estava em vigor nos cinco livros das *Ordenações* mas o texto integral, acompanhado de legislação extravagante portuguesa e brasileira. Conhecido como *Código Philipino*, o trabalho serviu a todos os que atuavam no foro e a todos os juristas. Na falta de Código Civil, os comentários de doutrina, as discussões com outros autores e as explicações dos textos e suas remissões deram ao trabalho de Cândido Mendes um caráter único. Somava-se o interesse prático às doutrinas sobre os institutos. Recentemente, quando se quis reeditar as *Ordenações* em uma publicação histórica, foi a edição de Cândido Mendes de Almeida que se impôs como a melhor e foi reimpressa em fac-símile.

O maior dos privatistas é sem dúvida Teixeira de Freitas. Sua *Consolidação das leis civis* torna-se referência obrigatória. A "Introdução" ali contida é um exemplo da cultura jurídica oitocentista e da originalidade do autor. Ao mesmo tempo que reproduz em termos gerais as grandes preocupações do século, Teixeira de Freitas procura dar uma ordem universal e compreensível ao material que recolhe. Não pode legislar: a *Consolidação* não era um código, era apenas uma ordem que se desejava pôr no caos legislativo do direito privado. Era um trabalho prévio ao do código e serviria para saber o que, afinal, estava em vigor. Mas a ordem que Teixeira de Freitas impõe ao material, justificada longamente na Introdução, revela uma teoria geral do direito privado própria e original. O seu texto, como o de Cândido Mendes, servia de guia oficial para o uso das *Ordenações*. Aliás, havia sido publicado com a autorização do governo e desempenhava um papel quase legislativo de fato. Em 1860 publica seu *Esboço de Código Civil*, de mais de 4.000 artigos. Era, segundo ele, trabalho de preparação para o projeto de Código Civil, do qual estava encarregado. O *Esboço* não teve o mesmo sucesso prático que a *Consolidação*. Não recolhia o direito posto, mas propunha um novo direito. Era eruditíssimo o trabalho, mas Teixeira de Freitas era mais homem de gabinete do que outra coisa, e a vida do foro podia continuar andando com as *Ordenações*, com a *Consolidação*, com os comentários dos mais práticos, com o apoio do Código Comercial.

Em resumo, até 1870 aproximadamente, as Faculdades de Direito não foram centros de debates. A vida cultural jurídica dava-se no foro ou na Corte. Quando o debate se acende, trata-se já de uma geração que virá, finalmente, fazer a República. As queixas contra os cursos foram muitas, como a falta de frequência dos professores, as fraudes nas listas de presença dos alunos, o dogmatismo e o tradicionalismo nas disciplinas. Os juristas desenvolvem, quando querem, uma espécie de autodidatismo, formam suas próprias bibliotecas. Tudo muito compatível com uma sociedade aristocrática, em que o espaço público da discussão das ideias e da cultura é quase que exclusivamente o salão, a casa particular, o espaço doméstico. Para que uma biblioteca universitária bem-dotada se os juristas que estudam são tão poucos e podem formar cada um a sua própria biblioteca? E para que debater academicamente se o cargo de professor é um cargo público, cuja ocupação depende de redes pessoais de conhecimento nos centros de poder exteriores à academia? E para que muito estudo, se afinal o compêndio do curso precisa ser aprovado por outros? O resultado é a sobrevivência continuada de certas teses e tendências tradicionalistas: como por exemplo a aceitação não questionada do direito natural domesticado do século XIX, capaz de fazer conviver a Constituição com o escravismo e com uma religião de Estado, transportando para o direito tabus cujo desrespeito leva à reprovação.

6.4 Excurso: o direito comercial

O código comercial precede o código civil, como foi visto. Além disso, desde a fundação dos cursos jurídicos ensina-se o direito comercial no Brasil como disciplina acadêmica. Mas qual sua verdadeira face, qual sua verdadeira função na vida da cultura jurídica?

Uma real produção intelectual, destacada das práticas propriamente dita, começa a aparecer no século XVI, com as obras de Benvenuto Stracca (1509-1578), jurisconsulto italiano que publica em 1575 o seu *Tractatus de mercatura,* no qual inclui como apêndice o tratado do jurista português, Pedro de Santarém, *Tractatus de assecurationibus et sponsionibus mercatorum.* Pedro de Santarém viveu na segunda metade do século XV e inícios do século XVI. Serviu aos reis D. João II e D. Manuel, o venturoso, como enviado em Florença, Pisa e Livorno. No século seguinte nasceu Giuseppe Lorenzo Maria Casareggis (1670-1737), cuja obra teve repercussão em toda Europa (*Discursus legales de commercio,* 1707, e *Consolato del mare,* 1719). O direito comercial transformava-se pouco a pouco em disciplina de relevo acadêmico, tratada por jurisconsultos.

No século XVIII, Pascoal José de Melo Freire, nas suas *Instituições de direito civil português* mencionou brevemente o direito mercantil, dizendo que os negócios entre os comerciantes eram regulados por eles mesmos, mas que o comércio em geral era assunto para legislação do soberano. Podemos entender, no espírito do século, que se tratava de legislação controlando o "mercado": a "polícia" ou "governo" da vida econômica: portos, autorização para navegação, organização das companhias privilegiadas (os embriões das sociedades anônimas), etc.

Ao se estabelecerem as faculdades de direito no Brasil, o direito comercial foi logo incorporado ao currículo. Para entrar nas faculdades de direito havia uma porta, a obra de José da Silva Lisboa, o Visconde de Cairu, *Princípios de direito mercantil e leis de marinha*, obra publicada pela Imprensa Régia no Rio de Janeiro em 1815. Comparados à obra de Melo Freire, Os *Princípios* de Silva Lisboa eram já outra coisa: um manual propriamente definindo cada negócio corriqueiro entre os comerciantes. A parte mais substantiva do direito comercial era, naquele tempo, o direito marítimo, ou seja, a disciplina do transporte de longo curso, o que se reflete no *Tratado* de Cairu. Além do direito marítimo, mas de todo modo a ele ligado, discorria sobre os contratos de seguro e de câmbio, de sociedades e uma parte dedicada à "polícia dos portos" e aos tribunais de comércio.

O direito comercial, entretanto, continuava muito ligado à atividade dos comerciantes de forma técnica e prática. Ao longo do século XIX o ensino e a literatura jurídica comercial continuava apegada à explicação do código. O que se publicava em geral eram manuais de prática para os comerciantes e seus advogados, como o de Vidal

(1877), o Código Comentado de Salustiano Orlando Costa (1878), o famoso *Consultor* de Cordeiro (1909). A legislação evoluiu consideravelmente, regulamentando a crescente atividade econômica, sempre voltada para organizar institutos e instituições sempre mais necessárias: legislação sobre crédito hipotecário, sobre bancos, sobre sociedades anônimas. Tratei de alguns desses temas em *O Oráculo de Delfos* (LOPES 2010) e na *História da justiça e do processo no Brasil do século XIX* (Lopes, 2017).

O verdadeiro marco de respeitabilidade intelectual do direito comercial só aparece no Brasil em 1910, com a publicação do primeiro volume do *Tratado* de Carvalho de Mendonça. Ele se propõe a organizar sistematicamente a matéria, fornecendo as bases de todos os institutos, bases funcionais, econômicas e históricas. Alinha-se também à mais importante produção sobre a disciplina, na época concentrada na renovação promovida na doutrina francesa (cf. GARNIER 2009), alemã (SCHERNER 1999) e italiana.

7   A ESCRAVIDÃO

No momento em que a servidão estava desaparecendo na Europa Ocidental, a descoberta da América revitalizaria a escravidão. A escravidão moderna distingue-se da antiga por algumas marcas: quanto ao regime de produção, ela se insere no pacto colonial de produção das grandes fazendas de produtos de exportação. Quanto aos sujeitos da escravidão sua marca mais forte será a exclusividade étnica: negros africanos e indígenas. Desta forma, como observará mais tarde Tocqueville, as marcas da escravidão ficariam inscritas em grupos sociais determinados. Os primeiros sujeitos da escravidão, os índios, foram logo protegidos – teoricamente, nem sempre praticamente – por esforços dos missionários. O debate dos juristas teólogos da Escola de Salamanca no século XVI é em grande parte em torno da liberdade natural dos índios. O próprio papa Paulo III afirmava solenemente na bula *Veritas Ipsa*, de 1537, que a ninguém era lícito turbar a liberdade natural dos indígenas. César Trípoli fornece uma longa lista de fontes que ao longo do tempo haviam tratado da escravidão dos índios no Brasil. No reinado de D. João IV, havia sido reafirmada a liberdade dos indígenas em 1647, e no mesmo ano, em 12 de dezembro, foi regulamentada a taxa de serviço que lhes seria devida quando se fizesse uso de seu trabalho. Naturalmente que o pagamento do trabalho do índio já é uma forma de submissão não usual para os "naturalmente livres" segundo a teologia oficialmente aceita. Em 29 de setembro de 1649, outra ordenação concedeu-lhes quatro meses por ano para trabalhar em sua própria cultura. Nova disciplina de salários foi fixada em 1656, e se concedeu ao Tribunal da Relação da Bahia poder para regular a matéria. Nota-se aqui mais um sinal de que o Tribunal acumulava funções judiciais e administrativas, coisa normal no Antigo Regime. Em 1680, novo alvará revigora a proibição de captura dos indígenas, e o mesmo se repete em 1691. Tantas repetições de alvarás e leis sobre o assunto dão bem a ideia da inefetividade das medidas e da impotência da ordem real em certos assuntos nesta terra.

No Estado do Maranhão (separado do Estado do Brasil entre 1621 e 1751), tampouco faltaram leis: a dos Resgates (17 de outubro de 1653), a de 9 de abril de 1655, criando a Junta das Missões. Mesmo assim, é sintomático que em 1755 o Marquês de Pombal seja obrigado a mandar cumprir com rigor os alvarás e leis anteriores sobre a liberdade dos índios com o fim de conseguir um mercado suficientemente atrativo para os escravos africanos trazidos pela Companhia Geral de Comércio do Grão-Pará e Maranhão. Em outras palavras, a despeito das muitas ordens, a falta de instrumentos de aplicação tornava-as letra morta.

Nota-se que, após a restauração (1640), cresce o esforço para declarar a liberdade dos indígenas. Muitas variáveis estão aí presentes, mas uma delas não é de ser desprezada: era preciso atrair os indígenas para a América portuguesa e impedir que fossem aldeados nos territórios espanhóis, ou seja, território da potência em guerra contra Portugal. Uma preocupação explícita de povoamento do território também é atribuída a Pombal, que vê na proteção dos índios um meio de simultaneamente lutar contra os jesuítas, promover o comércio de escravos africanos e, estimulando a miscigenação e a reprodução dos colonos com os indígenas, ampliar o número de súditos do império (cf. MAXWELL, 1997:53).

A questão indígena não parecia ainda resolvida nem mesmo no início da República, em pleno século XX. João Mendes Júnior faz uma série célebre de conferências sobre o tema (MENDES JÚNIOR, 1912) tratando especialmente dos direitos individuais e de propriedade sobre suas terras. Lembrava que desde 1831, com a Lei de 27 de outubro (da Regência), haviam sido suspensas as cartas régias de 1808 autorizando as guerras aos índios de São Paulo e Minas Gerais e haviam os índios sido colocados sob a jurisdição dos juízes de órfãos. A lei deixava de legitimar guerras nas quais pudessem os vencidos (indígenas) ser feitos servos dos vencedores e expressamente desonerava os índios da servidão (art. 3º). Em argumentos que lembravam aqueles expostos por Francisco de Vitória séculos antes, João Mendes Júnior defendia que a posse dos indígenas não estava sujeita às formalidades da lei de terras, pois era originária e não tinha forma de ocupação recente. Sendo originária, distinguia-se da posse para cultivo que a lei pretendia disciplinar. Segundo ele a posse para cultivo, sim, precisava de legitimidade, mas a dos índios era congênita: os indígenas não tinham simples posse, mas um título imediato de domínio (MENDES JÚNIOR, 1912:59).

A escravidão dos africanos, porém, era sempre um instituto admitido. Apesar dos esforços argumentativos de Joaquim Nabuco durante a campanha abolicionista, dizendo que a Constituição não abria espaço para ela, o debate do abolicionismo mesmo travou-se também em termos jurídicos. É este debate que nos interessa aqui: os argumentos de caráter jurídico que serviram para abolicionistas e antiabolicionistas. O centro da discussão pode bem ser localizado no art. 179, parágrafo 22, da Constituição do Império, que garantia o *direito de propriedade*. Dizia-se que os senhores de escravos eram legítimos proprietários e que a abolição significava simplesmente desapropriar sem indenizar, o que era inconstitucional.

A escravidão era um problema evidente para todos, agravado pela pressão inglesa no sentido de aboli-la. Certo que os ingleses haviam sido grandes traficantes, introduzindo escravos em suas colônias americanas. Agora, a situação era distinta. Angolanos pensaram em juntar-se ao Brasil independente, tal era a influência de brasileiros (portugueses) na costa da África. Não custa lembrar, porém, que na Inglaterra da Revolução Industrial e da expulsão dos camponeses das terras a situação dos operários era precária. Um trabalhador livre talvez custasse menos ao patrão do que o escravo, pelo menos como custo corrente e como investimento. Quando desnecessário, o operário poderia ser dispensado sem qualquer direito a alimentação, por exemplo. Dickens na literatura, Tocqueville e Marx na política, dão testemunho da situação de miséria que se via em Londres (CASTEL, 1995:217 ss).

Ao contrário da independência da maioria dos países latino-americano, em que junto com a proclamação de autonomia e soberania nacional, vinham decretos de libertação de escravos, no Brasil mesmo os movimentos revolucionários agiam com grande cautela sobre o assunto. A revolução pernambucana de 1817 propunha uma abolição lenta e gradual. Em 1821, João Severiano Maciel da Costa, futuro Marquês de Queluz, publicava uma *Memória sobre a necessidade de abolir a introdução de escravos africanos no Brasil*, que foi seguida, em 1823, pela de José Bonifácio para a Assembleia Constituinte, sugerindo o fim do tráfico e a progressiva emancipação. O Andrada terminava seu discurso à Constituinte dizendo: "O mal está feito, senhores, mas não o aumentemos cada vez mais, ainda é tempo de emendar a mão. Acabado o infame comércio da escravatura, já que somos forçados pela razão política a tolerar a existência dos atuais escravos, cumpre em primeiro lugar favorecer sua gradual emancipação. E antes que consigamos ver o nosso país livre de todo este cancro, e que levará tempo, desde já abrandemos o sofrimento dos escravos" (SALGADO, 1988:70). Sua proposta era abolir imediatamente o tráfico e progressivamente a escravidão, de modo a adaptar os escravos à liberdade e transformá-los em cidadãos ativos. Os escravos doentes seriam tratados pelos seus senhores; os escravos forros ficariam ainda cinco anos a serviço do antigo dono; os negros forros que não tivessem ofício receberiam uma sesmaria pequena do Estado. Outras medidas propostas incluíam aceitar o testemunho dos escravos em juízo (não, porém, contra seu senhor) e desobrigação da escrava grávida de prestar certos serviços.

No período seguinte, Feijó também tentava sua reforma. É de sua iniciativa a proibição do tráfico de escravos. Mas via que a lei não se aplicava e em 1839 dizia em discurso: "O tráfico dos africanos é hoje tão extenso, são tantos os comprometidos, está tão arraigado, que o magistrado que pretendesse hoje executar a lei, seria infalivelmente vítima do seu zelo: tal aconteceria a quem quisesse fazer uso das medidas que proponho, a não ser fortemente apoiado de todas as autoridades" (SOUZA, 1978:285).

Uma lista simples de algumas ordens, alvarás e leis pode mostrar brevemente como evoluíra a situação dos escravos africanos. Em 1524, lei aboliu as marcas de ferro no rosto dos escravos, que passaram a ser feitas nas espáduas. No Brasil, porém, em 1741 as marcas de ferro no rosto dos quilombolas foram novamente introduzidas (marcava-se um *F* de *fujão*). Em princípio, a Constituição de 1824, no art. 179, parágrafo 19, havia proibido as marcas de ferro, mas o Código Criminal de 1830 previa a pena de açoite para os escravos (art. 60): "Se o réu for escravo, e incorrer em pena, que não seja a capital, ou de galés, será condenado na de açoites, e depois de os sofrer, será entregue a seu senhor, que se obrigará a trazê-lo com um ferro pelo tempo e maneira que o juiz designar. O número de açoites será fixado na sentença, e o escravo não poderá levar por dia mais de 50." Só em 28 de outubro de 1886 será revogado este dispositivo.

Após a aprovação da Lei do Ventre Livre (1871), o censo de 1872 indica uma população brasileira de 9.930.000 habitantes. Entre os escravos, o índice de analfabetismo era de 99,9% e entre os livres era de 80%. Neste mesmo ano, havia 15% de escravos no total da população; 43% dos habitantes do Império eram libertos ou livres de origem africana (da população de origem africana – negros e mulatos – 73% eram libertos ou livres). Entre os alforriados, 64% eram mulheres (FAUSTO, 1994:226).

7.1 O debate jurídico

A fala do senador Cândido Mendes de Almeida, de 26 de setembro de 1871, sobre o trabalho servil, é significativa do estado da questão na época (MENDES DE ALMEIDA 1982: 274-305). Inicia-se pela Constituição do Império, que no art. 179, parágrafo 22, diz ele, não distingue propriedades, assim a indenização prévia e justa é necessária mesmo quando se trata da propriedade de escravos. Depois, faz uma longa e erudita história da escravidão, ou trabalho servil, como se dizia na época. A Lei de 20 de outubro de 1823 havia criado os Conselhos Gerais das Províncias e proposto a gradual emancipação dos escravos. O Ato Adicional, de 1834, não alterava isto. Antes da abolição total havia condições imediatas de libertação, que eram fáceis de realizar. Era possível libertar os escravos de heranças sem sucessor necessário, ou aplicar eficazmente o Alvará de 10 de março de 1682 que havia criado a *prescrição* de cinco anos a favor dos que viviam em liberdade a sabendas do seu senhor.

No Brasil, continuava o senador, a escravidão encontrou certas facilidades, ou seja, era "amena" em alguns casos: entre os beneditinos não havia castigos corporais, facilitava-se o casamento entre escravos, a formação de pecúlios etc. O senhor em geral que não autorizasse o pecúlio era malvisto no Brasil, dizia. De fato, a brandura desaparecera com a Lei de 7 de novembro de 1831 (sobre o tráfico). O ensino cristão caíra e depois que o tráfico se tornara ilegal, a superstição dos africanos cresceu muito, os islâmicos ficavam mais dispostos à rebelião. Dizia ainda não aceitar a doutrina do Visconde de São Vicente (Pimenta Bueno, conselheiro de Estado que preparara a pedido da Coroa o projeto do ventre livre), de que por direito natural não há escravos e, pois, a sua propriedade seria ilegítima, podendo ser suprimida sem indenização. A propriedade do escravo é respeitável como qualquer uma, concluiu. Salvando suas convicções cristãs, esclarecia que a propriedade *recaía* sobre o trabalho do homem, não sobre o homem mesmo. Num lance de erudição, lembrava que todos os jusnaturalistas haviam aceitado a escravidão, entre eles Grócio e Pufendorf. Quanto aos argumentos de vários autores que citavam a legislação portuguesa que proibira o trabalho servil dos índios (alvará de 1º de abril de 1680 e de 6 de junho de 1755), era claro que a lei admitia a escravidão, e só a proibira por questão de conveniência. Ora, se os cidadãos donos de escravos empregaram seus capitais, aceitaram promessas do legislador, como privá-los de indenização? Nitidamente, tratava-se, para ele, de um direito adquirido. A introdução dos escravos fora legítima, preciso era respeitá-la na sua abolição. Vale lembrar que os traficantes portugueses formaram uma oligarquia-burguesia comercial, financiando as compras ilícitas com juros altíssimos, alegando riscos da importação, procura crescente etc. A ameaça da abolição era vista como um golpe a mais sobre o capital dos que já haviam aplicado tanto.

Mesmo Portugal, que havia extinguido a escravidão, fizera-o de forma gradual: em 1641 foi a vez dos islamitas, em 1755 dos índios, em 1773 dos negros africanos quando ingressassem no território do reino (Europa). Isto tinha sua razão, pois afinal fora o próprio infante D. Henrique que, em 1442, mandara vir os primeiros africanos.

O tráfico foi monopólio da Coroa. Foi D. João III quem em 1525 deu a Diogo Leite dez escravos para trazê-los ao Brasil, e em 1549 mandara Tomé de Sousa dar escravos aos colonos da Bahia, com facilidade de desconto no ordenado. A Lei de 1570, sobre a liberdade dos índios e dos japoneses, obtida pela Companhia de Jesus, não se referia aos africanos. O Alvará de 1680 foi mandado cumprir rigorosamente pelo Alvará de 6 de julho de 1755. Por quê? Porque o Marquês queria traficar escravos, por meio da Companhia de Comércio do Grão-Pará e Maranhão, cuja criação é do dia seguinte (7 de julho). Ele incentivou o tráfico negreiro. Com os privilégios da Companhia e a aplicação rigorosa da lei de 1680, o preço dos índios subiria. Ora, em 1750 os colonos do Maranhão haviam fundado uma Companhia para ir buscar negros na África. Que fez Pombal? Proibiu todo comércio de negros, exceto pela Companhia do Grão-Pará e Maranhão (art. 30 dos Estatutos). Mesmo a bula de Bento XIV, de 1741, reconhecendo a liberdade natural de todos os homens só foi cumprida quanto aos índios, conforme ordem de 8 de maio de 1758. A história de oficialismo do tráfico dava, portanto, aos senhores legítimos títulos e legítima expectativa de direito. Mesmo nos Estados Unidos da América a liberdade fora progressiva. Primeiro, foi dada aos nascituros, posteriormente os proprietários do Norte venderam seus escravos aos Estados do Sul. Foi assim que ela acabou no Connecticut em 1784, em Rhode Island em 1786, em New York em 1799, em Nova Jersey em 1804. Emancipação simultânea (de nascidos e nascituros) houve em Massachusetts (1781), New Hampshire (1792), Vermont (1793) e Maine (1819).

É claro, portanto, que o argumento de Cândido Mendes de Almeida está fundamentado, do ponto de vista jurídico, no direito à indenização prévia, já que a propriedade era adquirida legitimamente. Trata-se de um argumento dos mais fortes na história do Brasil: claro que uma sociedade desigual incorpora as diferenças sociais e pessoais sob a forma do direito adquirido e as tentativas de transformação ou reforma sempre encontram no ato jurídico perfeito um obstáculo.

Contra este raciocínio volta-se Perdigão Malheiro, no seu estudo *A Escravidão no Brasil*. O argumento central diz que a indenização só tem lugar quando o poder desapropriante vai conservar ou usar a coisa. Ora, no caso do escravo, dizia, não se tratava disto. O Estado não iria conservá-lo como escravo para si, mas libertá-lo. O problema jurídico deixava, portanto, de ser um de propriedade, para transformar-se em um de liberdade (MALHEIROS, 1944, tomo I, 121). A escravidão não era nem de direito natural, nem de direito eterno, nem de direito divino, mas de direito positivo. Se a escravidão não era de direito natural, a indenização devida não era de rigor mas de equidade. O direito de ter escravos, acrescentava ele, era uma tolerância de uma situação (por motivos especiais de ordem pública) antes que o reconhecimento de um direito natural (como seria a propriedade fruto do próprio trabalho). Estava, portanto, sujeita "a condição implícita de ser uma propriedade resolúvel", enquanto a lei o permitisse. Um pouco na linha dos argumentos de José Bonifácio, e invocando explicitamente o utilitarista Bentham, argumentou que a conveniência da escravidão era nenhuma, pois paralisava a produção e alimentava uma classe de parasitas econômicos.

Outra linha de argumentos tomava a forma dada por Joaquim Nabuco (1988): em primeiro lugar a maioria dos escravos existentes no país havia chegado ilicitamente, pois desde 1831 a lei que proibira o tráfico declarara livres todos os escravos chegados ilegalmente. Dizia Joaquim Nabuco que, embora a lei não fosse executada, não fora tampouco abolida, pois não se ousava, em nosso direito, abolir liberdades (1988:105). De fato, os números davam razão aos abolicionistas. Os dados da importação (ilegal) eram os seguintes (PINTO, 1978):

Ano	Escravos entrados
1845	19.453
1846	50.325
1847	56.172
1848	60.000
1849	54.000
1850	23.000
1851	3.278
1852	700
1854	512

De outro lado, a escravidão era uma lacuna completa no ordenamento jurídico, segundo Nabuco: a Constituição não falava de escravos, havia cidadãos, havia estrangeiros, mas onde estavam os escravos? Eram uma classe sem direito algum: "Está assim uma nação livre, filha da Revolução e dos Direitos do Homem, obrigada a empregar os seus juízes, a sua polícia, se preciso for o seu exército e a sua armada, para forçar homens, mulheres e crianças a trabalhar noite e dia sem salário" (NABUCO, 1988:124). A tais argumentos jurídicos (normativos), que implicavam hierarquizar liberdade e propriedade, somavam-se os argumentos de ordem social e política (empírico-utilitários). Onde ficaria o bom e brando senhor de escravos quando os duzentos negros de sua fazenda se recusassem a trabalhar? Só poderia optar entre abandoná-los ou subjugá-los com castigos. A escravidão era um mal social, que atrasava o progresso, influía perversamente na população, tornava inviável uma nação que valorizasse o trabalho livre, concluía Nabuco.

No processo de abolição, os dois marcos mais importantes talvez tenham sido a Lei de 4 de setembro de 1850 (Lei Eusébio de Queirós) e a Lei de 28 de setembro de 1871 (Lei do Ventre Livre). A lei de 1850 mostra como a eficácia social das leis era problemática no Brasil. Desde 1831, o tráfico havia sido considerado pirataria, mas não era de fato reprimido. Havia no Brasil "umas costas largas" nas quais podiam chegar navios negreiros mesmo fora dos portos mais importantes e urbanizados. Tratava-se, em suma, da lei "para inglês ver", isto é, para dar uma satisfação formal à Inglaterra com quem se firmara o tratado de comércio e de abolição do tráfico em 1826. Um dos instrumentos importantes usados na *Lei Eusébio de Queirós* de 1850 foi distinguir dois delinquentes diferentes e para cada um deles aplicar um processo distinto: os compradores submetiam-se a um júri popular (conselho de jurados) que significava, nas palavras de Murilo de Carvalho (1996:274), "na prática, anistiá-los e quase legalizar a propriedade dos escravos importados desde aquela data [1831]". Já os traficantes submeter-se-iam à Auditoria da Marinha. Em uma sociedade escravocrata, entregar os fazendeiros ao julgamento de seus pares equivalia a não lhes aplicar a lei. Mas dado o interesse da Coroa no fim do tráfico, submeter traficantes a tribunal administrativo tinha outro efeito. Por outro lado, a própria economia do tráfico tornara-se insustentável: com o aumento do preço dos escravos, entre outras razões pelos perigos do apresamento dos navios, os fazendeiros estavam aos poucos, como se dizia na época, enriquecendo os traficantes, hipotecando suas terras e caindo na insolvência.

A *Lei do Ventre Livre* respeitava em parte a noção advogada por muitos de que a propriedade do escravo era, afinal de contas, um direito adquirido. Por isso, mandava que o Tesouro Imperial pagasse aos senhores uma indenização de 600$000 por filho de escrava chegado aos 8 anos entregue ao Estado. Para a indenização, o Tesouro emitiria títulos de renda resgatáveis em 30 anos, vencendo juros de 6% ao ano. Outra opção do senhor era conservar o filho da escrava até os 21 anos completos, caso em que não haveria indenização alguma. Pouquíssimos foram os ingênuos entregues ao governo (188 até o ano de 1885): a maioria dos senhores conservou seus escravos ou os alforriou por conta própria (CARVALHO, 1996:293).

Uma perspectiva liberal, revolucionária, esclarecida, capaz de fazer grandes manifestações em defesa da liberdade individual, conviveu incomodamente – do ponto de vista teórico – com a escravidão. Mas armou-se de inúmeros argumentos para racionalizar esta *universalização restrita* dos direitos civis. Mesmo a Revolução Americana e a Revolução Francesa tiveram que conviver com esta espécie de contradição. Sem argumentar normativamente, Tocqueville declara com todas as letras:

> "O perigo mais formidável ameaçando o futuro dos Estados Unidos é a presença dos negros no seu território. Seja qual for o ângulo do qual se disponha a investigar os obstáculos presentes ou os perigos futuros colocados para os Estados Unidos, quase sempre se encontra este fato fundamental. [...] Na antiguidade, a coisa mais difícil era alterar as leis; no mundo moderno, coisa difícil é mudar os costumes, e nossa dificuldade começa onde a deles terminava. [...] O escravo moderno distingue-se de seu senhor não só pela falta de liberdade, mas também pela sua origem. Pode-se libertar o negro, mas não se pode evitar que ele encare os europeus como estranhos" (TOCQUEVILLE, 1988:340-341).

E a revolucionária e civilizadora França, depois de abolir a escravidão em seu território e nas colônias, por decreto da Convenção de 4 de fevereiro de 1794, voltou atrás em 1802, revigorando tanto a escravidão quanto o tráfico nas colônias e pondo fim à igualdade de direitos.

No final do processo brasileiro, votando a lei de 1888, os deputados do Nordeste foram os que mais votaram a favor da abolição (39 a favor, 6 contra), enquanto os do Centro-Sul votaram majoritariamente contra (30 contra, 12 a favor). De fato, o Ceará já havia abolido unilateralmente a escravidão em 1884, enquanto o maior número de escravos concentrava-se em Minas Gerais e no Rio de Janeiro.

8 A PROPRIEDADE DA TERRA

A propriedade da terra tornou-se uma questão fundamental no direito brasileiro e esteve durante o século XIX associada a dois outros problemas: o da escravidão e o da imigração, ou seja, à mão de obra. A base para a história territorial do Brasil pode ser encontrada na obra de Ruy Cirne Lima (LIMA, 1988) e, mais recentemente, de Fernando Sodero (1990). Durante muito tempo, o caráter feudal da propriedade agrária foi centro de debates. Izidoro Martins Jr. sustentava a tese do feudalismo brasileiro. Marcelo Caetano (1992:524-527) reconhece que as doações feitas durante a expansão atlântica tiveram nítido caráter senhorial, eram doações de senhorios. Mais tarde, outros se detiveram não tanto em afirmar que o Brasil conhecera o feudalismo, mas que conhecera formas de exercício de poder político com base na propriedade territorial, formas como a do coronelismo ou do mandonismo local. Inegável é que o latifúndio foi desde sempre um problema nacional e que longinquamente nasceu sob a forma do exercício de direitos de propriedade do ponto de vista econômico e político.

A sociedade brasileira começa a formar-se sobre uma base essencialmente agrária. Na origem de nosso sistema jurídico encontramos primeiramente a união entre propriedade fundiária e poder político. Em segundo lugar, uma atividade agrícola de exportação, inserida na formação do capitalismo moderno. Em terceiro lugar, a exploração da mão de obra escrava num período em que na Europa ocidental o regime de servidão era praticamente extinto. Finalmente, em razão da falta de qualquer contrapoder ou controle, o exercício de poderes arbitrários, exclusivos e individualistas por parte dos grandes proprietários.

São elementos de fato presentes e, no entanto, contraditórios, na medida em que têm lógicas distintas. (1) Se o arcabouço jurídico tem alguma coisa de feudal, como compatibilizá-lo com poderes absolutos, exclusivos e individualistas sobre a terra? O sistema feudal é um sistema de poderes em cascata, que se limitam reciprocamente. Na medida em que no Brasil o regime é transplantado do alto, de cima para baixo, não há contrapoderes locais ou corporativos que impeçam o senhor (de engenho ou de gado) de transformar-se num pequeno monarca absoluto. (2) Se o arcabouço jurídico era feudal, como fazer entrar nele o trabalho escravo, que não gozava das *garantias* do camponês medieval, tais como o cultivo independente de uma parte do solo, a inamovibilidade da terra etc.? (3) Se o arcabouço jurídico era realmente feudal, como integrá-lo à produção para o mercado exportador, para o mercado internacional? O resultado destas lógicas diversas foi uma estrutura social e jurídica com dificuldade para absorver de fato as exigências do liberalismo do século XIX, pervertido aqui numa justificação da propriedade ilimitada, e sobretudo associada ao exercício quase que despótico do poder político dos proprietários.

Inicialmente, transplanta-se no papel o sistema das sesmarias usado em Portugal para o cultivo das terras e estabelecimento dos camponeses, contra o abandono de terras antes cultivadas. Era claro que naquele tempo a propriedade da terra diferenciava-se da propriedade dos bens de uso pessoal, por isso os negócios imobiliários jamais eram tratados como negócios simples de compra e venda ou troca e exigiam regras especiais. O esquema jurídico português, no entanto, inseriu-se na América em uma nova realidade. Do ponto de vista *social*, teve de ser aplicado a imensas e vastas regiões sem possibilidade de presença efetiva da autoridade régia, terreno fácil para o exercício da justiça privada. Do ponto de vista político, cresceu a confusão entre o donatário (de terras, capitanias ou sesmarias) e o poder de jurisdição. Já foi visto antes, que os capitães-donatários tinham jurisdição em suas capitanias. Do ponto de vista *econômico*, a terra era essencialmente produtora para a exportação do açúcar. O senhor brasileiro deteria duas propriedades: a da terra e a do escravo (capital) e as aplicaria para obter lucro, no comércio colonial, vale dizer internacional. Por mais que as instituições fossem "feudais", inseriram-se na "indústria" da lavoura.

Segundo Sodero, podem-se distinguir no Brasil três grandes regimes de propriedade das terras: o das sesmarias, entre 1500 e 1822, atentando-se para o fato de que as doações de sesmarias foram da competência dos capitães ou governadores; o da posse, desde 1822, quando se suspendem as doações de sesmarias por decreto de 17 de julho, até setembro de 1850, data da Lei nº 601, a *Lei de Terras*; finalmente, o regime que se completa formalmente com o advento da Lei Geral de Hipotecas (de 1864, alterando a Lei nº 317, de 1843) e com o Código Civil (1916), que mudam os serviços de registros públicos, introduzindo o princípio da transferência da propriedade pela transcrição.

8.1 As sesmarias

A criação das sesmarias data de 26 de junho de 1375, quando o rei D. Fernando I estabelece lei *drástica e violenta*: a terra não cultivada seria obrigatoriamente cedida a quem quisesse e pudesse lavrá-la. A origem da lei encontra-se na crise provocada em Portugal pela tragédia demográfica que fora a peste negra (1348-1350) e que contribuíra para despovoar os campos. O resultado da lei era a concentração de terras nas mãos de quem já tivesse o cabedal para explorá-las, ou seja, nobres e grandes lavradores (SARAIVA, 1991:117). As tarefas de redistribuição das terras abandonadas incumbiriam a "sesmeiros". Mais tarde, no Brasil, sesmeiros seriam chamados os donatários ou beneficiários de sesmarias. A instituição permaneceu e foi incorporada na ordenação do Livro IV título 81, das *Ordenações Afonsinas* e também nas *Filipinas* (de 1603), no mesmo Livro IV, Título 43.

No caso do Brasil, as sesmarias pretendiam ser um fomento para a ocupação e exploração da terra, dadas a quem tivesse o capital e a capacidade para explorá-las. Sesmarias eram, pois, doações de terra cujo domínio eminente pertenceria à Coroa. A mesma política de fomento observava-se na ordem de ceder ferramentas a quem viesse ao Brasil (alvará de 1516). O regimento de Martim Afonso de Sousa (novembro de 1530) autorizava-o a dar glebas de terra para cultivo e criação. Não se tratava, como no caso do território de Portugal, de retomar terras que haviam antes pertencido a outros súditos, mas de simplesmente dar terras recém-descobertas. As sesmarias eram perfeitamente compatíveis com o regime das capitanias hereditárias, ou donatárias, que por sua vez eram vastíssimos latifúndios em que os capitães eram particulares com poderes de jurisdição e administração, recebendo uma renda na forma de tributos (redízimas). Aplicado ao Brasil, o regime das sesmarias (como dadas de terra) significou que se davam extensões enormes aos homens que não as podiam lavrar. A despeito das proibições (cada um deveria receber apenas uma dada) somavam-se umas às outras, e alguns recebiam mais de uma sesmaria e não as habitavam. A isto, acrescentava-se a doação de várias sesmarias a diferentes membros de uma mesma família e temos aí a origem dos clãs oligárquicos de que fala Oliveira Vianna. Os beneficiários recebiam mais de uma sesmaria e, naturalmente, não as habitavam, ocupavam ou lavravam todas.

O poder régio agia através destes senhores donatários, mas era incapaz de controlá-los. O titular da Capitania era encarregado, por sua conta, de governar, administrar, defender e arrecadar as rendas do rei e suas, ou seja, detinha os tradicionais poderes majestáticos da justiça, guerra e fazenda. Expedia forais para criação de vilas, dava sesmarias, e designava seu próprio ouvidor. O donatário recebia a redízima (sobre a dízima devida ao rei), foro (fixo) de moendas e engenhos do território, vintena do rendimento líquido do pau-brasil.

No regime assim constituído, distinguiram-se logo duas sortes de agricultores. Aquele que conseguisse montar sua indústria, com engenho e escravos, seria capaz de conseguir mais dadas de terras; aquele que ficasse como simples lavrador submetia-se a ter que moer seu açúcar, por exemplo, no engenho do senhor seu vizinho, entregando-lhe 50% da moagem. O grande senhor também arrendava suas terras a lavradores menores. Com o tempo muitos sesmeiros viviam de receber a renda de terras que eles efetivamente não haviam ocupado. Este sistema leva à observação do Brigadeiro João Francisco Róscio, em 1781, lamentando que ainda que toda a campanha gaúcha estivesse vazia, todos os campos tinham senhorios.

O engenho (baseado nas concessões de sesmarias) é chamado por Oliveira Vianna de autarquia econômica (VIANNA, 1987:99), e foi responsável, segundo ele, pelo desenvolvimento do *apoliticismo da plebe*. As sesmarias eram grandes como províncias, ou eram acumuladas no mesmo proprietário ou nos seus familiares. Como centros de produção e poder, concorriam com o regime municipalista que oficialmente a Coroa desejava promover, em verdadeiro antagonismo, de modo que as cidades, onde poderiam desenvolver-se formas de integração livres do poder familiar, foram apenas "pontos de passagem, de pouso e aprovisionamento de utilidades e vitualhas", dada a "função desintegradora dos grandes domínios" (VIANNA, 1987:105).

Neste sentido, vale a pena lembrar este efeito dispersivo, conforme relatado por nosso primeiro historiador:

> "Nem um homem nesta terra é repúblico, nem zela ou trata do bem comum, senão cada um do bem particular. Não notei eu isto tanto quanto o vi notar a um bispo de Tucumán da ordem de São Domingos, que por algumas destas terras passou pera a corte. Era grande canonista, homem de bom entendimento e prudência e assim ia mui rico. Notava as coisas e via que mandava comprar um frangão, quatro ovos e um peixe pera comer e nada lhe traziam, porque não se achava na praça nem no açougue e, se mandava pedir as ditas coisas e outras muitas às casas particulares, lhas mandavam. Então disse o bispo: verdadeiramente que nesta terra andam as coisas trocadas, porque toda ela não é república, sendo-o cada casa. [...] E assim é que, estando as casas dos ricos (ainda que seja à custa alheia, pois muitos devem quanto têm) providas de todo o necessário, porque têm escravos, pescadores e caçadores que lhes trazem a carne e o peixe, pipas de vinho e de azeite que compram por junto, nas vilas muitas vezes se não acha isto de venda. Pois o que é fontes, pontes, caminhos e outras coisas públicas é uma

piedade, porque, atendo-se uns aos outros, nenhum as faz, ainda que bebam água suja e se molhem ao passar dos rios ou se orvalhem pelos caminhos, e tudo isto vem de não tratarem do que há cá de ficar, senão do que hão de levar para o reino" (VICENTE DO SALVADOR, 1975:58).

Pela lei, deveria haver limites à concessão das sesmarias: um limite territorial máximo, conforme a capacidade do donatário, e que variou muitas vezes ao longo dos séculos de colonização; um limite funcional, pois a terra abandonada deveria em tese voltar à Coroa para redistribuição. Os limites territoriais foram de 4 léguas de comprimento por 1 de largura, pela Carta Régia de 27 de dezembro de 1695, diminuídos no ano seguinte para 3 léguas. Com o tempo, tendo em vista os abusos, passou-se a exigir a *confirmação* da doação pela Coroa (Carta Régia de 4 de novembro de 1698). Mais tarde, passou-se à exigência da *demarcação judicial* (Carta Régia de 3 de março de 1704). Finalmente, foi proibida a confirmação sem que houvesse demarcação (decreto de 20 de outubro de 1753).

Para consolidar a legislação relativa ao Brasil, surgiu a *Lei das Sesmarias*, pelo Alvará de 5 de outubro de 1795. O alvará dispunha: (a) não poderia ser dada sesmaria a quem já tivesse alguma outra; (b) proibia a doação para estrangeiros; (c) proibia que as religiões (ordens religiosas) as recebessem em sucessão; (d) determinava áreas máximas e medição obrigatória até um ano após a dada, demarcação em até dois anos bem como a obrigatoriedade de abrir caminhos, águas públicas etc.; (e) instituía dois registros para os títulos de sesmarias, um nas Juntas de Fazenda (para áreas rurais) e outro nas Câmaras Municipais (para os urbanos). Como tantas outras leis anteriores, o alvará terminou por não ser aplicado e foi suspenso no ano seguinte (decreto de 10 de dezembro de 1796), só a pretexto, que se repetiria constantemente na história do Brasil, de que não havia recursos materiais nem humanos para fazê-lo cumprir. O sistema foi extinto oficialmente em Resolução de Consulta da Mesa do Desembargo do Paço de 17 de julho de 1822, pelo Príncipe Regente, até que houvesse decisão da Constituinte.

8.2 Posse

Proibidas as doações de sesmarias, a posse ou ocupação pura e simples foi seu substituto natural. Como lembra Sodero, no regime das sesmarias o sesmeiro recebe o título e vai tomar posse da terra; no regime de posse, o posseiro trabalha a terra e depois tenta receber o título. Assim, num caso o título antecede a ocupação efetiva, no outro dá-se o contrário.

José Bonifácio já se preocupava com a questão dentro do quadro mais amplo da consolidação nacional que exigia um regime produtivo ordenado e rentável. Ele não apenas agia nas grandes linhas das instituições políticas nacionais, mas apresentava duas propostas importantes, desde 1821: uma proposta de reforma geral do regime de terras e de abolição da escravidão, esta apresentada à Assembleia Geral Constituinte e Legislativa do Império do Brasil. Segundo ele, no que dizia respeito às terras, as sesmarias não favoreciam a agricultura (concentraram terras sem frutos). Propunha, pois, que todas as terras não cultivadas voltassem aos bens nacionais. Dos que alegavam posse, só a conservariam da zona propriamente cultivada. As terras devolutas seriam vendidas em lotes pequenos e o fundo ali obtido seria utilizado para incentivo da agricultura.

Os compradores destas terras seriam obrigados a conservar matas (reserva de energia e carvão vegetal), bem como espaços de vias públicas e futuras vilas.

8.3   Lei de Terras

A reforma, efetivamente, só viria em 1850 e mesmo assim relativamente mitigada. Antes disso, durante o primeiro reinado e a regência, muita coisa tornou-se mais urgente para uma revolução de independência que não se propunha ser uma revolução social. Quando olhamos para a história jurídica o ano de 1850 é efetivamente um marco. Antes dele, os fatos mais importantes haviam sido a outorga da Constituição, em 1824, a criação dos cursos jurídicos em 1827, a edição do Código Criminal em 1830 e do Código do Processo Criminal em 1831. Depois veio a Regência e o seu período de experimentação quase republicana, segundo alguns, com a tarefa urgente de consolidar a unidade do Império. Após a última revolução (1848, a Praieira) é que se começa a segunda etapa de institucionalização: projetos de Código Civil, Lei de Terras, Código Comercial, comentários à Constituição do Império etc. Neste meio-tempo, as terras brasileiras achavam-se em várias situações do ponto de vista legal: havia sesmarias concedidas e confirmadas, demarcadas e utilizadas, que eram a minoria; havia sesmarias concedidas, não demarcadas; havia glebas de simples posse; e, finalmente, glebas sem ocupação, que seriam revertidas ao Império (*terras devolutas*).

Não se pode confundir a posse de que se fala nesta época com a pequena posse do lavrador pobre. Posse havia também de inúmeras terras novas que se aplicavam na lavoura do café. Algumas destas terras estavam no Rio de Janeiro, seja no vale do Paraíba, seja no caminho para Minas Gerais. No que hoje é o Estado de São Paulo, por exemplo, as terras a partir da capital já eram o "oeste" paulista. Assim, a regularização da posse interessava a grandes fazendeiros. Isto explica quem promovia a lei de terras. José Murilo de Carvalho chama a atenção para o fato de que a tentativa de reformar o regime de terras partia sobretudo dos cafeicultores fluminenses. O problema era ao mesmo tempo regularizar o regime das terras e preparar o fim da escravidão, atraindo colonos estrangeiros que trabalhassem livremente e com alguma esperança de se tornar proprietários. A lei de terras começou a ser gestada em 1843, por projeto de Bernardo Pereira de Vasconcelos, que o havia preparado como membro do Conselho de Estado (Seção dos Negócios do Império) e foi apresentado à Câmara pelo gabinete conservador. Antes disso, já se havia feito uma primeira alteração no sistema pela Lei nº 317, do Registro Geral de Hipotecas (de 1843). As terras começavam a servir de garantias para empréstimos, inclusive para compra de escravos. Incentivos à colonização também se iniciaram em 1848 com a Lei nº 514.

A Lei de Terras foi aprovada modificando pontos essenciais do projeto de Bernardo Pereira de Vasconcelos. Dois deles eram fundamentais: haveria limites territoriais para as posses serem reconhecidas e seria criado um imposto territorial de 1$500 por meio quarto de légua em quadra e aquelas terras cujo imposto não fosse recolhido por três anos contínuos voltariam à propriedade da Coroa, para venda. A Lei nº 601, de 18 de setembro de 1850, a *Lei de Terras*, dispôs o seguinte: (a) proibiu a concessão gratuita de sesmarias; (b) definiu as terras devolutas, que seriam adquiridas mediante compra feita à Coroa em hasta pública; (c) ordenou o despejo de quem fizesse derrubadas ou queimadas (para evitar que se alegasse posse recente e sem cultivo); (d) definiu como *terras devolutas* as que não tivessem uso público, nem título legítimo de particular, nem houvessem sido dadas em sesmarias revalidadas, bem como as que não tivessem posse legítima. As posses mansas e com cultura então existentes seriam legitimadas. A legitimação poderia ser feita levando documentos de posse ao Registro de Hipotecas. Ao mesmo tempo, a lei ordenou a discriminação de terras públicas por iniciativa do governo. Criou-se também em cada freguesia ou paróquia (repartições administrativas eclesiásticas, que serviam também de repartições públicas num Estado que tinha religião oficial) um registro de títulos de terras, que ficou conhecido como *Registro do Vigário*, no qual os possuidores declaravam a sua posse ao vigário em cada Freguesia.

O art. 12 da lei mandava o governo reservar terras devolutas para o aldeamento de indígenas. Começou assim um debate novo sobre o estatuto jurídico da posse originária dos índios. Teria ela sido revogada ou desconsiderada pela nova Lei? Ou seria aplicável o artigo apenas no caso dos índios aldeados novos?

A lei foi regulamentada pelo Decreto 1.318, em 30 de janeiro de 1854. O decreto de regulamentação mandava que juízes (de paz, municipais e de direito), delegados e subdelegados informassem aos presidentes de Províncias a existência de posses sujeitas a revalidação em suas respectivas jurisdições. Ora, todos eles eram agentes de poder, eleitos ou indicados, e o processo foi dificultado pelos interesses a que se ligavam seus adversários ou aliados. Os pequenos possuidores raramente poderiam influenciar no cumprimento da lei. O art. 91 do decreto impunha aos vigários abrir registro de títulos de posse e começava assim a burocratização de um sistema que veio gerar a grilagem e a falsificação que até hoje conhecemos em tantas partes. A venda de terras devolutas (públicas) ficou sujeita a preços mínimos (fixados pelo governo) que nem todos poderiam pagar e foi mesmo facultado realizar a venda fora de hasta pública.

Qual o sentido da Lei de Terras, a quem beneficiou, quem participou dos debates que precederam sua edição? Segundo Emília Viotti da Costa (1994:141), a Lei de Terras é significativa da transição de um sistema em que a terra deixa de ser domínio da Coroa e título de prestígio para transformar-se no que é modernamente, apropriável como mercadoria. Como o regime de sesmarias impusera ou a *doação* (título legítimo, conseguido, como vimos, pelos grandes senhores) ou a *ocupação* pura e simples (que não dava título legítimo e era praticada eventualmente pelos colonos), a Lei de Terras vem não só modernizar o domínio da terra (transformando-a definitivamente em mercadoria, permitindo a hipoteca e o crédito modernos) como especialmente legitimar grandes ocupações, tais como as dos fazendeiros de café (VIOTTI DA COSTA, 1994:145-146) e não simplesmente permitir um acesso democrático à terra por parte de quem quer que fosse. A defesa do projeto veio dos plantadores de café de Minas, Rio e São Paulo. Neste sentido, a Lei de Terras confirma aquilo que James Holston aponta como característica do direito agrário e fundiário no Brasil: produzir complexidade procedimental e substantiva insolúvel, que termina por legalizar a grilagem, tornando-se um instrumento de desordem calculada (HOLSTON, 1991:695). Nestes termos, a Lei de Terras, sancionada no auge do Segundo Reinado, não é a democratização da terra brasileira, mas o seu *cercamento*, isto é, o estabelecimento do sistema de propriedade em evolução, exclusivista e mercantil.

O resultado da lei foi mínimo no que diz respeito a separar terras privadas e terras públicas (devolutas). José Murilo de Carvalho noticia os muitos relatórios dos Ministros do Império sobre o assunto, "um contínuo reafirmar das frustrações dos ministros e dos funcionários das repartições encarregadas de executar a lei frente aos obstáculos de vária natureza". Sem o imposto territorial, sem penas adequadas e fortes, a lei não se cumpriu. Não é à toa que hoje, no Brasil, ainda se encontrem conflitos de terras sobre áreas jamais devidamente regularizadas e não só em terras novas, na fronteira agrícola como se diz, mas em regiões de ocupação já secular.

Os dados a seguir, tirados da pesquisa de José Murilo de Carvalho, mostram bem o problema essencial do Estado brasileiro, ou seja, sua incapacidade de aplicar universal e igualmente as leis aprovadas. Em 1855 apenas dez províncias tinham dados imprecisos sobre as terras devolutas. A Repartição Geral de Terras Públicas, encarregada das demarcações, foi extinta em 1861 e a Diretoria que a substitui, em 1863, contava com 10 funcionários na Corte e 25 no resto do País, 14 engenheiros em 11 províncias e 17 juízes comissários. As sucessivas prorrogações de prazo para registro e regularização, segundo o relatório do ministro em 1875, faziam crer aos fazendeiros que "nunca seriam privados de suas terras". Aos poucos, reconheceu-se que a lei era letra morta, que os "proprietários" tratavam os agentes do governo como espoliadores. O próprio registro do vigário era pouco confiável, ou porque os vigários eram eles mesmos proprietários, ou porque a Igreja era uma das grandes proprietárias. Os problemas não apenas continuaram mas agravaram-se na República. Os estados, dominados pelos grupos locais poderosos, fomentaram a usurpação das terras públicas, conforme assinalam Warren DEAN (1996) e Almir T. SANCHES (2009). Coelho Rodrigues, autor de um malsucedido projeto de código civil em 1893, tinha plena consciência de que a regularização das terras passava pelo estabelecimento de um registro confiável, o qual dependia de um cadastro bem feito, e disso tratou no seu projeto. Clovis Bevilaqua manteve-se afastado do problema do registro e dos títulos das terras, alegando que a questão não era de direito civil estritamente falando. Rui Barbosa, de passagem pelo primeiro ministério republicano, tentou em vão experimentar o Registro Torrens (cf. SACHES, 2009) mas tampouco foi feliz na empreitada.

Em resumo, sem fazer cumprir a lei, o Brasil não conseguiu rivalizar com outros países que se abriam à imigração estrangeira: a qualidade das terras dos Estados Unidos era melhor, a escravidão havia sido abolida (logo não havia a concorrência de dois regimes de trabalho no campo) e a facilidade de aquisição era muito maior. O relatório do ministro, de 1869, resumia: "A história da imigração no Brasil compõe-se de uma longa série de tentativas, todas mais ou menos abortadas" (CARVALHO, 1996:303-325).

12
DO SÉCULO XIX AO SÉCULO XX: INOVAÇÕES REPUBLICANAS

"Vivendo quatrocentos anos no litoral vastíssimo, em que palejam reflexos da vida civilizada, tivemos de improviso, como herança inesperada, a República. Ascendemos, de chofre, arrebatados na caudal dos ideais modernos, deixando na penumbra secular em que jazem, no âmago do país, um terço da nossa gente. Iludidos por uma civilização de empréstimos; respingando, em faina cega de copistas, tudo o que de melhor existe nos códigos orgânicos de outras nações, tornamos, revolucionariamente, fugindo ao transigir mais ligeiro com as exigências da nossa própria nacionalidade, mais fundo o contraste entre o nosso modo de viver e o daqueles rudes patrícios mais estrangeiros nesta terra do que os imigrantes da Europa. Porque não no-los separa um mar, separam-no-los três séculos..." (Euclides da Cunha, Os sertões*)*

1 INSTITUIÇÕES E CULTURA NA PRIMEIRA REPÚBLICA (1889-1930)

A República altera substancialmente algumas instituições. Em primeiro lugar, a federalização rompe com a tradicional unidade de fontes legislativas e introduz uma política estadual legitimada pela Constituição. A organização judiciária e o processo tornam-se matéria estadual e durante a Primeira República serão fonte de algumas novidades à medida que os Estados queiram reorganizar seus tribunais. Mesmo assim, é inevitável que a cultura jurídica continue praticamente a mesma. Todos os republicanos haviam sido socializados nos mecanismos do foro e nas faculdades de direito que seguiam leis definidas nacionalmente. Não era fácil mudar de repente.

> A combinação única no direito público brasileiro deu-se quando a Constituição adotou um modelo norte-americano que incluía federalismo, presidencialismo e controle judicial de constitucionalidade difuso, isto é, realizado por todo e qualquer juiz (de qualquer grau e de qualquer esfera de governo), e o restante do direito público (o direito administrativo) continuava sob o modelo francês, que excluía o controle judicial da atividade administrativa. Neste modelo, o controle era feito por um tribunal administrativo (o Conselho de Estado) e um tribunal de conflitos (responsável por decidir conflitos de jurisdição entre governo e justiça).

Também o modelo francês, que continuamos a cultivar, girava em torno de núcleos conceituais e temáticos como *serviço público*, *funcionalismo público*, *contratos administrativos* etc. Por fim, é bom lembrar que o controle de constitucionalidade norte-americano presume e pressupõe que os juízes e tribunais inferiores têm o dever de acatar a jurisprudência dos tribunais superiores como precedentes vinculantes, garantia do *stare decisis*. No Brasil, esta tradição de vinculação dos tribunais a suas próprias decisões anteriores bem como às decisões das cortes superiores nunca existira.

Uma das primeiras e mais importantes reformas foi a separação da Igreja e do Estado, criando um regime político laico. Além disso, a República trouxe o mais completo triunfo do *laissez-faire*. Se a Constituição do Império havia pelo menos feito referência ao direito à educação que seria garantido pelo governo – no ensino fundamental –, a Constituição Republicana silenciava completamente sobre qualquer "direito social". Próprio do direito constitucional eram apenas as questões de soberania nacional, separação de poderes, sistema representativo, liberdades civis. O triunfo do liberalismo na República, dentro da cultura jurídica, é inquestionável. É tão profundo que mesmo as modernizações que iriam de qualquer maneira competir ao Estado para fazer avançar o próprio capitalismo na sociedade brasileira são continuamente questionadas pelos tribunais federais.

A cultura jurídica brasileira vive também um novo dilema. As instituições políticas são diretamente inspiradas, a partir de então, no modelo norte-americano. Passa a ser possível e recomendável trazer de lá, e como diz Pedro Lessa em várias oportunidades, também da Argentina (uma república federal), a inspiração para nossos jurisconsultos. No entanto, esta importação do modelo constitucional faz-se para uma cultura saturada de familiaridade com as instituições europeias: o direito administrativo inspirava-se na França; o direito civil de longa data inspirava-se nos alemães. A organização judiciária era de estilo francês e continental, e o processo claramente era inquisitorial, escrito e cartorário nos moldes do velho processo romano-canônico europeu. Aliás, a despeito da existência bastante peculiar do tribunal do júri entre nós (inspiração inglesa sobre nossos liberais), a instituição do inquérito policial em 1871 mostra o quanto estávamos distantes do modelo da *common law*. A Inglaterra não conhecia nem mesmo um promotor de justiça, magistratura típica do processo inquisitorial europeu. Com tudo isto, a República, que do ponto de vista político e social já foi suficientemente estudada como forma oligárquica de governo até 1930, definiu novas instituições e nova cultura.

As influências ideológicas também foram contraditórias. O positivismo de origem francesa e o evolucionismo social (de Spencer) combinam-se de forma extraordinária no Brasil republicano. Os juristas entusiasmaram-se com a nascente sociologia, o que deu origem a uma tradição longa, que de fato perdura até hoje, segundo a qual o direito deve subordinar-se às ciências sociais (Lopes, 2014). A hegemonia do positivismo no Brasil – tanto o positivismo conceitualista e formal, quanto o sociologizante – é um fenômeno único (ARMORY, 1997). Em lugar algum das Américas os intelectuais rendem-se tanto a esta concepção cientificista como por aqui. O contrário ocorria nos Estados

> Ao lado do liberalismo floresceu também uma escola dirigista e autoritária, cujo exemplo mais importante se acha na famosa Constituição do Rio Grande do Sul, chamada *constituição positivista*. O arranjo de poderes ali definido estava longe da tripartição de poderes do constitucionalismo clássico, e o Rio Grande do Sul foi sementeira de muitos juristas. Ali se permitia a reeleição indefinida do executivo, o que permitiu não só a grande influência de Júlio de Castilho (presidente do estado entre 1891 e 1898), como em seguida as três décadas de governo de Borges de Medeiros (1898-1928). Na esfera federal, o porta-voz dessa visão foi Pinheiro Machado. Em 1930, Getúlio Vargas (governador do Rio Grande do Sul desde 1928) levou para o plano nacional a visão e vários aspectos dessa experiência positivista. Entre os juristas mais importantes da Primeira República vindos do Rio Grande do Sul estava Carlos Maximiliano, que afinal chegou a ministro do Supremo Tribunal Federal.

Unidos neste período em que a jurisprudência, se bem que dominada pelo utilitarismo e pelo liberalismo, dava sinais de pragmatismo que mais tarde, nas primeiras décadas do século XX gerariam o realismo jurídico americano. O positivismo gerara uma política de caráter reformista, mas de reformismo pelo alto, não democrático, *hobbesiano, jacobino*.

Ao mesmo tempo, o liberalismo impunha-se e generalizava-se no discurso dos bacharéis. Exemplo marcante de liberalismo convicto foi Rui Barbosa. Inspirado no liberalismo econômico e político anglo-americano, dá cor *lockeana* a suas ideias: "*Direitos* individuais corresponde a direitos do *indivíduo*. São os direitos inerentes à individualidade humana ou à individualidade social: [...] direitos que não resultam da vontade particular, por atos, ou contratos, mas da nossa própria existência na espécie, na sociedade e no Estado" (BARBOSA, 1978:90). Rui, como outros republicanos, está particularmente familiarizado com a filosofia de língua inglesa. Mesmo assim, foi inovador. Lutou para que o Judiciário brasileiro usasse o *habeas corpus* como recurso amplo, que protegesse para além da liberdade de ir e vir qualquer ameaça ou violência ao campo genérico da liberdade civil. Quando ilegalmente se privasse alguém da liberdade de exercer um cargo público (quando se davam as destituições de governadores estaduais, por exemplo), insistia Rui Barbosa que era aplicável o *habeas corpus*. Ao contrário do *habeas corpus* usado no Império, o republicano era definido na Constituição e protegeria o indivíduo que sofresse ou se achasse no iminente perigo de sofrer violência ou coação, por ilegalidade ou abuso de poder (art. 72, parágrafo 22). "Não se fala em prisão, não se fala em constrangimentos corporais. Fala-se amplamente, indeterminadamente, absolutamente, em coação e violência; de modo que, onde quer que surja, onde quer que se manifeste a violência ou a coação, por um destes meios, aí está estabelecido o caso constitucional do *habeas-corpus*. Quais são os meios indicados? Quais são as origens da coação e da violência, que devem concorrer para que se estabeleça o caso legítimo de *habeas-corpus*? Ilegalidade ou abuso de poder. [...] Coação, definirei eu, é a pressão empregada em condições de eficácia contra a liberdade do exercício de um direito, qualquer que esse seja" (BARBOSA, 1978:172-173). Mas é preciso notar que filosófica e doutrinalmente sobreviveu a influência francesa e europeia, gerando permanente conflito institucional.

Apesar disto, apesar do liberalismo de alguns presidentes, como Rodrigues Alves (1902-1906), o clima geral foi agitado. Para controlar o movimento operário, especialmente liderado por estrangeiros imigrantes, foi aprovada legislação permitindo a expulsão de estrangeiros indesejáveis. A propaganda de certas ideias foi tratada como crime. Movimentos sociais urbanos e rurais (Canudos, Contestado) que se opuseram de algum modo à modernização capitalista apoiada pelo Estado e favorável a grupos estrangeiros, foram reprimidos policial e militarmente. As disputas estaduais provocavam batalhas jurídicas e rebeliões armadas, longos períodos foram de governo sob estado de sítio, muito especialmente no governo de Floriano Peixoto (1891-1894) e Artur Bernardes (1922-1926). O liberalismo jurídico e econômico conviveu todo o tempo com as revoluções (1893 no Rio Grande do Sul, 1922 em São Paulo, 1923 outra vez no Rio Grande do Sul...) e com o estado de sítio.

Esta cultura jurídica, porém, não foi exclusiva do Brasil. Certo que aqui ela teve na República um divulgador e que teve sua especificidade. A República impôs uma ideia de liberalismo realmente forte. No entanto, dentro de uma sociedade profundamente dividida e antidemocrática, os efeitos do liberalismo da Constituição foram muito diferentes daqueles proclamados nos discursos. A República teve de retomar a esperança do Brasil moderno (IANNI, 1992). A modernização significaria romper com algumas tradições. Para modernizar a infraestrutura produtiva do país, era preciso permitir que a propriedade mudasse de mãos. Daí talvez se entenda parte da política de Rui Barbosa que permitiu o *encilhamento*: a especulação desenfreada e incontida na bolsa de valores. Mas seria possível regular ou regulamentar o mercado? A resposta da época era um sonoro não. Continuava-se a imaginar que a propriedade privada era intocável. Os tribunais vão em vários momentos proibir inclusive o exercício da polícia sanitária em nome da liberdade individual.

Esta difícil passagem do liberalismo para formas em que algum interesse público fosse admitido como fundamento para limitar a propriedade foi lenta em toda parte. Na Europa, ela deu origem, no campo do direito privado, a muitas discussões e escolas jurídicas. De um lado, falava-se na revolta dos fatos contra os códigos, de outro o movimento operário desmascarava o direito privado (formas de propriedade, família, sucessões e contratos) como simples regras de manutenção da forma burguesa de sociedade. Não apenas o sistema de classes se mantinha, mas também a divisão de direitos entre homens e mulheres, gerando um heterossexismo e um predomínio masculino inexplicável e injusto. A defesa do *status quo* fazia-se muitas vezes apelando-se para o direito natural e mesmo para a analogia com a natureza, descoberta com os olhos da história natural (biologia).

Para alguns, a questão se explicava pelo desenvolvimento e complexificação da sociedade. Os códigos, feitos para o início do século XIX, mostravam-se inadequados. Era preciso mudá-los ou flexibilizá-los. Não é muito fácil distinguir os discursos que aí se fazem. A *escola do direito livre* (que teve em Eugen Ehrlich um defensor) insistia em que era preciso dar autonomia aos juízes e aplicadores da lei para que adaptassem os códigos às circunstâncias. A despeito do tom aparentemente democrático da crítica, ela carregava algo do romantismo da escola histórica. Deixados a si mesmos, muitos dos intérpretes não fariam mais do que acompanhar o senso comum tradicional e dominante de seus respectivos lugares. Outra corrente foi representada por Léon Duguit, denunciando o individualismo contido na legislação novecentista. Havia, porém, a seu lado a crítica de inspiração socialista e marxista. Para os juristas desta corrente, exemplarmente representados por Pashukanis, o direito é uma forma tipicamente burguesa e só a revolução pode pôr fim tanto ao direito quanto ao sistema de exploração que ele naturalmente incorpora.

Evidentemente, a crítica não poderia parar nos códigos de direito privado. A complexificação da sociedade, segundo alguns, era na verdade um processo de transformação revolucionária, mesmo quando não se percebesse o movimento revolucionário violento. O movimento das mulheres era emblemático. As mulheres queriam novas relações familiares e queriam isto junto com o direito de votar e serem votadas. Esta transformação significava reestruturar as fronteiras do público e do privado. Mulheres operárias sempre trabalharam, mas agora queriam não apenas salários, mas direitos de participação política. Apesar desta notável luta, o movimento ainda era minoritário e uma jurisprudência feminista precisou esperar as décadas finais do século para impor-se.

Havia algo mais a caminho: uma reforma no sistema de direito público. Esta foi extremamente complexa: ela deveria gerar o Estado regulador em contraste com o

Estado polícia. Significava mudar acentuadamente as relações entre público e privado também. Os juristas tiveram dificuldades em aceitar que o Estado regulasse aquilo que durante 200 anos se construíra sob o nome de autonomia da vontade e liberdade dos particulares. Nos Estados Unidos, a Suprema Corte recusava-se a garantir direitos de cidadania na esfera estadual, alegando que a Constituição federal aplicava-se apenas a casos nacionais. Mas garantiu sua proteção em primeiro lugar às sociedades mercantis, equiparando-as a pessoas humanas para diversos fins. Desde o fim da guerra civil (1865) até o final dos anos 30 (*New Deal*), a corte impedia que o Estado regulasse os negócios entre os particulares. O caso mais importane julgado no período e que deu nome a toda essa fase histórica foi o de *Lochner v. New York*, de 1905. Nele, a Corte rejeitou, como inconstitucional, uma lei do Estado de New York que disciplinava o número de horas de trabalho permitidas semanalmente: como resultado, as leis de caráter social foram invalidadas de forma geral, alegando-se que violavam os direitos de liberdade, inclusive de contratar, garantidos pela Constituição. "A lei em questão, disse o julgamento, não é um exercício razoável do Poder de Polícia." Foi só nos anos 30, diante da gravidade da crise econômica e social, e pressionada pelo Executivo, que a Suprema Corte cedeu e em 1934 começou a reconhecer as necessidades sociais. Julgou naquele ano o caso *Home Building & Loan Association v. Blaisdell*. Estava em jogo a constitucionalidade de uma lei do Estado de Minnesota que permitia aos devedores hipotecários de financiamentos de casa própria uma moratória. A decisão sustentou que a lei era constitucional, pois era dever do Estado garantir a própria existência da comunidade em casos de emergência, e a situação social dos devedores era uma destas emergências.

No Brasil, a introdução de um pensamento social nestes termos fez-se debaixo de um período autoritário e assim nossa tradição jurídica encontrou-se perplexa. As intervenções do Estado, embora se reconheça às vezes que são necessárias para garantir alguma ordem social, são associadas no imaginário jurídico com o autoritarismo puro e simples. A Revolução de 30, que levou ao poder Getúlio Vargas, foi também a que abriu caminho para sua permanência na chefia do Executivo por mais de uma década usando de poderes ditatoriais.

2 O ENSINO JURÍDICO

Ao lado disto, os debates sobre a reforma do ensino jurídico aconteciam. Qual o modelo de universidade e de ensino a adotar? Na falta de verdadeiras universidades, as faculdades de direito precisavam definir-se. Como dito, a admiração pelo direito privado alemão (o direito civil em particular) era muito grande. No que diz respeito ao direito constitucional a Alemanha não tinha muito a oferecer ainda: o Estado nacional era recente e os movimentos revolucionários, assim como os partidos socialistas que lhes davam os rumos, eram fortes. Mas no direito civil, o desenvolvimento alemão mostrava vigor acadêmico e político. Os professores faziam o projeto de um Código Civil que permitiria a convivência da burguesia com os estamentos proprietários tradicionais.

> "Muitos códigos consolidam os resultados de uma reconstrução recente da sociedade. [...] Outros códigos, ao contrário, são criados em tempos de estabilidade social e política; seu espírito é, frequentemente, retrospectivo e

reflexivo, buscando manter uma situação favorável ao *establishment*. O BGB alemão é um destes códigos conservadores. Retrata exatamente a sociedade do império de Bismarck. O papel principal no Estado daquele tempo era desempenhado pela grande burguesia liberal que havia produzido o Estado-nação alemão colaborando com os poderes autoritários da Prússia. [...] Para o BGB o cidadão típico não é o pequeno artesão ou o trabalhador da fábrica mas o empresário endinheirado, o proprietário de terras e o funcionário, gente que se espera que tenha experiência em negócios e discernimento sadio, capaz de triunfar na sociedade burguesa da liberdade de contratos, liberdade de estabelecimento e livre concorrência, e capaz de agir na sua própria defesa" (ZWEIGERT E KOETZ, 1977:144).

Fruto deste acordo social por cima – e não de uma revolução, como a francesa – elaborado por eruditos acadêmicos, o BGB "não é uma obra literária, mas uma máquina de calcular jurídica" (ZWEIGERT E KOETZ, 1977:145).

A admiração pela cultura jurídica alemã não impedia, porém, a crítica. A Comissão encarregada pela Faculdade de Direito de São Paulo de estudar a reforma do ensino, cujo relator era Pedro Lessa, comentando os estatutos do Visconde de Cachoeira para os primeiros cursos jurídicos do Brasil, dizia:

"Recomendavam muito os estatutos que o lente fosse breve e claro nas suas exposições, não ostentando erudição por vaidade, mas aproveitando o tempo com lições úteis, trabalhando quanto possível por concluir a explanação das matérias do compêndio. Já então era bem sentida a necessidade de evitar o grave defeito, tão censurado por Cogliolo em suas *Malinconie Universitarie*, dos professores '*che divagano in esortazioni ampollose, discussioni vaghe, accenni politici diretti a strappare applausi*'. Tais discursos não são raros nas universidades italianas. Com isso, não queremos preconizar o defeito contrário dos professores alemães, que com sua exposição monótona, seca, áspera e dura, esgotam rapidamente as mais difíceis e extensas matérias. De um lente de pandectas nos diz Blondel que em 22 minutos o viu expor toda a teoria da novação, e em menos de meia hora a da compensação" (RAMALHO, 1897:75).

O deslumbramento diante do direito civil alemão contrastava com a influência inglesa nos costumes e práticas mercantis. Potência colonial, dominando o comércio marítimo, a Inglaterra era também a grande investidora internacional, seja concedendo empréstimos ao Tesouro, seja fornecendo capitais de risco para as companhias de estradas de ferro, seguros, transportes, eletricidade, tanto no Brasil (o grande parceiro latino-americano dos ingleses, ao lado da Argentina e do México) quanto nos Estados Unidos.

Foi na República que se estabeleceram a filosofia do direito e a história do direito (1891). Em 1895 (Lei nº 314) colocava-se a filosofia do direito no primeiro ano e a história no quinto ano. Ao liberalismo econômico teve que agregar, no campo do direito, o temor pelas novidades, resultando mais conservadora do que os discursos de alguns sugeriam. Segundo a tendência geral do século XIX, suprimiu-se a cadeira de direito natural, substituída pela de filosofia do direito. O primeiro professor da nova disciplina em São Paulo foi Pedro Lessa (1859-1921). Em relação ao direito natural do Império, havia uma diferença fundamental: a República havia separado a Igreja do Estado, não havia mais religião de Estado desde o Decreto nº 119-A de janeiro de 1890, e o art. 72, parágrafo 7º, da Constituição de 1891 proibia relações especiais do Estado com qualquer culto ou igreja. Era uma república laica, que precisava de uma teoria do direito laica, distante do direito natural que tomara ares semirreligiosos. Os tempos eram de predomínio da história natural e da filosofia evolucionista de Herbert Spencer. O contato com a biologia, ou história natural, levava a explicar muitas coisas pela "raça": o presidencialismo só funcionara bem nos Estados Unidos por causa da "raça americana". Seria preciso esperar os anos 1930 para que uma nova geração de intelectuais começasse a explicar o Brasil de modo diferente (Gilberto Freyre, Sérgio Buarque de Holanda, Oliveira Vianna, Caio Prado Jr.).

O entendimento da nova disciplina expressa-se nas palavras de Pedro Lessa: "o que se denominava filosofia do direito ou direito natural (expressões até há pouco usadas indistintamente), era um conjunto de princípios que se afirmavam revelados de um modo sobrenatural, ou dados pela revelação natural da razão, reputada uma faculdade meramente transmissora das ideias universais e absolutas, um poder intuitivo [...] Admitidos os princípios religiosos, os corolários deduzidos constituíam regras de direito" (p. 531). "A aplicação do *método positivo* (o único processo de que dispõe a inteligência humana para a aquisição de verdades científicas) ao estudo dos fenômenos sociais apagou a antítese profunda que havia entre a moral, o direito, e todas as disciplinas que se ocupavam com os fatos do organismo social, as ciências cujo objetivo é o estudo dos fenômenos do mundo físico, inorgânico ou orgânico. Investigam-se hoje as leis dos fatos jurídicos, éticos, políticos, econômicos, ou sociológicos, pelo mesmo método lógico por que se estudam as leis da física, da química, ou da biologia" (p. 532). "As normas jurídicas são manifestações artísticas, traduções, sob a forma de preceitos, de verdades gerais, ou leis científicas, obtidas pela indução e pela dedução. A missão da ciência é descobrir as conexões causais, as relações necessárias, entre os atos voluntários do homem e suas naturais consequências." O método positivo é o método das ciências naturais: as leis são explicitamente compreendidas como regularidades de eventos. Para o positivismo dos primeiros republicanos, a regularidade sociológica e o direito equivalem. Fazer leis é promover a evolução social, que de qualquer modo vai dar-se tão inexoravelmente quanto a evolução das espécies. É bom lembrar que para este tempo o paradigma de ciência é a "história natural", assim como no século XVII o paradigma de ciência (e racionalidade) havia sido a geometria.

O discurso de Reynaldo Porchat, em 1927, no centenário dos cursos jurídicos, continua esta tradição:

> "O conceito da nova ciência, desprezando as teorias abstratas ou metafísicas, filhas da razão pura, demonstra que a vida jurídica [...] não é mais do que um puro mecanismo de forças que se entrecruzam e se entrelaçam. [...] Estendido sobre essas bases, o estudo do direito, chega-se à conclusão de

que não é ele mais do que uma função que pertence ao organismo social, da mesma forma que pertence ao organismo animal a função da nutrição, da respiração, da reprodução" (PORCHAT, 1928:368).

O determinismo é evidente. As transformações sociais são orgânicas, não revolucionárias e devem seguir sempre na linha indicada pela evolução da sociedade, como na evolução das espécies. É preciso voltar os olhos para as sociedades mais progressistas.

A República, tão liberal em ideais, deveria ser calma em termos políticos. A revolução não poderia ser legitimada pelos juristas. Os autores franceses, dizia Pedro Lessa, que fizeram e influenciaram a Revolução, "eram todos uns desequilibrados. Só a razão calma e superior de Montesquieu poderia legar ensinamentos e conselhos..." (p. 510). Nada, portanto, de sufrágio para os analfabetos, as mulheres... Calma nas reformas. Calma também recomendada por João Mendes de Almeida Jr., monarquista conformado com a República e católico conservador. O método de ensino jurídico experimentado nos Estados Unidos, o método de casos, não deveria ser introduzido entre nós. Não, bom mesmo era o método dos Estatutos da Universidade de Coimbra de 1772. Sua argumentação é uma erudita defesa do método dedutivo, dos princípios gerais que dão firmeza, para os casos particulares, com muita conferência... Recusou-se também a aceitar os exames de Estado, seja da forma francesa, seja da forma alemã. Nada como conservar os professores examinando seus alunos, como era da nossa tradição. Em resumo, seria melhor conservar tudo como estava, apenas aperfeiçoando aquilo que não se aplicava adequadamente, por falta de rigor e disciplina dos próprios responsáveis (ALMEIDA JR., 1916: *passim*).

3   O TRABALHO

Há um problema quando se olha para as sociedades capitalistas. Ali, com a ressalva dos Estados Unidos, a escravidão tinha desaparecido havia muitos séculos. O novo ator social era o proletariado. Da situação de desprezo a que eram reduzidos os assalariados diaristas no Antigo Regime, o emprego por salário convertera-se na condição comum (CASTEL, 1995). O Brasil era ainda uma terra de recente escravidão, muitos ex-escravos ainda vivendo de empregos domésticos. A abolição fora feita progressivamente, sem que aos libertos fosse dada qualquer alternativa de sobrevivência. Os tribunais ainda tinham que lidar com questões assim, valendo-se de um ideário inadequado. O Tribunal de Justiça de São Paulo, em decisão de 13 de agosto de 1915, exigia para a prova de serviços domésticos um contrato formal: "Não se fez prova alguma de contrato de locação de serviços e se trabalhos a autora teve em casa do réu, o réu, por seu turno, deu-lhe moradia, alimentou-a, assistiu-a em moléstias, etc." (*Revista dos Tribunais*, apelação no 7.283). Trabalhar por abrigo e comida, nada de salários... Mesmo que os contratos se possam provar verbalmente, ou que no direito comercial se admita informalidades, quando se chega aos pontos essenciais da ordem social é preciso ser rigoroso.

Pedro Lessa está atento a estes novos atores, que reivindicam regulação de salários, limites de horas trabalhadas, assistência e previdência por caixas de socorro mútuo, corporações (sindicatos). Qualquer pessoa de bom coração aceita a justiça destes reclamos: mas como conciliar igualdade e segurança com estímulos egoísticos da produção, "que seria suprimir o progresso da espécie humana, pois não há desenvolvimento intelectual e moral sem certas condições de bem-estar material"? (LESSA, s.d.:536). Ou seja, como conciliar reivindicações justas dentro de uma ordem que funciona segundo regras do utilitarismo?... "A distribuição das riquezas de consumo segundo as necessidades de cada um, além dos graves inconvenientes apontados, criaria um numeroso exército de funcionários públicos que, cerceando a liberdade e sob um regime inquisitorial, teriam por missão averiguar as necessidades de cada indivíduo ou de cada família" (p. 534). A República não deveria cair nesse erro.

O Brasil havia praticamente acabado de deixar o regime escravocrata e ainda não disciplinara o novo sistema de trabalho livre. Era ainda uma sociedade rural, com a grande maioria da população vivendo nos campos ou em cidades pequenas. Achava-se em vigor ainda o Livro IV das *Ordenações*, Títulos 28 a 35, a respeito de *criados de servir*, estabelecendo soldadas mínimas (por cada ano de serviço), mas voltados a uma espécie de relação de trabalho familiar, dos achegados aos *senhores* ou *amos*. Nada da relação de trabalho industrial e capitalista. Assim é que estes novos trabalhadores, que não são nem os criados (tutelados dentro de um sistema senhorial *amo-criado*), nem escravos, nem trabalhadores livres de ofício regulamentado, encontram-se num limbo em que vigoram as liberdades do mercado e do contrato. No final do século XIX, embora já fossem uma força viva nas cidades grandes, o Brasil não dera atenção ao tema, pois estava ainda resolvendo a "questão servil".

A situação altera-se rapidamente durante o início do século XX, sobretudo no Rio de Janeiro e em São Paulo. Grupos internacionais passam a investir no Brasil (a Light & Power instala-se em 1904) e a indústria têxtil se expande. Movimentos operários crescem, mas o tratamento dado à questão será ainda repressivo. Em 1917, na grande greve geral de São Paulo, coloca-se na pauta das reivindicações não só o aumento de salários, como também o problema do trabalho de menores e mulheres, do descanso remunerado, garantia de emprego, direito de associação. Já em 1919, regula-se apenas a indenização por acidentes do trabalho e em 1925 concedem-se os 15 dias anuais de férias a empregados da indústria e do comércio.

4   A JUSTIÇA E O SISTEMA LEGAL

O Supremo Tribunal Federal, criado por decreto do governo provisório (Decreto nº 848, de 11 de outubro de 1890), passara a ter o controle da constitucionalidade das leis. Não havia na Primeira República (como até 1965), um controle concentrado de constitucionalidade. O sistema adotado é em tudo análogo ao sistema norte-americano, segundo Pedro Lessa (1915:100 ss). O *judicial review* existiria apenas em casos concretos, e o Supremo não dispunha de mecanismos como a avocatória (*writ of certiorari*) anglo-americana para intervir em decisões dos juízes inferiores. Ouvia os recursos extraordinários. Foi-lhe dada autonomia para nomear seus funcionários, mas suas decisões não teriam o poder vinculante do tribunal estadunidense.

Na reforma republicana, desaparecera o recurso de revista. Em seu lugar, se assim se pode dizer, surgia o recurso extraordinário. Mas o extraordinário permitia a reforma da decisão diretamente pelo Supremo, enquanto a revista era uma cassação. O extraordinário teria lugar quando se negasse validade a lei federal ou se questionasse a constitucionalidade de leis, enquanto o recurso de revista era cabível em caso de injustiça da decisão, entendida como negativa de vigência de texto expresso de lei.

A grande reforma introduzida pela República foi sem dúvida o controle de constitucionalidade difuso. A partir de 1891 todos os juízes poderiam deixar de aplicar uma lei qualquer por considerá-la contrária à Constituição. Mas se os juízes passaram a ter o poder de conhecer da constitucionalidade das leis, e o Supremo o poder de revê-la, a cultura jurídica continuou estranha ao precedente vinculante, instrumento corriqueiro do direito norte-americano. Frequentemente, o Supremo, já na Primeira República, era obrigado a conhecer repetidas vezes de assuntos semelhantes, sem dispor de um mecanismo de generalização de suas interpretações.

Desapareceram também o contencioso administrativo e o Conselho de Estado sem que os administrativistas se dessem conta da profundidade disto. Continuaram a aplicar doutrinas francesas, feitas para um Estado em que não havia *judicial review* e que, portanto, nada tinha em comum com o modelo republicano adotado. Este fato deve ser observado porque a rigor esta discrepância entre instituições e doutrinas persiste até hoje no Brasil. O direito administrativo continua a ser ensinado e explicado por doutrinas europeias, enquanto o modelo de administração é cada vez mais americanizado.

Outra mudança substancial foi a federalização da justiça: passou a haver uma justiça estadual e uma justiça federal. O Supremo Tribunal Federal foi criado por Decreto nº 848, de 11 de outubro de 1890, do Governo Provisório, com 15 membros nomeados pelo presidente da República, vindos em sua maioria do antigo Supremo Tribunal de Justiça imperial.

A organização judiciária e a lei processual foram deixados à competência dos Estados: o Regulamento nº 737, de 1850, sobreviveu em muitos lugares e sobreviveu na esfera federal. Os ministros do Supremo seriam nomeados pelo presidente da República, com aprovação do Senado: os outros juízes federais seriam indicados pelo Supremo e nomeados pelo presidente da República. O procurador-geral da República seria um dos membros do Supremo (art. 58, § 2º). Neste passo, começam as sobrevivências de nossa própria tradição judiciária, em que o magistrado "promotor" faz parte do tribunal. Não havia concurso para ingresso na carreira na esfera federal. Na esfera estadual tampouco. Nos Estados onde se procurava criar o concurso, os resultados destes eram apenas *habilitadores* dos candidatos: dentro dos habilitados, os respectivos tribunais ou governadores, agiam livremente nas nomeações (cf. ALMEIDA JR., *et al.*, 1897). Para que os concursos se imponham, será preciso esperar a Constituição de 1934. Assim, a magistratura é uma carreira, mas depois do ingresso: o ingresso dependia de nomeações que não eram sujeitas ao concurso.

Na Justiça Federal, os juízes eram nomeados vitalícios, com garantias de inamovibilidade e irredutibilidade de vencimentos. O que foi objeto de uma disputa política em 1897, quando o Congresso aprovou o imposto progressivo sobre a renda (vencimentos) dos funcionários da União. O Supremo protestou, alegando que a irredutibilidade de vencimentos garantida na Constituição de 1891 impedia o Congresso e o Executivo de lançarem e cobrarem aquele imposto (RODRIGUES, 1991, v. I:137-139). A justiça estadual foi deixada completamente aos Estados, que a organizariam segundo os princípios republicanos. Mas não se regulava a matéria na carta federal: não se exigia concurso público para as nomeações.

> A Primeira República (1889-1930) foi um tempo de grandes transformações materiais também. Basta lembrar que a população brasileira praticamente dobrou, passando de aproximadamente 14 milhões para 30 milhões de habitantes. Centenas de fábricas se fundaram, e a primeira montadora de veículos instalou-se no estado de São Paulo em 1908. A mão de obra empregada na indústria chegou a aproximadamente 15%, patamar em que se estabilizou por alguns anos até cerca de 1940. As estradas de ferro também triplicaram a extensão de sua malha de trilhos pelo país, embora ainda concentrados no Sudeste.

Diversos foram os casos em que a inconstitucionalidade das leis foi declarada por juízes de primeira instância. Uma série de casos mostra que a defesa da propriedade privada e da liberdade de iniciativa foi objeto da maior reverência. Assim, a defesa da propriedade não acompanhava necessariamente a defesa da democracia política e muito menos da democracia social.

Várias decisões na Primeira República disseram respeito ao poder de polícia. O Rio de Janeiro foi palco destas questões: a cidade precisava ser modernizada, segundo os novos governantes. Entre as medidas de modernização, estava a disciplina da higiene pública: a erradicação das epidemias, a sanitarização do espaço público, a vacina obrigatória, o controle da venda de gêneros alimentícios.

A Apelação Cível nº 928 (*O Direito* 97/223) julgada pelo Supremo Tribunal Federal em 27 de agosto de 1904 é típica. O Distrito Federal havia proibido a "importação" e a venda de carne verde de fora da cidade, justificando a medida em termos de saúde pública. Exigia-se que o gado fosse vistoriado antes de ser abatido, para evitar a venda de alimento contaminado por alguma doença do rebanho. Não se conformou com a regra o Barão de Mesquita, que pediu ao juízo federal do DF *mandado de manutenção* para importar carne verde e vendê-la no Rio de Janeiro. Obteve a ordem e a sentença final confirmou a liminar dada. O juiz federal do Rio de Janeiro justificou sua decisão dizendo que o Distrito Federal atentava contra o direito de propriedade do autor, contra o exercício de indústria lícita, e contra a liberdade de comércio garantida pela Constituição. O recurso subiu ao Supremo que o reformou, para dizer que direitos pessoais não poderiam ser objeto de mandado de manutenção. Deu razão ao Distrito Federal, sem entrar no mérito da questão.

O tema voltaria em outra oportunidade, especificamente na Apelação Cível nº 1.252, julgada em 6 de maio de 1908 (*O Direito* 106/400). Pedro Rodrigues de França Leite impetrou um *mandado proibitório* contra a Fazenda do Município e contra o prefeito do Distrito Federal para que não impedissem a entrada de carne verde ou sua venda no açougue (proibição de consumo de carne de gado que não tenha sido examinado em pé pelo serviço de vigilância de saúde). O juiz federal de primeira instância naturalmente concedeu a ordem. Desta vez, porém, a questão de fundo foi enfrentada e, contrariamente à versão liberal "jacobina" de que a regulamentação daquela atividade constituía violação do direito de propriedade e livre iniciativa, o Supremo Tribunal declarou que o decreto não contrariava os arts. 34, V, e 72, par. 24, da Constituição, "porquanto a regulamentação do fornecimento de alimentação à população, assim como a do fornecimento de água, luz, esgoto etc., pertencem exclusivamente à polícia do Estado, e são lícitas as restrições postas à liberdade de profissão, desde que se trata de serviços que devem ser executados ou fiscalizados pelo Estado". Em resumo, admitia-se o poder de polícia ao lado da liberdade de iniciativa econômica.

Mas não foi apenas a vigilância dos gêneros alimentícios que suscitou debate. Osvaldo Cruz havia enfrentado a "revolta da vacina" em 1904 na tentativa de sanear o Rio de Janeiro. A revolta envolveu muitas questões, ameaças de golpe de Estado, resistência à interferência do Estado modernizador na vida privada e um grande número de questões sociais, culturais e políticas (CARVALHO, 1996: *passim*). Também estas questões de higiene pública terminaram chegando ao Supremo e também elas foram num primeiro momento discutidas dentro dos parâmetros liberais. O Conflito de Jurisdição no 210 (*O Direito* 115/552) julgado em 13 de outubro de 1909 é um bom exemplo. Antônio Ferreira Lima pediu e obteve do juiz da 1a Vara Federal do Rio de Janeiro um *mandado de manutenção* para não proceder a reparos no prédio de sua propriedade e não cumprir ordens da autoridade sanitária. O problema que foi ao conhecimento do Supremo nesta ocasião também não dizia respeito ao mérito, mas à competência do juiz federal. Depois de muitas dificuldades, para tratar destas questões sanitárias havia sido criado um juízo especializado no Distrito Federal, o juiz de Saúde Pública. O pedido de manutenção contra as ordens administrativas fora apresentado perante o juiz federal. O Supremo Tribunal Federal decidiu que não eram admissíveis mandados de manutenção contra atos da Saúde Pública, e que a controvérsia sobre o assunto deveria ser julgada pelo juiz de Saúde Pública.

O tema não estava pacificado de vez, e o juiz federal continuava concedendo proteção contra as intimações do serviço de saúde do Rio. Em 17 de novembro de 1909, o Supremo decidiu novamente: "As medidas administrativas emanadas da Diretoria-Geral de Saúde Pública não constituem turbação da posse. Não são admissíveis mandados de manutenção nem proibitórios contra atos da autoridade pública no exercício regular de suas atribuições" (Agravo Cível nº 1.211, *O Direito* 115-553). No caso, Antônio José da Fonseca Moreira pediu mandado de manutenção de posse para não proceder aos melhoramentos exigidos pela Administração e também por sentir-se turbado na posse do seu imóvel que a Diretoria de Saúde havia inspecionado. "O STF tem sempre repelido os mandados proibitórios contra atos de autoridade pública no exercício regular de suas atribuições..." diz o acórdão.

Se bem que para os trabalhadores não houvesse muita jurisprudência favorável, para os proprietários o direito estava consolidado. As cidades não poderiam ser remodeladas, pois a exigência de recuos e alinhamentos feria os direitos de propriedade, e "a câmara municipal é obrigada a indenizar os recuos que faz e os prejuízos causados com alinhamentos que alteram plantas já aprovadas" (Tribunal de Justiça de São Paulo, no 7.882, julgada em 10 de agosto de 1915). Os detentores de cargos públicos tinham direito a que não se desmembrassem os seus cargos para não lhes diminuir os vencimentos (Tribunal de Justiça de São Paulo, embargos no 7.480, julgados em 21 de setembro de 1915). Indenização por danos morais também se aceitava. O que não era comum eram as indenizações por acidentes, coisa típica da sociedade industrial.

5   REFORMAS LEGISLATIVAS NA PRIMEIRA REPÚBLICA

Muita legislação foi reformada: o Código Penal, a lei das sociedades anônimas, o processo civil e penal, que foi delegado à competência dos Estados. Algumas reformas substanciais, em termos de cultura jurídica, tiveram que aguardar a Revolução de 1930 e o curso da era Vargas. Isto tudo, porém, já começa a ser familiar e pode esperar outra oportunidade para nossa reflexão.

A primeira reforma foi a do Código Penal, de 11 de outubro de 1890 (aprovado pelo Decreto nº 847). Antes dele, já o Decreto nº 774 (de 20 de setembro de 1890) abolira as penas de galés, reduzindo a 30 anos as penas perpétuas, computando como de prisão a preventiva. A própria Constituição republicana aboliu em 1891 a pena de morte. O modelo penal passou a ser quase que exclusivamente a privação de liberdade, incluindo-se a prisão com trabalhos para vadios e capoeiras e prisão disciplinar para menores. Foram mantidos o banimento, a suspensão e a perda de emprego. O advento das correntes cientificistas (sociológicas, naturalistas, antropológicas) logo reivindicou reformas no novo código, que afinal só vieram a acontecer em 1940.

O direito privado conhecia algumas transformações importantes. Investimentos estrangeiros, início de industrialização, grande comércio internacional, tudo regado a cultura liberalista resultou em reforma da Lei das Sociedades Anônimas (Decreto nº 434, de 4 de julho de 1891), na disciplina dos títulos de dívida das companhias, ou *debêntures* (Decreto Legislativo nº 177-A, de 15 de setembro de 1893) e dos títulos ao portador (inclusive ações, pelo Decreto Legislativo nº 149-B, de 20 de julho de 1893), para não falar na aprovação do Código Civil em 1916. O código foi objeto de muitas controvérsias, e sofreu a influência do pensamento da época (Lopes, 2017). Clóvis Bevilaqua, autor do projeto, era entusiasta das novidades intelectuais de seu tempo, embora fosse moderado na política e nas reformas. Enquanto se debatia o projeto de Bevilaqua no Congresso Nacional, outras vozes, como a de Inglez de Sousas, urgiram propondo um novo projeto ou criticando o apego dos civilistas brasileiros às superstições do direito romano (Lopes, 2019). Importante lembrar que o *encilhamento*, a crise financeira do início da República, refletia-se em instituições do capitalismo liberal. A constituição de sociedades anônimas sem controle favorecia o surgimento de especulações puras e simples, até que em 13 de outubro de 1890 foi exigido que o capital das companhias fosse integralmente subscrito, que fossem depositados em dinheiro pelo menos 30% de seu valor e que pelo menos 40% fossem integralizados, para que as ações respectivas pudessem ser negociadas na bolsa. Os bancos foram também beneficiados, e aceitou-se o sistema de pluralidade de bancos de emissão – ao invés de um banco central – cujos fundos garantidores seriam apólices do Tesouro e não suas próprias reservas metálicas.

Em outras palavras, a cultura jurídica, durante a Primeira República, como até hoje, aliás, apenas confirmava a arguta observação de Marx sobre o controle das classes proprietárias no Estado: "A esta propriedade privada moderna corresponde o Estado moderno, o qual, comprado paulatinamente pelos proprietários privados através dos impostos, cai completamente sob o controle destes pelo sistema da dívida pública, e cuja existência, como é revelada pela alta e baixa dos valores do Estado na bolsa, tornou-se completamente dependente do crédito comercial concedido pelos proprietários privados, os burgueses" (MARX; ENGELS, 1979:97). Este crédito dos grandes proprietários é sempre garantido pelo Estado, corrigido astronômica e impiedosamente pelos tribunais e termina sendo pago pela classe trabalhadora ou pelos economicamente mais fracos.

> "As potências econômicas privadas geralmente detêm o controle das dívidas de Estados que, por essa razão, dependem delas e elas os mantêm sob seu domínio. Esses Estados não hesitam em converter as dívidas de seus pro-

tetores em dívidas públicas, que tomam assim a seu cargo. Elas serão então honradas, sem compensação alguma pelo conjunto dos cidadãos. Ironia: recicladas para o setor público, essas dívidas do setor privado aumentam muito a dívida que compete aos Estados, colocando estes últimos ainda mais sob tutela da economia privada" (FORRESTER, 1997:30).

De relevância foi também o Decreto nº 3.078, de 1919, que instituiu as sociedades por quotas de responsabilidade limitada, a forma mais importante de sociedade a consagrar, depois da anônima, a separação completa de responsabilidade dos sócios. Também merece destaque o Decreto nº 2.681, de 7 de dezembro de 1912, que instituiu a responsabilidade objetiva das ferrovias por danos causados a passageiros ou proprietários marginais em casos de acidentes. Reformulou-se ainda a legislação de falências (Lei nº 2.024, de 17 de dezembro de 1908). Como se vê, houve uma série de medidas que compatibilizavam o ordenamento jurídico com uma forma de desenvolvimento e modernização dos negócios.

> Algumas das experiências feitas na esfera dos estados foram depois incorporadas em legislação nacional na chamada *Era Vargas*. Os *patronatos* e *tribunais rurais* eram órgãos administrativos e não judiciários. Foi de sua experiência que nasceu a Justiça do Trabalho, inicialmente como departamento do executivo e só incorporada definitivamente ao poder judiciário federal pela Constituição de 1946.

Sem um tratamento global e sistemático vinha surgindo a legislação social. Em dezembro de 1889, Deodoro recebeu projeto para pôr fim ao serviço por empreitada e limitar a jornada de trabalho diária, com repouso semanal obrigatório e férias anuais de 15 dias. Em São Paulo, em 1911, o Departamento Estadual do Trabalho criou o Patronato Agrícola para arbitrar disputas entre imigrantes e fazendeiros (Lei estadual no 1299-a) e em 1922 surgiram os Tribunais Rurais do Estado. Em 1919, foi editada a lei de acidentes de trabalho e risco profissional, reformada em 1923 (cf. KOERNER, 1997a). Em 1921 reformava-se o regime de locações previsto no então recente Código Civil, dando novas regras para o inquilinato, com caráter mais protetivo (sob pressão da Liga dos Inquilinos e Consumidores do Distrito Federal), revogando "exigências absurdas dos senhorios", quanto a prazo mínimo, benfeitorias, direito de preferência, penas por despejos maliciosamente requeridos etc.

6 AS REFORMAS DA ERA VARGAS

Os anos 1930 são de transformação profunda. É o tempo do grande conflito entre socialismo, liberalismo e corporativismo. Os movimentos operários se ampliavam em toda parte. Na Europa, o fim da Primeira Guerra Mundial foi marcado pelas revoluções na Rússia e na Alemanha em particular. O México já adotara em 1917 uma constituição que inseria, pela primeira vez na história, os direitos sociais dentro da carta de direitos fundamentais. Em 1919, a Alemanha, para pôr fim ao processo revolucionário, adotara a Constituição de Weimar. De outro lado, o capitalismo financeiro e a insuficiência das regras individualistas, privatistas e meramente contratuais dos códigos era evidente. Era preciso reorganizar o mercado. Keynes já escrevia sobre os limites do sistema de mercado e de suas regras financeiras.

Assim é que no Brasil também os anos 1930 são o resultado de muita insatisfação: com o sistema eleitoral, com o predomínio das oligarquias cafeeiras, com nossa posição no mercado internacional. São Paulo havia experimentado uma greve geral em 1917 e o movimento operário, a despeito da repressão e da expulsão dos estrangeiros que o lideravam, continuava ativo. Os tenentes promoviam rebeliões e revoluções, o Partido Comunista fora criado em 1922. Deu-se aqui também a discussão entre liberais, socialistas e corporativistas (FERREIRA, 1993).

O direito privado deveria conhecer alguma mudança. Foram feitos projetos de reforma, como o do Código de Obrigações, que viria a conter matéria civil e comercial, e o do Código de Família (e sucessões), mas não vingaram. As reformas foram então feitas parceladamente. Para reorganizar o investimento e promover a industrialização foi reformada a Lei de Sociedades Anônimas (aprovada em 1942, com o Decreto-lei nº 2.627), que modernizou substancialmente a legislação societária. Em 1945, foi alterada a legislação de falências (Decreto-lei nº 7.661). O Decreto nº 4.657, de 4 de setembro de 1942, estabeleceu as regras gerais de direito internacional privado e de interpretação da lei, constituindo-se na famosa "Lei de Introdução ao Código Civil". O seu notório art. 5º manda o juiz levar em conta os fins sociais a que se destina a norma jurídica.

É também do período Vargas a *lei de usura* (Decreto nº 22.626, de 7 de abril de 1933, que estabeleceu limite de juros, rompendo com a liberdade de contratação herdada do século XIX). Na mesma ordem de ideias, estabelecendo regras que reduziam a "autonomia da vontade" veio a *lei de luvas* (Decreto nº 24.150, de 1934), só revogada em 1991, para imóveis comerciais, pela qual haveria a renovação compulsória dos contratos de locação comercial (criando o que se passou a chamar a "propriedade comercial", ou *ponto*). Também é deste período nova legislação do inquilinato, restritiva dos despejos e dos aumentos de aluguéis, num tempo em que a construção civil para fins residenciais era dominada pelo construtor-locador: alguém que construía casas para alugar, enquanto a urbanização crescia aceleradamente. De índole semelhante foi o Decreto-lei nº 58, de 1937, regulando os loteamentos urbanos. Por ele foi dado aos compradores de lotes a prestação o direito de obter a adjudicação compulsória do imóvel prometido a venda (o decreto-lei só foi revogado em 1979, quando sobreveio a Lei nº 6.766). Houve, pois, uma transformação substancial no direito privado, em áreas muito sensíveis. Como, no entanto, não houve uma alteração geral dos códigos, a cultura jurídica sobreviveu: toda a legislação aprovada foi tida como excepcional, de modo que continuavam em vigor os "princípios" gerais individualistas.

No direito público, as mudanças não foram menores. O que ocorreu foi de fato uma alteração do modelo de Estado, que sobreviveu à queda de Vargas. Do ponto de vista da economia e da política, é clara a alteração do modelo (SANTOS, 1994; FIORI, 1995). Do ponto de vista jurídico, a situação é a mesma. Seria fácil perceber as mudanças na esfera constitucional: em 1934, 1937, 1946. Mas há um nível de direito público, administrativo, financeiro, econômico e tributário em que o modelo se expressa mais como continuidade do que como ruptura. Neste nível encontram-se a grande máquina de administração indireta, as autarquias, os conselhos reguladores de atividades econômicas e, num primeiro momento, a justiça do trabalho. A reforma administrativa do Estado faz-se com os concursos públicos que vão a pouco e pouco substituindo as nomeações e permitindo que se estabeleça uma burocracia profissionalizada, saída da ascendente classe média urbana.

Ao lado de Oliveira Vianna, Francisco Campos, autor da Carta de 1937, comparece como figura relevante. De excepcional capacidade, encarna o autoritarismo jurídico do novo período. Foi ele quem fez a reforma dos cursos jurídicos em 1931, junto com a qual se dava também início à organização das universidades brasileiras. Foi a sua reforma que criou a "Introdução à Ciência do Direito".

Algumas reformas no âmbito do direito público foram extraordinariamente importantes, embora acompanhando as tendências internacionais. O Decreto nº 23.501, de 27 de novembro de 1933, por exemplo, marcou a saída do Brasil do sistema monetário do ouro, abolindo e proibindo a cláusula-ouro nos negócios particulares. O mesmo já haviam feito todos os países da Europa e desde o começo de 1933 o governo de Roosevelt promovera a mesma reforma nos Estados Unidos da América.

O direito penal foi também objeto de reforma. Em 1932, enquanto não se reformava o código, o Decreto nº 22.213 – *Consolidação das Leis Penais* – procurou dar ordem à legislação extravagante. O ideal passou a ser a diminuição do formalismo e o aumento do controle do juiz sobre o processo. O Código Penal é finalmente editado em 1940, pelo Decreto-lei nº 2.848, acompanhado da Lei das Contravenções Penais, para as infrações menos graves. As penas privativas da liberdade tornaram-se dominantes no sistema penal brasileiro. A multa ficou reservada para alguns casos e para as contravenções sobretudo.

O Código de Processo Civil de 1939 pôs fim à experiência federalizante da República. Mas, como observara Ascarelli em sua permanência no Brasil, não foi capaz de alterar os hábitos e a prática forense, pelo menos nos primeiros anos. Centralizou o processo e deu maior preeminência ao juiz, criou o despacho saneador, as audiências de instrução e julgamento, reduziu recursos, embora ainda tenha sido mantido muito do sistema anterior (agravos diversos, embargos etc.). Do ponto de vista do processo anterior (predominantemente o Regulamento ou Decreto nº 737, de 1850), alterou o sistema de provas, abandonando os juramentos e as testemunhas em grande número (o processo antigo permitia serem chamadas até 56 testemunhas, o normal era 15 a 20), inquiridas por cartas de inquirição, depositando-se em cartório as perguntas com antecipação. Como visto antes, cada ação no regulamento de 1850 correspondia a um título (fretamento, seguro, salário). Com tudo isto, porém, a cultura forense continuou predominantemente escrita e cartorária.

Um debate jurídico exemplar marcará a era Vargas e mostrará o conflito entre duas concepções distintas de direito e do papel dos juristas. Seus protagonistas serão Waldemar Ferreira, professor da Faculdade de Direito de São Paulo, e Oliveira Vianna, consultor jurídico do Ministério do Trabalho, também sociólogo e jurista, professor no Rio de Janeiro. Waldemar Ferreira coloca-se em defesa do liberalismo; Oliveira Vianna não vê possibilidade de alterar o Brasil senão pela via da intervenção do Estado. Mas não se trata da intervenção socializante: trata-se, sim, da intervenção corporativa. Oliveira Vianna examina a mudança dos rumos do direito, tendo em vista as novas fontes, os novos ramos (especialmente o direito do trabalho) e os novos métodos. Critica nos professores brasileiros a estreiteza de método e visão:

"Dahi vem que não tivemos até agora nenhuma 'construção' propriamente nacional das nossas Constituições republicanas, nem a de 91, nem a de 34. Esta está ahi, novinha em folha; mas, já vae sendo rapidamente esvasiada do seu espírito moderno e renovador, progressivamente envolvida nas faixas apertadas de uma exegese de civilistas e commercialistas, francamente evoluindo para uma definitiva 'mumificação' jurisprudencial..." (VIANNA, 1938, 28-29).

Enquanto era consultor do Ministério, Oliveira Vianna teve de enfrentar o deputado Waldemar Ferreira, cujo liberalismo não permitia aceitar uma justiça do trabalho, nem um direito do trabalho, fora dos padrões de direito privado.

"O problema da organização da Justiça do Trabalho – que é em todos os povos civilizados um formidável problema de política social – aqui se reduz, aos olhos dos senhores membros da Commissão de Justiça da Camara dos Deputados, à simples condição de um méro problema de technica jurídica, resolvido por meios de analyses e confrontos, puramente grammaticaes, dos textos constitucionaes e com criterios, de si mesmos absolutamente inadequados, de Direito Privado – como se os interpretes estivessem procurando o sentido de um dispositivo do Codigo Civil sobre sucessão ab intestato ou as obrigações dos syndicos numa nova Lei de Fallencias..." (VIANNA, 1938:30-31).

Os professores de direito tinham dificuldade de compreender os novos tempos e os novos institutos e rejeitavam o poder normativo da justiça do trabalho, como também a delegação de poderes ao executivo e às autarquias.

"Os ritos processuaes, os incidentes do processo, o systema probatório, a marcha processual, a matéria dos recursos, os critérios de julgamento, a prolação da sentença, os seus effeitos e a duração della, a constituição da 'cousa julgada' – tudo há de ser como se estabelece nas Ordenações de S. M. El-Rey D. Philippe III e nos assentos da Casa da Supplicação, decantado, coado, filtrado pelo sabido praxismo dos Lobões e dos Pereira Souza e condensado – para uso nosso – nos versículos sagrados da 'Bíblia', de Ramalho, e no 'Alcorão', de Moraes Carvalho. [...] O Prof. Waldemar Ferreira não é somente um notável tratadista e um brilhante professor de Direito Comercial; é também um grande technico forense, advogado provecto, affeito ao manuseio quotidiano destes praxistas, como todos os mestres do Forum. [...] É natural que tenha por estes principios do velho direito individualista [...] um respeito supersticioso" (VIANNA, 1938:35-36).

7   AS CONSTITUIÇÕES

Embora destacando-se no campo da política, algumas das transformações ocorridas na primeira metade do século XX tiveram impacto no direito em geral, isto é, em todos os ramos e áreas do direito. Para um panorama geral do sentido destas transformações, é preciso olhar primeiro para o grande e essencial problema material do século: como manter e ampliar o capitalismo, cujas crises se repetiam de tantos em tantos tempos. Havia duas perspectivas concorrentes: ou o socialismo, controlando-se os bens de produção, ou o liberalismo, deixando-se à dinâmica do acordo de vontades os rumos a seguir. Para esta última posição, o importante era garantir a exequibilidade das promessas, o arbitramento judicial das disputas e a livre circulação de créditos.

Nas primeiras duas décadas do século XX, o movimento operário conseguiu avanços consideráveis. A revolução se estabeleceu no final da Primeira Guerra Mundial, e para barrá-la surgiram algumas alternativas. Uma delas foi o corporativismo, que terminou na experiência fascista; a outra foi o ensaio da social-democracia. Ao contrário do socialismo, nenhuma delas se dispôs a abolir a propriedade privada dos bens de produção. O corporativismo transfere para os ramos executivos do Estado funções de arbitragem dos conflitos, podendo superar o dogma da autonomia da vontade, controlando os contratos e regulando setores econômicos considerados estratégicos de certos pontos de vista. A social-democracia prefere garantir direitos sociais aos trabalhadores, criando fundos e despesas públicas a serem custeados por contribuições gerais – como impostos – ou especiais – os encargos trabalhistas, por exemplo (o sistema dos *seguros sociais*). Um primeiro exemplo de social-democracia pode ser encontrado no austro-marxismo e na sua experiência democrática entre 1919 e 1934 (HOBSBAWM, 1985; LOPES, 1997). A regulação da economia tem nestes tempos um caráter de salvação de setores inteiros da economia, e dirige-se também para o sistema monetário, cuja prevalência no sistema havia sido destacada por Hilferding, um dos austro-marxistas mais conhecidos.

O corporativismo de Estado tenta dar uma resposta à incapacidade das democracias burguesas de barrarem o avanço socialista ou comunista (FERREIRA, 1993:43). Nestes termos, além de realçar o papel do Estado como dirigente dos rumos sociais, diminuindo as garantias liberais individuais, rompe com o modelo de representação política abstrata e individual. A representação política não pode ser reduzida ao indivíduo: deve estender-se aos corpos intermediários, às corporações e estas não podem ser autônomas em relação ao Estado. Este corporativismo de Estado é definido por Phillipe Schmitter (1974:93) como "um sistema de representação de interesses cujas unidades constituintes organizam-se em número limitado de categorias particulares, compulsórias, não competitivas, hierarquicamente ordenadas e funcionalmente diferenciadas, licenciadas ou reconhecidas (quando não criadas) pelo Estado, a quem se outorga deliberadamente monopólio de representação dentro de seus âmbitos respectivos em troca da observância de certos controles e da escolha de seus líderes bem como da articulação de reivindicações e apoios".

Liberalismo e corporativismo se opõem no Brasil, sendo que de modo geral o socialismo e o comunismo são alijados da luta política pela repressão pura e simples. As reivindicações tradicionais do socialismo vão incorporar-se de modo original nas constituições brasileiras, visto que incluídas em cartas não democráticas (como aliás se fez em geral nos países de perfil fascista, sobretudo os da Europa do sul, atrasados economicamente – do ponto de vista da modernização capitalista – e fortemente católicos e tradicionalistas).

7.1 Constituição de 1934

O modelo constitucional de 1934 foi corporativo. A representação popular dividia-se na Câmara dos Deputados: metade dos membros era eleita por sufrágio universal (que pela primeira vez incluía mulheres) e metade por representação profissional (art. 23). Outra inovação importante e determinante do ponto de vista histórico foi a exigência de concurso público para o ingresso nas carreiras da Administração, no Judiciário e no Ministério Público. Com todas as dificuldades que o sistema apresentou, significava democratizar o acesso e abrir as portas do Estado para constituir um serviço público profissionalizado, no qual poderia ingressar a classe média escolarizada. Além das carreiras organizadas, o funcionalismo passaria a ter estabilidade após dois anos com concurso, e após dez anos sem concurso. O objetivo da estabilidade era terminar com a desastrosa experiência da Primeira República, em que a nomeação de funcionários era o campo fértil da corrupção e da troca de servidores a cada troca de governo.

Criou-se uma Corte Suprema, com 11 ministros nomeados. A Justiça Federal foi mantida, e os juízes federais continuaram sendo nomeados. Criou-se uma Justiça Eleitoral: o julgamento dos pleitos e das diplomações deixava de ser feito pelos próprios interessados (ou seja, pelos deputados) e passava à mão de uma justiça especializada, com perspectivas de tornar-se independente, na mesma medida em que se fizessem concursos públicos. A Justiça do Trabalho foi instituída, não como um poder autônomo mas como um órgão administrativo: Tribunais do Trabalho e Comissões de Conciliação, foram previstos no art. 122, dentro do Título da Ordem Econômica e Social. Só em 1946 a Justiça do Trabalho seria incorporada ao Poder Judiciário, com todas as garantias respectivas. A Justiça dos Estados passou a ser contemplada na Constituição, como não ocorrera em 1891, e impôs-se o concurso para acesso (art. 104). As garantias previstas para os juízes federais foram estendidas aos estaduais (vitaliciedade, inamovibilidade e irredutibilidade de vencimentos). Também o Ministério Público passou a ser de acesso por concurso (art. 95). Criou-se o Mandado de Segurança (art. 113), separando-se do *habeas corpus* e dos outros remédios processuais até então usados para defesa de direitos individuais (mandados de manutenção, por exemplo).

É a Constituição de 1934 que contempla pela primeira vez diversos direitos sociais sob a forma de diretrizes políticas. No Título IV (Da ordem econômica e social) incluem-se os direitos dos trabalhadores (art. 121), entre os quais salário-mínimo, assistência médica, férias, bem como o reconhecimento dos sindicatos (art. 120). O Título V (Da Família, da educação e da cultura) faz referência ao direito à educação (art. 149).

7.2 Carta de 1937

A vida da Constituição de 1934 é curta, e em 1937 o golpe do Estado Novo impõe uma Carta redigida por Francisco Campos. As instituições representativas previstas na Carta nunca chegaram a funcionar, pois não se elegeu o Parlamento. O Poder Legislativo previsto na carta, dividindo-se em uma Câmara de Deputados (eleitos por voto indireto) e um Conselho Federal (de representantes dos Estados nomeados pelo presidente da República), legislaria em matéria econômica ouvindo o Conselho da Economia Nacional. Este seria composto de membros indicados pelas associações profissionais e sindicatos reconhecidos em lei (art. 57).

Dado seu caráter centralizador e antifederal, a Carta de 1937 fez desaparecer a Justiça Federal, que só voltará a existir em 1970. As queixas contra as justiças dos Estados haviam sido muitas, especialmente no que concerne ao controle pelo coronelato rural, pelos poderes políticos locais, da máquina e das decisões judiciais. O modelo digamos do Estado Novo, porém, consistiu em inserir na legislação federal os instrumentos de disciplina profissional da magistratura, ao mesmo tempo em que uniformizava o processo civil e penal. Com isto, era dispensável manter duas justiças. Desde 1946 até 1988, haverá um Tribunal Federal de Recursos. No que diz respeito aos direitos sociais, ficaram mantidos aqueles criados pela Constituição de 1934. Não foram realizadas eleições, o processo legislativo foi completamente delegado ao presidente da República, que governou exclusivamente por decretos e decretos-leis, com base no art. 180. Mesmo assim, por meio destes decretos, criou-se um arcabouço institucional que não foi desmontado nas décadas seguintes: foi legitimado com a redemocratização de 1946.

13
CONTRATO, PROPRIEDADE, PESSOA JURÍDICA

O conceito de direito, na medida em que se refere a uma obrigação a ele correspondente (isto é, o conceito moral da mesma), diz respeito primeiramente à relação externa e na verdade prática de uma pessoa face a outra, conforme suas ações enquanto possam ter influência (mediata ou imediata) uma sobre a outra. Mas, em segundo lugar, não significa ele a relação do arbítrio face ao desejo (consequentemente também em face da mera necessidade) de outrem, como por exemplo nas ações por caridade ou desapiedadas, mas sim em face apenas do arbítrio de outrem. Em terceiro lugar, nesta mútua consideração dos arbítrios não entra em consideração absolutamente a matéria do arbítrio, isto é, a finalidade que alguém visa, com o objeto que ele quer; por exemplo, não se pergunta se alguém, com a mercadoria que compra de mim para seu próprio comércio, também deseja encontrar sua própria vantagem ou não, mas sim apenas sobre a forma na relação entre ambos os arbítrios, na medida em que eles são simplesmente considerados como livres, e se através disso a ação de um deles pode coexistir com a do outro, conforme uma lei geral. (I. Kant, Metafísica dos costumes)

1 OS CONTRATOS

O direito romano conheceu certamente uma reflexão sobre os contratos. O sentido romano dos contratos, porém, não equivalia ao nosso. Na verdade, os contratos que passaram a ser protegidos pela ação do pretor eram uma inovação em contraste com os negócios tradicionais do direito antigo e ritual (*sponsio* e *stipulatio*). Os quatro novos contratos da vida comercial, já conhecidos e praticados no Mediterrâneo, inclusive pelos gregos, tornaram-se *tipos novos*, desenvolvidos, fundados na boa-fé: a compra e venda (*emptio venditio*), a locação (*locatio conductio*, dividido em três subtipos: *locatio rei, operarum* ou *operis faciendi*), o mandato e a sociedade. São os contratos nascidos do consenso, ditos obrigações *consensuais* (WATSON, 1991:53-66). Outras ações vieram proteger tipos não derivados dos ritos da *stipulatio*, ou seja, da obrigação nascida do uso das palavras sacramentais (obrigações *verbais*). Foram ações que garantiram devolução de coisas (depósitos, mútuos, portanto ditas obrigações *reais*); que se provavam pelos escritos dos pais de família, ditas obrigações *literais* ou por escrito (*litteris*).

Admite-se hoje que os contratos no direito romano eram verdadeiras *fontes* de obrigação. A fonte do vínculo era o *contrato*, e não a *vontade* das partes. Daí a convicção de que os *pactos* puros e simples não geravam ação (*ex nudo pacto actio non oritur*) (VILLEY, 1987a:95-105). De qualquer maneira, para o jurista romano o que interessava não era uma teoria geral do contrato, pois todo o direito romano estava construído sobre as defesas e ações possíveis (*actio*, ou *remedy* do direito inglês) e não sobre um conceito substantivo de direito ou contrato. Assim, ou um ato solene gerava uma ação (os negócios da *stipulatio*, por exemplo) ou a ação se estendia a certas interações por meio da interpretação *bona fidei*. Não se esperava uma teoria geral dos contratos, mas da ação (LAWSON, 1977:150-151).

A ideia de que os contratos, e não somente a vontade das partes, geram a obrigação, dominou também boa parte do direito medieval acadêmico e letrado, conhecido como *ius commune*. Havia dois pressupostos na teoria contratual do século XII ao século XVII: (a) que os contratos eram tipos definidos, com finalidades específicas, aos quais as partes aderiam quando desejavam certas consequências jurídicas (BIROCCHI, 1990b); (b) que o fundamento último dos contratos era realizar a justiça entre as partes, ou realizar a liberalidade, isto é, trocar igualmente entre iguais ou trocar porque um dos sujeitos desejava realizar uma liberalidade, aquela virtude que está entre a *avareza* e a *prodigalidade* e que consiste em doar segundo o mérito e a conveniência de cada um, e que permite ao homem alegrar-se e entristecer-se com as aquisições e perdas na medida certa (ARISTÓTELES, 1994:115). Ao trocar de forma justa as partes dão-se reciprocamente o que é de cada um (pois a justiça consiste em dar a cada um o que é seu). Ao realizar a liberalidade, as partes dão do que é seu, e não o que é do outro, e vão além do devido num sistema de trocas ou retribuição.

Para flexibilizar os tipos contratuais, foram admitidos os *pactos*: convenções que as partes faziam para alterar aspectos acidentais dos contratos. Os pactos, em si mesmos, só obrigavam se os contratos a que se vinculavam fossem válidos (*ex nudo pacto actio non oritur*) e desde que não alterassem os elementos *essenciais* e *naturais* do contrato. As formas contratuais simples (consensuais ou reais) eram conhecidas, e poderiam submeter-se aos pactos, que as tornavam complexas, mas o pacto não poderia *desnaturar* o contrato.

Para os juristas medievais treinados na escolástica, os contratos tinham uma essência que os distinguia entre si. De tal modo o contrato tinha naturalmente (por natureza), essência e acidentes, e se poderia distinguir uma compra e venda de um empréstimo por traços que eram a essência de um e de outro tipo, que lhes eram naturais (determinados e determinantes de sua finalidade). Havia também uma ética na teoria contratual: e sua natureza implicava sempre uma finalidade última, a justiça. Entrar ou não num contrato poderia ser matéria de conveniência ou liberdade, mas o contrato mesmo não se regulava ou interpretava em vista do interesse de uma das partes, ou das duas partes, mas da realização da justiça *comutativa*. Esta inseria-se num todo orgânico e harmônico de justiça política e justiça *distributiva*. A regulamentação dos negócios, portanto, nunca era um assunto de exclusivo interesse particular: era sempre um mecanismo de equilíbrio social, de paz e de justiça e em tais termos precisava justificar-se e ser racional e razoavelmente compreendida.

Por isso, não havia lugar para que as partes convencionassem exclusivamente o que queriam. Não era sua *vontade* a fonte das obrigações, mas o contrato mesmo. Aquilo que contrariasse a *natureza* de um negócio seria um *pacto antinatural*, e, pois, não seria aceitável. O que era um pacto antinatural? Aquele que impedisse a consequência razoável de um contrato: uma cláusula *leonina* no contrato de sociedade era antinatural. Não é razoável ou natural que alguém entre em sociedade para partilhar desigualmente os lucros: se o faz, algo está oculto, algo que é injusto. Normalmente, desconfiava-se de um empréstimo usurário. A análise, porém, não era feita em termos de vício da vontade ou do consentimento de uma das partes: era antes vista como uma *condição antinatural* do negócio e, pois, de invalidade do contrato, mesmo que a vontade das partes fosse perfeitamente concorde. Havia certamente a ideia de consenso. Mas não se falava da promessa pura e simples. O consenso era vinculante, ou seja, obrigava, desde que tivesse uma causa (GORDLEY, 1991:49).

É bom lembrar que o desenvolvimento das práticas comerciais se dá de modo paralelo ao desenvolvimento do direito comum romano erudito. Os comerciantes criam tipos novos, muito frequentemente para agilizar aquilo que seria a atividade financeira e de crédito, a mobilização de capitais. Criam assim novas formas societárias e negócios fiduciários, indiretos, para permitir operações financeiras ou securitárias. Tais operações são a rigor atípicas e quando enquadradas no esquema tradicional dos tipos contratuais ou na justificativa moral da economia política medieval tornam-se fonte de longas discussões.

Exemplar é a discussão narrada por Ítalo Birocchi. Na segunda metade do século XV, Konrad Summenhart no seu *Tractatus de Contratibus* discutia a natureza do *contrato trino*: tratava-se de um contrato tríplice em que havia uma sociedade, um contrato de seguro do capital e um contrato de alienação do lucro incerto (ganho previsto na atividade social) em troca de um lucro certo, menor do que o esperado (BIROCCHI, 1990). O *contrato duplo* também era conhecido: sociedade e seguro de capital, no qual um dos sócios segurava o outro quanto ao capital investido. Na prática, significava duas coisas: que um dos sócios teria uma responsabilidade limitada e outro, responsabilidade ilimitada, e sobretudo, que um dos sócios era apenas um investidor, um prestador de capital, enquanto o outro era o verdadeiro comerciante. Tratava-se de um empréstimo (mútuo) de dinheiro que contrariava a proibição da usura? O problema da natureza do contrato estava posto. O jurista – entre outros estudados no mesmo ensaio por Birocchi – afirmava que a interpretação deveria proceder "*non autem ratio ex lege, sed lex ex ratione processit*" (BIROCCHI, 1990:253), isto é, não se interpretaria a partir da lei, mas a partir da razão. Este contrato trino era certamente uma forma de ultrapassar a proibição da usura, tendo sido conhecido largamente como *empréstimo marítimo* ou contrato de câmbio marítimo (CARON, 1975). A decretal *Naviganti* (de 1236), de Gregório IX, havia tentado justamente pôr termo aos empréstimos marítimos feitos aos comerciantes pelos comendadores (*comanditários*); e obrigava a uma explicação racional, *natural*, os contratos de sociedade sem risco – leoninos – que certamente ocultavam empréstimos (LE BRAS, 1950:2358).

A justiça implicava também outro princípio: a teoria do *preço justo*. O contrato era uma realização da justiça. Era razoável que o preço fosse justo. Qual o preço justo? Em geral, o preço praticado normalmente, a *communis aestimatio*. Mas a estimativa comum poderia ser equivocada: a falta de transparência ou o monopólio impediam que a *communis aestimatio* fosse constatada, resultando numa estimativa unilateralmente imposta. Nestes casos, o soberano ou o *bom príncipe* poderia impor controles, realizando ou substituindo a estimativa comum que as condições históricas impediam. O justo preço era fundamental nos casos de *lesão enorme*, ou *lesão enormíssima*. As *Ordenações Filipinas* previam que o vendedor enganado "além da metade do *justo preço*, poderia desfazer a venda per bem do dito engano, ainda que o engano não procedesse do comprador, mas somente se causasse da simpleza do vendedor" (*Ordenações Filipinas*, Livro IV, Título 13). Havia regras definindo o justo preço, ou seja, uma espécie de tabela de valores de alguns bens. Cândido Mendes menciona, por exemplo, um Decreto de 17 de julho de 1778 definindo o justo preço de fazendas frugíferas, calculado sobre os rendimentos de 20 anos, tiradas as despesas... A regra, diz ele, é a da rescisão dos contratos comutativos em casos de lesão enorme ou enormíssima.

Tudo isto funcionava numa sociedade estável, hierarquizada, estamental em que a riqueza principal era imóvel, como a terra, de oferta inelástica, como dizem os economistas. Não era uma economia do crédito. Quando entramos na sociedade mercantil, capitalista, tais condições mostraram-se como um constrangimento à generalização das trocas. O melhor era acabar com tais constrangimentos. Naturalmente, as coisas têm mais de uma face: ao lado do fato material da monetarização da riqueza e da vida, foi preciso que se desenvolvesse a justificação, ou a racionalização, ou a compreensão e instituição simbólica da nova realidade.

Aqui entraram os *jusnaturalistas* modernos, contratualizando toda a vida social: o contrato passou a ser fonte de obrigações enquanto *expressão de vontade*. A promessa do homem livre e isolado passou ao primeiro plano. Todos os jusnaturalistas modernos dedicam especial atenção à promessa e ao cumprimento dos pactos. Hugo Grócio no seu *Direito da paz e da guerra*, de 1625, no Livro II, XI, discute longamente as promessas e sua condição de fontes do direito. A tese que procura descartar é justamente aquela de juristas anteriores segundo a qual "por direito natural e das gentes aqueles pactos que não têm *sinalagma* não induzem a obrigação alguma" (GRÓCIO, 1925, II:170). Todo o capítulo é uma reflexão preciosa a partir da ideia de que uma vez manifestada a vontade, esta se torna fonte de obrigação e só pode deixar de ser cumprida por defeitos da própria vontade no momento de sua formação: assim, as promessas dos loucos, das crianças, ou as promessas feitas por erro ou engano. É a discussão no tom moderno, que virá finalmente a integrar-se nos códigos do século XIX. Em Grócio, está sintetizada a teoria da declaração da vontade e do princípio da confiança que entrará no direito civil. Muito embora no século XIX a declaração da vontade se torne o princípio por excelência, Grócio conserva ainda a virtude da fidelidade como fundamento dos pactos (WIEACKER, 1980:330-333). Naturalmente, Grócio ainda distingue os contratos em função de seu objeto e por isso identifica contratos *separatórios* e contratos *comunicatórios*. Separatórios são aqueles em que cada um tem um interesse oposto: a compra e venda é o exemplo mais característico. Os comunicatórios criam entre os contratantes um interesse comum: a sociedade é o seu paradigma. Com o passar do tempo, os contratos comunicatórios vão desaparecendo do horizonte dos juristas, deixando sem explicação convincente as relações continuadas com objetivos comuns (as relações regidas, diriam os clássicos, pela justiça distributiva), embora ainda se pudesse falar nos contratos de *oposição* e de *cooperação*.

Samuel Pufendorf, no seu *Dever do homem e do cidadão de acordo com o direito natural* (1927:48), confirma que "o dever geral que temos por direito natural é que o homem mantenha sua palavra empenhada, ou seja, cumpra suas promessas e contratos... Uma promessa perfeita existe quando eu não somente desejo submeter-me em todo caso, mas também confiro ao outro simultaneamente um direito, de modo que ele possa exigir de mim de maneira integral, como devido, a coisa que prometi". Na mesma ordem de ideias, Jean Domat (1777) organizará seu livro *Das leis civis na sua ordem natural*, publicado em 1689, em torno da ideia de contratos e obrigações. Na parte inicial, chamada *Tratado das leis*, estabelece sua visão sobre os *pactos* e as obrigações voluntariamente assumidas. As obrigações, assim contraídas, diz ele, têm força de lei; toda convenção é livre e é de direito natural a fidelidade aos engajamentos voluntários, competindo ao Estado (governo) zelar por esta ordem e pelo cumprimento das promessas que os particulares reciprocamente se fazem.

Segundo Gordley (1991:121 ss), os primeiros jusnaturalistas modernos, embora querendo fazer uma revolução, conservavam muito da filosofia aristotélica. Eles simplesmente queriam fazer do direito e dos princípios de direito algo inteligível a qualquer um: mudavam de estilo, de gênero literário, escreviam sem as tecnicalidades dos escolásticos. Era uma proposta de *common sense*. No fundo, continuavam acreditando no apetite social, isto é, na natureza política dos seres humanos. De qualquer maneira, mesmo que Gordley tenha razão, nos escritos destes homens do século XVII a promessa tem um destaque que não tivera antes na organização dos textos e dos temas jurídicos, ou pelo menos está ali inserida de modo peculiar.

Se atentarmos para o fato de que o século XVII é o século da expansão colonial europeia, especialmente de França, Inglaterra e Holanda, e que é o século de Hobbes e de Suárez e da definição voluntarista de lei e de justiça, claro está que a ascensão da teoria contratual é paralela no direito privado e na teoria política. O contrato passou a ser uma *conventio cum causa* e Jean Domat pôde usar a expressão *Pacta sunt servanda* no sentido novo: os pactos obrigam por si mesmos, e os contratos se equiparam aos pactos. A distinção medieval entre pactos e contratos foi perdida. A fonte das obrigações passou a ser a vontade, não o tipo contratual. O voluntarismo foi a pouco e pouco afastando do direito a discussão e sobretudo o entendimento das regras de justiça. Um contrato, desde que livremente aceito, seria válido independentemente da discussão sobre a justiça de seu conteúdo. Com o tempo as questões de justiça passaram a ser objeto de conhecimento de filósofos, não de profissionais (acadêmicos ou práticos) do direito. Para chegar a tal novidade, foi preciso que triunfasse na vida material o modelo de economia capitalista.

Esta passagem demorada dependeu e ao mesmo tempo foi constitutiva do desenvolvimento da economia surgida com o crédito e com a *moeda fiduciária*. Antes do surgimento do crédito e de a economia ser fundamentalmente financeira, o contrato não se desenvolveu na forma liberal. Os contratos antigos eram uma troca entre presentes e por coisas presentes. A sociedade era uma soma de patrimônios, não um sistema complexo de financiamento de grandes empresas. A moeda era uma coisa com valor intrínseco e não uma simples expressão de crédito: mesmo o empréstimo e o câmbio, sem juros, nunca passavam de troca ou empréstimo de coisa. O crédito, porém, é uma promessa de coisas futuras. Para que haja segurança é preciso retirar do crédito uma série de variáveis antes aceitas normalmente na teoria dos contratos. Por exemplo, torna-se necessário que a promessa não possa ser desfeita. No regime pré-liberal, alguém, por condições adversas, ou por ter mudado de ideia poderia arrepender-se do negócio e não concluí-lo, ou desfazê-lo, ou alegar algum motivo justo e razoável. Assim fazendo, o sistema anterior colocava em perigo a *segurança jurídica*, esta garantia *normativa* de que o futuro será como se prometeu ou se imaginou. O contrato deixa aos poucos de ser um tipo para transformar-se numa *promessa exigível* com a coação organizada do Estado. Na língua inglesa, o contrato passa a ser *enforceable promise*. O desenvolvimento da teoria do contrato significou, como indicam Horwitz (1977) e Atiyah (1988), que o *laissez-faire* não é uma teoria do Estado mínimo, mas do Estado intervencionista a favor do cumprimento de qualquer promessa. A teoria contratual liberal, aparentemente ligada a um Estado mínimo, de fato associa-se a um Estado interventor, ela é "filha do século XIX, que rejeitou o conceito medieval de justiça substantiva nos contratos e os transformou em acordo de vontades (*convergence of wills*)" (HORWITZ, 1977:179). Os tribunais e o legislador já não poderiam propriamente regular os termos do contrato quanto à sua justiça (*fairness*), mas apenas dar-lhes executoriedade.

A ordem natural das leis, segundo Domat dizia respeito não tanto à propriedade, mas à circulação dos bens por força das promessas. Aliás, como assinala Fajart (1993:182), a maior inovação do Código Civil francês não foi o triunfo da propriedade, mas do direito das obrigações, da concepção liberal de contrato. Foi a ascensão do modelo contratual de promessas obrigatórias, de declaração de vontade ou de expressão da vontade, tanto nas relações de propriedade quanto nas de responsabilidade delitual. Segundo John Commons, as promessas – o crédito – passam a ser uma *incorporeal property* quando o Estado se dispõe a defendê-las coercitivamente como defendia já a propriedade de alguma coisa corpórea. As mesmas promessas tornam-se uma *intangible property* quando sua cessão e transferência se generaliza. E isto é típico justamente da moeda e dos instrumentos financeiros ou dos valores do mercado de capitais (COMMONS, 1924:235). Houve um tempo em que inexistia um sistema de execução automática dos contratos por máquina estatal estável (*automatic enforcement of contracts by stabilized government*) (COMMONS, 1924:215). Este processo é o da expansão da atividade financeira, significando aumento do número de contas correntes, depósitos bancários, lançamento público de títulos, privados ou governamentais (PONTEIL, 1989:274-275). A ideologia jurídica é ao mesmo tempo fundada na autonomia da vontade (a simples vontade livre da pessoa – natural ou jurídica – é fonte das obrigações) e na objetivação das obrigações: uma vez declarada (objetivamente num título de crédito), a vontade obriga e torna-se executável.

> A vontade geral em Rousseau é a vontade unânime dos cidadãos, é um ponto de vista universal. A vontade de cada um é a vontade individual. A soma das vontades individuais resulta na vontade de todos ou na vontade da maioria, não na vontade geral. Algo semelhante existe em Kant. A razão prática que indaga pelo dever está à procura de um ponto de vista universal. Nos dois casos, pois, trata-se da vontade de qualquer um em certas circunstâncias: qualquer um que se coloque na perspectiva universal ou no lugar de qualquer outro.

Um exemplo característico de mudança está no desaparecimento do instituto da *lesão*, mencionado antes: lesão era vício objetivo, que independia da vontade (erro, dolo, coação). O contrato poderia ser rescindido quando extremamente gravoso. As diversas ordenações portuguesas a mantiveram (*Ordenações Filipinas*, Livro IV, 13). Teixeira de Freitas, na *Consolidação das Leis Civis* (1857), ainda a conserva (arts. 359 e 360). Os códigos oitocentistas a restringiram. O autor de nosso Código Civil, Clóvis Bevilacqua, expressamente a rejeita, dizendo "que não era vício que pudesse aparecer em qualquer ato jurídico; era própria dos contratos comutativos, como das partilhas e servia à rescisão dos atos jurídicos dos menores" (BEVILACQUA, 1976:230).

A teoria contratual sofre o seu polimento final, nesta linha individualista, no século XIX. Junto com o liberalismo do Código Civil francês e da Pandectística alemã, triunfa na tradição romano-germânica. Simultaneamente triunfa na tradição anglo-americana. É indispensável lembrar aqui também dois nomes da filosofia política: Adam Smith (1723-1790) e John Stuart Mill (1806-1873). O primeiro, professor de filosofia prática (ética) na Escócia (Edimburgo e Glasgow), escrevendo o clássico *A riqueza das nações* (1776) tem enorme influência ao discorrer sobre o preço natural e o preço de mercado. O segundo, inglês, redefine as bases da teoria moral em termos de liberdade individual e *utilitarismo*. Os dois terão uma importante presença intelectual no debate do século XIX. Adotando a liberdade individual e a utilidade geral como critérios para a crítica da vida moral política, ajudam a definir o *ethos* jurídico da codificação, incorporado no direito privado (civil e comercial).

Entre as condições que distinguem clássicos de modernos está um processo histórico, a criação da economia do mercado. Às vezes, temos a impressão que o mercado é uma coisa natural, e que as regras da economia de mercado são o próprio direito natural. A economia de mercado, no entanto, é uma instituição, uma criação histórica. E como tal dependeu de regras novas. A primeira foi a da propriedade como fruto do exercício do trabalho e da vontade. O autor paradigmático de tal desenvolvimento é com certeza Locke, muito embora, em Locke, *a liberdade de apropriação natural* esteja *condicionada ao seu uso efetivo* (consumo) e à existência da *abundância*. Em situações de escassez e de capacidade de armazenamento e reserva (como no caso do dinheiro), não vale a livre apropriação, que é substituída pela apropriação convencional, segundo regras. No seu famoso *Segundo tratado sobre o governo*, lê-se: "Podemos dizer que o trabalho do seu corpo e a obra de suas mãos são propriamente seus. [...] Tanto quanto alguém pode usar com qualquer vantagem para a vida antes que se estrague, em tanto pode fixar uma propriedade pelo próprio trabalho; o excedente ultrapassa a parte que lhe cabe e pertence a terceiros."

A segunda regra é a da autonomia da vontade, ligada ao desenvolvimento da moderna teoria dos contratos, cujo impacto é grande tanto no direito público quanto no direito privado. Procede desta mesma época de criação da economia capitalista ou do mercado (entre os séculos XVII e XIX) o desenvolvimento de uma teoria da separação entre direito e moral, que tem como chave de leitura a separação entre uma esfera privada e uma pública, uma esfera de foro interno e outra de foro externo. A autonomia da vontade ligou-se, a partir de então, justamente ao espaço do foro interno. Com o tempo, ela contaminou todo o espaço público, de modo que puderam florescer as fundamentações individual-contratualistas da sociedade. Houve um deslocamento do eixo da reflexão jurídica: o resultado da ação contando cada vez menos, e a intenção e a subjetividade contando cada vez mais. A teoria da justiça deslocou-se de uma reflexão em torno do que é *bom* (da ação boa ou excelente), para uma reflexão em torno do sujeito agente de sua *liberdade* e sua intenção (boa vontade).

O ser humano é o seu *ego*. Como seu ego (*res cogitans*) tende a confundir-se com sua consciência, o *pensamento* passou a ser sua essência. Não qualquer pensamento, mas o pensamento privilegiado da razão instrumental. O corpo (*res extensa*) passou a ser um invólucro, um instrumento, uma coisa. Por isso, começou a perceber-se e imaginar-se no ser humano uma esfera de coisas disponíveis em si mesmas. Uma delas é o seu trabalho, o labor do seu corpo. A pessoa livre dispõe de poder suficiente sobre o seu corpo e, com o tempo, adquire também poder sobre o corpo dos outros homens. Esta distinção entre o *eu* e o *corpo* foi algumas vezes elaborada dentro do cristianismo. O ideal de trabalho das primeiras comunidades monásticas, por exemplo, não era o de simples alienação de seu corpo no tempo, mas o de transcendência do tempo pelo corpo. O trabalho não era idealizado, pois era duro e correspondia a uma pena; contudo não era desprezado, pois todos (idealmente) deveriam trabalhar. A concepção moderna de autonomia da vontade veio com a disponibilidade do próprio corpo. Não é à toa que o trabalho que alimentou os grandes impérios modernos (Portugal, por exemplo) foi o trabalho escravo e que a escravidão moderna será defendida como uma propriedade não sobre a pessoa do escravo, mas sobre o seu trabalho apenas.

A autonomia da vontade, imaginada como liberação do homem, quando domesticada numa teoria das trocas cujo centro de gravidade é o capital, foi apenas um seu aspecto: paradoxalmente foi ela que permitiu a alienação, a sujeição de uns perante outros, como intuiu de forma precisa Marx.

A autonomia da vontade, marca registrada da teoria contratual do século XIX, gera ou é gerada por uma concepção de direito como expressão de faculdades individuais, entre elas a vontade, da norma jurídica como expressão da vontade de um soberano, e à noção de poder como capacidade de imposição da própria vontade, vontade que obriga. A vontade do soberano, do Estado, obriga a todos, que se tornam súditos. A vontade de todos ou da maioria leva à constituição do Estado dito democrático, em que a lei se transforma na expressão da vontade da maioria e cada um obedece a tal vontade: transformam-se em cidadãos. Entre os cidadãos as vontades criam também as subordinações recíprocas: direitos e deveres entre os que se inserem em contratos. Assim, a concepção de autonomia da vontade depende da concepção moderna de direito, de liberdade.

Com o advento do Estado nacional legislador e liberal, o voluntarismo passa a dominar a teoria jurídica. Costume e tradição já não importam para a decisão jurídica, ou seja, já não são legitimamente invocados como fundamento de decisão. Restam apenas duas vontades a justificarem as decisões: a vontade do Estado (daí a célebre controvérsia entre os juristas, se a vontade da lei ou do legislador prevalece, e como determinar o conteúdo de cada uma delas) e a vontade do cidadão isolado. Os negócios de direito privado são expressos da vontade do cidadão isolado: ou expressão unilateral, ou contratual. Evidentemente, tudo se explica pelo negócio jurídico contratual, e já não faz sentido que algumas coisas se façam por costume, ou por necessidade. Se alguém, por absoluta necessidade, compra alimentos, a descrição jurídica que se faz deste evento é, hoje em dia, um contrato livre de compra e venda. Para se aceitar que os monopólios precisam ser controlados, os juristas burgueses oferecem continuamente sua resistência hegemônica impedindo a intervenção do Poder Público o quanto podem. Bentham e Mill tornaram-se, nestas passagens do século XIX, pensamentos influentes nas reformas liberais da teoria das obrigações. Mas o problema dos juristas do século XIX não era apenas justificar que contratos não deveriam ser proibidos (por intrinsecamente injustos ou maus) e sim permitidos em geral, mas também que, uma vez permitidos seriam exequíveis, sem que o juiz se substituísse às partes (MAXIMILIANO, 1984:335 ss). Uma história sintética e abrangendo um longo período encontra-se no verbete "contrato" (LOPES E SILVA FILHO, 2020) do *Dicionário histórico de conceitos jurídico-econômicos*, v. 1 (AIDAR, SLEMIAN E LOPES, org., 2020).

2   A PROPRIEDADE

Quais as mudanças pelas quais passou a propriedade ao longo da história? Especialmente, considerada a tradição ocidental de estudo do direito desde o século XII, quais as diferenças observáveis? Uma primeira intuição pode levar qualquer um à ideia de que propriedade é uma categoria do espírito, uma categoria jurídica sempre igual a si mesma. Aí começam as armadilhas. Certamente, uma distinção entre *meu* e *teu* pode ser universal. Mas a propriedade, como regime jurídico, tem formas muito distintas ao longo da história. Em cada sociedade (formação social), é possível perceber o que é objeto de apropriação individual ou coletiva. Se a apropriação for entendida como uso do mundo material para a manutenção da vida humana, certamente toda a história é um processo de apropriação. Isto, porém, é quase uma tautologia (MARX, 1978), pois toda a vida humana é material e, portanto, consome algo na sua própria reprodução e conservação. No entanto, o regime jurídico da propriedade é o regime da exclusão: exclusão de uns em relação às coisas e aos produtos das coisas e do trabalho. Assim, em diversas sociedades este regime de exclusão é diverso: do que se exclui, como se exclui, quem é o excluído, quem são os sujeitos relevantes da ordem social, que detêm capacidade de agir e falar a que propósito servem tais regras? Estas são questões cujas respostas permitem perceber que as coisas – a propriedade em particular – não foram sempre as mesmas.

2.1   A propriedade como privilégio

O direito romano era um direito de privilégios. Os pais de família eram na verdade os sujeitos do direito: só eles eram *sui iuris*, e todos os negócios da família (unidade de produção) giravam em torno deles. A propriedade fundiária era um aspecto central da vida familiar: as terras da família eram a base material da vida da unidade produtiva. E as terras da família, segundo o direito romano original, subordinavam-se a um regime próprio, ao direito *quiritário*. Esta propriedade, que só poderia ser detida por cidadãos romanos livres, *sui iuris*, e em cada família apenas pelo *pater familias*, restringia a circulação da terra e assegurava a unidade patrimonial. Dessa forma, juridicamente não se confundia com o mesmo instituto a "propriedade" da roupa do corpo (*bem de consumo*) e a "propriedade" do patrimônio familiar (*bem de produção*). O escravo e os filhos não emancipados poderiam ter um pecúlio, um fundo próprio para seu uso e investimento, mas não poderiam ter acesso à propriedade quiritária. Assim, falar-se em propriedade no direito romano era muito diferente de falar-se em propriedade hoje. O pai de família tinha junto com a propriedade um poder jurídico de dirigir os negócios da família, inclusive poderes sobre as pessoas, filhos e escravos: ser pai de família era ao mesmo tempo ter propriedade de coisas e poder pessoal sobre as pessoas envolvidas na exploração daquela coisa.

A tradição romano-canônica conserva dois termos vindos do latim: *domínio* (senhorio) e *propriedade*. *Proprietas*, diz Villey, era a qualidade do que era próprio e referia-se nos textos latinos à *coisa* mesma. *Dominium* era, por sua vez, uma palavra plurívoca: (1) indicava em primeiro lugar o governo da casa (*domus*) e mais tarde (2) o poder do pai de família sobre as coisas (casa, terra, móveis) (VILLEY, 1976:193-195). Hoje usamos indiferentemente propriedade para apontar a coisa (minha propriedade na praia) e os poderes ou direitos (a propriedade define-se como...). O direito anglo-norte-

-americano conserva uma distinção entre *ownership* (os direitos/poderes) e *property* (em geral), e *chattel* (bens móveis) ou *estate* (patrimônio ou imóveis), a coisa objeto.

Se domínio é um poder, pode-se, sobre a mesma coisa exercer outro poder, que não o domínio: o domínio pode ser um composto de vários poderes que se podem dividir. E de fato, assim foi durante o período medieval. O senhorio, ou domínio, no período medieval também era entendido como um poder de direção (político) ligado à terra. O senhor detinha, junto com direitos sobre os frutos da terra, rendas, ou serviços, uma jurisdição, isto é, certa competência normativa. No direito inglês, por força da conquista normanda, toda a terra conquistada foi tida como de domínio do rei: domínio eminente (*eminent domain*). Desse modo, toda a terra, a despeito de dividida em muitos senhorios, era, primeiramente, domínio do rei, que sobre ela exercia uma jurisdição (POTTER, 1958:483-487). Todos os habitantes eram tidos como vassalos do rei e seus sucessores: ou diretamente, caso em que a terra era uma *free-hold tenure*, ou indiretamente, quando havia entre o rei e o possuidor final uma cadeia de senhores (caso em que se falava de *unfree-hold tenure*). Por isso mesmo, puderam os reis ingleses interferir nas jurisdições locais para ouvir as queixas de todos os seus súditos, já que em última instância toda terra lhes era sujeita. Falava-se, portanto, num *domínio* (por parte do rei e dos senhores) e numa *detenção*. Não há quase distinção entre propriedade, soberania e posse na Idade Média, e só com a transformação da renda em preço é que podem desaparecer os laços vassálicos na Inglaterra em 1660 (COMMONS, 1924:214-220).

Assim, compreende-se que na Idade Média também não se torne comum a ideia unitária e individualista de propriedade, visto que sobre uma mesma coisa exercem-se diversos direitos por diferentes sujeitos (VILLEY, 1987a:79). Bártolo (no século XIV), nos seus *Comentários*, procura dar uma definição de propriedade: "*Quid ergo est dominium? Est ius de re corporali perfecte disponendi, nisi in lege prohibeatur.*" Sendo um medieval, acrescenta logo depois que os domínios são de duas espécies (*dominia duo sunt*): domínio útil, que pode ser exercido por mais de uma pessoa, pois também ele comporta várias divisões, e domínio direto (*In Primam Digesti Novi Partem*. ad 1. si qui vis, & Differentia, *apud* MELA, cit. p. 256).

Em verdade, os domínios sobre a terra dão origem a rendas e poderes, cuja partilha e divisão é aparentemente natural. Os frutos da terra são divisíveis e cada parte vai para quem tem sobre a terra algum direito. A terra é um bem de produção e a propriedade dela nada ou pouco tem a ver com a propriedade dos bens de consumo pessoal. Para forjar um conceito unitário de propriedade, será preciso ignorar esta diferença fundamental. Dessa forma, a propriedade, entendida no seu complexo de poder sobre algumas coisas (a terra) e respectivas faculdades ou poderes de exploração e direção (recebimento de tributos e exercício de jurisdição), não é um direito natural e universal, mas um privilégio. O servo, por seu turno, tem seu direito de trabalhar a terra, do qual não pode ser privado nem por seus vizinhos e iguais, nem pelo próprio senhor. Este, por seu turno, tem direito a receber os frutos e exercer poderes políticos sobre a comunidade. Cada um tem suas próprias regras, seus *privilégios*.

O domínio compreendia, portanto, no mínimo dois poderes: o direito de jurisdição e a renda equivalente a parcelas de poder sobre a terra. Havia *ligações perpétuas* entre os diversos detentores, de caráter pessoal: a fidelidade entre vassalos e senhores, cuja quebra permitia a *diffidatio*. Havia *ligações pro-vita*: entre peão e senhor, de modo que se de um lado o peão estava adstrito ao trabalho naquele domínio ou senhorio, de outro não perdia a terra, isto é, não poderia ser *despejado* (teoricamente), e isto porque o seu direito à terra, embora não sendo um *dominium*, mas uma detenção (*tenure*), era-lhe próprio e real, isto é, ligado à própria terra e não apenas à conveniência do senhor. O desapossamento era violência pessoal e grave, gerava uma *diffidatio*. A posse, a detenção da terra imediatamente, era um direito que se transmitia, se conservava e não permitia a alienabilidade. Os direitos eram limitados quanto a seu exercício: um senhor ou um detentor não podia tudo ou qualquer coisa, isto é, não havia um direito absoluto, que excluísse o de outros. Eram às vezes limitados quanto ao tempo: a hereditariedade não era total.

Os direitos sobre a terra incluíam a tenência ou detenção, mas também o direito de caça, direito de pesca, as banalidades (obrigações de cozer o pão no forno senhorial, moer o trigo no moinho do senhor, pagar prestações sobre tais "serviços públicos" mantidos pelo senhor), a dízima (devida à Igreja, e em Portugal, mais tarde, transferida à Coroa, por força do regime do padroado), o censo e os foros. Com o tempo, tais direitos foram se monetarizando e transformando-se em pagamento de taxas e tributos e não mais em pagamentos em espécie. Quando se começa a aceitar a alienabilidade da terra começa a acabar o feudalismo.

Em Portugal, a reconquista havia criado algumas particularidades, mesmo que se mantivesse a figura geral aceita no resto da Europa. A estrutura anterior à reconquista era *detenção alodial*, isto é, uma relação de um homem livre que presta tributos e reconhecimento a um superior. Propriedade ou detenção alodial é sinônimo de terra livre. Com o avanço da reconquista, avança também a *detenção precária*: o camponês passa a não deter em nome próprio, mas em nome de um concedente, a quem paga diversos deveres. O feudalismo penetrou junto com a reconquista: lembremos que a reconquista é feita com cavaleiros vindos de várias regiões e o próprio Dom Henrique (do Condado Portucalense) é de Borgonha. Ao lado da detenção alodial e precária existia, como em toda a parte na Europa, a *detenção comunitária*: terras usadas por todos de uma aldeia ou vila, em sistema de rodízio, não sujeitas quer a um senhor, quer a um camponês em particular.

No século XIII, os direitos sobre a terra permitem a seguinte classificação (HESPANHA, *apud* GILISSEN, 1988:649): (a) *terras nobres*, em que os senhores além de terem jurisdição cobram rendas (direitos feudais); (b) *terras vilãs*: terras alodiais e concessões precárias; (c) *terras baldias* ou comuns. O advento da peste em 1348 e a revolução urbana que estava a caminho desde o século XIII esvaziaram os campos. Para reter os homens no trabalho agrícola, D. Fernando I, a 28 de maio de 1375, editou a *Lei das Sesmarias*. Esta lei demonstra que a jurisdição real (isto é, sua capacidade de fazer justiça) dava-lhe um poder sobre as terras do reino, uma espécie de domínio eminente. O mesmo D. Fernando tinha mandado fazer Inquirições ou Alçadas: comissões para recuperar as terras régias, confirmações de domínio e título.

A propriedade de bens móveis não gera as mesmas instituições. *En fait de meubles possession vaut titre*: quanto aos bens móveis, a posse equivale ao título. Na tradição anglo-americana, que não conheceu a grande imposição da propriedade unitária criada pelos civilistas modernos, sobretudo entre o fim do século XVIII e o século XIX, conserva-se até hoje a distinção entre direitos sobre a terra (*fee simple* e *remainders*) e direitos sobre bens móveis (*chattels*). Não se confundem sob um único regime. A criação da *propriedade*, como um direito subjetivo ou como o direito subjetivo por excelência, tal como é compreendido na tradição civilista é relativamente recente e não universal.

Para completar o quadro da propriedade, o direito das sucessões vinha em auxílio da manutenção da unidade produtiva, com regras que possibilitavam concentrar em algum herdeiro certos poderes e privilégios, para que o senhorio não fosse dissolvido.

2.2 A propriedade como direito natural e universal

Segundo Piccinelli (*apud* MELA, 1990:257), a definição contemporânea de propriedade aparece pela primeira vez em François Hotman (1524-1590), jurista huguenote francês, expressa na fórmula *dominium est ius utendi et abutendi re sua* (*quatenus iuris ratio patitur*). Antes disso, a propriedade, *dominium*, era tratada, como a junção de dois domínios, o útil e o iminente, que era, no sistema feudal, mais episódica do que essencial.

A noção moderna começa a modificar a antiga. Ela tenderá para o exclusivismo: a propriedade aos poucos passará a ser a soma de todos os direitos anteriormente dispersos entre vários detentores. Em resumo, no regime medieval, a detenção, a posse, as diferentes rendas devidas e recebidas convivem lado a lado. Não lhes parece natural que um só senhor tenha todos estes direitos: cada um, desde o lavrador até o rei tem, sobre a mesma terra, direitos próprios, embora distintos. Assim como a soberania é uma constelação de poderes partilhada entre muitos, a propriedade era uma constelação de poderes partilhada entre vários titulares de direitos, privilégios, posses e detenções distintas.

Locke expõe uma teoria da propriedade como direito natural, subjetivo e exclusivo: o fruto de nosso trabalho (labor de nosso corpo e a obra de nossas mãos) são nossos, enquanto houver abundância para todos (esta a famosa *condição* do direito natural de propriedade em Locke). O excedente que vier a ultrapassar a capacidade de consumo de quem produz pertence a terceiros. Esta é a propriedade natural de Locke, o fundamento do direito subjetivo. Com Locke, a propriedade é o tema geral e fundamental da organização política da sociedade. A propriedade é, para ele, a garantia da sobrevivência. Os homens sobrevivem pelo trabalho, e a faculdade de apropriação vem do trabalho. Ele investiga como se acumulam as coisas e qual a legitimidade de tal acumulação, pois uma coisa é a propriedade natural (que vem do trabalho), outra a convencional (que vem do dinheiro e do entesouramento, do processo de troca). Direito subjetivo e liberdade já estão unidos, por meio da propriedade.

Para que estas transformações tenham lugar, é preciso que a riqueza e a produção material da vida se alterem. A riqueza, em primeiro lugar, precisa transformar-se em *capital*. Concretamente isto ocorre quando já não apenas a terra, mas também as mercadorias tornam-se riqueza. Se a terra permite a realização de *renda*, a mercadoria permite a realização de *lucro*. As mercadorias podem ser livremente alienadas, compradas, vendidas. Precisam, no entanto, ser armazenadas, guardadas. Uma terra pode ser ocupada ilicitamente, e os meios de defesa são tradicionais no direito medieval, a justiça real cresce justamente na manutenção da paz entre os ocupantes da terra, especialmente na Inglaterra. Mas uma mercadoria pode ser furtada: quais os meios de defesa? Em primeiro lugar, como alerta Atiyah (1988:22-516), será necessário criar uma força policial para vigiar as cidades e todos os lugares onde houver depósitos.

Foi necessário que a terra se tornasse objeto de trocas livres e de exclusividade. Isto se fez por um processo longo de divisão das terras e das heranças, ao qual se acrescentaram alguns eventos revolucionários. Na Inglaterra do século XVI, Henrique VIII extinguiu a propriedade fundiária das ordens religiosas e mosteiros. Isto liberou uma grande parcela de terra do regime eclesiástico-feudal. Não foi à toa que no Norte da Inglaterra ocorreram revoltas camponesas a favor da Igreja e contra o confisco: percebia-se que a Igreja era protetora de um modo de vida aldeão, que a secularização ameaçava. Entre 1536 e 1549, completou-se a tomada dos bens da Igreja. O destino de tais terras foi a venda aos favoritos do rei (TIGAR; LEVY, 1978:204). Do outro lado do Canal, a França veio a realizar o confisco das terras durante a Revolução (em 1791) abolindo ao mesmo tempo as taxas feudais. Antes, porém, já estava em progresso a substancial mudança do direito feudal: os senhores (aí incluídos os eclesiásticos) haviam sido transformados em *primeiros habitantes*, cercados de imunidades e privilégios, mas a terra propriamente dita já estava dividida entre camponeses (TOCQUEVILLE, 1979:68-69). Segundo Tocqueville, os direitos feudais tornaram-se particularmente odiosos na França porque o camponês tornara-se proprietário de terras e escapara ao governo do senhor. Assim como na Inglaterra do século XVII as terras comuns haviam sido cercadas e transformadas em terras particulares, por certos latifundiários, na França a terra comum (comunal, aldeã, comunitária) desaparecera. Consolidou-se, assim, aos poucos, a exclusividade dos direitos sobre a terra. Até que a *Declaração dos Direitos do Homem e do Cidadão*, de 1789, consagra no seu art. XVII a propriedade como *direito inviolável e sagrado* ao lado dos direitos individuais, especialmente a *liberdade* (art. IV).

A propriedade, na *Declaração* de 1789, não é definida, é apenas garantida, ou proclamada. A liberdade sim é definida: "A liberdade consiste em poder fazer tudo o que não prejudica aos outros: assim, o exercício dos direitos naturais de cada homem tem como limite apenas aqueles que garantem aos demais membros da sociedade o gozo destes mesmos direitos. Estes limites são determinados somente pela lei." Esta definição é a definição moderna da liberdade: a liberdade como autonomia e, especialmente, como a exclusão dos outros de uma esfera própria, do ser deixado em paz. E a propriedade passa a ser esta garantia de poder sobre uma parcela de coisas que exclui outrem. Poder, naturalmente, que significa um poder sobre os excluídos: cada um é senhor de si. A propriedade só se torna aquilo que hoje é quando associada à liberdade e à autonomia garantidas pela concepção contratual moderna também, seja no que diz respeito à compra e venda ou aluguel da terra, seja no que diz respeito ao contrato de trabalho, seja no que diz respeito ao crédito e à generalizada garantia de cumprimento das promessas (RENNER, 1949:271-273).

O novo direito de propriedade constitui-se assim de duas características: sua exclusividade e sua negociabilidade. Sua exclusividade significa que todos os poderes ou direitos que outros possam exercer sobre determinada coisa aos poucos perdem autonomia e passam a ser encarados como desmembramentos do direito exclusivo do proprietário. A definição de Pothier, tornada clássica pelo Código Civil de 1804, o *Code Napoléon*, e generalizada no direito moderno, tem os seguintes termos:

> "Pode-se definir o direito de propriedade como o direito de dispor de uma coisa como bem lhe parecer, sem atentar contra o direito alheio ou a lei. Este direito de dispor que tem o proprietário engloba o de receber todos os

frutos da coisa, de servir-se dela não apenas para os usos que pareçam ser-lhe naturalmente destinados, mas mesmo para os usos que lhe convenham, de alterar-lhe a forma, perdê-la ou destruí-la totalmente, aliená-la, onerá-la, de ceder a outrem os direitos que lhe convenham sobre a coisa e permitir-lhe o uso que julgar" (POTHIER, 1890:35).

Quem não tiver todos estes poderes, padece de uma *imperfeição* no seu direito, e a posse não será considerada *propriamente* um direito, segundo ele. No que diz respeito à transmissibilidade, a contratualização e a monetarização de todos os direitos relativos à propriedade permitirão que ela se torne mercadoria, objeto de mercado, dissociada da unidade produtiva familiar.

O mais importante, porém, talvez seja a sua progressiva transformação no século XIX e sobretudo no XX: aí o processo depende muito menos dos juristas do que da atividade material da economia. Trata-se da longa passagem de uma economia de rendas para uma economia de capital, ao longo da qual a própria terra, especialmente a terra urbana, transforma-se em capital. Nesse sentido, a propriedade, ou seja, o direito de propriedade recai sobre o crédito. O que conta como propriedade? É somente a terra ou também as promessas e o crédito? Se o crédito não é uma coisa sobre a qual se possa aplicar a mesma relação que existe entre *dominus/res*, como fazer com que entre também para uma unidade produtiva nova, a empresa capitalista? Cada vez mais a propriedade deixa de ser explicável como um poder sobre as coisas para ser um poder sobre os outros homens: de uma apropriação do mundo material presente passa a ser uma apropriação do mundo do trabalho alheio e da riqueza futura. A teoria jurídica ignora solenemente a diferença que os antigos conheciam entre bens consumíveis e bens não consumíveis e trata todas as categorias de bens com o mesmo critério abstrato.

Alguns refletem sobre esta curiosa passagem. Karl Renner (1949), partindo da análise marxista do modo de produção capitalista, explica como a propriedade capitalista torna-se possível mediante o instrumento da sociedade (pessoa jurídica). A centralização do capital exige que os capitais individuais sejam amalgamados num só por meio de uma associação de capital (cujo exemplo mais marcante é a sociedade anônima), ou pela expropriação dos capitalistas individuais com transferência de suas parcelas para uma só pessoa (física ou jurídica). A associação é o instrumento fundamental deste processo: ela difere dos contratos de troca (*do ut des*), pois se trata de uma associação para atividade. Embora corresponda a uma transformação de poder, ela se vale das categorias de propriedade (trata-se de uma transferência de propriedade de muitos para um só), de contrato (as operações de constituição e funcionamento da unidade empresarial descrevem-se como negócios isolados) e de crédito. Tais transformações são preparadas pelos juristas quando formulam as categorias de liberdade de contratação e de alienação de propriedade.

Outro estudo clássico da transformação do direito de propriedade é feito por Adolf Berle e Gardiner Means (BERLE; MEANS, 1984). Para eles, o sistema jurídico permitiu, também por força da mobilização e disponibilidade dos direitos de propriedade, a separação entre uma propriedade passiva (a do acionista) e uma propriedade ativa (a do controlador). A sociedade anônima, dizem, não é uma forma puramente privada de atividade: permitindo a propriedade (passiva) múltipla, torna-se uma instituição semipública. Numa linha semelhante, Horwitz (1977:31) destaca que ao longo do século XIX a noção estática de propriedade exclusiva cede lugar, no direito norte-americano, a uma noção dinâmica, de propriedade aplicada ao *desenvolvimento*. Assim é que os tribunais apoiam o uso ativo, capitalista, dinâmico e empreendedor da propriedade, em detrimento do uso passivo, ou seja, da manutenção da propriedade rural no ritmo da produção antiga. Os vizinhos de proprietários empreendedores a pouco e pouco perdem a proteção de que gozavam para impedir o uso nocivo da terra alheia (instalação de moinhos, represas, canais etc.). Mesmo que tal uso viesse a prejudicá-los e, do ponto de vista tradicional, fossem formas ilícitas de uso de coisa própria (*nuisance*), os tribunais a passos lentos, mas determinados, vão alargando os direitos dos empreendedores, em prejuízo dos de seus vizinhos.

A propriedade moderna também dispensou os proprietários de certas tarefas. Se era certo que a propriedade havia sido um privilégio no antigo direito pré-liberal, era também claro que ser proprietário consistia em deter automática, institucional e legalmente alguma parcela explícita de poder político. Era também um encargo, uma responsabilidade social, de modo que o que na sociedade contemporânea chamamos de atividade pública era assumida pelos particulares. O senhor era o patrão, o padrinho, o "coronel", no sentido que este termo teve no Brasil justamente para indicar aquele que manda por força de seu poder meramente privado. A propriedade era associada a uma jurisdição, um poder de constituir cadeias de comando sobre a família e os servos, julgar e arbitrar conflitos entre os subordinados que viviam nas terras da família. A propriedade burguesa dispensa esta espécie de privilégio e se torna completamente livre. Separa-se o universo privado (do simples gozo e uso da riqueza) do universo público (do poder de comandar, mas também do dever de prestar recursos para as obras públicas, como a guerra ou a assistência aos pobres). A separação do público e do privado, do Estado e da sociedade civil, da riqueza e da política confirma-se e toma forma na propriedade moderna.

Em resumo, a moderna noção de direito de propriedade forma-se com a direção individualista, exclusivista que tal direito assume a partir do século XVI. Forma-se também lado a lado com a teoria dos contratos e da autonomia da vontade que permite a mobilização do capital. Finalmente, é tomada pela noção de propriedade como promotora do capital, não da renda, e no processo de centralização dos capitais permite o surgimento da moderna sociedade anônima (como um sistema de transferência de bens e créditos a uma só pessoa, com um poder de controle unificado e centralizado).

A rigor, a noção moderna de propriedade, a propriedade do direito civil, abole a diferença entre os objetos sobre os quais recai (ou seja, sobre bens de consumo e bens de produção). Com isto, termina-se por tratar todos os tipos de propriedade com um só modelo institucional. Além disso, a justificativa da propriedade também se reduz à apropriação natural pelo trabalho, seguindo a fórmula consagrada por Locke. Ao contrário de Locke, para quem a apropriação natural não se justifica em situações de escassez, nem quanto aos bens que podem ser artificial e convencionalmente acumulados (como o dinheiro), o direito do século XIX não construirá distinções entre a apropriação natural e a acumulação, nem entre os respectivos objetos. A propriedade terá um acento não mais no direito de usar, mas no poder de impedir o uso; não mais na posse física, mas no poder de reter coisas do domínio público; não mais do exercício de uma função social (por exemplo a manutenção de uma corte senhorial e a prestação de ajuda), mas do simples poder econômico liberado de encargos sociais. O poder de um grande proprietário equipara-se juridicamente, no período moderno e liberal, ao trabalho de apropriação natural do camponês.

No final do século XIX e na primeira metade do século XX, faz-se a crítica desse modelo de propriedade natural, quando se percebe que o conceito de propriedade – enquanto direito natural derivado do trabalho – está mal adaptado às circunstâncias do seu tempo. Nota-se com clareza que a propriedade sobre bens de produção mudaria substancialmente se fosse levada em consideração a sua titularidade: não mais o sujeito humano, mas cada vez mais organizações burocratizadas, como as companhias ou sociedades anônimas. Marx notava que o capitalista individual perderia a importância e se tornaria um personagem obsoleto, por isso insistia em estudar o capitalismo (objetivamente considerado como sistema social) e não os capitalistas (subjetivamente dados). Aquilo que se virá a chamar no século XX a "revolução dos gerentes", ou a "separação entre titularidade (dos acionistas) e controle (dos administradores)", era apenas o desdobramento do próprio capitalismo, não uma mudança de substância.

De outro lado, o objeto sobre os quais recaía a propriedade não tinha mais a mesma natureza que os bens de consumo. Tratar grandes empresas como se trata um paletó pareceu para alguns um verdadeiro equívoco. Karl Renner foi um dos mais claros críticos dos equívocos da dogmática simplista da propriedade. Além disso, a propriedade imaterial progredia como um objeto particularmente importante: invenções, patentes, processos, modelos. Tratar tudo isto unitariamente foi um artifício ao mesmo tempo promissor e enganoso: promissor por equiparar toda forma de poder econômico a um direito natural ou humano, e enganoso pois ocultava as relações de poder político que necessariamente se infiltravam nas organizações. Finalmente, notava-se que a propriedade privada combinava-se com formas cada vez mais públicas: o proprietário de um estabelecimento comercial abria suas portas para o público. Diferentemente da propriedade da casa ou das coisas de uso e gozo pessoal, a propriedade privada das unidades de produção capitalistas não era o campo da intimidade e da privacidade. Só realizavam sua natureza à medida que se "publicizavam": nem os consumidores, nem os trabalhadores entram num estabelecimento capitalista como estranhos, não são visitas. O caráter privado da propriedade começou a degenerar em formas de discriminação, crescentemente reputadas como ilícitas. Se um estabelecimento está aberto ao público e o comerciante (ou administrador) em geral faz ofertas públicas, como justificar que ele deixe de atender uma parte do público (por causa da cor da pele, da condição social, do gênero, da orientação sexual, dos traços culturais etc.)? Nestes termos, o direito virá a regular progressivamente de maneira diferente as diferentes propriedades. Esta crítica teve duas vertentes importantes no século XX: de um lado os *institucionalistas* americanos (como Berle e Means e John Commons), de outro os *marxistas* (como Renner, na Áustria). Ver ainda os verbetes "propriedade" (LOPES E ANGELELLI, 2020) e "posse e propriedade da terra" (SECRETO, 2020) no Dicionário histórico de conceitos jurídico-econômicos (AIDAR, SLEMIAN E LOPES, org., 2020).

3   PESSOA JURÍDICA E SOCIEDADES

Ao lado do desenvolvimento do contrato, sob o signo da autonomia da vontade, e da propriedade, sob o signo do exclusivismo individualista e da transferibilidade plena, o direito privado moderno desenvolve outro instrumento capaz de pôr em movimento a máquina da produção capitalista. Trata-se da sociedade mercantil com personalidade jurídica.

A tradição romana não precisou chegar ao requinte da pessoa jurídica, pois a unidade de produção sendo familiar, as regras de imputação de responsabilidade e de unificação do patrimônio no pai de família dispensavam o invento da pessoa jurídica. A tradição medieval, por seu turno, já avançara para instituir as *corporações*: por isso durante o período de apogeu do direito canônico medieval, desenvolvem-se regras aplicáveis a uma nova forma de associação (a Igreja hierárquica e burocratizada) cujos laços internos não são os de família, nem derivados dos laços de família (matrimônio, filiação, adoção): só podem ser os de pertença a um corpo de funcionários, cujos interesses pessoais precisam ser separados dos interesses da corporação mesma e exigem novos meios de representação e imputação de responsabilidade.

Remotamente, pode-se dizer que a teoria ou a doutrina das corporações, de origem medieval, é a base sobre a qual se construiu o conceito de pessoa jurídica. A corporação, para os medievais, foi-se definindo como aquela associação com capacidade de sobreviver a seus membros. Nestes termos, uma corporação adquiria uma existência independente: seus membros poderiam morrer ou mudar, mas "anonimamente" novos membros eram incorporados. A Igreja fornecia um quadro exemplar: a freguesia, ou paróquia, precisava sim, para existir, de um pároco e de um "povo" (fiéis), mas eles poderiam mudar, morrer, ou poderiam nascer crianças, que a corporação continuaria existindo. Assim aconteceu com as universidades, com as comunas e com outras.

Justamente porque tais corporações existiam com certa independência de seus membros é que elas se distanciavam das *sociedades*. As sociedades não existiam para além de seus sócios, embora estes pudessem obrigar-se até solidariamente: mas uma vez morto o sócio, desfazia-se a sociedade. Por isso, também as corporações eram reconhecidas como "pessoas públicas": elas tinham utilidade e reconhecimento por parte do soberano e do público. Seus representantes podem assentar-se em conselho ou cortes, não são simples representantes de interesses privados.

Nas corporações não se exige o intuito pessoal, a amizade, a afeição entre os sócios: elas são impessoais. Elas não nascem de um contrato, mas de um estatuto: regras que lhes são concedidas pelo soberano e reconhecidas por todos (um pacto), naturalmente negociadas previamente entre aqueles que pretendem seu estabelecimento. O estatuto é a lei (lembremos que o uso medieval da palavra estatuto equivale ao contemporâneo lei, como ocorre até hoje em inglês, onde *statute* significa lei) que passa a reger a corporação.

Francisco Coelho de Souza Sampaio, em suas *Instituições de direito pátrio* (1793), falando das pessoas, divide-as em *físicas* e *morais*. Isto não significa que fale nos nossos termos, pois logo se explica. As pessoas físicas dividem-se em categorias: ou são seculares ou são eclesiásticas. As seculares subdividem-se em grandes do reino, fidalgos, cavalheiros, nobres e plebeus; as eclesiásticas, em arcebispos, bispos, presbíteros. Logo, as pessoas físicas não são juridicamente todas iguais entre si. Mais curiosamente ainda, suas *pessoas morais* são também *civis* ou *eclesiásticas*: as civis são públicas (universidades, cidades, vilas) ou privadas (sociedades conjugais e familiares), isto é, ou eram corporações (as primeiras), ou formas associativas que embora de origem contratual (o casamento) seguiam regras institucionais não dispositivas (diríamos hoje, de ordem pública). As pessoas morais eclesiásticas são também públicas (a religião do Estado, a Igreja e as dioceses, às quais se pertence sem adesão) ou privadas (as ordens religiosas, as confrarias, os mosteiros e conventos, aos quais se adere individualmente).

William Blackstone, nos *Comentários às leis da Inglaterra* (1765-1769), apresenta um quadro não muito diferente. Diz a certa altura do seu Livro I (p. 119) que as pessoas se dividem em naturais ou artificiais. As pessoas artificiais são chamadas *corporações* (*corporations*) ou *corpos políticos*. Sua análise das pessoas naturais denota o caráter estamental e estratificado da sociedade de seu tempo, pois as divide conforme suas prerrogativas e dignidade. Falando das corporações, explica que elas são constituídas para gozar de uma certa imortalidade (p. 455) com relação a seus membros particulares e dá como exemplo os colégios (*colleges*) das universidades. Distingue as corporações entre solitárias e agregadas: corporação solitária é o rei e também um bispo. Corporações agregadas são os colégios e o deão e cabido de uma catedral. Acrescenta que, embora pareça que as corporações civis possam ser criadas por simples ato e associação voluntária, na Inglaterra o consentimento do rei é essencial para a ereção de uma corporação à categoria de pessoa.

3.1 O longo caminho das sociedades para se tornarem pessoas

É provavelmente no âmbito do direito comercial que a personalidade jurídica das sociedades primeiro se impõe. O direito comercial torna-se progressivamente um direito público, quando é incorporado e aceito pelo direito estatal e quando o Estado (o Príncipe, o Soberano) passa a interessar-se pelo fomento ativo da prosperidade econômica de seu reino. Os tribunais de mercadores (a jurisdição consular) são progressivamente incorporados, cooptados ou reconhecidos pelo Estado e todos se submetem a jurisdição real ou agem como delegados da jurisdição real. No Brasil, é de início a Real Junta de Comércio (no período do Reino Unido) e depois os Tribunais ou Juntas de Comércio que fazem a justiça dos comerciantes, com reconhecimento público (acumulando funções administrativas e jurisdicionais).

É a empresa colonial dos séculos XVII e seguintes, de Portugal e Espanha, e também – sobretudo – de Holanda, Inglaterra e França, que faz surgir as formas embrionárias da moderna pessoa jurídica. Nas companhias coloniais aparecem duas características que definem propriamente a pessoa jurídica contemporânea: (a) limitação de responsabilidade dos sócios, concedida como um *privilégio*; (b) divisão do capital social em ações ou partes determinadas. As companhias coloniais representaram à época um pacto entre comerciantes e soberano. Obtinham determinados favores em troca de *cartas patentes* (GALGANO, 1976:61-67). Alguns episódios conhecidos deste processo foram protagonizados por Elizabeth I (Isabel) da Inglaterra, que dera a 101 negociantes aventureiros um privilégio de comércio exclusivo com a Índia por 15 anos. Em 1602 os comerciantes de Amsterdã formaram a *Companhia das Índias Orientais*, organizada por 21 anos, prorrogados mais tarde. A famosa invasão holandesa do Nordeste brasileiro na primeira metade do século XVII foi uma empresa da *Companhia das Índias Ocidentais*, outro grupo de comerciantes, com capital e privilégios, inclusive de ordem militar. Já que nem todos os comerciantes podiam livremente associar-se com o benefício da limitação de sua responsabilidade, e com as capacidades militares e jurisdicionais ou com a liberdade de comerciar determinadas mercadorias, as companhias coloniais diziam-se *privilegiadas*. Os privilégios destas companhias eram: (1) limitação de responsabilidade dos sócios; (2) monopólio comercial de mercadorias estratégicas na época; (3) direitos de quase-soberania sobre territórios em que comerciassem; (4) direito de fazer a paz e declarar a guerra (SIMONSEN, 1977).

Até o advento da Revolução Francesa e durante boa parte do século XIX, as companhias de comércio ou sociedades anônimas não poderiam constituir-se sem autorização pública. A própria França revolucionária mudou de rumo diversas vezes na matéria (GILISSEN, 1988:774-776), ora legislando de forma a permitir ampla liberdade, ora exigindo autorizações, tendo em vista escândalos financeiros envolvendo as companhias. É a Lei de 23 de maio de 1863 que permite a criação das sociedades por cotas de responsabilidade limitada independentemente de autorização, e a mesma liberdade só é levada às sociedades anônimas em 24 de julho de 1867. Então é concedida a liberdade de constituição, separação de responsabilidades e distinção jurídica definitiva entre poder de direção e propriedade de quinhões, ações e cotas de capital (PONTEIL, 1989:276-7; ELLUL, 1993:234; COING, 1996).

Na história do Brasil, as companhias de comércio têm longa existência. O comércio algumas vezes era exercido por companhias privilegiadas; outras vezes o tráfico e o trânsito no mar dependiam de organização de comboios, com escoltas. Isto impunha frequentemente acréscimos nos fretes. Toda vez que a Coroa não pôde explorar diretamente (na restauração de 1640 – cuja guerra de independência com a Espanha era cara –, no terremoto de Lisboa 1755 – cuja reconstrução também era dispendiosa) então os particulares foram encarregados do comércio (SIMONSEN, 1977:360). As viagens eram feitas em frotas: saíam de Lisboa entre março e abril, voltavam entre setembro e outubro. O sistema de comboios foi abolido em 1765, mas a pirataria forçou sua volta em 1797. As frotas só foram abolidas finalmente em 1801.

Já em 1587, Felipe II pensara em criar companhia que substituísse o Estado português na exploração econômica da terra. Em 1649, a 6 de fevereiro, na restauração bragantina, sendo rei D. João IV, é assinado o alvará que abre mão dos bens confiscados pelo Santo Ofício para formar uma *Companhia do Brasil*. Em 10 de março de 1649, são aprovados os estatutos da nova companhia, na forma como se aprova um contrato público (de lançamento ou arrendamento de impostos). Havia obrigações de parte a parte entre o soberano e companhia. A sociedade iria agir na esfera pública, com fim de lucro, através de particulares, os comerciantes que a compunham e haviam ajudado a compor seu capital. Eram obrigações da companhia, perante o rei: (1) armar 36 navios de guerra, com 20 a 30 peças de artilharia; (2) prover os navios com homens de guerra; (3) comboiar (organizar os comboios) de comércio do Brasil com a Metrópole; (4) defender a costa e os portos; (5) cobrar 10% do valor das mercadorias comboiadas. Em troca de tais obrigações, recebia o monopólio de comércio de vinho, azeite, farinha, bacalhau, tudo com preços taxados, e pau-brasil. Como garantia para seus negócios, ficava proibido no Brasil o fabrico de vinho e aguardente. A companhia se organizava por 20 anos e gozava ainda do privilégio de foro, um juiz conservador para julgar os casos em que estivesse envolvida. Em 1654, autorizaram-se viagens fora do comboio da Companhia, desde que não fossem gêneros do monopólio e não viessem de Lisboa. Em 1663 a diretoria foi convertida em Tribunal Régio. Em 1694, pelo decreto de 19 de agosto, a Coroa apropriou-se de seus bens e seus acionistas receberam indenização na forma de 5% do contrato do monopólio do tabaco.

Extinguiu-se em 1720, quando já havia perdido sua razão de ser: os comboios se reduziam então a duas naus de guerra para a Bahia, duas para o Rio e uma para Pernambuco.

Regime semelhante foi o do contrato negociado entre um grupo de acionistas e a Coroa entre 1678 e 1679, para introduzir negros no Maranhão, dada a oposição dos jesuítas à escravidão indígena. Era obrigação da companhia introduzir 500 negros por ano num total de 10.000, recebendo em troca o monopólio do comércio por vinte anos, com no mínimo um navio por ano de São Luís e um de Belém. Começou a operar em 1682. Terminou seu monopólio em 1684, pela revolta de Beckman. O negro era vendido por 100$000 (preço fixado), mas havia muitas queixas dos colonos: os escravos não chegavam, as fazendas eram de má qualidade, os gêneros do país eram mal pagos.

A política pombalina constituiu diversas companhias, além da Companhia do Grão-Pará e Maranhão, tais como a Companhia de Pernambuco e Paraíba e a Companhia das Vinhas do Rio Douro. A Companhia Geral do Grão-Pará e Maranhão foi criada em 6 de junho de 1755. (1) A companhia seria um corpo político, com um provedor, 8 deputados, 1 secretário, 3 conselheiros, com selo próprio; (2) poderiam fazer parte da administração (do *corpo político*) comerciantes portugueses (naturais ou naturalizados), ou outros de outra profissão que dispusessem de capital de 10.000 cruzados na companhia. Os administradores seriam eleitos pelos representantes de mais de 5.000 cruzados na companhia. Os que tivessem menos de 5.000 investidos poderiam votar em conjunto; (3) gozaria de privilégio de jurisdição: seus negócios, inclusive arrecadação de espólios, seriam determinados por sua mesma junta, sem interferência de outros juízes ou tribunais, porque só interessavam a quem ali tinha *cabedais* e que eram pessoas livres para dispor de seus bens; (4) os primeiros administradores seriam indicados pelo rei; (5) os negócios se decidiriam por maioria de votos na Mesa. Elegeriam sua própria burocracia sobre a qual teriam plenária jurisdição; (6) *o juiz conservador* teria jurisdição sobre toda contenda dentro da companhia (entre membros da Mesa e destes com os funcionários etc.), sendo eleito pela mesa e confirmado por el-rei. Entre os acionistas as contendas seriam dirimidas pela Mesa em forma mercantil (o que autorizava a arbitragem). As demandas cujo valor excedesse 300$000 seriam enviadas a el-rei que nomearia juiz (árbitro) especial para o caso; (7) as ordens da Companhia seriam passadas em nome del rei (inclusive para tomar madeiras para construção de navios, estaleiros etc.); (8) os armazéns necessários para o seu comércio seriam desocupados conforme indicação e pagos os aluguéis ajustados ou arbitrados aos donos, cujos respectivos pertences iriam para depósitos públicos; (9) teria licença para fabricar navios em qualquer lugar, até os de guerra, por isso autorizado o corte de madeiras; (10) poderia requisitar pessoal necessário; (11) seus oficiais confirmados teriam patentes passadas pelo secretário; (12) Sua Majestade *faria mercê* de duas fragatas para começar a frota; (13) as presas da companhia não entrariam para o tesouro real; (14) nenhum navio seria requisitado à companhia. Em caso de guerra, a Mesa e os deputados forneceriam o possível auxílio à real armada; (15) os capitães do Brasil e do Maranhão não teriam jurisdição alguma sobre a companhia; (16) teria o comércio exclusivo de certos gêneros e os preços seriam determinados (fazendas secas: 45% a mais do pago no porto de origem, fazendas molhadas e comestíveis teriam 15% livres de despesas para a companhia). Teriam o comércio exclusivo sobre o escravo negro; (17) as ofensas aos oficiais da companhia seriam consideradas ofensas aos oficiais da justiça régia; (18) o capital inicial seria de 1.200.000 cruzados, divididos em ações de

400$000 cada uma, cada acionista entrando com um mínimo de dez ações, podendo diferentes pessoas juntarem-se para adquirir uma ação; o prazo para subscrever seria de cinco meses no Reino, sete meses na Madeira e Açores, um ano na América, e haveria oito meses para a integralização (50% seriam integralizados a vista); (19) as ações seriam tratadas como propriedade podendo ser dadas em fideicomisso, morgado, capela, doação etc.; (20) o resgate do capital ficava proibido durante a existência da companhia (CARREIRA, 1988).

Como se vê, já aparecem alguns traços da sociedade mercantil (especialmente anônima) contemporânea: no entanto, inexistindo uma lei geral sobre a limitação de responsabilidade e sobre a personalidade jurídica das associações, tudo é tratado como matéria de privilégio. Mesmo um adepto do livre comércio, como José da Silva Lisboa, Visconde de Cairu, não questiona que as companhias sejam privilegiadas e que, por isso mesmo, dependam, como dirá o Código Comercial de 1850, de autorização do governo (na maioria dos casos) ou do Parlamento (caso dos bancos), inclusive porque são formas de captação do crédito popular (pelo lançamento de ações e obrigações junto ao público).

Quando em 1857 Teixeira de Freitas define as pessoas jurídicas, não inclui na sua lista as sociedades. O art. 40 da *Consolidação das Leis Civis* fala de pessoas coletivas, e as elenca da seguinte forma: cidades, vilas, câmaras, concelhos, confrarias, prior e convento, marido e mulher, irmãos em uma herança e outras semelhantes. Trata-se, nos casos particulares, mais de comunhão do que de sociedades no sentido contemporâneo. Quando trata da sociedade propriamente (arts. 742 a 766), cuida dos aspectos contratuais, e define-a como *contrato bilateral*. A limitação da responsabilidade da sociedade (art. 751) é muito pouco explícita sobre a distinção de patrimônios individuais, embora haja regras a respeito das despesas feitas em proveito da comunhão (art. 754) e seja confirmada a responsabilidade da sociedade pelas dívidas, mesmo depois de dissolvida. As notas a respeito do tema remetem o leitor ao Código Comercial.

Mais tarde, no seu *Esboço de Código Civil* (1860), retoma a questão. Comentando o art. 272 do *Esboço*, explica: as pessoas ou são "de existência visível" ou "de existência ideal". Diz que o Código Civil francês não trata das pessoas de existência ideal (pessoas morais) e que é preciso recorrer aos alemães para ver o assunto explicado. Afirma também que na sua convicção pessoal é certo que as pessoas morais existem como abstração e são instituições jurídicas já conhecidas. No entanto, ainda paga um tributo a seu tempo. Os dispositivos seguintes do *Esboço* mostram a seguinte classificação das pessoas de existência ideal: ou são públicas ou são privadas. Quando são públicas, chamam-se pessoas jurídicas. As pessoas jurídicas (públicas, portanto), ou são de existência necessária, ou de existência possível: necessárias são o povo do Império, o Estado, as Províncias, os Municípios, a Coroa e a Igreja Católica, os Estados estrangeiros. Públicas de existência possível são: os estabelecimentos de utilidade pública, religiosos, pios, científicos, e as associações constituídas para semelhantes fins, assim como as sociedades anônimas ou em comandita. Já as pessoas privadas seriam: as sociedades civis ou comerciais que existam por contratos sociais, heranças jacentes, representações voluntárias por procuradores, as involuntárias por testamenteiros, inventariantes e herdeiros e todos os casos de representação necessária. Não seriam reputadas pessoas jurídicas as universidades, faculdades, academias, colégios, corporações ou estabelecimentos do Estado. Aceitando a tradição da teoria corporativa, o art. 284 do *Esboço* equiparava as pessoas de existência ideal aos incapazes perpétuos, que só poderiam agir mediante representantes. Mesclam-se, pois, no esboço, a nova doutrina, que permite a personalização das sociedades contratuais em geral, com um fundo relativamente antigo tanto da teoria corporativa quanto da divisão entre pessoas públicas e privadas.

É só o advento da República que reconhece finalmente, antes do Código Civil, a personalidade jurídica das sociedades civis em geral, pela Lei nº 173, de 10 de setembro de 1893.

A pessoa jurídica, tendo como paradigma a sociedade anônima, permitiu duas importantes coisas. Em primeiro lugar, separou a propriedade e o direito de receber os lucros da qualidade de administrador. Os administradores passaram a agir como tutores de um interesse independente. Vários analistas desse processo deram a ele, ou a alguns de seus aspectos, o nome de revolução gerencial (os gerentes substituindo os "capitalistas"). Era uma tendência que o próprio Marx considerava inerente ao capital. Se bem que no Brasil esta separação foi – e continua sendo – relativamente lenta, do ponto de vista institucional tornou possível que os interesses da companhia como unidade tivessem um tratamento mais autônomo. Na história do Brasil, foram sobretudo as companhias de economia mista que ajudaram a profissionalizar a administração empresarial, à medida que os grupos privados até recentemente foram grupos familiares. Em segundo lugar, a ideologia da pessoa jurídica permitiu que se estendessem às corporações de negócios os direitos fundamentais originariamente pensados como direitos humanos, isto é, direitos dos cidadãos e das pessoas humanas. Ver ainda os verbetes "personalidade, pessoa jurídica" (LOPES, 2020) e "sociedade comercial" (MORAIS, 2020) no *Dicionário histórico de conceitos jurídico-econômicos* (AIDAR, SLEMIAN e LOPES, org., 2020).

A soma de propriedade moderna, pessoa jurídica e concepção voluntarista de contrato dá forma final a um sistema jurídico que passa hoje por significativas mudanças. A imaginação jurídica, porém, ainda está fundamentalmente marcada por estes institutos no seu modo de ser adquirido nos últimos 200 ou 300 anos.

QUADRO CRONOLÓGICO

	Política	Cultura	Direito
1000 a. C (c.)	Davi, rei de Israel		
753 a. C.	Fundação de Roma		
675 a. C.	Licurgo (Esparta)		
621 a. C.	Drácon (Atenas)		Reformas legislativas em Atenas
609 a. C.	Rei Josias (Judeia) promove reformas (a segunda lei – *Deuteronômio*)		
594 a. C.			Constituição de Sólon (Atenas) – abolição da servidão por dívidas
508 a. C.			Reforma de Clístenes (Atenas)
509 a. C.	Expulsão dos Tarquínios (Roma)		
450 a. C.			Lei das XII Tábuas
390 a. C.	Invasão gaulesa de Roma		Perda do texto da *Lei das XII Tábuas*
326 a. C.			*Lex Poetelia* (fim da servidão por dívidas)
300 a. C.	Plebeus no Colégio dos Pontífices em Roma		
286-7 a. C.			*Lex Aquilia* (responsabilidade extracontratual)
242 a. C.	Instituição da Magistratura do Pretor Peregrino (Roma)		
140 a. C.			*Lex Æbutia* (organiza o processo formular)
67 a. C.			Projeto codificatório

	Política	Cultura	Direito
63 a. C.	Consulado de Cícero		
44 a. C.		*Tópicos* (de Cícero)	
27 a. C.	Principado de Augusto		
17 a. C.			*Lex Iulia* (*iudiciorum privatorum*) fixa o edito – atividade de Labeão
Anno Domini	Data oficial da Era Cristã (ou Comum), suposto nascimento de Jesus		
22			Sabino funda sua escola
33			Próculo funda sua escola
117	Principado de Adriano		Era da jurisprudência clássica: Pompônio, Paulo, Papiniano, Ulpiano, Gaio, até 228 (morte de Ulpiano) Modestino
138			*Edito Perpétuo* – organizado por Sálvio Juliano por ordem de Adriano
235-284	Anarquia militar		
284	Diocleciano		
410 425	Saque de Roma por Alarico		Escola Jurídica de Constantinopla
426			Lei das Citações
430 438-9		Morte de Agostinho	*Código Teodosiano*
476 477 496 506	Tomada de Roma por Odoacro Eurico ocupa a Península Ibérica Conversão de Clóvis, rei dos Francos		*Lex Romana Wisigothorum* (Alarico II) – Código de Alarico
511 530			*Pactus Legis Salicae* *Código de Justiniano* (Triboniano é encarregado de compilar a jurisprudência clássica)

QUADRO CRONOLÓGICO | 321

	Política	Cultura	Direito
533			*Digesto de Justiniano* (publicado)
554			Justiniano manda aplicar sua legislação na Itália (*Sanctio Pragmatica pro Petitione Vigili*)
568	Lombardos tomam a Itália (exceto Ravena, Sicília e Itália Meridional)		
622	Hégira (Maomé migra para Medina)		*Fuero Juzgo* (*Forum Iudicium*) visigodo (Península Ibérica)
652			
711	Invasão muçulmana da Península Ibérica		
800	Coroação de Carlos Magno imperador		
802			Lex Salica Emendata
985	Batismo de Estêvão da Hungria		
994-1049		Abade Odilo (Cluny), Paz de Deus e Trégua de Deus	
1066	Guilherme conquista a Inglaterra		
1071-1091	Normandos tomam a Sicília		
1075			*Dictatus Papae* (Gregório VII)
1095			*Panormia* (Ivo de Chartres)
1122	Concordata de Worms		
1139	Vitória de Ourique (Afonso Henriques, Portugal)		
1140			*Decretum* (Graciano)
1143	Tratado de Zamora (entre Portugal e Castela)		
1147	Conquista de Lisboa (Afonso Henriques)		
1150			*Liber Feodorum* (Milão)
1154-1189	Henrique II, rei da Inglaterra		

	Política	Cultura	Direito
1189		*Policratius* de João de Salisbury	
1198-1216	Inocêncio III, papa		
1211	Batalha de Navas de Tolosa (muçulmanos conservam Granada) Frederico II, imperador		
1215	Concílio de Latrão IV		*Magna Carta* (Inglaterra)
1224		Francisco de Assis (morte)	
1225		Nascimento de Tomás de Aquino (1274)	
1234			*Decretais* (Gregório IX)
1240		Tradução da *Ética*, de Aristóteles	
1245	D. Sancho II (Portugal) deposto por Inocêncio IV		
1248	Conquista de Sevilha, Cruzada de S. Luís IX	Sainte Chapelle (Paris)	
1249	Conquista de Faro (Portugal)		
1250			*Magna Glosa* (Acúrsio)
1252			Inocêncio IV admite a tortura na inquisição
1256			*Costumes e leis da Inglaterra* de Lord Bracton
1258-9			Statutes of Oxford and Westminster
1260		Tradução da *Política* de Aristóteles	
1265		Nascimento de Dante Alighieri (1321)	*Siete Partidas* (Afonso X, o Sábio)
1266		Nascimento de Duns Scotus (1308)	
1275		Nascimento de Marcílio de Pádua (1342)	

	Política	Cultura	Direito
1279-1325	D. Dinis (Portugal), revolta de D. Afonso IV		D. Dinis organiza o processo, proíbe pagamento a procuradores
1285			*Statute of Westminster II (in consimili casu)*
1288		Instituição do Estudo Geral (Universidade de Lisboa, Coimbra)	
1290		Nascimento de Guilherme de Ockham (1349)	*Year Book* (repertório de casos decididos)
1304		Nascimento de Petrarca (1374)	
1314			Nascimento de Bártolo de Sassoferrato (1357)
1325	D. Afonso IV, rei de Portugal, Cortes de Lisboa (1352)		Legistas de direito romano se impõem em Portugal, instituição dos juízes de fora, regimento dos corregedores, proibição da advocacia no reino, proibição da vingança e justiça própria dos nobres
1336			Morte de Cino de Pistoia
1348		Peste Negra	
1375			Lei das Sesmarias
1383-5	Revolução de Avis, D. João I, Mestre de Avis, rei		
1400			Morte de Ubaldo de Ubaldis
1415	Conquista de Ceuta		
1425			Casa da Suplicação em Lisboa
1438	D. Afonso V, rei de Portugal		
1446			*Ordenações do Reino* (Afonsinas)
1453	Conquista de Constantinopla		
1478			Inquisição espanhola
1481-1495	D. João II, o Príncipe Perfeito		

	Política	Cultura	Direito
1483		Torquemada, inquisidor-geral da Espanha	
1492 1495	Chegada à América D. Manuel I, rei de Portugal	Expulsão dos judeus da Espanha	
1496	Expulsão dos judeus de Portugal		
1498	Vasco da Gama chega à Índia		
1500	Pedro Álvares Cabral chega ao Brasil		
1513 1514		*O Príncipe* (Maquiavel)	*Ordenações do Reino* (Manuelinas)
1517		Lutero, as 95 Teses	
1521		Excomunhão de Lutero	
1522			Nascimento de Jacques Cujácio ou Cujas (1590), humanismo, escola culta (elegante) francesa
1527	Saque de Roma		
1531			Inquisição portuguesa
1537			*Sublime Deus*, de Paulo III, sobre a liberdade dos índios
1539			*Lições sobre os índios* (Francisco de Vitória)
1544	Suspensa a Inquisição portuguesa		
1545/67		Concílio de Trento	
1547	Restabelecida a Inquisição portuguesa		
1549			Regimento de Tomé de Sousa
1570			Lei sobre a liberdade dos índios no Brasil
1572	Noite de S. Bartolomeu (Paris)		

QUADRO CRONOLÓGICO | 325

	Política	Cultura	Direito
1580	União das Coroas Ibéricas (Felipe I, rei de Portugal)		
1598	Edito de Nantes (França)		
1603			Ordenações Filipinas
1609			Regimento da Relação do Brasil (Bahia)
1610			*De Legibus ac Deo Legislatore* (Suárez)
1620		*Novum Organum* (Francis Bacon, 1561-1626)	
1628			*Petition of Rights*, Inglaterra
1621	Criação do Estado do Maranhão e Grão-Pará		
1623		*Il Saggiatore*, Galileu (+1642), Blaise Pascal (1623-1662)	
1624	Holandeses na Bahia		
1625			*De Iure Belli ac Pacis*, Hugo Grócio
1630	Holandeses em Pernambuco		
1637		*Discurso sobre o Método* (Descartes, 1596-1650)	
1640	Início da Revolução Inglesa. Restauração portuguesa (D. João IV, rei – duque de Bragança)		
1646		Nascimento de Leibniz (1716)	
1648	Paz de Westfália (fim da Guerra dos Trinta Anos)		
1649	Execução de Carlos I da Inglaterra		Criação da Companhia de Comércio do Brasil
1651		*O Leviatã*, Hobbes	
1672			*De Iure Naturae et Gentium*, Samuel Pufendorf

	Política	Cultura	Direito
1677		*Ética*, de Spinoza	
1683	Cerco de Viena pelos turcos		
1684	Apogeu da agressão de Luís XIV		
1688	Revolução Gloriosa (Inglaterra)	*Carta a respeito da tolerância*, Locke	
1689			Bill of Rights, na Inglaterra, *As leis civis na sua ordem natural* Jean Domat (1625-1696)
1694			Banco da Inglaterra
1695	Derrota de Zumbi dos Palmares		
1696			Primeiro juiz de fora no Brasil, Bahia
1699	Expedição de Domingos Jorge Velho contra os índios sublevados no Maranhão		
1704		Optica (Newton)	
1705			*Fundamenta Iuris Naturae et Gentium*, Thomasius
1711		David Hume	
1714	Jorge I de Hannover na Inglaterra		
1720	Revolta dos Negros nas Minas Gerais		
1729	Descoberta de diamantes no Serro		
1741			Pena de marca no rosto dos quilombolas
1748		*O espírito das leis*, Montesquieu	
1750	D. José I, rei de Portugal. Pombal. Queda da produção de ouro no Brasil		
1751			Tribunal da Relação do Rio de Janeiro

	Política	Cultura	Direito
1755	Companhia do Grão-Pará		
1759	Expulsão dos jesuítas		
1760			*Tratado das obrigações*, Pothier
1762		*O contrato social*, Rousseau	
1764			*Dos delitos e das penas*, Beccaria
1765			*Comentários às leis da Inglaterra*, W. Blackstone
1769			*Lei da Boa Razão*
1772	Reforma da Universidade de Coimbra		
1776	Declaração de Independência Americana		
1777	Morte de D. José I Queda de Pombal A "viradeira" Tratado de Sto. Idelfonso (Missões)		
1781		*Crítica da razão pura*, Kant	
1786			*Código* de Leopoldo da Toscana (Penal) *Projeto de Código Penal* de Pascoal de Melo (Portugal)
1787			Constituição dos EUA. *O Federalista*
1789	Revolução Francesa Inconfidência Mineira	*Uma introdução aos princípios da moral e da legislação*, Bentham	*Declaração dos Direitos do Homem e do Cidadão*
1791			*Bill of Rights* (10 emendas) EUA
1794			*Código Civil da Prússia*
1804			*Código Civil da França* (Napoleão)
1808	Invasão de Portugal (Napoleão)		

	Política	Cultura	Direito
1814			*Da vocação de nosso tempo para a jurisprudência e a legislação*, Savigny
1815	Reino Unido de Portugal e Brasil. Luís XVIII rei de França. Tratado de Viena		
1817	Revolução pernambucana		
1820	Revolução do Porto		
1821		*Filosofia do direito*, Hegel	
1822	Janeiro – convocação da Assembleia dos Procuradores das Províncias do Brasil Setembro – proclamação da Independência		
1824	Constituição do Império Confederação do Equador Carlos X – rei de França		
1827			Cursos jurídicos
1829	Grécia separa-se do Império Otomano		
1830	Revolta de Paris, Luís Felipe rei da Bélgica separa-se da Holanda		*Código Penal do Império*
1831	Abdicação de D. Pedro I, hegemonia liberal		
1832	Reforma eleitoral inglesa		*Código de Processo Criminal* (juízes de paz, *habeas corpus*)
1834	Ato Adicional		
1835	Guerra dos Farrapos		
1836	República Piratini		
1837	Sabinada (Bahia)		
1839/1889			Tobias Barreto
1840	Lei de Interpretação do Ato Adicional		

	Política	Cultura	Direito
1841	Criação do Conselho de Estado no Brasil		Reforma do Código de Processo Criminal
1842	Revolução liberal (Minas e S. Paulo)		
1848	Queda de Luís Felipe, 2a República francesa Revolução na Áustria-Hungria, Itália	*Manifesto do Partido Comunista*, Marx e Engels	
1850			*Lei Eusébio de Queirós.* *Lei de Terras.* *Código Comercial.* *Regulamento nº 737*
1852			*O espírito do direito romano*, Jhering
1858			*Projeto de Código Civil*, Teixeira de Freitas
1859		*Da liberdade*, J. S. Mill	
1859/1921			Pedro Lessa
1861	Guerra Civil nos Estados Unidos Criação do Reino da Itália		
1867		*O Capital*, Marx	França – primeira lei das sociedades de responsabilidade limitada
1870	Manifesto republicano		Reforma do ensino jurídico – Leôncio de Carvalho
1871	Unificação alemã Comuna de Paris		Reforma do Processo Penal brasileiro Lei do Ventre Livre
1885			Lei do Sexagenário
1888			Lei Áurea
1889			República
1891			Constituição Republicana

QUADRO CONSTITUCIONAL HISTÓRICO COMPARATIVO

	Brasil	América Latina	Estados Unidos	Europa
1787			Constituição	
1791			*Bill of Rights* – as 10 Primeiras Emendas	Constituição Francesa (monárquica)
1793				Constituição Francesa (republicana)
1795				Convenção (França)
1803			Marbury *vs.* Madison	
1815	Reino Unido de Portugal e Brasil			Congresso de Viena – Restauração Monárquica na França
1818		Constituição do Chile		
1820				Revolução do Porto
1822	Junho – convocação de uma assembleia constituinte no Brasil			
1824	Constituição do Império			
1826		Constituição da Argentina		
1830				Queda de Carlos X – Luís Felipe rei
1834	Ato Adicional	Constituição da Bolívia		
1840	Lei de Interpretação do Ato Adicional			

	Brasil	América Latina	Estados Unidos	Europa
1848				Revolução Liberal – queda de Luís Felipe na França
1853		Constituição da Argentina		
1861				*Statuto del Regno di Sardegna* (de 1848) abrange a Itália unificada
1865			Abolição da escravatura	
1868	Programa do Partido Liberal (Nabuco de Araújo)		XIV Emenda (*equal protection*)	
1870	Manifesto Republicano			
1871				Constituição do Império Alemão, Comuna de Paris, III República na França
1886			Plessey *vs.* Ferguson	
1891	Constiuição Republicana			
1905			Lochner *vs.* New York	
1910		Revolução Mexicana		
1917		Constituição Mexicana		Revolução Russa
1919				Constituição de Weimar
1920			XVIII Emenda (*prohibition*) e XIX Emenda (voto das mulheres)	
1926	Reforma Constitucional			
1927				*Carta del Lavoro*
1930	Revolução Liberal	Golpe contra Yrigoyen (radical) na Argentina		

QUADRO CONSTITUCIONAL HISTÓRICO COMPARATIVO | 333

	Brasil	América Latina	Estados Unidos	Europa
1931				Constituição Republicana da Espanha
1934	Constituição (corporativista)			
1937	Estado Novo Carta Constitucional (a Polaca)		West Hotel Co. vs. Parrisch- Roosevelt – "*packing the Court*"	
1946	Constituição	Perón eleito presidente		
1948				Constituição Italiana (república)
1949				Lei Fundamental de Bonn
1954			Brown *vs.* Board of Education	
1958				De Gaule – Constituição da V República na França
1964	Golpe de Estado		*Civil Rights Act*	
1967	Constituição			
1968	Ato Institucional nº 5			
1969	Emenda no 1 (ministros militares)			
1973		Golpe contra Salvador Allende	Roe *vs.* Wade	
1976		Golpe de Estado contra Isabelita Perón		Constituição Portuguesa
1978				Constituição Espanhola
1988	Constituição "Cidadã"			

BIBLIOGRAFIA

AA.VV. *Bartolo da Sassoferrato*: studi e documenti per il VI centenario. Milano: Giuffré, 1962.

ABELARDO, Pedro. *Lógica para principiantes*. Tradução de Carlos Arthur do Nascimento. Petrópolis: Vozes, 1994.

ABREU, Capistrano de. *Capítulos de História Colonial e Os Caminhos Antigos e o Povoamento do Brasil*. Brasília: Editora da UnB, 1982.

ADEODATO, João Maurício. (Org.). *Iehring e o direito no Brasil*. Recife: Editora Universitária, 1996.

ADORNO, Sérgio. *Os Aprendizes do Poder*. Rio de Janeiro: Paz e Terra, 1988.

AIDAR, Bruno; SLEMIAN, Andrea; LOPES, J. R. de L. *Dicionário histórico de conceitos jurídico-econômicos (Brasil séculos XVIII-XIX)*. São Paulo: Alameda, 2020.

AJELLO, Raffaele. *Il problema della riforma giudiziaria e legislative nel Regno di Napoli durante la prima metá del secolo XVIII*. V. I. Napoli: Jovene, 1961.

ALMEIDA JR, João Mendes de; SANTOS, Brasílio Rodrigues dos; SILVA, Raphael Correa da. Parecer sobre o projeto de reforma da organização judiciária do Estado de São Paulo. *Revista da Faculdade de Direito da Universidade de São Paulo*. v. V, 1897, 261:285.

ALMEIDA JR, João Mendes de. O ensino do direito. *Revista da Faculdade de Direito de São Paulo*, v. XX, 1916, 45:88.

ALONSO MARTIN, Maria Luz. La dote en el derecho local y en el derecho territorial castellano bajo la recepción. In: *Diritto comune i diritti locali nella storia dell'Europa (atti del convengo di Varenna)*. Milano: Giuffrè, 1980.

ALVES, J. C. Moreira. *Direito romano*. Rio de Janeiro: Forense, 1985. v. 1.

ANDERSON, Perry. Classes e Estados: problemas de periodização. In: ANDERSON, Perry. (1995). *Linhagens do Estado absolutista*. Tradução de João Roberto Martins Filho. 3. ed. São Paulo: Brasiliense, 1995.

AQUINO, Tomás de. *Suma teológica*. Tradução de Alexandre Correa, ed. bilíngue. São Paulo: Odeon, 1937.

ARANGIO-RUIZ, V. *História del derecho romano*. Tradução de Francisco de Pelsmaeker e Ivañez. Madrid: Reus, 1943.

ARISTÓTELES. *Étique à Eudème*. Tradução de Pièrre Marechaux. Paris: Payot et Rivage, 1994.

ARMORY, Frederic. *Euclides da Cunha and Brazilian positivism*. paper, LASA annual meeting, Guadalajara, 1997.

ARQUIVO NACIONAL. *Fiscais e meirinhos*. Org. Graça Salgado. Rio de Janeiro: Nova Fronteira, 1985.

ASCARELLI, Tullio. *Osservazioni di diritto comparato privato italo-brasiliano*. In: *Saggi Giuridici*. Milano: Giuffrè, 1949.

ASCHERI, Mario. *Tribunali, giuristi e istituzioni*. Bologna: Il Mulino, 1989.

ATIYAH, P. S. *The rise and fall of freedom of contract*. Oxford: Oxford University Press, 1988.

AUDREN, Frédéric; HALPÉRIN, Jean-Louis. *La Culture juridique française – entre mythes et réalités XIXe-XXe siècles*. Paris: CNRS, 2013.

AUSTIN, J. L. *How to do things with words*. Cambridge (MA): Harvard University Press, 1975.

AVELLAR, Hélio de Alcantara. *História administrativa do Brasil*: administração pombalina. 2. ed. Brasília: FUNCEP/ Ed. UnB, v. 5, 1983.

AVELLAR, Hélio de Alcantara; TAUNAY, Alfredo D'Escragnole. *História administrativa do Brasil*: preliminares europeias e administração manuelina. 3. ed. rev. por Vicente Tapajós. Brasília: Fundação Centro de Formação do Servidor Público, 1984. v. 1.

AZEVEDO, Luiz Carlos de. *Origem e introdução da apelação no direito lusitano*. São Paulo: FIEO, 1976.

AZO. *Summa Azonis Super libros codicem*, Speier: Peter Drach, 1482.

AZZI, Riolando. A instituição eclesiástica. In: AAVV. *História da Igreja no Brasil*. 3. ed. Petrópolis: Vozes, 1983. t. 2, v. 1.

BAKER, J. H. *The third university of England*: the inns of court and the common-law tradition. London: Selden Society, 1990.

BAKER, J. H. (2000). *The common law tradition*. Londres / Rio Grande: Hambledon Press.

BAKER, J. H. (2007). *Legal education in London 1250-1850*. London: Selden Society.

BALDO de Ubaldis. (1495) *Super digesto novo*, Venetiia: Andrea de Torreanus.

BALLESTEROS, Jesus. *Postmodernidad*: decadencia o resistencia. Madrid: Tecnos, 1990.

BARBAS HOMEM, Pedro. *Judex perfectus*: função jurisdicional e estatuto judicial em Portugal (1640-1820). Coimbra: Almedina, 2003.

BARBOSA, Rui. *República*: teoria e prática. Seleção e coordenação de Hildon Rocha. Petrópolis: Vozes, 1978.

BARRETO, Tobias. *A questão do Poder Moderador e outros ensaios brasileiros*. Coord. Hildon Rocha. Introdução de Evaristo de Moraes Filho. Petrópolis: Vozes, 1977.

BARROW, R. H. *The Romans*. London: Penguin, 1990.

BÁRTOLO de Sassoferrato. *Consilia, questiones et tractatus Bartoli cum additionibus novis*. Mediolani: Jacomo e Fratel. De Legnano, 1506.

BÁRTOLO de Sassoferrato. *Super Institutionum Iuris Civilis Commentaria*. Lugduni, Sebastianum de Honoratis (ed. por H. Ferrendat), 1559.

BÁRTOLO de Sassoferrato. *In Primam Digesti Veteris Partem*. Veneza, 1570.

BÁRTOLO de Sassoferrato. *De Insula*. Tradução e comentários de Prometeo Cerezo de Diego, introdução de Antonio Truyol y Serra. Madrid: Civitas, 1979.

BASTOS, Aurélio W., coord. *Os cursos jurídicos e as elites políticas brasileiras*. Brasília: Câmara dos Deputados, 1978.

BASTOS, Aurélio W. *O ensino jurídico no Brasil*. 2. ed. Rio de Janeiro: Lumen Juris, 2000.

BASTOS, Tavares. *A província*. 2. ed. São Paulo/Rio/Recife: Nacional, 1937.

BELLO, José Maria. *História da república*. 7. ed. São Paulo: Nacional, 1976.

BELLOMO, Manlio. *Società e istituzioni*: dal medioevo agli inizi dell'età moderna. 7. ed. Roma: Il Cigno Galileo Galilei, 1994.

BELLOMO, Manlio. *The common legal past of Europe: 1000-18000*. [orig. *L'Europa del diritto comune*]. Washington (DC): Catholic University of America Press, 1995.

BENTHAM, Jeremy. *Uma introdução aos princípios da moral e da legislação*. Tradução de Luiz João Baraúna. São Paulo: Abril, 1984.

BERLE, Adolf; Means, Gardiner. *A moderna sociedade anônima e a propriedade privada*. Tradução de Dinah de Abreu Azevedo. São Paulo: Abril Cultural, 1984.

BERMAN, Harold. *Law and revolution*. Cambridge (MA): Harvard University Press, 1983.

BEVILAQUA, Clovis. *Teoria geral do direito civil*. 2. ed. Rio de Janeiro: Francisco Alves, 1976.

BIROCCHI, Italo. Tra elaborazioni nuove e dottrine tradizionali: il contratto trino e la natura contractus. *Quaderni Fiorentini per la Storia del Pensiero Giuridico*, Firenze, n. 19, 1990a.

BIROCCHI, Italo. Notazioni sul contratto: a proposito di un recente lavoro di Guido Alpa. *Quaderni Fiorentini*, n. 19, 1990b.

BIROCCHI, Italo. *Causa e categoria generale del contratto*. Torino: Giappichelli, 1997.

BIROCCHI, Italo. *Alla ricerca dell'ordine*: fonti e cultura giuridica nell'età moderna. Torino: Giappichelli, 2002.

BIROCCHI, Italo. Causa e definição de contrato na doutrina do século XVI. Tradução de José Reinaldo de Lima Lopes. *Direito GV 3*, v. 2. n. 1, jan./jun. 2006

BIROCCHI, Italo. La formazione dei diritti patri nell'Europa moderna tra politica dei sovrani e pensiero giuspolitico, prassi ed insegnamento. In: BIROCCHI, I.; MATTONE, A. (Org.) Il Diritto patrio tra diritto commune e codificazione (secoli XVI-XIX). Roma: Viella, 2006a.

BIROCCHI, Italo. Il problema della reforma della giustizia in Italia nell'età dei lumi: l'incontro tra Pratiche criminali e nuove filosofie. LOPES, J. R. de L.; SLEMIAN, Andrea (org.) *História das justiças 1750-1850 – do reformismo ilustrado ao liberalismo constitucional*. São Paulo: Alameda, 2018.

BLACK, Antony. *Political thought in Europe*: 1250-1450. Cambridge: Cambridge University Press, 1993.

BLOCH, Ernst. *Derecho natural y dignidad humana*. Madrid: Aguilar, 1980.

BLOCH, Marc. *Introducción a la historia*. [orig. fr. *Apologie pour l'histoire ou métier d'historien*, 1949] Buenos Aires: Fondo de Cultura Económica, 1990.

BOBBIO, Norberto. *Dalla struttura alla funzione*. Milano: Ed. di Comunità, 1977.

BOBBIO, Norberto. *Teoria do ordenamento jurídico*. Tradução de Maria Celeste C. dos Santos e Claudio de Cicco. Brasília: UnB, 1989.

BOBBIO, Norberto. *Direito e estado no pensamento de Emanuel Kant*. 2. ed. Tradução de Alfredo Fait. Brasília: UnB, 1992.

BOEHNER, P. ; Gilson, E. (1991). *História da filosofia cristã*. 5. ed. Tradução de Raimundo Vier. Petrópolis: Vozes, 1991.

BOSWELL, John. *The kindness of strangers*. New York: Vintage Books, 1988.

BOSWELL, John. *Christianity, social tolerance and homosexuality*. Chicago: The University of Chicago Press, 1981.

BRACTON. [orig 1250-1260] *De Legibus et consuetudinibus Angliae*. Ed. G. Woodbine, Tradução de S. Thorne. Cambridge (MA): Harvard University Press, 1968.

BRASILIENSE, Américo. *Os programas dos partidos e o Segundo Império*. Brasília: Senado Federal/Rio de Janeiro: Casa de Rui Barbosa, 1979.

BRAUDEL, Fernand. *Civilisation matériel et capitalisme*. Paris: Armand Colin, 1987.

BRAUDEL, Fernand. *Civilisation matériel, économie et capitalisme*. Paris: Armand Colin, 1993.

BRAUDEL, Fernand. *La dinámica del capitalismo*. México: Fondo de Cultura Económica, 1986.

BRAUDEL, Fernand. *Gramática das civilizações*. Lisboa: Teorema, 1989.

BRAVO LIRA, Bernardino. Verney y la ilustración católica nacional en el mundo de habla castellana y portuguesa. *História*, Santiago, n. 21, 1986.

BRAVO LIRA, Bernardino. *Derecho comun y derecho propio en el Nuevo Mundo*. Santiago: Editorial Juridica de Chile, 1989.

BRAVO LIRA, Bernardino. *El absolutismo ilustrado en hispano America*: Chile (1760-1860). Santiago: Editorial Universitaria, 1992.

BRAVO LIRA, Bernardino. Bicentenário del Código Penal de Áustria: su proyección desde el Danúbio a Filipinas. *Revista de Estudios Histórico-Jurídicos*, Valparaíso, n. 26, 2004, p. 115-155.

BRETONE, Mario. *Tecniche e ideologie dei giuristi romani*. Napoli: Edizioni Scientifiche Italiane, 1971.

BRETONE, Mario. *História do direito romano*. Tradução de Isabel Teresa Santos e Hossein S. Shooja. Lisboa: Estampa, 1990.

BRETONE, Mario. *Diritto e tempo nella tradizione europea*. Roma/Bari: Ed. Laterza, 1996.

BROWN, Thomas. The transformation of the Roman Mediterranean. In: Holmes, G. (Ed.) *The Oxford history of Medieval Europe*. Oxford/New York: Oxford University Press, 1992.

BRUNNER, Otto. *Neue Wege der Sozialgeschichte*. Göttingen: Vandenhoeck & Ruprecht, 1956.

BRUNNER, Otto. *Sozialgeschichte Europas im Mittelalter*. Göttingen: Vandenhoek & Ruprecht, 1978.

BUARQUE, Cristovam. *A aventura da universidade*. São Paulo: Unesp, Rio de Janeiro: Paz e Terra, 1994.

BUDÉ, Guillaume. *Annotationes in pandectarum libris*. Venetii: Lodoco. Badis Ascensio, 1534.

BURKHARDT, Jacob. *The civilization of the Renaissance in Italy*. Tradução de Peter Burke, notas de Peter Murray. Londres: Penguin, 1990.

BURKE, Peter. *Montaigne*. Madri: Alianza, 1985.

CABRAL, Gustavo César Machado. *Literatura jurídica na Idade Moderna: as decisiones no Reino de Portugal (séculos XVI e XVII)*. Rio de Janeiro: Lumen Juris, 2017.

CAENEGEM, Raoul C. van. *The birth of the English common law*. 2. ed. Cambridge: Cambridge University Press, 1989.

CAENEGEM, Raoul C. *I signori del diritto*. Milano: Giuffrè. Tradução de Luis Carlos Borges, *Juízes, legisladores e professores*. Rio de Janeiro: Campus, 1991.

CAENEGEM, Raoul C. (Ed.) (1990). *English lawsuits from William I to Richard I*. London: Selden Society. v. 1.

CAENEGEM, Raoul C. (1992). *A historical introduction to private law*. Cambridge: Cambridge University Press.

CAENEGEM, Raoul C. (1995). *A historical introduction to Western Constitutional Law*. Cambridge: Cambridge University Press.

CAETANO, Marcelo. (1992). *História do direito português*. 3. ed. Lisboa: Verbo.

CALASSO, Francesco. *Medioevo del diritto*: le fonti. Milano: Giuffrè, 1954.

CALASSO, Francesco. *I glossatori e la teoria della sovranità*. Milão: Giuffrè, 1957.

CALASSO, Francesco. *Il negozio giuridico*. Milão: Giuffrè, 1959.

CANECA, Frei Joaquim do Amor Divino Rabelo. *Ensaios políticos*. Apresentação de Celina Junqueira, introdução de Antônio Paim. Rio de Janeiro: PUC-Rio/Conselho Federal de Cultura/Documentário, 1976.

CANELLA, Giulio. *Il nominalismo e Guglielmo d'Occam*. Firenze: Libreria Editrice Fiorentina, 1907.

CANNING, Joseph. *A history of medieval political thought*. London: Routledge, 1996.

CANNING, Joseph . *The political thought of Baldus de Ubaldis*. Cambridge: Cambridge University Press, 2003.

CAPPELLETTI, Mauro. *Giustizia e società*. Bologna: Edizioni di Comunità, 1977.

CARDOSO, Ciro Flamarion S.; BOUZON, Emanuel; TUNES, Cássio Marcelo de Melo. *Modo de produção asiático*: nova visita a um velho conceito. Rio de Janeiro: Campus, 1990.

CARNAXIDE, Visconde de. *O Brasil na administração pombalina*. São Paulo: Nacional, 1979.

CARON, Giovanni. Usura. In: *Novíssimo digesto italiano*. Torino: Utet, 1975. v. 20.

CARONE, Edgard. *A República Velha*. 3. ed. Rio de Janeiro/São Paulo: Difel. 1977. v. 2.

CARONE, Edgard. *A República Velha*. 4. ed. Rio de Janeiro/São Paulo: Difel. v. 1.

CARONI, Pio. Quelle continuité dans l'histoire du droit commercial? In P. Caroni (org.) *Le droit commercial dans la société Suisse du XIXe siècle*. Fribourg (Suíça): Ed. Universitaires, 1997.

CARONI, Pio. *Escritos sobre la codificación*. Madrid: Universidad Carlos III, 2012.

CARONI, Pio. *Schweizerisches Privatrecht*. I/1. Basel: Helbing Lichtenhalm Verlag, 2015.

CARREIRA, António. *A Companhia Geral do Grão-Pará e Maranhão*. São Paulo: Nacional, 1988. v. 2.

CARVALHO, José Murilo de. *A construção da ordem; teatro de sombras*. Rio de Janeiro: UFRJ/Relume Dumará, 1996.

CARVALHO, José Murilo de. *Os bestializados*: o Rio de Janeiro e a república que não foi. 3. ed. São Paulo: Companhia das Letras, 1996.

CARVALHO DE MENDONÇA, J. Xavier. *Tratado de direito commercial brazileiro*. V. 1. São Paulo: Cardozo & Filho & Comp., 1910.

CASTEL, Robert. *Les métamorphoses de la question sociale*. Paris: Fayard, 1995.

CASTRO, Therezinha de. *História documental do Brasil*. Rio de Janeiro/São Paulo: Record, [s.d.].

CHACON, Vamireh. *História dos partidos brasileiros*. 2. ed. Brasília: Ed. UnB, 1985.

CHARLE, Christophe; Verger, Jacques. *História das universidades*. Tradução de Elcio Fernandes. São Paulo: Ed. Unesp, 1996.

COING, Helmut. Las tareas del historiador del derecho (reflexiones metodológicas). In: GONZÁLEZ, Maria del Refugio (Ed.) *Historia del derecho*. México: Instituto Mora/Universidad Autonoma Metropolitana, 1992.

GONZÁLEZ, Maria del Refugio. *Derecho privado europeo*. Tradução de A. Pérez Martin. Madrid: Fundación Cultural del Notariado, 1996.

COMMONS, John R. *Legal foundations of capitalism*. New York: MacMillan, 1924.

CONNOLLY, Serena. *Lives behind the laws*. Bloomington e Indianapolis: Indiana University Press, 2010.

COOK, R. M. *Os gregos até Alexandre*. Tradução de Luiz Pizaro de Melo Sampaio. Lisboa: Verbo, 1971.

COPLESTON, Frederick. *A history of philosophy*: Ockham to Suárez. London: Burns Oates & Washbourne, v. 3., 1953.

CORDEIRO, Carlos Antonio. *Consultor commercial acerca de todas as ações commerciais*. (nova edição) Rio de Janeiro: Livraria Garnier, 1909.

CORTESE, Ennio. *La norma giuridica: spunti teorici nel diritto comune classico*. Milano: Giuffrè, 1962. v. 1.

CORTESE, Ennio. *La norma giuridica: spunti teorici nel diritto comune classico*. Milano: Giuffrè, 1964.

CORTESE, Ennio. *Il diritto nella storia medievale*. 2. vol. Il Basso Medioevo. Roma: Il Cigno Galileo Galilei, 1999.

CORTESE, Ennio. Immagini di Diritto Comune medievale: s*emper aliud et idem, Italo Birocchi e Antonello Mattone, Il diritto patrio tra diritto commune e codificazione* (secoli XVI-XIX). Roma: Viella, 2006.

COSTA, Mário Júlio de Almeida. *História do direito português*. 3. ed. Coimbra: Almedina, 1999.

COSTA, Moacyr Lobo da. *Breve notícia histórica do direito processual civil brasileiro e de sua literatura*. São Paulo: Revista dos Tribunais: Edusp, 1970.

COSTA, Moacyr Lobo da. *Gaio*: estudo biobibliográfico. São Paulo: Saraiva, 1989.

COSTA, Salustiano Orlando. *Codigo Commercial do Império do Brasil*. 3. ed. Rio de Janeiro: Eduardo & Henrique Laemmert, 1878.

CUNHA, Manuela Carneiro da. *Legislação indigenista no século XIX*. São Paulo: Edusp/ Comissão Pró-índio de São Paulo, 1992.

CUNHA, Paulo Ferreira da. *Para uma história constitucional do direito português*. Coimbra: Almedina, 1995.

DAWSON, John P. *The oracles of the law*. Westport (CT): Greenwood Press, 1978.

DEAN, Warren. *A ferro e fogo: a história e a devastação da Mata Atlântica brasileira*. trad. Cid K. Moreira. São Paulo: Cia. das Letras, 1996,

DELUMEAU, Jean. *A civilização do Renascimento*. Tradução de Manuel Ruas. Lisboa: Estampa, 1984. v. 1 e 2.

DEMURGER, Alain. *Vie et mort de L'Ordre du Temple*. Paris: Seuil, 1989.

Díaz, Elías. *Sociología y filosofía del derecho*. 2. ed. Madrid: Taurus Humanidades, 1992.

DI DONATO, Francesco. Constitutionnalisme et idéologie de robe: l'évolution de la théorie juridico-politique de Murard et Le Paige à Chanlaire et Mably. *Annales. Histoire, Sciences Sociales*. a. 52, n. 4, 1997, p. 821-852 (Disponível em: <www.jstor.org.stable 27585467>).

DI DONATO, Francesco. *La rinascita dello Stato*: dal conflitto magistratura-politica alla civilizzazione istituzionale europea. Bologna: Il Mulino, 2010.

DOMAT, Jean. *Les lois civiles dans leur orde naturel*: le droit public et Legum Delectus. Paris: Chez Nyon, 1777.

DOMENECH, Antoni. *De la etica a la politica*: de la razón erótica a la razón inerte. Barcelona: Crítica, 1989.

DONELUS, Hugo. *Commentariorum de Iure Civili Libri Viginti Octo*. Francoforte: Andrea Wecheli Hered. (ed Scipio Gentilis, 1596).

DONELUS, Hugo. *Commentarium iuris civilis libri viginti octo*. Francoforte: Danielem & Davidem Aubrios & Clementem Schleichium, 1626.

DONELUS, Hugo. *Opera Omnia*. Roma: Josephi Salviucci, 1828.

DOTTI, René Ariel. Notas para a história das penas no sistema criminal brasileiro. *Revista Forense*, v. 292, 1:18.

DUBY, Georges. *Senhores e camponeses*. Tradução de Antonio de Pádua Danesi. São Paulo: Martins Fontes, 1990.

DUTRA, Pedro. *Literatura juridical no império*. 2. ed. Rio de Janeiro: Padma, 2004.

Ehrenberg, Victor. *From Solon to Socrates*. 2. ed. London/ New York: Routledge, 1991.

ELLUL, Jacques. *Histoire des institutions*. 12. ed. Paris: Presses Universitaires de France, v. 5, 1993.

ELLUL, Jacques. *Histoire des institutions* : XVIe-XVIIIe siècle. Rev. atual. Marie Dinclaux. Paris: Presses Universitaires de France, 1994. t. 4.

EPSZTEIN, Léon. *A justiça social no antigo Oriente Médio e o povo da Bíblia*. Tradução de M. Cecília Duprat. São Paulo: Paulinas, 1990.

ERMINI, Giuseppe. *Corso di diritto comune*. Milano: Giuffrè, 1946.

ERRERA, Andrea. *Lineamenti di epistemologia giuridica medievale*. Torino: Giappichelli, 2006.

EYZAGUIRRE, Jaime. *História del derecho*. Santiago: Editorial Universitaria, 1991.

FAJART, Gérard. Nouvelles technologies et droit économique. *Revue Internationale de Droit Économique*. número especial, t. VII, 2, 1993, p. 163/192.

FAORO, Raymundo. *Os donos do poder*. 5. ed. Porto Alegre: Globo, 1979. 2. v.

FAORO, Raymundo. *Existe um pensamento político brasileiro?* São Paulo: Ática, 1994.

FASSÓ, Guido. *Società, legge e ragione*. Milano: Ed. di Comunità, 1974.

FASSÓ, Guido. *Historia de la filosofía del derecho*. 3. ed. Tradução de José F. Lorca Navarrete). Barcelona: Piramide, 1982. v. 2.

FASSÓ, Guido. Jusnaturalismo. In: BOBBIO, Norberto; MATEUCCI, Nicola; PASQUINO, Gianfranco (Org.). *Dicionário de política*. 3. ed. Brasília: UnB, 1991.

FAUSTO, Boris. *História do Brasil*. São Paulo: Edusp: FDE, 1994.

FEITLER, Bruno. *Nas malhas da consciência: Igreja e inquisição no Brasil*. São Paulo: Phoebus/ Alameda, 2007.

FEITLER, Bruno; SOUZA, Evergton Sales. (org.). *A Igreja no Brasil: normas e práticas durante a vigência das Constituições Primeiras do Arecebispado da Bahia*. São Paulo: Ed. Unifesp, 2011.

FERNANDES, Alécio Nunes. *A defesa dos réus: processos judiciais e práticas de justiça da primeira visitação do Santo Ofício ao Brasil (1591-1595)*. (Tese) Brasília: UnB, 2020.

FERNÁNDEZ-SANTAMARIA, J. A. *The State, war and peace*: Spanish political thought in the Renaissance. Cambridge: Cambridge University Press, 1977.

FERRAZ JR., Tércio Sampaio. *A função social da dogmática jurídica*. São Paulo: Tese, 1989.

FERRAZ JR., Tércio Sampaio. A teoria da norma jurídica em Rudolf von Jehring. In: ADEODATO, João Maurício (Org.). *Jehring e o direito no Brasil*. Recife: Ed. Universitária, 1996.

FERREIRA, Waldemar Martins. *As directrizes do direito mercantil brasileiro*. Lisboa: Tip. do Anuário Comercial, 1933. 1996.

FERREIRA, Waldemar Martins. *História do direito Brasileiro*. Rio de Janeiro/ São Paulo: Freitas Bastos, 1951. t. 1. 1996.

FERREIRA, Waldemar Martins. *História do direito constitucional brasileiro*. São Paulo: Max Limonad, 1954. 1996.

FERREIRA, Waldemar Martins. *História do direito brasileiro*. São Paulo: Max Limonad, 1955, t. 3.

FERRY, Luc. *Filosofía política. El derecho*: la nueva querella de los antiguos y los modernos. México: Fondo de Cultura Económica, 1991.

FINLEY, Moses. *Economia e sociedade na Grécia Antiga*. Tradução de Marylene Pinto Michael. São Paulo: Martins Fontes, 1989.

FINNIS, John. *Natural law and natural rights*. Oxford: Clarendon Press, 1992.

FIORI, José Luís. *O vôo da coruja*: uma leitura não liberal da crise do Estado desenvolvimentista. Rio de Janeiro: EdUERJ, 1995.

FLORY, Thomas. *El juez de paz y el jurado en el Brasil Imperial*. México: Fondo de Cultura Económica, 1986.

FORRESTER, Viviane. *O horror econômico*. Tradução de Alvaro Lorencini. São Paulo: Unesp, 1997.

FOSI, Irene. *Papal justice*: subjects and courts in the Papal State 1500-1750. Washington (DC): The Catholic University of America Press, 2011.

FOUCAULT, Michel. *A verdade e as formas jurídicas*. Tradução de Roberto Cabral de Melo Machado e Eduardo Jardim Morais. Rio de Janeiro: Nau: PUC, 1996.

FRANCO, Maria Sylvia de Carvalho. *Homens livres na ordem escravocrata*. 4. ed. São Paulo: Unesp, 1997.

FREIRE, Felisbelo. *História constitucional da República dos Estados Unidos do Brasil*. Brasília: Ed. UnB, 1983.

GADAMER, Hans Georg. *Truth and method*. New York: Cross Road, 1988.

GALGANO, Francesco. *Storia del diritto commerciale*. Bologna: Il Mulino, 1976.

GALGANO, Francesco. *Le istitutioni dell'economia capitalistica*. 2 ed. Bologna: Zanichelli, 1984.

GARCIA Y GARCIA, Antonio. As faculdades de direito. In: RIDDER-SYMOENS, Hilde de (Org.). *Uma história da universidade na Europa*: As universidades na Idade Média. Lisboa: Imprensa Nacional: Casa da Moeda, 1996. v. 1.

GARCÍA-PELAYO, Manuel. *El Reino de Dios, arquetipo político*. Madrid: Revista de Occidente, 1959.

GARCIA VILLEGAS, Maurício. *La eficacia simbólica del derecho*. Bogotá: Umiandes, 1993.

GARNIER, Florent. Edmond-Eugéne Thaller (1851-1918) et les annales de droit commercial. N. Hakim; F. Melleray. (ed.) *Le renouveau de la doctrine française:* les grands auteurs de la pensée juridique au tournant du XXe siécle. Paris: Dalloz, 2009.

GAUDEMET, Jean. O milagre romano. In: BRAUDEL, Fernand (Ed.) *Os homens e a herança no Mediterrâneo*. Tradução de Maria Appenzeller. São Paulo: Martins Fontes, 1988.

GEARY, Patrick. (Ed.) *Readings in medieval history*. Peterborough/Lewiston, NY: Broadview Press, 1989.

GERNET, Louis. *Droit et institutions en Grèce Antique*. Paris: Flammarion, 1982.

GIDDENS, A. *Sociology*. Cambridge: Polity, 1989.

GIERKE, Otto v. *Political theories of the Middle Age*. Boston: Blacon Press, 1960.

GILISSEN, J. *Introdução histórica ao direito*. Tradução de A. M. Hespanha e LM. Malheiros. Lisboa: Calouste Gulbenkian, 1988.

GILSON, Etienne. *The spirit of medieval philosophy*. Notre Dame/London: Notre Dame University Press, 1991.

GILSON, Etienne. *A filosofia na Idade Média*. Tradução de Eduardo Brandão. São Paulo: Martins Fontes, 1995.

GILSON, Etienne. *The christian philosophy of St. Thomas Aquinas*. Notre Dame: University of Notre Dame Press, 1994.

GIRARD, Renée. *A violência e o sagrado*. Tradução de Martha Conceição Gambini. São Paulo: Unesp/Paz e Terra, 1990.

GLANVIL. [orig 1189] *The treatise on the laws and customs of the realm of England*. Ed. V. Galbraith et al. trad. G. Hall. Birmingham (Al): Gryphon E.d., 1990.

GOMES DA SILVA, Nuno Espinosa. *História do direito português*. Lisboa: Calouste Goulbenkian, 1985. v. 1.

GORDLEY, James *The philosophical origins of modern contract doctrine*. Oxford: Clarendon Press, 1991.

GRACIANO. *Decretum (cum glosa)*. Strasbourg: Johannis Reinhold Grininger, 1490.

GRACIANO. *Decretum (cum glosa). The Treatise on laws (DD 1-20)* (Tr. Augustine Thompson with the Ordinary Gloss. Tr. James Gordley. Washington: The Catholic University of America, 1490.

GREGÓRIO DE TOURS *The history of the franks*. Tradução de Lewis Thorpe. London: Penguin Books, 1974.

GRÓCIO, Hugo. *Derecho de la paz y de la guerra*. Tradução de Jaime Torrubiano Ripoll. Madrid: Reus, 1925.

GRÓCIO, Hugo. *De la libertad de los mares*. Tradução de V. Blanco Garcia e L. Garcia Arias. Madrid: Centro de Estudios Constitucionales, 1979.

GROSSI, Paolo. *Le situazioni reali nell'esperienza giuridica medievale*. Padova: Cedam, 1968.

GROSSI, Paolo. (1985a). Un paradiso per Pothier: Robert-Joseph Pothier e la proprietà moderna. *Quaderni Fiorentini per la Storia del Pensiero Giuridico Moderno*, 14, 1985a.

GROSSI, Paolo. "Gradus in dominio" (Zasius e la teorica del dominio diviso). *Quaderni Fiorentini per la Storia del Pensiero Giuridico Moderno*, 14, 1985b.

GROSSI, Paolo. Proprietà in generale: diritto intermedio. In: *Enciclopedia del Diritto,* Milano: Giuffrè, 1988a. v. 37.

GROSSI, Paolo. La proprietà e le proprietà nell'officina dello storico. *Quaderini Fiorentini per la Storia del Pensiero Giuridico Moderno*, 17, 1988b.

GROSSI, Paolo. "Dominia" e "Servitudes": invenzioni sistematiche del diritto comune in tema di servitù. *Quaderni Fiorentini per la Storia del Pensiero Giuridico Moderno,* 18, 1989.

GROSSI, Paolo. Ideologia e tecnica in una definizione giuridica. *Quaderni Fiorentini per la Storia del Pensiero Giuridico Moderno*, 19, 1990.

GROSSI, Paolo. *L'ordine giuridico medievale*. Roma/Bari: Laterza, 1995.

GROSSI, Paolo. En busca del orden jurídico medieval. In: AAVV. *De la Ilustración al Liberalismo*. Madrid: Centro de Estudios Constitucionales, 1995a.

GROSSI, Paolo. Il diritto tra norma e applicazione (aula inaugural na Escola de Especialização para Profissões Jurídicas). Firenze: Facoltà di Giurisprudenza, 2002.

GROSSI, Paolo. *Scritti canonistici* (ed. C. Fantappiè). Milano: Giuffré, 2013.

GUEDES, João Alfredo Libânio; RIBEIRO, Joaquim. *História administrativa do Brasil*: a União Ibérica – administração do Brasil holandês. 2. ed. Brasília: Ed. UnB/FUNCEP, 1983. v. 3.

GUIMARÃES, Carlos Gabriel e GAMBI, Thiago Fontelas Rosado. Banco. AIDAR, Bruno: SLEMIAN, Andrea; LOPES, J. R. de L. *Dicionário histórico de conceitos jurídico-econômicos*. São Paulo: Alameda, 2020.

HAMILTON, Bernice. *Political thought in sixteenth Century Spain*: a study of the political ideas of Vitoria, de Soto, Suárez and Molina. Oxford: Clarendon Press, 1963.

HASKINS, Charles Homer. *The Renaissance of the Twelfth Century*. Cambridge (Ma): Harvard University Press, 1955.

HELMHOLZ, R. H. *The spirit of classical canon law*. Athens (Ga) e London: The University of Georgia Press, 1996.

HERNÁNDEZ MARÍN, Rafael. *Historia de la filosofía del derecho contemporánea*. 2. ed. Madrid: Tecnos, 1989.

HESPANHA, António Manuel. *História do direito na história social*. Lisboa: Livros Horizonte, 1978.

HESPANHA, António Manuel. *História das instituições*: épocas medieval e moderna. Coimbra: Almedina, 1982a.

HESPANHA, António Manuel. As magistraturas populares na organização judiciária do Antigo Regime português. In: SINDICATO DO MINISTÉRIO PÚBLICO (Ed.) *A participação popular na administração da justiça*. Lisboa: Livros Horizonte, 1982b.

HESPANHA, António Manuel. *Poder e instituições na Europa do Antigo Regime*. Lisboa: Calouste Gulbenkian, 1984a.

HESPANHA, António Manuel. Para uma teoria da história institucional do Antigo Regime. In: *Poder e instituições na Europa do Antigo Regime*. Lisboa: Calouste Gulbenkian, 1984b.

HESPANHA, António Manuel. Sabios y rusticos. La dulce violencia de la razón jurídica. in *La gracia del derecho*. Madrid: Centro de Estudios Constitucionales, 1993.

HESPANHA, António Manuel. *Justiça e litigiosidade*: história e prospectiva. Lisboa: Calouste Gulbenkian, 1993.

HESPANHA, António Manuel. *As vésperas do Leviathan*. Coimbra: Almedina, 1994.

HILL, Christopher. *Origens intelectuais da Revolução Inglesa*. Tradução de Jefferson Luiz Camargo. São Paulo: Martins Fontes, 1992.

HOBBES, Thomas. *Leviathan*. Intr. CB. MacPherson. London: Penguin Books, 1985.

HOBSBAWN, Eric. (Org.). *Era dos extremos*: o breve século XX, 1914-1991. São Paulo: Companhia das Letras, 1995.

HOBSBAWN, Eric. *História do marxismo*. 2. ed. Rio de Janeiro: Paz e Terra, 1985.

HOLANDA, Sérgio Buarque de; CAMPOS, Pedro Moacyr. *História geral da civilização brasileira*. Rio de Janeiro: Bertrand do Brasil, 1987.

HOLMES, George. (Ed.) *The Oxford history of medieval Europe*. Oxford/New York: Oxford University Press, 1992.

HOLSTON, James. The misrule of law: land and usurpation in Brazil. *Comparative Studies in Society and History*, 33(4):695-725. 1991.

HORWITZ, Morton. *The transformation of American law*. Cambridge (MA): Harvard University Press, 1977.

HUIZINGA, Johan. *L'automne du Moyen Age*. Paris: Payot et Rivage, 2002.

HUME, David. *An enquiry concerning human understanding*. New York/London: Anchor Doubleday, 1990.

HUNT, Lynn. *The French Revolution and human rights*: a brief documentary history. Boston/ New York: Bedford Books of St. Martin's Press, 1996.

INGLEZ DE SOUZA, Herculano. Convém fazer um código civil? *Revista Brasileira*, V. 1889 (n. 17), pp. 257-275.

INGLEZ DE SOUZA, Herculano. *Projecto de código commercial*. Rio de Janeiro: Imprensa Nacional, 1913.

IANNI, Octávio. *A ideia de Brasil moderno*. São Paulo: Brasiliense, 1992.

JACQUART, D. A Escola de Tradutores. In: CAIRDAILLAC, L. (Org.) *Toledo*: séculos XII-XIII. Tradução de Lucy Magalhães. Rio de Janeiro: Zahar, 1992.

JEAMMAUD, Antoine. En torno al problema de la efectividad del derecho. *Crítica Jurídica*, México, 1984, ano 1, n. 1.

JHERING, Rudolf von. *A luta pelo direito*. Tradução de Vicente Sabino Jr. São Paulo: Bushatsky, 1978.

JONES, John Walter. *The law and legal theory of the Greeks*. Scientia Verlag, 1977.

KANTOROWICZ, Ernst. *The king's two bodies*. Princeton: Princeton University Press, 1997.

KELLEY, Donald. *The human measure*: social thought in the Western legal tradition. Cambridge (MA): Harvard University Press, 1990.

KENNEDY, Paul. *Ascensão e queda das grandes potências*. Tradução de Waltensir Dutra. Rio de Janeiro: Campus, 1989.

KENNY, Anthony. *Aquinas*. New York: Hill & Wang, 1980.

KOERNER, Andrei. *Judiciário e cidadania*. São Paulo: Hucitec/Depto. de Ciência Política da USP, 1997a.

KOERNER, Andrei. Poder Judiciário, política e sociedade em São Paulo na Primeira República. *Revista Brasileira de Ciências Criminais*, ano 5, n. 17, 1997b, 277:195.

KOLBERT, C. F. (Trad. e Org.) *Justinian*: The Digest of Roman Law (theft, rapine, damage and insult). London: Penguin, 1979.

KRYNEN, Jacques. *L'idéologie de la magistrature ancienne*. Paris: Gallimard, 2009.

Kunkel, Wolfgang. *Historia del derecho romano*. Tradução de Juan Miquel. Barcelona: Ariel, 1994.

LACOMBE, Américo Jacobina. A cultura jurídica. In: HOLANDA, Sérgio Buarque de; CAMPOS, Pedro Moacyr (Org.) *História geral da civilização brasileira*. 6. ed. Rio de Janeiro: Bertrand Brasil, 1987, t. 2, v. 5.

LAGARDE, G. *La naissance de l'esprit laïque*. Paris: Presses Universitaires de France, 1947. v. 3.

LANGE, Hermann. *Römisches Recht im Mittelalter*: die Glossatoren. München: C.H. Beck, 1997. v. 1.

LANGE, Hermann; KRIECHBAUM, Maximiliane. *Römisches Recht im Mittelalter*: die Kommentatoren. München: C. H. Beck, 2007. v. 2.

LARIVAILLE, Paul. *A Itália no tempo de Maquiavel*. São Paulo: Companhia das Letras, 1988.

LAWSON, F. H. *A common lawyer looks at the civil law*. Westport: Greenwood Press, 1977.

LEAL, Aurelino. História judiciária do Brasil. In: INSTITUTO HISTORICO E GEOGRAPHICO DO BRASIL. *Diccionario historico, geographico e ethnographico do Brasil*. Rio de Janeiro: Imprensa Nacional, 1922.

LEAL, Vitor Nunes. *Coronelismo, enxada e voto*. 4. ed. São Paulo: Alfa-Omega, 1978.

LE BRAS, G. Usure. In: *Dictionnaire de théologie catholique*. Paris: Letouzey. 1950, v. 15.

LECLER, Joseph. *Histoire de la tolérance au siècle de la reforme*. Paris: Albin Michel, 1994.

Lefebvre, Georges. *A Revolução Francesa*. São Paulo: Ibrasa, 1966.

LEFF, Gordon. *Medieval thought*: St. Augustine to Ockham. Hardmondsworth: Penguin, 1958.

LE GOFF, Jacques. (1983). *A civilização do ocidente medieval*. Tradução de Manuel Ruas. Lisboa: Estampa, 1983.

LE GOFF, Jacques. *Os intelectuais na Idade Média*. 2. ed. Tradução de Maria Julia Goldwasser. São Paulo: Brasiliense, 1989a.

LE GOFF, Jacques. *A bolsa e a vida*. Tradução de Rogério Silveira Muoio. São Paulo: Brasiliense, 1989b.

LE GOFF, Jacques. *História e memória*. Campinas: Unicamp, 1990.

LE GOFF, Jacques. *Mercadores e banqueiros na Idade Média*. Tradução de Antonio de P. Danesi. São Paulo: Martins Fontes, 1991.

LE GOFF, Jacques. *Os intelectuais na Idade Média*. Rio de Janeiro: José Olympio, 2003.

LEIBNIZ, G. W. *Los elementos del derecho natural*. Trad. org. Tomás G. Vera. Madrid: Tecnos, 1991.

LESSA, Pedro Augusto Carneiro. O direito no século XIX. *Revista do Instituto Histórico*, LXVIII, 509:536. [s.d].

LESSA, Pedro Augusto Carneiro. *Do Poder Judiciário*. Rio de Janeiro: Francisco Alves, 1915.

LIMA, Heitor Ferreira. (1976). *História político-econômica e industrial do Brasil*. São Paulo: Nacional, 1976.

LIMA, Roberto Kant de. Tradição inquisitorial no Brasil da Colônia à República: da devassa ao inquérito policial. *Religião e Sociedade*, 16/1-2 (94:113), 1992.

LIMA, Ruy Cirne. *Pequena história territorial do Brasil*: sesmarias e terras devolutas. Brasília: Escola de Administração Fazendária, 1988.

LISBOA, José da Silva. *Memória dos benefícios políticos do governo de el-rey nosso senhor D. João VI*. Rio de Janeiro: Impressão Régia, 1818.

LOCKE, John. *Carta a respeito da tolerância*. Tradução de E. Jacy Monteiro. São Paulo: Ibrasa, 1964.

LOCKE, John. *Second treatise of government*. Intr. C. B. MacPherson. Indianapolis/ Cambridge: Hackett, 1980.

LOPES, José Reinaldo de Lima. *Direito e transformação social*. Belo Horizonte: Nova Alvorada, 1997.

LOPES, José Reinaldo de Lima. Iluminismo e jusnaturalismo no ideário dos juristas da primeira metade do século XIX. In: JANCSÓ, István (Org.). *Brasil: formação do Estado e da nação*. São Paulo, Ijuí: Hucitec. Unijuí. 2003.

LOPES, José Reinaldo de Lima. Jurisdição mercantil no Brasil Império. *Revista de Direito Público da Economia*, Belo Horizonte, v. 4, n. 16, 2006, p. 43-75.

LOPES, José Reinaldo de Lima. *O Oráculo de Delfos*: Conselho de Estado e direito no Brasil Império. São Paulo: Saraiva/Direito GV, 2010.

LOPES, José Reinaldo de Lima. Governo misto e abolição de privilégios: criando um judiciário no Império. In: OLIVEIRA, Cecília H. S.; BITTENCOURT, Vera L. N.; COSTA, Wilma P. (Org.) *Soberania e conflito*: configurações do Estado nacional no Brasil do século XIX. São Paulo: Editora Hucitec, 2010a.

LOPES, José Reinaldo de Lima. (Ed.) *O Supremo Tribunal de Justiça do Império (1828-1889)*. São Paulo: Saraiva, 2010b.

LOPES, José Reinaldo de Lima. *Naturalismo jurídico no pensamento brasileiro*. São Paulo: Saraiva/FGV, 2014.

LOPES, José Reinaldo de Lima. Código civil e ciência do direito: entre sociologismo e conceitualismo. *Revista do Instituto Histórico e Geográfico Brasileiro*. A. 178, n. 473, 2017, pp. 77-96.

LOPES, José Reinaldo de Lima. *História da justiça e do processo no Brasil do século XIX*. Curitiba: Juruá, 2017.

LOPES, José Reinaldo de Lima. Il diritto commerciale in Brasile agli inizi del XX secolo: identitá disciplinare tra diritto civile ed economia. *"Non più satellite": itinerari giuscommercialisti tra Otto e Novedento*. Italo Birocchi (org.). Pisa: Edizioni ETS, 2019.

LOPES, José Reinaldo de Lima. Tribunal. B. Aidar; A. Slemian; J. R. L. Lopes (org.) *Dicionário histórico de conceitos jurídico-econômicos (Brasil, séculos XVIII-XIX)*. V. 2. São Paulo: Alameda, 2020, pp. 471-478.

LOPES, José Reinaldo de Lima. *As palavras e a lei*. 2ª. ed. São Paulo: Madamu, 2021.

LOPES, José Reinaldo de Lima; ANGELELLI, Gustavo. Propriedade. B. Aidar; A. Slemian; J. R. L. Lopes (org.) *Dicionário histórico de conceitos jurídico-econômicos (Brasil, séculos XVIII-XIX)*. V. 2. São Paulo: Alameda, 2020, pp. 245-287.

LOPES, José Reinaldo de Lima; SILVA FILHO, Osny. Contrato. B. Aidar; A. Slemian; J. R. L. Lopes (org.) *Dicionário histórico de conceitos jurídico-econômicos (Brasil, séculos XVIII-XIX)*. V. 1. São Paulo: Alameda, 2020, pp. 215-244.

LOPES, José Reinaldo de Lima; QUEIROZ, Rafael Mafei Rabelo; ACCA, Thiago dos Santos. *Curso de história do direito*. São Paulo: Método, 2006.

LORDELLO, Josette M. *Entre o reino de Deus e o reino dos homens*. Brasília: UnB, 2002.

LOYN, H. R. *Dicionário da Idade Média*. Tradução de Alvaro Cabral. Rio de Janeiro: Jorge Zahar, 1992.

LUCAS, J. R. *On Justice*. Oxford: Oxford University Press, 1989.

LYRA, Tavares de. *Instituições políticas do Império*. Brasília: Senado Federal, 1979.

MACCORMICK, Neil. De iurisprudentia. J. Cairns & O. Robinson (Ed.) *Critical studies in ancient law, comparative law and legal history*: essays in honor of Alan Watson. Oxford: Hart Publ. Co. 2001.

MACGRADE, Arthur Stephen. Ockham and the birth of individual rights. In: TIERNY, Brian; LIENEHAM, Peter (Ed.) *Authority and power*: studies in medieval law and government presented to Walter Ullmann. Cambridge: Cambridge University Press, 1980.

MACHADO NETO, AL. *Sociologia do direito natural*. Salvador: Progresso, 1957.

MACHADO NETO, AL. *História das ideias jurídicas no Brasil*. São Paulo: Grijalbo: Edusp, 1969.

MACINTYRE, Alasdair. *After virtue*. 2. ed. Notre Dame: Univ. of Notre Dame Press, 1984.

MACINTYRE, Alasdair. *História de la ética*. Barcelona: Paidós, 1988.

MACINTYRE, Alasdair. *Justiça de quem, qual racionalidade?* Tradução de Marcelo Pimenta Marques. São Paulo: Loyola, 1991.

MADEIRA, Hélcio M. F. *Digesto de Justiniano – liber primus*. 3ª. ed. São Paulo/Osasco: Revista dos Tribunais/Unifeo, 2002.

MAFFEI, Domenico. *Gli inizi dell'umanesimo giuridico*. Milano: Giuffrè, 1964.

Maitland, F. W. [orig 1908]. *The constitutional history of England*. Cambridge: Cambridge University Press, 1965.

MALHEIROS, Agostinho Marques Perdigão. *A escravidão no Brasil*. São Paulo: Cultura, 1944.

MARCHI, Eduardo C. S.; MORAES, Bernardo B. Q.; RODRIGUES, Darcio M. (ed.) *Digesto ou Pandectas do Imperador Justiniano*. V. 1. (trad. Manoel da Cunha Lopes e Vasconcellos). São Paulo: YK Editora, 2017.

MARCONDES, Renato Leite. Hipoteca. Aidar, Bruno; Slemian, Andrea; Lopes, J. R. L. *Dicionário de conceitos jurídico-econômicos (Brasil séculos XVIII-XIX)*. V. 1. São Paulo: Alameda, 2020, pp. 429-460.

MARKY, Thomas. *Curso elementar de direito romano*. São Paulo: Saraiva, 1995.

MARTINEZ DIEZ, Gonzalo. Los comienzos de la recepción del derecho romano en España y el Fuero Real. In: *Diritto comune i diritti locali nella storia dell'Europa*: atti del convengo di Varenna. Milano: Giuffrè, 1980.

MARTINS JR., Izidoro. *História do direito nacional*. Brasília: Imprensa Nacional, 1979.

MARX, Karl. *Manuscritos econômico-filosóficos*. Tradução de José Carlos Bruni. São Paulo: Abril Cultural, 1978. (Os Pensadores.)

MARX, Karl; Engels, F. *A ideologia alemã*. Tradução de José Carlos Bruni e Marco Aurélio Nogueira. São Paulo: Ciências Humanas, 1979.

MATOS, Gregório de. *Poemas escolhidos*. Org. José Miguel Wisnik. São Paulo: Cultrix, 1976.

MATTOS, Ilmar R. de. *O tempo saquarema*. 3. ed. Rio de Janeiro: Access, 1994.

MAXIMILIANO, Carlos. *Hermenêutica e aplicação do direito*. Rio de Janeiro: Forense, 1984.

MAXWELL, Kenneth. *Marquês de Pombal*: paradoxo do iluminismo. 2. ed. São Paulo: Paz e Terra, 1997.

MCCABE, Herbert. *On Aquinas*. (ed. Brian Davies) London: Burns & Oates, 2008.

MEIRA, Sílvio A. B. *História e fontes do direito romano*. São Paulo: Edusp/Saraiva, 1966.

MEIRA, Sílvio A. B. *Teixeira de Freitas*: o jurisconsulto do Império. Rio de Janeiro: José Olympio, 1979.

MEIRA, Sílvio A. B. Gênese e elaboração do Código Civil brasileiro de 1917. In: LEVAGGI, Alberto (Org.) *Fuentes ideologicas y normativas de la codificación latinoamericana*. Buenos Aires: Universidad del Museo Social Argentino, 1992.

MELA, Agostino. Concetto di proprietá e semiotica giuridica. *Studi Economici-Giuridici dell'Università di Cagliari*, 53, 1989-1990, 249:398.

MENDES DE ALMEIDA, Cândido. *Código Philippino*. Rio de Janeiro: Typographia do Instituto Philomático, 1870.

MENDES DE ALMEIDA, Cândido. *Pronunciamentos parlamentares*: 1871-1873. Org. Aurélio Wander Bastos. Brasília: Senado Federal, 1982.

MENDES JR., João. *Os indígenas do Brazil*: seus direitos individuaes e políticos. São Paulo: Typ. Hennies Irmãos, 1912. (Ed. Fac-similada da Comissão Pró-Índio, 1988.)

MERRYMAN, John. *The civil law tradition*. 2. ed. Stanford: Stanford University Press, 1985.

MILL, John Stuart. *Utilitarianism, on liberty, essays on Bentham*. Ed. Mary Warnock. New York: Meridian, 1974.

MITTEIS, Heinrich; Lieberich, Heinz. *Deutsche Rechtsgeschichte*. 19. ed. München: CH. Beck'sche, 1992.

MOLLAT, Michel. *Os pobres na Idade Média*. Tradução de Heloísa Jahn. Rio de Janeiro: Campus, 1989.

MONGELLI, Lênia M. *Trivium e Quadrivium*: as artes liberais na Idade Média. Cotia: Ibis, 1999.

MONHAUPT, Heinz. Privatrecht in Privilegien. *Ius Commune* (Sonderhefte – 15: Vorträge zur Geschichte des Privatrechts in Europa), p. 58-75. 1981.

MOORE, J. M. (Ed.) *Aritotle and Xenophon on democracy and oligarchy.* Berkeley/Los Angeles: University of California Press, 1986.

MORAES, Bernardo B. Q. *Manual de Introdução ao Digesto.* São Paulo: YK Editora, 2017.

MORAES, Bernardo B. Q. *Institutas de Justiniano – primeiros fundamentos de direito romano justinianeu.* São Paulo: YK Editora, 2021.

MORAES FILHO, Evaristo de. *Da monarquia para a república*: 1870-1889. 2. ed. Brasília: Ed. UnB, 1985.

MORAES FILHO, Evaristo de. *A escravidão africana no Brasil.* 3. ed. Brasília: Ed. UnB, 1998.

MORAIS, Viviane Alves de. Sociedade comercial. Aidar, Bruno; Slemian, Andrea; Lopes, J. R. L. *Dicionário de conceitos jurídico-econômicos (Brasil séculos XVIII-XIX).* V. 2, São Paulo: Alameda, 2020, pp. 315-338.

MORAW, Peter. Carreiras profissionais dos diplomados pelas universidades. In: RIDDER-SYMOENS, Hilde de. (Org.) *Uma história da universidade europeia*: as universidades na Idade Média. Lisboa: Casa da Moeda, 1996. v. 1.

MOREIRA NETO, Diogo de Figueiredo. Instrução criminal, democracia e revisão constitucional. *Revista de Informação Legislativa.* ano 31, n. 121, p. 103-109, jan./mar. 1994.

MUMFORD, Lewis. *A cidade na história.* 2. ed. Tradução de Neil R. da Silva. São Paulo: Martins Fontes: UnB, 1982.

MUSSELLI, Luciano. *Storia del diritto canonico*: introduzione alla storia del diritto e delle istituzioni ecclesiali. Torino: Giappichelli, 1992.

NABUCO, Joaquim. *Minha formação.* 10. ed. Brasília: Ed. da UnB, 1981.

NABUCO, Joaquim. *O abolicionismo.* Recife: Fundaj/ Massangana, 1888. (Edição fac-similar da edição de 1888.)

NABUCO, Joaquim. *Um estadista do Império.* 5. ed. Rio de Janeiro: Topbooks, 1997.

NASCIMENTO, Carlos Arthur. *O que é filosofia medieval.* São Paulo: Brasiliense, 1992a.

NASCIMENTO, Carlos Arthur. *Santo Tomás de Aquino*: o boi mudo da Sicília. São Paulo: Educ, 1992b.

NASCIMENTO, Carlos Arthur. *De Tomás de Aquino a Galileu.* Campinas: IFCH: Unicamp, 1995.

NEDER, Gizlene; CERQUEIRA FILHO, Gisálio. *Ideias jurídicas e autoridade na família.* Rio de Janeiro: Editora Revan, 2007.

NEVES, Edson Alvisi. *O Tribunal de comércio*: magistrados e negociantes na Corte do Império do Brasil. Rio de Janeiro: Jurídica do Rio de Janeiro/FAPERJ, 2008.

NISBET, Robert. *History and social change.* New York/Oxford: Oxford University Press, 1977.

NORWICH, John J. *A short history of Byzantium.* New York: Vintage Books, 1997.

NOVAIS, Fernando A.; MOTA, Carlos Guilherme. *A independência política do Brasil.* 2. ed. São Paulo: Hucitec, 1996.

OAKLEY, Francis. The "new conciliarism" and its implications: a problem in history and hermeneutics. In: *Natural law, conciliarism and consent in the late Middle Ages.* London: Variorum Reprints, 1984a.

OAKLEY, Francis. Medieval theories of natural law: William of Ockham and the significance of the voluntarist tradition. In: *Natural law, conciliarism and consent in the late Middle Ages.* London: Variorum Reprints, 1984b.

OCKHAM, Guilherme de. *Seleção de obras*. Tradução de Carlos Lopes de Mattos. São Paulo: Abril Cultural, 1979. (Os Pensadores.)

OCKHAM, Guilherme de. *Brevilóquio sobre o principado tirânico*. Tradução de de Luis A. de Boni. Petrópolis: Vozes, 1988.

OLIVEIRA, Luciano. Tolerância, liberdade e democracia: algumas questões. In: DOS ANJOS, Márcio F.; LOPES, J. R. L. (Org.) *Ética e direito*: um diálogo. Aparecida: São Paulo: Santuário, 1996.

OLIVEIRA, Manfredo Araújo de. *Ética e sociabilidade*. São Paulo: Loyola, 1993.

OLIVI, Pierre de Jean. *Traité des contrats*. (ed. Sylvain Piron). Paris: Les Belles Lettres, 2012.

OSLER, Douglas J. 2004. Legal humanism. Disponível em: <http://www.mpier.uni-frank furt. de/forschung/mitarbeiter_forschung/osler-legal-humanism>. Acesso em: 6 set. 2004.

PADOA-SCHIOPPA, Antonio. *Italia ed Europa nella storia del diritto*. Bolonha: Il Mulino, 2003.

PADOA-SCHIOPPA, Antonio. Le code de commerce français de 1807. Pio Caroni (ord.) *Le droit commercial das la Société suisse du XIXe siècle*. Fribourg (Suíça): Editions Universitaires, 1997.

PAGDEN, Anthony. (Org.) *The languages of political theory in early-modern Europe*. Cambridge: Cambridge University Press, 1987.

PAGDEN, Anthony. *Spanish imperialism and the political imagination*. Londres /New Haven: Yale University Press, 1990.

PEGAS, Manuel Álvares. *Commentaria ad ordinationes*. Lisboa: Tipologia de Miguel Rodrigues, 1729. t. 1, v. 1.

PENNINGTON, Kenneth. *The prince and the law (1200-1600)*. Berkeley – Los Angeles – London: University Of California Press, 1993.

PEREIRA, Lafayette Rodrigues. *Direito das coisas*. 6. ed. Adaptação de José Bonifácio de Andrada e Silva. Rio de Janeiro/São Paulo: Freitas Bastos.

PEREÑA, Luciano. La Escuela de Salamanca y la duda indiana. In: D. RAMOS, Antonio Garcia (Ed.) *La ética en la conquista de América*. Madrid: Consejo Superior de Investigaciones Científicas, 1984.

PESSO, Ariel Engel. *O Ensino do direito na Primeira República: do ensino livre à Reforma Francisco Campos*. São Paulo: USP (Tese), 2018.

PETIT, Carlos. *Historia del derecho mercantil*. Madrid: Marcial Pons, 2016.

PIANO MORTARI, Vicenzo. "Studia humanitas" e "scientia iuris" in Guglielmo Budeo. *Studia Gratiana*, XIV, col. Stephan Kuttner, IV, p. 437-458. 1967.

PIANO MORTARI, Vicenzo. Interpretazione: diritto intermedio. In: *Enciclopedia del diritto*. Milano: Giuffrè. 1972. v. 22.

PIANO MORTARI, Vicenzo. *Dogmatica e interpretazione*: i giuristi medievali. Napoli: Jovene, 1976.

PIANO MORTARI, Vicenzo. *Cinquecento giuridico francese*. Napoli: Liguori, 1990.

PIANO MORTARI, Vicenzo. *Itinera iuris*. Napoli: Jovene, 1991.

PICARDI, Nicola. Il giudice e la legge nel Code Louis. *Rivista di Diritto Processuale*, n. 1, 1995, p. 33-48.

PIERGIOVANNI, Vito. (Ed.) *The courts and the development of commercial law*. Berlin: Duncker & Humblot, 1987.

PIERGIOVANNI, Vito (Ed.) *From "Lex mercatoria" to commercial law*. Berlin: Duncker & Humblot, 2005.

PILATTI, José Isaac. *Digesto de Justiniano – Livro segundo: Jurisdição*. Florianópolis: Ed.da UFSC/Funjab, 2013.

PIMENTA BUENO, José Antonio. *Direito publico brazileiro e analyse da Constituição do Imperio*. Rio de Janeiro: Typographia de J. Villeneuve e Cia., 1857.

PINTO, Virgílio Noya. Balanço das transformações econômicas no século XIX. In: MOTA, Carlos G. (Org.). *Brasil em perspectiva*. 10. ed. Rio de Janeiro/São Paulo: Difel, 1978.

POCOCK, John G. A. *The Machiavellian moment: Florentine political thought and the Atlantic republican tradition*. Princeton, NJ: Princeton University Press, 1975.

PONTEIL, Félix. *Les classes bourgeoises et l'avènement de la démocratie*. Paris: Albin Michel, 1989.

PONTES DE MIRANDA. *Fontes e evolução do direito civil brasileiro*. 2. ed. Rio de Janeiro: Forense, 1981.

PORCHAT, Reynaldo. O pensamento philosophico no primeiro seculo da Academia. *Revista da Faculdade de Direito de São Paulo*, v. XXIV, 1928, p. 333-374.

POTHIER. *Oeuvres de Pothier*. Paris: Marchal et Billard, 1890. v. 1.

POTTER. *Historical introduction to English law and its institutions*. 4. ed. por A. K. R. Kiralfy. London: Sweet & Maxwell. 1958.

PRADO JR., Caio. *Formação do Brasil contemporâneo*. 22. ed. São Paulo: Brasiliense, 1992.

PRADO JR., Caio. *Evolução política do Brasil*. 19. ed. São Paulo: Brasiliense, 1991.

PUFENDORF, Samuel. De Offici Hominis Juxta Legem Naturalem. Tradução de Frank Gardner Moore. In: *On the duty of man and citizen*. New York: Oxford University Press (Ed. fac-similar da edição de 1682.), 1927.

QUAGLIONI, Diego. *Politica e diritto nel trecento italiano*: In: il "De Tyranno" di Bartolo da Sassoferrato (1314-1357). [s. l.] Leo S. Olschki, 1983.

QUAGLIONI, Diego. *La giustizia nel medioevo e nella prima età moderna*. Bolonha: Il Mulino, 2004.

QUAGLIONI, Diego. *La sovranità*. Roma-Bari: Laterza, 2004a.

RAMALHO, Barão de. Praxe brasileira. 1869.

RAMALHO, Barão de; LESSA, Pedro; MONTEIRO, João; SOUZA, José Ulpiano Pinto de. Succinta exposição histórica das leis e decretos que organizaram e têm reformado a Faculdade de Direito de São Paulo. *Revista da Faculdade de Direito de São Paulo*, ano 1897, v. V, 171:192.

REALE, Giovanni; Antisieri, Dario. *História da filosofia*. São Paulo: Paulinas, 1990. v. 1.

REALE, Miguel. *A filosofia em São Paulo*. São Paulo: Conselho Estadual de Cultura, 1962.

REIMAN, Jeffrey. *Justice and modern moral philosophy*. New Haven: Yale University Press, 1990.

RENNER, Karl. *The institutions of private law and their social functions*. London: Routledge & Kegan Paul, 1949.

RIBEIRO, Renato Janine. Lorenzo Valla e os inícios da análise de texto. In: *A última razão dos reis*. São Paulo: Companhia das Letras, 1993.

RIBEIRO FERREIRA, Francisco José Calheiros. *O juiz classista no Poder Judiciário*: uma forma de participação popular na administração da justiça. São Paulo: LTr, 1993.

RICOEUR, Paul. *História e verdade*. Rio de Janeiro: Forense, 1968.

RICOEUR, Paul. *A metáfora viva*. Tradução de Joaquim Torres Costa e António M. Magalhães. Lisboa: Rés, 1983.

RIDDER-SYMOENS, Hilde. (Org). *Uma história da universidade na Europa*: as universidades na Idade Média. Lisboa: Imprensa Nacional – Casa da Moeda.

RIDDER-SYMOENS, Hilde. *A History of the university in Europe*. v. 2 (Universities in early modern Europe 1500-1800). Cambridge: Cambridge Univ. Press., 2003.

RIDDER-SYMOENS, Hilde. *A History of the university in Europe*.v. 3 (Universities in the nineteenth and early twentieth centuries 1800-1945). Cambridge: Cambridge Univ. Press, 2004.

RODRIGUES, José Honório. *O Conselho de Estado*: o quinto poder? Brasília: Senado Federal, 1978.

RODRIGUES, Lêda Boechat. *História do Supremo Tribunal Federal*. Rio de Janeiro: Civilização Brasileira, 1991-2002. 4 v.

ROMANO, Ruggiero; TENENTI, Alberto. *Los fundamentos del mundo moderno*. Mexico: Siglo Veintiuno, 1977.

ROOVER, Raymond de. (sdp) *Money, banking and credit in medieval Bruges:* Italian bankers, lombards and Money changers – a study in the origins of banking. Cambridge (MA): The Medieval Academy of America.

ROOVER, Raymond de. *L'Evoution de la letter de change XIVe – XVIIIe siècles*. Paris: Armand Colin, 1953.

ROOVER, Raymond de. *The rise and decline of the Médici bank (1397-1494)*. New York: W. W. Norton, 1966.

ROSSI, Giovanni (2003). Dottrine giuridiche per un mondo complesso: autonomia di ordinamenti e poteri pazionati in un consilium inedito di Tiberio Deciani per la comunità di Fiemme (1580). In: CAPPELLINI, Paolo (ed) *Ordo Iuris*. Milano: Giuffrè, 2003.

ROSTOVTZEFF, M. *História da Grécia*. 3. ed. Tradução de Edmond Jorge. Rio de Janeiro: Guanabara, 1986.

ROSTOVTZEFF, M. *História de Roma*. 5. ed. Tradução de Waltensir Dutra. Rio de Janeiro: Guanabara, 1986.

RYAN, Magnus. Bartolus of Sassoferrato and free cities. *Royal Historical Society Transactions*, v. 10, 2000, p. 65-89, Dec. 2000.

SALGADO, Graça. et al. *Fiscais e meirinhos*: a administração no Brasil Colonial. Rio de Janeiro: Nova Fronteira, 1985.

SALGADO, Graça. (Org.) *Memórias sobre a escravidão*. Rio de Janeiro: Arquivo Nacional/ Brasília: Fundação Petrônio Portela, 1988.

SANCHES, Almir Teubl. *Apropriação ilegítima de terras públicas na República Velha*. São Paulo: Terra Editora, 2009.

SANCHEZ-ARCILLA BERNAL, José. (2004). Estudio introductorio. In: *Las Siete Partidas*. Madrid: Reus, 2004.

SANCHEZ DE LA TORRE, Angel. *Textos y estudios sobre derecho natural*. Madrid: Fac. de Derecho de la Universidad Complutense, 1980.

SANTIAGO NINO, Carlos. *Introducción al análisis del derecho*. Buenos Aires: Astrea, 1984.

SANTINI, Giovanni. *Materiali per la storia del diritto comune in Europa*. Torino: Giappichelli, 1990.

SANTOS, Joaquim Felício dos. *Memórias do Distrito Diamantino*. 5. ed. Petrópolis: Vozes, 1978.

SANTOS, Wanderley Guilherme dos. *Cidadania e justiça*: a política social na ordem brasileira. 3. ed. Rio de Janeiro: Campus, 1994.

SARAIVA, António José. *O crepúsculo da Idade Média em Portugal.* 4. ed. Lisboa: Gradiva, 1995.

SARAIVA, José Hermano. *História concisa de Portugal.* 14. ed. Lisboa: Europa-América, 1991.

SAVIGNY, Fr. Karl von. *Storia del diritto romano nel medio evo.* Tradução de E. Bollati. Torino: Gianini e Fiore, 1854.

SAVIGNY, Fr. Karl von. (1970). *De la vocación del nuestro tiempo para la legislación y la jurisprudencia.* In: Stern, Jacques. (Org.) *La codificación.* Madrid: Aguilar, 1970.

SCHERNER, Karl Otto. *Handel, Wirtschaft und Recht in Europa.* Goldbach: Keip Verlag, 1999.

SCHIAVONE, Aldo. *Ius*: l'invenzione del diritto in Occidente. Torino: Giulio Einaudi Editore, 2005.

SCHMITTER, Phillipe. Still the century of corporatism? In: *The new corporatism.* Notre Dame, 1974.

SCHMOECKEL, Mathias. Liberty of conscience and the right of resistance in Montaigne's essays and Charron's "La Sagesse". 2004. Disponível em: http://www.rewi.hu-berlin.de/fHI/zitat/0205schmoeckel.htm>. Acesso em: 2004.

SCHWARTZ, Bernard. The law and its development: a synoptic survey. *Southern Illinois University Law Journal.* v. 1978, n. 1, 1978, p. 44 ss.

SCHWARZ, Stuart. *Burocracia e sociedade no Brasil colonial.* São Paulo: Perspectiva, 1979.

SCHWARTZMAN, Simon. *Bases do autoritarismo brasileiro.* Brasília: Ed. UnB, 1982a.

SCHWARTZMAN, Simon. (Org.) *Estado Novo, um auto-retrato* (arquivo Gustavo Capanema). Brasília: Ed. UnB, 1982b.

SCOTUS, João Duns. *Seleção de textos.* Tradução de Carlos Arthur do Nascimento e Raimundo Vier. São Paulo: Abril, 1979. (Os Pensadores.)

SEGURADO, Milton Duarte. *O direito no Brasil.* São Paulo: Edusp: Bushatsky, 1973.

SILVA, Nuno Espinosa Gomes da. *História do direito português.* Lisboa: Calouste Gulbenkian, 1985. v. 1.

SIMONSEN, Roberto. *História econômica do Brasil (1500-1820).* 7. ed. São Paulo: Nacional, 1977.

SKINNER, Quentin. *As fundações do pensamento político moderno.* Tradução de Renato Janine Ribeiro e Laura Teixeira Mota. São Paulo: Companhia das Letras, 1996.

SMITH, Adam. *Investigação sobre a natureza e as causas da riqueza das nações.* Tradução de Conceição Jardim, Maria do Carmo Cury e Eduardo Lúcio Nogueira. 2. ed. São Paulo: Abril Cultural, 1979. (Os Pensadores.)

SOBOUL, Albert. *História da Revolução Francesa.* 2. ed. Rio de Janeiro: Zahar, 1974.

SODERO, Fernando Pereira. Esboço histórico da formação do direito agrário no Brasil". *Coleção Seminários*, Rio de Janeiro: AJUP. n. 13, 1990.

SOLINAS, Piergiorgio. A família. BRAUDEL, Fernand (Ed.) *Os homens e a herança no Mediterrâneo.* Tradução de Maria Appenzeller. São Paulo: Martins Fontes, 1988.

SOLMI, Alberto. *Storia del diritto italiano.* Milano: SE. Libraria, 1930.

SOUZA, Braz Florentino de Henriques. *Do Poder Moderador.* Brasília: Senado Federal, 1978.

SOUZA, Octávio Tarquínio de. *História dos fundadores do Império do Brasil.* 3. ed. Rio de Janeiro: José Olympio, 1972. v. 4.

SUBTIL, José M. L. Lopes. *O desembargo do Paço (1750-1833).* Tese. Lisboa: Universidade Autónoma de Lisboa, 1976.

STEIN, Peter. *Legal evolution*: history of an idea. Cambridge: Cambridge University Press, 1980.

STEIN, Peter. *Roman law in European history*. Cambridge: Cambridge University Press, 1999.

STERN, Jacques. (Ed.). *La codificación*. Madrid: Aguilar, 1970.

STEVENS, Robert. *Law school*: legal education in America from the 1850s to the 1980s. Chapel Hill/London: The University of North Carolina Press.

STOLJAR, S. J.; DOWNER, L. J. (Ed.). *Year books of Edward II*. London: Selden Society, 1988. v. 27.

STOLLEIS, Michael. (Org.) (1995). *Juristen*: ein biographisches Lexicon. München: C. H. Beck, 1995.

STONE, Bailey. (1986). *The French Parlements and the crisis of the Old Regime*. Chapel Hill/London: The University of North Carolina Press, 1986.

STORCK, Alfredo. (2009). A recepção dos Segundos Analíticos pelos juristas medievais. In: STORCK, Alfredo (Org.). In: *Aristotelis Analytica Posteriora*: estudos acerca da recepção medieval dos Segundos Analíticos. Porto Alegre: Linus Editores, 2009.

STRAUSS, Leo. *Droit naturel et histoire*. Paris: Plon, 1954.

SUÁREZ, Francisco. *De Legibus ac Deo Legislatore* Ed. facsimilada de edição príncipe de Coimbra de 1612. Tradução de José Ramón Eguillor Muniozguren. Madrid: Instituto de Estudios Políticos, 1967.

SWANN, Julian. *Politics and the Parlement of Paris under Louis XV*. Cambridge: Cambrige University Press, 1995.

TAPAJÓS, Vicente Costa Santos. *História administrativa do Brasil*: a política administrativa de D. João III. Brasília: Ed. UnB: FUNCEP, 1983, v. 2.

TARELLO, Giovanni. *Storia della cultura giuridica moderna*. Bologna: Il Mulino, 1976.

TEIXEIRA DE FREITAS, Augusto. *Consolidação das Leis Civis*. 3. ed. Rio de Janeiro: L. Garnier, 1910.

THOMASIUS, Christian. *Fundamentos de derecho natural y de gentes*. Tradução de Salvador R. Rufino e M. Asuncion Sanchez M. Madrid: Tecnos, 1994.

TIERNEY, Brian. *The crisis of church and State 1050-1300*. Englewood Cliffs, NJ: Prentice Hall, 1964.

TIERNEY, Brian. *Foundations of the conciliar theory*. Cambridge: Cambridge University Press, 1968.

TIERNEY, Brian. *The Middle Ages*: sources of medieval history. 2. ed. New York: Alfred A. Knopf, 1973. v. 1.

TIERNEY, Brian. *The idea of natural rights*: studies on natural rights, natural law, and church law, 1150-1625. Grand Rapids (Mi)/Cambridge: W. B. Eerdmans, 1997.

TIGAR, Michael; LEVY, Madeleine. *O direito e a ascensão do capitalismo*. Tradução de Ruy Jungmann. Rio de Janeiro: Zahar, 1978.

TOCQUEVILLE, Alexis de. *O Antigo Regime e a revolução*. Tradução de Yvonne J. da Fonseca. Brasília: Ed. UnB, 1979.

TOCQUEVILLE, Alexis de. *Democracy in America* Ed. JP. Mayer, Tradução de George Lawrence. New York: Harper Perennial, 1988.

TRIPOLI, César. *História do direito brasileiro*. São Paulo: Revista dos Tribunais, 1936. v. 1.

TOCQUEVILLE, Alexis de. São Paulo: Revista dos Tribunais, 1947. v. 2, t. 1.

TUCCI, José Rogério Cruz e. *Jurisdição e poder*. São Paulo: Saraiva, 1987.

TUCCI, José Rogério Cruz e; AZEVEDo, Luiz Carlos de. *Lições de história do processo civil romano*. São Paulo: Revista dos Tribunais, 1996.

TUCCI, José Rogério Cruz e; AZEVEDo, Luiz Carlos de. *Lições de história do processo civil romano*. São Paulo: Revista dos Tribunais, 2001.

TUCK, Richard. *Philosophy and government, 1572-1651*. Cambridge: Cambridge University Press, 1993.

TUCK, Richard. *Natural rights theories*: their origins and development. Cambridge: Cambridge University Press, 1998.

TUCK, Richard. *The rights of war and peace*: political thought and the international order from Grotius to Kant. Oxford: Oxford University Press, 1999.

UBALDO DI UBALDIS. *Commentaria in Digestum Vetus Nunc Fidelissime Restituta*. Lungdinium, 1572.

ULLMANN, Walter. *The medieval idea of law*. London: Methuen & Co., 1946.

ULLMANN, Walter. De Bartoli sentential: Concilium repraesentat mentem populi, in AA.VV. *Bartolo da Sassoferrato*: studi e documenti per il VI centenario. Milano: Giuffré, 1962.

ULLMANN, Walter. *A history of political thought in the Middle Ages*. London: Penguin, 1968.

ULLMANN, Walter. *The church and the law in the earlier Middle Ages*. London: Variorum Reprints, 1975.

ULLMANN, Walter. Medieval principles of evidence. In: *Law and jurisdiction in the Middle Ages*. London: Variorum Reprints, 1988a.

ULLMANN, Walter. The deffence of the accused in the medieval inquisition. In: *Law and jurisdiction in the Middle Ages*. London: Variorum Reprints, 1988b.

VAMPRÉ, Spencer. *Memórias para a história da Academia de São Paulo*. São Paulo: Saraiva, 1924.

VASCONCELOS, Zacarias de Góes e. (1978). *Da natureza e limites do Poder Moderador*. Nova ed. com introdução de Pedro Calmon. Brasília: Senado Federal, 1978.

VENÂNCIO FILHO, Alberto. *Das arcadas ao bacharelismo*. 2. ed. São Paulo: Perspectiva, 1982.

VERGER, Jacques. *As universidades na Idade Média*. Tradução de Fúlvia Moretto. São Paulo: Unesp, 1990.

VERGER, Jacques. *Homens e saber na Idade Média*. Bauru: Edusc, 1999.

VEYNE, Paul. (Org.) *História da vida privada*. do império romano ao ano mil. Tradução de Hildegard Feist. São Paulo: Companhia das Letras, 1990. v. 1.

VEYNE, Paul. *Quando nosso mundo se tornou cristão*. (Trad. A. Morão) Lisboa: Texto & Grafia, 2009.

VIANNA, Francisco José de Oliveira. *Problemas de direito corporativo*. Rio de Janeiro: José Olympio, 1938.

VIANNA, Francisco José de Oliveira. *O idealismo da Constituição*. 2. ed. São Paulo: Nacional, 1939.

VIANNA, Francisco José de Oliveira. *Instituições políticas brasileiras*. São Paulo/Niterói: Edusp, EUFF. 1987. v. 1.

VICENTE DO SALVADOR, Frei. *História do Brasil*. São Paulo: Melhoramentos, 1975.

VIDAL, Luiz Maria. *Manual do direito commercial para uso do povo*. Rio de Janeiro: Eduardo & Henrique Laemmert, 1877.

VIEHWEG, Theodor. *Tópica e jurisprudência*. Tradução de Tércio S. Ferraz Jr. Brasília: UnB, 1979.

VIEIRA, Oscar Vilhena. *Supremo Tribunal Federal*: jurisprudência política. São Paulo: Revista dos Tribunais, 1994.

VILLATA, G. Di Renzo. Diritto comune e diritto locale nella cultura giuridica lombarda dell'età moderna. In: *Diritto comune i diritti locali nella storia dell'Europa*: atti del convengo di Varenna. Milano: Giuffrè, 1980.

VILLEY, Michel. Sur le concept de propriété. In: *Critique de la pensée juridique moderne (douze autres essais)*. Paris: Dalloz, 1976.

VILLEY, Michel. *La formazione del pensiero giuridico moderno*. Milano: Jaca Book, 1986.

VILLEY, Michel. *Le droit romain*. 8. ed. Paris: Presses Universitaires de France, 1987a.

VILLEY, Michel. *Questions de Saint Thomas sur le droit et la politique*. Paris: Presses Universitaires de France, 1987b.

VIOTTI DA COSTA, Maria Emília. Introdução ao estudo da emancipação política do Brasil. In: MOTA, Carlos Guilherme. (Ed.). *Brasil em perspectiva*. Rio de Janeiro/São Paulo: DIFEL, 1978.

VIOTTI DA COSTA, Maria Emília. *Da Monarquia à República*: momentos decisivos. 6. ed. São Paulo: Brasiliense, 1994.

VITÓRIA, Francisco de. *Leçons sur les indiens e sur le droit de la guerre*. Tradução e org. Maurice Barbier. Genève: Droz, 1966.

VOLANTE, Raffaele. *Il sistema contrattuale del diritto commune classico*. Milano: Giuffrè, 2001.

VOLANTE, Raffaele. Fatto normativo e interpretatio iuris: la definizione del possesso nel diritto comune. In: SBRICCOLI, Mario et al. (Ed.). Ordo iuris: storia e forme dell'esperienza giuridica. Milano: Giuffrè, 2003.

VOLCANSEK, Mary L.; LAFON, Jacqueline L. *Judicial selection*: the cross-evolution of French and American practices. New York, Westport, London: Greenwood Press, 1988.

WACKE, Andreas. Quod raro fit, non observant legislatores: a classical maxim of legislation, Cairns, J. & Robinson, O. (ed.) *Ancient law and comparative law*: essays in honor of Alawn Watson. Oxford: Hart Publishing, 2001.

WALEY, David. *The Italian city-republics*. 3. ed. London: Longman, 1994.

WATSON, Alan. *Roman law and comparative law*. Athens; London: The University of Georgia Press, 1991.

WEHLING, Arno; WEHLING, Maria José C. de. *Formação do Brasil colonial*. Rio de Janeiro: Nova Fronteira, 1994.

WEHLING, Arno. *Direito e justiça no Brasil colonial*: o Tribunal da Relação do Rio de Janeiro (1751-1808). Rio de Janeiro: Renovar, 2004.

WEINREB, Loyd. (1987). *Natural law and justice*. Cambridge (MA): Harvard University Press, 1987.

WENGST, Klaus. *Pax Romana: pretensão e realidade*. Tradução de António M. da Torre. São Paulo: Paulinas, 1991.

WIEACKER, Franz. *História do direito privado moderno*. Tradução de A. M. Botelho Hespanha. Lisboa: Calouste Gulbenkian, 1980.

WOLKMER, Antônio Carlos. *Constitucionalismo e direitos sociais no Brasil*. São Paulo: Ed. Acadêmica, 1989.

WOLKMER, Antônio Carlos. *História do direito brasileiro*. Rio de Janeiro: Forense, 1998.

ZWEIGERT, Konrad; KOETZ, Hein. (1977). *An introduction to comparative law*. vol. I. Amsterdam/New York/Oxford: North Holland, 1977.

ÍNDICE REMISSIVO

A

Absolutismo, 139, 166, 175, 176, 182, 184, 198, 207, 208, 238, 242
Ações sumárias, 225
Acumulação, 5, 6, 120, 309, 312
Agravo, 183, 196, 198, 199, 202, 223, 225, 226, 259, 288, 292
Aides, 192
Ambiente
  Intelectual, 103
  Político, 105
Annales, 2
Análise da Constituição do Império, 239, 258
Antigo Regime, 201, 202, 205, 210, 233, 234, 240, 251, 262, 284
  e o Regime colonial, 175, 200, 250
Antropologia, 106, 108, 110, 133, 141, 148, 149, 152, 163, 164, 166
Apoliticismo da plebe, 271
Arestos, 259
Artes sermonicales, 83
Ato adicional, 219, 235, 238, 242, 244, 245, 265
Auctoritas patrum, 23, 34
Avocatória (*writ of certiorari*), 220, 285

B

Bárbaros
  o direito costumeiro dos, 42
  o direito romano dos, 43
Bártolos, 163, 165, 177, 204
Bellatores, oratores, laboratores, 162
Beneficium, 47, 56
Beneplácito régio, 61, 245
Bill of Rights, 236
Brasil colonial: estrutura judicial do, 198
Burocracia nascente: o sentido e a importância política da, 64

C

Capitação, 183, 188, 192
Carta de Pisa, 49, 78
Ceticismo e ceticismo metodológico, 84, 105, 133
Charter of Incorporation, 191
Checks and balances, 241
Codex, 80, 88, 89
Codex Bavaricus, 156
Codex Gregorianus, 33
Codex Hermogenianus, 33
Codex Revisus (Código de Leovigildo), 44
Codex Theodosianus, 44
Codificação, 34, 40, 135, 152, 154, 156, 168, 202, 207, 210, 230, 233, 303
Código
  Civil: esboço de, 229, 230, 231, 260, 318
  Comercial, 220, 221, 225, 227, 230, 232, 234, 252, 253, 258, 260, 261, 273, 318, 330
  Criminal, 206, 202, 168, 214, 215, 216, 230, 246, 254, 258, 264, 273
  de Leovigildo (*Codex Revisus*), 44
  de Processo Civil do Império, 222
  do Processo Criminal, 206, 217, 225, 247, 250, 253, 258, 273
  Filipino, 224
  Philipino, 259

Cognitio extra ordinem, 22, 30, 31
Comentadores, 39, 93, 95, 96, 97, 98, 128, 140, 152, 160, 165, 171, 172
Comitia
    centuriata, 23, 34
    tributa, 23
Common Law, 51, 278
Communis aestimatio, 299
Companhia
    das Índias Orientais, 140, 315
    Geral do Grão-Pará e Maranhão, 317
Competência
    regras de, 66
Concílio (e concílio ecumênico), 45, 46, 55, 57, 61, 62, 65, 66, 79, 213, 238, 245, 246
    de Constança, 64
    de Latrão, 63, 65, 71, 73, 87
    de Niceia, 41, 46 53
    de Toledo, 44 57
    Vaticano I, 245
Concilium plebis, 23, 34
Concordata de Worms, 56, 58
Confederação do Equador, 213
Conhecimento
    abstrativo, 125
    complexo, 125
    incomplexo, 125
    intuitivo, 125, 126
Conjuração Baiana, 209
Conselho(s)
    de Estado, 8, 242
    de Jurados, 214, 217, 218, 247, 248
    Gerais das Províncias, 265
Consolidação
    das Leis Civis, 169, 181, 206, 228, 229, 258, 260, 303, 318
    das Leis Penais, 292
Constituição(ões)
    Imperial (de 1824) 4, 181, 208, 210, 213, 214, 215, 216, 217, 218, 224, 227, 233, 234, 235, 236 – 241, 245-248, 256-260, 263-265, 273, 278
    da República:
    Primeira, 9, 277-281
    de 1934, 294
    de 1937, 295
    de Clarendon, 60
    de Weimar, 290
    e as declarações de direito, 235
    idealismo da, 9, 170
    positivista do Rio Grande do Sul, 278
Contratos, 297
Contratualismo, 171
Corpus Iuris Civilis, 21, 79, 94, 133, 177, 203
Corpus Iuris Canonici, 61, 64
Corte de Cassação, 8
Court
    of Common Pleas, 51
    of Exchequer (*Saccarium*), 51
Cultura, 7
    clássica: recuperação da, 77
    jurídica, 251
    jurídica e as instituições, 233
Curia Regis, 51
Cursos jurídicos, 255

D

Debate jurídico, 264
Debêntures, 289
Declaração
    da de Independência, 235
    da Virgínia, 235, 236
    de Direitos, 236
    dos Direitos do Homem e do Cidadão, 237
    de direitos, 237
Decreto de Graciano, 62
Deontológica, 110
Detenção
    comunitária, 50
    precária, 50 65
Dictatus Papae, 55, 64 83
Digesto, 78, 80, 81, 87, 88, 90, 118, 133, 161, 169
Digesto Português, 173, 227
Direito
    Canônico, 53
    de propriedade, 263
    feudal (*Liber feodorum*), 87
    história do,1
    inglês e sua origem feudal, 51
    livre: escola do, 280
    medieval feudal, 47
    Ocidental Moderno, 53

Direito natural, 131, 156
  clássico, 92
  moderno, 131
Direito romano, 21, 31
  o ensino do direito e os textos do, 88
  os textos do, 80
Discurso: Reserva de sentido do, 3, 4
Dízima, 188
Doctor
  angelicus, 103
  subtilis, 123
Dominus eminens (senhor direto), 48
Doomsday Book, 51, 71
Doutrina das ações, 225, 226
Duns Scotus, 123

E

Economia de mercado, 132
Embargos, arestos e agravos, 259
Emptio venditio, 297
Encilhamento, 280, 289
Ensino jurídico, 171, 281
  metodologia do, 77
Episódio
  inglês, 60
  português, 60
Epistola de Tolerantia, 142, 145
Equity courts (cortes de equidade), 52
Era Vargas: reformas da, 290
Esboço de Código Civil, 231, 260, 318
Escola
  de Salamanca, 135
  do direito livre, 280
  histórica, 3, 229, 280
  prussiana, 147
Escolástica, 77, 80
Escravidão, 262
  no Brasil, 266
Estado
  árbitro-regulador, 2
  conselho de, de Estado, 8, 242
  intervencionista, 2
  liberal, 2
  modelo francês de, 8
  religião de, 245
Estatutos: reforma dos, 171

Estrutura judicial
  do Brasil colonial, 198
  portuguesa, 195
Ética, 106
Eudemônica, 110
Europa do norte: jusnaturalismo da, 139
Ex ratione
  materiae, 67, 68 88
  personarum, 67 88
Exceções peremptórias, 223
Exploração: monopólio da, 188

F

Família, 4
Familismo, 16
Fé
  recusa da, 137
Felipe II, 202, 316
Feudal
  o direito inglês e sua origem, 51
  o direito medieval, 47
Filosofias medievais, 101
Fontes
  constituição e codificação no Brasil do
    século XIX, 207
  do direito e as ordenações filipinas, 202
França
  venalidade total, 191

G

Gabela, 192
Gêneros literários, 96
Glosa ordinária (*Magna glosa*), 95
Glosadores, 11, 39, 93-98, 122, 165, 168, 172
God and my right, 49, 70

H

Hamurábi
  Código de, 11
Hipotecas
  registro geral de, 273
História
  das fontes, 6
  total, 3, 4

História do direito, 1
   método na, 2
   tarefas da, 6
Humanistas, 93

I

Idade Média: Alta, 39
Idealismo da Constituição, 9, 170
Igreja, 45
Iluminismo, 131, 156, 165, 175, 198, 202, 215
Impérios orientais: o direito nos, 11
Inceptor venerabilis, 124
Incorporeal property, 302
Inglaterra
   revolução financeira, 190
Ingleses, 142
Inovações republicanas, 277
Inquisição romana, 65
Instituições, 8
   de Gaio, 77
   de Justiniano, 77
   e a cultura jurídica, 233
Ius
   civile, 24, 25
   commune, 40, 53, 67, 84, 93, 95, 97, 134, 141, 152, 156, 159, 161, 164, 165. 166, 173, 182, 298
   gentium, 16, 28, 127
   honorarium, 24, 28
   praetorium, 29
   quiritium, 28, 29
   rusticorum, 166, 198

J

Judicial review, 285, 286
Juízes
   de direito, 217, 218, 219, 235, 247, 248
   de órfãos, 196, 253, 263
   municipais, 198, 217, 218, 219, 248
Juízo
   o que se disputa em, 251
Juntas de Paz, 217, 218
Jurisdição
   as regras de, 66

Juristas, 254
   contexto dos, 81
Jus ad rem, 259
Jusnaturalismo
   da Europa do norte, 139
   e a revolução, 154
Justiça
   e o sistema legal, 285
   geral, 118, 119, 149, 150
   particular, 119, 150

L

Laboratores, oratores, bellatores, 162
Law
   French, 52
   Lords, 236
Legis actiones, 22, 30
Lei (s)
   civis, 227
   da Boa Razão, 154, 156, 165, 171, 189, 202, 204, 205
   das Câmaras, 218
   das Hipotecas, 210, 227, 231, 232
   das XII Tábuas, 20, 24, 25, 30, 31, 35
   de Eusébio de Queirós, 220, 267
   de Sólon, 15, 20
   de Terras, 210, 220, 232, 263, 270, 273, 274, 275
   de usura, 291
   divina, 112, 114, 117, 124
   do Ventre Livre, 253, 264, 267, 268
   dos Resgates, 262
   eterna, 112, 115
   humana, 112, 114, 117
   natural, 112, 115, 116, 131, 144, 148
   Penais: consolidação das, 292
   positiva, 19
   Sálica, 42, 43
   Sesmarias, 51, 203, 205, 269, 270, 271, 272, 273, 274, 308
Lesão enorme ou enormíssima, 222
Lex
   Aebutia, 22, 26
   Burgundiorum, 44
   Hortensia de plebiscitis, 23
   Iulia, 22, 26, 30

Mercatoria, 51
romana barbarorum, 43
romana visigothorum, 44
salica emendata, 42
Liber
    feodorum (direito feudal), 87
    Iudiciorum, 44, 45
Libri Feudorum de Milão, 49
Liquidação forçada, 232
Litis cum testatio, 27
Locatio
    conductio, 29, 297
    rei, 297
Logógrafo, 15, 18

M

Magna Carta, 48, 51, 52
Magna glosa (glosa ordinária), 95
Mandado(s)
    de manutenção, 287, 288, 295
    proibitório, 287, 288
Meliores terrae, 198
Mercado
    economia de, 132
    simples, 132
Mercadorias
    dízima das, 188
Metafísica, 106
Método positivo, 283
Moeda fiduciária, 191, 301
Monopólio da exploração, 188

N

New Deal, 281
Nominalismo, 121
Normas técnicas, 7
Nova história, 2
Novo Código de Processo Criminal, 219

O

Obrigações verbais, 297
Operarum, 297
Operis faciendi, 297

Oratores, bellatores, laboratores, 162
Ordálios
    bilaterais, 69
    unilaterais, 69
Ordem de Cluny, 81
Ordenações
    Afonsinas, 63, 73, 202, 270,
    de D. Duarte, 202
    do Reino, 63, 73, 97, 202
    Filipinas, 63, 73, 97, 168, 175, 177, 178, 184, 187, 189, 197, 202, 203, 210, 217, 220, 222, 225, 229, 252, 259, 270, 300, 303
    Manoelinas, 63, 202

P

Pactus legis salicae, 42
Pandectística, 169
Paradigma
    dominante, 92, 162, 170
    jusnaturalista, 133
Parlamentares, 185
Paz
    de Deus, 57
    de Westfália, 183
    de Zamora, 60
Pessoa jurídica, 297
    contribuição da canonística para a teoria da, 74
    e sociedades, 313
Petição de Direitos, 236
Plebe, apoliticismo da, 271
Plebis scita, 23
Poder Judiciário, 247
Poder Moderador, 212, 213, 237,
    natureza e limites do, 258
Populus Christianus, 65, 73, 123, 129, 137
Pós-glosadores, 93
Posse, 272
Primeira Constituição da República, 9
Primeira República, 9
    instituições e cultura na, 277
    reformas legislativas na, 288
Princípio (s)
    assemblear, 65
    da personalidade, 57
    de direito mercantil, 220, 256, 258, 261

eletivo, 65
monárquico, 65
passivo, 150
Processo
    civil, 222
    criminal: código do, 217
    formular, 26
    formalização e racionalização, 68
    inquisitorial, 71
Proculianos, 32, 77
Propriedade, 297
como direito natural e universal, 308
    como privilégio, 305
    direito de, 263
    rural, 50
Prova (s)
    aleatórias, 70
    impertinentes, 70
    irracionais, 69
    legal, 70
Província de São Pedro do Rio Grande, 8
Províncias
    Conselhos Gerais das, 265
Public market, 132

R

Reforma
    dos estatutos, 171
    gregoriana, 54
    protestante, 131
Regime colonial e o Antigo Regime, 175
Registro
    do Vigário, 274, 275
    geral de hipotecas, 273
Regulamento nº 737, 221, 222, 225, 249, 286, 330
Reino das Duas Sicílias, 228
Reinos bárbaros: o direito no, 42
Repartição Geral de Terras Públicas, 275
Revolução
    financeira: Inglaterra, 190
    positivista, 166
    Praieira, 209

S

Saccarium (*Court of Exchequer*), 51

Salamanca
    escola de, 135
Século XVI ao Século XVIII
    ideias jurídicas do, 131
Século XVIII
    reforma dos estatutos e do ensino jurídico no, 171
Século XIX
    constituição e codificação no Brasil do, 207
Século XIX ao Século XX
    inovações republicanas, 277
Segundo Império, 9, 242
Senatus consultus, 23, 34
Senhor direto (*dominus eminens*), 48
Sesmarias, 270
Sistema legal, a justiça e o 285
Soberania das corporações, 65
Sociedade
    de crédito real, 232
    e pessoa jurídica, 313
Sólon, leis de, 15, 17, 20, 24
Sponsio, 297
Stipulatio, 297
Suma de teologia, 102, 112
Summa, 120
Suspeita
    da ideia de progresso e evolução, 5
    das continuidades, 4
    do poder, 3, 4
    do romantismo, 3, 4

T

Tábua Sintética, 231
Teoria da pessoa jurídica: contribuição da canonística para a, 74
Termos de bem viver, 216
Terra (s)
    devolutas, 273
    Lei de, 273
    propriedade da, 268
    públicas: registro geral de, 275
Textos de direito: recuperação dos, 78
Título preliminar, 229, 231
Tolerância: carta a respeito da, 145
Trabalho, 284

Tractatus
    de Contratibus, 299
    de Regimine Civitatum, 96
Traites, 192
Trégua de Deus, 57
Tribunais da Relação, 217
Tribunal de Justiça de São Paulo, 8

U

Universidades, 83
Universidade
    declínio das, 159
    medieval, 77
Usos de Barcelona, 49
Usura
    lei de, 291

Usus modernus pandectarum, 152
Utilitarismo, 303

V

Vargas: reformas da era, 290
Venalidade total: França, 191
Veritas Ipsa, 262
Vida material, 2
Vigário
    registro do, 274, 275

W

Weimar, Constituição de, 290
Westfália, Paz de, 183
Writ of certiorari (avocatória), 220, 285

ÍNDICE ONOMÁSTICO

A

ABELARDO, Pedro 62, 85, 91 102, 103
ACÚRSIO 95, 97, 129, 157, 203, 204
AFONSO II 61
AFONSO III 49, 61, 71
AFONSO IV 49, 50, 61, 87, 195
AFONSO VI 54, 78
AFONSO VII (de Leão), 60
AFONSO X (o Sábio), 44
AGOSTINHO DE CANTUÁRIA 54
(SANTO) AGOSTINHO DE HIPONA 39, 40, 64, 105, 108, 111, 121, 126
ALARICO 42, 44
ALEXANDRE (da Macedônia, o Grande) 14, 39
ALEXANDRE II 55
ALEXANDRE III 63, 65
ALEXANDRE IV 73
ALIGHIERI, Dante 101, 122, 129
ALMEIDA, Cândido Mendes de 179, 189, 222, 224, 244, 246, 259, 260, 264, 266, 300
ALMEIDA, Pedro de 185
ALTHUSIUS, Johannes 140, 151
ANDERSON, Perry, 64, 182, 184
ANDRADE, Mário de, 201
AQUINO, Santo Tomás de 69, 77, 101, 102, 103, 105, 109, 114, 115, 121, 124, 125, 162
ARAÚJO, José Thomas Nabuco de 229, 230, 241, 242, 250
ARISTÓTELES 13, 15, 16, 17, 18, 19, 20, 95, 101, 103, 106, 110, 118, 124, 141, 150, 161, 298
ARMINIUS, Tiago 140
ARMITAGE 219
ASCARELLI, Tullio 6, 206, 227, 292
ATIYAH, P. 190, 191, 222, 302, 309
AUGUSTO 22, 26, 30, 33

AUGUSTO, Felipe 87
AZEVEDO, L. C., 26, 73,196
AZO 129
AZZI, Riolando 206

B

BACON, Roger 121
BALDO ou UBALDO de Ubaldis 39, 93, 96 129, 141
BARATA, Cipriano 209
BARRETO, Tobias 240, 241, 258, 259
BÁRTOLO 39, 96, 97, 98, 128, 129, 141, 157, 203, 204, 306
BASTOS, Aureliano Tavares 257
BASTOS, Aurélio Wander 256
BECKETT, Thomas 60, 61
BELLAPERTICA, Pedro ou Pierre Belleperche, 77, 95, 96
BELARMINO, Roberto (Cardeal) 135
BENTHAM, Jeremy 173, 222, 256, 266, 305
BENTO XIV 266
BERMAN, H. 47, 54, 55, 57, 58, 60, 62, 65, 66, 71, 75, 80, 84, 90, 105
BEVILÁQUA, Clóvis, 230, 303
BIROCCHI, Italo 96, 198, 298, 299
BLACK 129
BLOCH, Marc 1, 4, 47, 48, 143, 151
BOCCACCIO 122
BODIN, Jean 132
BOEHNER 111, 127
BONIFÁCIO, José 63, 208, 264, 266, 272
BONIFÁCIO VIII 63
BOSWELL, J., 120
BRANCO, Manuel Alves 217

BRASILIENSE, Américo 257
BRAUDEL, Fernand 1, 2, 3, 6, 132, 191, 200
BUARQUE, Cristovam 160,
BUENO, Pimenta 239, 249, 254, 257, 258, 265
(ver também São Vicente, Marquês de)

C

CACHOEIRA, Visconde de 173, 256, 282
CAENEGEM, Van 60, 193, 197, 198
CAETANO, Marcelo 44, 61, 269
CAIRU, Visconde de 140, 207, 220, 256, 258, 261, 317
CAMPOS, Francisco 292, 295
CAMPOS, José Joaquim Carneiro de, 213, 215
CANELLA, 126
CAPPELLETTI 71, 193
CARAVELAS, Visconde de 217
CARLOS V 136, 156
CARNAXIDE, Visconde de 186
CARVALHO, José Murilo de 209, 255, 267, 268, 273, 275, 288
CASTEL, R. 263, 284
CASTRO, Ttherezinha de, 179
CISNEROS, Francisco Ximenes, 74
CLEMENTE V 63
CLERMONT-TONNERRE, 155, 237
CLÓVIS (Rei dos Francos), 42, 44
CLUNY, 41, 54, 57, 58, 81
COING 69, 75, 315
CONANO, Francisco (François Conan, ou Conanus), 138, 140, 142
CONDORCET, 134, 156
CONSTANT, Benjamin 213, 238, 240
COQUEIRO, Manuel da Mota 215
CORTESE, Ennio 92, 93
COSTA, Emilia Viotti da, 207, 274
COSTA, João Severino Maciel da 264
COSTA, Salustiano Orlando 261
CRUZ, Osvaldo, 288
CUNHA, Manuela Carneiro da, 255
CUNHA, Paulo Ferreira da 63, 198, 203
CUNHA, Euclides da 211, 233, 277

D

DEMURGER 59
DESCARTES, René. 139, 140, 141, 150, 161

DOMAT, Jean, 133, 151, 152, 153, 154, 164, 165, 172, 228, 301, 302
DUBY, Georges, 48, 49

E

ELLUL, Jacques 192, 193, 194, 315
ELSTER, Jon 241
ENGELS, F. 228, 289
ERMINI, Giuseppe 134
EURICO 42, 44
EYZAGUIRRE, Jaime 136

F

FAORO, Raymundo 175, 176, 190, 206
FARIA, José Eduardo 215
FAUSTO, Boris 209, 264
FEIJÓ, Diogo A., 214, 246, 247, 264
FELIPE (da Macedônia), 14
FELIPE II de Portugal, 199,202, 316
FELIPE IV (o Belo), 73
FERNANDO I, 51, 87, 270, 308
FERREIRA, Francisco José Calheiros Ribeiro 291, 294
FERREIRA, Waldemar 182, 292, 293
FICHTE 110
FINNIS, John,119, 121, 139, 141
FOUCAULT, Michel, 71
FRANCISCO (de Assis), 123
FREDERICO (Barba-Ruiva), ou Frederico I (do Sacro Império Romano Germânico) 72, 86, 95
FREDERICO II (do Sacro Império Romano Germânico),72
FREDERICO II (rei da Prússia), 156, 202
FREI Caneca, Frei Joaquim do Amor Divino Caneca, 212, 213
FREIRE, Pascoal de Melo 215, 252, 256, 261
FREITAS, Augusto Teixeira de 151, 169, 181, 206, 226, 228, 229, 230, 231, 258, 259, 260, 303, 318

G

GADAMER, Hans-Georg, 62
GAIO 28, 29, 33, 44, 77, 81
GALGANO, Francesco 222, 315
GALILEI, Galileu, 134, 169
GARCÍA-PELAYO, Manuel 57

GEARY, 56
GIERKE, O., 74, 222
GILISSEN, J., 48, 49, 50, 61, 62, 70, 308, 315
GILSON, E., 111, 127
GIOTTO, 97, 122
GLABER, Raoul 101
GOMAR 140
GORDLEY, J., 107, 299, 301
GRACIANO 53, 62, 63, 64, 66, 87, 102
GREGÓRIO IX, 63, 64, 73, 87, 202, 225, 299
GREGÓRIO (Magno), 46, 54
GREGÓRIO VII 48, 54, 55, 56, 57, 58, 60, 61, 64, 67, 81
GRÓCIO, Hugo 7, 131, 132, 133, 135, 140, 141, 142, 143, 151, 163, 256, 265, 300
GROSSI, Paolo, 45, 50, 58, 62, 94
GUI, Bernardo 74
GUILHERME I, 71
GUSMÃO, Domingos de, 73
GUSTAVO, Carlos (da Suécia),148

H

HASKINS, H., 90, 102
HEINÉCIO, Johan Gottlieb (ou Heineccius) 154, 256
HENRIQUE I (rei da Inglaterra), 60
HENRIQUE II (rei da Inglaterra, Plantageneta), 51, 52, 60
HENRIQUE, Infante (de Portugal) 265
HENRIQUE IV (imperador do Sacro Império Romano Germânico), 55, 56
HENRIQUES, Afonso (de Portugal), 60
HESPANHA, A. M., 8, 49, 50, 56, 61, 64, 114, 115, 132, 156, 157, 165, 166, 176, 177, 179, 180, 182, 184, 187, 190, 193, 197, 198, 205, 308
HILDEBRANDO (ver também Gregório VII), 54, 55, 56
HILL, Christopher , 160
HOBBES, Thomas 132, 142, 143, 144, 147, 148, 150, 151, 152, 163, 301
HOLANDA, Sérgio Buarque de 9, 283
HOLSTON, James, 275
HONÓRIO III, 61, 83, 87
HOTMAN, François, 133, 134, 140, 161, 308
HUGUCCIO, 66
HUME, David, 143, 161

I

INOCÊNCIO III, 60, 63, 71, 72, 123
INOCÊNCIO IV, 61, 73
IRNÉRIO, 62, 78, 79, 94, 95
IVO de Chartres, 62

J

JEAMMAUD, Antoine, 212
JEFFERSON, Thomas 155, 235, 236
JOÃO I (Rei de Portugal), 96, 195
JOÃO II (Rei de Portugal), 196, 261
JOÃO III (Rei de Portugal), 186, 199, 265
JOÃO IV (Rei de Portugal) 262, 316
JOÃO SEM TERRA 51, 60
JOÃO V (Rei de Portugal), 188, 205
JOÃO VI (Rei de Portugal), 140, 207
JOÃO XXII, 63, 123, 124, 128
JOSÉ I (Rei de Portugal), 97, 175, 188, 202
JOSÉ II (da Áustria), 156
JÚLIO III, 188
JUSTINIANO (Imperador), 21, 22, 34, 62, 77, 78, 79, 80, 81, 82, 88, 91, 94, 97, 133, 134, 165, 168

K

KANT, Imauel, 139, 148, 152, 161, 297, 302
KENNEDY, Paul, 132
KIRALFY, 60
KOERNER, A., 254, 290

L

LAFAYETTE, Conselheiro (Lafayette Rodrigues Pereira) 232, 257, 259,
LAFON, 180, 194
LAGARDE, G., 128
LAS CASAS, Bartolomeu de 136, 138
LEAL, Aurelino, 215
LEAL, Vitor Nunes 9, 219, 254
LEÃO, o Filósofo 79
LEÃO, Duarte Nunes de, 202
LEÃO, Honório Hermeto Carneiro, 220
LEÃO IX, 55
LECLER, J., 140
LEFF, G, 125, 126
LE GOFF, Jacques, 21, 39, 40, 41, 42, 45, 79, 83, 91

LEIBNIZ, G. W., 134, 151, 152
LEITE, Diogo, 265
LEITE, Pedro Rodrigues de França, 287
LESSA, Pedro, 257, 278, 282, 283, 284, 285
LEVY, 57, 58, 309
LIMA, Ruy Cirne, 268
LIRA, Bravo 176, 215
LISBOA, José Antônio, 220
LISBOA, José da Silva 140, 207, 256, 258, 261, 317 (ver também Cairu, Visconde de)
LOBÃO (Almeida e Sousa), 259
LOCKE, John, 7, 131, 132, 142, 143, 144, 145, 146, 147, 164, 303, 308, 309, 312
LOMBARDO, Pedro, 87, 102
LOYN, 55
LUCAS, 109
LÚCIO III, 72
LUÍS XI, 194
LUÍS XIII, 140
LUÍS XIV, 192, 194, 220
LUTERO, 125

M

MACGRADE, A., 127, 128
MACINTYRE, A. 109, 110, 111
MACPHERSON, 144
MAFFEI, Domenico, 134
MAGNO, Alberto, 103
MAITLAND 129
MALHEIRO, Perdigão, 257, 258, 266
MALTHUS, 256
MAQUIAVEL, N.,132, 144
MARCELO (jurista romano), 34 44
MARIA I (rainha de Portugal), 252
MARIA TERESA (da Áustria) 156
MARTINS Jr., Izidoro 182, 199, 269
MARX, K., 150, 228, 263, 289, 304, 305, 312, 319
MATOS, Gregório de 193, 206
MAX JOSÉ III, 156
MEIRA, 230
MELA, A., 128, 306, 308
MENDES JÚNIOR, João, 26
MENDONÇA, J. X. Carvalho de, 262
MERLIN, 39
MIDOSI, Guilherme, 220
MOLINA 135, 345
MONTEIRO, João, 257
MONTESINOS, 136

MORAES FILHO, Evaristo de, 259,
MUSSELLI, 62, 63

N

NABUCO, Joaquim, 170, 255, 263, 266, 267
NASCIMENTO, Carlos A., 104, 105, 111, 117
NEMOURS, 134
NEWTON, Isaac, 134, 161
NICOLAU II, 55, 65
NINO, Carlos Santiago 170,
NISBET, R., 108

O

OAKLEY, 65, 127
OCKHAM, Guilherme d, 53, 101, 121, 122, 123, 124, 125, 126, 127, 128, 129
ODOACRO, 40
OLIVEIRA, Francisco Vital Gonçalves de, 246
OSÉIAS, 123

P

PÁDUA, Marcílio de, 64, 129
PAPINIANO 28, 33, 34, 35, 44, 81
PAULET, Charles, 192
PAULO (jurista romano) 21, 33, 34, 35, 44, 81
(São) PAULO, o apóstolo, 112
PAULO III, 262
PEDRO, 106, 124, 126,
PEDRO I 61, 208, 209, 211, 212, 217, 235, 237, 238, 241, 242, 245
PEDRO II 215, 241
PEDRO LEOPOLDO (da Toscana), 215
PEGAS, M. A., 179
PEÑAFORT, Raimundo de, 63
PEREIRA, José Clemente, 215, 258
PETIT, Carlos, 98, 220
PETRARCA 97, 122
PICARDI, N., 194, 195
PINTO, Gouveia, 259,
PINTO, Virgílio Noya, 209, 266
PIO IX, 246
PLATÃO,16, 17, 18, 19, 116
POMBAL 138, 156, 168, 173, 175, 179, 186, 207, 262, 263, 266
PONTES DE MIRANDA, 227

ÍNDICE ONOMÁSTICO | 369

POTHIER 133, 153, 154, 164, 228, 310
POTTER, 60, 306
PRADO Jr., C., 180, 182, 190, 197, 206, 283
PUFENDORF, Samuel 7, 131, 133, 135, 143, 147, 148, 149, 150, 151, 152, 163, 164, 165, 256, 265, 301

Q

QUEIRÓS, Eusébio de 220, 222, 227, 267
QUESNAY, François, 134

R

RATTON, Inácio, 220
REALE, Miguel, 125
REBOUÇAS, A., 215
RECAREDO, 44
REGRAS, João das, 96
REIMAN, J., 145
RESCENVINDO, 44
RICARDO CORAÇÃO DE LEÃO, 60
RICARDO, David, 256
ROCHA, Coelho da, 228
RODRIGUES, José Honório 242
ROSCIO, Francisco José, 271
ROUSSEAU, J. J., 7, 150, 171, 302

S

SABINO (jurista romano), 32, 34, 81
SAINT-HILAIRE, Auguste de, 207
SALGADO, G., 183, 197, 264
SALISBURY, João de, 69, 129
SALVADOR, Frei Vicente do, 138, 177, 272
SALVIANO (jurista romano), 40
SANCHO II, 61
SANTINI, 94, 95
SANTOS, Joaquim Felício dos,183, 230, 354
SANTOS, Wanderley Guilherme dos, 215
SÃO VICENTE, Marquês de, 249, 254, 257, 258 (ver também Bueno, Pimenta)
SARAIVA, António José, 85, 87
SARAIVA, José Hermano, 270
SARSFIELD, Dalmacio Vélez, 230
SAVIGNY, F-K., 3, 22, 168, 222, 223
SCHWARTZMAN, Simon, 209
SCHWARZ 196, 197, 200, 201
SCOTUS, João Duns, 121, 122, 123, 124, 127

SEPÚLVEDA, Juán Ginés de, 136
SILVA, Nuno Espinosa Gomes da, 41, 61, 63
SIMONSEN, R., 188, 189, 315, 316
SMITH, Adam 256, 303
SOARES, Caetano Alberto, 229
SOBOUL, 192, 193
SODERO, Fernando, 269, 270, 272
SOTO, Domingo de, 135
SOUSA, Irineu Evangelista de, 220
SOUSA, Osvaldo Tarquínio de, 214
SOUSA, Paulino José Soares de, 219, 257, 258
SOUSA, Tomé de, 180, 182, 198, 220, 265
SOUZA, Braz Florentino Henriques de, 237, 239, 246, 247, 258, 264
SOUZA, Martim Afonso de, 198, 270
SOUZA, Pinto de, 257
SPINOZA, B., 148
STEIN, Peter, 135
STONE, 195
STRAUSS, 139, 143, 144
SUÁREZ, Francisco 135, 136, 139, 149, 165, 301
SURREY, 124
SWANN, 195

T

TÁCITO, 239
TARELLO, G., 134, 151, 165
TELLES, José Homem Corrêa,153, 172, 226, 227, 252, 259
TEODORICO (o Grande) 39, 42
TEODOSIANO, 34, 44, 88
THOMASIUS, Christian, 151, 152, 154
TIGAR, 57, 58, 309
TOCQUEVILLE, Alexis de, 233, 234, 255, 262, 263, 268, 309
TOURS, Gregório de, 39
TRÍPOLI, César, 262
TUCCI, J. R. C., 26, 73, 183, 193, 197
TURGOT, 134

U

UBALDIS, Baldo (ou Ubaldo) de, 39, 93, 96
ULLMANN, W., 70, 74, 97, 98, 102, 129
ULPIANO (jurista romano), 28, 32, 33, 34, 35, 81, 118
URUGUAI, Visconde de 219, 229, 243, 258 (ver também Sousa, Paulino José Soares de)

V

VASCONCELOS, Bernardo Pereira de 209, 215, 219, 258, 273
VEIGA, Evaristo da, 209
VENÂNCIO FILHO, A., 257
VERNEY, Luís Antônio, 171, 172
VIANNA, F. J. de Oliveira 9, 170, 176, 187, 206, 271, 283, 292, 293
VIANNA, Raymundo José L. , 253
VILLEGAS, Maurício Garcia, 212
VILLEY, M., 26, 36, 94, 124, 127, 128, 139, 297, 306
VITÓRIA, Francisco de, 131, 135, 136, 137, 138, 140, 141, 263
VOLCANSEK, 180, 194

W

WATSON, A., 134, 297
WEHLING, A., 187
WEINREB, L., 108, 120
WESTIN, Lourenço, 220
WIEACKER, F., 62, 63, 89, 94, 96, 97, 150, 151, 152, 156, 164, 258, 300
WOLFF, Christian, 151, 152

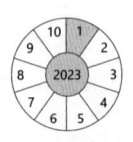